경행경채
경간부
경찰승진

Perfect
행정법

김형중 · 백상진 공저

박영사

머리말

무슨 책을 기본서로 할 것인가, 어떻게 공부해야 할 것인가가 수험생들에게는 최대의 화두거리일 것이다. 교재의 선택과 공부과정이라는 명제는 시험결과와 직결되는 가장 핵심적인 요소이다.

인생을 살아가는데는 연습이란 있을 수 없고, 공부에는 왕도(王道)가 없다. 천천히, 꾸준히, 그리고 열심히 하는 자만이 열매라는 궁극적인 과실을 따 먹을 수 있는 것이 보편적인 진리이다.

일반적으로 행정법은 공부하는 수험생들의 입장에서 볼 때는 대체로 이해하기 어려울 뿐만 아니라 형법이나 민법보다도 재미없고 흥미없는 과목의 하나로 치부하고 있는 것 또한 사실이다. 그럼에도 불구하고 수험생들이 행정법을 필연적으로 공부해야 하는 이유는 경찰행정학과 특채과목의 하나라는 불가분적인 조건 때문이기도 하다. 따라서 본 기본서는 이런 전제하에서 수험생들에게 최소의 시간적 투입과 최대의 산출이라는 결과물을 도출하기 위한 다각적인 방법과 내용 등을 총망라하였다.

행정법은 행정의 조직과 작용 및 구제에 관한 국내공법이다. 그 중에서도 행정조직에 관한 법관계는 경찰관공채시험분야에서 제외되는 영역이기 때문에 본서의 구성은 크게 1) 행정법 총설, 2) 행정작용법, 3) 행정의 실효성 확보수단, 4) 행정구제제도 순으로 편성 · 체계화시켰다. 본 기본서의 특징적 내용들은 다음과 같다.

1. 행정법 공부의 기본틀은 행정법의 기초를 쌓는 것이 최우선적인 과제이다. 그만큼 기초가 중요하다. 따라서 어떠한 행정법 기본서를 선택하던지 간에 단권화시켜야 하며, 그 과정에서 기본서를 바꾸는 일은 없어야 한다. 그리고 기본서를 이해하는 과정에서 정독의 방법을 택할 것인지, 통독의 방법을 택할 것인지, 공부를 야간에 주력할 것인지, 새벽에 주력할 것인지의 여부는 전적으로 수험생 여러분의 적성에 맞추어야 하지, 다른 수험생들의 공부방법을 따라 할 필요는 없다. 공부방법은 최대한의 효과를 낼 수 있는 가장 최선의 방법과 수단을 자기자신이 선택할 수밖에 없다는 점 또한 명심하여야 한다.

2. 행정법은 전체적인 구조속에서 논리적이고 유기적인 관계를 형성하고 있기 때문에, 전체적인 체계의 흐름을 먼저 파악하는 것이 제1단계적 과정이다. 따라서 이 과정에서는 생소한 법개념의 의미 등을 파악하면서 각 단원이 별도로 분리되지 않고 서로 유기체적으로 연관되고 있음을 먼저 이해해 둘 필요가 있다.

3. 제1단계로서의 개념의 이해와 전체적인 내용의 흐름을 파악하였다면, 제2단계는 각 단원별로 구체적이고 세부적인 내용의 이해와 정리단계로 들어가야 한다. 이 과정은 해당관련 내용의 학설(통설, 다수설)과 판례를 연관시켜 공부해야하는 것이 핵심적인 사항이다. 이와 관련하여 본서에서는 해당 내용에 관련법률과 관련판례 등을 수록하여, 별도로 관련 법률과 관련 판례를 찾지 않도록 하는 시간절약이라는 효과적인 방법을 채택하였다.

4. 제3단계는 기본서를 바탕으로 한 기출문제풀이과정이다. 기출문제풀이는 합격의 70~80%를 결정한다. 기출문제의 반복적 풀이는 수험생 본인에게 주로 출제되는 단원과 빈도수가 높은 내용이 어떠한 것인가를 가르쳐 주는 이정표가 된다. 따라서 문제집 1권을 최소한 4－5회독 하여 완전 숙지한 후 다른 문제집 2－3권 정도를 동일한 방식으로 풀고 나면 그때부터 행정법에 대한 자신감이 붙게 된다. 이 과정에서의 완성도가 합격의 당락을 결정하는 최후의 과정이 된다.

5. 최근 행정법시험출제에는 판례의 출제빈도가 상당한 비중을 차지하고 있고, 이에 대한 수험생들의 부담 역시 가중되고 있는 것만은 틀림이 없는 사실이다. 판례 공부는 아래와 같은 내용에 중점을 두고 공부하는 것이 효율적이다.

1) 동종사건에 관한 관련 판례의 인정여부와 불인정여부에 관한 판례 요지 정리,

2) 동종내용의 학설과 다른 판례의 태도,

3) 동종사건에 대하여 기존의 입장을 바꾸는 전원합의체의 판결,

4) 동종사건에 대하여 종래의 판례를 바꾸지 않으면서도 기존의 입장과 다른 입장의 판례가 있는 경우 등에 대하여, 각 단원별로 체크하여 별도로 정리·체계화시키는 것이 고득점을 맞는 방법 중의 하나가 될 수 있다.

이와 관련하여 본서에서는 동종사건과 관련된 유사판례, 전원합의체 판결 등에 대하여 수록하였기 때문에, 본서의 내용을 참고하여도 무방할 것이다.

5) 최근 행정법과 관련된 행정조사기본법·질서행위규제법제정, 행정심판법의 중요 부분 등이 개정되면서, 이 분야에 관한 출제빈도가 높아지고 있는 경향을 보이고 있다.

수험생 제군들은 이 부분에 대하여도 구체적·세부적으로 정리하여 정확하게 숙지해 두어야만 한다.

책을 쓰고 나면 후회가 남기 마련이다. 보다 더 잘 쓸 수 있었을텐데라는 심정이…

시험을 치고 나면 수험생 여러분의 심정도 이와 같을 것이다. 좀 더 공부하였더라면 하는…

후회없는 수험시간을 보내길 빌면서, 고지가 바로 저기다 하는 일념을 가지시기를…

2017년 9월에
해송정에서
저자

차 례

제 1 편 행정법 총론

제 1 장 행 정

제 1 절 행정의 의의

제 2 절 통치행위

제 3 절 행정의 분류

제 2 장 행정법

제 1 절 행정법의 성립과 유형

제 2 절 우리나라 행정법의 기본원리

제 3 절 법치주의(법치행정)

제 3 장 행정상 법률관계

제 1 절 행정상 법률관계의 의의와 종류

제 2 절 행정법관계의 당사자

제 3 절 행정법관계의 특질

제 4 절 특별권력관계(특별행정법관계)

제 6 절 행정법관계에 대한 사법규정의 적용

제 4 장 행정상의 법률관계의 원인

제 1 절 행정법상의 법률요건

제 2 절 행정법 관계의 발생

제 3 절 행정법상의 사건

제 2 편 행정작용법

제 1 장 행정입법

제 1 절 개 설

제 2 절 법규명령

제 3 절 행정규칙

제 3 절 기속행위와 재량행위 · 불확정개념

제 4 절 행정행위의 내용

제 5 절 행정행위의 부관(行政行爲의 附款)

제 9 절 행정행위의 무효

제10절 행정행위의 취소(行政行爲의 取消)

제11절 행정행위의 철회(行政行爲의 撤回)

제12절 행정행위의 실효

제 3 장 기타 그 밖의 작용

제 1 절 행정법상의 확약(行政法上의 確約)

제 2 절 공법상 계약

제 3 절 행정상의 사실행위

제 4 절 행정지도(行政指導)

제 5 절 행정계획

제 4 장 행정절차

제 1 절 행정절차

제 2 절 행정절차법

제 1 항 행정절차법의 특색

제2항 행정절차법의 내용

제 3 항 행정절차의 하자

제 5 장 정보공개와 개인정보의 보호

제 1 절 정보공개제도

제 2 절 개인정보보호제도

제 3 편 행정상 의무이행

제 1 장 행정의 실효성 확보수단

제 1 절 개 설

제 2 절 행정상 강제집행

제 3 절 행정상 즉시강제

제 2 장 행정벌(行政罰)

제 1 절 행정형벌(行政刑罰)

제 2 절 행정질서벌

제 4 절 관허사업의 제한(官許事業의 制限)

제 5 절 공표(公表)

제6절 기 타

제 4 편 행정구제법

제 1 장 행정구제제도

제 1 절 현행 행정구제제도

제 2 절 사전적 권리구제수단

제 2 장 사후적 구제제도

제 1 절 개 설

제 2 절 행정상 손해배상

제 1 항 공무원의 위법한 직무행위로 인한 배상책임

제 2 항 영조물(營造物)의 설치 · 관리의 하자로 인한 손해배상

제 3 절 행정상 손실보상제도

제 3 장 행정쟁송

제 1 절 개설

제 2 절 행정심판

제 3 절 행정소송

제 1 편

행정법 총론

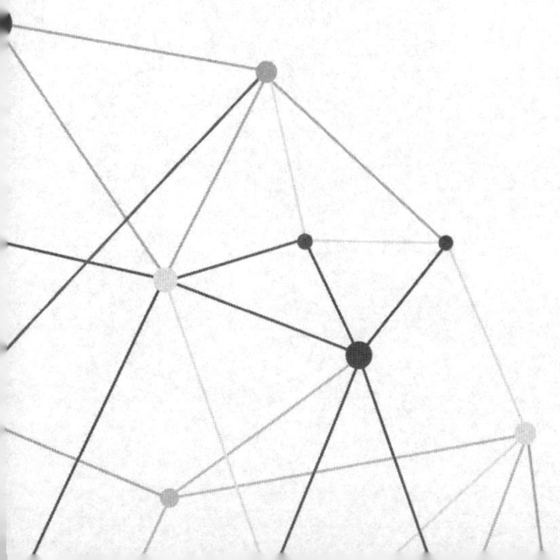

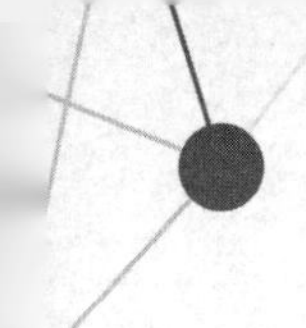

제 1 장
행 정

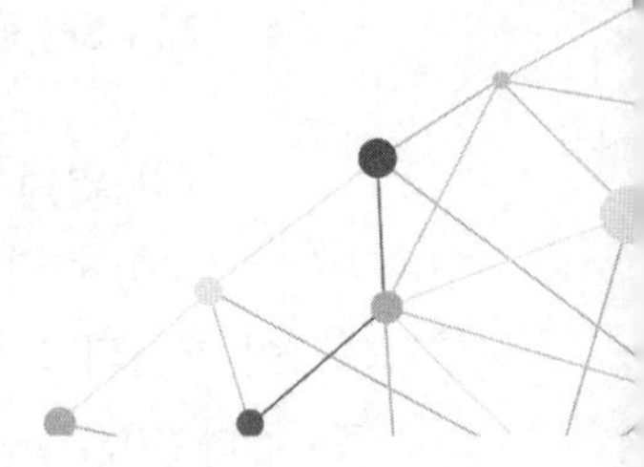

제 1 절 행정의 의의

Ⅰ. 행정개념의 성립

1. 행정개념의 성립과 권력분립이론

행정개념은 권력분립을 전제로 하여 성립된 개념이다.

2. 권력분립이론

1) 행정개념의 성립의 전제조건

행정은 입법·사법의 개념과 함께 역사적으로 성립·발전된 개념으로서[1], 국가정치조직의 기본원리인 권력분립의 영향을 받아 성립되었다.

2) 권력분립의 사상적 근거

죤.로크는 「시민정부이론, 1690년」에서 2권분립론을 제창하였고, 몽테스키외의 「법의 정신, 1748년」에서 3권분립을 주장하여, 미국을 비롯한 근대국가의 권력분립제도에 결정적인 영향을 주었다.

3) 권력분립이론

(1) 고전적 권력분립이론

국가권력간의 상호 견제와 균형을 통하여 권력 남용을 방지하고 궁극적으로는 국민의 자유와 권리의 보장을 목적으로 하는 자유주의적 조직원리이다.

1) 역사적으로 본다면 서구의 행정은 8~14세기까지 국가권력은 교회를 통하여 신(神)으로부터 군주에게 부여되어야 한다는 교회국가주의(教會國家主義)가 로마를 중심으로 유럽 전 지역을 휩쓸었다. 이로 말미암아 교회활동은 사실상의 국가 활동의 중요한 부분을 차지했다. 15~17세기 이전까지는 통상적으로 교회행정을 제외한 일체의 국가작용전체를 의미하였다. 그 후 17세기의 절대국가의 행정을 거쳐 19세기의 법치국가시대에 와서 근대법치국가적 행정개념이 탄생하게 되었다.

(2) 현대적 권력분립이론

20C 복리국가 · 적극국가의 요청에 따른 권력 집중현상으로 고전적 분립이론에 대한 비판이 제기되고, 그에 대한 수정론이 대두되었다. 전통적 권력분립이론에 대한 수정론자인 뢰벤슈타인(K.Loewenstein)은 국가기능을 정책결정기능, 정책집행기능, 정책통제기능으로 나누어 파악하였는데, 이를 「동태적 권력분립론」이라고 부른다.

Ⅱ. 행정의 의의

행정법에 의해 규율되는 행정이라는 개념은 권력분립의 원칙과 법치주의를 전제로 하여서 성립하였다.

1. 형식적 의미의 행정(실정법상 · 제도상의 개념)

1) 의의

(1) 형식적 의미의 입법 · 행정 · 사법

국회가 하는 작용을 입법, 행정부(정부)가 하는 작용을 행정, 법원이 하는 작용을 사법이라고 부르기도 한다. 이와 같이 국가기관이라는 제도(형식 · 기관)에 초점을 맞춘 입법 · 행정 · 사법의 개념들을 형식적 의미의 입법, 형식적 의미의 행정, 형식적 의미의 사법이라 부른다.

(2) 즉, 형식적 의미의 행정이라 함은 국가기관의 권한을 표준으로 정립한 것이다. 실정법상 국가작용 중에서 행정부의 권한에 속하는 일체의 작용을 말하며, 그 성질 여하를 불문한다.

2) 한계

형식적 의미의 행정은 입법이나 사법과의 성질상의 차이를 밝혀주지 못하는 한계가 있다.[2] 따라서 실질적 의미의 행정에 대한 개념파악이 필요하다.

2. 실질적 의미의 행정(이론상 · 강학상 개념)

1) 의의

실질적 의미의 행정이라 함은 국가작용의 성질상의 차이를 전제로 하여, 행정의 개념을 입법 · 사법(司法)과의 성질에 따라 구별하여 그 의의를 정립하려는 입장이다.

2) 학설

실질적 의미에 있어서 입법은 법규 제정작용이고, 사법(司法)은 법률상 분쟁에 관하여 판단하는 법선언작용이다. 그러나 행정은 그 개념 정의가 일률적이지 않아 이에 관한 견해가 다

---

2) 김형중, 「경찰행정법」, 경찰공제회, 2007, P. 31.

양하게 제시되고 있다.

(1) 긍정설

① 소극설(공제설, W.Jellinek)

행정이란 국가작용 중에서 입법과 사법을 제외한 나머지의 모든 작용을 행정이라고 하는 견해이다.

② 적극설

행정의 내용을 밝힐 수 없는 소극설의 문제점을 극복하고, 행정개념을 적극적으로 정의하려는 입장이다.

㉠ 목적설(목적실현설)

행정이란 국가목적의 실현 내지는 공익의 실현을 목적으로 하는 국가작용으로서 사법(司法)이외의 작용을 말한다(O.Mayer).

㉡ 결과실현설(양태설)

행정이란 소극적인 질서유지에 있지 않고 모든 영역에서 적용되는 적극적 작용이라고 인식하여 현실적 구체적인 결과에 중심을 두는 견해이다. 즉, 공익의 사실상의 실현을 임무로 하는 국가작용이다(전중이랑, F.Fleiner).

(2) 부정설(법단계설, 기관양태설)

① 이는 순수법학파(Kelsen, Merkel 등)들의 주장으로 입법 · 사법 · 행정의 3권을 국가작용의 성질에 따라 구별하는 것은 불가능하다는 것을 전제로 한다. 그 결과 법단계와(법단계설), 그 작용을 담당하는 기관의 양태(모습: 기관양태설)에 따른 차이밖에 없다는 견해이다.

② 법단계설은 입법은 헌법의 직접적 집행인데 대하여, 행정은 헌법의 간접적인 집행이다. 한편, 기관양태설은 사법기관은 독자적으로 재판하므로 병렬적 기관복합체에 의해 수행되는 법집행작용이고, 행정은 상하복종 관계에 있는 계층적 기관에 의해 수행되는 법집행작용이라는 입장이다.

(3) 개념징표설

① 의의

「개념징표설」의 대표적인 학자인 포르스트호프(E.Forsthof)는 "행정은 정의될 수 없고 단지 묘사될 수 있을 뿐이다"라고 지적하고 있는 것처럼, 행정을 적극적으로 정의하는 것은 사실상 불가능하다. 따라서 입법 및 사법과 다른 일정한 개념상의 징표를 찾아보는 것이 유용하다는 견해이다. 행정의 개념 징표로는 다음과 같은 것을 들 수 있다.

② 개념징표설에 따른 공통적 특성 및 징표

㉠ 행정은 행정주체에 의한 작용이다. ㉡ 행정은 공익실현을 목적으로 한다. ㉢ 행정은

장래에 대한 능동적 형성작용이다. ㉣ 행정은 통일적이고 계속적인 사회형성작용이다. ㉤ 행정은 다양한 법형식에 의한다. ㉥ 행정은 구체적인 처분에 의하여 그 목적을 실현하는 작용이다. 따라서 행정은 구체성 · 개별성을 띠는 작용이기 때문에, 일반적 · 추상적인 법규의 정립작용인 입법과 구별된다.

3. 실정법상의 구별

1) 원칙

우리 헌법은 입헌주의원칙에 따라 권력을 분립하고 있다. 입법권은 국회에 속하고(동법 제40조), 행정권은 대통령을 수반으로 하는 정부에 속하고(동법 제66조 제4항), 사법권은 법관으로 구성된 법원에 속한다(동법 제101조 제1항)고 규정하고 있다. 그러나 이러한 원칙에도 불구하고, 헌법자체가 많은 예외를 인정하고 있다.

2) 실정법상의 예외

(1) 입법부에는 실질적 의미의 행정권(예컨대, 국회사무총장의 소속 공무원 임명 등)과 실질적 의미의 사법권(예컨대, 국회의원의 징계의결)을 부여하고 있고,

(2) 행정부에는 실질적 의미의 입법권(예컨대, 대통령의 긴급재정명령, 행정입법인 대통령령 · 국무총리령 · 부령 등 제정)과 실질적 의미의 사법권(예컨대, 행정심판의 재결, 징계위원회의 징계의결, 소청심사위원회의 결정 등)을 부여하고 있고,

(3) 사법부에는 실질적 의미의 입법권(예컨대, 대법원 규칙의 제정 등)과 실질적 의미의 행정권(예컨대, 법원행정처장의 직원 임명, 일반법관의 임명 등[3])을 부여하고 있다.

이처럼 형식적 의미의 행정과 실질적 의미의 행정은 일치하지 않는 경우가 많다.

이를 도표화하면 다음과 같다.

▷ 형식적 · 실질적 의미의 행정 · 입법 · 사법의 구체적 사례

구분		내용
형식적 의미의 입법	형식적 의미의 입법이나 실질적으로는 행정에 해당하는 것	국회 사무총장의 소속직원 임명 · 징계 등
	형식적 의미의 입법이면서 동시에 실질적의미의 입법에 해당하는 것	법률의 제정, 국회규칙의 제정 등
형식적 의미의 행정	형식적으로는 행정이지만, 실질적으로는 입법인 경우	대통령의 긴급명령의 제정, 법규명령(대통령령 · 총리령 · 부령)의 제정 · 조례 · 규칙의 제정 등

3) 일반법관은 대법관회의의 동의를 얻어 대법원장이 임명한다.

	형식적으로는 행정이지만, 실질적으로는 사법인 경우	행정심판의 재결, 통고처분, 대통령의 사면, 소청심사위원회의 공무원에 대한 징계의결, 토지수용위원회의 토지수용재결[4] 등
	형식적의미의 행정이면서 동시에 실질적 의미의 행정에 해당하는 것	각종 처분(조세부과처분 · 조세체납처분 · 징계처분 등), 영업허가 · 사용허가, 인가 · 특허, 토지수용, 공무원 임명(지방공무원의 임용 포함), 병력의 취득 · 관리, 무허가 건물에 대한 행정대집행, 예산의 편성 · 집행, 대통령의 대법원장 · 대법관 임명, 집회의 금지통고 등
형식적 의미의 사법	형식적 의미의 사법이나 실질적으로는 행정에 해당하는 것	대법원장의 판사의 임명, 법원행정처장의 직원 임명 · 징계, 법원의 등기사무 등
	형식적 의미의 사법이나 실질적으로는 입법에 해당하는 것	대법원 규칙의 제정 등
	형식적 의미의 사법이면서 동시에 실질적 의미의 사법에 해당하는 것	법원의 재판 등

4) 헌법 제23조에서는 모든 국민의 재산권은 보장되며, 그 행사는 공공복리에 적합하도록 되어 있고 또한 그에 대한 보상은 법률로써 하도록 하되 정당한 보상을 지급하도록 규정하고 있다.

(1) 토지수용에서 사업인정과 수용재결

사업인정이 특정사업이 「공익사업을위한토지의취득및보상에관한법률」이 예정하고 있는 공익사업을 인정하고 사업시행자(국가 · 공기업 등)에게 일정한 절차를 거쳐 그 사업에 필요한 토지를 수용 또는 사용하는 권리를 설정해주는 행위를 말한다. 사업인정이 있는 경우 토지수용의 권리가 발생한다. 그런데 토지수용이란 반대로 상대방의 재산권의 침해가 되기 때문에 토지를 상실하는 사람에게 보상이 주어져야 한다. 사업시행자는 먼저 상대방과 협의를 시도하지만 협의가 이루어지지 않으면 토지수용재결이 있게 된다. 즉, 상대방은 통보받은 보상금이 위법 · 부당한 사항이 있다면 수용재결 → 이의재결 → 행정소송 3번의 불복절차를 통한 보상금 증액으로 보다 정당한 보상을 받을 수 있다.

(2) 토지수용위원회

토지 등의 수용과 사용에 관한 재결을 위해 구성된 독립적인 합의제 행정청을 말한다. 토지 등의 수용과 사용에 관한 재결을 하기 위해 국토교통부에 국토교통부장관이 위원장인 위원장1인과 상임위원1인 비상임위원13인으로 구성된 위원회가 있으며, 지방의 경우 각 시 · 도지사가 위임장인 위원장1인을 포함한 9인의 위원회가 구성되어 있다. 토지수용위원회는 협의 매수되지 않은 토지 등의 수용에 관한 재결을 담당한다.

제 2 절 통치행위

* 제 37회 행정고시
제 36회 외무고시

Ⅰ. 개 설

1. 의의

통치행위란 입법 · 사법 · 행정도 아닌 제4종의 국가작용으로서, 국정의 기본방향을 정하는 것과 같이 고도의 정치성을 띈 국가 작용을 말한다. 통치행위도 넓은 의미에서는 행정이라고 할 수 있으나, 일반적인 행정과 구분하는 것이 학설의 일반적인 경향이다.

2. 유래

통치행위는 각국에서 실정법이 아니라 판례법상 또는 학설상으로 성립 · 발전하였다.

3. 통치행위의 제도적 전제

통치행위는 법치주의가 확립된 현대국가에서 예외적인 것으로, 1) 공권력 행사에 대한 재판적 통제가 고도로 발달해 있어야 하고(법치주의 확립), 2) 행정소송에 있어서의 개괄주의[5]를 채택, 3) 국가배상책임이 구비되어 있을 때, 통치행위의 개념을 논의할 실익이 있다.

Ⅱ. 각국의 통치행위

1. 프랑스

1) 통치행위의 개념을 먼저 성립시킨 나라는 프랑스이다. 프랑스 행정재판소인 꽁세유데따(Conseil d'Etat)[6], 즉 국참사원(國參事院)의 판례를 통하여 성립되었다.

---

5) 행정소송을 제기할 수 있는 방법에는 개괄주의와 열기주의 두 가지가 있다. 1)개괄주의는 행정소송에 의하여 권리나 이익을 침해당한 경우에 법률상 예외가 인정되는 특별한 사항을 제외하고는, 불복신청 또는 소송을 제기할 수 있도록 널리 인정하는 입법주의이다. 한국의 현행법은 개괄주의를 채택하고 있다. 2) 열기주의는 소송의 대상을 개별화하여 일정한 사항만을 쟁송의 대상으로 하는 주의이다. 이는 소송의 범위가 명확하다는 장점이 있으나, 국민의 권리구제에는 미흡하다는 단점이 있다.

6) 꽁세유데따는 1799년에 행정부 안에 설치된 최고행정재판소를 말하는 것으로서, 국사원 또는 국참사원이라고 번역되기도 한다.

2) 국참사원은 정치성이 강한 행위들에 대해 사법심사를 제한하였는데, 이것이 통치행위로 인정되었다.

3) 종래에는 매우 광범위하게 인정하였으나, 현재는 국제관계(조약체결 · 외교 · 군사) 및 의회관계에서의 일정행위(의회해산)에 대해서만 통치행위를 인정하고 있다.

2. 영국

1) 1460년의 요크공사건(국왕은 소추의 대상이 되지 않는다)에서 발단이 되어, 판례를 중심으로 전개되어 왔다.

2) 국왕의 대권행사(국사행위 · 선전포고 · 사면행위), 의회의 내부문제(의원징계회의) 등을 통치행위로 보고 있다.

3. 독일

1) 제2차 세계대전 전까지 행정재판제도는 열기주의를 취한 결과 통치행위가 논의되지 않았다.

2) 제2차 세계대전 이후 행정소송에 관하여 개괄주의를 취함에 따라, 헌법재판의 한계와 관련하여 통치행위에 대한 논의가 시작되었다.

3) 오늘날 통설은 의회해산, 연방하원에 의한 연방수상의 선출, 국제조약의 체결 등을 통치행위로 보고 있다.[7)]

4. 미국

1) 미국의 경우에는 권력분립의 원칙을 근거로 정치문제가 행정부의 전권에 해당되면, 비록 그것이 법률문제를 포함하고 있는 경우에도 법원은 스스로 심리 · 판단할 수 없다는 원칙이 확립되어 있다.

2) 대표적인 예로 1849년 'Luther v. Borden'[8)]을 통해 통치행위가 최초로 이론화되었다.

5. 일본

1) 일본의 경우 독일처럼 제2차 세계대전 이후 행정소송사항에 관하여 개괄주의를 채택하면서 통치행위에 관한 논의가 활발히 전개되었다.

---

7) 김형중, 전게서, P.20.

8) Luther v. Borden사건(1849년) : Rhode Island 주에서 반란으로 수립된 정부와 종래의 정부가 서로 적법한 정부임을 주장한 데 대하여, 연방대법원은 어느 정부가 적합한지의 판단은 정치적 문제이므로, 법원이 판단할 사항이 아니라 연방의회와 연방정부가 판단할 사항이라고 판시하였다.

2) 학설상 견해의 대립이 있으나, 통치행위의 관념을 인정하는 것이 지배적이다. 판례 또한 미·일 안보조약의 체결과 중의원의 해산 등에서 통치행위성을 인정한 바 있다.[9)]

Ⅲ. 통치행위의 이론적 근거

통치행위의 개념을 인정할 것인가에 대하여는 긍정설과 부정설이 대립하고 있으나, 긍정하는 것이 일반적인 견해이다.

1. 긍정설

1) (자유)재량행위설(自由裁量行爲說)

통치행위는 정치문제이고 정치문제는 행정부의 재량행위에 속하기 때문에, 사법심사의 대상에서 제외된다는 설이다.

2) 권력분립설(權力分立說)

(1) 내재적 한계설(內在的 限界說)이라고도 한다. 통치행위가 제외되는 것은 권력분립의 원칙상 정치적 책임이 없는 사법부는 정치적 성격이 강한 통치행위에 대하여 심사할 수 없다는 견해이다.

(2) 미국과 일본의 판례의 입장이다.

3) 대권행위설(大權行爲說)

통치행위는 국왕의 대권행사로서 사법심사의 대상에서 제외된다는 설로서, 영국의 고전적 견해이다.

4) 사법부자제설(司法府自制說)

(1) 통치행위가 사법적 심사의 대상에서 제외되는 것은 사법부가 고도의 정치성을 띤 다른 국가기관의 행위에 관여하는 것을 스스로 자제하기 때문이라는 설이다. 기조(Guizot)는 "만일 사법권이 정치간섭을 하게 되면 사법은 모든 것을 잃는다"라는 말을 하였는데, 이는 사법자제설을 단적으로 표현한 것이라고 볼 수 있다.

(2) 사법부 자제설은 사법권의 포기로 헌법상 원리에 위배된다는 비판을 받고 있다.

2. 부정설

법치주의 원칙과 행정소송에서 개괄주의[10)]가 채택되어 있고, 헌법재판소의 헌법소원심사

---

9) 홍정선, 「행정법특강」, 박영사, 2009, P.6; 김동희, 전게서, P.7.

10) 행정소송에 있어서의 개괄주의는 통치행위 부정설의 근거가 된다. 즉, 행정소송사항의 개괄주의는 특별한 경우가 아니면 행정소송의 대상을 일반적으로 인정하는 입법주의로서, 통치행위의 부정설의 주된 논거이다.

권이 인정되고 있는 이상, 모든 행정작용은 사법심사의 대상에서 제외될 수 없다는 입장이다. 즉 통치행위를 인정할 수 없다는 견해이다.

Ⅳ. 우리나라의 통치행위

1. 학설

긍정설이 다수설이며, 그 이론적 근거로는 권력분립설(내재적 한계설) 또는 사법부자제설을 들고 있다.

2. 인정범위

1) 헌법규정

통치행위에 관한 명문규정은 없지만 「헌법」 제64조 제4항에서 '국회의원의 자격심사 · 징계 · 제명처분에 대해서는 법원에 제소할 수 없다'고 규정하고 있어, 이를 통치행위에 관한 규정으로 인정할 수 있다.

3. 판례

1) 법원

(1) 통치행위의 인정사례

① 대통령의 계엄선포행위 · 비상계엄선포행위(대판 1964.7.21, 64초4; 대판 1979.12.7, 79초70).

[관련 판례]

★ 대통령의 계엄선포행위는 통치행위

대법원은 "대통령의 비상계엄 선포행위는 고도의 정치적 · 군사적 성격을 띠는 통치행위로 보고 그 선포가 당연무효가 아닌 한 사법심사를 할 수 없다"고 판시하여 대통령의 계엄선포행위를 통치행위로 보고 있다(대판 1964.7.21, 64초4).

★ 대통령의 비상계엄사건

대법원은 "대통령의 계엄선포행위는 고도의 정치적 · 군사적 성격을 띠는 행위라고 할 것이어서, 그 선포의 당 · 부당을 판단할 권한은 헌법상 계엄의 해제요구권이 있는 국회만이 가지고 있다 할 것이고 사법기관인 법원의 계엄선포의 요건구비여부나 선포의 당 · 부당을 심사하는 것은 사법권의 내재적인 본질적 한계를 넘어서는 것이다"라고 판시하고 있다(대판 1979.12.7, 79초70).

② 군사시설보호구역의 설정 · 변경 또는 해제행위(대판 1983.6.14, 83누43).

③ 국회의 자율권과 저촉되는 범위 내에서는 법원의 법률위헌여부 심사권을 인정하지 않음(대판 1972.1.18, 71도1845).

④ 남북정상회담 개최(대판 2004.3.26, 2003도7878).

[관련 판례]

★ 남북정상회담의 개최는 고도의 정치적 성격을 지니고 있는 행위라 할 것이므로 특별한 사정이 없는 한 그 당부를 심판하는 것은 사법권의 내재적·본질적 한계를 넘어서는 것이 되어 적절하지 못하다(대판 2004.3.26, 2003도7878).

⑥ 하급심인 행정법원은 대통령의 사면권 행사에 대해 통치행위성을 인정한 바 있다(서울행정법원 2002.2.2, 99구24405).

[관련 판례]

★ 대통령의 사면권은 통치행위

서울행정법원은 "대통령의 사면권은 고도의 정치적 결단에 의한 통치행위에 속하므로 사법심사의 대상이 되지 않는다"고 판시하였다(서울행정법원 2002.2.2, 99구 24405).

(2) 통치행위의 부정사례

① 남북정상회담 개최과정에서 이루어진 대북송금행위(대판 2004.3.26, 2003도7878).

[관련 판례]

★ 남북정상회담의 개최과정에서 재정경제부장관에게 신고하지 아니하거나 통일부장관의 협력사업승인을 얻지 아니한 채 북한 측에 사업권의 대가명목으로 송금한 행위 자체는 헌법상 법치국가의 원리와 법 앞의 평등원칙 등에 비추어 볼 때 사법심사의 대상이 된다(대판 2004.3.26, 2003도7878).

② 유신헌법 제53조에 근거한 '대통령 긴급조치 제1호'는 사법심사의 대상

[관련 판례]

★ 소위 유신헌법 제53조에 근거한 '대통령 긴급조치 제1호'는 헌법에 위배되어 무효이며, 헌법재판소의 위헌심판대상인 '법률'의 의미 및 소위 유신헌법 제53조에 근거한 '대통령 긴급조치' 위헌 여부의 최종적 심사기관은 대법원이다(대판 2010.12.1, 2010도5986 전합).

③ 비상계엄의 선포나 확대가 국헌문란의 목적을 위해 행하여진 경우는 사법심사의 대상

[관련 판례]

★ 비상계엄의 선포나 확대가 국헌문란의 목적을 달성하기 위하여 행하여진 경우에는 법원은 그 자체가 범죄행위에 해당하는지의 여부에 관하여 사법심사할 수 있다(대판 1997.4.17, 96도3376).

④ 지방의회의원의 징계는 사법심사의 대상. 즉, 국회의원에 대한 징계는 사법심사의 대상이 아니지만, 지방의원에 대한 징계는 소송의 대상이 된다.

[관련 판례]

★ 지방의회의원의 징계 · 제명은 그로 인해 의원의 권리에 직접 법률효과를 미치는 행정처분의 일종으로서 행정소송의 대상이 되고, 지방의회의 소재지를 관할하는 고등법원이 그 소송의 제1심 관할 법원이 된다(대판 1993.11.26, 93누7341).

⑤ 서훈취소는 통치행위가 아니라 사법심사의 대상

[관련 판례]

★ 서훈취소는 서훈수여의 경우와는 달리 이미 발생된 서훈대상자 등의 권리 등에 영향을 미치는 행위로서 관련 당사자에게 미치는 불이익의 내용과 정도 등을 고려하면 사법심사의 필요성이 크다. 따라서 기본권의 보장 및 법치주의의 이념에 비추어 보면, 비록 서훈취소가 대통령이 국가원수로서 행하는 행위라고 하더라도 법원이 사법심사를 자제하여야 할 고도의 정치성을 띤 행위라고 볼 수 없다(대판 2015.4.23, 2012두26920).

2) 헌법재판소

① 금융실명제에 관한 대통령령의 긴급재정 · 경제명령은 고도의 정치성을 가진 통치행위이나, 그것이 국민의 기본권침해와 직접 관련되는 경우 당연히 헌법재판소의 심판대상이 된다고 하여 통치행위성을 부정하였다.

[관련 판례]

★ **대통령의 긴급재정경제명령**

대통령의 긴급재정경제명령은 국가긴급권의 일종으로서 고도의 정치적 결단에 의하여 발동되는 행위이고 그 결단은 존중하여야 할 필요성이 있는 행위라는 의미에서 이른바 통치행위에 속한다고 할 수 있으나, 비록 고도의 정치적 결단에 의하여 행해지는 국가 작용이라고 할지라도 그것이 국민의 기본권 침해와 관련되는 것인 때에는 당연히 헌법재판소의 심판대상이 된다(헌재 1996.2.29, 93헌마186).

② 대통령의 이라크파병결정행위를 사법부자제설의 입장에서 통치행위성을 인정하였다.

[관련 판례]

★ **국군(서희제마부대)의 이라크 파병결정에 대한 대통령의 파병결정행위**

외국(이라크)에의 국군(일반사병)의 파병결정은 그 성격상 국방 및 외교에 관련된 고도의 정치적 결단을 요하는 문제로서, 헌법과 법률이 정한 절차를 지켜 이루어진 것임이 명백하므로 대통령과 국회의 판단은 존중되어야 하고, 헌법재판소가 사법적 기준만으로 이를 심사하는 것은 자제되어야 한다(헌재결 2003.12.18, 2003헌마255 · 256).

★ 국군(자이툰부대)의 이라크 파병에 대한 대통령의 결단

대통령의 이라크 파병결정은 그 성격상 국방 및 외교에 관련된 고도의 정치적 결단을 요하는 문제로서 대통령과 국회의 판단은 존중되어야 하고.....그러한 대통령과 국회의 판단은 궁극적으로 신뢰를 통해 국민에 의한 평가와 심판을 받게 될 것이다. 이 사건 파병결정에 대한 사법적 판단을 자제함이 타당하다(헌재 2004.4.29, 2003헌마813).

③ 사면권은 사법심사의 대상이 아닌 통치행위이다.

[관련 판례]

★ 사면은 형의 선고의 효력 또는 공소권을 상실시키거나, 형의 집행을 면제시키는 국가원수의 고유한 권한을 의미하며, 사법부의 판단을 변경하는 제도로서 권력분립의 원리에 대한 예외가 된다(헌재결 2000.6.1, 97헌바74).

④ 신행정수도건설이나 수도 이전의 문제를 국민투표에 붙일지 여부는 고도의 정치성을 가진 통치행위이다. 반면 신행정수도의 건설을 위한 특별조치법은 헌법개정사항인 수도의 이전을 헌법개정의 절차를 밟지 아니하고 단지 단순법률의 형태로 실현시킨 것으로 헌법 130조에 따라 헌법개정에 있어서 국민이 가지는 참정권적인 기본권인 국민투표권을 침해하여 헌법에 위배된다(헌재결 2004.10.21, 2004헌마554 · 555). 즉, 법률의 위헌여부는 사법심사의 대상이 된다.

⑤ 대통령이 한미연합 군사훈련의 일종인 전시증원연습을 하기로 한 결정은 통치행위에 해당하지 않는다(헌재결 2009.5.28, 2007헌마369).

4. 통치행위의 대상과 범위

1) 통치행위의 주체

통치행위는 계엄선포, 사면권행사 등과 같이 주로 정부(특히 대통령)의 행위이지만, 국회의 행위(예컨대, 국회의원의 징계 · 제명 등)도 통치행위가 될 수 있다. 그러나 사법부의 행위는 통치행위로 인정되지 않으며, 헌법재판소 역시 통치행위의 주체가 되지 않는다고 보는 것이 지배적인 견해이다(대판 2004.3.26, 2003도7878).

2) 통치행위의 대상

현행 「헌법」 상 명문규정은 없어도, 다음과 같은 행위는 통치행위성을 인정하고 있다.

(1) 행정부(정부)의 행위

① 대통령의 비상조치 · 계엄선포, ② 대통령의 외교에 관한 행위(예: 조약의 체결 · 비준, 국가 · 정부의 승인), ③ 군사에 관한 행위(예: 선전포고 · 강화, 국군통수, 국군의 해외파견), ④ 긴급명령 및 긴급재정 · 경제명령, ⑤ 사면 · 영전의 수여, ⑥ 국무총리 · 국무위원의 임면, ⑦ 법률안거부권의 행사, ⑧ 국민투표에의 부의

(2) 입법부(국회)의 행위

① 국무총리 임명 동의, ② 국무총리 · 국무의원 해임건의, ③ 국회의원의 자격심사 · 징계 · 제명, ④ 의결정족수, ⑤ 국회의 의사진행에 관한 사항 등

(3) 사법부(법원)

사법부는 고도의 정치적 결단을 하는 기관이 아니므로 통치행위의 주체가 될 수 없다.

5. 통치행위의 통제

1) 헌법원칙에 구속

(1) 통치행위가 재판으로부터 자유롭다고 하여도 그것이 헌법으로부터 완전히 자유로운 것은 아니다.[11] 통치행위 역시 헌법에 근거하여 행사되는 것인 만큼 「헌법」의 기본원리를 부정하거나(예컨대, 국민주권주의 · 민주주의 원칙 등), 국민의 기본권 침해의 한계에 관한 여러 원칙(예컨대, 비례의 원칙) 등에 위배되어서는 안 된다.

(2) 사법심사의 발달로 통치행위는 축소화되어 가고 있는 것이 현실이다.

2) 국회 · 국민여론에 의한 정치적 통제

(1) 통치행위는 법원에 의한 사법적 심사의 대상에서는 제외될 수 있지만, 국회나 국민여론에 의한 정치적 통제는 가능하다.

(2) 대통령의 통치행위가 「헌법」 · 「법률」을 위반한 경우에는 탄핵의 대상이 된다고 본다.

(3) 선거에서의 통치행위

현행법상 대통령, 국회의원, 지방자치단체의 선거에 관한 한 모두 사법심사의 대상으로 하고 있다. 따라서 선거 자체를 통치행위로 인정할 수 없다.

3) 판단의 주체

통치행위여부의 판단은 오로지 사법부에 의해 이루어져야 한다는 것이 법원의 입장이다(대판 2004.3.26, 2003도7878).

4) 통치행위의 법적 효과

통치행위를 인정하게 되는 경우에는 그 범위 내에서의 행위는 사법심사의 대상이 되지 않는다. 이에 대하여 소송이 제기된 경우 법원에서 각하된다.

[관련 판례]

★ 통치행위의 개념을 인정한다고 하더라도 과도한 사법심사의 자제가 기본권을 보장하고 법치주의 이념을 구현하여야 할 법원의 책무를 태만히 하거나 포기하는 것은 되지 않도록 그 인정을 지극히 신중하게 하여야 하며, 그 판단은 오로지 사법부에 의해 이루어져야 하는 것이다(대판 2004.3.26, 2003도7878).

---

11) 홍정선, 「행정법원론(상)」, 박영사, 2002, p.19.

4) 국가배상

(1) 손해배상

통치행위에 의하여 손해를 입은 자는 국가배상을 청구할 수 있는가에 대하여 긍정설과 부정설의 견해가 대립하고 있다. 통치행위에 대해서는 위법성 여부가 사법심사의 대상에서 제외되므로 국가배상책임이 인정될 수 없다고 보는 견해가 다수설이다.

[관련 판례]

★ "누구에게도 일견하여 헌법이나 법률에 위반되는 것으로 명백하게 인정될 수 있는 등 특별한 사정"이 있는 경우(대판 1997.4.17, 96도3376. 5.18내란사건) 또는 "국민의 기본권 침해와 직접 관련"되는 경우(헌재 1996. 2.29, 93헌마186)가 아니라면 법원의 심리에서 배제되기 때문에 이러한 범위안에서 통치행위의 위법성을 주장할 수 있는 방법을 찾기 어렵다.

(2) 손실보상

긍정설과 부정설의 견해가 대립하고 있으나, 통치행위는 위법심사가 배제되는 것이므로 위법심사 뿐만 아니라 적법심사도 배제된다고 보아야 한다. 따라서 손실보상 또한 부정하는 견해가 다수설의 입장이다.

5) 헌법재판과 행정소송

통치행위가 국민의 기본권 침해와 직접 관련되는 경우, 그러한 행위가 법적 구속을 벗어나게 되면 헌법소원이나 행정소송의 대상이 될 수 있다.[12)]

제3절 행정의 분류

행정은 여러 관점에 따라 분류해 볼 수 있으나, 일반적으로 주체·대상·목적·수단·형식·효과에 따라 분류하고 있다. 이를 도표화하면 다음과 같다.

<table>
<tr><td>주체에 의한 분류</td><td colspan="4">국가행정, 자치행정(지방자치단체·공공단체 등), 위임행정(선장의 호적사무수행 등과 같은 공무수탁사인)</td></tr>
<tr><td rowspan="4">목적에 의한 분류</td><td colspan="4">조직행정(행정조직)</td></tr>
<tr><td rowspan="3">작용행정(행정작용)</td><td>국가목적적 행정</td><td colspan="2">외무행정, 군사행정, 재무행정, 사법행정</td></tr>
<tr><td rowspan="2">사회목적적 행정
(내무행정)</td><td colspan="2">경찰행정(질서행정)</td></tr>
<tr><td>복리행정</td><td>급부행정</td></tr>
</table>

12) 홍정선, 「행정법특강」, 박영사, 2009, p.10.

<table>
<tr><td rowspan="2">수단에 의한 분류</td><td colspan="2">권력행정(경찰처분 · 조세부과 · 각종 규제 등)</td></tr>
<tr><td>비권력적 행정</td><td>관리행정, 국고행정(사경제작용: 행정상 사무용품의 구입 · 도급계약 등), 행정사법(전기 · 가스 · 수도 등의 공급 같은 공행정)</td></tr>
<tr><td>내용에 의한 분류</td><td colspan="2">질서행정(교통정리 · 영업규제 등), 급부행정(공급행정 · 사회보장행정), 유도행정(행정계획 · 보조금지급 등), 공과행정(조세 기타 공과금을 관리하는 행정), 조달행정</td></tr>
<tr><td>법적 효과에 의한 분류</td><td colspan="2">수익적 행정(영업허가 · 납부면제 등), 부담적 행정(영업허가 취소 · 조세부과처분 등), 복효적 행정(연탄공장과 인근주민 · 건축허가 받은 자와 이웃주민과의 일조권 침해).</td></tr>
</table>

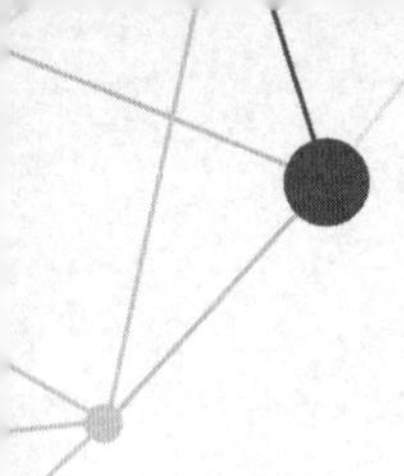

제 2 장
행정법

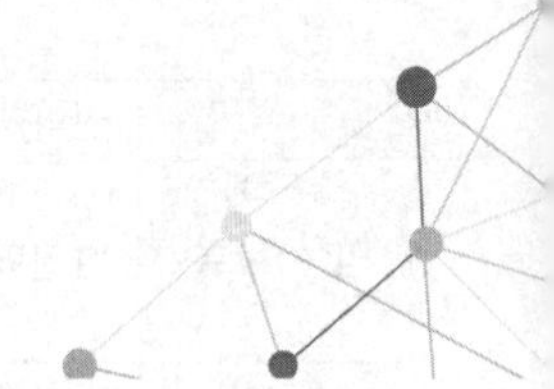

제 1 절 행정법의 성립과 유형

Ⅰ. 행정법의 의의

행정법이라 함은 '행정의 조직·작용 및 구제에 관한 국내공법'을 말한다. 여기서 행정법은 '행정에 관한 국내공법', 즉 행정에 관한 민사법·형사법·국제법 관계를 제외한 공법관계로서의 행정법을 가리킨다.

Ⅱ. 행정법의 성립과 유형

1. 대륙법계

1) 행정법 성립의 전제

대륙법계 국가에서 행정법이 성립하게 된 가장 중요한 전제조건은 법치주의의 확립과 행정제도의 발전이었다.

(1) 법치주의의 확립

법치주의라 함은 모든 국가권력은 국민의 대표기관인 의회에서 제정한 법률에 의해서만 행사되어야 한다는 원리이다. 따라서 행정도 법률에 의해서만 행하여져야 하고, 이에 따라 행정을 규율하는 법의 정립이 필요하게 되어 행정법이 성립하게 되었다.

(2) 행정제도의 발전

행정법이 성립하기 위해서는 법치주의의 확립 외에도 행정제도라는 특수한 제도적 기반을 필요로 한다. 행정제도라 함은 사법권에 대항하여 행정권의 지위를 보장하기 위하여 발달된 제도를 말한다.

(3) 행정국가와 사법국가

① 행정국가

별도의 행정재판소를 설치하여 행정사건을 관장하는 국가를 말한다(예컨대, 프랑스 · 독일).

② 사법국가

민사사건과 행정사건을 모두 사법재판소(일반법원)에서 재판하는 국가를 말하는데, 사법제도국가라고 부르기도 한다(예컨대, 한국 · 영미법계국가).

2) 유형(類型)

(1) 프랑스

① 행정법은 프랑스에서 최초로 성립하였다. 프랑스는 18세기까지 사법재판소가 국왕의 행정에 상당한 정도로 간섭하자, 사법권으로부터 부당한 간섭을 배제하고 행정권의 독립성을 보장하기 위하여 1799년에 국참사원(행정재판소)을 설치하였다.[13)]

② 프랑스는 행정재판소의 판례와 학설을 통하여 행정법이 성립되었고, 블랑코(Blanco) 판결에서 공역무(service public)[14)]개념을 중심으로 발전하게 되었다.

③ 프랑스의 행정법은 ㉠ 행정국가, ㉡ 공 · 사법 이원체계확립, ㉢ 공역무(권력작용과 비권력적 작용 모두 행정법의 대상으로 인정) 수행에 의한 국가배상책임 인정 등을 그 특색으로 한다.

[관련 판례]

★ 블랑꼬 판결(Blanco)

1873년 블랑꼬(Blanco)라는 소년이 보르도 국영담배공장 마차에 치인 후, 민사재판소에 제기한 손해배상 청구사건의 재판관할에 관하여 국참사원과 최고재판소의 대표자로 구성된 관할재판소는"국가가 공공사업에 고용한 사람의 과실로 사인(私人)에게 입힌 손해는 개인과 개인의 관계를 규정한 민법의 원칙으로 규제할 수 없고, 그 성질상 행정재판소의 관할에 속한다"고 판결하였다.

★ 블랑꼬 판결의 의의

1) 라페리에르[15)]의 권력행위 · 관리행위 2분론은 공역무 중심으로 단일화되었다.
2) 국가의 공공역무 수행에 의한 국가배상책임을 인정하였고, 그 관할은 행정재판소가 관장한다는 원칙이 확립되었다.

---

13) 나폴레옹이 국참사원(꽁세유데따)을 설치하였으나, 이 때의 국참사원은 국가수반에 조언하는 정도였고, 1872년에 와서야 국참사원은 행정문제에 대한 소송에서 결정권을 갖게 되었고, 이로 하여금 행정사건을 전담토록 하였다.

14) 공역무(Service Public)라 함은 행정주체의 행위가 권력행위이든 관리행위이든 관계없이, 일반적으로 공공의 필요를 충족시킬 목적으로 하는 공행정기관의 행위를 말한다. 즉, 공역무는 공공서비스로서, 이에는 공법이 적용된다.

15) 라페리에르는 행정작용을 권력행위와 관리행위로 구별하고, 이를 이론적으로 체계화시킨 프랑스 행정법학자이다.

(2) 독일

① 독일의 경우 국가권위주의에 기초한 국고학설을 배경으로 행정법이 성립·발전하였다.

② 국고학설은 「공권력의 주체로서의 국가」와 「재산권 주체로서의 국가(국고)[16]」를 개념적으로 구분하였다. 그 결과 국가가 공권력의 주체로서 국민에 대하여 지배적으로 활동할 때에만 국가의 우월성을 인정하여 공법(행정법)을 적용하고, 이와 관련된 분쟁을 행정재판소의 관할에 속하게 하였다.

2. 영미법계

1) 보통법의 지배(20세기 이전)

(1) 영미법계 국가에서는 전통적으로 국가도 사인(私人)과 같이 사법재판소(일반법원)의 재판을 받는 보통법만이 적용되었고, 그 법적분쟁에 대해서도 사법재판소가 일반적 관할권을 갖는 '법의 지배원리'가 일찍부터 발달하였다.

(2) 따라서 영미법계 국가에 있어서는 19세기까지만 해도 국가와 국민사이에만 특별히 적용되는 법으로서의 행정법은 거의 성립할 여지가 없었다.[17]

2) 행정법의 성립(20세기 이후)

(1) 제2차 세계대전 이후 고도의 자본주의 발달로 행정기능의 확대와 개입이 요구되었고, 이에 따라 준입법적·준사법적 권한까지 부여된 각종 행정위원회(예컨대, 연방거래위원회·민간항공위원회 등)가 설치되기 시작하면서, 이를 규제하기 위한 법으로 「행정법」이 성립·발달하게 되었다.

(2) 영미법계의 행정법은 대륙계행정법만큼 포괄적인 것은 아니며,[18] 내용적으로도 주로 절차법(행정절차·구제 등)을 중심으로 구성되어 있다.

---

16) 국고(國庫)라고 함은 국가가 사법상(私法上) '재산권의 주체로서의 지위'에 있는 것을 말한다. 이 경우 국가가 일반국민과 대등한 입장에서 재산권을 행사하기 때문에, 사인(私人)과 마찬가지로 사법적 통제(司法的 統制)를 받는다는 이론이다. 예컨대, 행정기관이 갑이라는 사인(私人)에게 필요 없는 국유지를 매각하는 행위는 국고작용이므로, 사법적 통제를 받는다는 것을 의미한다.

17) 영국의 다이시 교수(A.V.Dicey)는 "영국에는 행정법이 없다"고 하였다. 이 말은 영국에서는 그 어떠한 사건도 보통재판소(사법재판소)에서 통제됨을 강조한 것이다(김동희, 전게서, P.25; 김형중, 전게서, P.49).

18) 영미의 행정법은 여전히 보통법에 대한 예외(특별법)정도로 인식되고 있다.

Ⅲ. 우리나라 행정법의 성립과 유형

1. 성립

1) 우리나라는 전통적으로 행정권이 매우 강한 국가였다.[19] 그 후 우리나라의 근대행정법은 일제 강점기 하에서 비민주적인 경찰권 중심의 행정법으로 성립하였다.

2) 광복 이후에는 민주주의 이념과 영미법의 영향으로 혼합적 성격의 행정법으로 발전되었으나, 행정권 우위의 전통은 대한민국 정부수립 이후에도 이어져 오고 있다.

2. 유형

1) 사법제도국가(司法制度國家)

영·미법계의 사법제도 국가형태를 원칙으로 한다. 따라서 행정사건에 대하여 별도의 행정재판소 관할을 인정하지 않고, 행정소송을 포함한 모든 법률적 쟁송을 사법법원의 관할 하에 두고 있다.

2) 행정제도국가적 요소의 가미

(1) 우리나라는 원칙적으로 공법과 사법의 이원적 체계를 채택하여, 독립한 법체계로서 행정법이 존재하고 있다.

(2) 행정사건도 민사사건과는 달리 특수한 절차법인 「행정소송법」이 적용된다는 점에서, 행정제도국가적 요소 등이 가미되고 있다.

제2절 우리나라 행정법의 기본원리

Ⅰ. 개 설

헌법과 행정법관계를 어떻게 볼 것인가. 헌법제정권력자의 정치적 결단의 표현이 헌법이라면, 이러한 헌법을 구체적으로 실현하는 것을 내용으로 하는 합목적적이고도 기술적인 법이 바로 행정법이라 할 수 있다.

---

19) 우리나라는 조선시대까지도 국왕을 중심으로 하여 도덕·교육·경제·종교문제까지 국가의 관여에 의해서 이루어졌다.

Ⅱ. 행정법의 기본원리

헌법의 구체화법으로서 행정법은 헌법적 이념을 구현하여야 하는데, 그 내용으로는

1. 민주행정의 원리(행정조직의 법정화 · 행정작용의 민주화 · 직업공무원제도)
2. 법치행정의 원리(실질적 법치주의)[20]
3. 자치행정의 원리(지방자치제도)
4. 사회복지국가의 원리(인간다운 생활을 할 권리 등 생존권적 기본권 등)
5. 사법국가제도 등을 기본원리로 하고 있다.

제 3 절 법치주의(법치행정)

* 사시 13회
* 사시 31회
– 법치행정의 원칙을 논하라.
* 외시 30회
– 법률에 의한 행정의 원칙의 내용과 한계를 논하라.

Ⅰ. 개 설

1. 법치주의의 의의

법치주의란 권력분립의 원칙에 기초하여 모든 국가작용은 국민의 대표기관인 의회가 제정한 법률에 의하여 발동되어야 하고, 이에 대한 사법심사가 보장되어야 함을 의미한다.

2. 법치행정

법치원리가 행정의 영역에서 적용될 때 법치행정으로 표현된다.

1) 법치행정이라 함은 행정권의 발동은 국민의 의사를 대표하는 의회가 제정한 법률에 근거하여, 그 행사도 법률의 범위와 한계 내에서 이루어져야 한다는 것을 의미한다. 따라서 이에 위반하여 국민의 권익이 침해된 경우에는 사법적인 구제가 보장되어야 한다는 법원리를 말한다.

2) 법치행정은 행정의 자의로부터 국민을 보호하고, 아울러 행정작용의 예측가능성을 보장하려는 데에 그 목적이 있다.[21]

---

20) 법치행정의 원리는 행정권도 법의 기속을 받고, 그 수권의 범위 내에서 권한행사를 하는 것을 그 내용으로 한다. 그리고 법률의 범위와 한계를 벗어날 경우에는 사법적 통제가 가능한 것을 의미한다.

21) 홍정선, 전게서, P.23; 김동희, 전게서, P.27; 김형중, 전게서, P.56.

Ⅱ. 근대적 법치주의

1. 대륙법계 국가에서의 법치주의

1) 형식적 법치주의

(1) 형식적 법치주의는 법치국가의 개념을 형식적으로 파악하는 입장으로, 통치의 합법성을 그 특징으로 하여, 19세기 후반 독일에서 확립되었다.

(2) 근대적 법치주의는 「법률의 법규창조력」, 「법률우위의 원칙」, 「법률유보의 원칙」을 그 내용으로 한다.

(1) 법률의 법규창조력

① 국민의 권리 · 의무 관계에 구속력을 가지는 법규를 창조하는 것은 국민의 대표기관인 의회의 전속적 권한에 속한다. 따라서 행정권 스스로는 입법권의 수권이 없는 한 독자적으로 법규를 창조할 수 없다는 것을 말한다. ② 법규창조력은 위임입법의 한계와 명확성을 설정해 주고, 행정의 법규창조력을 부정하는 기능을 한다.

(2) 법률의 우위의 원칙

① 법률의 형식으로 표현된 국가의사는 행정보다 우월한 것이며, 행정권의 행사가 법률에 저촉되거나 위반되어서는 안 된다는 원칙이다. 이는 행정이 법률에 구속되는 것을 의미한다.

② 법률의 우위의 원칙은 소극적[22]으로 행정이 법규에 위반되어서는 안 된다는 의미에서 소극적 의미의 법률적합성의 원칙이라고 한다.

③ 행정은 법률에 위배될 수 없으므로 법률의 우위의 원칙은 행정의 모든 영역에서 적용된다.

(3) 법률유보의 원칙(2013 경감 승진 약술)

① 법률유보의 원칙은 행정권의 발동에는 법률의 근거를 필요로 한다는 원칙을 말한다. 여기서 법률이란 국회에서 제정한 「형식적 의미의 법률」을 의미하므로, 불문법으로서의 관습법 등은 포함되지 아니한다.

② 법률유보의 원칙은 행정에 대한 의회의 적극적 통제로서, 이 원칙이 행정의 전 영역에 적용되면 권력분립의 원칙에 위반된 소지가 있다. 따라서 법률유보의 범위에 대해서는 현재 다양한 견해가 제시되고 있다.

③ 법률유보의 원칙은 행정기관이 행위를 할 수 있게 하는 법적 근거의 문제로서, 법치주의의 적극적 기능[23]에 해당한다.

---

22) 법률우위의 원칙은 기존법률의 침해를 금지하는 것, 즉 법치주의의 소극적 기능에 해당한다.

23) 적극적 기능이란 행정권의 발동은 복리향상을 위해 적정하게 발동되어야 한다는 것을 의미한다.

2) 형식적 법치주의의 한계

19세기 독일의 형식적 법치주의는 다음과 같이 수정 내지 변질되어갔다.

(1) 법규창조력의 변질

형식적 법치주의는 의회에서 제정된 형식적 법률의 지배를 의미하므로, 「법률」이라는 미명하에 모든 것이 복종되는 결과를 가져왔고, 그에 관한 권리보장도 형식적·절차적이었다(예컨대, 군주의 독립명령과 긴급명령인정·포괄적 위임입법 인정 등).

(2) 법률우위 원칙의 적용한계

형식적 법치주의는 법률의 형식에 의하기만 하면 법률의 실질적 내용에 상관없이 부정한 내용의 법률의 우위도 인정하였다.

(3) 법률유보의 원칙의 적용한계

① 경우에 따라서는 법률이 근거만 있으면 어떠한 권력(행정권)의 발동도 정당화될 가능성마저 내포하고 있었다(법률유보의 대표적인 예로 법치주의가 악용되어 그 극단적 폐해가 나타났던 나치독일과 군국주의의 일본을 들 수 있다).

② 국민의 자유와 재산에 대하여 침해·제한을 가하는 행정의 경우에만 법률의 근거를 요한다는 「침해유보설」에 한정함으로써, 행정권에 대한 광범위한 재량권을 부여하였다.

(4) 법치주의 적용배제

특별권력관계론을 인정함으로써, 특별권력관계 내부의 권력적 행위에 대해서는 원칙적으로 사법심사를 배제하였다.

(5) 구제제도의 미비

행정소송에 대한 열기주의의 채택과 국가배상책임을 부정하였다.

▷ 법률우위의 원칙과 법률유보 원칙의 비교

구분	법률우위의 원칙	법률유보의 원칙
행정에 대한 법치주의의 기능	기존법률의 침해를 금지하는 소극적 의미의 기능을 수행함	행정권의 발동은 반드시 개별적 법률의 근거를 요한다는 적극적 의미의 기능을 수행함
법률의 개념	법률이라 함은 국회제정의 형식적 의미의 법률·위임명령에 따른 법규명령·불문법(관습법·조리)을 포함. 단 행정규칙은 제외	법률이라 함은 국회에서 제정된 「형식적 의미의 법률」만을 의미함. 따라서 불문법(관습법 등)과 행정규칙은 제외됨
적용범위	행정의 모든 영역에 적용됨	모든 행정영역에 적용시킬 것인가에 대한 범위문제는 현재 다양한 견해가 제시되고 있음
법률의 존재유무	법률우위의 원칙은 법률이 있는 경우에 문제가 됨	법률유보의 원칙은 법률이 없는 경우에 문제가 됨
법의 단계와 권한과의 관계	법률우위의 원칙은 법의 단계질서의 문제임	법률유보의 원칙은 입법과 행정사이의 권한의 문제임

2. 영미법 국가에서의 법치주의

1) 법의 지배의 원리

영미법계는 처음부터 다이시(A.V.Dicey)에 의해 체계화된 "법의 지배원리"에 의해 1) 법의 절대적 우위[24], 2) 법적 평등의 원칙[25], 3) 인권에 관한 일반법원의 판례법상의 원칙이 확립되어 실질적 법치주의가 형성되었다.

2) 영미법계의 「법의 지배」의 수정

20세기(제2차 세계대전 이후)에 들어와서 행정의 역할 및 기능에 확대에 따라 행정법이 성립함으로써, 초기의 법의 지배원리가 어느 정도 수정되기는 하였으나, 이것이 곧 법의 지배원리의 근본적인 변질을 의미하는 것은 아니다. 예컨대, 행정의 적법절차 원칙과 위헌법률심사 등 사법심사제도의 확립을 통해 법의 지배이념은 여전히 유지되고 있다.[26]

Ⅲ. 현대적 법치주의(실질적 법치주의의 확립)

근대 형식적 법치주의, 특히 독일의 경우 제2차 세계대전 전에(나치독일) 근대적 형식적 법치주의가 악용되어 극단적인 폐해가 발생하였다. 이에 대한 반성으로 현대에 들어와서는 기본권 보장을 이념으로 하고, 그 실질적 구현을 내용으로 하는 실질적 법치주의가 채택되었다.

1. 법치주의원리의 일반적 적용

1) 초기에는 행정조직 · 특별권력관계 · 행정재량행위 등은 당연히 군주의 대권에 속하는 사항으로, 법치행정의 원리가 적용되지 않는 것으로 보았다.

2) 현대에 들어와서는 이러한 부분에도 법치주의 원리가 원칙적으로 적용되고 있다(예컨대, 행정조직법정주의 · 특별권력관계론의 부인 등). 따라서 법에 의한 지배범위가 확대되었다고 볼 수 있다.

---

24) 「법의 절대적 우위의 원칙」이란 자의적 권력의 지배에 대한 정당한 「법의 지배」를 의미한다. 즉, 국민은 일반법원에 의하여 확립된 법에만 구속된다는 원칙이다.

25) 「법적 평등의 원칙」이란 행정권도 일반국민과 마찬가지로 보통법(행정권이 법의 지배를 받는 것을 이른바 "커먼로의 지배(Common Law)"라고 함)에 구속되고, 일반법원의 재판을 받아야 한다는 원칙을 말한다.

26) 김동희, 전게서, P.30; 김형중, 전게서, PP.58－59.

2. 행정입법에 대한 법률의 법규창조력 원칙의 엄격

1) 종래 독일 등에서는 행정권이 긴급명령[27]·독립명령[28] 등의 형식으로 법률과는 독자적으로 법규를 창조할 수 있었다.

2) 오늘날에는 독립명령은 이미 존재가치가 없고, 긴급명령도 헌법상 엄격한 요건 하에서만 예외적으로 인정되고 있다.

3) 특히 행정입법권에 대한 일반적·포괄적 위임도 위헌적인 것으로서 부인되고, 구체적인 위임만 가능하도록 제한하고 있다.

3. 합헌적 법률의 우위

1) 과거 형식적 법치주의 하에서는 불법적인 내용의 법률의 우위가 인정되었다.(악법도 법이다.)

2) 현대에는 위헌법률심사제도가 채택되어 합헌적 법률의 우위만이 인정되고 있다.

4. 구제제도의 강화

법치행정의 보장을 위한 구제제도로서 행정소송에서의 개괄주의, 국가배상책임의 인정과 범위확대, 행정절차에 대한 통제강화 등을 들 수 있다.

5. 법률유보의 범위 확대(법률유보에 관한 학설)

1) '모든 행정권의 발동은 반드시 법률에 근거가 있어야 하는가'라는 명제에 대하여 종래 형식적 법치주의 하에서는 법률의 유보범위를 매우 제한적으로 파악하여, 주로 국가의 침해적 행정작용의 경우에만 법의 근거를 요한다고 보았다(침해유보설).

2) 오늘날에는 그 범위를 확대하려는 것이 학설·판례의 일반적인 입장이다. 이에 대한 견해들을 살펴보면 다음과 같다.

(1) 침해유보설

① 국민의 자유와 권리를 침해 또는 제한하거나 의무를 부과하는 행정작용은 반드시 법률의 근거를 요한다는 입장이다.

② 이 설은 국민의 자유와 권리를 침해하지 않는 행정은 독자적으로 활동할 수 있다고

---

27) 대통령은 국가비상시에 긴급명령과 긴급재정·경제명령을 발동할 수 있다(헌법 제76조 2항).

28) 독립명령이란 법률의 수권 없이 자유로이 제정한 명령을 의미하는 것으로서 현행법상 인정되지 않는다. 예컨대, 비상사태를 수습하기 위한 행정권이 발하는 비상명령은 헌법적 효력을 지닌 독립명령이다. 과거 우리나라 제4·5공화국 당시 「헌법」상의 긴급조치, 또는 비상조치가 이에 해당된다.

보는 견해로써, 행정에 대한 자유를 중요시한다.

(2) 권력행정유보설

권력행정유보설은 침해행정이거나 수익행정이거나를 막론하고, 모든 권력작용은 법률의 근거를 요한다는 견해이다. 이 견해는 침해유보설이 틀(침해유보의 변형)을 벗어나지 못했다는 비판이 제기되고 있다.

(3) 전부유보설

① 모든 행정작용은 그 성질이나 종류를 불문하고 법률에 근거해야 한다는 입장(의회민주주의와 의회의 우월성을 강조)으로서, 행정의 자유영역을 부정하는 입장이다.

② 이 견해는 행정이 의회에 종속되어 권력분립에 위반되고, 법률의 수권이 없는 한 국민에게 필요한 급부를 할 수 없게 된다는 비판을 받고 있다.

(4) 급부행정유보설(사회주의 유보설)

① 급부행정유보설은 침해행정뿐만 아니라 수익적 행정인 급부행정의 영역에도 법률유보원칙이 적용되어야 한다는 견해로서, 행정으로부터 자유 못지않게 행정을 통한 자유를 중시한다. 즉, 행정을 매개로 국민의 기본권의 실현을 행정을 통하여 구현하는데 중점을 두는 이론이다.

② 급부행정의 모든 부분에 법률의 근거를 요한다고 하면 법률이 흠결된 경우에는 국민생활에 필요한 급부를 제공하지 못하여 급부행정의 탄력성을 떨어뜨리고, 행정기관이 독자적으로 행정을 수행할 수 있는 가능성을 차단한 위험성이 있다는 비판이 제기되고 있다.

(5) 중요사항유보설(본질성설)

① 의의

본질성 이론이라고도 불리는 이 설은 공동체나 시민에게 중요한 결정은 입법자 스스로가 법률로 정하여야 한다는 것에 그 논거를 두고 있다.

㉠ 공동체나 시민에게 중요한 본질적인 행정권의 조치는 침해행정이나 급부행정에 있어서도 법률의 근거를 요한다.

㉡ 나아가 법률유보의 범위뿐만 아니라 그 중요성의 정도에 비례하여 보다 구체적인 규율을 하여야 한다는 이론이다.

② 내용

㉠ 중요사항유보설은 독일연방헌법재판소의 원자력발전소판결(Kalkar－Urteil)에서 정립된 것이다. 즉, 헌법상의 법치국가원칙 · 민주주의원칙 및 기본권규정과 관련하여 볼 때, 각 행정부문의 본질적 사항에 관한 규율은 법률에 유보되어야 한다고 보는 견해이다. 우리 헌법재판소도 기본적으로 중요사항 유보설의 입장을 취하고 있다.

㉡ 1차적(기본권 관련성)으로 기본권 실현을 위하여 횡적으로 법적 근거가 필요한 행정작용의 범위가 일단 결정되고 나면, 2차적(법률유보의 강도)으로 종적으로 그 행정영역에서 국민의 기본권 실현과 직접적으로 관련되는 매우 중요한 사항을 반드시 법률로 규정해야하며, 그 이외의 사항은 법규명령에 대한 위임의대상이 될 수 있다.

㉢ 이런 의미에서 중요사항유보(본질성설)는 위임입법의 한계로서 작용한다.

㉣ 의회유보론

의회유보설은 중요사항유보설과 관련되어 제시된 것이다. 의회유보설이란 중요한 사항 중에서 보다 중요한 것은 반드시 의회 스스로가 정하여야 함을 의미한다. 이는 「위임의 금지」를 통한 보다 강화된 법률유보에 해당한다. 중요유보사항은 본질사항에 대하여 법적 근거의 필요성을 강조하는데 반해, 의회유보설은 위임금지사항을 강조하는 점에서 상대적 차이가 있지만, 그 맥락은 동일하다.

※ **행정유보**

1) 의의

행정유보는 행정기관이 법률에 의한 제한을 받지 않고 스스로 규율할 수 있는 행정의 고유한 영역을 말한다.

2) 종류

행정유보는 내용적으로 배타적 행정유보와 허용적 행정유보로 구분된다.

① 배타적 행정유보는 일정한 사항에 대하여는 법률의 개입을 배제하고 전적으로 행정권에 의한 배타적인 입법권을 인정하는 것을 말한다(예컨대, 프랑스 제5공화국 헌법 제37상의 독립명령).

② 허용적 행정유보는 법률이 없는 경우에는 행정권이 독자적으로 행정입법을 할 수 있으나, 의회는 언제든지 이러한 행정입법이 제정된 사항에 대하여도 법률로 규율할 수 있는 것을 말한다. 배타적 행정유보는 헌법적 근거를 요하는 것이므로, 우리나라에서는 허용적 행정유보만이 인정된다.

[관련 판례]

★ 중요사항유보설에 입각한 헌법재판소의 결정의 예

① TV수신료는 국회가 스스로 행하여야 하는 본질적인 중요사항임.

텔레비전 방송 수신료는 대다수 국민의 재산권 보장의 측면이나 한국방송공사에게 보장된 방송자유의 측면에서 국민의 기본권 실현에 관련된 영역에 속하고, 수신료 금액의 결정은 납부의무자의 범위 등과 함께 수신료에 관한 본질적인 중요한 사항이므로 국회가 스스로 행하여야 하는 사항에 속하는 것임에도 불구하고 한국방송공사법 제36조 제1항에서 국회의 결정이나 관여를 배제한 채 한국방송공사로 하여금 수신료 금액을 결정해서 문화관광부장관의 승인을 얻도록 한 것은 법률유보원칙에 위반된다(헌재 1999.5.27, 98헌마 70).

② 국민의 기본권 실현과 관련된 영역에 있어서는 국민의 대표자인 입법자가 그 본질적 사항에 대해 스스로 결정해야 함(의회유보원칙).

오늘날 법률유보원칙은 단순히 행정작용이 법률에 근거를 두기만 하면 충분한 것이 아니라, 국가공동체와 그 구성원에게 기본적이고도 중요한 의미를 갖는 영역, 특히 국민의 기본권실현과 관련된 영역에 있어서는 국민의 대표자인 입법자가 그 본질적 사항에 대해서 스스로 결정하여야 한다는 요구까지 내포하고 있다(의회유보원칙)(헌재 1999.5.27, 98헌바70).

③ 사업시행인가신청시의 토지 등 소유자의 동의요건을 사업시행자의 정관에 위임한 것에 대하여 대법원은 의회유보에 위반되지 않는다는 입장이지만, 헌법재판소는 법률유보에 위반된다는 입장으로서 대법원과 헌법재판소의 판례가 대립되고 있다.

㉡ 대법원 – 사업시행인가신청시의 토지 등 소유자의 동의요건을 사업시행자의 정관에 위임한 도시 및 주거환경정비법 제28조 제4항 본문은 포괄위임입법금지 원칙에 위배되지 않으며, 그 동의요건은 토지 등 소유자의 재산상 권리·의무에 영향을 미치는 것으로서 법률유보 내지 의회유보의 원칙에 위배되지 않는다(대판 2007.10.12, 2006두14476).

㉠ 헌법재판소 – 도시환경정비사업의 시행자인 토지 등 소유자가 사업시행인가를 신청하기 전에 얻어야 하는 토지 등의 소유자의 동의요건 등은 국민의 권리·의무에 관한 본질적인 사항이므로 국회가 스스로 행하여야 하는 사항임.

도시환경정비사업의 시행자인 토지 등 소유자가 사업시행인가를 신청하기 전에 얻어야 하는 토지 등 소유자의 동의요건을 토지 등 소유자가 자치적으로 정하여 운영하는 규약에 정하도록 한 것은 국민의 권리와 의무의 형성에 관한 기본적이고 본질적인 사항이므로 국회가 스스로 행하여야 하는 사항에 속하는 것임에도 불구하고, 사업시행인가 신청에 필요한 동의정족수를 토지 등 소유자가 자치적으로 정하여 운영하는 규약에 정하도록 한 것은 법률유보원칙에 위반된다(헌재결 2011.8.30, 2009헌바128·148).

④ 토지초과이득세법상의 기준시가는 그 대강이라도 토지초과이득세법 자체에서 직접 규정해 두어야 함에도 대통령령에 맡겨 두고 있는 것은 헌법상의 조세법률주의 혹은 위임입법의 범위를 구체적으로 정하도록 한 헌법 제75조의 취지에 위반된다(헌재결 1994.7.29, 92헌바49·52).

⑤ 국가유공자 단체(상이군경회)의 대의원의 정수 및 선임방법 등은 정관으로 정하도록 규정하고 있는 국가유공자 등 단체설립에 관한 법률 제11조가 법률유보 혹은 의회유보의 원칙에 위배되어 기본권을 침해한다고 할 수 없다(헌재결 2006.3.30, 2005헌바31).

★ 중요사항유보설에 입각한 대법원의 판례

병의 복무기간은 국방의무의 본질적 내용에 관한 것이어서 이는 반드시 법률로 정하여야 할 입법사항에 속한다(대판 1985.2.28, 85초13).

(6) 제학설에 대한 검토

① 법률유보의 범위에 관한 여러 가지 학설들은 각기 어느 정도의 문제점과 한계를 가지고 있다. 대체적으로 권력적 행정작용(침해행정)에 대해서는 법적 근거를 요한다고 보지만, 급부작용은 다른 행정작용에 대해서는 여러 상황 등을 고려하여 개별적·구체적으로 결정하려는 태도를 취하고 있다(개별적·구체적 판단설).

② 헌법재판소는 기본적으로 중요사항유보설의 입장을 취하고 있지만, 대법원의 입장은 중요사항유보설을 취하는 경우도 있지만, 일률적이지 않아 불분명하다.

▷ 형식적 법치주의와 실질적 법치주의의 비교

구분	형식적 법치주의	실질적 법치주의
개념	① 법률의 제정시 법률이 절차와 형식만 적합하다면 그 내용에 관계없이 행정부는 집행이 가능하다고 함. ② 합법성은 있으나 정당성은 없음.	① 법률의 제정시 법률이 절차와 형식은 물론 그 규정한 헌법에 적합하여야 한다는 원리임. ② 합법성과 정당성이 모두 인정됨.
법률의 법규창조력	① 법률에 근거없는 긴급명령·법규명령 등 ② 행정입법에 대한 포괄적 위임이 허용	① 법률에 근거해서만 법규명령 등을 제정 ② 행정입법에 대한 구체적·개별적인 위임만 허용(행정입법에 대한 통제)
법률의 우위의 원칙	① 법률의 형식과 절차만 강조되며 법률의 내용은 불문함(형식적 법률우위) ② 국민의 준법정신을 강조함	① 합헌적 법률의 우위의 원칙: 법률의 내용도 정당할 것이 요구됨(규범통제제도·위헌법률심판제도). ② 국민의 인권보장과 행정작용에 대한 절차적 통제강화
법률유보의 원칙	법률유보의 범위가 제한적임(침해유보설: 행정의 자유영역 확대)	법률유보 범위의 확대: 급부행정유보, 중요사항유보(행정의 자유영역 축소)
권리구제	① 행정소송에 있어서의 열기주의 ② 국가의 손해배상책임부정	① 행정소송에 있어서 개괄주의 ② 국가의 손해배상책임긍정

제4절 행정법의 의의 및 법적 특수성(특성)

Ⅰ. 행정법의 의의

행정법이란 행정의 조직·작용·구제에 관한 국내 공법을 말한다. 행정법은 그 형식상 통일된 단일법전이 없고, 무수히 많은 개별법규로 형성되어 있다.

1. 행정법은 행정에 관한 법이다

행정법은 행정의 조직·작용·구제에 관한 법이다. 따라서 행정법은 국가의 기본조직과 작용에 관한 「헌법」과 구별되고, 입법권의 조직과 작용에 관한 입법법(국회법 등), 사법권(司法權)의 조직과 작용에 관한 사법법(법원조직법) 등과도 구별된다.

2. 행정법은 행정에 관한 공법(公法)이다

행정법은 행정에 관한 모든 법이 아니라, 행정에 고유한 공법만을 말한다. 행정기관도 때로는 사인(私人)과 같은 지위에서 행위를 할 때가 있으며, 이러한 경우에는 행정기관도 사인(私人)과 같이 사법(私法)의 적용을 받음이 원칙이다.

3. 행정법은 행정에 관한 국내 공법이다

행정법은 행정에 관한 국내법인 점에서 국제법과 구별되나, 일정한 한도 안에서는 국제법도 행정법의 일부를 구성한다. 즉, 우리 「헌법」은 "헌법에 의하여 체결·공포된 조약과 일반적으로 승인된 국제법규는 국내법과 같은 효력을 가진다"고 규정하고 있다. 따라서 이러한 요건을 충족하는 국제조약이나 국제법규로서 행정에 관한 것은 행정법의 일부를 구성하게 된다.

Ⅱ. 행정법의 법적 특수성

1. 규정형식상의 특수성

1) 성문성

행정법은 국민의 권리·의무에 관한 사항을 일방적으로 규율하고 있다. 따라서 국민의 법적 안정성과 예측가능성을 도모하기 위하여, 다른 법 분야의 경우보다는 성문법주의가 강하게 나타난다.

2) 형식의 다양성

행정법은 단일법전 및 통칙적 규정이 없으므로, 법률·명령·훈령 등 다양한 형식으로 존재하는 것이 특색이다.

2. 규정성질상의 특수성

1) 획일성·강행성

행정법은 행정목적을 달성하기 위하여 개인의 의사를 불문하고, 다수인을 상대로 획일성 있게 규율하고 이를 강행하는 것이 원칙이다.

2) 기술성·수단성

행정법은 행정목적을 능률적·합리적으로 수행하기 위하여 기술적·수단적 성질을 가진다. 따라서 「헌법」처럼 민감하지는 않다.

> ★ 헌법과 행정법의 관계
>
> 독일 행정법의 아버지라고 불리는 오토마이어(Otto Mayer)는"헌법은 변하나 행정법은 변하지 않는다"고 하였다. 이는 혁명과 같은 정치적 변동이 있을 때에도 행정법은 「헌법」처럼 민감하게 변경되지 않는다는 뜻이다. 즉, 헌법은 정치성이 있음을 뜻하나, 행정법은 정치적 면역성이 있고, 기술성이 있음을 뜻한다.

3) 명령성(단속규정성)

행정법은 강행법이지만, 강행법 중에서 효력규정보다 명령규정을 원칙으로 한다. 행정법은 국민에게 의무를 명하는 명령규정(단속규정)을 원칙으로 하고, 법률상 능력의 형성에 관한 능력규정(효력규정)은 예외로 한다.

3. 규정내용상의 특수성

1) 행정주체의 우월성

행정법은 행정작용의 실효성을 확보하기 위해, 행정주체가 우월적인 지위에서 국민에 대하여 명령 · 강제하는 법률관계를 규율한다. 이러한 우월성으로부터 지배권(명령권, 형성권) · 공정력 · 강제력 · 확정력 등이 인정된다.

2) 공익우선성

행정법은 대부분 공익목적달성을 우선적으로 고려하여 규정된 법이다. 따라서 일반 사법(私法)과는 다른 특별규정을 두는 경우가 많다.

3) 집단성 · 평등성

행정법은 일반적으로 많은 사람을 그 규율대상으로 삼는다는 점에서, 집단성과 평등성을 갖는다.

Ⅲ. 최근 행정법의 경향

최근 행정법의 경향으로는 1. 개인적 공권의 확대, 2. 위임입법에 대한 통제의 필요성, 3. 실질적 법치주의에 따른 행정적 통제의 중시, 4. 특별권력관계에 대한 사법통제, 5. 행정에 대한 국민의 참여 강조, 6. 행정소송에서의 소(訴)의 이익 확대, 7. 손해배상에서의 위험책임의 등장 등을 들 수 있다.

제5절 행정법의 법원(行政法의 法源)

* 외시 26회
– 행정법의 성문법원을 논하라.

Ⅰ. 개 설

1. 의의

1) 행정법의 법원(法源)이라 함은 행정권의 조직과 작용에 관한 법의 존재형식을 말한다. 즉, 정부나 지방자치단체가 따르고 집행하여야 할 법의 총체를 말한다.

2) 이러한 법원에는 법조문(法條文)의 형식으로 정립한 성문법원(成文法源)과 관습법처럼 문서로서는 나타나 있지 아니한 불문법원(不文法源)이 있다.

2. 법원의 범위

법원의 인정범위에 대한 학설로서 광의설(행정기준설)과 협의설(법규설)의 견해가 대립하고 있다.

1) 광의설은 행정사무처리의 기준이 되는 모든 법규범을 포함하는 견해이다(다수설).

2) 협의설은 법규만 법원으로 보는 견해로서, 판례의 입장이다.

3. 행정법 법원의 특징

1) 단일법전 또는 통칙(通則)의 결여

행정법은 「헌법」·「민법」·「형법」과는 달리, 행정법이라는 단일법전 또는 통일적 법전은 존재하지 않고 수많은 개별법령의 집합으로 이루어져 있다.

2) 성문법주의를 원칙으로 하고, 관습법·판례법·조리 등 불문법이 보충적으로 적용된다.

★ 행정법이 성문법주의를 취하는 이유

1) 국민의 자유와 재산에 관계되는 행정권의 발동은 그 한계를 명백히 해 둘 필요가 있다.
2) 행정사무의 공정을 기하기 위하여 행정목적과 수단을 명백히 해둘 필요가 있다.
3) 획일성·강행성·기술성을 가지고 있는 행정법의 성질상 성문화(成文化)가 요청된다.
4) 구제절차를 명백히 함으로써 국민의 권익을 보장할 필요가 있다.

Ⅱ. 성문법원(成文法源)

행정법은 성문법주의를 원칙으로 하고 있다. 이들 성문법 상호간에는 상하우월관계, 신법우선관계, 특별법 우선 등의 원리가 적용되는 체계적 구조를 취하고 있다.

1. 헌법

1) 「헌법」은 국가의 기본조직과 작용을 규율하는 근본법이며 최고법이다. 「헌법」상 행정조직과 작용 · 구제에 관한 규정은 행정법 중에서도 가장 기본적인 법원(法源)이 되고, 모든 법원(法源)에 우선한다.

2) 행정법은 헌법을 구체화한 법이어야 한다. 따라서 행정법은 헌법에서 제시된 국가운영의 기본원칙을 구체화하고 실현하여야 한다.[29]

2. 법률

1) 법률이란 헌법에 정해진 절차에 따라 국회에서 제정된 법형식을 말하여, 법률은 행정법의 가장 중요한 법원이 된다. 여기서 「법률」이란 형식적의미의 법률, 즉 국회가 입법절차에 따라 정하는 법 또는 법률이라는 명칭을 가진 법을 말한다.

2) 형식적 의미의 법률은 아니지만, 법률과 같은 효력을 갖는 대통령의 긴급명령, 긴급재정 · 경제명령 등도 행정법의 법원이 된다.

3. 조약 · 국제법규

1) 의의

(1) 조약이란 문서에 의해 이루어지는 국가 간의 약속을 말하며, 일반적으로 승인된 국제법규는 조약으로 체결된 것은 아니나 국제사회에서 일반적인 구속력을 갖고 있는 법규정을 말한다(예컨대 포로에 관한 제네바 협약 · 집단학살금지협약 등).

(2) 우리 헌법은 제6조에 "헌법에 의하여 체결 · 공포된 조약과 일반적으로 승인된 국제법규는 국내법과 동일한 효력을 갖는다"고 규정하고 있다. 따라서 조약과 일반적으로 승인된 국제법규는 국내행정에 관한 사항을 규율하고 있으면, 행정법의 법원이 된다.

2) 효력

(1) 국회를 동의를 얻은 조약과 일반적으로 승인된 국제법규는 국내법과 동일한 효력을 가진다.

---

29) 박균성, 전게서, P.14.

(2) 입법사항에 관한 조약 및 국제법규는 원칙적으로 법률 또는 명령(정부 간의 행정협정의 경우)과 동등한 효력을 갖는다는 것이 지배적 견해이다.

(3) 헌법 제6조1항에 열거된 조약 이외의 입법사항과 관계가 없는 행정협정과 같은 조약 등은 명령과 같은 효력을 가지며, 국회의 동의 절차를 거칠 필요는 없다.

(4) 조약이 국내법적 효력을 갖기 위해서 별도의 시행법률이 필요한가에 대해서는 필요 없다는 일원설(우리나라의 입장)[30]과 별도의 시행법률(변형절차)이 필요하다는 이원설[31]의 견해대립이 있다. 국제법은 별도의 국내법으로 제정·수용하지 않더라도 행정법의 법원이 된다고 보는 일원론이 통설이다.

(5) 조약 및 국제법규와 국내의 법률 또는 명령이 충돌될 때에는 국내법 상호간의 모순·접촉을 해결하는 법해석 원칙인 상위법 우선의 원칙, 신법우선 및 특별법우선의 원칙이 적용된다.

[관련 판례]

★「남북사이의 화해와 불가침 및 교류협력에 관한 합의서」는 조약이 아니다

1992.2.19 발효된 "남북 사이의 화해와 불가침 및 교류협력에 관한 합의서"는 일종의 공동성명 또는 신사협정에 준하는 성격을 가짐에 불과하여 법률이 아님은 물론 국내법과 동일한 효력이 있는 조약이나 이에 준하는 것으로 볼 수 없다(헌재 2000.7.20, 98헌바63).[남북교류협력에 관한 법률 제9조 제3항 위헌소원];(대판 1999.7.23, 98두14525).

★ 특정 지방자치단체의 초·중·고등학교에서 실시하는 학교급식을 위해 그 지방자치단체에서 생산되는 우수농산물을 사용하는 자에게 식재료나 구입비의 일부를 지원하는 것 등을 내용으로 하는 지방자치단체의 조례안은 내국민대우원칙[32]을 규정한 「1994년 관세 및 무역에 관한 일반협정(GATT)」에 위반되어 그 효력이 없다(대판 2005.9.9, 2004추10).

★ 회원국 정부의 반덤핑부과처분이 WTO협정위반이라는 이유만으로 사인이 직접 국내법원에 회원국 정부를 상대로 그 처분의 취소를 구하는 소를 제기하거나 위 협정위반을 처분의 독립된 취소사유로 주장할 수는 없다.국가와 국가 사이의 권리·의무관계를 설정하는 국제협정이므로 WTO분쟁해결기구에서 해결하는 것이 원칙이다(대판 2009.1.30, 2008두17936).

★ SOFA협정은 국내법적 효력을 가지는 조약이다.

대한민국과 아메리카합중국 간의 상호방위조약(SOFA협정) 제4조에 의한 시설과 구역 및 대한민국에서의 합중국군대의 지위에 관한 협정은 그 명칭이 "협정"으로 되어 있어 국회의 관여없이 체결되는 행정협정처럼 보이기도 하나 우리나라의 입장에서 볼 때에는 외국군대의 지위에 관한 것이고, 국가에게 재정적 부담을 지우는 내용과 입법사항을 포함하고 있으므로 국회의 동의를 요하는 조약으로 취급되어야 한다(헌재결 1999.4.29, 97헌가14).

---

30) 일원설은 국내법과 국제법은 하나의 같은 성질의 법질서로 보아 통일적으로 해결하려는 입장이다.

31) 이원설은 국내법과 국제법을 전혀 다른 성질의 법질서로 보아 국제관계에서는 국제법이, 국내관계에서는 국내법이 적용된다는 견해이다.

32) 내국민 대우의 원칙이라 함은 수입상품에 대하여 적용되는 내국세나 국내규제와 관련하여 국내 상품에 대하여 부여하는 대우보다 불리하지 않은 대우를 해주어야 한다는 원칙을 말한다.

4. 명령

명령이란 행정권에 의하여 제정되는 법형식을 말하는데, 이에는 법규명령과 행정규칙이 있다.

1) 법규명령

(1) 의의

법규명령이란 행정권이 정립하는 일반적 · 추상적 규정으로서, 국민의 권리 · 의무에 관한 사항을 규율하고 국가와 국민 모두에게 구속력을 가지는 명령이다. 법규명령은 행정법의 법원이 된다.

(2) 종류

① "법규"의 성질을 갖는 명령을 의미하며, 대통령령, 총리령, 부령(部令)[33] · 중앙선거관리위원회규칙 · 국회규칙 · 대법원규칙 · 헌법재판소규칙이 이에 속한다. 이들 명령은 헌법에서 인정한 것이다.

② 명령 중에서 감사원규칙 · 노동위원회규칙 등은 헌법이 아닌 법률에서 인정한 것이다. 여기서 「규칙」이라는 명칭은 일반적으로 제정기관이 다소 독립적이고 중립적인 기관으로, 행정권으로부터 독립하여 제정되는 명령에 붙여진다.[34]

2) 행정규칙

(1) 행정규칙은 행정명령이라고도 하며, 일반국민의 권리 · 의무에 관한 사항을 규율하지 않고 행정조직 내부에서만 구속력을 가지는 명령이다.

(2) 행정규칙은 법원이 아니라는 견해도 있으나, 행정사무처리의 기준이 된다는 의미에서 「법원성」을 인정하는 견해가 다수설이다.

5. 자치법규

1) 의의

자치법규란 지방자치단체가 자치입법권에 의하여 법령의 범위 내에서 제정하는 자치에 관한 법규를 말한다.

2) 종류

(1) 지방의회가 제정하는 조례, (2) 지방자치단체의 집행기관이 제정하는 규칙, (3) 집행기관인 교육감이 제정하는 교육조례 · 교육규칙 등이 있다.

---

33) 대통령령은 실무상 시행령이라 부르고, 총리령이나 부령은 실무상 시행규칙이라고 부른다. 대통령령은 총리령과 부령에 우선하고, 총리령과 부령은 학설의 다툼이 있다.

34) 박균성 · 김재광, 「경찰행정법」, 박영사, 2016, P.20.

3) 효력

자치법규는 당해 지방자치단체의 구역안에서만 효력을 가지며, 상위법령에 위반되는 경우에는 그 효력이 없다. 예컨대, 지방자치단체가 제정한 조례가 국회의 동의를 얻어 공포시행된 조약을 위반한 경우에는 그 효력이 없다.

6. 법원(法源) 상호간의 관계

1) 명문의 규정이 없는 경우 상위법 우선의 원칙·신법우선 및 특별법우선의 원칙이 적용된다.

2) 신법우선의 원칙과 특별법 우선의 원칙이 충돌되는 경우에는 특별법우선의 원칙이 적용된다(대판 1969.7.22, 69두33).

Ⅲ. 불문법원(不文法源)

행정법의 법원은 성문법주의를 취하는 것이 원칙이지만, 성문법이 정비되지 않는 분야에 대하여서는 불문법도 보충법원이 된다.

1. 관습법

1) 의의

(1) 관습법이란 문자로 기록된 것은 아니지만 일반적으로 일정사실들이 장기간 반복되고, 그 관행(慣行)이 국민 일반의 법적 확신을 가질 때 성립하는 법규범을 말한다.

(2) 관습법은 관습과는 구별되어야 한다. 관습은 관행은 있으나 법적 확신이 없는 사실인 관습을 말한다.

2) 법원성(인정가능성)

(1) 행정법은 민법 제1조와 같이 관습법의 법원성을 인정하는 일반적 규정이 없기 때문에, 그 인정 여부에 대하여 소극설과 적극설이 대립하고 있다.

(2) 오늘날 법규에 명문규정이 없더라도, 법적 안정성의 관점에서 공법의 영역에서도 관습법을 법원으로 보는 적극설이 통설적 견해이다.

3) 관습헌법인정

관습헌법은 성문헌법과 같이 주권자인 국민의 결단의 의사의 표현이며, 성문법의 경우와 동일한 효력을 가지기 때문에, 관습헌법은 성문헌법과 같은 헌법개정절차를 통해서 제정되어야 한다(헌재 2004.10.21, 2004헌마554·566).

[관련 판례]

★ **관습법의 정의**

대법원은 "관습법이란 사회의 거듭된 관행으로 인하여 형성된 사회생활규범이 사회의 법적 확신과 인식에 의하여 법적규범으로 승인·감행된 것을 말한다"고 판시하고 있다(대판 1983.6.14, 80다3231).

★ **관습헌법은 성문헌법과 같은 헌법개정절차를 통해서 개정되어야 함(관습헌법 인정)**

관습헌법도 헌법의 일부로서 성문헌법의 경우와 동일한 효력을 가지기 때문에 그 법규범은 최소한 헌법 제130조에 의거한 헌법개정의 방법에 의하여만 개정될 수 있다. 서울이 우리나라의 수도인 점은 불문의 관습헌법이므로 헌법개정절차에 의하여 새로운 수도 설정의 헌법조항을 신설함으로써 실효되지 아니하는 한 헌법으로서의 효력을 가진다. 따라서 헌법개정의 절차를 거치지 아니한 채 수도를 충청권의 일부지역으로 이전하는 것을 내용으로 한 이 사건 법률을 제정하는 것은 헌법개정사항을 헌법보다 하위의 일반 법률에 의하여 개정하는 것으로서 헌법에 위반된다(헌재 2004.10.21, 2004헌마554·566 병합 전원재판부)[신행정수도의 건설을 위한 특별조치법 위헌확인]

4) 성립요건

행정법이 법원으로서의 관습법이 성립하기 위하여는 다년간 계속하여 같은 사실이 반복될 것과 일반국민의 법적 확신을 얻을 것이 필요하다는 데에 대하여는 이론의 여지가 없다. 그러나 이외에도 국가의 승인이 필요한가에 대해서는 견해의 다툼이 있다.

(1) 법적 확신설(국가승인불요설)

국가의 승인은 필요로 하지 않다는 견해로 통설·판례의 입장이다(헌재 2004.9.23. 2000헌라2결정).

(2) 국가승인설

국가에 의한 명시적 또는 묵시적 승인이 있어야 관습법이 인정된다는 견해이다. 허용설 또는 국가승인필요설이라고도 불리며, 소수설의 입장이다.[35]

5) 종류

행정법상 관습법에는 행정선례법과 민중적 관습법이 있다.

(1) 행정선례법(行政先例法)

① 행정선례법(行政先例法)은 행정청이 취급한 행정사무처리상의 관행(선례)이 상당히 오랫동안 반복됨으로써, 성립되는 관습법을 말한다.

② 실정법은 행정선례법의 존재를 명문으로 인정하고 있다.[36] 예컨대, 행정절차법 제14조2항(신의성실 및 신뢰보호)과 국세기본법 제18조3항(세법해석의 기준 및 소급과세의 금지)은 행정선례법의 존재를 명시적으로 인정하고 있다.

---

35) 김도창, 『일반행정법론(상)』, 청운사, 1993, PP.155－156.

36) 「행정절차법」제4조 제2항은 일반행정에 있어서의 행정선례법의 존재를, 「국세기본법」 제18조 제3항은 조세행정에 있어서의 행정선례법의 존재를 명문으로 인정하고 있다.

③ 판례는 보세운송면허비과세사건을 행정선례법으로 인정하고 있고, 비과세관행은 묵시적인 경우도 인정할 수 있다고 판시하고 있다.

> **[관련 판례]**
>
> **★ 보세운송면허비과세사건(국세행정상 비관세 관행을 행정선례법으로 인정한 사례)**
>
> 보세운송면허세의 부과근거이던 지방세법 시행령이 1973.10.1 제정되어 1977.9.20 폐지될때까지 4년 동안 그 면허세를 부과할 수 있는 정을 알면서도 과세관청이 수출확대라는 공익상 필요에서 한건도 이를 부과한 적이 없었다면 비과세관행이 이루어졌다고 볼 수 있다(대판 1982.6.8, 81누38).
>
> **★ 비관세관행은 묵시적인 경우도 인정할 수 있다**
>
> 국세기본법 제18조 제3항이 규정하고 있는 '일반적으로 납세자에게 받아들여진 세법의 해석 또는 국세행정의 관행'이란 비록 잘못된 해석 또는 관행이라도 특정납세자가 아닌 불특정한 일반납세자에게 정당한 것으로 이의 없이 받아들여져 납세자가 그와 같은 해석 또는 관행을 신뢰하는 것이 무리가 아니라고 인정될 정도에 이른 것을 말하고, 그와 같은 비과세관행이 성립하려면, 상당한 기간에 걸쳐 과세하지 아니한 객관적 사실이 존재할 뿐만 아니라, 과세관청 자신이 그 사항에 관하여 과세할 수 있음을 알면서도 어떤 특별한 사정 때문에 과세하지 않는다는 의사가 있어야 하므로, 위와 같은 공적 견해의 표시는 비과세의 사실상태가 장기간에 걸쳐 계속되는 경우에 그것이 그 사항에 대하여 과세의 대상으로 삼지 아니하는 뜻의 과세관청의 묵시적인 의향의 표시로 볼 수 있는 경우 등에도 이를 인정할 수 있다(대판 2009.12.24, 2008두15350)[사업소세부과처분취소].

(2) 민중적 관습법

① 민중적 관습법은 민중 사이에서 공법관계(행정법관계)에 관한 일정한 관행이 다년간 계속됨으로써, 성립하게 된 관습법을 말한다.

② 민중적 관습법의 예로는 관습상 입어권(관행어업권)[37] · 관습법상의 유수사용권(관개용수이용권 · 유수권 · 음용용수권), 관습상 하천수사용권 및 지하수 사용권, 온천사용권 등을 들 수 있다. 이처럼 민중적 관습법은 주로 공물 · 공수의 사용관계에 관하여 성립한다.

③ 입어권은 관습법상의 권리이나, 「어업권」[38]은 면허를 받아 어업을 경영할 수 있는 권

---

37) 수산업법은 입어권에 대한 명문규정을 둠으로써 「민중적 관습법」의 존재를 명시적으로 인정하고 있다. 즉, 「입어권」이라 함은 수산업법 시행 전의 관행에 의하여 인정되던 관습법상의 권리를 실정 법률의 규정에 의하여 명시적으로 인정하게 된 것이라고 볼 수 있다. 입어권이라 함은 어장에서 공동어업을 할 수 있는 권리를 말한다. 수산업법 제2조에 따르면 입어(入漁)라 함은 입어자가 공동어업의 어장에서 수산동식물을 포획 · 채취하는 것을 말한다(수산업법 제2조). 「입어자」라 함은 어업의 신고를 한 자로서 「공동어업권」이 설정되기 전부터 당해 수면에서 계속적으로 수산동식물을 포획 · 채취하여 온 사실이 대다수 사람들에게 인정되는 자 중 대통령령이 정하는 바에 의하여 어업권원부에 등록된 자를 말한다.

38) 어업권(漁業權) : 수산업법 제2조에는 "어업권은 면허를 받아 어업을 경영할 수 있는 권리를 말한다."라고 명시하고 있다. 이는 일정한 어업에 대하여 특정한 자에게 면허를 하고, 당해 어업을 방해하는 행위를 배제하여 그 수면을 배타적 · 독점적으로 이용할 수 있도록 하는 것이다. 따라서 어업권은 입어권과는 달리 형성적 행정행위의 일종인 「특허」에 해당된다는 점에 유의하여야 한다. 어업이란 수산동식물을 포획 · 채취 또는 양식하는 사업을 말하는데, 이에는 허가어업 · 면허어업 · 신고어업 등이 있다. 어업권의 허가는 시 · 도지사에게 있으며, 어업권의 유효기간은 모든 어업권에 대해 일률적으로 10년으로 정하고 있다.

리이다. 따라서 어업권은 입어권(관행어업권)과는 달리 수산업법상의 형성적 행위의 일종으로서 특허에 해당한다.

> **[관련 판례]**
>
> **★ 어선어업자들이 백사장 등에 대한 사용은 관행어업권에 기한 것으로 볼 수 없다**
>
> 관행어업권은 일정한 공유수면에 대한 공동어업권 설정 이전부터 어업의 면허 없이 그 공유수면에서 오랫동안 계속 수산동식물을 포획 또는 채취하여 옴으로써 그것이 대다수 사람들에게 일반적으로 시인될 정도에 이른 경우에 인정되는 권리로서 이는 어디까지나 수산동식물이 서식하는 공유수면에 대하여 성립하고, 이 사건과 같은 허가어업에 필요한 어선의 정박 또는 어구의 수리·보관을 위한 육상의 장소에는 성립할 여지가 없으므로, 어선어업자들의 백사장 등에 대한 사용은 공공용물의 일반사용에 의한 것일 뿐 관행어업권에 기한 것으로 볼 수 없다(대판 2002.2.26, 99다35300).

6) 효력

(1) 관습법의 효력에 대하여는 관습법이 성문법규를 개폐할 수 있다는 개폐적 효력설과, 관습법은 성문법이 없는 경우에만 적용될 뿐 성문법을 개폐하는 효력을 갖지 못한다는 보충적 효력설이 대립하고 있다.

(2) 보충적 효력설이 통설·판례의 입장이다(대판 1983.6.14, 80다3231).

2. 판례법(判例法)

1) 의의

법원의 판결은 직접적으로 개별적 분쟁을 해결하기 위한 것이지, 일반적으로 통용하는 법을 정립하는 것은 아니다. 그러나 동일 내용의 법원 판결이 반복되면 판결된 내용이 법으로서 승인되기에 이르는 경우가 있다. 이것을 판례법이라고 부른다.

2) 판례의 법원성

(1) 외국의 입법례

판례법을 법원으로 볼 것인가에 대해서는 영미법계와 대륙법계 국가 간에는 상당한 차이가 있다.

① 불문법주의를 취하고 있는 영미법계에서는 동종사건(유사사건)에 대한 선례구속의 원칙이 확립되어 있어 판례법의 법원성을 인정한다. 따라서 유사사건에서 상급심의 판결은 하급심을 구속한다.

② 성문법주의를 취하고 있는 대륙법계에서는 판례구속성의 원칙이 인정되지 않는다. 따라서 상급심의 판결은 당해 사건이외에는 하급심을 법적으로 구속하는 효력이 인정되지 않아, 판례의 법원성은 부인된다.[39)]

---

39) 김동희, 전게서, P.39.

2) 우리나라

(1) 대법원 판례의 법원성

판례가 법원성을 갖는가에 대하여는 견해의 대립이 있다.

① 학설

㉠ 법원성 부정설

법원조직법 제8조에서는 “상급법원의 재판에 있어서의 판단은 「당해사건」에 관하여 하급심을 기속한다”고 하여, 동종사건(유사사건)에 대한 구속력을 명문으로 규정하고 있지 않다. 따라서 법적·제도적 관점에서 볼 때 「법원성」을 인정하기 어렵다.

㉡ 법원성 긍정설(제한적 긍정설)

사실적·현실적 관점에서 볼 때 판례에 의하여 정립된 법원칙은 장래에 일정한 기준을 설정하는 것이다. 그 결과 합리적이고 구체적인 근거가 없는 한 이를 무시할 수 없고, 하급심의 판결은 궁극적으로 대법원에서 파기될 가능성이 높다. 따라서 현실적·사실적으로 사실상의 구속력을 무시할 수 없으므로, 대법원의 판결은 행정법의 보충적인 법원으로서의 성격을 갖는다고 본다(제한적 긍정설).

② 판례

㉠ 대법원의 판례 변경이 사실상 쉽지 않다는 점,

㉡ 판례위반이 상고이유가 된다는 점 등을 종합해보면 사실상 구속력을 인정할 수 있다. 따라서 판례의 법원성이 어느 정도 보장되어 있다고 볼 수 있다.

[관련 판례]

★ 판례가 가지는 사실상의 구속력

대법원의 판례가 법률해석의 일반적인 기준을 제시한 경우에 유사한 사건을 재판하는 하급심법원의 법관은 판례의 견해를 존중하여 재판하여야 하는 것이나, 판례가 사안이 서로 다른 사건을 재판하는 하급심법원을 직접 기속하는 효력이 있는 것은 아니다(대판 1996.10.25, 96다31307).

★ 판례변경의 곤란성

대법원의 판례변경은 대법관 전원 3분의 2 이상이 합의체에서 과반수로서 결정되기 때문에 사실상 판례가 변경되기는 어렵다.

(2) 헌법재판소의 법원성

① 헌법재판소의 판례가 법원성이 있는가에 대하여 학설상의 다툼이 있으나, 헌법재판소의 위헌결정은 모든 국가기관을 구속하는 점에서 법원성을 갖는다.

② 헌법재판소의 법률에 대한 위헌결정은 법원 기타 국가기관이나 지방자치단체를 기속하며, 위헌결정된 법률 또는 법률조항은 일반적으로 효력을 상실한다(헌법재판소법 제47조).

[관련 판례]

★ 헌법재판소의 법률해석에 대법원이나 각급 법원이 구속되는 것은 아니다.

헌법재판소가 법률의 위헌 여부를 판단하기 위하여 불가피하게 법원의 최종적인 법률해석에 앞서 법령을 해석하거나 그 적용 범위를 판단하더라도 헌법재판소의 법률해석에 대법원이나 각급 법원이 구속되는 것은 아니다(대판 2008.10.23, 2006다66272; 대판 2009.2.12, 2004두10289).

★ 헌법재판소가 법률조항에 대하여 헌법불합치결정[40]을 한 경우 그 법률조항을 개정 또는 폐지하는 임무는 입법자의 재량이다.

법률조항에 대하여 헌법재판소가 헌법불합치결정을 하여 그 법률조항을 합헌적으로 개정 또는 폐지하는 임무를 입법자의 형성재량에 맡긴 이상, 그 개선입법의 소급적용 여부와 소급적용의 범위는 원칙적으로 입법자의 재량에 달린 것이다(대판 2008.1.17, 2007두21563).

3. 행정상의 법의 일반원칙(조리:條理)

1) 의의

(1) 일반적으로 정의에 합치하는 보편적 원리로 인정되어 있는 제원칙을 조리라고 부르고 법으로 취급되어 왔다. 최근에는 종래 조리로 보아 온 것을 법의 일반원칙 또는 행정법의 일반원칙으로 부르는 경향이 일반적이다.[41]

(2) 최후의 보충적 법원

행정상의 법의 일반원칙 또는 조리는 구체적인 행정법상의 관계에 있어서 성문법·관습법·판례법이 모두 없는 경우에 적용되는 최후의 보충적 법원으로서 기능을 수행한다. 즉, 조리는 불문법원으로서 실정법적 근거가 없어도 법원으로 인정된다.

(3) 조리 또는 행정법의 일반원칙은 헌법상의 기본원리에서 도출되는 기본원리로서 평등의 원칙·행정의 자기구속의 법리·비례의 원칙·신뢰의 원칙·부당결부금지원칙 등을 들 수 있다.

(4) 행정법의 일반원칙은 다른 법원과의 관계에서 보충적 역할에 그치지 않으며, 「헌법적 효력」을 갖기도 한다.

---

40) 헌법불합치결정이라 함은 법률이 헌법에 위배된다는 이유로 위헌결정을 내릴 경우, 그날부터 해당 규정의 효력이 상실되는 경우에 생기는 법적 혼란을 막기 위해 관련법이 개정될 때까지 한시적으로 법적 효력을 인정해 주는 헌법재판소의 변형결정이 형식이다.

41) 김동희, 전게서, P.40; 홍정선, 전게서, P.35; 김철용, 『행정법』, 고시계사, 2013, P.42.

제 6 절 행정법의 일반원칙

* 행시 28회 * 경정 89년
- 행정법의 조리

Ⅰ. 개 설

1. 정의는 인간사회의 모든 법질서가 지향해야 할 윤리적인 기초이므로, 기본적인 법규범으로서의 성격을 가진다. 따라서 행정법의 영역에서 보다 구체화되어 나타나는 정의를 「행정법의 일반원칙」이라고 부른다.

2. 행정법의 일반원칙이란 행정법관계에 적용되는 법원칙을 말하는데, 이는 일반적으로 조리법(條理法)으로 설명되고 있다.

3. 일반적으로 평등의 원칙이나 비례의 원칙 등은 조리(條理)로 출발한 것은 사실이다. 그러나 이제는 이들의 원칙을 행정법상의 조리라고 보기는 어려우며, 헌법으로부터 도출되는 행정법의 일반원칙으로서의 성질을 가진다.

Ⅱ. 평등의 원칙

1. 의의

평등의 원칙이란 행정기관이 행정작용을 하는 경우, 특별한 합리적인 사유가 없는 한, 다른 자에 대한 처분보다 불리한 처분을 해서는 안된다는 원칙을 말한다. 평등원칙은 근대입헌국가에 있어서의 기본적인 법원칙이다.

2. 법적 성격

「헌법」제11조 제1항에서는"모든 국민은 법 앞에 평등하다"라고 규정하여 평등의 원칙을 천명하고 있다. 이러한 평등의 원칙은 헌법 제11조의 기본이념에서 도출되는 행정법의 일반원칙으로, 행정법에서 중요한 법원이 된다.

3. 불법에서의 평등대우

불법앞의 평등은 인정되지 않는다는 것이 통설적인 입장이다. 예컨대, 교통경찰관이 주차위반으로 단속을 하고 스티커를 발부하려고 하자 "저 사람도 지금 주차위반을 하였는데 단속하지 않았으므로 내가 한 주차위반도 단속하지 말라"고 하는 경우처럼, 불법행위에 대한 평등대우는 인정되지 않는다. 즉, 평등원칙에 근거하여 불법을 요구할 수는 없다.

4. 평등의 원칙의 위반의 효과

평등의 원칙은 「헌법」상 도출된 원칙으로 「헌법」적 효력을 갖는다. 따라서 평등원칙에 반하는 행정권 행사 및 법률은 위헌이다.

[관련 판례]

★ 평등의 원칙 및 비례의 원칙 위반

당직근무 대기 중 4명이 심심풀이로 돈을 걸지 않고 화투놀이를 한 사실에 대하여 3명은 견책을, 1명에 대해서는 파면을 한 징계는 평등의 원칙에 반하는 것이다(대판 1972.12.26,72누194).

[평등의 원칙에 위반되는 관련 판례]

★ 같은 정도의 비위를 저지른 자들 사이에 있어서도 그 직무의 특성 등에 비추어, 개전의 정이 있는지 여부에 따라 징계의 종류의 선택과 양정에 있어서 차별적으로 취급하는 것은, 사안의 성질에 따른 합리적 차별로서 이를 자의적 취급이라고 할 수 없는 것이어서 평등원칙 내지 형평에 반하지 아니한다[학습지 채택료를 수수하고 담당 경찰관에게 수사무마비를 전달하려고 한 비위를 저지른 사립중학교 교사들 중 잘못을 시인한 교사들은 정직 또는 감봉에, 잘못을 시인하지 아니한 교사들은 파면에 처한 것이 그 직무의 특성 등에 비추어 재량권의 범위를 일탈·남용한 것이 아니다(대판 1999.8.20, 99두2611)].

★ 청원경찰의 인원감축을 위하여 초등학교 졸업이하 학력소지자 집단과 중학교 중퇴 이상 학력소지자 집단으로 나누어 각 집단별로 같은 감원비율의 인원을 선정한 것은 평등의 원칙에 위배하여 그 하자가 중대하다 할 것이나, 그 하자가 객관적으로 명백하다고 보기는 어려워 청원경찰에 대한 면직처분이 위법하기는 하나 당연무효로 보기는 어렵다(대판 2002.2.8, 2000두4057).

★ 기초의원의 선거의 경우에만 그 후보자에 대해 정당표방을 못하게 하는 것은 합리적 이유 없이 불리하게 차별하고 있으므로 평등원칙에 위배된다(헌재 2003.1.30, 2001헌가4 전원재판부).

★ 국·공립학교의 채용시험에 국가유공자 등과 그 기록에 대한 가산점 제도는 정당하지만 만점의 10%를 가산하도록 한 규정은 기타 응시자들의 평등권과 공무담임권을 침해한 것이다(헌재결 2006.2.23, 2004헌마675·981·1022).

★ 공무원인 피징계자에게 징계사유가 있어서 징계처분을 하는 경우 어떠한 처분을 할 것인가는 징계권자의 재량에 맡겨진 것이지만, 그 징계권의 행사가 일반적으로 징계사유로 삼은 비행의 정도에 비하여 균형을 잃은 과중한 징계처분을 선택함으로써 비례의 원칙에 위반하거나 또는 합리적인 사유 없이 같은 정도의 비행에 대하여 일반적으로 적용하여 온 기준과 어긋나게 공평을 잃은 징계처분을 선택함으로써 평등의 원칙에 위반한 경우에 이러한 징계처분은 재량권의 한계를 벗어난 처분으로서 위법하다 할 것이다(대판 2012.5.24, 2011두19727).

★ 변호사, 공인회계사 등 다른 직종에 대하여 법인을 구성하여 업무를 수행할 수 있도록 하면서, 약사에게만 법인을 구성하여 약국을 개설할 수 없도록 하는 것은 합리적 이유 없이 차별하는 것으로 평등권을 침해하는 것이다(헌재 2002.9.19, 2000헌바84 전원재판부).

★ (구)「국유재산법」제5조제2항이 잡종재산에 대하여까지 시효취득을 배제하고 있는 것은 국가만을 우대하여 합리적 사유 없이 국가와 사인을 차별하는 것이므로 평등원칙에 위반된다.

국유잡종재산(현 '일반재산')은 사경제적 거래의 대상으로서 사적 자치의 원칙이 지배되고 있으므로 시효제도의 적용에 있어서도 동일하게 보아야 하고, 국유잡종재산에 대한 시효취득을 부인하는 등 규정은 합리적 근거 없이 국가만을 우대하는 불평등한 규정으로서 헌법상의 평등의 원칙과 사유재산권 보장의 이념 및 과잉금지의 원칙에 반한다(헌재 1991.5.13, 89헌가97).[국유재산법 제5조 제2항의 위헌심판]

★ 지방의회의 조사·감사를 위해 채택한 증인의 불출석 등에 대하여 증인의 사회적 신분(5급 공무원 이상과 그 이하에 대한 차별)에 따라 미리부터 과태료의 액수에 차등을 두고 있는 조례는 평등의 원칙에 위배되어 무효이다(대판 1997.2.25, 96추213).

[평등의 원칙에 위반되지 않는 사례]

★ 매년 그 때의 상황에 따라 적절히 면허 숫자를 조절해야 할 필요성이 있는 개인택시 면허제도의 성격상 그 자격요건이나 우선순위의 요건을 일정한 범위 내에서 강화하고 그 요건을 변경함에 있어 유예기간을 두지 아니하였다 하더라도 그러한 점만으로는 행정청의 면허신청 접수거부처분이 신뢰보호의 원칙이나 형평의 원칙, 재량권의 남용에 해당하지 아니한다(대판 1996.7.30, 95누12897).[개인택시운송사업면허신청 접수거부처분취소]

★ 교환직렬에서의 인력의 잉여 정도, 연령별 인원구성, 정년 차이의 정도, 차등정년을 실시함에 있어서 노사간의 협의를 거친 점, 신규채용을 하지 못한 기간, 현재의 정년에 대한 교환직렬 직원들의 의견 등에 비추어 보아 한국전기통신공사가 교환직렬에 대하여 다른 일반직 직원과 비교하여 5년간의 정년차등을 둔 것이 사회통념상 합리성이 있다(대판 1996.8.23, 94누13589)[부당해고 구제재심판정년취소]

★ 법관의 정년을 직위에 따라 순차적으로 낮게 차등하게 설정한 것은 법관 업무의 성격과 특수성, 평균수명, 조직체 내의 질서 등을 고려하여 정한 것으로 그 차별에 합리적인 이유가 있다고 할 것이다(헌재 2002.10.31, 2001헌마557 전원재판부).

★ (구)집회 및 시위에 관한 법률 제19조 제2항이 미신고 옥외집회 주최자와 미신고 시위주최자를 함께 규율하면서 그 법정형을 같게 정하고 있다고 하더라도 이것이 평등원칙에 위배된다고 할 수 없다(헌재결 2009.5.28, 2007헌바22).

★ (구)경찰공무원법 제7조 제2항 제6호가 징계에 의하여 파면 또는 해임의 처분을 받은 사람을 경찰공무원 임용의 결격사유라고 정하여 임용결격사유를 규정함에 있어서 다른 법률보다 경찰공무원법의 규정이 다소 강화되어 있더라도 합리적 이유 없는 자의적인 차별이라고 볼 수 없다(대판 2011.11.10, 2010두1446).

Ⅲ. 행정의 자기구속의 법리

* 2005 행시
* 2010 경감승진 약술형
* 제11회 입법고시 약술형

1. 의의

1) 행정의 자기구속의 법리라 함은 행정청은 동일한 사안(事案)에 대하여 제3자에게 한

것과 동일한 결정을 상대방에게 하도록 구속을 받는다는 원칙을 말한다.

2) 행정의 자기구속의 원칙은 평등원칙을 보다 구체화한 원칙이라고 할 수 있다.

2. 기능

1) 행정의 재량권행사에 대한 사후적 법통제를 확대시켜 국민의 권리를 보호한다. 즉, 행정청에게 자유의 영역을 좁히는 효과(재량권의 축소)를 가져오고, 이로써 행정통제의 효과와 국민의 권리보호의 효과도 가져온다.

2) 행정의 자기구속의 법리는 법규가 아닌 행정규칙이 국민에 대하여 영향을 미치는 법규로 전환시키는 「전환규범」으로서의 기능을 수행한다. 이 경우 행정규칙은 간접적 대외적 구속력을 갖게 된다는 것이 통설적 견해이다.

3. 근거

1) 학설

행정에 대한 자기구속의 법리의 근거를 신뢰보호의 원칙에서 구하는 견해도 있으나, 평등의 원칙에서 찾는 견해가 통설적인 입장이다.

2) 헌법재판소 · 대법원

대법원과 헌법재판소는 행정의 자기구속의 법리를 평등의 원칙이나 신뢰보호의 원칙에 근거하여 인정하고 있다(헌재결 1990.9.3, 90헌마13; 대판 2009.12.24, 2009두7967).

4. 적용영역

1) 재량행위의 영역

행정의 자기구속은 법리는 재량영역에서 존재하며 기속행위에는 적용되지 않는다.

2) 행정선례(행정관행의 존재)

행정의 자기구속을 적용함에 있어 행정선례가 필요한가에 대해서는 견해가 대립하고 있다.

(1) 학설

① 선례불요설

선례가 없는 경우라 하더라도 '재량준칙'은 그 자체에서 자기구속을 예정하고 있는 것이므로, 이러한 예기관행(예상되고 기대되는 관행)을 근거로 자기구속을 인정할 수 있다는 입장이다.

② 행정선례필요설

선례가 없는 경우에도 자기구속의 법리를 인정하면 행정규칙에 법규성을 인정하는 결과가 된다는 점을 논거로 행정선례가 필요하다는 입장이다(통설).

(2) 판례

판례는 재량준칙이 공표된 것만으로는 자기구속의 법리가 적용될 수 없고, 재량준칙이 되풀이 시행되어 행정관행이 성립한 경우 행정의 자기구속의 법리가 적용될 수 있다고 판시하고 있다(대판 2009.12.24, 2009두7967).

3) 행정의 자기구속과 행정규칙

행정의 자기구속의 원칙은 행정규칙인 재량준칙의 법적 성질과 관련하여 주로 논의된다.

(1) 행정규칙은 법규가 아니므로 행정규칙에 위배되는 행정처분으로 인하여 권익을 침해받은 자는 행정소송을 통한 구제가 인정되지 않는다. 따라서 실질적 법치주의에 반하게 되는 문제가 생긴다. 이때에 행정의 자기의 구속법리는 행정규칙에 위배되는 행정처분에 대한 사법심사를 가능케 하는 매개적 기능을 수행하게 된다.

(2) 헌법상의 평등의 원칙은 내부법인 행정규칙(재량준칙)의 효력이 국민에 대한 관계에서까지 간접적인 구속력을 발생하게 하는 전환규범의 기능을 한다.

4) 재량준칙의 경우에 자기구속이 인정되고, 규범해석규칙[42]에는 적용되지 않는다는 것이 다수설의 입장이다.

5) 불법에 있어서 평등대우(행정선례의 적법성)

(1) 행정의 자기구속의 법리는 행정 규칙 등이 적법한 경우에만 적용되고 위법한 경우에는 적용되지 않는다. 따라서 행정관행이 위법한 경우에는 행정청은 자기 구속을 당하지 않는다.[43]

(2) 평등의 원칙과 마찬가지로 불법에 있어서 평등대우는 인정되지 않는다. 따라서 위법한 경우에는 신뢰보호의 원칙으로 해결된다.

5. 효과

행정기관이 자기구속의 원칙을 위반하여 행정처분을 한 경우 위헌·위법한 행위가 되며, 그 처분의 상대방은 이에 대하여 항고소송 또는 손해배상을 청구할 수 있다.

6. 판례

1) 대법원

(1) 평등의 원칙은 본질적으로 같은 것을 자의적으로 다르게 취급함을 금지하는 것이다. 따라서 위법한 행정처분이 수차례에 걸쳐 반복적으로 행하여졌다 하더라도 그러한 처분이 위법한 것인 때에는 행정청에 대하여 자기구속력을 갖게 된다고 할 수 없다(대판 2009.6.25, 2008

42) 규범해석규칙(법령해석규칙)이라 함은 불확정 개념을 해석함에 있어서 해석의 통일을 기하기 위해 그 기준을 정하기 위해 그 기준을 제시할 목적으로 발하는 행정규칙을 말한다.

43) 대판 2009.6.25, 2008두13132.

두13132).

(2) 자기구속의 법리에 위반되는 처분은 평등의 원칙이나 신뢰보호의 원칙에 위배되어 재량권을 일탈·남용한 위법한 처분이 된다(대판 2009.12.24, 2009두7967).

2) 헌법재판소

헌법재판소도 자기구속의 법리를 인정하고 있다(헌재 1990.9.3, 90헌마13; 헌재 2001.5.31, 99헌마413. 관련 판례 참조).

[관련 판례]

행정규칙이 법령의 규정에 의하여 행정관청에 법령의 구체적 내용을 보충할 권한을 부여한 경우, 또는 재량권 행사의 준칙인 규칙이 그 정한 바에 따라 되풀이 시행되어 행정관행이 이룩되게 되면, 평등의 원칙이나 신뢰보호의 원칙에 따라 행정기관은 그 상대방에 대한 관계에서 그 규칙에 따라야 할 자기구속을 당하게 되고, 그러한 경우에는 대외적인 구속력을 가지게 된다 할 것이다(헌재 1990.9.3, 90헌마13; 헌재 2001.5.31, 99헌마413).

Ⅳ. 비례의 원칙(과잉금지원칙)

* 행시 34회 * 사시 43회
* 외무 38회 * 경정 1990년
* 2001 사시
* 2013 행시 (일반)

1. 개설

1) 의의

광의의 비례의 원칙이란 행정주체가 구체적인 행정목적을 실현함에 있어서 그 목적과 수단 사이에는 합리적인 비례관계가 유지되어야 한다는 원칙을 말한다.

비례의 원칙은 일반적으로 "참새를 잡기 위하여 대포를 쏘아서는 안 된다"는 말로 표현되기도 한다. 비례원칙은 헌법적 지위를 가진 원칙이다.

[관련 판례]

★ 비례의 원칙이란?

비례의 원칙이란 어떤 행정목적을 달성하기 위한 수단은 그 목적달성에 유효·적절하고 또한 가능한 한 최소 침해를 가져오는 것이어야 하며, 아울러 그 수단의 도입으로 인한 침해가 의도하는 공익을 능가하여서는 아니된다는 헌법상의 원칙을 말한다(대판 1997.9.26, 96누10096).

2) 법적근거

(1) 비례원칙은 헌법상 법치국가의 원리에서 도출되는 헌법상의 원리이다. 헌법 제37조 제2항에서 "필요한"이라는 표현은 비례원칙을 나타내는 것으로 풀이된다.

(2) 개별법적 근거로는 「경찰관직무집행법」 제1조 제2항, 「식품위생법」 제79조 제4항 등이 있다.

[관련 법률]

● **경찰관 직무집행법**

제1조(목적) ② 이 법에 규정된 경찰관의 직권은 그 직무수행에 필요한 최소한도에서 행사되어야 하며 남용되어서는 아니된다.

● **식품위생법**

제79조(폐쇄조치 등) ① 식품의약품안전처장, 시 · 도지사 또는 시장 · 군수 · 구청장은 제37조 제1항, 제4항 또는 제5항을 위반하여 허가받지 아니하거나 신고 또는 등록하지 아니하고 영업을 하는 경우 또는 제75조 제1항 또는 제2항에 따라 허가 또는 등록이 취소되거나 영업소 폐쇄명령을 받은 후에도 계속하여 영업을 하는 경우에는 해당 영업소를 폐쇄하기 위하여 관계 공무원에게 다음 각 호의 조치를 하게 할 수 있다.

1. 해당 영업소의 간판 등 영업 표지물의 제거나 삭제

④ 제1항에 따른 조치는 그 영업을 할 수 없게 하는 데에 필요한 최소한의 범위에 그쳐야 한다.

2. 내용

비례의 원칙은 적합성의 원칙 · 필요성의 원칙(최소침해의 원칙) · 상당성의 원칙으로 구성된다.

1) 적합성의 원칙

적합성의 원칙이란 행정기관의 조치 또한 수단이 그가 의도하는 목적을 달성하는 데 적합해야 한다는 원칙을 말한다.

2) 필요성의 원칙(최소침해의 원칙)

필요성의 원칙이란 목표달성을 위해 채택된 수단은 적합한 수단 중에서 개인이나 일반국민에 대하여 최소한의 침해를 가져오는 것이어야 한다는 원칙이다. 예컨대, 위험한 건물에 대하여 개수명령으로써 목적을 달성할 수 있음에도 불구하고 철거명령을 발하는 것은 비례원칙의 내용 중 필요성 원칙에 반한다.

[관련 판례]

★ **필요성의 원칙과 관련된 《대체수단(代替手段)의 제공이론》**

필요성의 원칙과 관련하여 '대체수단(代替手段)의 제공이론' 등이 논의되고 있고, 특히 독일에서는 의무자의 '대체수단의 제공' 문제가 많은 주(州)의 「경찰법」에서 명문화되고 있다. 예컨대, 경찰상의 위해방지를 위해

노후된 건물의 보수명령을 내리는 경우에 당사자가 보수하는 쪽보다는 철거할 것을 희망하는 경우, 행정기관의 선택재량이 인정되는 한 당사자가 원하는 수단을 인정해야 한다는 것이 《대체수단의 제공이론》이다.

★ 비례의 원칙의 위반

공무원이 단 1회의 훈령에 위반하여 요정출입을 하였다는 사유만으로 행한 파면처분은 비례의 원칙에 어긋난 것으로서 재량권의 범위를 넘어선 처분이다(대판 1967.5.2, 67누27).

3) 상당성의 원칙(협의의 비례원칙)

상당성의 원칙이란 목표달성을 위해 적용하고자 하는 수단으로부터 나오는 사익(私益)에 대한 침해가 목적하는 공익상의 효과를 능가하여서는 아니 된다는 원칙이다. 판례도 협의의 비례원칙을 재량권 행사의 적법성 기준(위헌법률심사의 기준)으로 보고 있다(대판 2006.4.14, 2004두3854).

4) 3가지 원칙과의 상호관계

(1) 세 가지 원칙은 비례의 원칙의 내용을 이루는 것이므로 어느 하나라도 위반하면 즉시 비례원칙의 위반이 된다.

(2) 적합성의 원칙 · 필요성의 원칙 · 협의의 비례의 원칙은 단계적 구조를 이루고 있다. 즉, 많은 적합한 수단 중에서도 필요한 수단만이, 필요한 수단 중에서도 상당성 있는 수단만이 선택되어야 한다.[44)]

3. 비례원칙의 적용영역

비례의 원칙은 원래 경찰법영역에서 생성 · 발전한 것이지만, 오늘날에는 행정의 전 영역에서 적용된다. 즉 침익적 영역뿐만 아니라 수익적 작용으로서의 급부행정 등 모든 행정영역에 적용되고 있다.

특히 1) 재량권 행사의 한계(재량권남용), 2) 경찰권 행사의 한계(경찰권 발동과 조건), 3) 행정행위의 부관의 한계, 4) 수익적 행정행위의 취소 · 철회의 제한법리(이익형량의 원칙), 5) 행정계획(계획재량을 제한하는 형량명령이론)[45)], 6) 행정지도(행정절차법에 행정지도에 관한 비례원칙을 명문으로 규정)[46)], 7) 행정강제(강제수단의 선택과 실현과정에서의 비례원칙의 유지), 8) 사정재결 및 사정판결의 경우, 9) 급부행정(과잉급부금지원칙) 등에 비례원칙이 적용된다.

4. 비례원칙의 위반의 효과

1) 광의의 비례원칙은 헌법의 기본이념에서 도출되는 헌법적 원리이면서 행정법의 일반원

44) 홍정선, 「행정법특강」, 박영사, 2009, p.40.

45) 행정계획과 관련하여서는 계획재량을 통제하는 형량명령이론으로 발전하였다.

46) 행정절차법은 "행정지도는 그 목적달성에 필요한 최소한도에 그쳐야 한다"고 규정하여 비례원칙을 명문화하고 있다.

칙이다. 따라서, 이러한 비례원칙에 위반된 행정작용(명령 · 처분 등)은 위헌 · 위법한 것이 된다.

2) 비례의 원칙에 위반한 행정행위는 항고소송의 대상이 되며, 국가배상청구도 가능하다.

[비례원칙에 위반되는 관련 판례]

★ 경찰관이 가스총을 근접 발사하여 가스와 함께 발사된 고무마개로 인한 실명과 국가배상문제

경찰관은 공무집행에 대해 항거의 억제를 위하여 필요할 때에만 최소한의 범위 안에서 가스총을 사용할 수 있으나, 이를 사용하는 경찰관으로서는 인체에 대한 위해를 방지하기 위하여 상대방과 근접한 거리에서 상대방의 얼굴을 향하여 이를 발사하지 않는 등 가스총 사용 시 요구되는 최소한의 안전수칙을 준수함으로써 장비 사용으로 인한 사고 발생을 미리 막아야 할 주의의무가 있다(대판 2003.3.14, 2002다57218).「국가배상책임인정」

★ 생업으로 삼고 있는 자동차 운전자의 음주운전으로 인한 운전면허의 취소 여부

도로교통법상 운전면허의 취소여부가 행정상의 재량행위라 하더라도....음주운전으로 인한 교통사고 방지라는 공익적 필요가 크기 때문에 면허취소가 지나치다고 볼 수 없다. 면허취소로 인한 당사자의 개인적 불이익보다는 이를 방지하여야 하는 일반 예방적인 측면이 더욱 강조되어야 할 것이고, 특히 원고가 자동차 운전을 생업으로 삼고 있는 사정이 있지만 이 경우에는 더욱 음주운전을 예방해야 할 필요가 크다(대판 1995.9.26, 95누6069).

* 종전의 대법원 판례는 음주운전을 한 개인운전사의 경우 공익(국민의 안전을 보장한다는 이유)보다 운전면허의 취소로 개인택시 운전사가 받는 불이익이 크다고 보아 운전면허의 취소처분을 비례원칙 위반으로 보았으나, 그 후 대법원은 동종의 사건에서 판례를 변경하여 공익이 개인택시 운전사가 그로 인하여 받는 불이익보다 크다고 보아 면허취소처분을 적법한 것으로 판시하였다.

★ 변호사법 제10조 제2항이 개업지 제한규정은 직업선택의 자유를 제한하는 것으로서 그 선택된 수단이 그 목적에 적합하지 아니할 뿐 아니라, 그 정도 또한 과잉하여 비례의 원칙이 정한 한계를 벗어난 것으로 헌법 제37조 제2항에 위반됨은 물론, 헌법 제11조 제1항(평등권), 제15조(직업선택의 자유)에 위반되어 위헌이다(헌재 1989.11.20, 89헌가102).

★ 주유소 영업의 양도인이 등유가 섞인 유사휘발유를 판매한 바를 모르고 이를 양수한 석유판매영업자에게 전 운영자인 양도인의 위법사유를 들어 사업정지기간 중 최장기인 6월의 사업정지에 처한 영업정지처분이 석유사업법에 의하여 실현시키고자 하는 공익목적의 실현보다는 양수인이 입게 될 손실이 훨씬 커서 재량권을 일탈한 위법이 있다(대판 1992.2.25, 91누13106).

★ 청소년유해매체물로 결정 · 고시된 만화인 사실을 모르고 있던 도서대여업자가 그 고시일로부터 8일 후에 청소년에게 그 만화를 대여한 것을 사유로 그 도서대여업자에게 금 700만 원의 과징금부과처분은 재량권을 일탈 · 남용한 것으로서 위법하다(대판 2001.7.27, 99두9490).[sexy boy사건]

★ 수사 및 재판단계에서 유죄가 확정되지 아니한 미결수용자에게 수사 또는 재판을 받을 때에도 사복을 입지 못하게 하고 재소자용 의류를 입게 하는 것은 비례원칙에 위반되는 것이다(헌재결 1999.5.27, 97헌마137, 98헌마5)

★ 유흥장에 미성년자를 단1회 출입시켜 술을 제공하여 식품위생법을 위반한 데 대한 제재로서 가장 중한 영업취소로 응징한 것은 책임에 대한 응보의 균형을 잃은 것으로서 행정행위의 재량을 심히 넘는 처분이다(대판 1977.9.13)

[비례의 원칙에 반하지 않는다는 관련 판례]

★ 다른 차들의 통행을 원활히 하기 위하여 승용차를 주차목적으로 자신의 집 앞 약 6미터를 운행하였다 하여

도 이는 도로교통법상의 음주운전에 해당하고, 이미 음주운전으로 적발되어 면허정지 처분을 받은 적이 있는데도 혈중알콜농도 0.182%의 만취 상태에서 운전한 것이라면, 교통사고가 발생하지 않았고 운전 승용차로 서적을 판매하여 가족의 생계를 책임져야 한다는 사정을 고려하더라도, 이 사건 운전면허취소처분은 적법하다(대판 1996.9.6, 96누5595).

★ 변호사가 아닌 사람의 법률사무취급을 포괄적으로 금지하고 있는 이 법조항은 변호사제도를 도입하게 된 배경과 목적을 감안할 때 이 사건 법조항은 변호사 아닌 자의 모든 법률사무취급을 금지하는 것이 아니라 단지 금품 등 이익을 얻을 목적의 법률사무만을 금지하고 있으며, 또 금지되는 법률사무의 범위와 방법 및 그 정도 등에 관해서도 법률에 상세히 규정하고 있는 점에 비춰 이 사건 법률조항이 일반 국민의 직업선택의 자유에 대한 제한으로 과잉금지의 원칙에 위배된다고 볼 수 없다(헌재 2000.4.27, 98헌바95).

★ 해당 지역에서 일정기간 거주하여야 한다는 요건 이외의 해당 지역 운수업체에서 일정기간 근무한 경력이 있는 경우에만 개인택시운송사업면허 신청자격을 부여한다는 개인택시 운송사업면허 업무규정은 합리적인 제한이다(대판 2005.4.28, 2004두8910).

★ 도로교통법 제148조의2 제1항 제1호의 '도로교통법 제44조 제1항을 2회 이상 위반한' 것에 구 도로교통법 제44조 제1항 위반 음주운전 전과도 포함된다고 해석하는 것이 형벌불소급원칙이나 일사부재리원칙 또는 비례원칙에 위반되지 않는다(대판 2012.11.29, 2012도10269).

★ 지방식품의약품안전청장이 수입녹용 중 전지3대를 절단부위로부터 5cm까지의 부분을 절단하여 측정한 회분함량이 기준치를 0.5% 초과하였다는 이유로 수입녹용전부에 대하여 전량폐기 또는 반송처리를 지시한 경우, 재량권을 일탈·남용한 경우에 해당하지 않는다(대판 2006.4.14, 2004두3854).

★ 산림훼손금지 또는 제한 지역에 해당하지 않더라도 국토 및 자연의 유지와 환경의 보전 등 중대한 공익상 필요가 인정되는 경우, 법규상 명문의 근거가 없어도 산림훼손허가신청을 거부할 수 있다(대판 2003.3.28, 2002두12113).

Ⅴ. 신뢰보호의 원칙

* 행시 32회 * 행시 46회 * 사시 9회
* 사시 35회 * 외무 24회
* 2002 행시 약술형
* 2011 경감 승진 약술형

1. 의의

신뢰보호의 원칙이란 행정기관의 어떠한 언동(말 또는 행동)에 대해 국민이 신뢰를 갖고 행위를 한 경우, 그 국민의 신뢰가 보호할 가치 있는 경우에 그 신뢰는 보호해 주어야 하는 원칙을 말한다. 영미법상의 금반언(禁反言)의 법리도 신뢰보호의 원칙과 대체로 같은 이념이다.

★ **금반언(禁反言)의 원칙**

금반언(禁反言)의 원칙이란 함은 자신이 한번 표시한 말을 나중에 다시 번복하지 못한다는 것으로, 영미법에서 발전된 원칙이다. 이러한 원칙은 독일법계에서 발전한 신뢰보호의 원칙과 그 궤를 같이 한다고 볼 수 있다.

2. 근거

1) 이론적 근거

신뢰보호의 원칙에 관해서는 (1) 신의칙설(信義則說)[47], (2) 기본권설, (3) 법적 안정성설 등이 있다. 법적 안정성설이 다수설과 판례의 입장이다.[48]

2) 실정법적 근거

(1) 신뢰보호의 원칙은 「헌법」상의 법치국가의 원리로부터 도출된 법원칙이며, 이를 명문으로 규정한 실정법도 있다. 「행정절차법」 제4조 제2항[49], 「국세기본법」 제18조 제3항[50] 등이 있다.

(2) 신뢰보호원칙의 실정법 규정은 행정법의 불문법 원리로 통용되고 있던 원칙을 확인하는 규정이지, 이 규정의 창설적 효력을 인정하는 것은 아니다.

(3) 판례 또한 행정절차법이 제정되기 전부터 신뢰보호의 원칙을 인정하여 왔다.

[관련 판례]

★ **신뢰보호의 원칙의 위반**

행정청이 위반행위가 있은 이후에 장기간에 걸쳐 아무런 행정조치를 취하지 않은 채 방치하고 있다가 3년여가 지나 운전면허 취소처분을 하는 것은 원고가 그동안 별다른 행정조치가 없을 것이라고 믿은 신뢰이익과 그 법적 안정성을 빼앗은 것이 되어 원고에게 매우 가혹하다고 할 것이다(대판 1987.9.8, 86누373).

3. 신뢰보호의 적용 요건

신뢰보호의 원칙에 의하여 보호받기 위해서는 1) 행정청의 선행조치, 2) 보호가치있는 신

---

47) 신의칙설이라 함은 사법상의 신의성실의 원칙에서 찾는 견해이다(독일의 과부부조금청구에 관한 연방재판소의 미망인 사건판결에서 신의성실의 원칙에 의거 인정함).

48) 김형중, 「경찰행정법」, 경찰공제회, 2007, P.84.

49) 「행정절차법」제4조 제2항 "행정청은 법령 등의 해석 또는 행정청의 관행이 일반적으로 국민에게 받아들여진 후에는 공익 또는 제3자의 정당한 이익을 현저히 해할 우려가 있는 경우를 제외하고는 새로운 해석 또는 관행에 의하여 소급하여 불리하게 처리하여서는 아니된다"고 규정하고 있다.

50) 「국세기본법」제18조 제3항 "세법의 해석 또는 국세행정의 관행이 일반적으로 납세자에게 받아들여진 후에는 그 해석 또는 관행에 의한 행위 또는 계산은 정당한 것으로 보며, 새로운 해석 또는 관행에 의하여 소급하여 과세되지 아니한다"고 규정하고 있다.

뢰(상대방에게 귀책사유가 없을 것), 3) 신뢰에 기초한 상대방의 처리, 4) 인과관계가 있을 것, 5) 선행조치에 반하는 후행조치가 있을 것, 6) 공익 또는 제3자의 이익을 현저히 해하지 않을 것 등의 요건을 구비해야 한다.

1) 행정기관의 선행조치

(1) 행정기관의 선행조치가 존재하여야 한다(판례는 행정청의 선행조치라는 의미를 "공적인 견해의 표명"이라는 용어로 사용하고 있다). 이러한 선행조치에는 ① 적극적 언동, ② 소극적 언동,[51] ③ 아무런 행위도 하지않는 부작위, ④ 명시적 또는 묵시적 행위 ⑤ 적법한 선행조치와 위법한 선행조치, ⑥ 문서에 의한 행위와 구두에 의한 행위도 포함된다.

(2) 다만 ① 행정권의 언동은 구체적인 행정권의 행사에 관한 언동이어야 하며[52], ② 행정청의 공적 견해표명이 있었는지의 여부를 판단하는데 있어 반드시 행정조직상의 권한분장에 구애될 것은 아니다. 따라서 담당자의 지위와 임무·당해 언동을 하게 된 구체적인 경위 및 그에 대한 상대방의 신뢰가능성에 비추어 실질에 의하여 판단하여야 한다.[53] ③ 행정청의 공적 견해표명은 특정 개인에 대한 것일 필요는 없다. 따라서 다수인에게 하는 법규명령·행정규칙·확약 행정계획도 포함된다.

[공적 견해 표명 관련 판례]

★ 공적 견해 표명 인정 판례

• 구청장의 지시에 따른 총무과 소속 직원의 대체취득으로 인한 취득세 면제약속은 공적인 견해표명에 해당하고 신의칙이 적용된다(대판 1995.6.16, 94누12159).

• 과세관청의 공적인 견해표명은 원칙적으로 일정한 책임있는 지위에 있는 세무공무원에 의하여 이루어짐을 요한다(대판 1997.7.11, 97누553).

• 과세청이 과거의 견해표명을 시정하여 장래에 향하여 처분하는 것이 신의성실의 원칙이나 소급과세 금지의 원칙에 위배되지 않는다(대판 1995.6.16, 94누12159).

• 조세법령의 규정 내용 및 행정규칙 자체는 과세관청의 공적 견해표명에 해당하지 않는다(대판 2003.9.5, 2001두403).

★ 공적 견해 표명 불인정 판례

• 헌법재판소의 위헌결정은 행정청이 개인에 대하여 신뢰의 대상이 되는 공적인 견해를 표명한 것이라고 할 수 없으므로 그 결정에 관련한 개인의 행위에 대하여는 신뢰보호의 원칙이 적용되지 않는다(대판 2003.6.27, 2002두6965).

---

51) 적극적인 언동의 예로는 주택단지를 건설할 것이라는 것을 알리면서 공중목욕탕을 건축할 것을 권고하는 경우 등이고, 소극적 언동의 예로는 장기간 행정처분을 내리지 않은 것을 들 수 있다.

52) 행정권의 행사와 무관하게 단순히 법령의 해석에 대한 질의에 대하여 회신해 주는 것 등의 일반적 견해표명은 신뢰보호원칙의 적용대상이 아니다.

53) 처분청 자신의 공적인 견해표명이 있어야 하는 것은 아니며, 경우에 따라서는 보조기관인 담당공무원(예컨대, 담당과장)의 공적인 견해표명도 신뢰의 대상이 될 수 있다(대판 1997.9.12, 96누18380).

• 국회에서 법률안을 심의하거나 의결한 사정만으로 어떠한 신뢰를 부여하였다고 볼 수도 없다(대판 2008. 5.29, 2004다33469).

• 추상적 질의에 대한 일반적 견해표명은 이러한 공적 견해의 표명으로 볼 수 없다(대판 2000.2. 11, 98두2119).

• 폐기물처리업사업계획에 대하여 적정통보를 한 것만으로 그 사업부지 토지에 대한 국토이용계획변경신청을 승인하여 주겠다는 취지의 공적인 견해표명을 한 것으로 볼 수 없다(대판 2005.4.28, 2004두8828).

• 당초 정구장 시설을 설치한다는 도시계획결정을 하였다가 정구장 대신 청소년 수련시설을 설치한다는 도시계획변경결정 및 지적승인을 한 경우, 당초의 도시계획결정만으로는 도시계획사업의 시행자 지정을 받게 된다는 공적인 견해를 표명하였다고 할 수 없다(대판 2000.11.10, 2000두727).

• 재정경제부가 보도자료를 통해 법인의 비업무용 토지에 관한 '법인세법시행규칙을 개정하여 법제처의 심의를 거쳐 6월 말경 공포 · 시행할 예정'이라고 밝힌 것만으로 위 시행규칙을 시기적으로 반드시 6월 말경까지 공포 · 시행하겠다는 내용의 공적 견해를 표명한 것으로 보기 어렵다(대판 2002.11.26, 2001두9103).

• 병무청 담당부서의 담당공무원에게 공적 견해 표명을 구하는 정식의 서면질의 등을 하지 아니한 채 총무과 민원팀장에 불과한 공무원이 민원봉사차원에서 상담에 응하여 안내한 것을 신뢰한 경우, 신뢰보호 원칙이 적용되지 아니한다(대판 2003.12.26, 2003두1875).

• 행정청이 지구단위계획을 수립하면서 그 권장용도를 판매 · 위락 · 숙박시설로 결정하여 고시한 행위를 당해 지구 내에서는 공익과 무관하게 언제든지 숙박시설에 대한 건축허가가 가능하리라는 공적 견해를 표명한 것이라고 평가할 수는 없다(대판 2005.11.25, 2004두6822 · 6839 · 6846).

• 관광 숙박시설 지원 등에 관한 특별법(한시법)의 유효기간인 2002. 12. 31. 이전까지 사업계획승인 신청을 한 경우에는 유효기간이 경과한 이후에도 특별법을 적용할 수 있다는 내용의 회신은 문화관광부장관이 지방자치단체장에게 한 것이어서 이를 원고에 대한 공적인 견해표명으로 보기 어렵다(대판 2006.4.28, 2005두6539).

• 견해표명 중 묵시적 표시가 있다고 하기 위해서는 단순한 과세누락과는 달리 과세관청이 상당기간의 불과세 상태에 대하여 과세하지 않겠다는 의사표시를 한 것으로 볼 수 있는 사정이 있어야 한다(대판 2001.4.24, 2000두5203). 즉, 과세누락의 경우에는 신뢰보호의 원칙의 적용에 배제된다.

• 개발이익환수에 관한 법률에 정한 개발사업을 시행하기 전에, 행정청이 토지 지상에 예식장 등을 건축하는 것이 관계 법령상 가능한지 여부를 질의하는 민원예비심사에 대하여 관련부서 의견으로 개발이익환수에 관한 법률에 '저촉사항 없음'이라고 기재하였다고 하더라도, 이후의 개발부담금부과처분에 관하여 신뢰보호의 원칙을 적용하기 위한 요건인, 개인에 대하여 신뢰의 대상이 되는 공적인 견해표명을 한 것이라고는 보기 어렵다(대판 2006.6.9, 2004두46).

2) 신뢰의 보호가치성

(1) 행정기관의 선행조치를 신뢰하고 그 신뢰는 보호받을 가치가 있는 것이어야 한다. 판례는 이 요건을 개인에게 귀책사유[54]가 없어야 한다고 판시하고 있다.

(2) 신뢰보호 상대방의 귀책사유는 적극적 부정행위도 인정되지만, 그러한 부정행위가 없다고 하더라도 하자가 있음을 알았거나 중대한 과실로 알지 못하는 경우 등도 포함된다.

54) 귀책사유(歸責事由)가 있다는 것은 어떤 행위를 한 당사자에게 책임을 물을 만한 고의 또는 과실이 있어야 한다는 것을 의미한다(예컨대 고의 또는 과실, 신청서의 허위기재, 뇌물제공, 사기강박 등).

[관련 판례]

★ 관계인이 신뢰를 형성하는 과정에서 귀책사유(신청서의 허위기재, 뇌물제공, 사기·강박 등)가 있는 행위를 한 경우에는 그 신뢰는 보호가치가 없어 보호될 수 없다(대판 1989.3.28, 88누2694; 1992.5.8, 91누13274).

★ 처분의 하자가 당사자의 사실은폐나 기타 허위의 방법에 의한 신청행위에 기인한 것이라면 그 자신이 위 처분에 관한 신뢰이익을 원용할 수 없다(대판 1988.2.9, 87누939).

★ 판례는 귀책사유의 유무를 판단하는 관계인의 범위는 행정청의 견해표명에 대한 직접 상대방뿐만 아니라 그 대리인, 수임인 등 관계자 모두를 포함한다는 입장이다.
건축주와 그로부터 건축설계를 위임받은 건축사가 상세계획지침에 의한 건축한계선의 제한이 있다는 사실을 간과한 채 건축설계를 하고 이를 토대로 건축물의 신축 및 증축 허가를 받은 경우, 그 신축 및 증축허가가 정당하다고 신뢰한 데에 귀책사유가 있다(대판 2002.11.8, 2001두1512).

★ 충전소설치예정지로부터 100미터 내에 있는 건물주의 동의를 모두 얻지 아니하였음에도 불구하고 이를 갖춘 양 허가신청을 하여 그 허가를 받아 낸 것은, 처분의 하자가 당사자의 사실은폐 내지 허위의 방법에 의한 신청행위에 기인한 것이라 할 것이다(대판 1992.5.8, 91누13274).

★ 허위의 고등학교 졸업증명서를 제출하는 사위의 방법에 의한 하사관 지원의 하자를 이유로 하사관 임용일로부터 33년이 경과한 후에 행정청이 행한 하사관 및 준사관 임용취소처분은 적법하다(대판 2002.2.5, 2001두5286).

★ 수익적 행정처분의 하자가 당사자의 사실은폐나 기타 사위의 방법에 의한 신청행위에 기인한 경우 이러한 사실은폐나 기타 사위의 방법에 의한 신청행위가 제3자를 통하여 소극적으로 이루어졌다고 하여도 신뢰보호를 주장할 수 없다(대판 2008.11.13, 2008두8628).

★ 행정청 내부의 사무처리준칙(재량준칙)에 해당하는 지침의 공표만으로는 지침에 명시된 요건을 충족할 경우 사업자로 선정되어 벼 매입자금 지원 등의 혜택을 받을 수 있다는 보호가치 있는 신뢰를 가지게 되었다고 보기도 어렵다(대판 2009.12.24, 20097967).

★ 한시적인 법인세액 감면제도를 시행하다가 개정된 조세특례법 제2조 제3항의 새로운 조문을 신설하면서 법인세액 감면대상이 되지 아니하는 업종으로 변경된 기업에 대하여 아무런 경과규정을 두지 아니하였더라도 신뢰보호의 원칙에 위배되지 않는다(대판 2009.9.10, 2008두9324).

3) 신뢰에 기초한 상대방의 처리

(1) 상대방이 행정기관의 선행조치에 대한 신뢰에 입각하여 어떤 처리를 한 경우에 그 처리를 보호하는 것이 신뢰보호의 원칙이다. 예컨대, 상대방의 신뢰에 기초한 자본투자, 건축허가를 믿고 건축에 착수한 경우 등 선행조치를 믿고 이에 기초한 특정한 처리행위를 하였어야 한다.

(2) 신뢰보호원칙은 행정청의 행위의 존속을 목적으로 하는 것이 아니라 행정청의 조치를 믿고 사인을 보호하기 위한 것이다. 따라서 신뢰를 원인으로 하는 처리행위는 적극적·소극적 행위를 모두 포함한다.

4) 인과관계

신뢰보호는 행정청의 언동과 그 상대방에 의한 조치 사이에는 인과관계가 성립되어야 한다. 따라서 행정권의 행사와 무관하게 단순히 법령의 해석에 대한 질의에 대하여 회신해주는 것은 인과관계가 성립되지 아니한다. 즉, 신뢰보호원칙의 적용 대상이 아니다.

5) 선행조치에 반하는 후행조치

행정기관이 선행조치에 위반하는 행정처분(예컨대, 운전면허의 취소 등)을 함으로써, 선행조치를 신뢰한 개인의 이익이 침해되는 결과가 초래되어야 한다.

[관련 판례]

★ 삼청교육관련 피해자들에 대해 피해보상을 공고히 하고 그 신고까지 받고서 후속조치를 취하지 않음은 신뢰보호원칙에 위배되어 그 신뢰의 상실에 따른 손해를 배상할 의무가 있고, 이러한 손해에는 정신적 손해도 포함된다(대판 2001.7.10, 98대38364).

★ 안산시의 도시계획과장과 도시계획국장이 도시계획사업의 준공과 동시에 사업부지에 편집한 토지에 대한 완충녹지 지정을 해제함과 아울러 당초의 토지소유자들에게 환매하겠다는 약속을 했음에도 이를 믿고 토지를 협의매매한 토지소유자의 완충녹지지정해제신청을 거부한 것은 행정상 신뢰보호의 원칙을 위반하거나 재량권을 일탈·남용한 위법한 처분이다(대판 2008.10.9, 2008두6127).

★ 화랑공원으로 지정되어 현재에 이르렀고, 실제의 공원구역과 다르게 경계측량 및 표지를 설치한 지 십수년 후 착오를 발견하여 지형도를 수정한 조치는 신뢰보호의 원칙에 위배되거나 행정의 자기구속의 법리에 반하는 것이라 할 수 없다(대판 1992.10.13, 92누2325).

6) 공익 또는 제3자의 정당한 이익의 불침해

제3자의 정당한 이익을 희생시키면서까지 신뢰보호의 원칙이 관철되어야 하는 것은 아니다. 따라서 선행조치에 따른 후행행위로 인하여 공익 또는 제3자의 정당한 이익을 현저히 해할 우려가 있는 경우가 아니어야 한다(대판 1998.11.13, 98두7343).

4. 신뢰보호원칙의 적용영역

1) 신뢰보호의 원칙이 적용될 수 있는 경우로는, 수익적 행정행위의 취소·철회의 제한[55], 행정계획의 변경[56], 확약의 법적 근거[57], 행정의 자기구속의 법리, 신뢰보호의 원칙에

55) 수익적 행정행위(收益的 行政行爲)는 상대방에게 권리·이익을 부여하는 행정행위를 말한다. 따라서 수익적 행정행위에 있어서는 상대방에게 신뢰로 인한 기득권이 형성되었으므로 그 행위가 적법인 경우는 물론 위법이 있더라도 이를 취소·철회하는 것은 자유스럽지 않다.

56) 행정계획을 신뢰하고 자본을 투자한 뒤 그 계획이 폐지·변경된 뒤 손해를 입은 개인에게 신뢰보호의 견지에서 일반적으로 손실보상청구권을 인정한다.

57) 예컨대, 무허가 건축물의 자진 철거자에게 아파트 입주권을 주겠다는 행정기관의 약속은 상대방의 신뢰를 형성시키는 것이므로, 이는 지켜져야 한다.

반하는 처분의 취소, 실권의 법리, 신뢰보호원칙과 행정법규의 소급적용 금지 등을 들 수 있다. 이하에서는 실권의 법리, 행정법규의 소급적용금지 등에 한정하여 살펴보았다.

2) 실권의 법리

(1) 의의

① 실권(失權)의 법리(法理)라 함은 행정권이 행정처분을 할 수 있었음에도 불구하고 장기간 묵인 또는 방치함으로써, 상대방(의무자)에게 행정기관이 권리를 행사하지 않을 것이란 믿음을 갖게 한 경우에는 당해 행위를 취소할 수 없다는 원칙을 말한다.

② 실권의 법리는 민법상의 신의성실의 원칙이 공법의 영역까지 확대적용된 것으로 평가할 수 있다. 그러나 현행 행정절차법은 실권의 법리를 규정하고 있지 않다.

③ 판례는 「신의성실의 원칙」의 파생원칙으로 보고 있다. 따라서 실권의 법리는 신뢰보호의 원칙의 파생법리인 특별법리이기 때문에, 실권의 법리가 성립되면 신뢰보호의 원칙보다 우선 적용된다.[58]

(2) 실권의 법리가 적용되기 위한 요건

① 행정청이 취소사유나 철회사유가 있다는 것을 앎으로써, 그에 대한 권리행사 가능성이 있어야 한다.

② 행정권 행사가 가능함에도 불구하고 행정청이 장기간 권리행사를 하지 않았어야 한다.

③ 상대방인 국민이 행정청이 이제는 권리를 행사하지 않을 것으로 신뢰하였고, 그에 대한 정당한 사유가 있어야 한다.

[관련 판례]

「실권의 법리가 적용된 판례」

★ 원고의 행정행위 위반이 있은 후 장기간에 걸쳐 아무런 행정조치가 없은 후 3년이 지난 후에 이를 이유로 운전면허를 취소하는 것은 행정청이 그간 별다른 행정조치를 하지 않은 것이라고 믿은 신뢰의 이익과 법적 안정성을 빼앗은 매우 가혹한 것이라 할 것이다(대판 1987.9.8, 86누373).

★ 실권 또는 실효의 법리는 법의 일반원리인 신의성실의 원칙에 바탕을 둔 파생원칙이므로 공법관계 가운데 관리관계는 물론이고 권력 관계에도 적용되어야 함을 배제할 수는 없다(대판 1988. 4.27, 87누915).

「실권의 법리가 적용되지 않은 판례」

★ 행정서사업무허가를 행한 뒤 20년이 다되어 허가를 취소하였더라도, 그 취소사유를 행정청이 모르는 상태에 있다가 취소처분이 있기 전에 알았다면, 실권의 법리가 적용되지 않고 그 취소는 정당하다(대판 1988. 4.27, 87누915).

★ 교통사고가 일어난 지 1년 10개월이 지난 뒤 그 교통사고를 일으킨 택시에 대하여 한 운송사업 면허취소는 적법하다(대판 1989.6.27, 89누6283).

58) 박균성, 「행정법기본강의」, 박영사, 2016, P.25.

3) 신뢰보호원칙과 행정법규의 소급적용 금지

행정법규의 소급적용은 관계인의 신뢰보호에 적합하지 아니하므로, 원칙적으로 금지된다.

(1) 진정소급효

① 법적 안정성을 해하고 국민의 신뢰를 해하기 때문에, 이미 종결된 사실에 대한 진정소급은 원칙적으로 금지되고 예외적으로 허용된다.

② 법령이 개정되는 경우 신법의 적용 여부가 문제시 되는데, 법령의 개정에도 신뢰보호의 원칙이 적용된다. 진정소급법은 원칙적으로 신뢰보호원칙상 허용되지 않으나(헌법 제13조), 개인의 신뢰보호에 우선하는 특단의 사정이 있는 경우, 즉 신뢰보호의 요청에 우선하는 심히 중대한 공익상 필요가 있는 반면, 그 법적 지위에 대한 개인의 신뢰를 보호하여야 할 필요가 상대적으로 정당화 될 수 없는 경우에는 예외적으로 허용될 수 있다.

(2) 부진정소급효

이미 과거에 시작하였지만 아직 완성되지 않고 진행과정에 있는 사실, 또는 국민에게 이익을 주거나 국민의 지위보호와 무관한 경우에는 소급(부진정소급)이 가능하다.[59]

즉, 부진정소급입법은 허용되는 것이 원칙이고 예외적으로 신뢰보호에 따른 제한을 받는 경우가 있다.

[관련 판례]

★ 대학이 성적불량을 이유로 학생에 대하여 징계처분을 하는 경우에 있어서 수강신청이 있은 후 징계요건을 완화하는 학칙개정이 이루어지고, 이어 당해 시험이 실시되어 그 개정학칙에 따라 징계처분을 한 경우라면 이는 이른바 부진정소급효에 관한 것으로서…특별한 사정이 없는 한 위법하다고 할 수 없다(대판 1989.7.11, 87누1123).

5. 신뢰보호원칙의 한계

1) 신뢰보호의 원칙과 법률적합성의 원칙과의 관계(신뢰보호의 이익과 공익사이의 이익형량)

신뢰보호의 원칙은 법칙국가의 한 내용인 「법적안정성」을 위한 것이지만, 한편으로는 법치국가 원리의 또하나의 내용인 「법규적합성의 원리」와 충돌하게 된다. 적법한 행위에 대한 신뢰보호의 경우는 문제가 없으나, 위법한 행위에 대한 신뢰보호의 경우는 곧 신뢰보호의 원칙과 법률적합성원칙의 관계로 귀결되는데, 이에 관하여는 견해가 대립하고 있다.

(1) 학설

① 법률적합성우위설

법률적합성우위설은 행정의 법률적합성원칙이 신뢰보호원칙보다 우위에 있다는 견해이다.

---

59) 김형중, 「경찰행정법」, 경찰공제회, 2007, P.88.

② 이익형량설

이익형량설(양자동위설)은 행정의 법률적합성의 원칙과 신뢰보호원칙은 동위적(同位的)·동가치적이다. 따라서 양자는 동위(同位:동일한 위치)에 있다는 견해로 통설의 입장이다.

이 설에 의하면, 양자가 충동하는 경우에는 적법상태의 실현이라는 공익과 사익(私益)의 정당한 비교형량에 의하여 결정하여야한다는 것이다.

(2) 판례

판례 또한 이익형량설(양자동위설)의 입장에서 이익형량을 통해 신뢰보호원칙의 적용여부를 결정하고 있다.

[관련 판례]

★ 신뢰보호의 이익과 공익 또는 제3자의 이익이 상호충돌하는 경우에는 이를 상호간에 이익형량을 하여야 한다(대판 2002.11.8. 2001두1512).

★ 운전면허 취소사유에 해당하는 음주운전을 적발한 경찰관의 소속 경찰서장이 사무착오(전산입력착오)로 위반자에게 운전면허정지처분을 한 상태에서 위반자의 주소지 관할 지방경찰청장이 위반자에게 운전면허취소처분을 한 것은 선행처분에 대한 당사자의 신뢰 및 법적 안정성을 저해하는 것으로서 허용될 수 없다(대판 2000.2.25, 99두10520).

★ 도시계획구역 내 생산녹지로 답(畓)인 토지에 대하여 종교회관 건립을 이용목적으로 하는 토지거래계약의 허가를 받으면서 담당공무원이 관련 법규상 허용된다 하여 이를 신뢰하고 건축준비를 하였는데, 그 후 토지형질변경허가신청을 불허한 것은 신뢰보호원칙에 반한다(대판 1997.9.12, 96누18380).[대순진리회사건]

2) 존속보호에 관한 문제

(1) 신뢰보호의 대상이 재산권인 경우, 신뢰보호의 원칙에 따라 존속을 통한 신뢰보호를 한 것인가, 아니면 보상을 통한 신뢰보호를 할 것인가가 문제시된다.

(2) 재산권 보장의 경우 존속보호를 원칙으로 하고, 그것이 불가한 경우에는 보상보호가 주어져야 한다.

독일 「연방행정절차법」은 양설을 절충하는 방향으로 해결하고 있다.[60]

3) 사정변경

신뢰보호의 원칙에서 행정청이 상대방에 대하여 장차 어떤 처분을 하겠다는 확약 또는 공적인 의사표명이 있은 후에 사실적·법률적 상태가 변경되었다면, 그와 같은 확약 또는 공적인 의사표명은 행정청의 별다른 의사표시를 기다리지 않고 실효된다(대판 1996.8.20, 95누10877).

60) 김형중, 상게서, P.89; 홍정선, 전게서, P.49.

[관련 판례]

★ 구 주택건설사업승인거부처분취소와 관련하여 행정청의 확약 또는 공적인 의사표명이 그 자체에서 정한 유효기간을 경과한 이후에는 당연 실효되는지 여부.

행정청이 상대방에게 장차 어떤 처분을 하겠다고 확약 또는 공적인 의사표명을 하였다고 하더라도, 그 자체에서 상대방으로 하여금 언제까지 처분의 발령을 신청을 하도록 유효기간을 두었는데도 그 기간 내에 상대방의 신청이 없었다거나 확약 또는 공적인 의사표명이 있은 후에 사실적·법률적 상태가 변경되었다면, 그와 같은 확약 또는 공적인 의사표명은 행정청의 별다른 의사표시를 기다리지 않고 실효된다(대판 1996.8.20., 95누10877).

4) 무효인 처분과 신뢰보호

무효인 처분에 대하여는 신뢰보호원칙이 적용되지 않는다(대판 1987.4.14, 86누459). 대법원은 "공무원임용결격사유에 해당하는 자를 공무원으로 임용하였다가 사후에 결격사유가 있는 자임을 발견하고 공무원 임용행위를 취소하였더라도 신의칙 내지 신뢰원칙에 위배되는 것도 아니고 또 그러한 의미의 취소권은 시효로 소멸하는 것도 아니다"라고 판시하였다. 판례는 공무원임용결격자에 대한 임용행위를 당연무효라고 보고 있다(대판 1987.4.14, 86누459).

5) 제3자의 보호

제3자의 정당한 이익을 희생시키면서까지 신뢰보호의 원칙이 관철되어야 하는 것은 아니다. 따라서 신뢰보호의 이익과 공익 또는 제3자의 이익이 충돌하는 경우에는 상호간에 이익형량을 하여야 한다.

6. 신뢰보호원칙의 위반의 효과

1) 신뢰보호의 원칙에 반하는 행정작용은 위법한 처분이 된다. 따라서 이 경우 원칙적으로 취소가 되고, 예외적으로 무효가 된다고 보고 있다(판례).

2) 신뢰보호의 원칙에 위반되는 공무원의 행위로 인한 피해를 입은 사인은 국가배상법이 정하는 바에 따라 손해배상을 청구할 수 있다.

Ⅵ. 부당결부금지의 원칙(不當結付禁止의 原則)

* 2007년 제23회 입법고시

1. 의의

부당결부금지의 원칙이란 행정기관이 공권력을 행사함에 있어서 실질적 관련성이 없는 상대방의 반대급부와 결부시켜서는 안 된다는 원칙을 말한다.

예컨대, 인근공원의 미화사업을 조건으로 하는 호텔건축허가는 부당결부금지의 원칙에 해당된다.

2. 근거

부당결부금지의 원칙은 1) 법치국가원리 및 자의금지원칙에서 도출된다는 견해인 「헌법적 효력설」과, 2) 법률적 효력을 갖는 법원칙으로 보는 견해인 「법률적 효력설」이 대립하고 있다. 헌법적 지위를 갖는다는 「헌법적 효력설」이 다수설이다.

3. 요건

부당결부금지의 원칙이 성립하기 위해서는 1) 행정청의 행정작용이 있어야 하고, 2) 그 행정작용은 상대방에 부과하는 반대급부와 결부되어 있어야 하며, 3) 그 행정작용과 사인의 반대급부 사이에 실체적 관련성이 있어야 한다는 것 등이다.

4. 적용 영역

부당결부금지의원칙은 공법상계약 · 행정행위의 부관 · 행정의 실효성확보수단과 관련하여 문제시 되고 있다.

1) 공법상 계약

공법상 계약을 체결함에 있어서 반대급부를 결부시키는 경우에 적용된다. 부당결부금지의 원칙은 공법상 계약의 경우만 적용되고, 사법상 계약의 경우는 적용되지 않는다. 예컨대, 지방자치단체가 수도공급계약을 체결하면서, 지방자치단체가 소유하고 있는 토지를 매입하는 조건으로 하는 급부는 금지된다.

2) 행정행위의 부관(附款)

행정청이 행정행위를 행하면서 상대방에게 불이익한 의무를 과하는 부관을 붙이는 경우에는 근거법령 및 당해 행정행위의 목적 실현과 실질적 관련성이 있어야 한다.[61] 예컨대, 건축허가를 해주면서 다른 토지의 기부체납을 부관으로 부담하게 하는 행위는 부당결부금지의 원칙에 해당된다(대판 1997.3.11, 96다49650).

3) 행정행위의 실효성 확보를 위한 새로운 의무확보 수단의 영역

(1) 행정법상의 의무자가 의무를 이행하지 않음으로써, 행정청이 그 의무이행을 확보하기 위하여 새로운 의무확보수단을 결부시키는 경우이다(예컨대, 고액체납자의 명단공표 등).

(2) 건축법, 공업배치 및 공장설립에 관한 법률상의 공급거부와 국세징수법 제7조의 관허

---

61) 대판 2009.2.12. 2005다65500.

사업의 제한은 부당결부금지원칙과 관련하여 위헌이라는 견해가 있다.

[부당결부금지원칙과 공급거부 및 관허사입제한 등의 법률규정에 관한 검토]

오늘날 새로운 실효성확보수단으로서, 건축법은 시정명령 불이행자에 대한 공급거부를 규정하고 있다(제69조 제2항). 한편 국제징수법은 국세체납자에 대한 관허사업의 제한을 규정하고 있다(제7조). 이러한 건축법 위반과 공급거부, 국세체납과 인·허가 제한 사이에는 실체적 관련성이 있다고 보기는 어렵다. 따라서 건축법과 국세징수법에 규정된 위의 조항은 부당결부금지의 원칙에 반하는 것이 아닌가 하는 의문점이 제기된다.

5. 위반의 효과

1) 부당결부금지원칙의 위반은 위헌·위법이 되고 취소사유가 된다는 것이 다수설과 판례의 입장이다.

2) 부당결부금지원칙의 위반으로 피해를 입은 상대방은 행정쟁송이나 손해배상을 청구할 수 있다.

[관련 판례]

★ 부당결부금지원칙의 위반여부

1) 동원칙과 운전면허취소

• 원고가 운전한 오토바이는 이륜자동차로서 제2종 소형면허를 가진 사람만이 운전할 수 있는 것이고, 이륜자동차의 운전은 제1종 대형면허와는 아무런 관련이 없는 것이므로 오토바이를 음주운전 하였음을 이유로 이륜자동차 이외의 다른 차종을 운전할 수 있는 제1종 대형면허를 취소한 처분은 위법하다(대판 1992.9.22, 91누8289). 즉 이륜자동차를 음주운전한 사유만 가지고서는 제1종 대형면허나 보통면허의 취소나 정지를 할 수 없다.

• 제1종 보통 운전면허와 제1종 대형 운전면허의 소지자가 제1종 보통 운전면허로 운전할 수 있는 승합차를 음주운전하다가 적발되어 두 종류의 운전면허를 모두 취소당한 사안에서, 제1종 대형운전면허 부분에 대한 운전면허취소처분은 재량권의 한계를 넘는 위법한 처분이라고 볼 수 없다(대판 1997.3.11, 96누15176).

• 한 사람이 여러 자동차운전면허를 취득한 경우 이를 취소함에 있어서 서로 별개로 취급하는 것이 원칙이나, 취소사유가 특정의 면허에 관한 것이 아니고 다른 면허와 공통된 것이거나 운전면허를 받은 사람에 관한 것일 경우에는 여러 면허를 전부 취소할 수도 있다(대판 1998.3.24, 98두1031).

• 제1종 대형면허로 운전할 수 있는 차량을 음주운전하거나 그 제재를 위한 음주측정의 요구를 거부한 경우에는 그와 관련된 제1종 보통면허까지 취소할 수 있다(대판 1997.2.28, 96누17578).

• 제1종 보통면허로 운전할 수 있는 차량을 음주운전한 경우에 이와 관련된 면허인 제1종 대형면허와 원동기장치자전거면허까지 취소할 수 있는 것으로 보아야 한다(대판 1994.11.25, 94누9672).

• 제1종 보통·대형·특수면허를 가진 자가 제1종 보통·대형면허만으로 운전할 수 있는 12인승 승합자동차를 운전하다 운전면허취소 사유가 발생한 경우, 제1종 특수면허는 취소할 수 없다(대판 1998.3.24, 98두1031).

2) 동원칙과 행정행위의 부관

• 인천시장이 A에게 주택사업계획승인을 하게 됨을 기화로 그 주택사업과는 아무런 관련이 없는 이 사건 토지를 기부체납하도록 하는 부관을 주택사업계획승인에 붙인 사실은 부당결부금지의 원칙에 위반되어 위법하다 하겠으나, 그 부관의 하자가 중대하고 명백하여 당연무효라고 볼 수 없다(대판 1997.3.11, 96다49650).

• 준공거부처분에서 그 이유로 내세운 도로기부체납의무는 이 사건 기숙사 등 건축물에 인접한 도로 198m의 개서를 위한 도시계획사업시행허가와 위 기숙사 등 건축물의 신축을 위한 도시계획사업의 시행허가에 관한 것으로 이 사건 기숙사 등 건축물의 건축허가와는 별개의 것이고 건축허가사항대로 이행되어 건축법 등에 위반한 사항이 없는 이 사건 기숙사 등 건축물에 관하여, 원고가 이와 같은 이유로 준공거부처분을 한 것은 건축법에 근거없이 이루어진 것으로서 위법하다(대판 1991.11.27, 92누10364).

• 65세대의 주택건설사업에 대한 사업계획승인시 '진입도로 설치 후 기부채납, 인근주민의 기존 통행로 폐쇄에 따른 대체 통행로 설치 후 그 부지 일부 기부채납'을 조건으로 붙은 것은 위법한 부관에 해당하지 않는다(대판 1997.3.14, 96누16698).

• 고속국도 관리청이 고속도로 부지의 집도구역에 송유관 매설을 허가하면서 상대방과 체결한 협약에 따라 송유관시설을 이전하게 될 경우 그 비용을 상대방에게 부담하도록 한 부관은 부당결부금지의 원칙에 반하지 않는다(대판 2009.2.12., 2005다65500).

제7절 행정법의 효력

Ⅰ. 개 설

행정법의 효력이란 행정법이 그 관계자를 구속하는 힘을 말한다. 행정법의 효력은 주로 성문법의 효력을 다루고, 불문법은 그 성질상 각기 불문법의 종류에 따라 검토될 수밖에 없다. 행정법령은 시간적·지역적·인적 범위 내에서 효력을 갖는다.

Ⅱ. 시간적 효력

행정법령은 일정한 시점으로부터 일정한 시점까지 그 효력을 갖는다. 즉, 효력발생시점부터 효력소멸시점까지의 기간을 말한다.

1. 효력발생시기

1) 법령과 조례, 규칙은 그 시행일에 관하여 특별한 규정이 없으면 공포한 날부터 20일이 경과함으로써 효력이 발생한다.

2) 국민의 권리제한 또는 의무부과와 직접 관련되는 법률, 대통령령, 총리령 및 부령은 긴급히 시행하여야 할 특별한 사유가 있는 경우를 제외하고는 공포일로부터 적어도 30일이 경과한 날부터 시행되도록 하여야 한다.

3) 법령의 공포

법령의 공포란 확정된 법령의 시행을 위해 국민·주민에게 알리는 것을 말한다.

(1) 국가의 법령

① 헌법개정, 조약, 대통령령·국무총리령·부령의 공포는 관보에 게재하여 이를 알린다.

② 대통령의 법률안거부권 행사로 인하여 재의결된 법률을 국회의장이 법률을 공포하는 경우 서울특별시에서 발행되는 일간신문 2개 이상에 게재하여야 한다.

(2) 조례·규칙

① 지방자치단체의 조례와 규칙의 공포는 지방자치단체의 공보에 게재하는 방법으로 한다.

② 지방의회의 의장이 공포하는 경우에는 공보·일간신문에 게재하거나, 게시판에 게시한다.

(3) 「공포한 날」의 의미

법령 등은 시행일로부터 효력이 발생하는데, 공포일이 그 기준이 된다.

「법령을 공포한 날」이란 그 법령 등을 게재한 관보 또는 신문이 발행된 날을 말한다.[62]

(4) 「발령된 날」의 의미

이에 관하여는 여러 가지 견해가 대립되고 있다.

① 공포일과 시행일이 동일한 경우에는 최초구독가능시설이 통설과 판례의 입장이다.

② 공포일과 시행일이 다른 경우에는 판례는 관보가 실제로 인쇄된 날을 공포일로 본다(대판 1968.12.6, 68다1753).

2. 소급금지의 원칙(불역급의 원칙)

1) 원칙

소급효금지는 행정법령이 특별한 사유가 없는 한 법령 시행일 이후에만 적용되고, 법령 시행 전의 사실에 대하여 소급하여 적용될 수 없다는 것이 원칙이다. 다만, 국민에게 이익을 주는 경우에는 소급적용이 인정된다.

판례는 "행정법령은 특별한 규정이 없는 한, 시행일로부터 장래에 향하여 효력을 발생한다"고 판시하고 있다(대판 1999.7.13, 97누15067).

2) 소급입법의 유형

(1) 진정소급효의 금지의 원칙

소급금지(불소급)의 원칙은 기본적으로 진정소급의 금지를 의미한다.

진정소급효의 금지는 법령이 공포·시행되기 전에 종결된 사실에 대하여는 신법이 적용

---

62) 「법령 등 공포에 관한 법률」 제12조.

되지 않는다는 것을 뜻한다. 즉, 진정소급효의 입법은 원칙적으로 금지된다(헌재 2001.2.22, 98헌바19).

(2) 진정소급효의 금지의 예외

진정소급효원칙은 다음과 같은 경우 예외적으로 허용된다.

① 대법원

㉠ 법령을 소급적용하더라도 국민의 이해에 직접 관계가 없는 경우, ㉡ 오히려 그 이익을 증진하는 경우, ㉢ 불이익이나 고통을 제거하는 경우 등이 이에 해당한다(대판 2005.5.13, 2004다8630).

② 헌법재판소

헌법재판소는 ㉠ 일반적으로 국민이 소급입법을 예상할 수 있었거나, ㉡ 법적 상태가 불확실하고 혼란스러워 보호할만한 신뢰이익이 적은 경우, ㉢ 소급입법에 의한 당사자의 손실이 없는 경우, ㉣ 신뢰보호의 요청에 우선하는 심히 중대한 공익상의 사유가 소급입법을 정당화하는 경우 등(헌재결 1998.9.30, 97헌바38)에는 예외적으로 허용될 수 있다고 보고 있다.

[관련 판례]

★ 건설업면허수첩을 대여한 것이 그 당시 시행된 건설업법 제38조 제1항 제8호 소정의 건설업면허취소사유에 해당된다면 그 후 동법 시행령 제3조 제1항이 개정되어 건설사업면허취소사유에 해당된다면 그 후 공법 시행령 제3조 제1항이 개정되어 건설사업면허취소사유에 해당하지 아니하게 되었다 하더라도 건설부장관은 동 면허수첩대여행위 당시 시행된 구법을 적용하여 원고의 건설업면허를 취소하여야 할 것이다(대판 1982.12.28, 82누1).

★ 법령이 변경된 경우 신 법령이 피적용자에게 유리하여 이를 적용하도록 하는 경과규정을 두는 등의 특별한 규정이 없는 한 헌법 제13조 등의 규정에 비추어 볼 때 그 변경 전에 발생한 사항에 대하여는 변경 후의 신 법령이 아니라 변경 전의 구 법령이 적용되어야 한다. 건설업자가 시공자격 없는 자에게 전문공사를 하도급한 행위에 대하여 과징금부과처분을 하는 경우, 구체적인 부과기준에 대하여 처분시의 법령이 행위시의 법령보다 불리하게 개정되었고 어느 법령을 적용할 것인지에 대하여 특별한 규정이 없다면 행위시의 법령을 적용하여야 한다(대판 2002.12.10. 2001두3228).

★ 개발제한구역의 지정 및 관리에 관한 특별조치법 제11조 제3항 및 같은 법 시행규칙 관련 조항의 신설로 허가나 신고 없이 개발제한구역 내 공작물 설치행위를 할 수 있도록 법령이 개정된 경우, 그 법령의 시행 전에 이미 범하여진 위법한 설치행위에 대한 가벌성은(비닐하우스 설치) 소멸하지 않는다(대판 2007.9.6, 2007도4197).

★ [구 친일반민족행위자 재산의 국가귀속에 관한 특별법 제3조 제1항 본문(귀속조항)] 친일재산은 취득·증여 등 원인행위시에 국가의 소유로 한다고 정한 규정은 진정소급입법에 해당하지만 진정소급입법이라 하더라도 예외적으로 국민이 소급입법을 예상할 수 있었거나 신뢰보호의 요청에 우선하는 심히 중대한 공익상의 사유가 소급입법을 정당화하는 경우 등에는 허용될 수 있다(대판 2012.2.23, 2010두17557).

(3) 부진정소급

① 원칙

부진정소급은 시행일 이전부터 계속 진행 중인 사실에 대해서는 원칙적으로 신법이 적용된다(부진정소급효의 허용). 따라서 소급적용금지의 원칙은 부진정소급적용에는 적용되지 않는다.

② 예외

부진정소급은 다음과 같은 경우 예외적으로 인정되지 않는다.

㉠ 공익과 비교하여 사익이 우월한 경우에는 예외적으로 신법의 적용이 제한될 수 있다(대판 2001.10.12, 2001두274).

㉡ 부진정소급의 경우 입법자가 경과규정을 두어서 소급하지 아니하고 「구법」을 일정한 기간 동안 적용하게 하는 경우에는 가능하다.

[부진정소급입법으로서 허용되는 관련 판례]

★ 허가 등의 행정처분은 원칙적으로 처분시의 법령과 허가기준에 의하여 처리되어야 하고 허가신청 당시의 기준에 따라야 하는 것은 아니며, 비록 허가신청 후 허가기준이 변경되었다 하더라도 그 허가관청이 허가신청을 수리하고도 정당한 이유 없이 그 처리를 늦추어 그 사이에 허가기준이 변경된 것이 아닌 이상 변경된 허가기준에 따라서 처분을 하여야 한다(대판 2006.8.25, 2004두2974).

★ 어떠한 법률조항에 대하여 헌법재판소가 헌법불합치결정을 하여 그 법률조항을 합헌적으로 개정 또는 폐지하는 임무를 입법자의 형성 재량에 맡긴 이상, 그 개선입법의 소급적용 여부와 소급적용의 범위는 원칙적으로 입법자의 재량에 달린 것이다(대판 2008.1.17, 2007두21563).

★ 법률시행 이후의 사항에 대하여 신법을 적용하도록 정한 개발이익환수에 관한 법률의 부칙은 부진정소급입법으로 원칙적으로 헌법상 허용될 수 있다.

★ 인·허가신청 후 처분 전에 관계 법령이 개정된 경우 처분시법인 개정법령이 적용된다(대판 1992.12.8, 92누13813).

★ 과세단위가 시간적으로 정해지는 조세에 있어 과세표준기간인 과세연도 진행 중에 세율인상 등 납세의무를 가중하는 세법의 제정이 있는 경우에는 이미 충족되지 아니한 과세요건을 대상으로 하는 강학상 이른바 부진정소급효의 경우이므로 그 과세연도 개시시에 소급적용이 허용된다(대판 1983.4.26, 81누423).

★ 대학이 성적불량을 이유로 학생에 대하여 징계처분을 하는 경우에 있어서 수강신청이 있은 후 징계요건을 완화하는 학칙개정이 이루어지고 이어 당해 시험이 실시되어 그 개정학칙에 따라 징계처분을 한 경우라면 이는 이른바 부진정소급효에 관한 것으로서 위법이라고 할 수 없다(대판 1989.7.11, 87누1123).

3. 효력소멸

1) 한시법인 경우

유효기간 또는 적용시한이 경과함으로써 그 효력은 당연히 상실한다(예컨대, 종기의 도래 등).

2) 비한시법인 경우

① 당해 법령 또는 그와 동위 또는 상위법령에 의해 명시적으로 개폐된 경우,

② 당해 법령과 저촉되는 동위 또는 상위의 법령이 새로이 제정된 경우 그 효력을 상실한다.

[관련 판례]

★ 상위법령이 폐지되면 집행명령은 실효되나, 상위법령이 개정되면 집행명령은 여전히 효력을 유지한다(대판 1989.9.12., 88누6962).

★ 개정법률이 전문개정인 경우에는 기존 법률은 폐지하고 새로운 법률을 제정하는 것과 마찬가지여서 종전의 본칙은 물론 부칙규정도 모두 소멸된다(대판 2002.7.26., 2001두11168).

Ⅲ. 지역적 효력

1. 원칙

1) 일반적으로 행정법규는 그것을 제정한 기관의 권한이 미치는 지역적 범위 내에서만 효력을 가지고, 그 이외의 지역에 대하여는 효력을 가지지 않는 것이 원칙이다.[63]

2) 법규명령(대통령령·부령)은 전국에 효력을 미치고, 지방자치단체가 제정하는 조례·규칙은 당해 자치단체의 구역에 대해서만 효력을 미친다.

2. 예외

다음과 같은 경우에는 지역적 효력이 미치지 아니한다.

1) 국제법상 치외법권이 인정되는 시설 내에는 국내법령의 효력이 미치지 않는다.

2) 국가가 제정한 법령이라도 법령자체가 특정지역에만 적용할 것을 선언하고 있는 경우에는 해당지역에 대해서만 효력을 갖게 된다(예컨대, 제주특별자치도 설치 및 국제자유도시 조성을 위한 특별법 등).

3) 지방자치단체가 다른 지방자치단체의 구역 내에 공공시설을 설치한 경우, 이러한 공공시설을 설치한 지방자치단체의 공공시설에 관한 조례는 다른 지방자치의 공공시설에 적용된다. 예컨대 A지방자치단체가 폐기물처리장 등 공공시설을 B자치단체의 그 구역 내에 설치하는 경우 등이다.

63) 여기서 지역이란 영토뿐만 아니라 영해와 영공까지도 포함하는 개념이다.

Ⅳ. 대인적 효력

1. 원칙

행정법규는 원칙적으로 속지주의에 의해 영토 내에 있는 모든 사람에게 미치며, 자연인·법인·내국인·외국인 여하를 불문한다. 그리고 속인주의에 의해 외국에 있는 내국인에게도 적용된다.

> **[관련 판례]**
> ★ 북한주민도 한국국민이기 때문에 국내 법령의 적용을 받으며, 일본에서 영주권을 취득한 재일교포도 한국국민이다(대판 1996.11.12., 96누1221; 대판 1981.10.13., 80다2435).

2. 예외

1) 국제법상 치외법권을 가진 외국의 원수 또는 외교사절에는 우리나라의 행정법규가 적용되지 않는다.

2) 국내에 주둔하는 미합중국 군대구성원에 대하여는 한미행정협정(SOFA규정)에 의하여 우리나라의 행정법규칙 적용이 배제되거나 제한된다.

3) 일반외국인에 대하여는 원칙적으로 우리나라 행정법규가 적용되나[64], 상호주의를 채택하여 국내행정법규가 제한되기도 한다(예컨대, 국가배상법).[65]

---

64) 예컨대, 미국인이 부산시 해운대구에서 담배꽁초를 버리면 해운대구의 관련 자치법규에 의해 과태료가 부과되는 경우 등이다.

65) 헌법은 "외국인은 국제법과 조약이 정하는 바에 의하여 그 지위가 보장 된다"고 규정하여 상호주의를 채택하고 있다(제6조 제2항)

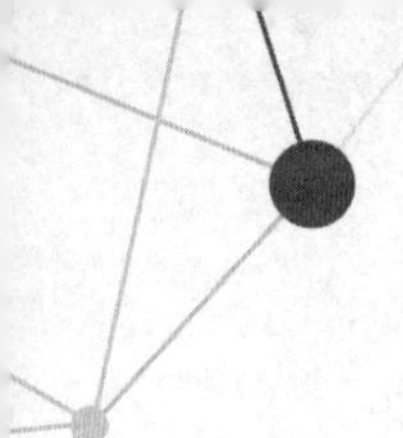

제 3 장
행정상 법률관계

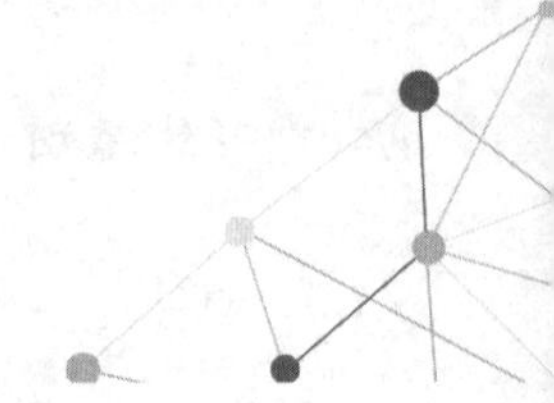

제 1 절 행정상 법률관계의 의의와 종류

Ⅰ. 행정상 법률관계와 행정법관계의 의의

1. 법률관계라 함은 법률에 의하여 규율되는 사회생활관계를 말하며, 보통 법주체 상호간의 권리·의무가 주된 내용을 이루고 있다. 행정상 법률관계라고 함은 행정주체를 일방 당사자로 하는 행정에 관한 모든 법률관계를 말한다.

2. 행정상 성립되는 법률관계에는 1) 행정주체와 국민간에 맺어지는 법률관계, 2) 행정주체와 공무원 간에 맺어지는 법률관계, 3) 행정주체와 상호간에 맺어지는 법률관계가 있다.

3. 행정상 법률관계가 모두 행정법 관계는 아니다. 행정상 법률관계에서는 행정법(공법)이 지배하는 경우도 있고, 사법(私法)이 지배하는 경우도 있다.

4. 행정상 법률관계 중 공법이 적용되는 법률관계를 공법관계(행정법)라 하고, 사법이 적용되는 관계를 사법(私法:국고관계)라고 한다.[66]

66) 박균성, 「행정법기본강의」, 박영사, 2016, P.35.

▷ 행정상 법률관계의 종류

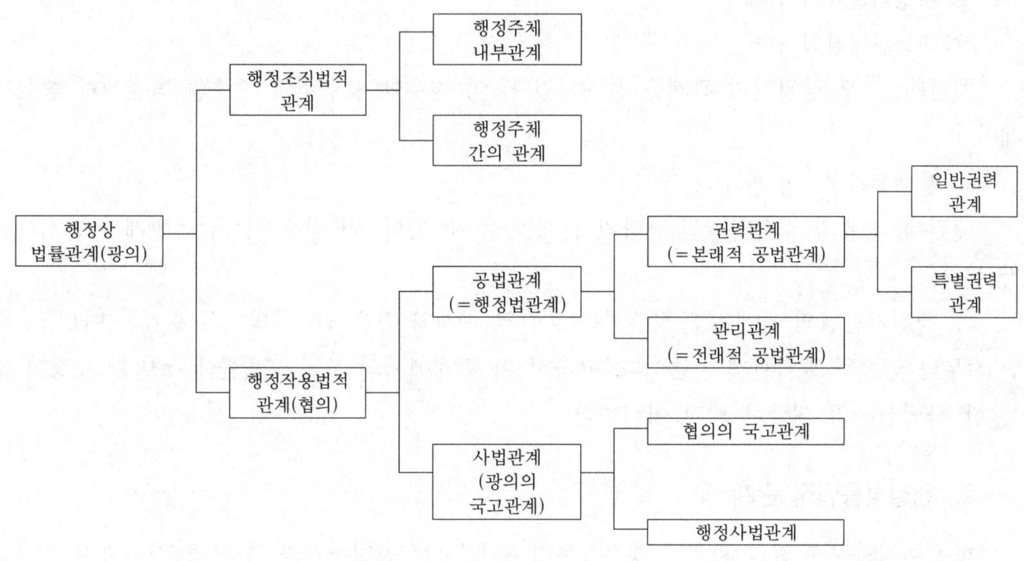

Ⅱ. 행정상 법률관계의 종류

행정상 법률관계는 행정의 조직과 작용에 관한 법률관계를 말한다. 광의로는 행정조직법적 관계와 행정작용법적 관계를 포함하지만 협의로는 「행정작용법적 관계」만을 가리킨다.[67]

1. 행정조직법 관계

행정조직법 관계는 행정주체 내부관계와 행정주체간의 법관계로 구분될 수 있다. 행정주체내부관계는 지방자치단체 상호관계를 들 수 있고, 행정주체간의 관계로는 국가와 지방자치단체간의 관계를 들 수 있다.

1) 행정주체 내부관계

행정주체 내부관계는 (1) 감독관계(예컨대, 광역자치단체와 기초자치단체), (2) 상호협력 내지 존중관계(예컨대, 대등자치단체간)가 중심적인 문제가 된다.

2) 행정주체간의 관계

행정주체간의 관계(국가와 지방자치단체간의 관계)는 감독관계와 직무원조관계가 중심적인 문제가 된다.

67) 홍정선, 「행정법원론(상)」, 박영사, 2002, pp.136－137.

(1) 행정기관과의 관계

① 행정기관과의 관계

㉠ 대등관청간의 관계

예컨대, 각부 장관간의 관계를 들 수 있다. 이 경우에는 협력과 존중의 법관계가 중심문제이다.

㉡ 불대등관청간의 관계

예컨대, 장관과 소속기관의 장과의 관계를 들 수 있다. 이 경우에는 감독관계가 중심문제가 된다.

② 행정기관간의 관계는 행정주체 상호간의 관계와 같은 권리 · 의무의 관계가 아니고, 다만 직무나 권한의 행사관계일 뿐이다. 따라서 이 관계에서의 분쟁은 법률에 특별한 규정이 없는 한 사법심사의 대상이 되지 아니한다.

2. 행정작용법적 관계

행정주체와 사인간의 관계인 행정작용법 관계는 1) 공법관계와 2) 사법(私法)관계로 구분된다.

1) 공법관계

공법관계는 다시 본래적 의미의 공법관계인 「권력관계」와「관리관계」로 구분된다. 이에 대해서는 후술하였다.

2) 사법관계

사법관계는 다시 「국고관계」와「행정사법관계」로 나눌 수 있다. 「국고관계」는 엄격한 의미의 사법관계이지만, 「행정사법관계」는 사법관계이지만 일부 공법적 규율을 받는 관계를 말한다.

Ⅲ. 공법과 사법과의 구별

1. 서설

1) 행정법은 행정의 조사, 작용, 구제에 관한 국내공법이다. 특히 행정에 관한 모든 법이 행정법이 아니라 그 가운데서 행정에 관한 공법만이 행정법에 해당한다. 그에 따라 공법과 사법의 구별이 문제된다.

2) 행정상 법률관계를 공법관계와 사법관계로 분류하는 방식은 공법과 사법의 구별을 전제로 한다.

3) 공법으로서의 행정법의 출현은 특별히 국가의 우월적 지위를 보장시키고자 하는 대륙

법계 국가의 정치적 이데올로기의 산물이라고 볼 수 있다. 오늘날에는 행정권의 특권적 지위를 인정하지 않으려는 경향으로 인해 공법과 사법의 구별이 상대화되고 있다.

4) 행정상 법률관계는 공법과 사법관계를 포함한다. 공법관계는 원칙상 공법이 규율하는 법률관계이며, 사법관계는 사법이 규율하는 법률관계이다.

2. 공법관계와 사법관계의 구별 필요성(구별실익)

공법과 사법을 구별하는 실익은 다음과 같다.

1) 적용법규 및 적용법 원리의 결정

(1) 법자체가 공법 또는 사법으로 명시하고 있는 경우에는 문제가 없다.

(2) 그러나 명시적으로 규정하고 있지 아니한 경우에 특별한 법률관계에 적용할 법규범 내지 법원칙을 정하기 위하여, 그 관계가 공법관계인가 사법관계인가를 구별할 필요가 있다. 즉, 공법·공법원리를 적용할 것인가, 사법·사법원리를 적용할 것인가 하는 문제이다.

2) 소송절차의 결정

(1) 우리나라는 민사사건과 행정사건에 따라 소송절차를 달리하고 있다.

(2) 공법관계에 관한 소송은 행정소송으로 제기하여야 하고, 사법관계에 관한 소송은 민사소송으로 제기하여야 한다. 따라서 특정한 법률관계에 분쟁이 발생한 경우에는 어느 소송절차에 의할 것인가를 결정하는 기준으로 필요하다.

3) 행정강제

(1) 행정강제는 행정법상의 의무위반 또는 그 불이행에 대하여만 적용된다. 따라서 당해 법률관계가 행정법관계인지 사법관계인지를 구별할 필요가 있다.

(2) 공법관계는 행정행위(처분) 등의 절차에 적용되지만, 사법관계는 사적 자치가 적용된다.

4) 구별의 기준

(1) 학설

① 공법과 사법의 구별기준에 관해서는 여러 견해가 대립하고 있다. 이에는 ㉠ 이익설, ㉡ 복종설, ㉢ 주체설(구주체설과 신주체설)[68], ㉣ 개별결정설(복수기준설) 등이 있다.

② 개별결정설(복수기준설)이 통설과 판례의 입장이다. 이 설에 의하면 '실정법이 공법관계임을 명시하고 있지 아니할 때에는 공법과 사법을 구별하는 제도적 의미 및 당해 행정법규가 규율하는 취지' 등에 따라 개별적·구체적으로 판단하려는 견해이다.

---

68) 신주체설은 공권력의 주체로서 행정주체에게만 배타적으로 권리·의무를 귀속시키는 경우에는 공법관계, 모든 권리주체에게 권리·의무를 귀속시키는 것은 사법관계라고 보는 견해이다. 이 설은 독일의 볼프가 주장하였고, 현재는 독일의 다수설이다.

(2) 판례

① 판례의 입장은 양자의 구별기준에 관하여 일정치 않다(이익설 · 복종설 · 주체설의 입장에 따른 판례 등이 있음).

② 최근의 판례의 입장은 대체로 개별결정설(복수기준설)을 따르고 있는 것으로 보인다.

Ⅳ. 행정작용법적 관계

행정작용법적 관계는 공법관계(권력관계)와 사법관계로 나눌 수 있다.

1. 공법관계

공법관계는 다시 권력관계와 관리관계(비권력관계)로 구분된다.

1) 권력관계

권력관계라 함은 국가 등 행정주체가 우월한 의사주체의 지위에서 국민에 대하여 일방적으로 명령 · 강제하는 관계를 말한다. 이 관계는 공법관계(행정법관계)의 가장 전형적인 형태로서 본래적 공법관계라고도 한다.

2) 관리관계(비권력적 공행정관계)

(1) 관리관계는 행정주체가 사업 또는 재산의 관리주체로서, 공공복리의 실현을 위해 개인과 맺는 법률관계(영조물 · 공기업 · 회계 등)를 말한다.

(2) 관리관계는 비권력관계로서 사법의 규율을 받으며 민사소송에 의하여 분쟁을 해결하는 것이 원칙이다. 다만 공익목적 달성에 필요한 한도 안에서만 공법적 규율을 받게 되며, 분쟁은 행정소송 중 당사자 소송으로 해결한다는 것이 일반적인 견해이다.

3) 권력관계와 관리관계의 구별

(1) 권력관계에는 행정주체에게 법률상 우월한 힘이 인정되지만(공정력 · 확정력 · 강제력 등), 관리관계는 비권력관계이므로 이러한 효력이 인정되지 않는다.

(2) 권력관계와 관리관계는 다같이 공법관계이지만, 법적 규율면에서 차이가 있다. 권력작용에는 원칙상 법률유보의 원칙이 적용되지만, 관리관계에는 법률유보의 원칙이 적용되지 않는 경우도 있다. 예컨대 공법상 계약과 행정지도에는 법률의 근거를 요하지 않는다.

2. 사법관계

사법관계란 행정주체가 사인과 같은 지위에서 국민과 맺는 관계를 말한다. 사법관계는 협의의 「국고관계」와 「행정사법관계」로 구분한다.

1) 국고관계

행정주체가 사인(私人)과 동등한 지위에서 재산권의 주체로서 경제적 활동을 하며, 특별한 공공성도 띠지 않는 법률관계를 사법관계라고 한다(예컨대, 행정에 필요한 물품의 구매계약, 청사·도로·교량의 건설도급계약, 국유재산((구)잡종재산인 일반재산의 매각, 수표의 발행 등). 이 경우 사법(私法)이 적용되며 그에 관한 법적분쟁은 민사소송에 의한다.

2) 행정사법관계

(1) 의의

행정사법관계라 함은 행정주체가 사법의 형식을 사용하여 직접적으로 행정목적을 추구하는 경우에, 그 목적 때문에 공공적 제약이 과하여지는 법률관계이다. 즉, 공법과 사법이 혼재하고 있는 법상태 또는 법영역을 말한다.

[관련 판례]

★ 공익사업시행자가 공익사업에 필요한 토지 등을 토지소유자로부터 협의에 의하여 취득하는 것은 형식상 사업시업자와 토지소유자간의 사법상 계약이지만(대판 2000.8.22. 98다60422), 그 실질은 공익사업의 효율적인 수행을 위한 복리행정의 일환이다. 이러한 사법상의 계약은 행정주체가 사인과 동일한 재산권의 주체로서 상대방과 체결하는 것이 아니라 행정주체에 과하여진 행정임무·목적을 달성하기 위하여 상대방과 체결하는 것이다(대판 2000.8.22, 98다60422).

(2) 행정사법의 적용영역

① 행정사법관계는 법률에 의해 인정될 수 있다. 그리고 행정사법관계를 인정하는 법률이 존재하지 않는 경우에도 행정청은 공행정을 수행하기 위하여, 법령의 한계내에서 공법형식과 사법형식을 선택할 수 있는 권한을 갖는다.

② 사법형식에 의한 행정이 행해질 수 있는 대표적인 영역은 급부행정(예컨대, 철도·시영버스 사업 등과 같은 운수사업, 전기·수도 등의 공급사업, 우편사업 등)과 경제지도행정(예컨대, 보조금의 지급·대부 등의 자금지원행정 등)의 행정분야이다. 다만 경찰·조세 등 행정과 공익이 강하게 요구되는 행정분야에서는 행정사법이 적용될 여지가 없다.

(3) 적용되는 법원리

① 행정사법관계는 사법관계의 일종이므로 원칙적으로 사법에 의해 규율된다. 그러나 행정사법관계는 행정주체가 행하는 행위는 형식적으로는 사법작용이지만 실질적으로는 행정목적을 추구하는 행정작용이기 때문에, 이에 관한 경우 일정한 공법규정 내지 공법원리가 적용된다고 본다.

② 행정사법에 관한 법적 분쟁(예컨대, 청사·도로·교량 등의 건설도급계약)은 민사소송에 의한다.

[관련 판례]

★ 국가의 철도운행사업은 사경제작용으로 보고, 이로 인한 사고에 공무원이 간여했다고 하더라도 국가배상법을 적용할 것이 아니고 일반 민법의 규정에 따라야 한다(대판 1999.6.22, 99다7008).

▷ 공법관계 및 사법관계 구별에 관한 학설 및 판례모음

[공법관계]

구분	판례
재산관계	①국유재산의 관리청이 그 무단점유자에 대하여 하는 변상금부과처분 ②수도료 부과징수 및 그 납부관계 ③국·공유재산 관리청의 행정재산에 대한 사용·수익허가(행정재산의 목적 외 사용)[69] ㄱ국립의료원 부설주차장에 관한 위탁관리용역 운영계약[70] ㄴ사용·수익하는 자에 대하여 하는 사용·수익허가취소 ㄷ사용·수익하는 자에 대하여 하는 사용료 부과 ④·징발재산정리에 관한 특별조치법에 의한 국방부장관의 징발재산 매수결정 ·징발권자인 국가와 피징발권자와의 관계[71] ⑤하천법상 손실보상금지급을 구하거나 손실보상청구권(공법상의 권리)의 확인을 구하는 소송 ㄱ농업손실에 대한 보상청구권 ㄴ사업폐지 등에 대한 보상청구권 ⑥·공무원연금관리공단의 급여결정(항고소송) ·공무원연금관리공단이 퇴직연금 중 일부금액에 대하여 지급거부의 의사표시를 한 경우 미지급연금의 지급을 구하는 소송(당사자소송) ⑦조세채무관계 ⑧공익사업을 위한 토지 등의 취득 및 보상에 관한 법령에 의하여 주거용 건축물의 세입자에게 인정되는 주거이전비 보상청구권 ⑨텔레비전수신료 부과행위 ⑩부가가치세환급세액지급청구(당사자소송)

69) 국유재산법상 행정재산의 사용·수익허가의 성질에 관하여는 행정처분설(공법관계)과 사법계약설(사법관계)의 견해가 대립하고 있으나, 행정처분설(공법관계)이 다수설이며 판례의 입장이다. 특히 판례는 이를 재량행위인 특허로 보고 있다. 대법원은 "국유재산 등의 관리청이 하는 행정재산이 사용·수익에 대한 허가는 순전히 사경제주체로 행하는 사법상의 행위가 아니라 관리청이 공권력을 가진 우월적 지위에서 행하는 행정처분으로서 특정인에게 행정재산을 사용할 수 있는 권리를 설정하여 주는 강학상 특허에 해당한다"고 판시하고 있다(대판 2006.8.23, 2004다31074). 다만, 사용허가를 받은 행정재산을 전대(轉貸: 빌리거나 꾼 것을 다시 다른 사람에게 빌려주거나 꾸어줌)하는 경우 그 전대행위는 사법상의 임대차에 해당한다(대판 2004.1.15, 2001다12638).

70) 국립의료원 부설 주차장에 관한 위탁관리용역운영계약(공법관계)(대판 2006.3.9, 2004다31074).

71) 징발권자인 국가와 피징발자와의 관계(공법관계).
징발재산정리에 관한 특별조치법에 의한 국방부장관의 징발재산매수결정이 있으면 국가는 징발보상에 관한 징발보상증권의 교부, 현금지급 또는 공탁이 없는 것을 해제조건으로 하여 등기없이 징발재산에 대한 소유권을 취득하는 것이고, 이 징발재산 매수결정은「행정처분」으로서 그 하자가 중대하고 외관상 명백히 당연무효라고 볼 수 없는 한 그 처분이 취소되지 아니하고는 그 효력을 다툴 수 없는 것이다(대판 1991.10. 22, 91다26690).

근무관계	①도시재개발조합과 조합원과의 관계(조합에 대하여 조합원 자격 확인을 구하는 관계)[72] ㉠도시재개발조합과 조합장/조합임원 사이의 선임 · 해임을 둘러싼 법률관계는 사법관계임. ㉡주택재건축정비사업조합과 조합 설립에 동의하지 않은 자 사이의 매도청구를 둘러싼 법률관계는 사법관계임. ②농지개량조합의 직원에 대한 징계처분[73] ③국가나 지방자치단체에 근무하는 청원경찰의 근무관계[74] ④공립유치원전임강사의 해임처분 ⑤국립대학 교원의 신분관계 ⑥국 · 공립도서관의 이용관계 ⑦국가의 한국주택공사에 대한 감독관계
계약관계	①지방소방공무원의 초과근무수당의 지급을 구하는 청구 ②서울특별시립무용단 단원의 위촉과 해촉 ③(지방)전문직공무원 채용계약의 의사표시 ④공중보건의사전문직공무원 채용계약의 해지 ⑤국립중앙극장 전속단원의 채용
기타	①전화요금(수도요금) 강제징수 ②국가 또는 지방자치단체의 입찰참가자격제한 Tip : 한국전력공사 · 한국토지개발공사 · 수도권매립지관리공사의 입찰참가제한은 사법관계임 ③단수처분 ④공공하수도의 이용관계 ⑤국가인권위원회의 성희롱결정 및 시정조치의 권고[75] ⑥사립대학의 학위수여(공무수탁사인의 행위) ⑦'도심 및 주거환경정비법'상 관리처분계획안에 대한 조합총회결의의 효력을 다투는 소송의 성질 ⑧세관장이 여행자의 휴대품을 유치하는 관계

72) 도시개발조합에 대하여 조합원자격 확인을 구하는 관계(도시개발조합과 조합원과의 관계)
도시재개발법에 의한 재개발조합은 조합원에 대한 법률관계에서 적어도 특수한 존립목적을 부여받은 특수한 행정주체로서 국가의 감독 하에 그 존립목적인 특정한 공공사무를 행하고 있다고 볼 수 있는 범위 내에서는 공법상의 권리 · 의무관계에 서 있다. 따라서 조합을 상대로 한 쟁송에 있어서 강제가입제를 특색으로 한 조합원의 자격 인정여부에 관하여 다툼이 있는 경우에는 그 단계에서는 아직 조합의 어떠한 처분 등이 개입될 여지는 없으므로 공법상의 당사자소송에 의하여 그 조합원 자격의 확인을 구할 수 있다(대판 1996.2.16, 94다31235 전원합의체).(공법관계)

73) 농지개량조합과 그 직원과의 관계는 사법상의 근로계약관계가 아닌 공법상의 특별권력관계이고, 그 조합의 직원에 대한 징계처분의 취소를 구하는 소송은 행정소송사항에 속한다(대판 1995.6.9, 94누10870).(공법관계)

74) 국가나 지방자치단체에 근무하는 청원경찰의 근무관계
국가나 지방자치단체에 근무하는 청원경찰은 국가공무원법이나 지방공무원법상의 공무원은 아니지만, 다른 청원경찰과는 달리 그 임용권자가 행정기관의 장이고, 국가나 지방자치단체로부터 보수를 받으며, 산업재해보상보험법이나 근로기준법이 아닌 공무원연금법에 따른 재해보상과 퇴직급여를 지급받고, 직무상의 불법행위에 대하여도 민법이 아닌 국가배상법이 적용되는 등의 특질이 있으며 그 외 임용자격, 직무, 복무의무 내용 등을 종합하여 볼 때, 그 근무관계를 사법상의 고용계약관계로 보기는 어려우므로 그에 대한 징계처분의 시정을 구하는 소는 행정소송의 대상이지 민사소송의 대상이 아니다(대판 1993.7.13, 92다47564).(공법관계)

[사법관계]

구분	판례
재산관계	①국유일반재산(구 잡종재산)매각행위 ㉠국유재산의 관리 · 매각관계 ㉡국유일반재산인 국유림을 대부하는 행위와 이에 대한 대부료의 납입고지76) ㉢시유지(市有地)매각, 지방자치단체의 일반재산 처분행위 ㉣국유임야의 매각행위 및 무상양여거부행위 ②예산회계법(현 국가재정법)에 의한 입찰보증금의 국고귀속조치 ③징발재산환매권(Tip:통설은 공권설로 보고 있음) ④조세과오납금환급청구권(부당이득반환청구권)77)(Tip :통설은 공권설로 보고 있음) ⑤손해배상청구권(국가배상청구)(Tip:통설은 공권설로 보고 있음) ⑥예산회계법상의 입찰보증금 국고귀속조치 ⑦기부채납 부동산의 사용허가기간연장신청 거부행위(기부채납받은 공유재산을 무상으로 기부자에게 허용하는 행위) ⑧ · 공익사업을 위한 토지 등의 취득 및 보상에 관한 법률에 의하여 공공사업의 시행자가 그 사업에 필요한 토지를 협의취득하는 행위(Tip:통설은 공법상계약으로 보고 있음) · (구)공공용지의 취득 및 손실보상에 관한 특례법에 의하여 공공사업의 시행자가 토지를 협의취득하는 행위78). · 동법에 따른 토지 등의 협의취득에 기한 손실보상금의 환수통보

75) 국가인권위원회의 성희롱결정 및 시정조치의 권고
(구)남녀차별금지 및 구제에 관한 법률 제28조에 의하면, 국가인권위원회의 성희롱결정과 이에 따른 시정조치의 권고는 불가분의 일체로 행하여지는 것인데 국가인권위원회의 이러한 결정과 시정조치의 권고는 성희롱행위자로 결정된 자의 인격권에 영향을 미침과 동시에 공공기관의 장 또는 사용자에게 일정한 법률상의 의무를 부담시키는 것이므로 국가인권위원회의 성희롱결정 및 시정조치권고는 행정소송의 대상이 되는 행정처분에 해당한다고 보지 않을 수 없다(대판 2005.7.8, 2005두487).(공법관계)

76) 국유일반재산인 국유림을 대부하는 행위와 이에 대한 대부료의 납입고지(사법관계)
일반재산인 불요존국유림에 대한 대부계약은 국가(행정기관)가 공권력의 주체로서 처분행위를 하는 행정처분이 아니라 사경제적 주체로서 사적 자치와 계약 자유의 원리에 따라 행하는 사법상의 법률행위로서 청구인 회사들은 그들의 자유로운 의사결정에 따라 이를 체결하거나 그 계약기간을 갱신하고, 이 사건 시행령조항은 대부계약에 있어 한쪽 당사자인 국가의 계약내용(대부료) 결정의 재량을 제한하는 것일 뿐이지, 상대방인 청구인 회사들의 계약체결이나 그 내용결정의 자유를 제한하는 것은 아니므로, 이 사건 시행령조항으로 인하여 청구인 회사들의 헌법상 기본권이 침해될 가능성은 없다(헌재 2008.11.27, 2006헌마1244).

77) 조세과오납환급청구권(부당이득반환청구권)(사법관계)
당연무효임을 전제로 한 세금의 반환청구는 부당이득반환청구로 민사소송절차에 의한다. 조세부과처분이 당연무효임을 전제로 하여 이미 납부한 세금의 반환을 청구하는 것은 민사상의 부당이득반환청구로서 민사소송절차에 따라야 한다(대판 1995.4.28, 94다55019).

78) 공익사업을 위한 토지 등의 취득 및 보상에 의한 법령에 따른 협의취득(사법관계)
(구)공공용지의 취득 및 손실보상에 관한 특례법에 의하여 공공용지를 협의취득한 사업시행자가 그 양도인과 체결한 매매계약은 공공기관이 사경제 주체로서 행한 사법상 계약(대판 1999.11.26, 98다47245).

근무관계	①종합유선방송위원회 사무국 직원들의 근로관계(임금과 퇴직금의 지급청구)[79] ②주한미군한국인직원의료보험조합직원의 근무관계(징계면직처분) ③서울지하철공사의 임 · 직원에 대한 징계처분[80] ④공무원 및 사립학교교직원 의료보험관리공단과 직원의 근무관계 ⑤한국조폐공사의 임 · 직원의 근무관계[81] ⑥한국방송공사와 직원 간의 임용관계
계약관계	①전화가입계약과 계약해지[82] ②창덕궁 · 비원 안내원들의 채용계약 ③국가의 물품매매계약, 시의 물품매매계약, 행정조달계약 ④청사에 대한 건축도급계약, 도로 · 항만 등 토목도급계약 ⑤ · 사립학교 교원과 학교법인의 관계 · 사립학교(학교법인)가 소속교원을 징계하는 관계 (Tip: 사립학교 교원이 교원소청심사위원회의 결정을 거친 경우에는 「공법관계」로 본다) ⑥한국토지개발공사(현 토지주택공사)가 한 입찰참가자격제한조치
기타	①국영철도 · 자치단체의 철도(지하철)이용관계 ②시영버스이용관계 · 시영식당이용관계 ③국채발행 · 모집, 지방자치단체의 지방채 발행 · 모집 ④국고수표발행행위 ⑤일반환자의 국공립병원이용관계(Tip: 감염병환자의 강제입원관계는 공법관계로 봄) ⑥한국마사회가 조교사 또는 기수의 면허를 부여하거나 취소하는 행위

79) (구)종합유선방송법상의 종합유선방송위원회 직원의 근로관계(사법관계)
(구)종합유선방송법상의 종합유선방송위원회는 그 설치의 법적 근거, 법에 의하여 부여된 직무, 위원의 임명절차 등을 종합하여 볼 때 국가기관이고, 그 사무국 직원들의 근로관계는 사법상의 계약관계이므로, 사무국 직원들은 국가를 상대로 민사소송으로 그 계약에 따른 임금과 퇴직금의 지급을 청구할 수 있다(대법원 2001.12.24, 2001다54038).(해고무효확인)

80) 서울지하철 공사의 임 · 직원에 대한 징계처분
서울특별시지하철공사의 임원과 직원의 근무관계의 성질은 지방공기업법의 모든 규정을 살펴보아도 공법상의 특별권력관계라고는 볼 수 없고 사법관계에 속할 뿐만 아니라, 위 지하철공사의 사장이 그 이사회의 결의를 거쳐 제정된 인사규정에 의거하여 소속직원에 대한 징계처분을 한 경우 위 사장은 행정소송법 제13조 제1항 본문과 제2조 제2항 소정의 행정청에 해당되지 않으므로 공권력 발동주체로서 위 징계처분을 행한 것으로 볼 수 없고, 따라서 이에 대한 불복절차는 민사소송에 의할 것이지 행정소송에 의할 수는 없다(대판 1989.9.12, 89누2103).

81) 한국조폐공사 임직원의 근무관계(사법관계)
한국조폐공사 직원의 근무관계는 사법관계에 속하고 그 직원의 파면행위도 사법상의 행위라고 보아야 한다(대판 1978.4.25, 78다414).

82) 전화가입 계약과 해지(사법관계)
전화가입계약은 전화가입희망자의 가입청약과 이에 대한 전화관서의 승낙에 의하여 성립하는 영조물 이용의 계약관계로서 비록 그것이 공중통신역무의 제공이라는 이용관계의 특수성 때문에 그 이용조건 및 방법, 이용의 제한, 이용관계의 종료원인 등에 관하여 여러 가지 법적 규제가 있기는 하나 그 성질은 사법상의 계약관계에 불과하다고 할 것이므로, 피고(서울용산전화국장)가 전기통신법 시행령 제59조에 의하여 전화가입계약을 해지하였다 하여도 이는 사법상의 계약의 해지와 성질상 다른 바가 없다 할 것이고 이를 항고소송의 대상이 되는 행정처분으로 볼 수 없다(대판 1982.12.28, 82누441).[전화가입계약 해지처분취소]

제2절 행정법관계의 당사자

Ⅰ. 서 설

1. 의의

행정법관계의 당사자라 함은 행정법관계에 있어서의 권리·의무의 주체를 말한다. 행정법관계에 있어 행정권의 담당자인 당사자를 행정주체라 하며, 행정주체의 상대방으로서 행정권 발동의 대상이 되는 자를 「행정객체」라고 한다.

2. 행정주체와 행정청

행정주체와 행정청은 구분되어야 한다.

1) 행정주체

(1) 의의

행정법관계에 있어서 행정권을 행사하고, 그의 법적효과가 궁극적으로 자신에게 귀속되는 당사자를 말한다.

(2) 행정주체에는 국가, 지방자치단체(광역·기초단체), 공공단체(공법상 사단법인·영조물법인·공법상재단), 공무수탁사인이 있다.

2) 행정청

(1) 의의

행정청은 행정주체를 위하여 권한을 행사하고 그 법적효과는 행정청이 아니라 행정주체에게 귀속된다. 즉, 행정사무에 관해 국가의 의사를 결정하고, 그 의사를 외부 국민에 대해 표시·집행할 수 있는 권한을 가진 국가기관을 말한다(예컨대, 대통령·각부장관·서울특별시장·광역시장·도지사·구청장·군수 등).

(2) 행정청과 행정기관과의 관계

① 행정청은 행정기관에 포함되는 개념이다. 행정사무를 담당하는 기관은 많으나 국가 의사를 결정하는 기관은 일부에 지나지 않으며, 대부분의 행정기관은 국가 의사결정의 준비적 행위를 하는 보조기관이다(예컨대, 차관 이하의 보조기관 등).

② 행정기관은 어떠한 권한을 행사하느냐에 따라 ㉠ 행정청, ㉡ 보조기관, ㉢ 자문기관, ㉣ 의결기관, ㉤ 집행기관으로 분류된다.

(3) 행정청의 종류

행정청(행정관청)은 독임제행정관청과 합의제행정관청으로 나눌 수가 있다.

① 독임제 행정관청

일반적으로 대륙법계 국가에서는 국가의사를 결정하는 행정기관으로서 그 행정기관의 장인 행정관청에게 그 권한을 일임하는 조직제도이다(예컨대, 각부장관, 처·청장, 군수, 경찰서장, 세무서장 등). 우리나라의 행정기관은 행정관청의 독임제가 원칙이다.

② 합의제 행정관청

㉠ 국가의사를 결정하는 행정기관의 설정방법으로 독임제에 대응하는 개념으로, 영미법계 국가에서 발달되기 시작한 제도이다.

㉡ 합의제 행정관청 가운데 직무상의 독립성 및 기능의 통합성이 확보되어 있는 것을 특히 「행정위원회」라고도 한다. 행정위원회는 행정부에 속하나 일반 행정청으로부터 독립하여 순수한 행정기능 이외에 준입법 및 준사법적 기능을 수행하는 합의제 행정관청이다.

㉢ 우리나라에 현재 설치되어 있는 행정위원회로서는 토지수용위원회, 중앙행정심판위원회, 소청심사위원회, 중앙노동위원회, 중앙선거관리위원회, 공정거래위원회, 금융감독위원회, 금융통화운영위원회, 국제심판원 등이 있다.

㉣ 합의제 행정관청의 재결이나 처분에 대하여 행정소송을 제기하는 경우에는 피고적격자는 위원장이 아니라 위원회 자체가 피고가 된다. 단, 중앙노동위원회의 「처분」에 대하여는 「중앙노동위원회위원장」이 피고가 된다(노동위원회법 제27조).

[관련 판례]

★ 저작권등록처분에 대한 무효확인소송에서 피고적격자는 저작권심의 조정위원장이 아닌 저작권심의조정위원회다(대판 2009.7.3, 2007두16608).

(4) 행정주체와 행정청의 구별

우리나라에서는 행정의 효과의 귀속주체와 처분의 주체를 일치시키고 있지 않다. 따라서 행정법관계에서 행정의 효과는 행정주체에게 귀속되지만, 대외적인 행정처분을 발령하는 기관은 행정청이다.

Ⅱ. 행정주체

1. 행정주체

행정주체에는 국가, 지방자치단체, 공공조합, 영조물법인, 공법상 재단, 공무수탁사인이 있다.

1) 국가

국가는 원래부터 행정권을 가지고 있는 가장 대표적인 행정주체이다. 국가의 행정권한은 대통령을 정점으로 하는 국가행정조직을 통해 행사된다. 국가는 행정기관과 공법인(공공단체)을 통하여 행정을 수행시키기도 한다.

2) 공공단체

공공단체란 국가로부터 존립목적을 부여받아 행정목적을 수행하는 국가와 별개의 독립된 법인격을 가지고 있는 공법인이다.

공공단체는 지방자치단체와 협의의 공공단체를 포함한다.

(1) 지방자치단체

① 의의

국가 영토내의 일정한 지역 및 그 지역내의 모든 주민에 대해 일정한 통치권을 행사하는 공공단체를 지방자치단체라고 한다. 지방자치단체도 넓은 의미에서는 공공단체에 포함된다. 그러나 협의의 공공단체와는 달리 일정한 지역과 주민을 갖고 있고, 일반적인 행정을 담당한다는 점에서 국가와 유사하다.

② 종류

지방자치단체에는 보통지방자치단체와 특별지방자치단체가 있다.

㉠ 보통지방자치단체

광역지방자치단체인 서울특별시 · 광역시 · 도 · 기초지방자치단체인 시 · 군 · 구(자치구)가 있다.

㉡ 특별지방자치단체

둘 이상의 지방자치단체와 그 사무의 공동처리를 위하여 설립하는 「지방자치단체조합」이 있다.

(2) 공공조합(공법상 사단법인)[83)]

국가의 행정은 국가의 고유기관에 의해서만 수행되어야 하는 것은 아니다. 경우에 따라서는 국가로부터 독립된 법인을 설립하여 그로 하여금 국가행정을 수행하게 하는 경우도 있다.

① 의의

㉠ 공공조합은 특정한 행정목적을 수행하기 위하여 일정한 자[84)](조합원 또는 사원)로 구성된 공공단체이다.

---

83) 박윤흔, 전게서, P.84; 김동희, 「행정법Ⅱ」, 박영사, 2008, P.47; 김남진 · 김연태, 「행정법Ⅱ」, 법문사, 2007, P.62.

84) 여기서 일정한 자란 공통의 직업(예컨대, 상공업) 또는 공통의 신분(예컨대, 예비역 군인 등)을 가진 자를 말한다.

㉡ 공법상 사단을 인정하는 취지는 국가행정사무 중 직업이나 신분 등과 관련하여 일부의 국민들만이 상호이해관계를 갖는 사무는 국가가 직접 관장하기보다 그들 이해관계자들로 하여금 단체를 만들게 하고, 그 단체로 하여금 사무를 수행하게 하는 것이 보다 효율적이라는 데에 그 의미를 두고 있다.

② 종류

㉠ 일정한 개발사업을 목적으로 하는 농지개량조합, 「도시 및 주거환경정비법」에 의한 주택재건축 정비사업조합 등을 들 수 있다.

> **[관련 판례]**
>
> ★ 구 도시 및 주거환경정비법에 따른 주택재건축정비사업조합은 관할 행정청의 감독 아래 위 법상 주택재건축사업을 시행하는 공법인으로서, 그 목적 범위 내에서 법령이 정하는 바에 따라 일정한 행정작용을 행하는 행정주체의 지위를 가진다(대판 2009.9.17., 2007다2428 전합; 대판 2009.11.2., 2009마5961).

㉡ 동업자들의 이익을 목적으로 하는 상공회의소 · 의사회 · 재향군인회 · 경찰공제회 · 대한교원공제회 · 대한변호사협회 등이 있다.

㉢ 일정한 공제사업을 목적으로 하는 의료보험조합 · 국민건강보험조합 등이 있다.

> **[관련 판례]**
>
> ★ 농지개량조합과 그 직원과의 관계
>
> 농지개량조합과 그 직원과의 관계는 사법상의 근무관계가 아닌 공법상의 특별관계이고, 그 조합의 직원에 대한 징계처분의 취소를 구하는 소송은 행정소송 사항에 속한다(대판 1995.6.9, 94누10870).

(3) 영조물법인

① 영조물

㉠ 영조물이라 함은 특정한 행정목적에 제공된 인적 · 물적 종합시설을 말한다. 영조물은 강한 공공성과 윤리성을 갖는 정신적 · 문화적 · 행정적인 점에서 공기업[85]과 구별된다.

㉡ 영조물에는 국립도서관 · 국립대학교 · 국립박물관 · 국립의료원 등이 있다. 이들은 법인격을 취득하지 않았기 때문에, 행정주체가 될 수 없다.

② 영조물법인

㉠ 영조물법인이란 정부가 직접 경영하기보다 독립채산방식으로 경영하여 합리적인 사업경영을 가능하기 위해 설립된 인적 · 물적 결합체(영조물)로서, 법인격이 부여된 것을 말한다.[86]

---

85) 공기업이란 사법상의 경영방식에 의해 수행하는 수익적 산업이므로, 영조물법인과는 다르다. 이런 이유 등으로 영조물의 조직과 이용에는 공법이 적용되지만, 공기업의 조직이나 이용은 사법에 의해 규율된다.

86) 홍정선, 「행정법원론」, 박영사, 2002, P.131.

즉, 영조물이 공법상의 법인격을 취득할 때 영조물법인이 된다.

㉡ 영조물 법인으로는 국립병원(서울대학병원 · 서울대학교 치과병원 · 국립중앙의료원 · 적십자병원), 각종 공사(토지주택공사 · 한국방송공사(KBS) · 한국조폐공사 · 한국도로공사 등), 국책은행(한국은행 · 종소기업은행 · 한국산업은행 등), 각종 공단(한국산업안전보건공단 · 국립공원관리공단), 한국과학기술원 등이 있다. 이들에게는 독립된 법인격이 부여되어 있으므로, 영조물법인이며 행정주체이다.

[관련 법률]

★ 서울대학교 · 울산과학기술대학교 · 인천대학교는 법인격을 부여받은 영조물법인으로 행정주체에 해당한다.

· 국립대학법인 서울대학교 설립 · 운영에 관한 법률 제3조(법인격 등)
국립대학법인 서울대학교는 「법인」으로 한다.
· 국립대학법인 울산과학기술대학교 설립 · 운영에 관한 법률 제3조(법인격)
울산과학기술대학교는 「법인」으로 한다.
· 국립대학법인 인천대학교 설립 · 운영에 관한 법률 제3조(법인격)
국립대학법인 인천대학교는 「법인」으로 한다.

㉢ 공법상 영조물법인은 구성원이 없고 단지 이용자만 있을 뿐이다.[87] 이 점에서 공공조합과 개념상 구분된다.

(4) 공법상 재단

① 의의

공법상 재단은 국가나 지방자치단체가 재단설립자에 의해 출연된 재산을 관리하기 위하여 설립된 공공단체를 말한다. 공법상 재단에는 공공조합과 같은 구성원은 없고 운영자와 수혜자만이 존재한다.

② 공법상재단(공재단)으로는 한국학중앙연구원, 한국연구재단 등을 들 수 있다.

3) 공무수탁사인(公務受託私人)

(1) 의의

보통 사인(私人)은 행정권의 상대방이 되는 것이 원칙이다. 그러나 예외적으로 국가적 공권을 처리할 권한을 부여받은 사인은 수권(受權)된 범위 안에서 행정주체의 지위에 서게 되는데, 이를 공무수탁사인이라 한다.

(2) 제도의 취지 및 법적 근거

① 행정사무의 민간위탁은 행정의 분산을 도모하고, 사인이 갖는 독창성 · 전문지식을 활

87) 영조물법인에 관련하는 인적요소로는 영조물의 사무를 수행하는 영조물의 직원과 영조물의 외부에서 영조물의 급부를 향유하는 이용자가 있을 뿐이다.

용하는데 그 취지가 있으며 점차 증가하는 추세에 있다.

② 행정사무의 민간위탁에는 법률상의 근거가 있어야 한다.

㉠ 일반법으로는 정부조직법(제6조 제3항[88]), 지방자치법(제95조 제3항)이 있다. ㉡ 개별법으로는 토지수용을 대행하는 사인을 규정한 공익사업을 위한 토지 등의 취득 및 보상에 관한 법률, 소득세법, 호적법, 선박법, 별정우체국법 등이 있다.

(3) 공무수탁사인의 지위 및 법률관계

① 지위

행정기관설이 있으나 행정주체설이 통설이다. 따라서 공무수탁사인은 자신의 책임하에 행위를 할 수 있으며, 그 행위의 효과는 자신에게 귀속되므로 행정주체에 해당한다.

② 공무수탁사인의 대내적 법률관계

공무수탁사인의 대내적 법률관계는 공법상 위임관계로서 조직상의 독립과 아울러 국가 등의 감독을 받으며, 공무수행권. 비용청구권 등이 인정된다. 반면, 경영의무·임무포기의 제한의무 등이 있다.

③ 공무수탁사인의 대외적 법률관계(국민과의 관계)

공무수탁사인은 위임받은 범위 안에서 행정행위를 할 수도 있고, 기타 공법상 행위를 할 수 있다.

④ 권리구제

㉠ 공무수탁사인의 임무수행에 있어 위법이 있는 경우는 국민은 공무수탁사인을 상대로 항고소송을 제기할 수 있다.

㉡ 공무수탁사인의 위법행위로 인하여 손해가 발생한 경우에는 행정상 손해배상을 청구할 수 있다.

(4) 공무수탁사인의 예[89]

① 사인인 사업시행자가 토지를 수용하는 경우의 사업시행자

② 민간선박의 선장이 경찰사무 또는 호적사무를 수행하는 경우의 선장

③ 별정우체국장

④ 공증사무를 수행하는 공증인

⑤ 사립대학 총·학장이 학위를 수여하는 경우의 사립대학 총·학장

⑥ 강제집행을 행하는 집행관

---

88) 정부조직법 제6조 3항 : 행정기관은 법령이 정하는 바에 의하여 그 소관사무중 조사·검사·검정·관리업무 등 국민의 권리·의무와 직접 관계되지 아니하는 사무를 지방자치단체가 아닌 법인·단체 또는 그 기관이나 개인에게 위탁할 수 있다.

89) 김남진, 「행정법(1)」, 전게서, p.97; 김동희, 전게서, p.106; 홍정선, 전게서 p.132; 박균성, 전게서, p.45.

⑦ 민영교도소등의 설치·운영에 관한 법률에 따라 민영교도소를 운영하는 종교재단

⑧ 조세원천징수의무자에 대하여 학설은 대립하나(공무수탁사인이 아니라는 것이 다수설의 입장임), 판례 또한 공무수탁사인이 아니라 행정보조기관으로 본다(대판 1990.3.22, 89누4789).

(5) 공무수탁사인이 아닌 자

① 행정보조인과 행정대행자는 공행정사무를 수행하는 경우에도 행정기관의 보조인에 불과하거나 행정을 대행하는 것에 불과하기 때문에, 공무수탁사인이 아니다(예컨대, 아르바이트로 우편업무를 수행하는 행정보조인, 자동차 검사의 대행이나 차량등록의 대행을 하는 행정대행자 등). 따라서 행정보조인 및 행정대집행자의 법적 효과는 공무를 위탁한 행정주체에게 귀속되고, 그 행정주체가 책임을 진다.

② 행정청과 사법상의 계약에 의하여 경영을 위탁받은 자(예컨대, 경찰과 주차위반차량 견인계약을 맺은 민간사업자, 쓰레기수거인 등)

③ 제한된 공법상 근무관계에 있는 「국립대학의 시간강사」는 공적인 권한이 주어진 것이 아니므로, 공무수탁사인이 아니다.

[관련 판례]

★ 소득세원천징수의무자는 공무수탁사인(행정주체)이 아니다.
원천징수하는 소득세에 있어서는 납세의무자의 신고나 과세관청의 부과결정이 없이 법령이 정하는 바에 따라 그 세액이 자동적으로 확정되고, 원천징수의무자는 소득세법 제142조 및 제143조의 규정에 의하여 이와 같이 자동적으로 확정되는 세액을 수급자로부터 징수하여 과세관청에 납부하여야 할 의무를 부담하고 있으므로 .... 그의 원천징수행위는 법령에서 규정된 징수 및 납부의무를 이행하기 위한 것에 불과한 것이지 공권력의 행사로서의 행정처분을 한 경우에 해당하지 아니한다(대판 1990.3.22, 89누4789).

★ 원천징수 세제에 있어 원천징수의무자가 원천납세의무자로부터 원천징수대상이 아닌 소득에 대하여 세액을 징수·납부하였거나 징수하여야 할 세액을 초과하여 징수·납부하였다면, 이로 인한 환급청구권은 원천납세의무자가 아닌 원천징수의무자에게 귀속되는 것인바, 이는 원천징수의무자가 원천납세의무자에 대한 관계에서는 법률상 원인 없이 이익을 얻은 것이라 할 것이므로 원천납세의무자는 원천징수의무자에 대하여 환급청구권 상당액을 부당이득으로 구상할 수 있다(대판 2003.3.14, 2002다68294).

★ 성업공사(현 한국자산공사)가 한 체납압류된 재산의 공매처분에 대한 항고소송의 피고는 세무서장이 아니라 공무수탁사인인 성업공사이다(대판 1997.2.28, 96누1757).

Ⅲ. 행정객체

1. 사인이라면 자연인(내·외국인), 법인, 법인격 없는 단체도 행정객체가 된다.
2. 공공단체도 국가나 다른 공공단체에 대한 관계에서는 행정객체가 될 수 있다.
3. 국가는 행정객체가 될 수 없다는 것이 통설이다.

제3절 행정법관계의 특질

* 제25회 행시
* 1996년 경찰승진시험 (경정)

Ⅰ. 개 설

1. 행정법관계는 공익목적의 실현을 위하여 행정주체에 대해 특수한 지위가 인정되므로 대등한 당사자 간의 의사에 의해 형성되는 사법관계(私法關係)에서는 볼 수 없는 여러 가지 특질이 인정된다.

2. 행정법관계에서는 행정주체에게 공정력 · 존속력(확정력) · 강제력이라는 우월한 효력이 인정되고 있는데, 이러한 행정권의 특권은 권력관계에 대하여만 인정된다.

3. 관리관계(비권력관계)는 권력적 행정주체로서가 아니라 공적재산이나 사업의 관리주체로서의 행정주체와 사인간의 관계에서 성립하는 관계를 말하며, 일반적으로 사법원리가 적용된다.

Ⅱ. 특 질

행정법관계의 특질은 바로 행정행위에 전형적으로 해당하는 특질이다. 따라서 이와 관련된 내용은 행정행위의 효력 부문에서 구체적으로 기술하였음을 밝혀둔다. 행정법 관계는 사법관계와는 달리 1) 행정의사의 법률적합성, 2) 행정의사의 우월적 지위, 3) 행정쟁송상의 특수성 등을 특질로 갖는다.

1. 행정의사의 법률적합성

1) 권력관계

권력관계는 법치행정, 법률에 의한 행정의 원리상 법률에 엄격하게 기속을 받는다. 따라서 공법(행정법) 관계에서의 행위는 법에 적합한 경우에 하자가 없는 것이 된다.

2) 비권력관계(관리관계)

(1) 관리관계는 행정주체가 직접으로 사업 또는 재산의 관리주체로서 공공복리 기타 행정상의 목적을 실현하기 위한 경우로서, 공법적 효과가 발생하는 관계이다.

(2) 관리관계에도 법률에 기속되는가에 대해서는 견해가 갈린다. 관리관계에 있어서는 공

익목적의 달성에 필요한 한도 안에서만 특별한 공법적 규율을 받을 뿐이고, 그 밖에는 일반적으로 사법원리가 적용된다. 최근에는 관리관계에도 법률의 유보를 확대하려는 경향이 있다는 점은 주목할 만한 일이다.

2. 행정주체의 우월적 지위

행정법관계에서의 우월적 지위는 행정법관계에서 내용상의 구속력, 공정력, 구성요건적 효력, 존속력, 강제력이 인정됨을 의미한다.

제 4 절 특별권력관계(특별행정법관계)

Ⅰ. 전통적 특별권력관계론

1. 의의

(1) 일반권력관계는 국가 또는 공공단체의 통치권에 복종하는 관계로서, 국민 또는 주민의 신분을 가지는 모든 자에게 당연히 성립하는 관계이다.

(2) 특별권력관계는 특별한 공법상 원인에 의하여 성립되고, 공법상 행정목적에 필요한 한도 내에서 그 특별권력주체에게 포괄적 지배권(특별권력)이 인정되고, 상대방은 이에 복종하는 관계이다. 오늘날에는 특별권력관계라는 용어를 「특별행정법관계」라는 개념으로 대체하여 사용되고 있다.

2. 성립배경 및 이론적 기초

1) 역사적 배경

19세기 말 독일의 입헌군주제하의 법치주의 형성과정에서 법률로부터 자유로운 영역확보를 통한 군주의 특권적 지위를 유지하기 위한 타협의 산물로 등장한 것으로서, 영미법계는 물론 같은 대륙법계 국가인 프랑스와 오스트리아에서도 찾아볼 수 없는 독일 특유의 공법이론이다.

2) 이론적 기초

P. Laband는 법이란 인격주체 상호간에 적용되는 것이다. 따라서 국가 또한 하나의 인격주체이므로 다른 인격주체간에는 법이 적용되지만 국가내부에는 법이 침투할 수 없다(불침투성이론)고 하여 전통적 특별권력관계론의 기초를 제공하였다. 이후 O. Mayer(강화된 복종 · 약

화된 자유)와 F, Fleiner(시민의 복종의무의 강화)에 이르러 체계화되었다.

3. 특질(일반권력관계와의 차이점)

1) 법률유보의 적용배제(포괄적 지배권)

특별권력주체에는 포괄적 지배권이 부여되어, 특별권력의 발동에는 개별·구체적인 법률의 근거를 요하지 않는다. 단, 법률우위의 원칙은 적용되므로 내부관계를 규율하는 법률·법규명령이 존재하는 경우 그에 위반되는 규칙이나 처분은 위법하다.

2) 기본권 제한

특별권력관계의 설정목적을 위해 필요한 합리적 범위 내에서 법률의 근거 없이 기본권의 제한이 가능하다.

3) 사법심사(재판통제) 배제

특별권력관계 내부에서의 권력주체의 행위에는 원칙적으로 사법심사가 미치지 않는다. 그러나 예외적으로 분쟁이 특별권력관계 내부문제에 그치지 않고, 일반권력관계상의 국민지위에까지 영향을 미치는 경우에는 재판통제가 인정된다.

4) 행정규칙의 법규성 부인

특별권력관계 내에서 발하여지는 일반적·추상적 명령인 행정규칙은 법규로서의 효력을 가지지 않는다(대외적 효력부인).

Ⅱ. 성립과 소멸

특별행정법법률관계는 일반권력관계가 모든 국민에게 당연히 성립되는 것과는 달리, 특별한 성립원인이 있는 경우에만 성립한다.

1. 성립원인

<table>
<tr><td colspan="3">일반권력관계</td><td>출생, 귀화에 의하여 국민의 신분을 취득하면 당연히 성립</td></tr>
<tr><td rowspan="3">특별
권력
관계</td><td colspan="2">법률규정으로 직접성립</td><td>전염병환자의 국공립병원에의 입원, 공공조합에의 강제가입(산림조합법에 의한 산림조합회의 가입 등), 수형자의 수감, 징집대상자의 입대</td></tr>
<tr><td rowspan="2">본인의
동의로 성립</td><td>임의동의</td><td>국공립대학입학, 공무원 임명, 국공립도서관 이용</td></tr>
<tr><td>의무적 동의</td><td>학령아동의 초·중등학교 취학</td></tr>
</table>

2. 소멸원인

목적 달성	국공립대학생의 졸업, 병력의무의 완수
임의탈퇴 (임의동의에 의하여 성립된 경우만 가능)	공무원의 사임, 학생의 자퇴
권력주체의 일방적 배제	퇴학. 파면

Ⅲ. 종 류

1. 공법상 근무관계

1) 특정인이 특별한 법률원인에 의하여 국가 또는 공공단체를 포괄적으로 근무할 의무를 지는 것을 내용으로 하는 윤리적 관계를 말한다.

2) 구체적인 예로는 국가와 국가공무원, 지방자치단체와 지방공무원의 근무관계, 군복무관계 등을 들 수 있다.

2. 공법상 영조물이용관계

1) 공공복리를 위하여 설치·관리되는 영조물의 이용관계 중에서 공공적·윤리적 성격을 가지는 이용관계를 말한다. 따라서 순수한 사법(私法)적·경제적 이용관계인 국영철도의 이용관계, 시영버스의 이용관계 등은 여기에 포함되지 않는다.

2) 구체적인 예로는 교도소재소관계, 국공립학교에서 재학관계, 국공립병원의 전염병환자 강제입원관계 등을 들 수 있다.

[관련 판례]

★ 서울특별시지하철공사의 임·직원의 근무관계의 성질은 특별권력관계가 아니고 사법관계이다.

서울특별시지하철공사의 임원과 직원의 근무관계의 성질은 지방공기업법의 모든 규정을 살펴보아도 공법상의 특별권력관계라고는 볼 수 없고 사법관계에 속할 뿐만 아니라, 위 지하철공사의 사장이 그 이사회의 결의를 거쳐 제정된 인사규정에 의거하여 소속직원에 대한 징계처분을 한 경우 위 사장은 행정소송법 제13조제1항 본문과 제2조제2항 소정의 행정청에 해당되지 않으므로 공권력 발동주체로서 위 징계처분을 행한 것으로 볼 수 없고, 따라서 이에 대한 불복절차는 민사소송에 의할 것이지 행정소송에 의할 수는 없다(대판 1989.9.12, 89누2103).[징계처분취소]

★ 사립학교와 교직원의 관계는 사법관계이다.

사립학교와 교직원의 근무관계는 사법관계로서 그 징계처분은 민사소송의 대상이 되지만, 사립학교 교원이 교원지위향상을 위한 특별법에 설치된 교원징계재심위원회(현 교원소청심사위원회)에 재심청구하여 그에 대하여 불복하는 경우에는 행정소송을 제기할 수 있다(대판 1993.2.12, 92누13707).

3. 공법상 특별감독관계

1) 국가 등 행정주체와 특별한 법률관계에 있으므로, 그의 행위와 관련하여 국가로부터 특별한 감독을 받는 관계를 말한다.

2) 구체적인 예로는 공공조합, 특허기업자, 공무수탁사인 등을 들 수 있다.

4. 공법상 사단관계

1) 공공조합과 조합원의 관계를 말한다.

2) 구체적인 예로는 농지개량조합과 조합원[90], 산림조합 등의 공공조합과 그 조합원 등을 들 수 있다.

Ⅳ. 특별행정법관계의 내용과 한계

1. 종류

특별권력은 그 종류에 상응하여, 직무상권력 · 영조물권력 · 감독권력 · 사단권력으로 구분한다.

2. 내용

1) 명령권

(1) 특별권력주체가 그 구성원에게 목적수행상 필요한 명령 · 강제하는 권력을 말한다.

(2) 그 발동형식은 일반 · 추상적인 행정규칙(훈령 · 영조물규칙 · 복무규정)과 개별 · 구체적인 명령 · 처분(직무명령 · 시정명령)의 형식이 있다.

2) 징계권

(1) 특별권력관계 내부질서유지를 위해 질서문란자에 대해 징계벌을 가할 수 있다.

(2) 다만, 징계가 상대방의 법적 지위와 관계가 없을 때에는 법령에 근거가 없어도 가능하지만, 상대방의 법적 지위에 영향을 미칠 때에는 법령에 근거가 있어야 한다.

3) 한계

(1) 특별권력은 법규상 · 조리상 한계 및 특별권력관계 성립목적상의 한계를 지켜야 한다(법률우위의 원칙이 적용).

---

90) 농지개량조합과 조합원의 관계는 농업기반공사및농지관리기금법의 제정에 의하여 「한국농촌공사」로 통 · 폐합됨에 따라 폐지되어, 더 이상 존재하지 않는다.

(2) 개별법에 근거없이 헌법상의 기본권을 제한할 수 있느냐에 대하여, 이를 인정할 수 없다는 것이 통설적인 입장이다.

V. 특별권력관계론의 인정여부

1. 긍정설

1) 절대적 구별설

일반권력관계와 특별권력관계는 성립원인 · 지배권의 성질 등에서 본질적인 차이가 있다.

2) 상대적 구별설(제한적 긍정설)

일반권력관계와 특별권력관계의 본질적인 차이를 부정한다. 따라서 특별권력관계에서는 특별한 행정목적을 위하여 필요한 범위에서 법치주의가 완화되어 적용된다고 본다.

2. 구별부정설

1) 일반적 · 형식적 부정설

실질적인 법치국가에서 법치주의의 적용을 받지 않는 권력인 특별권력은 인정될 수 없다. 따라서 특별권력관계의 존재를 부정하고 일반권력관계로 보는 견해이다.

2) 실질적 · 개별적 부정설

종래 특별권력관계로 다루어지던 법률관계를 모두 공법상의 관계로 파악한 견해를 비판하고, 법률관계의 내용을 개별적 · 구체적으로 검토하여 이를 일반권력관계와 관리관계(비권력관계)로 파악하려는 견해이다.

3) 기능적 · 재구성설

특별권력관계론 그 자체는 부인하면서도, 일반시민사회와는 다른 특수자율적 또는 특수기능적 내부관계로 파악하여 그에 따른 고유한 법이론을 구성하려는 입장이다. 기본적으로 실질적 부정설의 한 유형으로 볼 수 있다.

3. 특별권력관계론의 수정설

C.H. Ule 교수는[91] 특별권력 관계를 기본관계와 경영수행관계로 나누어 기본관계는 일종

---

91) 울레(C.H.Ule)교수는 1956년 독일 공법학자대회에서 특별권력관계를 기본관계와 경영관계로 구분하고, 그와 관련된 논문을 발표하였다. 오늘날 울레의 기본관계 · 경영관계구분론(수정론)은 독일연방행정재판소도 더 이상 이 견해를 따르지 않고 있다. 다만 이 설은 특별행정법관계에서의 행위가 행정행위인가의 여부를 판단하는 기준(기본관계의 행위는 행정행위이고, 경영관계의 행위는 원칙적으로 단순한 기관내부적인 행위에 불과하다)의 하나로 활용된다는 점에 그 의미를 부여하고 있다(홍정선, 전게서, P.145).

의 행정행위(처분)로 보아 사법심사가 가능하지만, 경영수행 관계에서는 사법심사의 적용이 제한된다고 보았다.

1) 기본관계(외부관계)

(1) 특별권력관계 자체의 성립 · 변경 · 종료 또는 당해 구성원의 법적 지위의 본질적 사항에 관한 법관계로서 사법심사가 가능하다.

(2) 구체적인 예

공무원의 임명 · 전직 · 해임 · 파면, 군인의 입대 · 제대, 국공립대학생의 입학허가 · 제적 · 정학 · 퇴학처분, 교도소의 입소 · 퇴소 등.

2) 경영수행관계(내부관계)

(1) 경영관계는 특별권력관계 내부에서 이루어지는 일상관계로 보았는데, 내부관계로 지칭되기도 한다. 경영관계는 여전히 법이 침투할 수 없는 행정영역으로 인정하고, 항고소송의 대상이 될 수 없다고 하였다.

(2) 구체적인 예

공무원에 대한 직무명령, 공무원의 일상적 근무, 군인의 훈련과 복무, 국 · 공립학생에 대한 수업행위 등

Ⅵ. 현재의 특별행정법관계와 법치주의

특별권력관계도 일반권력관계와 본질적 차이가 없는 법관계이므로, 법치주의와 기본권의 효력이 관철되어야 한다. 다만 특별행정법관계는 그 목적과 기능의 특수성으로 인하여 법치주의가 다소 완화될 수는 있을 것이다.

1. 기본권제한

1) 특별행정법관계에서도 그 구성원의 기본권제한은 헌법 또는 법률의 근거가 있어야만 가능하다(공무원의 노동3권, 주거이전의 자유제한 등).

2) 법률의 근거에 의하여 그 구성원의 기본권을 제한하는 경우에도 필요한 최소한도에 그쳐야 한다.

3) 기본권의 제한은 상대적 기본권에 한하여 제한이 가능하고, 종교의 자유 · 양심의 자유 · 학문의 자유 등의 절대적 기본권에 해당하는 것은 제한할 수 없다.

[관련 판례]

★ 현행법령과 제도하에서 수형자가 수발하는 서신에 대한 검열로 인하여 수형자의 통신의 비밀이 일부 제한되는 것은 국가목적을 위하여 부득이할 뿐만 아니라 유효적절한 방법에 의한 최소한의 제한이며 통신의 자유의 본질적 내용을 침해하는 것이 아니다(헌재결 1998.8.27, 96헌마398).

★ 행형법상 징벌의 일종인 금치처분을 받은 자에 대하여 집필을 금지한 행형법시행령 제145조 제2항 본문 부분은 법률의 근거나 위임없이 수형자의 집필권을 제한한 것으로서 법률유보원칙에 위반된다(헌재결 2005.2.24, 2003헌마289).

2. 법률유보의 원칙

1) 오늘날 특별행정법관계에서도 법률유보의 원칙이 적용되어야 한다는 데는 거의 이론이 없다. 따라서 특별권력관계도 복종자의 권리·의무에 관한 명령·강제에는 개별적인 법적 근거가 있어야 한다.

2) 다만, 특별행정법관계는 그 목적과 기능의 특수성으로 인하여 특별권력의 주체에게 넓은 재량권을 부여하는 경우가 많다.

3. 사법심사

1) 학설

(1) 특별권력(행정법) 관계에서의 외부·내부행위와 관계없이 사법심사의 대상이 된다는 견해가 통설적인 입장이다.

(2) 다만, 특별권력(행정법관계)에 있어서의 행위는 자유재량행위가 많으므로, 현실적으로 사법심사의 대상에서 제외되는 경우가 많음을 인정한다(다수설).

2) 판례

(1) 대법원은 어떤 행위가 특별권력(행정법) 관계에서의 행위라는 이유만으로는 사법심사의 대상에서 제외될 수 없다고 보고 있다.

(2) 특히 대법원은 특별권력관계에 있는 자와 관련된 징계권 행사에 대하여는 전면적인 사법심사를 인정하였고, 징계처분의 취소를 구하는 소송은 행정소송법상 항고소송에 속한다고 판시하였다(대판 1995.6.9, 94누10870).

[관련 판례]

★ 서울교육대학의 학장이 학칙위반자인 재학생에게 국가공권력의 하나인 징계권을 발동하여 원고의 학생으로서의 신분을 일방적으로 박탈하는 국가의 교육행정에 관한 의사를 외부에 표시하는 행위는 행정처분이다(대판 1991.11.22, 91누2144).

★ 피고 조합(당진농지개량조합)과 직원과의 관계가 사법상 근로계약관계가 아닌 공법상의 특별권력관계이고, 따라서 조합의 직원에 대한 징계처분의 취소를 구하는 이 사건 소송은 행정소송사항에 속한다(대판 1995.6.9, 94누10879).

★ 동장과 구청장의 이른바 행정상의 특별권력관계에 해당되며, 이러한 특별권력관계에 있어서도 위법부당한 특별권력의 발동으로 말미암아 권리를 침해당한 자는 행정소송법 제1조의 규정에 따라 그 위법 또는 부당한 처분의 취소를 구할 수 있다(대판 1982.7.27, 80누86)

★ 교도소장 등이 미결수용자를 다른 수용시설로 이송하기 위하여 사전에 법원의 허가를 받을 필요가 없다고 하더라도 이러한 이송처분이 행정소송의 대상이 되는 행정처분임에는 틀림없다(대판 1992.8.7, 92두30).

★ 농지개량조합과 그 직원과의 관계는 사법상의 근로계약관계가 아닌 공법상의 특별권력관계이고, 그 조합의 직원에 대한 징계처분의 취소를 구하는 소송은 행정소송사항에 속한다(대판 1995.6.9, 94누10870).

★ 교도소장이 수형자 甲을 '접견내용 녹음·녹화 및 접견 시 교도관 참여대상자'로 지정한 사안에서, 위 지정행위는 수형자의 구체적 권리의무에 직접적 변동을 가져오는 행정청의 공법상 행위로서 항고소송의 대상이 되는 '처분'에 해당한다(대판 2014.2.13, 2013두20899).

제 5 절 행정법관계의 내용(공권과 공의무)

Ⅰ. 개 설

1. 공권의 개념은 19세기 후반 독일에서 국가학에 의하여 발전된 개념이다.

행정법(공법)관계의 내용은 공권(공법상의 권리)과 공의무(公義務)로 구성되며, 사법상의 법률관계와 본질적인 차이는 없다.

2. 다만 공법관계에서는 사법관계와는 달리 권리 · 의무의 발생, 변경, 소멸이 대부분 법률이 정하는 바에 따라 행정주체의 일방적인 행위에 의해 이루어지는 데에 그 특색이 있다.

Ⅱ. 행정법관계에서의 공권

1. 공권의 의의

공권이라 함은 공법관계에 있어서 권리주체가 직접 자기를 위하여 일정한 이익을 주장할 수 있는 법적인 힘을 말한다. 공권에는 국가적 공권과 개인적 공권이 있다.

2. 공권의 종류

1) 국가적 공권

(1) 국가적 공권은 국가 또는 공공단체 등 행정주체가 우월한 의사의 주체로서 상대방인 개인(행정객체)에 대하여 가지는 권리를 말한다.

(2) 오늘날에 있어서는 국가적 공권이라고 하여 항상 행정주체가 우월한 지위에 있는 것만은 아니며, 국가적 공권이 대등한 당사 간의 공법상의 합의, 즉 공법상 계약에 의해서도 성립할 수 있다.

2) 개인적 공권

(1) 개인적 공권이라 함은 개인이 국가 등 행정주체에 대하여 일정한 권리·이익을 주장할 수 있는 법률상의 힘을 말한다. 이는 행정주체가 우월한 의사의 주체로서 가지는 국가적 공권력과 구별된다.

(2) 개인적 공권은 그 내용을 기준으로 자유권·수익권·참정권이 있으며, 새로이 등장하는 신종권리로서 무하자재량행사청구권·절차적 공권(예컨대, 의견제출권, 청문권, 공청회 참여권 등), 행정개입청구권 등이 있다.

Ⅲ. 개인적 공권

행정법에서 공권이라 함은 통상 개인적 공권만을 의미한다.

1. 개설

1) 의의

개인적 공권은 법에 의해 보호되는 이익이기 때문에, 그것이 침해된 경우에는 소송 등을 통해 법적 구제를 받을 수 있다는 점에서 반사적 이익과는 구별된다.

2) 유사개념과의 구별

(1) 공권과 반사적 이익

* 행시 22회, 25회, 36회
* 외시 24회, 29회

① 의의

공권과 반사적 이익은 구별하여야 한다. 반사적 이익이란 행정법규가 보호하려는 이익이 개인을 위한 것이 아니라 사회적 공동이익을 위하여 행정주체나 사인(私人) 등에게 작위·부작위를 명한 경우에, 행정주체 등이 이를 실현하는 결과로서 간접적으로 이해관계인에게 이익을 가져오는 것에 불과한 사실상의 이익을 말한다.

★ 의사의 진료의무는 〈반사적 이익〉

「의료법」92)은 의사에게 진료의무를 부여하고 있으나, 환자가 그렇다고 의사에게 진료를 해달라고 주장할 수 있는 권리가 있는 것은 아니다. 의료법이 진료의무를 규정한 것은 환자 개개인을 위한 것이 아니라 복지행정이라는 '공익'을 위해서이다. 즉 법이 공익을 위하여 규정한 결과 개인이 어쩌다 반사적으로 받는 이익을 반사적 이익이라 한다.

② 개인적 공권과 반사적 이익과의 구별실익

㉠ 개인적 공권이 침해된 경우에는 행정쟁송을 통하여 이익을 구제받을 수 있지만, 반사적 이익은 법의 보호를 받지 못하는 이익이기 때문에 그것이 침해당하여도 쟁송수단을 통하여 구제받을 수 없다.

㉡ 개인적 공권이 침해된 자는 행정소송에서 원고적격(소송을 제기할 자격)이 인정되지만, 반사적 이익이 침해된 자는 원고적격이 인정되지 않는다. 원고적격은 소송요건이므로 원고적격이 인정되지 않은 경우 그 소송은 부적법 각하된다.

③ 법률상 보호이익과 반사적 이익과의 구별

㉠ 행정심판법 제3조(청구인 적격)는 "취소심판은 처분의 취소 또는 변경을 구할 법률상 이익이 있는 자가 청구할 수 있다", 또 행정소송법 제2조(원고 적격)는 "취소소송은 처분 등의 취소를 구할 법률상 이익이 있는 자가 제기할 수 있다"고 규정하고 있다.

㉡ 법률상 보호이익은 비록 공권에 속하지는 않으나, 그 침해가 있으면 소송제기를 통하여 구제받을 수 있다는 점에서 반사적 이익과 구별된다.

㉢ "법률상 이익"이 무엇인가에 대하여는 견해의 대립이 있으나, "법률상 보호이익설"이 다수설이며 판례의 입장이다. 따라서 원고적격이 있는 "법률상 이익"이란 「권리」는 물론 「법률상 보호이익」을 포함하는 이익이다.

[관련 판례]

★ 상수원에서 급수를 받고 있는 지역주민들이 가지는 이익은 상수원의 확보와 수질보호라는 공공의 이익이 달성됨에 따라 반사적으로 얻게 되는 이익에 불과하므로 지역 주민들에 불과한 원고들에게는 위 상수원보호구역변경처분의 취소를 구할 법률상의 이익이 없다(대판 1995.9.26, 94누14544).

★ 상수원급수를 받고 있는 지역주민들은 매장 및 묘지 등에 관한 법률 등에 의하여 공설화장장 설치의 취소

92) 의료법은 '의료인은 진료나 조산 요청을 받으면 정당한 사유 없이 거부하지 못한다.'고 규정하고 있다(제15조 제1항). '제15조 제1항을 위반한 자는 1년 이하의 징역이나 500만원 이하의 벌금에 처한다'고 하여 의사에게 진료거부금지의무를 부과하고 위반시 행정벌에 처하고 있다. 따라서 의사의 진료거부금지의무는 면허시 부과된 의무가 아니라 법률의 직접적 효과로 부여된 의무이다. 다만, 의사에 대한 진료의무부과에 의한 환자의 진료이익은 반사적 이익이므로, 사인은 진료거부에 대해 소송으로 이를 강제하거나 손해배상청구를 할 수 없다.

를 구할 법률상의 이익이 있다(대판 1995.9.26., 94누14544).

★ 문화재의 지정이나 그 보호구역으로 지정은 문화재를 보존하여 이를 활용함으로써 국민의 문화적 향상을 도모함과 아울러 인류문화의 발전에 기여한다고 하는 목적을 위하여 행해지는 것이지, 그 이익이 일반국민이나 인근주민의 문화재를 향유할 구체적이고도 법률적인 이익이라고 할 수는 없다(대판 1992.9.22, 91누13212).

★ 환경부장관이 생태·자연도 1등급으로 지정되었던 지역을 2등급 또는 3등급으로 변경하는 내용의 생태·자연도 수정·보완을 고시한 사안에서, 1등급 권역의 인근 주민들이 가지는 이익은 환경보호라는 공공의 이익이 달성됨에 따라 반사적으로 얻게 되는 이익에 불과하므로 변경한 결정의 무효확인을 구할 원고적격이 없다(대판 2014.2.21, 2011두29052).

④ 법률상 보호이익과 보호가치이익과의 구별

법률상 보호이익은 실정법에 따라 보호되는 이익인데 반하여, 보호가치 이익은 실정법이 보호하지는 않지만 법에 의하여 보호할 가치가 있다고 판단되는 이익으로서 법률상 보호이익과는 구별된다. 따라서 이들은 반사적 이익과는 구별된다.

(2) 공권 또는 법적 보호이익의 확대경향(반사적 이익의 축소화 경향)

① 반사적 이익의 유형

㉠ 허가에 의하여 얻는 이익

목욕장의 운영과 같이 경찰허가에 의하여 받는 일정한 영업상의 이익 등은 금지를 해제하여 자연적 자유를 회복하는 행위에 불과하고 특정인에게 권리를 설정해주는 행위가 아니다. 따라서 허가로 얻는 이익은 반사적 이익이다.

㉡ 공물의 일반사용에 의하여 얻는 이익

공물의 일반사용으로 인하여 얻은 이익(예컨대, 공공용물의 도로의 사용)은 법률상 보호되는 이익이 아니므로, 행정청이 공물을 공용폐지하는 경우에도 이를 소송상 다툴 수 없다는 것이 종래의 통설·판례의 입장이다. 그러나 오늘날은 보호이익의 관념을 인정하는 측면에서 행정청의 위법한 공용폐지 등에 대해서 소송상 다툴 수 있는 이익으로 보는 견해도 있다. 현재는 공권으로 보는 것이 일반적 경향이다.

㉢ 의사의 진료거부 금지의무

의사의 진료거부금지의무는 면허시 부과된 의무가 아니라 의료법(제15조 제1항)에 의해 의사에게 (법률의) 직접적 효과로 부여된 의무이다. 즉, 의사의 진료거부금지의무로부터 나오는 환자의 이익 등과 같이 제3자에 대한 법적 규제로부터 얻는 반사적 이익이다.

㉣ 공무원이 직무를 잘 수행함으로써 개인이 받는 이익도 반사적 이익이다.

(3) 공권 또는 법적 보호이익의 확대경향(반사적 이익의 축소화 경향)

㉠ 종래에는 반사적 이익으로 보았던 공물인 도로의 일반사용, 제3자효 행정행위, 국민기

초생활보호법상의 생활보호, 경찰허가로 받는 이익 등을 점차로 「법률상 보호이익」으로 인정하려는 것이 현재의 판례의 경향이라고 할 수 있다.

㉡ 인인(隣人)소송에서의 이웃주민의 원고적격이나, 경업자(競業者)소송 · 경원자(競願者) 소송에서 기존업자의 원고적격을 인정하는 판례가 나오고 있는 것도 같은 맥락이라고 볼 수 있다.

2. 개인적 공권의 성립

1) 공권성립의 3요소

독일의 전통적 견해는 「강행법규의 존재」(강행법규에 의한 의무부과), 「사익보호성」, 「의사력 또는 법상의 힘의 존재(소송에 의한 권리구제)」의 3요소론을 취하였다.

(1) 강행법규의 존재(강행법규에 의한 의무부과)

① 공권이 성립하기 위해서는 제1요소로 행정주체에게 일정한 의무를 과하는 강행법규가 존재하여야 한다.

② 이러한 행위의무는 그 법규범에 의거한 행정주체의 행위가 기속행위로서의 성질을 가져야 인정된다.

③ 재량규범인 임의법규에 의해서는 공권이 성립할 수 없지만, 재량권의 0으로 수축된 경우와 재량인 경우에도 무하자재량행사청구권에 의하여 공권이 성립될 수 있다.

(2) 사익보호성

① 개인적 공권의 제2요소는 행정법규가 단순히 공익의 실현이라는 목적 이외에도 사익의 보호를 목적으로 하고 있어야 한다. 즉, 행정법규가 공익의 보호와 함께 사익의 보호를 목적으로 하는 경우가 있고, 이 경우에만 공권이 성립하게 된다.

② 법규가 오로지 공공의 이익만을 목적으로 규정된 경우 개인이 얻는 이익은 반사적 이익에 불과하다.

③ 행정작용의 상대방이 아닌 제3자의 이익을 보호할 필요가 있을 때에도 공권이 성립될 수 있다. 즉, 행정작용의 근거가 되는 법규가 공익의 실현뿐만 아니라 제3자의 사익도 보호하고 있다고 해석될 경우에는 제3자는 자신의 권익침해를 소송상 주장할 수 있는 개인적 공권이 인정된다(제3자 보호규범론).[93]

---

93) 보호규범이론이란 관련법규가 보호하는 목적을 탐구하는 행정법학 방법론의 하나이며, 관련법규가 보호하는 목적은 상대방과 관련될 수도 있고, 제3자와 관련될 수도 있다.

(1) 상대방의 이익을 보호하는 것으로 해석할 수 있는 법의 범위를 협의로 보아 「처분」의 직접적인 근거법률만으로 제한할 것인가,

(2) 아니면 관계법률과 전체법률 그리고 헌법상의 기본권 조항 및 기본원리에 이르기까지 광의로 파악할 것인가에 관하여, 견해의 대립이 있는데, 이를 「보호규범이론」이라 한다.

(3) 의사력(법상의 힘의 존재)

① 개인의 권리를 궁극적으로 소송을 통하여 관철할 수 있는 법률상의 힘이 부여되어 있어야 한다.

② 개인적 공권의 제3의 요소인 의사력(소송에 의한 권리구제 가능성)은 과거 행정소송에 관하여 열기주의를 취했던 독일을 배경으로 한 것이고, 개괄주의를 취하는 국가에서는 「의사력」의 존재는 그 독자적 의의를 상실하였다고 볼 수 있다.

③ 따라서 헌법상 재판청구권이 일반적으로 보장되어 있고, 실정법(행정소송법)상 개괄주의를 채택하여 권리구제가 보장되고 있으므로, 오늘날에는 ㉠ 강행법규성 ㉡ 사익보호성의 2요소론이 주장된다.

3. 개인적 공권의 성립근거

개인적 공권은 다양한 근거에 따라 성립할 수 있으며, 처분의 직접적인 근거규정(관계법규)에 근거하여 성립하는 것이 원칙이고, 그 이외에 법규명령·공법상 계약·헌법상의 기본권 규정 등이 공권성립의 근거가 될 수 있다.

1) 헌법에 의한 개인적 공권

헌법상 기본권을 구체화하는 법률이 제정되지 않은 경우에 헌법상 기본권 규정만을 근거로 하여 개인적 공권이 성립할 수 있는가의 문제이다.

(1) 개인적 공권의 구체성

개인적 공권은 개인이 갖는 구체적 권리를 뜻하는 것이지, 개인이 갖는 추상적 권리를 뜻하는 것은 아니다. 예컨대 헌법 제34조 제1항이 정하고 있는 「인간다운 생활을 할 권리」는 추상적 권리이다. 따라서 소득이 적은 사람이 국가에 대하여 상당한 수준의 생계비를 지원해 달라고 요구할 수 있기 위해서는 헌법 제34조제1항을 전제로 국회가 법률로 저소득 국민의 생계비지원에 관해 구체적으로 정하여야 한다. 즉, 소득이 적은 사람을 위해 국회가 「국민기초생활 보장법」을 제정해야하고, 이러한 법률이 정하는 바에 따라 비로소 소득이 적은 사람은 생계비 지원을 청구할 수 있는 권리(개인적 공권)를 갖게 되는 것이다.

(2) 개인적 공권과 헌법상 기본권과의 관계

헌법상의 모든 기본권이 행정상 법률관계에 있어 개인적 공권이 되는 것은 아니다. 그러나 헌법상의 기본권 중 그것이 구체적인 내용을 갖고 있어 법률에 의해 구체화되지 않아도 직접 적용될 수 있는 경우에는 재판상 주장될 수 있는 구체적 공권이 된다.

① 자유권적 기본권

㉠ 헌법상의 자유권은 헌법상 기본권으로 보호되는 개인적 공권이다. 따라서 구체화된 법률규정이 없이 헌법규정만으로도 개인적 공권이 된다.

㉡ 구체적 공권을 인정한 판례

접견권(대판 1992.5.8, 91누7552), 알권리(헌재 1989.9.4, 88헌마22) 등은 헌법에서 바로 나오는 권리라는 것이 판례의 입장이다. 즉, 수감중인 피고인 또는 피의자가 타인을 만날 수 있는 권리인 접견권은 형사소송법이 아니라 헌법 제10조에서 바로 나오는 권리이다.

㉢ 구체적 공권을 부정한 판례

판례는 헌법상 환경권 규정에 의한 개인적 공권을 부정하고 있다(대판 1999.7.27, 98다47528).

[관련 판례]

★ 구체적 공권성을 인정한 사례

• 접견권은 헌법 제10조에서 바로 나오는 개인적 공권임

• 만나고 싶은 사람을 만날 수 있다는 것은 인간이 가지는 가장 기본적인 자유 중 하나로서, 이는 헌법 제10조가 보장하고 있는 인간으로서의 존엄과 가치 및 행복추구권 가운데 포함되는 헌법상의 기본권이라고 할 수 있다. 구속된 피고인이나 피의자도 이러한 기본권의 주체가 됨은 물론이며 … 형사소송법상 규정하고 있는 구속된 피고인 또는 피의자의 타인과의 접견권(형소법 제89조 및 제213조)은 위와 같은 헌법상의 기본권을 확인하는 것일 뿐 형사소송법의 규정에 의하여 비로소 피고인 또는 피의자의 접견권이 창설되는 것으로 볼 수 없다(대판 1992.5.8, 91누7552). 이처럼 대법원은 법률의 구체화를 필요로 하지 않고 직접 적용될 수 있는 기본권, 즉 접견허가거부처분에 대한 취소소송에서 소(訴)의 이익을 인정하고 있다.

• 사회단체등록

사회단체등록은 헌법상 결사의 자유로부터 직접 도출되는 기본권이므로 선 등록한 단체의 등록은 허용하고 후등록 단체의 등록을 거부한 경우 이의 취소를 구하는 것은 소(訴)의 이익이 있다(대판 1989.12.26, 87누308 전원합의체).

• 국민의 알권리는 헌법 제21조 표현의 자유에서 바로 도출되는 개인적 공권임.

알권리의 실현을 위한 법률이 제정되어 있지 않다고 하더라도 그 실현이 불가능한 것은 아니고, 직접 헌법 제21조(표현의 자유)에서 보장될 수 있다(헌재 1989.9.4, 88헌마22).

★ 구체적 공공성을 부정한 사례

판례는 헌법상 환경권 규정에 의한 개인적 공권을 부정하고 있다.

• 새만금사건

헌법상의 환경권에 관한 규정(헌법 제35조 제1항)만으로는 그 권리의 주체, 대상, 내용, 행사방법 등이 구체적으로 정립되어 있다고 볼 수 없고, 환경영향평가대상지역 밖에 거주하는 주민에게 헌법상의 환경권 또는 환경정책기본법에 근거하여 공유수면매립면허처분과 농지개량사업시행인가 처분의 무효확인을 구할 원고적격이 없다(대판 2006.3.16, 2006두330 전원합의체)

• 환경권에 기하여 직접 방어배제청구권을 인정할 수 없음

환경권은 명문의 법률규정이나 관계 법령의 규정 취지 및 조리에 비추어 권리의 주체, 대상, 내용, 행사방법 등이 구체적으로 정립될 수 있어야만 인정되는 것이므로, 사법상의 권리로서의 환경권을 인정하는 명문의 규정이 없는데도 환경권에 기하여 직접 방해배제청구권을 인정할 수 없다(대판 1999.7.27, 98다47528).

• 도롱뇽 사건

환경권에 관한 헌법 제35조 제1항이나 자연방위권 등 헌법상의 권리에 의하여 직접 한국철도시설공단에 대하여 고속철도 중 일부구간의 공사금지를 청구할 수 없고, 환경정책기본법 등 관계 법령의 규정 역시 그와 같이 구체적인 청구권원을 발생시키는 것으로 해석할 수 없다(대판 2006.6.2, 2004마1148 · 1149).

② 수익권적 기본권

개인이 적극적으로 행정주체에 대하여 작위·급부 등을 청구할 수 있는 권리를 말한다. 그러나 일반적으로 사회권적 기본권(교육을 받을 권리·인간다운 생활권·환경권 등)[94]과 청구권적 기본권(손해배상청구권)은 그 자체로 개인적 공권을 도출할 수 없다고 보는 것이 지배적인 견해이다. 따라서 이러한 사회권적 기본권과 청구권적 기본권은 그 자체로는 권리성이 인정되는 수익권이지만, 그 구체적인 내용은 법률에 의하여 확정되는 것이 통례이다.[95]

③ 참정권

국민이 능동적으로 통치작용에 참가하는 권리로서 선거권·공무담임권·국민투표권 등이 이에 해당한다. 이러한 권리 등은 헌법에서 바로 도출되는 기본권으로서의 개인적 공권이다.

2) 법률에 의한 개인적 공권(명문에 의한 인정)

(1) 개인적 공권은 행정객체인 개인이 국가 등 행정주체에 대하여 직접 자기를 위하여 일정한 이익을 주장할 수 있는 법률상의 힘을 말한다. 개인적 공권의 성립여부에 결정적인 역할을 하는 것은 법률이다.

(2) 헌법은 선언적·정책적·추상적 성질을 갖기 때문에 법률로서 구체화가 이루어진다. 따라서 개인적 공권의 성립 내지 인정여부는 기본적으로 법률에 의해 이루어진다. 이처럼 법률에 의한 개인적 공권은 개별법률 자체가 권리가 있다고 규정하면, 그 법률 조항에 의해 당연히 개인적 공권은 성립한다.

3) 법률에 의한 개인적 공권(해석에 의한 인정)

(1) 개별법률에서 권리가 있다고 명시적으로 규정하지 않은 경우에 개인적 공권이 인정되는 가의 여부는 관련 법률의 해석 문제가 된다.

(2) 일반적으로 ① 법률이 국가나 지방자치단체에 대하여 행위의무를 부과하고 있고, ② 오로지 공익실현만을 목적으로 하는 것이 아니라 적어도 사익보호, 즉 개인의 이익보호도 목적으로 하고 있다면, 개인적 공권이 성립한다고 본다.[96]

---

94) 사회적 기본권은 "인간다운 생활"을 하기 위하여 개인이 국가에 대하여 적극적인 배려를 요구할 수 있는 권리를 말한다. 예컨대, 근로의 권리·교육을 받을 권리·노동3권·인간다운 생활권·환경권 등을 들 수 있다.

95) 박균성·김재광, 「경찰행정법」, 박영사, 2011, p.70.

96) 예컨대, 갑이 도로교통법이 정하는 요건을 구비하여 운전면허를 신청하였음에도 불구하고 관할 지방경찰청장이 운전면허를 거부하였다면, 관할 지방경찰청장은 갑의 운전의 자유라는 개인적 공권을 침해한 것이 된다. 왜냐하면 도로교통법 제80조 제1항에 의하여 지방경찰청장은 갑의 운전면허의 신청에 대하여 처분(면허)이라는 행위의 의무를 부담하고 있을 뿐만 아니라, 도로교통법상 운전면허제도는 오로지 공익을 위한 제도만은 아니고, 운전을 하고자 하는 사인의 이익을 보호하는 목적도 갖고 있다고 볼 수 있기 때문이다(홍정선, 전게서, p.39).

4) 공법상 계약 · 관습법에 의한 개인적 공권

개인적 공권은 공법상 계약에 의해서, 또는 관습법에 의해서도 인정될 수 있다. 예컨대, 조상대대로 낙동강의 강물을 끌어다가 농사를 지어온 농민은 공물(公物)인 낙동강의 강물을 농사를 위해 사용할 수 있는 개인적 공권을 갖는다. 그러기 때문에 국가나 지방자치단체가 임의로 그 농민이 사용하는 물줄기를 끊으면 개인적 공권인 수리권(용수권)을 침해하는 것이 된다.[97]

4. 개인적 공권의 특수성

개인적 공권은 개인적 이익은 물론 공익적 견지에서 필요하기 때문에 인정된 것이므로, 다음과 같은 특수성이 인정된다.

1) 이전성의 제한

(1) 개인적 공권은 공익적 견지에서 인정되는 것으로 일신전속적 성격을 갖는 것이 많다. 따라서 양도 · 상속 등 이전성이 제한되는 경우가 많고, 그 결과 압류가 금지되거나 제한되기도 한다(예컨대, 봉급권, 공무원연금법상의 연금청구권 등).

(2) 다만, 개인적 공권 중에도 채권적 · 경제적 성질의 것은 그 이전이 인정됨이 보통이다(예컨대, 손실보상청구권, 하천의 사석채취권 등).

2) 포기성의 제한

(1) 개인적 공권은 권리인 동시에 의무라는 성질을 지니고 있어, 임의로 포기할 수 없다(예컨대, 선거권, 연금청구권, 소권(訴權) 등).

(2) 행정소송에 있어서 소권(訴權)은 개인의 국가에 대한 공권이므로 당사자의 합의로써 포기할 수 없다(대판 1998.8.21, 98두8919).

(3) 다만, 경제적 가치를 내용으로 하고, 그 포기가 공익에 현저한 영향을 주지 않을 때에는 포기가 인정된다(예컨대, 실비보상청구권, 공무원의 여비청구권, 국회의원 세비청구권 등).

[관련 판례]

★ 소권(訴權)은 개인적 공권인가?

행정소송에 있어서 소권(訴權)은 개인의 국가에 대한 공권이므로 당사자의 합의로써 이를 포기할 수 없다(대판 1995.9.15, 94누4455). 판례는 소권(訴權)을 포기가 불가능한 개인적 공권으로 보고 있다. 따라서 제3자와 소권의 포기에 관한 계약을 체결하더라도 그 계약은 무효다.

★ 부제소특약에 관한 부관은 사인의 국가에 대한 개인적 공권(소권)을 합의로 포기시키는 행위이므로 무효임

농수산물도매시장의 도매시장법인으로 다시 지정함에 있어서 그 지정조건으로 "지정기간 중이라도 개설자가 농수산물유통정책의 방침에 따라 도매시장법인 이전 및 지정취소 또는 폐쇄 지시에도 일체 소송이나 손실

97) 홍정선, 전게서, p.32.

> 보상을 청구할 수 없다."라는 부관을 붙였으나, 그 중 부제소특약에 관한 부분은 당사자가 임의로 처분할 수 없는 공법상의 권리관계를 대상으로 하여, 사인의 국가에 대한 공권인 소권을 당사자의 합의로 포기하는 것으로서 허용될 수 없다(대판 1998.8.21, 98두8919).

3) 비대체성

개인적 공권은 일신전속적인 성질을 가짐으로써, 타인에게 대행(대리)이나 위임이 제한되는 경우가 많다. 예컨대, 선거권 · 투표권 · 응시권 등은 대리나 위임이 금지된다.

4) 공권보호의 특수성

(1) 개인적 공권이 침해되는 경우 행정상의 손해전보제도, 행정쟁송제도 등의 구제 절차가 인정된다.

(2) 금전채권의 소멸시효에 관하여 특수성이 인정된다. 민법(사법)은 소멸시효가 10년이나, 공법상 금전채권의 소멸시효기간은 5년이다.

5. 개인적 공권의 확대 경향

1) 서설

현대 복리국가에서는 과거 국가의 공권력 행사의 객체에 불과했던 국민의 지위로부터 국민이 주권자인 주체로서 개인의 지위가 더욱 강조되기에 이르렀다. 공권 또는 법적 보호이익의 확대 경향으로는

(1) 재량권의 0으로의 수축이론을 통하여 공권의 성립을 인정할 수 있고,

(2) 사익보호성의 확대(제3자의 법률상의 이익) 등을 들 수 있다.

특히 사익보호성의 확대와 관련하여 처분의 상대방이 아닌 제3자의 보호와 관련하여 제3자에게 개인적 공권이 성립될 수 있는가가 문제시 된다. 제3자의 개인적 공권성립의 인정문제는 제3자효 행정행위와 깊은 상관성이 있다. 판례는 제3자의 보호와 관련하여 인인소송(이웃소송) · 경업자(경쟁자소송) · 경원자 소송을 인정하고 있다.

2) 제3자의 법률상 이익

(1) 인인소송(隣人訴訟: 인근주민소송)

① 인인소송의 의의

행정처분의 직접적인 상대방이 아닌 인근주민이 제기하는 소송을 인인소송이라고 한다. 즉, 주거지역내에서 행정청이 연탄공장설치 허가를 해준 경우 인근주민이 생활환경상의 침해를 이유로 소송을 제기하는 경우가 이에 해당한다.

② 대법원판례의 동향

㉠ 원고적격을 인정한 예

㉮ 인근주민의 연탄공장건축허가처분 취소소송(대판 1975.5.13, 73누96.97).

㉯ 전원(電源)개발사업실시계획승인처분(양수발전소 건설사업)과 관련하여 환경영향평가지역 안의 주민의 환경상의 이익(대판 1998.9.22, 97누19571 · 대판 2001.7.27, 99두2970)

㉰ 인근주민의 자동차LPG충전소설치허가처분취소청구(대판 1983.7.12, 83누5983)

㉱ 인근주민의 공설화장장 설치결정 취소소송(도시계획결정의 취소)(대판 1995.9.26, 94누114544)

㉲ 원자로시설부지사전승인처분 취소소송(대판 1998.9.4, 97누19588)

㉳ 속리산 국립공원집단시설지구 개발사업승인 취소소송(대판 2001.7.27, 99두2970)

㉴ 새만금간척종합개발사업을 위한 공유수면매립면허처분 및 개량사업시행인가 처분취소소송(대판 2006.3.16, 2006두330 전원합의체)

㉵ 도시 및 주거환경정비법상 조합설립추진위원회의 구성에 동의하지 아니한 정비구역 내의 토지 등 소유자에게도 조합설립추진위원회 설립 승인처분의 취소를 구할 권고적격이 인정된다(대판 2007.9.22, 2005두2506).

㉡ 원고적격을 부정한 예

㉮ 전원개발사업(양수발전소건설사업)에 대한 환경영향평가대상지역 밖의 주민들(산악인, 사진가, 학자, 시민단체)의 이익(대판 1998.9.22, 97누19571)

㉯ 도로폐지허가처분 취소소송(대판 1992.12.7, 97누12556)

㉰ 인근 주민의 공설화장장 설치결정 중 상수원보호구역변경처분의 취소소송(대판 1995.9. 26, 94누114544)

㉱ 환경상 이익에 대한 침해 또는 침해 우려가 있는 것으로 사실상 추정되어 원고적격이 인정되는 사람에 영향권 내의 건물·토지를 소유하거나 환경상 이익을 일시적으로 향유하는데 그치는 사람은 포함되지 않는다(대판 2009.9.24, 2009두2825).

㉢ 환경영향평가지역에 대한 판례의 태도

판례는 환경영향평가대상지역 안의 주민의 원고적격을 인정하고, 환경영향평가대상지역 밖의 주민은 원고적격을 부정하는 입장이었다. 그러나 최근에는 환경영향평가대상지역 밖의 주민도 환경침해우려가 있음을 입증하여 원고적격이 인정될 수 있다는 입장을 취하고 있다.

[관련 판례]

★ 환경영향평가대상지역 안의 주민들의 원고적격 인정

환경영향평가에 관한 자연공원법령 및 환경영향평가법령의 규정들의 취지는 집단시설지구개발사업이 환경을 해치지 아니하는 방법으로 시행되도록 함으로써 집단시설지구개발사업과 관련된 환경공익을 보호하려는 데에 그치는 것이 아니라 그 사업으로 인하여 직접적이고 중대한 환경피해를 입으리라고 예상되는 환경영향평가대상지역 안의 주민들이 개발 전과 비교하여 수인한도를 넘는 환경침해를 받지 아니하고 쾌적한 환경에서 생활할 수 있는 개별적 이익까지도 이를 보호하려는 데에 있다 할 것이다(대판 1998.4.24, 97누3286).

★ 환경영향평가대상지역 밖의 주민도 입증함으로써 원고적격 인정[새만금 사건]
환경영향평가 대상지역 밖의 주민이라 할지라도 공유수면매립면허처분 등으로 인하여 그 처분 전과 비교하여 수인한도를 넘는 환경피해를 받거나 받을 우려가 있는 경우에는, 공유수면매립면허처분 등으로 인하여 환경상 이익에 대한 침해 또는 침해우려가 있다는 것을 입증함으로써 그 처분 등의 무효확인을 구할 원고적격을 인정받을 수 있다(대판 2006.3.16, 2006두330전합).

③ 적용영역

종래에는 건축법이나 도시계획법에 의한 규제로 인한 이익은 반사적 이익으로 보았다. 그러나 오늘날은 그 규제의 목적이 인근주민의 보호목적도 아울러 가지고 있다고 해석되고 있어, 인근주민소송의 인정가능성이 점차 확대되어가는 경향에 있다.

(2) 경업자(경쟁자)소송

① 경업자소송의 의의

기존업자가 행정청으로부터 영업허가 등을 받아 영업을 하고 있는데 새로이 신규업자에 대한 인·허가처분이 내려진 경우 신규업자에게는 수익적이지만 기존업자에게는 침익적 효과를 발생시키는 것이므로, 제3자효행정행위에 해당한다. 이때 기존업자가 행정청을 상대로 신규업자에 대한 인·허가처분의 취소소송을 제기하는 경우를 경업자소송이라고 한다.

② 대법원판례의 동향

㉠ 원고적격을 인정한 예

㉮ 자동차운송사업의 신규노선연장인가처분에 대한 기존사업자의 취소청구사건에서 기존의 자동차 운송사업자는 그 취소를 구할 법률상의 이익이 있다고 본 사례(대판 1974.4.9, 73누173).

㉯ 신규선박운항사업면허처분에 대한 기존업자의 선박운송사업면허처분취소청구사건(대판 1969.12.30, 69누106)

㉰ 시외버스의 시내버스로의 전환을 허용하는 버스여객자동차운수사업계획변경인가처분에 관한 기존 시내버스사업자의 취소청구(대판 1987.9.22, 85누985)

㉱ 기존의 고속형 시외버스운송사업자에게 직행형 시외버스운송사업자에 대한 사업계획변경인가처분의 취소를 구할 법률상의 이익이 있다고 본 사례(대판 2010.11.11, 2010두4179)

㉲ (구)약사법시행규칙에 위배하여 이루어진 약종상영업소이전허가처분에 대한 기존의 약종상업자가 제기한 취소소송(대판 1988.6.14, 87누873)

㉡ 원고적격을 부정한 예

㉮ 신규 공중목욕장허가에 관한 기존업자의 독점적 이익(대판 1963.8.31, 63누101)

㉯ 신규 석탄가공업허가에 대한 기존업자의 이익(대판 1980.722, 80누30)

㉰ 한약조제시험을 통하여 약사에게 한약조제권을 인정함으로써 영업상의 이익이 감소한 기존 한의사가 제기한 한약조제시험무효확인소송(대판 1998.3.10, 97누4289)

㉱ 전공이 다른 교수를 임용함으로써 학습권을 침해당하였다고 주장하는 대학생들의 이익은 취소를 구할 소이익이 없다고 본 사례(대판 1993.7.27,93누8139)

③ 적용영역

㉠ 학설의 일반적 견해는 원칙적으로 기존업자가 허가영업을 하는 경우에는 자신의 경영상이익(반사적이익)의 침해를 이유로 경쟁자소송을 제기할 수 없지만, 반면 특허업을 경영하는 경우에는 자신의 경영상 이익(법률상 이익)의 침해를 이유로 경업자(경쟁자)소송을 제기할 수 있다고 본다.

㉡ 판례

판례는 일반적으로 특허를 받은 기업영업자의 이익은 법률상의 이익으로 보고, 허가를 받는 영업자의 이익은 원칙상 반사적 이익에 불과한 것으로 보고 있다.[98] 그러나 때에 따라서는 허가로 받은 영업자의 이익을 법률상의 이익으로 본 판례도 있다(대판 1974.4.9, 73누173).

[법률상의 이익으로 본 관련 판례]

★ 주류제조면허는 「재정허가」의 일종이지만, 이 주류제조업의 면허를 얻은 자의 이익은 단순한 사실상의 반사적 이익이 아니라 주세법의 규정에 따라 보호되는 이익이다(대판 1989.12.22, 89누46)

★ 담배일반소매인으로 지정되어 영업중인 기존업자의 신규 일반소매인에 대한 이익(대판 2008.3.27, 2004두6716).

★ 분뇨 등 관련 영업허가를 받아 영업을 하고 있는 기존업자의 이익(대판 2006.7.28, 2004두6716).

(3) 경원자소송

① 의의

㉠ 인가나 허가와 같은 수익적 행정행위를 다수인이 신청한 경우 일방에 대한 허가처분이 타방에 대해서는 불허가처분으로 귀결되는 관계를 말한다. 예컨대, 경원관계에 있는 경우로서 동일대상지역에 대한 공유수면매립면허나 도로점용허가 혹은 일정지역에 있어서의 영업허가 등에 관하여 거리제한규정이나 업소개수제한규정 등을 들 수 있다.

㉡ 경원자소송이란 허가 등의 처분을 받지 못한 자(경원자)가 당해 처분의 취소를 구하는

98) 박균성 · 김재광, 전게서, p.70.

경우를 말한다.

② 대법원판례의 동향

㉠ 면허나 인·허가 등의 수익적 행정처분의 근거가 되는 법률이 해당업자들 사이의 과다경쟁으로 인한 경영의 불합리를 방지하는 것도 그 목적으로 하고 있는 경우, 미리 같은 종류의 면허나 인·허가 등의 수익적 행정처분을 받아 영업을 하고 있는 기존의 업자나, 면허나 인·허가 등의 수익적 행정처분을 신청한 수인이 서로 경쟁관계에 있어서 일방에 대한 면허나 인·허가 등의 행정처분이 타방에 대한 '불면허', '불인가', '불허가' 등으로 귀결될 수밖에 없다.

㉡ 이 경우 대법원은 "면허나 인·허가 등의 행정처분을 받지 못한 사람 등은 경업자나 경원자에 대하여 이루어진 면허나 인·허가 등 행정처분의 취소를 구할 당사자적격이 있다(대판 1999.10.18, 99두6026)"고 판시하여, 일반적으로 원고적격을 인정하고 있다.

(4) 기타

이외에도 제3자효와 관련하여 원고적격을 인정한 사례와 인정하지 않은 사례 등을 보면 다음과 같다.

① 원고적격을 인정한 사례

㉠ 분뇨관련영업허가를 받은 기존업자가 다른 업자에 대한 영업허가처분을 다투는 경우 영업허가처분의 취소를 구할 원고적격이 있다(대판 2006.7.28, 2004두6716).

㉡ 중계유선방송사업허가를 받은 중계유선방송사업자의 사업상 이익은 방송법에 의하여 보호되는 법률상 이익이다(대판 2007.5.11, 2004다11162).

㉢ 예탁금회원제 골프장의 기존회원은 체육시설업자 등이 제출한 회원모집계획서에 대한 시·도지사의 검토결과 통보의 취소를 구할 법률상의 이익이 있다(대판 2009.2.26, 2006두16243).

㉣ 김해시장이 낙동강에 합류하는 하천수 주변의 토지에 구 산업집적활성화 및 공장설립에 관한 법률 제13조에 따라 공장설립을 승인하는 처분을 한 사안에서, 공장설립으로 수질오염 등이 발생할 우려가 있는 취수장에서 물을 공급받는 부산광역시 또는 양산시에 거주하는 주민들도 위 처분의 근거 법규 및 관련 법규에 의하여 법률상 보호되는 이익이 침해되거나 침해될 우려가 있는 주민으로서 원고적격이 인정된다(대판 2010.4.15, 2007두16127).

㉤ 구 임대주택법상 임차인대표회의도 임대주택 분양전환승인처분에 대하여 취소소송을 제기할 원고적격이 있다(대판 2010.5.13, 2009두19168).

㉥ 수익적 행정처분의 근거가 되는 법률이 해당 업자들 사이의 과다경쟁으로 인한 경영의 불합리를 방지하는 목적도 가지고 있는 경우, 기존업자가 경업자에 대한 면허나 인·허가 등의 수익적 행정처분의 취소를 구할 원고적격이 있다(대판 2010.6.10, 2009두10512).

ⓐ 납골당 설치장소에서 500m 내에 20호 이상의 인가가 밀집한 지역에 거주하는 주민들의 경우, 납골당이 누구에 의하여 설치되는지와 관계없이 납골당 설치에 대하여 환경이익 침해 또는 침해 우려가 있는 것으로 사실상 추정되어 원고적격이 인정된다(대판 2011.9.8, 2009두6766).

② 원고적격을 부정한 사례

㉠ 면허받은 장의자동차운송사업구역에 위반하였음을 이유로 한 행정청의 과징금부과처분에 의하여 동종업자의 영업이 보호되는 결과는 사업구역제도의 반사적 이익에 불과하기 때문에 그 과징금부과처분을 취소한 재결에 대하여 처분의 상대방 아닌 제3자는 그 취소를 구할 법률상 이익이 없다(대판 1992.12.8, 91누13700).

㉡ 행정처분에 있어서 수익처분의 상대방은 그의 권리나 법률상 보호되는 이익이 침해되었다고 볼 수 없으므로 달리 특별한 사정이 없는 한 취소를 구할 이익이 없다(대판 1995.8.22, 94누8129).

㉢ 도롱뇽은 천성산 일원에 서식하고 있는 도롱뇽목 도롱뇽과에 속하는 양서류로서 자연물인 도롱뇽 또는 그를 포함한 자연 그 자체로서는 소송을 수행할 당사자능력을 인정할 수 없다(대판 2006.6.2, 2004마1148 · 1149).

㉣ 개발제한구역 중 일부 취락을 개발제한구역에서 해제하는 내용의 도시관리계획변경결정에 대하여, 개발제한구역 해제대상에서 누락된 토지의 소유자는 위 결정의 취소를 구할 법률상 이익이 없다(대판 2008.7.10, 2007두10242).

③ 혼동되기 쉬운 원고적격 관련 판례

㉠ 담배 일반인의 법률상 이익 여부

㉮ 담배 「일반소매인」으로 지정되어 영업을 하고 있는 기존업자는 「신규일반소매인」 지정처분의 취소를 구할 원고적격이 있다(대판 2008.3.27, 2007두23811).

이 경우 「일반소매인」이나 「신규일반소매인」은 둘다 전문적으로 담배를 팔기 때문에 거리제한이 인정되어 「법률상 보호이익」으로 해석한다. 다만, 거리측정방식은 지자체마다 자체적으로 규정하고 있다.

[관련 판례]

★ 일반소매인으로 지정되어 영업을 하고 있는 기존업자의 신규 일반소매인에 대한 이익은 단순한 사실상의 반사적 이익이 아니라 법률상 보호되는 이익이라고 해석함이 상당하다(대판 2008.3.27, 2007두23811).

㉯ 담배 「일반소매인」으로 지정되어 영업을 하고 있는 기존업자는 「신규구내소매인」 지정처분의 취소를 구할 원고적격이 없다(대판 2008.4.10, 2008두402).

이 경우 「일반소매인」이나 「신규구내소매인」은 전문적으로 담배를 파는 데 옆에서 주목적이 다른 것을 팔면서 담배를 파는 곳을 말한다. 여기서 「일반소매인」은 5층 건물안에 3·4·5층은 회사, 2층은 편의점, 1층은 음식점·식당 같은 데서 담배파는 곳을 말하는데, 이때 이익은 법률상 이익이 아니라 반사적 이익이라고 해석된다.

[관련 판례]

★ 일반소매인으로 지정되어 영업을 하고 있는 기존업자의 신규 구내소매인에 대한 이익은 법률상 보호되는 이익이 아니라 단순한 사실상의 반사적 이익이라고 해석함이 상당하므로, 기존 일반소매인은 신규 구내소매인 지정처분의 취소를 구할 원고적격이 없다(대판 2008.4.10, 2008두402).

㉡ 보건복지부 고시와 관련된 제약회사, 의사협회간의 법률상 이익여부

㉮ 보건복지부 장관의 약제의 상한금액 인하처분(고시)에 대한 취소소송에서 관련된 약제를 제조·공급하는 제약회사는 원고적격이 인정된다(대판 2006.9.22, 2005두2506).

[관련 판례]

★ 제약회사는 보건복지부 고시인 약제급여·비급여목록 및 급여상한금액표(보건복지부 고시)로 인하여 자신이 제조·공급하는 약제의 상한금액이 인하됨에 따라 위와 같이 보호되는 법률상 이익이 침해당할 경우, 제약회사는 위 고시의 취소를 구할 원고적격이 있다(대판 2006.9.22, 2005두2506).

㉯ 「건강보험요양급여행위 및 그 상대가치점수 개정」 고시의 취소소송에서 사단법인 대한의사협회는 원고적격이 인정되지 않는다(대판 2006.5.25, 2003두11988).

[관련 판례]

★ 사단법인 대한의사협회는 의료법에 의하여 의사들을 회원으로 하여 설립된 사단법인으로서, 국민건강보험법상 요양급여행위, 요양급여비용의 청구 및 지급과 관련하여 직접적인 법률관계를 갖지 않고 있으므로, 보건복지부 고시인 '건강보험요양급여행위 및 그 상대가치점수 개정'으로 인하여 자신의 법률상 이익을 침해당하였다고 할 수 없다(대판 2006.5.25, 2003두11988).

3) 무하자재량행사청구권(無瑕疵裁量行使請求權)

(1) 의의

무하자재량행사청구권은 개인이 행정청에 대하여 하자(흠)없는 적법한 재량권을 행사하여 줄 것을 청구할 수 있는 권리를 말한다.

(2) 법적 성질

① 형식적 권리설

무하자재량행사청구권은 특정한 처분을 구하는 권리가 아니라, 다만 행정청이 어차피 결정해야 할 사항에 대하여, 개인이 그 과정에 관여하여 하자(흠)없는 처분을 할 것을 청구하는

권리인 점에서 형식적 권리라고 할 수 있다(다수설).

② 적극적 권리

㉠ 무하자재량행사청구권은 단순히 위법한 처분을 배제하는 소극적·방어적 권리가 아니라, 행정청에 대하여 적법한 재량행사(처분)를 구하는 적극적 공권이다.

㉡ 무하자재량행사청구권은 하자없는 재량권행사를 청구하는 권리이지만, 재량이 영으로 축소되는 경우 적극적 권리로 전환된다. 무하자재량행사청구권이 수익적 행정행위인 경우에는 특정한 내용의 처분을 하여 줄 것을 청구할 수 있는 적극적 권리로서의 청구권(예컨대, 행정행위 발급청구권·행정개입청구권)으로 전환된다. 반면 부담적 행정행위의 경우에는 적법한 재량처분을 구하여 특정한 침해행위를 금지하는 방어권의 성질을 가진다.

(3) 적용범위

① 무하자재량행사청구권은 결정재량에만 적용되는가, 결정재량과 선택재량 모두 인정하는가에 대해서는 견해의 대립이 있다.

② 무하자재량행사청구권에는 결정재량과 선택재량이 모두 인정된다는 견해인 광의설이 다수설이다.

(4) 인정 여부

① 학설

무하자재량청구권의 개념을 부정하는 견해도 있으나[99], 우리나라의 다수의 견해는 무하자재량행사청구권을 독자적인 권리로 인정하고 있다(통설·판례).[100]

② 판례

대법원은 사법시험에 합격하고 사법연수원의 소정과정을 마친 후 검사임용신청을 하였으나, 그 임용이 거부된 자가 제기한 취소소송과 관련하여 무하자재량행사청구권의 법리를 인정하고 있다. 즉, 다수의 검사 임용신청자 중 일부만을 검사로 임용하는 결정을 함에 있어 그 임용여부의 응답을 해 줄 의무가 있다고 대법원은 판시하고 있다.

[관련 판례]

★ 무하자재량행사청구권의 예

대법원은 "다수의 검사임용신청자 중 일부만을 검사로 임용하는 결정을 함에 있어 그 임용 여부의 응답을 해줄 의무가 있다"고 판시하고 있다(대판 1991.2.12, 90누 5825).

---

99) 이상규, 「신행정법론(상)」, 법문사, 1997, p.200.

100) 박균성, 「행정법총론」, 박영사, 2000, p.111; 유지태, 「행정법신론」, 신영사, 1999, p.89.

(5) 성립요건

무하자재량행사청구권도 개인적 공권의 일종이므로, 무하자재량청구권의 성립요건은 공권의 성립요건과 동일하다.

① 강행법규성

행정청에게 강행법규에 의해 재량권을 행사하여 어떠한 처분을 하여야 할 의무가 부과되어 있어야 한다(처분의무). 여기에서의 행정청의 처분의무는 법치행정의 원리상 행정행위에 재량이 인정되더라도, 행정청은 하자(흠)없는 재량권을 행사하여 어떠한 처분을 해야 할 의무를 말한다.

② 사익보호성(私益保護性)

당해 재량처분을 규정하고 있는 관계법규의 목적·취지가 적어도 개인의 이익도 보호하고자 하는 경우에만 이 청구권은 인정된다.

(6) 청구권의 행사방법

재량처분의 형성과정에서 행정청에 대하여 하자없는 재량권을 행사하여 줄 것을 청구할 수 있다.

① 의무이행심판

관계인의 신청에 대하여 행정청이 위법하게 이를 거부하거나 또는 신청에 대하여 아무런 조치를 하지 아니하고 방치하는 경우에는 의무이행심판을 청구할 수 있다. 거부처분의 경우 우리나라의 통설은 취소심판과 의무이행심판이 모두 가능하다고 보고 있다.

② 취소소송

관계자가 적법한 재량처분을 구하였으나, 행정청이 이를 거부한 경우에는 당사자는 거부처분의 위법을 이유로 그 취소를 구할 수 있다.

③ 부작위위법확인소송

무하자재량행사청구권은 적법하게 재량을 행사해 달라고 청구하는 권리이므로, 관계인의 신청에 대하여 아무런 조치를 하지 아니하고 방치하는 경우에는 위법이 된다. 따라서 관계자는 부작위위법확인소송을 제기하여 그 부작위가 위법한 것이라는 확인을 받을 수 있다.

4) (광의의)행정개입청구권

* 사시 28회 * 사시 37회
* 경정 1996년 * 경감 2009년 *2006행시
* 2013 사시 * 2014 행시

(광의의)행정개입청구권은 개인이 자기의 권익을 위하여 자기에 대하여 일정한 내용의 행정권을 발동하여 줄 것을 청구할 수 있는 권리를 말한다. 이에는 행정행위발급청구권과 협의의 행정청구권으로 나눌 수 있다.

(1) 행정행위발급청구권

행정행위발급청구권이라 함은 개인이 자기의 권익을 위하여 자기에 대하여 특정한 내용의 행정권을 발동하여 줄 것을 청구할 수 있는 권리를 말한다(본인에 대한 처분의 청구).

행정행위발급청구권은 원칙적으로 기속행위에 인정되고, 재량행위에는 원칙상 인정되지 않는다.

(2) 행정개입청구권

행정개입청구권은 행정행위발급청구권과는 구별되는 개념이다. 행정개입청구권이라 함은 사인이 자신의 이익을 위해 행정청에 대하여 제3자에게 행정권을 발동할 것을 청구하는 권리를 말한다(제3자에 대한 처분의 청구).

① 논의의 배경(행정편의주의의 원칙)

㉠ 의의

행정편의주의 원칙이라 함은 행정권 발동의 요건이 구비되고 행정권을 발동할 대상인 행정책임자가 특정된 경우에도 여전히 행정권을 발동할 것인지 개입여부에 대하여 행정기관에게 재량권이 인정되는 것을 말한다.

㉡ 수단의 선택

행정편의주의 원칙은 행정위반의 상태가 있는 경우에 반드시 행정권을 발동해야 하는 것은 아니고 발동의 여부 또는 어떠한 수단을 선택하는 경우, 당해 행정청의 '의무에 합당한 재량'에 따라야 한다는 것을 말한다.101)

② 행정편의주의의 한계

㉠ 행정편의주의 한계는 '재량권의 0으로의 수축이론'과 직결된다. 행정행위는 기속행위는 물론이고 재량행위의 경우에도 재량이 0으로 수축하는 경우에는 사익을 위하여 행정권의 발동이 의무적이라는 인식이 대두되었다.

㉡ 따라서 재량권의 0으로의 수축이론을 바탕으로 「행정개입청구권」이 등장하게 되었다.

[관련 판례]

★무장공비가 청와대를 습격한 사건과 관련한 행정개입청구권 문제(대판 1971.4.6, 71다124)

대법원은 "1·21 사태시(김신조 등 무장공비가 청와대를 습격한 사건) 무장공비가 출현하여 그 공비와 격투 중에 있는 청년의 동거인이 경찰에 세 차례나 출동을 요청하였음에도 불구하고 즉시 출동하지 않아 사살된 사건"에서 행정청의 부작위로 인한 손해에 대하여 국가의 손해배상 책임을 인정하고 있다. 이 행정청구권은 경찰행정의 영역에서 처음 인정되었으며, 재량권의 영(0)으로의 수축이론이 맨 처음 적용된 대법원 판례이다.

---

101) '의무에 합당한 재량'에 따른다는 것은 법적 근거를 가지고 행정권이 발동되어야 하고, 나아가 공공의 안녕 혹은 질서가 관련성이 있는지 여부, 그 같은 가능성이 구체적 위험이나 장애로 발전되어 있는지의 여부가 심사되어야 하고, 그 심사에 따라 결정되어야 한다는 것을 의미한다.

(3) 행정개입청구권 인정 여부

① 학설

긍정설과 부정설의 견해로 학설이 대립하고 있으나, 긍정설이 통설적인 견해이다. 통설적인 긍정설에 의하면 재량영역에서 재량이 영으로 수축되고, 재량권을 부여한 법률의 사익보호목적이 인정되는 경우에는 행정청에 대하여 적극적 개입을 청구할 수 있는 권리를 인정한다.

② 판례

독일의 경우 티톱사건에서 행정개입청구권을 처음으로 인정하였다.[102] 우리나라 판례는 긍정적인 입장을 취하는 경우도 있고, 부정적인 입장을 취하는 경우도 있다.

[관련 판례]

★ 개인의 신변보호요청에 게을리한 국가(경찰관)에 대한 배상책임(대판 1998.5.26, 98다11635)

기속행위라 함은 엄격하게 법의 기속을 받아 행정주체에게 재량이 없는 행위를 말한다. 개인의 신변보호요청에 대하여 게을리한 경찰관에 대해 배상책임을 인정한 사건에 대해 대법원은 "피해자가 살해되기 며칠 전 신변에 위협을 느껴 범죄 신고와 함께 신변보호요청을 받았으면, 신변보호를 받은 피해자의 신변을 특별히 보호해야 할 의무가 있다"고 함으로써 본래 재량적 성질을 가지는 경찰권 발동도 일정한 경우에는 재량권이 영(0)으로 수축하여 다른 선택이 불가능한 의무로 전환된다고 판시하고 있다.

★ 국민이 행정청에 대하여 제3자에 대한 건축허가와 준공검사의 취소 및 제3자 소유의 건축물에 대한 철거명령을 요구할 수 있는 법규상 또는 조리상 권리가 없다(대판 1999.12.7, 97누17568).

★ 정신질환자인 세입자에 의해 살해당한 집주인의 유족이 정신질환자의 평소 행동에 대한 사법경찰관리의 수사 미개시 및 긴급구호권 불행사를 이유로 제기한 국가배상청구는 경찰관들이 정신질환자의 살인범행 가능성을 막을 수 있을 만한 다른 조치를 취하지 아니하였거나 입건·수사하지 아니하였다고 하여 이를 법령에 위반하는 행위에 해당한다고 볼 수 없다(대판 1996.10.25, 95다459278).

(4) 법적 성질

① 실체적 권리

행정개입청구권은 무하자재량행사청구권과 같은 형식적 권리가 아니라 특정한 처분을 요구할 수 있는 실체적 권리이다.

---

102) 띠톱사건의 사안은 주거지역에 설치된 석탄제조 및 하역업소에서 사용하는 띠톱에서 배출되는 먼지와 소음으로 피해를 받고 있던 인근주민이 행정청에 건축경찰상의 금지처분을 발할 것을 청구한 것이었다. 이에 대하여 소관행정청은 이 업소의 조업은 관계법규에 위반되지 아니하는 것이라 하여 그 인근주민의 신청을 기각하였던바, 그에 대한 취소소송에서 베를린 고등법원은 원고에게는 행정청에 대하여 건축경찰법에 기한 특정처분을 청구할 수 있는 권리가 없다고 보아, 원고의 청구를 기각하였다. 그러나 연방재판소는 이 사건에서 경찰법상의 일반수권조항의 해석에 있어 먼저 인근주민의 무하자재량행사청구권을 인정하고, 이어서 재량권의 0으로의 수축이론에 의거하여 원고의 청구를 인용하였다.

② 적극적 권리

행정개입청구권은 단순히 위법하게 침해된 권익의 배제를 구하는 소극적이고 방어적인 성격의 권리가 아니고, 일정한 행정작용을 적극적으로 행정청에게 청구하는 적극적 공권이다.

③ 사전예방적 · 사후구제적 권리

행정개입청구권은 행정청의 부작위에 대한 사전예방적인 성격의 권리와, 현재의 권리침해를 제거하기 위한 사후구제적 성격을 동시에 갖고 있다.

(5) 성립요건

행정개입청구권은 개인적 공권이므로 공권성립의 일반적 요건으로서 ① 강행법규정 및 개입의무, ② 사익보호성(개인적 이익의 보호)라는 두 가지 요건이 충족되어야 한다.

① 강행법규의 존재(행정청의 개입의무)

기속행위의 경우에는 별문제가 없으나, 재량행위의 경우에는 재량의 0으로의 수축에 의해 개입의무가 인정되어야 한다. 즉, 재량행위의 경우에는 재량권이 0으로 수축되는 경우에만 개입의무가 인정된다.

② 사익보호성(개인적 이익의 보호)

개인적 공권으로서의 행정개입청구권이 인정되기 위해서는 법규가 공익의 보호뿐만 아니라, 개인의 이익도 보호하기 위해 규정된 것으로 해석되는 경우에 그 개인이 받는 이익은 법적 이익이 된다.

(6) 적용영역(인정범위)

① 행정개입청구권은 주로 경찰행정 영역에서 주로 인정된 것이나, 최근에는 현대적 복지국가의 발전에 따라 행정법의 전 영역에 걸쳐 인정된다.

② 행정개입청구권은 기속행위의 경우에는 당연히 인정된다. 재량행위의 경우에는 무하자재량행사청구권이 인정되고 행정개입청구권은 원칙상 인정되지 않는다. 그러나 재량권이 영으로 수축하는 경우에는 무하자재량행사청구권은 행정개입청구권으로 전환되어, 행정개입청구권이 인정된다.

(7) 행정개입청구권과 구제책

① 행정쟁송

㉠ 행정개입청구권의 실행을 위한 가장 실효적인 소송형식은 의무이행소송이다. 그러나 우리나라의 경우 이 소송형태는 인정되고 있지 않다.

㉡ 현행 제도상으로는 의무이행심판과 부작위위법확인소송을 통하여 구제받을 수 있다.

② 국가배상

행정청이 개입의무가 존재함에도 개입하지 않음으로써 손해가 발생한 경우에는 항고쟁송의 제기와는 별도로 손해배상을 청구할 수 있다.

Ⅳ. 공의무

1. 의의

공의무라 함은 공권에 대응하는 개념으로서 타인의 이익을 위하여 의무자의 의사에 가하여진 공법상의 구속을 말한다.

2. 종류

공의무는 주체 · 내용 · 근거에 따른 의무 등으로 나눌 수 있다.

1) 주체에 따른 의무

(1) 국가적 공의무

행정주체가 개인에 대하여 지는 의무를 말한다(예컨대, 봉급지급의무 · 배상금 지급의무 등).

(2) 개인적 공의무

개인이 국가 등 행정주체에 대하여 지는 공의무를 말한다(예컨대, 납세 · 교육 · 근로 · 국방의 의무 · 수수료 납부 의무 등).

2) 내용에 따른 의무

내용에 따라 작위의무[103] · 부작위의무 · 수인의무(예컨대, 전염병 예상 강제접종의 의무) · 급부의무(납세의무)로 나눌 수 있다.

3) 근거에 따른 의무

(1) 법규에 의해 발생하는 의무(예컨대, 도로교통법규 준수의무),

(2) 행정행위에 근거한 의무(예컨대, 과세처분에 따른 구체적인 납세의무) 등으로 나눌 수 있다.

3. 특수성

1) 공의무는 원칙적으로 법령 또는 법령에 의거한 행정행위에 의하여 발생하는 경우가 일반적이다.

2) 특히 일신전속적(一身專屬的) 성질을 가진 개인적 공의무의 경우에는

(1) 공권과 마찬가지로 이전 · 포기가 제한되고(예컨대, 병역의무 등),

---

103) 작위의무는 적극적으로 무엇을 하지 않으면 안 된다는 의무이고(예컨대, 건축허가 발령의무), 부작위의무는 소극적으로 무엇을 해서는 안 된다는 의무이다(예컨대, 노상방뇨금지 · 무면허운전금지 등)

(2) 공의무의 불이행에 대하여는 행정상 강제집행이 가해지기도 하며,

(3) 공의무의 위반시에는 행정벌이 가해진다.

V. 공권 · 공의무의 승계

행정법관계에 있어서도 사법관계에서와 마찬가지로 어떠한 조건 하에 특정권리주체의 공권과 공의무가 다른 특정 권리주체에게 승계여부와 승계조건이 되는지에 관하여 문제시된다.

1. 행정주체의 승계

승계문제와 관련하여 행정주체의 자유로운 의사표시는 가능하지 않다. 따라서 주체의 변경에는 반드시 법률의 규정에 따라야 한다.[104]

2. 사인의 승계

1) 실정법의 태도

개인적 공권과 공의무의 승계에 관한 일반적인 근거규정은 없으며, 개별법령에만 다양하게 그 근거규정을 두고 있다.

(1) 명문의 규정으로 개별적인 권리의 양도를 금지하는 경우

① 생명 · 신체의 침해로 인한 국가배상청구권은 타인에게 양도할 수 없다(국가배상법 제4조).

② 국민연금수급권은 이를 타인에게 양도 · 압류하거나 담보로 제공할 수 없다(국민연금법 제58조 제1항).

(2) 명문의 규정으로 지위승계를 인정하는 경우

① 행정절차법은 제10조에서 지위의 승계에 관하여, "처분에 관한 권리 또는 이익을 사실상 양수한 자는 행정청의 승인을 받아 당사자 등의 지위를 승계할 수 있다"고 규정하고 있다(동법 제10조 제1항 · 제3항).

② 법인 합병의 경우 합병 후 존속하는 법인은 합병으로 인하여 소멸하는 법인에게 부과되거나 그 법인이 납부할 국세의 납세의무를 승계한다(국세기본법 제23조).

③ 영업자가 영업을 양도하거나 사망한 경우 또는 법인이 합병하는 경우에는 그 양수인 · 상속인 또는 합병 후 존속하는 법인이나 합병에 따라 설립되는 법인은 그 영업자의 지위를 승계한다(식품위생법 제39조 제1항).

---

104) 홍정선, 「행정법원론(상)」, 박영사, 2002, p.180.

2) 명문의 규정이 없는 경우

명문의 규정이 없는 경우, 공법상 권리와 의무가 이전될 수 있는가의 문제이다. 일반적으로 일신전속적 의무와 대인적 하명에 부과된 공의무는 승계가 불가능하나, 대체적 의무와 대물적 하명에 의해 부과된 공의무는 승계될 수 있다고 본다.

[관련 판례]

★ 산림을 무단형질변경한 자가 사망한 경우, 당해토지의 소유권 또는 점유권을 승계한 상속인이 그 복구의무를 부담하는지 여부

무단형질변경한 자가 사망한 경우 당해 토지의 소유권 또는 점유권을 승계한 상속인은 그 복구의무를 부담한다고 봄이 상당하고, 따라서 관할 행정청은 그 상속인에 대하여 복구명령을 할 수 있다(대판 2005.8.19, 2003두9817－9824(병합)).

★ 사실상 영업이 양도·양수되었지만 아직 승계신고 및 그 수리처분이 있기 이전에는 여전히 종전의 영업자인 양도인이 영업허가자이고, 양수인은 영업허가자가 되지 못한다 할 것이어서 행정제재처분의 사유가 있는지 여부 및 그 사유가 있다고 하여 행하는 행정제재처분은 영업허가자인 양도인을 기준으로 판단하여 그 양도인에 대하여 행하여야 할 것이고, 한편 양도인이 그의 의사에 따라 양수인에게 영업을 양도하면서 양수인으로 하여금 영업을 하도록 허락하였다면 그 양수인의 영업 중 발생한 위반행위에 대한 행정적인 책임은 영업허가자인 양도인에게 귀속된다고 보아야 할 것이다(대법원 1995.2.24, 94누9146).

★ 부동산실권리자명의등기에관한법률 제5조에 의하여 부과된 과징금 채무는 대체적 급부가 가능한 의무이므로 위 과징금을 부과받은 자가 사망한 경우 그 상속인에게 포괄승계된다(대판 1999.5.14, 99두35).

★ 공중위생영업에 있어 그 영업을 정지할 위법사유가 있는 경우, 그 영업이 양도·양수되었다 하더라도 양수인에 대하여 영업정지처분을 할 수 있다(대판 2001.6.29, 2001두1611).

★ 회사합병이 있는 경우에는 피합병회사의 권리·의무는 사법상의 관계나 공법상의 관계를 불문하고 그의 성질상 이전을 허용하지 않는 것을 제외하고는 모두 합병으로 인하여 존속한 회사에게 승계되는 것으로 보아야 할 것이다(대판 2004.7.8, 2002두1946).

★ 구 산림법령상 채석허가를 받은 자가 사망한 경우, 상속인이 그 지위를 승계할 수 있으며, 산림을 무단형질변경한 자가 사망한 경우 당해 토지의 소유권 또는 점유권을 승계한 상속인이 그 복구의무를 부담한다(대판 2005.8.19, 2003두9817·9824).

★ 구 석유판매허가는 대물적 허가로서 양도가 가능하므로, 석유판매업이 양도된 경우 양도인의 귀책사유로 양수인에게 제재를 가할 수 있다(대판 1986.7.22, 86누203).

제 6 절 행정법관계에 대한 사법규정의 적용

I. 개 설

1. 행정법관계는 원칙적으로 공법인 행정법으로 규율된다. 그러나 구체적으로 행정법규가 존재하지 않거나 유추적용 할 행정법규도 존재하지 아니한 경우에, 공법관계에 사법규정을 적용함으로써 그 흠결상태를 보완할 수 있는가가 문제시된다.

2. 이러한 문제는 공법과 사법을 구별하는 이원적 법체계를 가진 국가에서만 문제가 나타나고, 공법과 사법을 구별하지 않는 일원적 법체계를 가진 영 · 미 국가에서는 나타나지 않는다.

Ⅱ. 명문으로 사법규정의 적용을 인정하고 있는 경우

1. 행정법관계에 법규정이 결여된 경우에는 사법규정을 적용할 것을 명문으로 규정하고 있는 경우가 상당수 있다.

2. 구체적으로는 1) 국가배상법(제8조), 2) 국가재정법(제96조 제3항), 3) 국세기본법(제4조 등) 등을 들 수 있다. 이러한 경우에는 당연히 사법규정이 적용된다.

Ⅲ. 사법규정의 적용에 대한 명문의 규정이 없는 경우

공법규정이 결여된 경우의 사법규정의 적용에 관하여 명문의 규정이 없는 경우에 사법규정을 적용시킬 수 있는가에 대해서는 적극설과 소극설의 견해가 대립하고 있다.

1. 학설

1) 소극설과 적극설이 있다. 적극설(사법적용설)은 다시 「직접적용설」과 「유추(간접)적용설」로 나누어진다.

2) 적극설 중 유추(간접)적용설이 통설 · 판례의 입장이다. 유추적용설은 공법관계와 사법관계의 유사성을 인정하면서도 다른 한편으로는 공법관계의 사법관계에 대한 특수성을 동시에 승인하는 이중성을 전제로 하여 공법규정이 흠결되어 있을 때에는 사법규정을 유추적용할 수 있다는 견해이다.

Ⅳ. 적용가능한 사법규정과 한계

1. 일반원리적 규정

사법규정은 대체로 1) 「법의 일반원칙」, 2) 법기술적 규정(기간·주소 등), 3) 이해조절적 규정[105] 등으로 이루어져 있다. 이 중 「법의 일반원칙」과 「법기술적 규정」으로서 다른 법 분야에서도 적용될 수 있는 통칙적 규정은 공법관계에도 유추적용된다.

1) 모든 법률질서 전체에 적용될 수 있는 법의 일반원리에 관한 규정

(1) 신의성실의 원칙 (2) 권리남용금지의 원칙 (3) 실권 또는 실효의 법리 (4) 자연인·법인 (5) 기한·조건 (6) 물건 (7) 사무관리 (8) 부당이득 (9) 불법행위 등은 행정법(공법)관계에도 그대로 적용된다.

> **[관련 판례]**
>
> **★ 실권 또는 실효의 법리는 공법관계에도 적용되는가?**
>
> 실권 또는 실효의 법리는 법의 일반원리인 신의성실의 원칙에 바탕을 둔 파생원칙이므로, 공법관계 가운데 관리관계는 물론이고, 권력관계에도 적용된다(대판 1988.4.27, 87누915).

2) 법기술적인 약속으로서 다른 법분야에서도 적용될 수 있는 규정

(1) 기간 (2) 시효 (3) 주소에 관한 규정 등은 특별한 규정이 있는 경우를 제외하고는 공법관계에도 적용된다.

3) 이해조절적 규정

공법관계 중 권력관계를 제외한 관리관계에만 적용된다.

2. 공법관계의 구분에 따른 사법규정의 적용

1) 권력관계에서의 사법규정의 적용한계

사법규정의 적용이 가장 제한되는 것은 공법관계 중 행정주체의 우월한 의사가 인정되는 권력관계이다. 따라서 사법상의 일반법원리적 사법규정(법적약속규정포함) 이외의 규정은 원칙적으로 공법관계에 적용되지 않는다.

2) 관리관계(비권력관계)에서의 사법규정

관리관계(비권력관계)는 '행정주체가 관리·경영주체의 지위'에서 국민을 대하는 관계이다.

---

105) 구성원이나 집단에 대한 바람직한 이익 및 바람직하지 않은 손해를 총칭하여 이해라고 하고, 이해조정은 동태적이고 규범적이고 정치적인 문제이다. 따라서 이해관계를 권력관계에 의해 영향을 받는 단순한 타협은 이해대립의 진정한 해결이라고 할 수 없다. 그러므로 이해조정의 문제는 생활원리의 사회적 공정의 확보원리 등에 기초한 해결이 바람직하다.

따라서 법률에 특별한 규정이 없는 한 사법규정이 전반적으로 유추적용된다.

3) 국고(國庫)관계

(1) 국고관계는 행정주체가 '재산권의 주체로서의 지위'에서 국민을 대하는 관계이다. 따라서 행정주체가 일반국민과 대등한 입장에서 재산권을 행사하기 때문에, 원칙적으로 사법이 적용된다.

(2) 다만, 행정사법관계에서는 형식상으로 사경제 작용이지만, 공행정목적을 수행하므로 「일정한 범위」 내에서 공법적 제약을 받는다.

3. 행정법(공법)관계에 그대로 적용되는 사법원리 및 사법규정과 행정법관계에 그대로 적용할 수 없는 사법원리 및 사법규정의 비교

★ **공법관계에도 일반적으로 (유추)적용되는 민법(사법)상의 일반법원리규정**
①신의성실의 원칙 ②권리남용금지의 원칙 ③실권 또는 실효의 법리
④자연인 · 법인 ⑤기한 · 조건 ⑥물건 ⑦사무관리 ⑧부당이득 등

▷ **공법관계에 그대로 적용할 수 없는 민법(사법)상의 사법원리 및 사법규정**

구분	민법(사법)	행정법(공법)
공서양속에 위반되는 행위(반사회질서의 위반행위)	선량한 풍속 기타 사회질서에 위반한 사항을 내용으로 하는 법률행위는 무효이다.	공서양서에 위반한 경우는 취소의 사유가 된다.
행위무능력자제도 (민법 제5조 제2항)	행위무능력자의 행위는 취소사유가 된다.	취소가 제한받는다(예컨대, 민법상으로는 미성년자의 행위이지만, 공무원의 신분을 가진 자로서 행한 행위는 유효한 행위로 간주되는 경우도 있음).
주소의 수	1) 실질주의(생활근거지) 2) 복수주의(2개 이상 허용)	1) 형식주의(주민등록지) 2) 단수주의(1개만 인정)
소멸시효의 기간	10년	5년(국가재정법)
취득시효	사물에 대한 취득시효 가능함	공물(행정재산 · 보존재산)에 대한 취득시효는 제한됨
사적자치 (계약자유)의 원칙	그대로 적용됨	법적합성에 따라 원칙적으로 배제됨

V. 공법규정의 유추해석

1. 공법관계에 적용할 법규가 없는 경우 사법규정의 적용문제에 앞서 공법규정의 유추적용은 가능한가?

1) 학설

행정법관계에 적용할 법규가 없는 경우 명문규정이 있으면 그에 따르고, 명문규정이 없는 경우에는 사법규정에 앞서 우선적으로 공법규정(행정법의 일반원칙 포함)의 유추적용을 통해 공법규정의 흠결을 보충할 수 있다고 본다.

2) 판례

대법원도 이와 같은 입장이다(대판 2004.12.23, 2002다73821).

2. 공 · 사법 규정의 유추적용 순서

행정법의 흠결이 있는 경우(행정법관계에서 적용할 법규가 없는 경우)의 흠결의 보충방법의 순서는 1) 헌법과 관련 있는 공법의 규정을 유추적용하고, 2) 그 다음 관련 공법규정이 없거나 미흡한 경우에는 사법규정의 적용을 검토해야 한다.

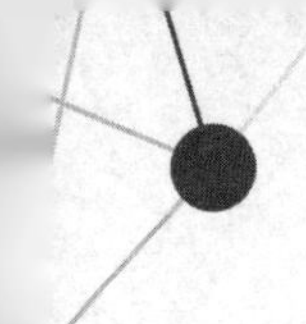

제 4 장
행정상의 법률관계의 원인 (법률요건과 법률사실)

제 1 절 행정법상의 법률요건

Ⅰ. 개 설

1. 행정법상의 법률요건의 의의

1) 행정법상의 법률요건이라 함은 행정법관계의 발생·변경·소멸 등의 효과를 가져오는 원인이 되는 사실을 말한다.

2) 법률사실이란 법률요건을 이루는 개개의 사실을 말한다.

3) 행정법상의 법률요건

(1) 1개의 법률사실로 성립되는 경우가 있고, (예컨대, 이행·포기·시효의 완성), 예컨대, 갑이 세무서장의 과세처분에 따라 납세의무를 이행하였다면 행정법상의 법률관계는 종료된다.

(2) 여러 개의 법률사실로 성립되는 경우가 있다(예컨대, 운전면허허가에서 면허신청과 허가 등).

Ⅱ. 법률사실의 종류

1. 행정법상의 법률사실은 민법에서와 같이 사람의 정신작용을 요소로 하는 가의 여부에 따라 행정법상의 용태와 행정법상의 사건으로 나눌 수 있다. 이를 도표화하면 다음과 같다.

▷ 행정법상의 법률사실

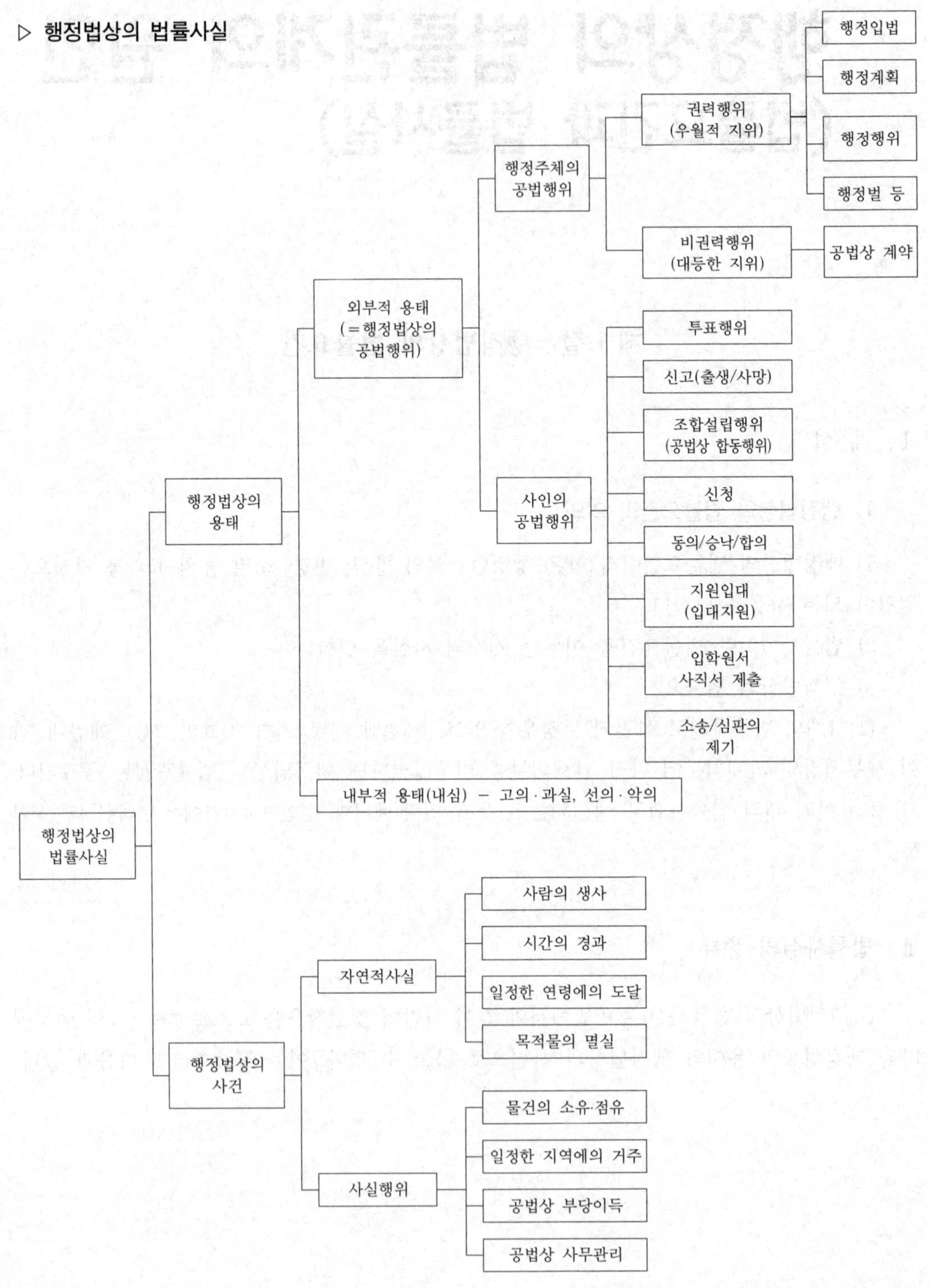
행정입법
행정계획
권력행위
(우월적 지위)
행정행위
행정주체의
공법행위
행정벌 등
비권력행위
(대등한 지위)
공법상 계약
외부적 용태
(=행정법상의
공법행위)
투표행위
신고(출생/사망)
조합설립행위
(공법상 합동행위)
행정법상의
용태
사인의
공법행위
신청
동의/승낙/합의
지원입대
(입대지원)
입학원서
사직서 제출
소송/심판의
제기
내부적 용태(내심) – 고의·과실, 선의·악의
행정법상의
법률사실
사람의 생사
시간의 경과
자연적사실
일정한 연령에의 도달
목적물의 멸실
행정법상의
사건
물건의 소유·점유
일정한 지역에의 거주
사실행위
공법상 부당이득
공법상 사무관리

2. 행정법(공법상) 상의 용태

행정법상의 용태는 사람의 정신작용을 요소로 하는 행정법상의 법률사실을 말한다. 행정법상의 용태는 다시 외부적 용태와 내부적 용태로 나눌 수 있다.

1) 외부적 용태

사람의 정신작용이 외부에 표시되어 법적 효과를 발생시키는 것을 말한다. 여기에는 공법행위와 사법행위가 있다.

(1) 공법행위

공법적 효과를 발생시키는 행위로 공법상 법률사실의 대부분을 이루고 있다. 이에는 행정주체에 의한 공법행위(행정입법 · 행정행위 등)와 사인에 의한 공법행위(전입신고 등)가 있다.

(2) 사법행위

사법행위도 공법적 효과를 발생시키는 한도안에서 공법상의 법률사실이 된다(예컨대, 매매 · 증여가 납세의무를 발생시키는 것 등).

2) 내부적 용태

외부에 표시되지 아니한 정신상태로서 법률상의 효과를 가져오는 것을 말한다(예컨대, 선의 · 악의, 고의 · 과실 등).

3) 행정법상의 사건

행정법상의 사건은 사람의 정신작용을 요소로 하지 아니하는 법률사실로, 자연적 사실(사람의 생사 · 시간의 경과 등)과 사실행위(일정한 지역에의 거주 등)로 나누어 볼 수 있다.

제 2 절 행정법 관계의 발생

Ⅰ. 행정법상의 공법행위(행정법상의 외부적 용태)

1. 개설

1) 의의

행정법상의 공법행위란 국가 기타 행정주체와 사인간의 공법(행정법) 관계에서의 행위로서 공법적 효과를 발생 · 변경 · 소멸시키는 행위형식을 의미한다.

2) 행정법상(공법)상의 종류

(1) 행정주체에 의한 공법행위와 사인에 의한 공법행위

① 행정주체의 공법행위

행정주체에 의한 공법행위도 다시 여러 가지로 재구분이 가능하다.

㉠ 권력행위와 비권력 행위

권력행위란 행정주체가 사인 등의 상대방에 대해 우월적인 지위에서 일방적으로 행정법관계를 형성하고, 강제하고, 제재를 가하는 행위를 말한다(예컨대, 행정입법 · 행정행위 · 행정강제 · 행정벌 등). 반면 비권력행위란 행정주체가 사인 등의 상대방에 대한 대등한 지위에서 행하는 행위를 말한다(예컨대, 공법상 계약 등).

㉡ 외부적 행위와 내부적 행위

외부적 행위란 행정주체가 사인에 대하여 행하는 공법행위를 말한다(예컨대, 행정입법 · 행정행위 · 행정강제 · 행정벌). 반면 내부적 행위란 행정조직 내부 또는 특별행정법관계내부에서 행해지는 공법행위를 말한다(예컨대, 행정규칙 · 징계 등).

(2) 사인(私人)의 공법행위

공법행위는 행정주체에 의한 공법행위가 일반적이다. 그러나 경우에 따라서는 사인도 공법적 효과를 발생시키는 행위를 하는 경우가 있는데, 이를 사인에 의한 공법행위라고 한다[106](예컨대, 전입신고 등).

3) 단독행위와 쌍방행위

(1) 단독행위

일방 당사자의 의사표시만으로써 법률효과를 발생시키는 행위를 말한다(예컨대, 행정행위 등).

(2) 쌍방행위

쌍방 당사자의 의사의 합치에 의해 법률효과가 발생되는 행위를 말한다(예컨대, 공법상계약, 공법상 합동행위 등).

4) 적법행위 · 위법행위 · 부당행위[107]

(1) 적법행위

적법행위란 법이 정한 요건에 합당하여 법이 보장하는 본래의 효과를 발생시키는 행위를

---

106) 주민등록법에 의하면 누구든지 이사를 가면 새주소지의 동주민센터에 전입신고를 하고, 그러면 전입신고자는 새주소지의 주민이 되고 그 지방자치단체의 주민이 된다. 그 결과 지방자치단체의 주민이 되고, 주민으로서의 권리와 의무를 갖게 되는 것은 공법적이다. 따라서 전입신고는 사인(私人)이 하는 것이지만, 그 효과는 공법적이다. 이와 같이 공법적 효과를 가져오는 사인의 행위를 사인의 공법행위라고 부른다(홍정선, 「행정법입문」, 박영사, 2016, p.29).

107) 홍정선, 전게서, pp.195－196.

말한다.

(2) 위법행위

위법행위란 법에 위반한 행위로서 법이 보장하는 본래의 효과를 발생하지 않는다. 그 결과 처벌·강제·손해배상 등의 효과를 가져오는 행위를 말한다. 위법행위는 행정소송의 대상이 된다.

(3) 부당행위

부당행위는 재량하자는 없으나 합목적성이 결여된 행위를 말한다. 부당한 행위는 행정심판의 대상이 된다.

2. 행정주체에 의한 공법행위

행정입법·행정행위·확약·행정계획 등은 행정작용편에서 중요한 행정의 행위형식으로 다루어지는 문제들이다. 행정행위에 관한 구체적인 사안들은 후술하였다. 이하에서는 사인의 공법행위에 한정하여 기술하였다.

3. 사인의 공법행위(사인의 의사작용에 의한 공법행위)

1) 개설

(1) 의의

사인의 공법행위는 행정법관계에서의 사인의 행위로서 공법적 효과를 발생시키는 행위를 총칭한다.

(2) 타 개념과의 구별

① 행정행위와의 구별

사인의 공법행위는 「사인의 공법행위」이므로, 행정주체에 공권력 발동인 행정행위와 다르다. 따라서 행정행위에서 인정되는 공정력·존속력·강제력 등은 인정되지 않는다.

② 사법행위와의 구별

사인의 공법행위는 행정목적(공익)의 실현을 목표로 하기 때문에, 사인 상호간의 이해조절을 목적으로 하는 사법행위와는 다르다. 따라서 사법행위에 비해 공공성·객관성·형식성을 띠게 된다.

2) 종류

사인의 공법행위는 여러 기준에 의해 분류할 수 있으나, 그 법적 효과에 따라 다음과 같이 분류할 수 있다.

(1) 사인의 지위를 기준으로 한 분류

① 행정주체(기관)의 지위에서 행하는 행위

능동적 지위에서 행하는 행위를 말하는데, 「국민투표」, 「선거에서의 투표행위」가 대표적인 예이다.

② 행정객체의 지위에서 행하는 행위

수동적 지위에서 행하는 행위를 말하는데, 「각종 신고나 신청」, 「동의·승낙」 등이 그 예이다.

(2) 의사표시의 수에 의한 분류

① 단순행위

하나의 의사표시로 법적 효과를 발생시키는 행위를 말한다(예컨대, 출입신고·사망신고 등).

② 합성행위

다수의 의사가 결합하여 하나의 의사표시를 구성하는 행위를 말한다(예컨대, 선거행위·투표행위 등).

(3) 행위의 성질을 기준으로 한 분류

① 단독행위

일방 당사자의 의사표시만으로 하나의 법률효과를 발생시키는 행위를 말한다(예컨대, 허가신청·쟁송제기 등).

② 쌍방행위

쌍방 당사자의 의사의 합치에 의하여 하나의 법률효과를 발생시키는 행위를 말한다(예컨대, 공법상계약·공법상 합동행위).

(4) 행위의 효과를 기준으로 한 분류

① 자체완성적(자기완결적) 사인의 공법행위, ② 행정요건적 사인의 공법행위로 나눌 수 있다.

① 자체완성적 공법행위

㉠ 자체완상적 사인의 공법행위는 당해 행위 그 자체만으로 법적 효과가 발생하는 것을 말한다. 예컨대, 선거시 투표행위·전입신고·출생·혼인·이혼·사망의 신고 등을 들 수 있다.

㉡ 자체완성적 공법행위로서 신고는 행정청에 대한 사인의 일방적인 통고행위로서, 신고의 의사가 행정청에 도달된 때에 형식적 요건에 하자가 없는 한 신고의 효력이 발생한다.

② 행정(행위)요건적 사인의 공법행위

㉠ 행정요건적 공법행위는 행정주체의 어떠한 공법행위의 요건이 되는데 그치고, 그 자

체로서 완결된 법률효과를 발생시키지 못하는 행위를 말한다.[108] 즉, 사인의 어떠한 행위가 특정행위의 전제요건이 되는 것을 말하는데(예컨대, 특허 · 허가의 신청, 입대지원, 청원 · 소청, 행정심판의 제기 등), 이를 행위요건적 공법행위라고도 부른다.

㉡ 행정요건적 공법행위로서의 신고수리는 자기완결적 공법행위인 신고와는 달리, 수리[109]를 요하는 신고이다. 수리를 요하는 신고에 있어서 수리는 그 자체가 독립적인 행정행위의 하나이므로, 그 신고는 당연히 사인의 공법행위에 해당한다.

4. 사인의 공법행위에 대한 적용법규

1) 개설

(1) 사인의 공법행위를 규율하는 총칙적인 규정은 없고, 다만, 각 개별법에서 사인의 공법상 행위를 규율하는 규정을 두고 있다.

(2) 문제는 이러한 사인의 공법행위에 대하여 적용할 법규정이 없는 경우이다. 이 경우에는 민법상의 법원칙 · 의사표시 · 법률행위에 관한 규정을 원칙상 적용할 수 있다.

① 의사능력 · 행위능력

㉠ 특별한 규정이 없는 한 의사능력과 행위능력은 민법의 규정이 적용된다.

㉡ 의사능력

공법상의 일반적 규정은 없으나, 의사무능력자(의사능력 없는 자)의 행위는 무효로 보고 있다.

㉢ 행위능력

행위능력의 경우에는 공법상 특별한 규정을 두어 민법상의 무능력에 관한 규정의 적용이 배제되어 유효하게 적용되는 경우가 있다(예컨대, 우편법상[110] 무능력자의 능력자 인정규정 등).

㉣ 일반적으로 재산관계에 관한 사인의 공법행위에 대하여는 원칙적으로 민법의 규정이 유추적용 된다고 보는 것이 일반적인 견해이다.

---

108) 사인의 행위는 다만 국가나 지방자치단체의 행위의 전제요건이 될 뿐이고, 국가나 지방자치단체의 행위에 의해 법적효과가 완성되는 경우를 말한다. 예컨대, 단란주점영업허가신청 · 운전면허신청 · 행정심판 제기 등을 들 수 있다.

109) 수리행위는 준법률적 행정행위의 하나이고 수동적 행정행위이다. 예를 들면, 원서 · 신고서 · 소원장 · 소장(訴狀) 등을 수령하는 행위이다. 수리는 단순한 사실인 도달 또는 접수와는 다른 행정청의 의사행위이며, 행정청이 타인의 행위를 유효한 행위라고 판단하여 법령에 의하여 수리할 의사로 이를 수령하는 행위이다. 수령거절행위, 즉 각하(却下)는 수리하지 않겠다는 의사표시이며 소극적 행정행위이지만, 이에 대하여는 행정상 쟁송이 가능하다. 수리에 의하여 어떠한 법률적 효과가 발생하느냐는 각 법률이 정하는 바에 따라서 다르다.

110) 우편법 제10조(무능력자의 행위에 관한 의제) 우편물의 반송, 수취 기타 우편이용에 관하여 무능력자가 우편관서에 대하여 행한 행위는 능력자가 행한 것으로 본다.

② 대리

㉠ 사인의 공법행위에 있어서는 법규정(예컨대, 병역법) 또는 행위의 성질상(예컨대, 선거·귀화신청 등의 일신전속적 행위 등)대리가 허용되지 않는다.

㉡ 그러나 그렇지 않은 행위는 대리에 관한 민법규정이 유추적용된다고 보는 것이 일반적 견해이다(예컨대, 변호사의 소송대리, 등기신청의 대리).

③ 행위형식

반드시 요식행위이어야 하는 것은 아니다. 그러나 법이 행위의 존재와 내용을 명백히 하기 위해 일정한 형식을 요구하는 경우에는 그에 따라야 한다(예컨대, 행정절차법 제17조 제1항 문서주의, 행정심판청구서, 인·허가 신청서 등).

④ 효력발생시기

특별한 규정이 없는 한, 민법에서와 같이 도달주의가 적용된다는 것이 일반적인 견해이다.

⑤ 의사표시(의사의 흠결·하자있는 행위의 효력)

㉠ 원칙

이에 대하여는 공법상의 일반규정이 없다. 따라서 사인의 공법행위에서도 특별한 규정이 없는 한 민법의 의사표시의 하자에 관한 규정이 유추적용된다.

[민법 제107조 진의 아닌 의사표시]

★ 의사표시는 민법의 개념으로 일정한 법률효과의 발생을 원하는 법률사실로서, 권리의 변동을 일으키는 가장 중요한 원인이다. 비진의의사표시(진의아닌의사표시)는 표의자(表意字: 의사표시를 한 자)가 내심의 의사와 표시가 일치하지 않는다는 것을 알면서 하는 의사표시를 말한다. 비진의표시는 「의사표시」이므로 표시된 대로 법률행위의 효력이 발생한다(민법 제107조 1항 본문). 다만 상대방이 표의자의 진의 아님을 알았거나 알 수 있었을 경우에는 무효이다(민법 제107조 1항 단서).

㉡ 예외

㉮ 공법행위의 성질상 민법상 의사표시의 하자에 관한 규정을 적용할 수 없는 경우에는 그러하지 아니한다.

㉯ 비진의의사표시에 관한 민법 제107조 제1항 단서의 무효규정은 사인의 공법행위에 적용되지는 않는다는 것이 판례의 입장이다.

[비진의의사표시에 관한 관련 판례]

★ 민법 제107조의 의의

비진의표시를 규정한 민법 제107조 제1항의 취지는 "표의자의 내심의 의사와 표시된 의사가 일치하지 아니한 경우에는 표의자의 진의가 어떠한 것이든 표시된 대로의 효력을 생기게 하여 거짓의 표의자를 보호하지 않는 반면에, 만약 그 표의자의 상대방이 표의자의 진의 아님에 대하여 악의 또는 과실이 있는 경우라면, 이 때에는 그 상대방을 보호할 필요가 없이 표의자의 진의를 존중하여 그 진의 아닌 의사표시를 무효로 돌리려는 데 있다."(대판 1987.7.7, 86다카1004)

★ 공무원이 사직의 의사표시를 하여 의원면직처분을 하는 경우 그 사직의 의사표시는 그 법률관계의 특수성에 비추어 외부적·객관적으로 표시된 바를 존중하여야 할 것이므로, 비록 사직원제출자의 내심의 의사가 사직할 뜻이 아니었다고 하더라도 진의 아닌 의사표시에 관한 민법 제107조는 그 성질상 사직의 의사표시와 같은 사인의 공법행위에는 준용되지 아니하므로 그 의사가 외부에 표시된 이상 그 의사는 표시된 대로 효력을 발한다(대판 1997.12.12, 97누13962).

★ 여군하사관 전역지원의 진의 아닌 의사표시는 유효하다

여군하사관 전역지원의 의사표시가 진의 아닌 의사표시라 하더라도 그 무효에 관한 법리를 선언한 민법 제107조 제1항 단서의 규정은 그 성질상 사인의 공법행위에는 적용되지 않는다 할 것이므로 그 표시된 대로 유효한 것으로 보아야 할 것이다(대판 1994.1.11, 93누10057).

★ 이른바 1980년의 공직자숙정계획의 일환으로 일괄사표의 제출과 선별수리의 형식으로 공무원에 대한 의원면직처분이 이루어진 경우, 사직원 제출행위가 강압에 의하여 의사결정의 자유를 박탈당한 상태에서 이루어진 것이라고 할 수 없고 민법상 비진의 의사표시의 무효에 관한 규정은 사인의 공법행위에 적용되지 않는다는 등의 이유로 그 의원면직처분을 당연무효라고 할 수 없다(대판 2000.11.14, 99두5481).

★ 민법의 법률행위에 관한 규정은 행위의 격식화를 특색으로 하는 공법행위에 당연히 타당하다고 말할 수 없으므로 재개업신고한 다음 날에 영업양도한 사안에서의 위 신고에 신고내용대로의 의사 있는 적법한 것으로 판단하였다면 이는 정당하다(대판 1978.7.25, 76누276).

★ 권고사직의 형식을 취하고 있더라도 사직의 권고가 공무원의 의사결정의 자유를 박탈할 정도의 강박에 해당하는 경우에는 당해 권고사직은 무효이다(대판 1997.12.12, 97누13962).

⑥ 부관

명문의 규정이 없는 한, 사인의 공법행위에는 부관을 붙일 수 없다는 것이 일반적인 견해이다.

⑦ 철회·보정(補正)

㉠ 사인의 공법행위에 의하여 행정처분이 행해지거나 법적 효과가 완성되기 전까지는 일반적으로 자유로이 철회나 보정할 수 있다(예컨대, 사직원의 철회, 행정심판청구서의 철회).

㉡ 그러나 명문으로 금지되거나 성질상 불가능한 경우(예컨대, 각종 선거 시 투표 행위 등 합성행위, 투표, 시험에의 응시)[111]에는 그 자유가 제한된다.

---

111) 합성행위란 개념상 합동행위와 구분된다. 합성행위란 투표행위에서 보는 바와 같이 여러 사람이 공동

㉢ 신청인은 「처분」이 있기 전에는 그 신청의 내용을 보완·변경하거나 또는 취하할 수 있다.

[관련 판례]

★ 공무원에 의해 제출된 사직원은 그에 따른 의원면직처분이 있을 때까지는 철회할 수 있지만, 일단 면직처분이 있고 난 이후에는 철회할 수 없다(대판 2001.8.24, 99두9971).

★ 사인의 공법상 행위(인가신청)는 금지되거나 성질상 불가능한 경우가 아닌 한 그에 의거한 행정행위가 행하여질 때까지는 자유로이 보정이 가능하다고 보아야 할 것이다(대판 2001.6.15, 99두5566).

5. 사인의 공법행위의 효과

1) 행정청의 수리·처리 의무

(1) 자체완성적 공법행위

사인의 공법행위 중 자기완성적 공법행위는 당해 행위 그 자체만으로 법적 효과가 발생하기 때문에, 행정청의 별도의 조치가 필요 없다. 즉 자체완성적 신고의 경우에는 신고서가 접수기관에 도달하면 신고의무가 이행된 것으로 본다.

(1) 행정요건적 공법행위

① 신청 등 일정한 행위요건적 공법행위의 경우에는 행정청에게 처리의무(응답의무 또는 신청에 따른 처분의무)가 부과된다.

② 재신청의 거부

한번 신청하였다가 거부된 경우 행정행위에는 일사부재리의 효력이 없으므로, 사정변경을 이유로 재신청 할 수 있다.

6. 사인의 공법행위의 하자와 행정행위

1) 사인의 공법행위가 행정행위의 단순한 동기에 불과한 경우

사인의 공법행위의 하자는 그 정도와 관계없이 행정행위의 효력에 영향을 미치지 아니한다.

2) 사인이 공법행위가 행정행위 발령의 필수적인 전제요건이 되는 경우

(1) 사인의 공법행위가 무효·부존재인 경우

사인의 공법행위가 무효 또는 부존재일 때에는 그에 근거한 행정행위도 무효이다(예컨대,

하여 하나의 의사를 구성하는 것을 말한다. 합성행위에는 1개의 의사만 있으나, 합동행위는 복수의사의 합치이다.

저항할 수 없는 강박에 못 이겨 제출한 사직원 수리 등).112)

(2) 사인의 공법행위가 취소할 수 있는 단순위법인 경우

① 사인의 공법행위에 단순한 하자가 있는 경우에는 그에 관한 행정청의 행정행위는 원칙적으로 유효하다.

② 그러나 사인의 공법행위에 하자가 있는 경우 그에 근거하여 행정처분이 내려지더라도 그 하자가 치유되는 것은 아니다.

3) 판례의 입장은 명확하지 않다.

(1) 강요에 의한 의사표시에 이르지 않은 경우는 행정행위에 영향이 없다(대판 1997.12.12, 97누13962).

(2) 공포심에 따른 사직서의 교부에 의한 면직처분은 위법하다(대판 1968.3.19, 67누164).

(3) 사인의 동의가 기망과 강박에 따른 것이라는 이유로 취소된 경우에는 그에 따른 처분은 위법하다(대판 1990.2.23, 87누7061).

[관련 판례]

★ 본인의 진정한 의사에 작성되지 아니하고 공포심에 따른 면직처분의 적법성 여부(면직처분취소)

조사기관에 소환당하여 구타당하리라는 공포심에서 조사관의 요구를 거절치 못하고 작성교부한 사직서라면 이를 본인이 진정한 의사에 의하여 작성한 것이라 할 수 없으므로 그 사직원에 따른 면직처분은 위법이다(대판 1968.3.19, 67누164).

★ 사인의 동의가 처분청의 기망과 강박에 따른 것이라는 이유로 취소된 경우 허가취소처분의 위법성

처분청인 피고가 당초의 골재채취허가를 취소한 것이 오로지 피고 자신이 골재의 채취와 반출에 대한 감독을 할 수 없다는 내부적사정에 따른 것이라면, 골재채취허가를 취소할 만한 정당한 사유가 될 수 없고, 상대방인 원고가 이 사건 골재채취허가취소처분에 대하여 한 동의가 피고측의 기망과 강박에 의한 의사표시라는 이유로 적법하게 취소되었다면, 위 동의는 처음부터 무효인 것이 되므로 이 사건 골재채취허가취소처분은 위법한 것이다(대판 1990.2.23, 87누7061).

---

112) 사인의 공법행위의 하자의 효력도 원칙상 행정행위의 하자의 효력과 동일하게 중대명백설에 따른다고 보고 있다. 즉, 사인의 공법행위는 그 위법이 중대하고 명백하면 무효이고, 그 위법이 중대하고 명백하지 않은 경우에는 취소할 수 있는 행위가 된다.

Ⅱ. 사인의 공법상의 행위로서의 신청과 신고

1. 신청[113)]

1) 의의

(1) 신청이라 함은 사인이 행정청에 대하여 일정한 조치를 취하여 줄 것을 요구하는 의사표시를 말한다.

(2) 행정절차법 제17조에서 「처분」을 구하는 신청의 절차를 규정하고 있다.

2) 신청의 용건

신청의 요건이란 신청이 적법하기 위하여 갖추어야 할 요건을 말한다.

(1) 신청인에게 신청권이 있어야 하며, 법령상 요구되는 구비서류 등의 요건을 갖추어야 한다.

(2) 신청권은 법령상 또는 조리상으로도 인정될 수 있다.

(3) 행정절차법에서는 원칙적으로 「문서」로 하도록 규정하고 있다.

3) 성질

(1) 신청권은 신청한 대로의 처분을 구하는 실체적 권리가 아니라, 행정청의 응답을 구하는 절차적 권리이다.

(2) 판례는 신청권에 대하여 "거부처분의 처분성을 인정하기 위한 전제조건인 신청권의 존부는 신청인이 그 신청에 따른 단순한 응답을 받을 권리를 넘어서 신청의 「인용」이라는 만족적 결과를 얻을 권리를 의미하는 것은 아니다"라고 판시하고 있다(대판 1996.6.11, 95누12460).

4) 신청의 효과

(1) 접수의무

① 행정청은 신청이 있는 때에는 다른 법령 등에 특별한 규정이 있는 경우를 제외하고는 그 접수를 보류 또는 거부하거나 부당하게 돌려보내서는 안 된다.

② 신청을 접수한 경우에는 「접수증」을 주어야 한다.

(2) 보완조치 의무

행정청은 신청에 구비서류의 미비 등 하자가 있는 경우에도 접수를 거부하여서는 아니되며, 필요한 상당한 기간을 정하여 지체없이 신청인에게 보완을 요구해야 한다.

(3) 응답의무(처리의무)

① 적법한 신청이 있는 경우에 행정청은 상당한 기간 내에 신청에 대하여 응답을 하여야

113) 박균성, 「행정법기본강의」, 박영사, 2016, pp.73－74.

한다. 여기에서의 응답의무는 신청된 내용대로 처분할 의무를 말하는 것은 아니다.

② 이러한 응답은 기속행위와 재량행위에도 모두 해당되며, 상당한 기간 내에 응답을 하지 않으면 부작위가 된다.

③ 법규상 또는 조리상 신청이 없는 경우에는 거부행위의 처분성이 인정되지 아니한다.

5) 신청과 권리구제

(1) 신청에 대한 거부처분과 부작위에 대해서는 행정심판과 행정소송을 제기할 수 있다.

(2) 신청인은 접수거부 또는 신청서의 반려조치를 신청에 대한 거부처분으로 보고 행정소송을 제기할 수 있고, 그로 인하여 손해를 입은 경우에 국가배상을 청구할 수 있다.

2. 신고

1) 개념

(1) 의의

① 신고란 일정한 사실을 알리는 것을 말한다. 그러나 사인의 공법행위로서 신고란 "사인이 공법적 효과의 발생을 목적으로 행정기관에게 일정한 사실을 알려야 하는 의무가 있는 경우에, 그것을 알리는 행위"를 말한다.

② 신고와 단순한 사실로서의 신고는 구별되어야 한다. 따라서 단순한 사실로서의 신고(예컨대, 일반인의 화재발생신고나 산사태발생신고 등)는 아무런 법적효과를 가져오지 않는 사실로서의 신고이기 때문에, 그 신고를 수리한 경우에도 항고소송의 대상이 되지 않는다.

2) 신고에 관한 법적 문제

(1) 사인의 공법행위로서 신고에는 「자체완성적 신고」와 「행정요건적 신고」가 있다. 양자는 그 효과, 신고에 대한 신고필증의 의미, 신고수리의 의미, 신고수리의 거부처분의 성질 등에서 차이가 난다.

(2) 신고사항이 아닌 경우의 신고사항(비신고사항)

일정한 사안은 신고의 대상이 되지 않는 경우가 있으며, 이러한 신고사항이 아닌 신고사항에 대한 거부는 행정쟁송의 대상이 되지 않는다.

[관련 판례]

★ 신고사항이 아닌 신고를 수리한 경우, 그 수리는 취소소송의 대상이 되지 않는다. 공동주택 입주민의 옥외운동 시설인 테니스장을 배드민턴장으로 변경하고 그 변동사실을 신고하여 관할시장이 그 신고를 수리한 경우, 그 용도변경은 주택건설촉진법상 신고를 요하지 않는다. 따라서 관할 시장이 그 신고를 수리하였다 하더라도 그 수리는 공동주택 입주민의 구체적인 권리의무에 아무런 변동을 초래하지 않기 때문에, 항고소송의 대상이 되는 행정처분이 아니다(대판 2005.2.25, 2004두4031).

(3) 신고와 다른 법령과의 상관관계

신고가 다른 법률상의 요건도 충족하여야 하는 경우, 다른 법률에 규정된 법률상의 요건을 충족하지 못한 경우에는 적법한 신고를 할 수 없다.

> **[관련 판례]**
>
> ★ 체육시설의설치 · 이용에관한법률에 따른 골프연습장의 신고요건을 갖춘 자라 할지라도 골프연습장을 설치하려는 건물이 건축법상 무허가 건물이라면 적법한 신고를 할 수 없다(대판 1993.4.27, 93누1374).
>
> ★ 식품위생법에 따른 식품접객업(일반음식점영업)의 영업신고의 요건을 갖춘 자라고 하더라도, 그 영업신고를 한 당해 건축물이 건축법 소정의 허가를 받지 아니한 무허가 건물이라면 적법한 신고를 할 수 없다(대판 2009.4.23, 2008도6829).

3) 신고의 유형과 내용

신고에는 자체완성적신고(수리를 요하지 않는 신고)와 행정요건적 신고(수리를 요하는 신고)로 구분할 수 있다.

(1) 의의

① 자체완성적(자기완결적)신고

자기완성적 신고는 신고의 요건을 갖춘 신고만 하면 신고의무를 이행하는 것이 되는 신고를 말한다(예컨대, 출생신고 · 사망신고 · 건축신고 · 수영장업 신고 등). 이를 수리를 요하지 아니하는 신고 또는 본래적 의미의 신고라고도 한다.

㉠ 자체완성적 신고는 적법한 신고만 있으면 행정청의 수리가 없더라도 신고의 대상이 되는 행위를 적법하게 할 수 있고, 과태료나 벌금의 부과 등 어떠한 불이익도 받지 않는다.114)

㉡ 자체완성적(자기완결적)신고와 행정요건적 신고와의 구별은 「체육시설의 설치에 관한 법률」에서 대표적으로 그 예를 찾아볼 수 있다.

> 1) 「체육시설의 설치 · 이용에 관한 법률 규정」
>
> 제10조(체육시설의 구분종류) ① 체육시설은 다음과 같이 구분한다.
>
> 1. 등록체육시설업 : 골프장업, 스키장업, 자동차경주장업
>
> 2. 신고체육시설업 : 요트장업, 조정장업, 카누장업, 빙상장업, 승마장업, 종합체육시설업, 수영장업, 체육도장업, 골프연습장업, 체력단련장업, 당구장업, 썰매장업, 무도학원업, 무도장업.
>
> 제19조(체육시설의 등록) ①영업을 시작하기 전에 대통령령으로 정하는 바에 따라 시 · 도지사에게 그 체육시설의 등록을 하여야 한다. 등록사항을 변경하려는 때에도 또한 같다.
>
> 제20조(체육시설의 신고) 제10조 제1항 제2호에 따른 체육시설업을 하려는 자는 제11조에 따른 시설을 갖추어 문화체육관광부령으로 정하는 바에 따라 특별자치도지사 · 시장 · 군수 또는 구청장에게 신고하여야 한다. 신고사항을 변경하려는 때에도 또한 같다.

114) 박균성, 전게서, P.75.

2) 동법률 조항의 분석

동법률은 「신고」와 「등록」을 구분하여 규정하고 있다.

(1) 자체완성적 신고

동법 제10조①의2 썰매장업·당구장업·골프연습장업 등은 신고체육시설업으로서, 그 신고는 수리를 요하지 않는 신고에 해당한다. 종래 다수설에 의하면 그 수리거부는 행정처분이 아니라고 보고 있다.

(2) 동법제10조①의1 등록체육시설업은 수리를 요하는 신고를 의미한다. 즉 「행정요건적 신고」이다.

스키장업·골프장업·자동차경주장업은 등록체육시설업으로서 그 신고는 수리를 요하는 신고이며, 이에 대한 행정청의 수리거부는 행정처분에 해당한다.

ⓒ 행정절차법은 수리를 요하지 않는 자체완성적(자기완결적) 신고만을 규정하고 있고,[115] 수리를 요하는 신고와 관련하여서는 별도로 규정하고 있지 않다.

ⓔ 자체완성적(자기완결적)신고로 본 관련 판례(수리를 요하지 않는 신고)

[관련 판례]

★ 의료법상 의원개설신고(의원, 치과의원, 한의원, 조산소의 개설신고)

의료법상 의원개설신고는 수리를 요하지 않는 신고에 해당하며, 이에 대한 신고필증 교부는 신고사실의 확인행위로서 신고필증의 교부가 없다 하여 개설신고의 효력을 부정할 수 없다(대판 1985.4.23, 84도2953).

★ 체육시설의 설치·이용에 관한 법률 제18조에 의한 「골프연습장」이용료 변경신고

골프장 이용료 변경신고는 행정청의 수리행위를 요하지 않으므로 도지사에게 제출하여 접수된 때에 신고가 있었다고 볼 것이고, 도지사의 수리행위가 있어야만 신고가 있었다고 볼 것은 아니다(대판 1993.7.6, 93마635).

★ 자체완성적 신고는 접수시에 신고로서의 효력이 발생하는 것이므로 그 수리가 거부되었다고 하여 무신고 영업이 되는 것은 아니다(대판 1998.4.24, 97도3121).

★ 법 규정에 정하지 아니한 사유를 심사하여 이를 이유로 신고수리를 거부한 경우(수산제조업을 하고자 하는 자의 수산 제조업 신고)

수산제조업을 하고자 하는 사람이 형식적 요건을 모두 갖춘 수산제조업신고서를 제출한 경우에는 담당공무원이 관계 법령에 규정되지 아니한 사유를 들어 그 신고를 수리하지 아니하고 반려하였다고 하더라도 그 신고서가 제출된 때에 신고가 있었다고 볼 것이다(대판 2002.3.12, 2000다73612).

★ 체육시설의 설치·이용에 관한 법률상의 체육시설업(당구장업)(대판 1998.4.24, 97도3121)

★ 수산제조업 신고에 있어서 담당 공무원이 관계 법령에 규정되지 아니한 서류를 요구하여 신고서를 제출하지 못하였다는 사정만으로 신고가 있었던 것으로 볼 수 없다. 수산제조업을 하고자 하는 사람이 형식적 요건

115) 행정절차법 제40조(신고) ① 법령 등에서 행정청에 일정한 사항을 통지함으로써 의무가 끝나는 신고를 규정하고 있는 경우, 신고를 관장하는 행정청은 신고에 필요한 구비서류·접수기관·그 밖에 법령 등에 따른 신고에 필요한 사항을 게시하거나 이에 대한 편람을 갖추어 두고 누구나 열람할 수 있도록 하여야 한다. ② 제1항에 따른 신고가 요건을 갖춘 경우에는 신고서가 도달된 때에 「신고의무」가 이행된 것으로 본다.

을 모두 갖춘 수산제조업 신고서를 제출한 경우에는 담당 공무원이 관계 법령에 규정되지 아니한 사유를 들어 그 신고를 수리하지 아니하고 반려하였다고 하더라도 그 신고서가 제출된 때에 신고가 있었다고 볼 것이나, 담당 공무원이 관계 법령에 규정되지 아니한 서류를 요구하여 신고서를 제출하지 못하였다는 사정만으로는 신고가 있었던 것으로 볼 수 없다(대판 2002.3.12, 2000다73612).

★ 건축행위만을 대상으로 하는 일반적인 건축신고는 수리를 요하지 않는 신고이다(대판 2011.11.20, 2010두14954 전원합의체).

★ 형식적 요건만이 신고요건이 된 자체완성적 신고에서 행정청은 실체적 사유를 들어 신고 수리를 거부할 수 없다.

"정보통신매체를 이용하여 학습비를 받고 불특정 다수인에게 원격평생교육(전통 민간요법인 침·뜸행위의 온라인 교육)을 실시하기 위해 구 평생교육법 제22조 등에서 정한 형식적 요건을 모두 갖추어 신고한 경우 관할 행정청은 신고서 기재사항에 흠결이 없고 형식적 요건을 모두 갖추었더라도 신고대상이 된 교육이나 학습이 공익적 기준에 적합하지 않는다 등의 실체적 사유를 들어 신고사유를 거부할 수 없다(대판 2011.7.28, 2005두11784).

★ 기타 집회 및 시위에 관한 법률상의 옥외집회 및 시위의 신고, 출생신고·혼인신고·사망신고, 납세신고 등을 들 수 있다.

② 행정(행위)요건적 공법행위로서 신고(수리를 요하는 신고)

㉠ 행정(행위) 요건적 공법행위로서 신고는 행정청에 대하여 일정한 사항을 통지하고 행정청이 이를 수리함으로써 법적 효과가 발생하는 신고를 말한다(예컨대, 수산업법상의 어업신고). 수리를 요하는 신고라고 불리기도 한다.

㉡ 여기서 수리란 사인이 알린 일정한 사실을 행정청이 유효한 행위로서 받아들이는 것을 말한다. 수리를 요하는 신고에서의 수리는 준법률행위적 행정행위의 하나로서, 행정소송법상 처분개념에 해당한다. 실정법은 「등록」이라는 용어를 사용하기도 한다.

㉢ 행정요건적 공법행위로서의 신고(수리를 요하는 신고)로 본 관련 판례

[관련 판례]

★ 건축법상 인·허가의제와 관련된 사례

- 건축법상 인·허가의제 효과를 수반하는 신고

인·허가의제 효과[116]를 수반하는 건축신고는 자체완성적인 일반 건축신고와는 달리 특별한 사정이 없는 한, 행정청(신고수리행정기관)이 의제되는 인허가의 실체적 요건[117]에 관한 심사를 한 후 수리해야 하므로, 이른바 '수리를 요하는 신고'로 보는 것이 옳다(대판 2011.1.20, 2010두14954 전원합의체).

- 건축법상 인·허가의제효과를 수반하는 건축신고는 행정청이 실질적 심사를 한 후 수리거부를 할 수 있다.

국토의 계획 및 이용에 관한 법률상의 개별행위허가로 의제되는 건축신고가 개발행위허가의 기준을 갖추지 못한 경우, 행정청은 수리를 거부할 수 있다(대판 2011.11.20, 2010두14954 전원합의체).

★ 구 노인복지법상 유료노인복지주택의 설치신고에 대한 심사여부의 적법성

유료노인복지주택의 설치신고를 받은 행정관청으로는 그 유료노인복지주택의 시설 및 운영기준이 위 법령에 부합하는 지와 아울러 그 유료노인복지주택이 적법한 입소대상자에게 분양되었는지와 설치신고 당시 부적격자들이 입소하고 있지는 않은지 여부까지 심사하여 그 신고의 수리여부를 결정할 수 있다(대판 2007.1.11, 선고 2006두14537).

★ 주민등록신고와 관련된 사안

• 주민등록은 단순히 주민의 거주관계를 파악하고 인구의 동태를 명확히 하는 것 외에도 주민등록에 따라 공법관계상의 여러 가지 법률상 효과가 나타나게 되는 것으로서, 주민등록의 신고는 행정청에 도달하기만 하면 신고로서의 효력이 발생하는 것이 아니라 행정청이 수리한 경우에 비로소 신고의 효력이 발생한다(대판 2009.1.30, 2006다17850).

• 주민등록신고의 효력 발생시기는 신고 수리시이며 전입신고를 받은 시장 등의 심사 대상은 전입신고자가 30일 이상 생활의 근거로서 거주할 목적으로 거주지를 옮기는지 여부만으로 제한되며, 주민등록법의 입법목적과 주민등록의 법률상 효과 이외에 지방자치법 및 지방자치의 이념까지(부동산투기나 이주대책의 요구 등 다른 이해관계에 관한 의도) 고려하여야 하는 것은 아니다(대판 2009.1.30, 2006다17850. 대판 2009.6.18, 2008두10997 전원합의체).

★ 어업의 신고

수산업법 제44조 소정의 어업의 신고는 행정청의 수리에 의하여 비로소 그 효과가 발생하는 이른 바 「수리를 요하는 신고」라고 할 것이다(대판 2000.5.26, 99다37382).

---

116) 인·허가의제제도라 함은 하나의 인·허가를 받으면 다른 허가·인가·신고를 받은 것으로 보는 것을 말한다. 예컨대, 건축행위를 하거나 개발사업을 시행하는 경우 토지형질변경허가, 농지전용허가, 산림형질변경허가, 도로점용허가 등 여러 법률에 규정된 인·허가를 받아야 하는 번거로움이 있는데, 이러한 인·허가를 받는 데에 소요되는 시간과 비용이 적지 아니하여 사업의 신속한 시행에 적지 아니한 부담이 된다. 그래서 여러 법률에 규정된 인·허가를 받는 데에 소요되는 시간과 비용을 줄이는 방안을 모색하게 되었다. 그 대표적인 해결책이 주된 인·허가를 받으면 다른 법률에 의한 관련 인 허가 등을 함께 받은 것으로 간주되는 인, 허가의제처리 제도이다. 즉 건축허가 신청시 타법령에 의한 허가를 받아야 할 필요한 서류를 함께 제출하면 건축허가처리부서에서 관련부서와 일괄 협의를 하게 되고 협의 회신을 받아 건축허가를 처리할 경우 이 때 관계법령에 의해 각각 허가 등을 받아야 하는 것도 함께 허가, 인가, 승인을 받은 것으로 인정하는 제도이다. 대법원은 "일정한 건축물에 관한 건축 신고는 개발행위허가를 받은 것으로 의제되는데, 개발행위의 기준으로 주변지역의 토지이용실태 또는 토지이용계획, 하천, 호수, 습지의 배수 등 주변환경이나 경관과 조화를 이를 것을 규정하고 있으므로, 국토의 계획 및 이용에 관한 법률(국계법)상의 개발행위허가로 의제되는 건축신고가 위와 같은 기준을 갖추지 못한 경우 행정청으로서는 이를 이유로 그 수리를 거부할 수 있다고 보아야 한다"고 판시하고 있다(대판 2011.1.20, 2010두14954).

117) 실체적(실질적)요건이라 함은 안전 등 공익을 위해 보장하기 위하여 요구되는 인적·물적 요건을 말한다. 한편 실체적(실질적)심사라 함은 신고요건의 충족여부를 심사함에 있어 신고서류를 심사할 뿐만 아니라, 필요한 경우 현장조사 등을 통해 실질적으로 행할 수 있는 심사를 말한다. 반면, 형식적인 요건이라 함은 신고서·첨부서류 등 신고서류만으로 확인되는 요건을 말하며, 형식적인 심사라 하면 신고요건의 충족여부를 신고서류만에 의해 행하는 것을 말한다.

(2) 신고의 요건(요건의 내용 및 심사)

사인의 행위가 적법하게 이루어진 경우에 어떠한 법률효과가 발생하는 가는 개별법규에서 구체적으로 정하는 바에 의한다.

① 자체완성적 신고(수리를 요하지 않는 신고)

㉠ 자체완성적 신고가 효력을 발생하기 위하여는 행정절차법 제40조 제2항의 신고요건을 갖추어야 한다. 자기완결적신고의 효과는 원칙상 형식적 요건이다.

㉡ 자체완성적 신고에 의한 심사·처리는 불필요하며, 설사 행정청이 신고에 대한 심사·처리를 하였다하더라도 그것은 법률상의 권리·의무와 관련이 없는 행위로 보아야 한다.

㉢ 판례

건축법상의 신고의 경우에는 원칙적으로 건축을 하고자 하는 자가 적법한 요건을 갖춘 신고만 하면, 신고의 효과는 신고서를 제출한 때에 발생하는 것이므로, 그 때부터 건축을 할 수 있음이 원칙이다(대판 1999.4.7, 선고 97누6780).

② 행정요건적 행위의 신고(수리를 요하는 신고)

㉠ 수리를 요하는 신고의 요건은 형식적인 요건 이외에 일정한 실질적 요건을 신고의 요건[118]으로 한다.

㉡ 판례

판례는 수리를 요하는 신고에서 행정청의 실질적 요건에 관한 심사는 해당 법령에 정한 요구에만 한정되는 것이 아니라 관계되는 다른 법령에서 요구하는 실질적 요건도 대상으로 할 수 있고, 이를 충족시키지 못하면 그 신고는 수리할 수 없다고 보고 있다(대판 1993.4.27, 93누1374).

(3) 신고의 수리

① 의무적 수리

㉠ 자체완성적 행위의 신고

자체완성적 사인의 공법행위로서의 신고서가 행정기관에 도달하면 효과가 발생하기 때문에 행정청의 별도의 수리행위가 필요 없다.

㉡ 행정요건적 행위의 신고

행정요건적 사인의 공법행위로서의 신고는 법령이 정한 요건을 구비한 적법한 신고가 있으면 행정청은 의무적으로 수리하여야 한다. 따라서 법령에 없는 사유를 내세워 수리를 거부할 수는 없다(대판 1997.8.29, 96누6646).

---

118) 예컨대, 체육시설의 설치·이용에 관한 법률 제22조는 체육시설의 신고에 일정한 시설기준을 갖출 것을 실질적 요건으로 하고 있다(동법 제11조 제1항, 동법시행규칙 제8조 별표4).

② 신고필증

행정실무상으로는 신고를 필한 경우에 신고인에게 신고필증을 교부하도록 되어 있다. 그러나 자체완성적 사인의 공법행위로서의 신고와 수리를 요하는 신고의 경우에 주어지는 신고필증과의 법적 의미는 다르다.

㉠ 자체완성적 행위의 신고

자체완성적 사인의 공법행위에 있어서의 신고필증은 다만 사인이 일정한 사실을 행정기관에 알렸다는 사실을 사실로서 확인해주는 의미만을 가진다.

[관련 판례]

★ 부가가치세법상의 사업자등록은 단순한 사업사실의 신고로서 사업자가 소관 세무서장에게 사업자등록신청서를 제출함으로써 성립되는 것이고, 사업자등록증의 교부는 등록사실을 증명하는 증서의 교부행위에 불과하다(대판 2011.11.27, 2008두2200).

㉡ 행정요건적 행위로서의 신고

㉮ 수리를 요하는 신고의 경우에 주어지는 신고필증은 사인의 신고를 수리하였음을 증명하는 서면이지만, 그 서면에 나타나고 있는 수리(등록)는 사인들에게 새로운 법적 효과를 발생시키는 직접적인 원인행위가 된다. 따라서 그것은 단순히 사실적인 것이 아니라, 법적인 것이다.

㉯ 한편 판례는 수리를 요하는 신고의 경우 신고필증의 교부는 신고의 필수요건이 아니므로 행정처분이 아니며, 신고사항의 이행통지도 항고소송의 대상이 되는 처분이 아니라는 입장이다(대판 2011.9.8, 2009두6766).

[관련 판례]

★ 납골당 설치신고는 「수리를 요하는 신고」이며 수리행위에 신고필증 교부 등 행위가 필요한 것은 아니다. "수리란 신고를 유효한 것으로 판단하고 법령에 의하여 처리할 의사로 이를 수령하는 수동적 행위이므로 수리행위에 신고필증 교부 등 행위가 꼭 필요한 것은 아니다(대판 2011.9.8, 2009두6766).

(4) 신고의 효과

① 적법한 신고의 효과

신고의 효력에는 「신고로서의 효력」과 「신고 및 수리에 따른 법적 효력」으로 나누어 볼 수 있다.

㉠ 자기완성적 행위로서의 신고의 경우

㉮ 법령 등에서 행정청에 대하여 일정한 사항을 통지함으로써 의무가 끝나는 신고의 경우, 적법한 요건을 갖춘 경우에는 행정청의 수리여부와 관계없이 신고서가 접수기관에 도달

된 때에(도달주의), 신고의 의무가 이행된 것으로 본다(행정절차법 제40조 제2항).

㉯ 자기완성적 신고의 경우 행정청이 신고서를 접수하지 않고 반려하여도 신고의무는 이행된 것으로 보고, 이 경우에 신고의 대상이 되는 행위를 하여도 처벌(행정벌)의 대상이 되지 않는다.

㉡ 행정요건적 행위로서의 신고의 경우

수리를 요하는 신고의 경우에는 적법한 신고가 있더라도 행정청의 수리행위가 있어야 신고의 효력이 발생한다고 하는 것이 일반적 견해이고, 판례 또한 같은 입장이다(대판 2000.5.26, 99다3782).

[관련 판례]

★ 납골당설치 신고는 이른바 '수리를 요하는 신고'라 할 것이므로 납골당설치 신고가 구 장사법 관련규정의 모든 요건에 맞는 신고라 하더라도 신고인은 곧바로 납골당을 설치할 수는 없고, 이에 대한 행정청의 수리처분이 있어야만 납골당을 설치할 수 있다(대판 2011.9.8, 2009두6766).

② 부적법한 신고

㉠ 자체완성적 행위로서의 신고의 경우

㉮ 자체완성적 신고(수리를 요하지 아니하는 신고)의 경우, 부적법한 신고가 있었다면 행정청이 수리하였다고 하더라도 신고의 효과가 발생하지 아니한다. 따라서 신고자가 신고의 요건을 충족하지 않는 부적법한 신고를 하고 신고영업을 하였다면, 그러한 영업은 무신고영업으로 불법영업에 해당하게 된다.

[관련 판례]

★ 체육시설의 설치 · 이용에 관한 법률 제10조, 제11조, 제12조, 같은법 시행규칙 제8조 및 제25조 각 규정에 의하면, 체육시설업은 등록체육시설업과 신고체육시설업으로 나누어지고, 당구장업과 같은 신고체육시설을 하고자 하는 자는 체육시설업의 종류별로 같은 법 시행규칙이 정하는 해당 시설을 갖추어 소정의 양식에 따라 신고서를 제출하는 방식으로 시 · 도지사에게 신고하도록 규정하고 있다. 따라서 소정의 시설을 갖추지 못한 체육시설업의 신고는 부적법한 것으로 그 수리가 거부될 수밖에 없고 그러한 상태에서 신고체육시설업의 영업행위를 하는 것은 무신고 영업행위에 해당하는 것이지만, 이에 반하여 적법한 요건을 갖춘 신고의 경우에는 행정청의 수리처분 등 별단의 조처를 기다릴 필요 없이 그 접수 시에 신고로서의 효력이 발생하는 것이므로 그 신고가 거부되었다고 하여 무신고영업이 되는 것은 아니다(대판 1998.4.24, 97도3121).

㉯ 신고요건의 보완

㉠ 자체완성적 신고

행정청은 구비서류의 미비 등 요건을 갖추지 못한 신고서가 제출된 경우에는 보완에 필요한 상당한 기간을 정하여 지체 없이 신청인에게 보완을 요구하여야 하며, 신청인이 그 기간

내에 보완을 하지 아니한 때에는 그 이유를 명시하여 접수된 신고서를 되돌려 보낼 수 있다.

㉡ 행정요건적 행위로서 신고(수리를 요하는 신고)

㉮ 요건 미비의 부적법한 신고에도 불구하고 행정청이 이를 수리하였다면, 그 행위는 하자있는 수리행위가 된다. 그 하자가 중대하고 명백하다면 수리행위는 무효가 되고 이 경우 신고의 효과가 발생하지 아니하지만, 취소할 수 있는 행위의 경우에는 수리가 취소되기까지는 유효하게 된다.119)

㉯ 따라서 수리행위가 무효인 경우에 이루어지는 신고업의 영업행위는 무신고 영업으로 불법영업에 해당하지만, 수리행위가 취소할 수 있는 행위인 경우에 이루어지는 신고업의 영업행위는 수리가 취소가 되기까지는 불법영업이 아니다. 이 경우에는 수리행위를 취소함으로써 신고인의 신고영업을 막을 수 있다.120)

[관련 판례]

★ 수리를 요하는 신고의 경우 부적법한 신고에 대하여 행정청이 수리를 한 경우 그 하자가 중대하고 명백하면 무효가 되지만, 수리행위가 취소할 수 있는 행위인 경우에는 수리가 취소되기까지는 유효하게 된다(대판 1998.4.24, 97도3121).

(5) 수리의 거부(거부행위의 처분성)

① **자체완성적 신고**

㉠ 자체완성적 사인의 공법행위로서 신고의 경우에는 사인의 신고 그 자체로서 법적 절차가 완료된다. 따라서 자체완성적 행위인 신고에 대하여 행하는 행정청의 수리 또는 수리거부 행위는 사실행위에 불과하므로, 항고소송의 대상이 되지 않는다.

㉡ 다만 건축신고와 같이 신고가 반려된 경우 시정명령 · 이행강제금의 부과와 같이 신고인에게 불이익이 있게 되는 경우에는 「행정소송」의 대상이 될 수 있다(대판 2010.11.18, 2008두167 전원합의체). 즉 자체완성적 신고의 경우, 예외적으로 신고인에게 불이익이 있게 되는 경우에는 항고소송의 대상이 된다.

[관련 판례]

★ 행정청의 건축신고반려행위 또는 수리거부행위는 항고소송의 대상이 된다.

"건축주 등으로서는 신고제하에서도 건축신고가 반려될 경우 당해 건축물의 건축을 개시하면 시정명령, 이행강제금, 벌금의 대상이 되거나 당해 건축물을 사용하여 행할 행위의 허가가 거부될 우려가 있어 불안정한 지위에 놓이게 되므로 항고소송의 대상이 된다(대판 2011.11.18, 2008두167 전원합의체).

★ 착공신고반려행위는 항고소송의 대상이 되는 행정처분에 해당된다(대판 2011.6.10, 2010두731).

---

119) 홍정선, 전게서, P.123; 박균성, 전게서, P.80.
120) 홍정선, 「행정법원론(상)」, 박영사, 2002. P.208.

★ 행정청에 신고를 마친 후 담장설치공사를 진행중이었는데(높이 2m 미만의 담장설치공사), 행정청이 그 신고수리처분을 철회하고서 한 공사중지명령은 위법하다(대판 1990.6.12., 90누2468).

② 행정(행위)요건적 신고

㉠ 수리를 요하는 신고의 경우에 수리거부는 권리 · 의무에 영향을 주므로, 수리의 거부처부는 행정처분으로서 항고소송의 대상이 된다.

㉡ 수리를 요하는 신고는 원칙적으로 기속행위에 해당한다. 다만, 중대한 공익상 필요가 있는 경우에는 신고수리를 거부할 수 있다고 하여, 예외적으로 재량행위로 보고 있다(대판 2010.9.9, 2008두22631).

[관련 판례]

★ 양수인에게 구 관광진흥법 제7조 제1항 각호의 결격사유가 없는 한 행정청이 다른 사유를 들어 수리를 거절할 수 없다고 할 것이므로, 위 신고의 수리에 관한 처분을 재량행위라고 볼 수 없다(대판 2007.6.29, 2006두4097).

★ 시설납골시설의 설치신고는 시설납골시설설치 금지지역에 해당하지 않고 설치기준에 부합하나, 보건위생상의 위해를 방지하거나 국토의 효율적 이용 및 공공복리의 증진 등 중대한 공익상 필요가 있는 경우에는 그 수리를 거부할 수 있다고 보는 것이 타당하다(대판 2010.9.9, 2008두22631). 이 판례는 중대한 공익상 필요가 있는 경우에는 신고수리를 거부할 수 있다고 하여, 예외적으로 재량행위로 보고 있다.

(6) 신고업 등의 양도와 지위의 승계(수리를 요하는 신고)

공중위생법 제3조의2 제1항은 영업 양도시 지위가 승계됨을 명시하고 있는데, 판례는 이처럼 지위승계와 관련된 여러 사안들에 대하여 다음과 같이 판시하고 있다.

① 영업자 지위승계의 성질

[관련 판례]

★ 건축주명의변경신고에 대한 수리거부행위는 취소소송의 대상이 되는 처분이다(대판 1992.6.8, 91누11544). 즉, 건축법령상 건축주의 명의변경신고는 수리를 요하는 신고로서, 수리거부행위에 대하여 처분성을 인정하고 있다.

★ 액화석유가스의 안전 및 사업관리법(현 액화석유가스의 안전관리 및 사업법) 제7조 제2항에 의한 액화석유가스충전사업 지위승계신고수리행위는 행정처분에 해당한다(대판 1993.6.8, 91누11544).

★ 식품위생법 제25조 제3항에 의한 영업양도에 따른 지위승계신고를 수리하는 허가관청의 행위는 단순히 양도 · 양수인 사이에 이미 발생한 사법상의 사업양도의 법률효과에 의하여 양수인이 그 영업을 승계하였다는 사실의 신고를 접수하는 행위에 그치는 것이 아니라, 영업허가자의 변경이라는 법률효과를 발생시키는 행위라고 할 것이다(대판 1995.2.24, 94누9146).

② 대물적 영업의 양도의 경우, 제재처분의 진행의 가능성과 제재처분의 상대방은 누구

인가의 문제이다.

㉠ 양도인에 대한 제재는 양수인에게 지위승계된다. 즉, 영업자 지위승계가 있는 경우 새로운 영업자(양수인)에게 진행중이던 제재처분의 절차를 계속 진행할 수 있다.

[관련 판례]

★ 공중위생영업에 대하여 그 영업을 정지할 위법사유가 있다면 관할 행정청은 그 영업이 양도·양수되었다 하더라도 그 업소의 양수인에 대하여 영업정지처분을 할 수 있다고 봄이 상당하다(대판 2001.6.29, 2001두1611).

㉡ 당사자 상호간에 영업양도가 이루어졌다고 하더라도 영업승계신고 및 수리처분이 있기 전에 발생한 양도인의 위반행위에 대한 행정적 책임은 양도인에게 귀속된다. 즉, 제재적 처분의 상대방은 종전 영업자(양도인)가 된다.

[관련 판례]

★ 양도인이 자신의 의사에 따라 양수인에게 영업을 양도하면서 양수인으로 하여금 영업을 하도록 허락하였다면 영업승계신고 및 수리처분이 있기 전에 발생한 양수인의 위반행위에 대한 행정적 책임은 양도인에게 귀속된다(대판 1995.2.24, 94누9146).

③ 적법한 사업의 양도·양수이어야 한다.

허가관청의 지위승계신고의 수리는 적법한 사업의 양도·양수가 있었음을 전제로 한다. 따라서 수리대상인 사업양도·양수가 부존재하거나 무효인 때에는 수리를 하였다 하더라도 당연무효이다(대판 2005.12.23, 2005두3554).

[관련 판례]

★ 건축물의 소유권을 둘러싸고 소송이 계속 중이어서 판결로 소유권의 귀속이 확정될 때까지 건축주명의변경신고의 수리를 거부함이 상당하다(대판 1993.10.12, 93누883).

④ 지위승계와 관련된 양도인에 대한 법적 지위

㉠ 영업양도의 경우, 영업자지위승계신고 수리처분을 하는 경우, 종전의 영업자(양도인)에게는 권익을 제한하는 처분이 된다. 따라서 수리처분시 종전의 영업자에게 행정절차법상 사전통지 등의 절차를 거쳐야 한다.

[관련 판례]

★ 지방세법에 의한 압류재산 매각절차에 따라 영업시설의 전부를 인수함으로써 그 영업자의 지위를 승계한 자가 관계 행정청에 이를 신고하여 행정청이 이를 수리하는 경우에는 종전의 영업자에 대한 영업허가 등은 그 효력을 잃는다 할 것인데, 위 규정들을 종합하면 위 행정청이 구 식품위생법 규정에 의하여 영업자지위승계신

고를 수리하는 처분은 종전의 영업자의 권익을 제한하는 처분이라 할 것이고 따라서 종전의 영업자는 그 처분에 대하여 직접 그 상대가 되는 자에 해당한다고 봄이 상당하므로, 행정청으로서는 위 신고를 수리하는 처분을 함에 있어서 행정절차법 규정 소정의 당사자에 해당하는 종전의 영업자에 대하여 위 규정 소정의 행정절차를 실시하고 처분을 하여야 한다(대판 2003.2.14, 2001두7015).

★ 행정청이 구 관광진흥법의 규정에 의하여 유원시설업자 또는 체육시설업자 지위승계신고를 수리하는 처분을 하는 경우, 종전 유원시설업자에 대하여는 행정절차법상 처분의 사전통지 등 절차를 거쳐야 한다(대판 2012.12.13, 2001두29144).

★ 행정청이 구 식품위생법상의 영업자지위승계신고수리처분을 하는 경우 종전의 영업자는 행정절차법 제2조 제4호 소정의 '당사자'에 해당하며, 수리처분시 종전의 영업자에게 소정의 행정절차를 실시하여야 한다(대판 2003.2.14, 2001두7015).

㉡ 영업양도의 경우 종전의 양도인은 권리를 제한받는 자이므로 항고소송의 원고적격이 인정된다.

[관련 판례]

★ 지방세법에 의한 압류재산 매각절차(공매)로 영업시설의 전부를 인수함으로써 영업자의 지위를 승계한 자가 관계행정청에 이를 신고하여 관계행정청이 그 신고를 수리하는 처분에 대해 종전 영업자는 제3자로서 그 처분의 취소를 구할 법률상의 이익이 인정된다(대판 2003.2.14, 2001두7015).

㉢ 사업의 양도행위가 무효라고 주장하는 양도자는 허가관청의 지위승계신고수리처분의 무효확인을 구할 법률상의 이익이 있다.

[관련 판례]

★ 사업의 양도행위가 무효라고 주장하는 양도자가 양도·양수행위의 무효를 구함이 없이 사업양도·양수에 따른 허가관청의 지위승계 신고수리처분의 무효확인을 구할 법률상 이익이 있다(대판 2005.12.23, 2005두3554).

㉣ 기본행위에 무효사유가 있다면 수리를 하였다 하더라도 당연히 무효이다. 허가관청의 지위승계신고의 수리는 적법한 사업의 양도·양수가 있었음을 전제로 한다. 따라서 수리대상인 사업양도·양수가 부존재하거나 무효인 때에는 수리를 하였다 하더라도 당연히 무효이다.

[관련 판례]

★ 사업양도·양수에 따른 허가관청의 지위승계신고의 수리에 있어, 그 수리대상인 사업양도·양수가 무효인 경우 수리를 하였다면 당연히 무효이다(대판 2005.12.23, 2005두3554).

제3절 행정법상의 사건

Ⅰ. 서 설

법률사실은 사람의 정신작용을 요소로 하는지의 여부에 따라 공법상의 용태(예컨대, 토지에 대한 수용재결[121])와 공법상의 사건으로 구분된다.

공법상의 사건은 사람의 정신작용과는 관계가 없는 사실로서, 법률요건이 되는 것을 말한다. 공법상의 사건에는 출생·사망·시간의 경과·물건의 점유·일정한 장소에의 거주 등이 있다.

Ⅱ. 시간의 경과

행정상의 법률관계는 시간의 경과에 따라 발생·변경·소멸시키기도 하는데, 이와 관련한 문제로서 기간, 시효, 제척기간을 들 수 있다.

1. 기간

1) 개설

(1) 기간은 한 시점에서 다른 시점까지의 시간적 간격을 말한다.

(2) 민법의 기간에 관한 규정은 법기술상의 약속규정(예컨대, 기간·주소 등)으로서, 법의 일반원리적 규정으로 볼 수 있다. 따라서 개별 법률에 특별한 규정이 없는 한 「민법」의 기간에 관한 규정은 공법관계에도 적용된다.

(3) 특히 민법상 기간의 계산방법에 관한 규정은 공법상의 기간계산에도 그대로 적용된다.

2) 기간의 기산점

(1) 기간을 시·분·초로 정한 때에는 즉시로부터 기산한다. 다만, 기간을 일·주·월·년으로 정한 경우에는 아래와 같은 방법을 따른다.

(2) 초일불산입의 원칙

① 기간을 일·주·월 또는 년으로 정한 때에는 기간의 초일은 산입하지 않으며, 익일(다음날)부터 기산한다.

---

121) 토지에 대한 수용재결은 행정행위의 대리행위로서, 행정법상 용태에 해당된다.

② 초일불산입 원칙의 예외

초일불산입의 원칙에는 예외가 있다. 초입분산입의 원칙과 초입불산입 원칙의 예외에 대한 기산점의 구체적인 예를 비교하면 다음과 같다.

③ 기간의 기산점의 구체적인 예

시·분·초	기간을 시·분·초로 정한 때에는 즉시 기산한다		비고
일·주·월·년의 경우	초일을 산입하지 않은 경우(초입불산입의 원칙)	초일은 산입하지 않고 그 익일부터 기산한다. ① 행정심판의 청구기간 ② 행정소송의 제기기간 ③ 법령의 효력발생일 ④ 국세체납처분을 위하여 지정된 독촉 기간 ⑤ 공법상의 금전채권의 소멸시효기간	형의 집행과 시효기간의 초일은 시간을 계산함이 없이 1일로 계산한다(공법상의 특별규정).
	초일을 산입하는 경우(예외)	① 공소시효기간 ② 호적신고기간(출생·사망 신고) 또는 인감증명의 유효기간계산 ③ 오전 영시부터 시작하는 경우 ④ 국회회기계산 (공법상의 특별규정) ⑤ 민원사무처리기간 (공법상의 특별규정) ⑥ 연령계산 ⑦ 구속기간계산	

(3) 기간의 만료

기간을 일·주·월·년으로 정한 때에는 그 기간의 말일이 종료됨으로서 종료되나, 그 말일이 일요일 기타 공휴일 때에는 그 익일에 만료된다.

(4) 기간의 역산

기간계산에 관한 위의 원칙은 기간의 역산(거꾸로 계산하는 경우)에도 그대로 적용되어, 초입불산입의 원칙이 그대로 적용된다.

2. 시효

1) 의의

시효는 일정한 사실상태가 오랫동안 계속한 경우에 그 사실상태에 따라 권리관계를 형성(취득 또는 소멸)하는 법률요건으로, 이에는 소멸시효와 취득시효가 있다. 민법의 시효에 관한 규정은 개별법률에 특별한 규정이 없는 한, 행정법관계에도 그대로 유추적용된다.

2) 공물의 취득시효

(1) 의의

① 사인의 취득시효와 관련하여 국유재산법과(제7조 제2항) 공유재산 및 물품관리법은(제6조 제2항) 행정재산의 시효취득을 금지할 뿐, 일반재산의 시효취득은 금지하지 않고 있다. ② 취득시효란 타인의 물건을 일정기간 계속하여 점유하는 자에게 그 소유권을 취득하게 하거나, 또는 소유권 이외의 재산권을 일정기간 계속하여 사실상 사용하는 자에게 그 권리를 취득하게 하는 것을 말한다.

(2) 국 · 공유 공물과 취득시효

① 국유재산 · 공유재산은 민법(제245조)[122]의 규정에도 불구하고, 시효취득의 대상이 되지 아니한다.

② 다만 국유재산 · 공유재산 중 일반재산(구 잡종재산)의 경우는 그러하지 아니하다. 따라서 국유재산 · 공유재산 중 잡종재산[123]이 아닌 재산인 공물은 공용폐지가 없는 한, 시효취득의 대상이 될 수 없다.

㉠ 공용폐지란 공물로서의 성질을 소멸시키는 행정청의 의사표시를 말한다.

㉡ 판례에 따르면 공용폐지는 명시적 의사표시에 의한 폐지외에 묵시적 의사표시에 의한 폐지도 가능하다고 보았다. 다만 단순히 행정재산이 본래의 용도에 사용되지 않는다는 사실만으로는 묵시적 공용폐지 의사를 인정할 수 없다고 판시한 바 있다(대판 1994.3.22, 93다56220)(대구국도사무소가 폐지되고 그 후 공용으로 사용된 바 없다면 묵시적으로 공용이 폐지되어 시효취득의 대상이 된다고 본 사례).

㉢ 예정공물은 아직 공공목적에 제공되지 않았으나 장차 그 완성을 기다려 공공목적에 제공되기로 예정된 물건(예컨대, 도로예정지)으로, 시효취득의 대상이 되지 않는다(대판 1994.5.10, 93다23422).

③ 판례도 공공용 또는 공용의 행정재산은 공용폐지를 하지 않는 한 행정재산에 대한 시효취득을 부정하고 있다(대판 1996.7.30, 95다21280).

④ 취득시효의 대상이 된다는 사실에 대한 입증책임은 시효취득의 이익을 주장하는 자에게 있다는 것이 판례의 입장이다(대판 1994.9.22, 93다56220).

---

122) 제245조(점유로 인한 부동산소유권의 취득기간) ① 20년간 소유의 의사로 평온, 공연하게 부동산을 점유하는 자는 등기함으로써 그 소유권을 취득한다. ② 부동산의 소유자로 등기한 자가 10년간 소유의 의사로 평온, 공연하게 선의이며 과실없이 그 부동산을 점유한 때에는 소유권을 취득한다.

123) 일반재산(구 잡종재산)이란 국유재산에서 행정재산과 보존재산 이외의 재산을 말한다. 학문상 공물에 해당되지 않으며, 국가의 행정수익을 직접목적으로 하는 재정재산으로서 국가의 사물이다. 행정재산은 사권 설정 및 처분이 금지되는 데 반하여, 일반재산(구 잡종재산)은 법률행위로서 처분행위가 가능하다.

(3) 일반재산(구 잡종재산)과 취득시효

① 헌법재판소는 사물과 같은 잡종재산에 대하여 취득시효를 배제하는 것은 국가와 사인을 차별하는 것으로서 평등의 원칙에 위반된다는 이유로 위헌결정을 하였다(헌재결 1991.5. 13, 89헌가97; 헌재결 1992.10.1, 92헌가6 · 7).

② 그 결과 국유재산법의 개정으로 행정재산만 취득시효의 대상에서 제외되었고, 일반재산(구 잡종재산)은 취득시효가 가능하게 되었다(국유재산법 제7조).

③ 행정주체의 취득시효

행정주체(국가 등)도 부동산 점유취득의 주체가 된다고 민법은 규정하고 있다(민법 제245조 제1항). 헌법재판소는 이 조항이 헌법에 위반되지 아니한다고 판시한 바 있다(헌재 2015. 6.25, 2014헌바404).

> **[관련 법률]**
>
> ★ **국유재산법**
>
> 제7조(국유재산의 보호) ② 행정재산은 「민법」 제245조에도 불구하고 시효취득의 대상이 되지 아니한다.
>
> ★ **공유재산 및 물품 관리법**
>
> 제6조(공유재산의 보호) ② 행정재산은 「민법」 제245조에도 불구하고 시효취득의 대상이 되지 아니한다.

(3) 공법상 금전채권의 소멸시효

① 소멸시효기간

㉠ 소멸시효는 권리자가 그의 권리를 행사할 수 있음에도 불구하고 일정한 기간 동안 권리를 행사하지 않은 경우 그 권리를 소멸시키는 시효이다.

㉡ 국가나 지방자치단체의 권리는 다른 법률에 특별한 규정이 없는 한, 5년간 행사하지 않으면 시효로 인하여 소멸한다고 국가재정법(제96조)과 지방재정법(제82조)에서 명시적으로 규정하고 있다.

㉢ 이러한 규정은 국가의 사법(私法)상 행위에서 발생한 금전채권의 경우에도 적용된다. 즉 공법상 채권뿐만 아니라, 국가와 국민간에 발생한 사법상의 금전(채권)에도 적용된다는 것이 통설 · 판례의 입장이다(대판 1967.7.4, 67다751).

> **[다른 법률에 규정을 둔 소멸시효기간]**
>
> 1) 행정법상 소멸시효가 5년인 다른 법률 상의 규정의 예
>
> ① (국세기본본상) 국세징수권 · 국세환급청구권,
>
> ② (지방세기본법상) 지방세징수권 · 과오납반환청구권,
>
> ③ (관세법상) 관세징수권 (구관세법 징수권 2년을 현행 5년으로 개정) · 관세과오납 반환청구권,

④ 부당이득반환청구권,
⑤ (징발법상) 징발보상청구권,
⑥ 공무원 연금법상 장기급여지급청구권 · 기여금과오납부반환청구권 등을 들 수 있다.

2) 소멸시효가 3년인 다른 법률 상의 규정의 예
① 국가배상청구권(손해 및 가해자를 안 날로부터 3년, 불법행위가 있은 날부터 5년)
② 민법상 급료청구권(판례: 국회의원의 세비청구권),
③ 공무원연금법상 단기급여지급청구권,
④ 공무원보수청구권 등이 있다.
⑤ 공무원징계 및 징계부과금 사유의 시효기간 3년(징계기간), 금품 및 향응수수 · 공금횡령 5년(2010년 개정)

② 시효의 중단 · 정지

㉠ 소멸시효의 중단 · 정지에 관하여 다른 법률에 특별한 규정이 없는 한 「민법」의 규정이 준용된다. 공법의 특별한 규정으로는 국가나 지방자치단체가 행하는 납입고지에 시효중단의 효력을 인정하는 경우가 있다(국가재정법 제96조 제4항 · 지방재정법 제84조). 또 강제징수의 절차 중 독촉, 압류 또는 가압류, 가처분 등에도 소멸시효가 중단된다.

㉡ 이들 납입고지에 의한 시효중단의 효력은 그 채권의 발생원인이 공법상이건 사법상의 것이건 간에 발생하며(대판 2001.12.14, 선고 2001다45539), 그 납입고지에 의한 부과처분이 취소되더라도 상실되지 아니한다(대판 2009.9.8, 선고 98두19933).

㉢ 시효정지는 시효중단과는 달리 이미 경과한 시효기간을 무효로 하지 않는다. 예컨대 시효정지는 전쟁 등의 발발한 경우 전쟁이 끝날 때까지 소멸시효를 중지하고, 전쟁이 끝난 후 시효가 진행된다.

③ 소멸시효완성의 효과

㉠ 시효가 완성되면 제척기간과 달리 그 권리는 소멸시효완성시점, 즉 일정기간이 경과한 시점에 소멸하는 것이 아니라 기산일에 소급하여 소멸한다.[124)]

㉡ 조세채권의 소멸시효기간이 완성된 후에 부과된 과세처분은 무효이다.

㉢ 판례는 절대적 소멸설을 취하면서도 소송에서는 변론주의 원칙상 당사자의 시효이익의 원용(주장)이 요구된다고 판시하고 있다(대판 1991.7.26, 91다5631).

[행정법상의 시효과 관련된 판례]

★ 사법상의 원인에 기한 국가 채권의 경우에 납입 고지에 있어 「민법」상의 최고(催告: 상대편에게 일정한 행위를 하도록 독촉하는 통지를 하는 일)의 경우보다 더 강한 시효중단의 효력을 인정한 것은 평등권을 침해하지 않는다는 사례

124) 금전채권에 대하여 소급효를 인정함으로써 원금에 대한 이자 등도 발생하지 않는 것이 되어 법률관계가 명료해진다.

• 입법자가 소멸시효의 중단 문제를 어떻게 정할 것인가 하는 점은 상당한 정도로 입법재량이 허용된다. 예산회계법 제98조상 국가채권에 대한 납입의 고지는 "법령의 규정에 의하여"하는 것이므로, 절차와 형식이 명확하게 정하여져 있어 채무이행을 구하는 국가의 의사가 그 절차에서 명확히 드러나며, 이 점에서 민법상 사인간에 행해지는 최고가 아무런 형식을 요하지 않는 점과 차이가 있고, 국가채권의 정당한 회수는 공공복리의 증진을 위한 사항이다. 만일 국가채권의 납부의 고지에서도 일정 기간(6개월)내에 재판상의 청구나 가압류, 가처분 등을 행하여만 시효중단 효력을 받을 수 있다면, 법령에 따라 적법절차에 의하여 명확하게 이루어지는 국가채권의 납입의 고지에 추가하여 불필요한 추가적 국가재정의 손실과 국가업무의 낭비를 초해할 수 있다. 또한 공법과 사법의 구분이 명확한 것은 아니고, 입법기술상 그러한 구분을 행하기는 쉽지 않다. 따라서 입법자가 비록 사법상의 원인에 기한 국가채권의 경우에도 납입의 고지에 있어 민법상의 최고의 경우보다 더 강한 시효중단 효력을 인정한 것은 합리적 이유가 있어 평등권을 침해하지 않는다(헌재 2004.3.25, 2003헌바22 전원재판부).

★ 법령의 규정에 의한 납입고지에 의한 시효중단의 효력은 그 납입고지에 의한 부과처분이 추후 취소되더라도 그 효력이 상실되지 않는다는 사례(대판 2000.9.8, 98두19993).

★ 「국유재산법」상 변상금부과처분에 대한 취소소송이 진행중이라도 그 부과권자로서는 위법한 처분을 스스로 취소하고 그 하자를 보완하여 다시 적법한 부과처분을 할 수도 있는 것이어서 그 권리행사에 법률상의 장애사유가 있는 경우에 해당한다고 할 수 없으므로, 그 처분에 대한 취소소송이 진행되는 동안에도 그 부과권의 소멸시효가 진행된다(대판 2006.2.10, 2003두5686).

★ 조세채권의 소멸시효기간이 완성된 후에 부과된 과세처분은 무효라고 본 사례

• 조세채권의 소멸시효가 완성되어 부과권이 소멸된 후에 부과한 과세처분은 위법한 처분으로 그 하자가 중대하고도 명백하여 무효라 할 것이다(대판 1988.3.22, 87누1018).

★ 세무공무원이 국세징수법 제26조에 의하여 채납자의 가옥·선박·창고 기타의 장소를 수색하였으나 압류할 목적을 찾아내지 못하여 압류를 실행치 못하고 수색조서를 작성하는데 그친 경우에도 소멸시효의 중단 효력이 있다(대판 2001.8.21, 2000다12419).

★ 예산회계법(현 국가재정법) 제96조는 "시효에 관하여 다른 법률에 특별한 규정이 없는 것은 5년간 행사하지 아니할 때는 시효로 인하여 소멸한다"고 규정하고 있는 바, 동 법상의 타법률에는 민법도 포함하되 5년보다 짧은 기간의 경우에 한한다(대판 1967.7.4, 67다751).

[관련 법률]

★ 국가재정법 제96조(금전채권·채무의 소멸시효)

① 금전의 급부를 목적으로 하는 국가의 권리로서 시효에 관하여 다른 법률에 규정이 없는 것은 5년 동안 행사하지 아니하면 시효로 인하여 소멸한다.

② 국가에 대한 권리로서 금전의 급부를 목적으로 하는 것도 또한 제1항과 같다.

★ 지방재정법 제82조(금전채권과 채무의 소멸시효)

① 금전의 지급을 목적으로 하는 지방자치단체의 권리는 시효에 관하여 다른 법률에 특별한 규정이 있는 경우를 제외하고는 5년간 행사하지 아니하면 소멸시효가 완성한다.

② 금전의 지급을 목적으로 하는 지방자치단체에 대한 권리도 제1항과 같다.

3. 제척기간

1) 의의

(1) 제척기간이란 일정한 권리에 대하여 법률이 정한 존속기간을 말한다.

(2) 제척기간은 권리의 행사를 제한하는 기간이므로, 그 기간 내에 권리를 행사하지 않으면 권리를 소멸시키는 효과를 가진다.

2) 소멸시효와의 차이

(1) 제척기간은 법적 안정성을 중시하는 소멸시효와는 달리, 제척기간의 목적은 법률관계를 속히 확정하려는데 있다.

(2) 따라서 그 기간이 소멸시효보다 상대적으로 짧고, 중단 제도가 없다는 점 등을 들 수 있다.

(3) 제척기간의 예로는 행정심판제기기간, 행정소송제기기간 등이 있다.

Ⅲ. 주 소

1. 주소의 법적 문제

1) 주소는 생활의 근거가 되는 곳을 말한다. 반면 거소는 주소처럼 밀접한 관계를 가진 곳은 아니지만 얼마동안 계속하여 임시로 거주하는 장소를 말한다.

따라서 거소만 있는 사람이 있을 수 있고, 그 밖에 주소도 있는 사람이 있을 수 있다.

2) 자연인의 주소와 거소 및 법인의 주소에 관한 민법의 규정은 개별법률에 특별한 규정이 없는 한 공법관계에도 적용된다.

3) 한편 사법에서와 마찬가지로 행정법(공법)상으로도 주소를 기준으로 하여 법률관계가 정해지는 경우가 많다. 예컨대, 지방자치단체의 주민 되는 요건 · 주민세납세의무성립요건 · 인감신고지 · 외국인의 귀화요건 · 그 밖에 각종의 선거권 · 피선거권 등의 성립요건 등이 주소를 기준으로 이루어진다.

2. 주소의 의의

1) 주민등록지

공법상주소에 관해서는 “다른 법률에 특별한 규정이 없는 한 주민등록법상의 주민등록지를 주소”로 하고 있다. 따라서 주민등록지를 주소로 보고 전입신고일 기준으로 주소가 등록된 것으로 본다.

2) 주소단수주의

(1)「주민등록법」은 이중등록을 금지하고 있다. 따라서 공법상 자연인의 주민등록지(주소지)는 1개소에 한정된다.

(2) 민법은 주소와 관련하여 "주소는 동시에 2곳 이상 있을 수 있다"고 규정하여 복수주의를 취하고 있다.

Ⅳ. 공법상의 사무관리

1. 의의

1) 공법상의 사무관리라 함은 법률상 의무 없이 타인의 사무를 관리하는 행위를 말한다. 사법상에서는 사무관리제도(민법 제734 이하)를 두고 있는 것처럼, 공법분야에서도 사무관리가 원칙적으로 인정되고 있다.[125)]

2) 공법상 사무관리에는 개별법률에 규정이 없는 한 민법상 사무관리에 관한 규정이 준용된다.

2. 공법상 사무관리의 예

이에는 1) 강제관리, 2) 보호관리, 3) 역무제공 등이 있다.

1) 강제관리

국가의 특별감독 밑에 있는 사업에 대하여 감독권의 작용으로서 강제적으로 관리하는 경우(예컨대, 문제가 있는 학교재단에 대한 교육위원회의 강제관리 등).

2) 보호관리

재해시 행하는 수난구호, 시 · 군에서 행하는 행려병자관리[126)], 행려병사자 유류품관리 등.

3) 역무제공

자연재해시 빈 상점의 물건의 관리 등이 있다.

---

125) 이상규, 『신행정법론(상)』, 법문사, 1997, P.238; 변재옥, 『행정법강의(Ⅰ)』, 박영사, 1990, P.181.

126) 시 · 군에서 행하는 행려병자의 보호관리는 공법상 사무관리의 일종이다. 그러나 행려병자의 유류품매각은 공법상 대리에 해당한다는 점에 유념하여야 한다.

V. 공법상 부당이득

1. 의의

1) 공법상 부당이득이란 법률상 원인 없이 타인의 재산 또는 노무로 인하여 이익을 얻고, 이로 인하여 타인에게 손해를 가하는 것을 말한다(예컨대, 조세의 과오납 · 봉급과액수령 · 무자격자의 연금수령 · 무효인 과세처분에 따른 세금징수 등).

2) 민법상 부당이득은 이를 반환하여야 하는데, 이를 「부당이득의 반환의 법리」라고 한다.

2. 공법(행정법)상 적용

1) 부당이득은 원래 사법상의 개념이다. 그러나 사법상의 분야에 한정되지 아니하고, 공법분야에서도 인정된다는 것이 일반적인 견해이다. 이를 공법상부당이득이라고 부른다.

2) 공법상 부당이득에 관한 일반법은 없다. 따라서 법령에 특별한 규정이 없는 한 민법의 무당이득반환의 법리가 준용된다.

3. 부당이득반환청구권의 성질

공법상의 원인에 의하여 발생된 부당이득반환청구권의 성질에 관하여는 공권설과 사권설의 견해가 대립된다.

1) 학설

부당이득반환청구권을 공권으로 보면 부당이득반환청구소송을 당사자소송으로 제기하여야 하고, 사권으로 보면 부당이득반환청구소송을 민사소송으로 제기하여야 한다.

2) 판례

(1) 판례의 기본적인 입장은 사권설에 입각하고 있다. 대법원은 "원고들은 무효인 조세부과처분에 의하여 세금을 피고인에게 납부하였으니 이것을 도로 내놓으라는 것이 이 사건의 청구원인이다. 이러한 청구는 민사소송으로 가능한 것이지 굳이 행정소송으로 소(訴)를 구할 성질의 것은 아니다"라고 판시한 바 있다(대판 1969.12.9, 선고 69다1700 판결).

(2) 최근 판례의 경향

대법원은 최근 부가가치세 환급세액 지급청구와 관련하여 이를 공법관계로 보고 행정소송 중 당사자 소송의 절차에 따라야 한다고 판시한 바 있다.

[관련 판례]

★ 납세의무자에 대한 국가의 부가가치세 환급세액지급의무에 대응하는 국가에 대한 납세의무자의 부가가치

세 환급세액지급청구는 민사소송이 아니라 행정소송법 제3조 제2호에 규정된 당사자소송의 절차에 따라야 한다(대판 2013.3.21, 2011다95564).

4. 부당이득의 유형

1) 행정주체의 부당이득

(1) 부당이득의이 성립하는 경우의 유형

행정주체의 부당이득은 행정행위에 의하여 성립하는 경우(예컨대, 과세처분에 의한 과오납금 등)도 있고, 행정행위에 의하지 아니하고 성립하는 경우(예컨대, 국가가 사유지를 무단사용하는 행위) 등이 있다.

① 행정행위에 의하여 성립하는 경우

㉠ 이 경우의 행정행위는 이른바 공정력을 가지고 있으므로, 그 행정행위가 당연무효이거나 또는 권한 있는 기관에 의하여 취소됨으로써 비로소 부당이득을 구성한다.

㉡ 그러나 행정행위에 하자가 있어도 그것이 단순취소사유에 그치는 것인 때에는 행정행위의 공정력으로 인하여 권한 있는 기관이 취소하기 전 까지는 부당이득이 되지 아니하며, 반환청구는 불가능해 진다.

② 행정행위에 의하지 아니하고 성립한 경우

행정주체가 정당한 권한없이 타인의 토지를 도로에 편입하는 것과 같은 것이 그 예이다(시청의 착오에 의한 사유지의 도로편입 등).

이 경우에는 사법상의 부당이득의 경우와 같이 누구든지 부당이득을 이유로 그 반환을 청구할 수 있다.

(2) 반환의무의 범위

① 학설

㉠ 민법상의 반환의무와는 달리,[127] 특별한 규정이 없는 한 공권력 행사에 의하여 성립한 부당의무의 범위는 행정주체의 선의·악의를 불문하고 전액을 반환해야 한다는 것이 일반적인 견해이다.

㉡ 국세기본법(제52조)은 조세과오납금에 이자를 붙여 전액반환을 하도록 명문으로 규정하고 있다(예컨대, 국세기본법 제52조).

---

127) 민법은 선의의 수익자는 그 받은 이익이 현존한 한도에서, 악의의 수익자는 그 받은 이익에 이자를 붙여 반환하고 손해가 있으면 손해도 배상하도록 규정하고 있다.

② 판례

판례는 법령에 특별한 규정이 없는 한 민법상의 법리에 따라 악의로 되는 시점부터 이자를 붙여 반환하여야 한다는 입장을 취하고 있다(대판 2004.4.11, 선고 99다4283).

[관련 판례]

★ 부당이득의 사례

적법한 통고처분 없이 가납금을 벌금 또는 추징금에 충당하여 국고에 귀속시켰다면 이는 국가가 법률상 원인 없이 이득을 본 것이라 할 것이다(대판 1970.9.22, 70다1605).

★ 부당이득의 반환범위의 사례

제3자가 체납자가 납부하여야 할 체납액을 체납자의 명의로 납부한 경우에는 원칙적으로 체납자의 조세채무에 대한 유효한 이행이 되고, 이로 인하여 국가의 조세채권은 만족을 얻어 소멸하므로, 제3자는 국가에 대하여 부당이득반환을 청구할 수 없다(대판 2015.11.12, 2013다215263).

2) 행정객체(사인)의 부당이득

(1) 유형

① 행정주체의 부당이득과 마찬가지로 사인의 이득이 행정행위에 근거한 경우에는 그 행정행위가 무효 또는 취소될 때 부당이득이 성립된다. 그러나 위법한 행정행위라도 취소권의 제한에 의하여 취소할 수 없는 경우는 부당이득을 구성하지 아니한다.

② 사인이 국유지를 무단사용하는 경우와 같이 행정행위와 무관하게 사인이 부당이득을 취하는 것도 가능하다.

③ 대표적인 예로 공무원의 봉급액초과수령, 무자격자의 연금수령 등을 들 수 있다.

(2) 반환의무의 범위

사인이 수익자인 경우에도 사인은 받은 이익의 전부를 반환하여야 한다는 것이 일반적인 견해이다.

(3) 반환청구권과 강제징수

행정주체의 부당이득반환청구권의 행사와 관련하여, 명문규정이 있는 경우에는 그에 따라 보조금의 반환을 명하거나, 불이행시에는 행정상 강제징수를 할 수 있다.[128]

5. 부당이득청구권의 시효기간

1) 타법률에 명문의 규정이 없는 경우, 행정주체의 부당이득과 사인의 부당이득 모두 소멸시효기간은 5년이다(예산회계법(현 국가재정법) 제96조 및 지방재정법 제69조).

---

128) 보조금의예산 및 관리에 관한 법률 제31조 제1항. "… 중앙관서의 장은 … 반환하여야 할 보조금에 대하여는 국제징수의 예에 따라 이를 징수할 수 있다"고 규정하고 있다.

2) 한편 공법상 부당이득반환청구건의 시효에 대하여 명문의 규정을 둔 경우도 적지 않다. 예컨대 관세법은 2년, 산업재해보상보험은 3년, 국세기본법은 5년으로 시효기간을 정하고 있다.

제 2 편

행정작용법

제1장 행정입법
제2장 행정행위
제3장 기타 그 밖의 행정작용
제4장 행정절차
제5장 정보공개와 개인정보의 보호

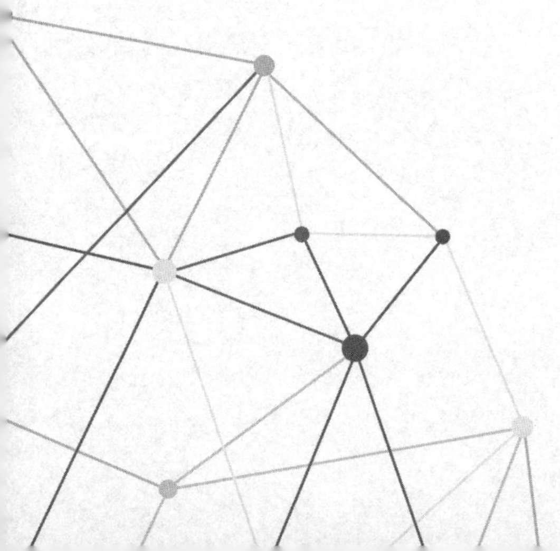

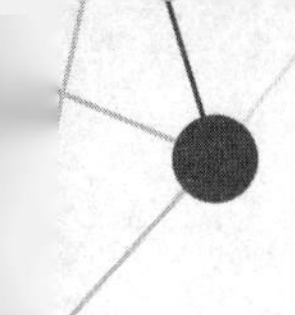

제 1 장
행정입법

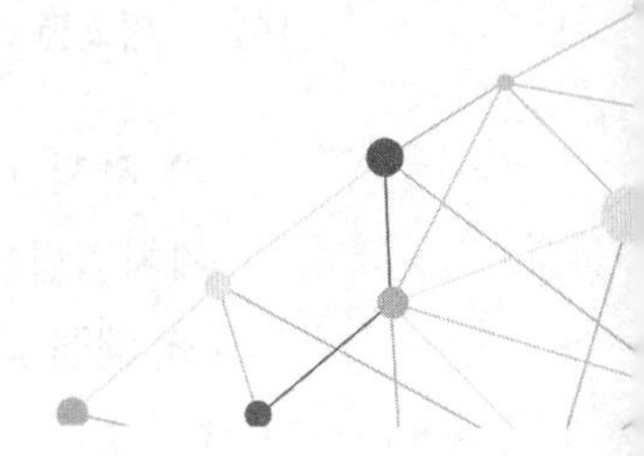

제1절 개 설

Ⅰ. 행정상 입법

* 경정 90년, 91년, 95년
– 행정상 입법의 종류와 통제
* 행시 5회, 6회, 26회
– 행정상 입법의 한계와 그 통제를 논하라

1. 의의

(1) 행정상 입법이라 함은 국가나 공공단체 등 행정주체가 법조(法條)의 형식으로 일반적, 추상적[129)]인 규율을 제정하는 작용 또는 그에 의해 제정된 규범을 의미한다.

(2) 일반적으로 국회가 제정하는 법을 '법률'이라 부르는데 대하여, 행정권이 정립하는 법[130)]을 「행정입법」이라고 부른다.

2. 종류

행정입법은 실정법상의 개념이 아니라 학문상의 개념이다. 행정입법에는 국가행정권에 의한 입법과 지방자치단체에 의한 입법이 있다.

1) 국가행정권에 의한 입법

법규의 성질을 갖는 법규명령과 법규의 성질을 갖지 않는 행정규칙으로 구분하는 것이 통설적 견해이다. 행정규칙을 행정명령이라고도 한다.

---

129) 여기서 '일반적'이란 불특정 다수인에게 적용된다는 의미를 가지며, '추상적'이란 불특정 다수의 사건에 적용된다는 의미를 가진다. 즉, 법은 특정인 또는 특정사건에 적용하기 위하여 제정된 것이 아니라, 불특정 다수인과 불특정 다수의 사건에 적용하기 위하여 제정된 것이다.

130) 행정기관이 일반 국민에게 행하는 가장 보편적인 작용은 행정행위(처분)를 하는 것이지만, 때로는 법을 제정하는 경우도 있다. 이렇게 행정기관이 법을 제정하는 것을 행정상 입법이라 한다.

2) 자치단체에 의한 입법

자치입법은 다시 조례 · 규칙 · 교육규칙으로 구분할 수 있다.

3) 행정입법의 체계도

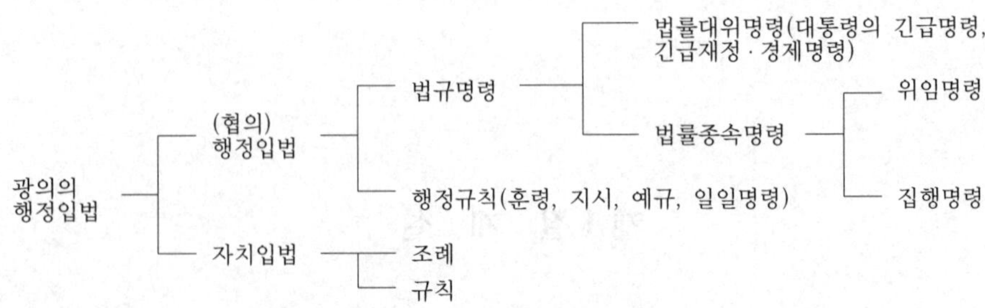

Ⅱ. 행정입법의 필요성과 통제

1. 행정입법의 필요성

1) 법률에 의한 행정의 원리에 충실하려면 가능한 한 의회가 제정한 법률로 행정을 규율하는 것이 가장 바람직하다.

2) 그러나 (1) 현대 행정의 전문화 · 기술화, (2) 급속한 사정변화에 대한 행정의 능동적 · 신축적 적응, (3) 정치적 중립성, (4) 지방적 특수사정에 대응하기 위한 대응 등의 요청은 행정입법의 필요성을 증가시키고 있다.

2. 통제의 필요와 현대적 과제

1) 행정입법의 증가는 법치주의를 침해할 우려가 있다는 점에서, 한편으로 행정입법에 대한 통제의 필요성이 증가하고 있다.

2) 오늘날 행정상 입법에 있어서의 과제는 행정상 입법은 인정하되 그 한계를 어디에 둘 것인가(한계론), 또한 그 한계를 벗어난 경우 어떻게 통제할 것인가(통제론) 하는데 있다.

3) 따라서 행정입법에 관한 논의의 중심은 19세기의 위임입법금지론[131] → 위임입법한계론 → 행정입법에 대한 통제론으로 변천하고 있다.

---

131) 19세기 위임입법금지론과 관련하여 근대 법치국가에서는 권력분립, 법률의 지배, 의회주의 원리가 철저히 지켜졌던 관계로 위임위법은 인정할 수 없었다. 영미법계에서도 자기의 권한을 타(他)에 위임하는 것은 허용되지 않는다는 권한비위임원리(權限非委任原理) 및 의회는 국민으로부터 위임받은 입법권을 다시 행정부에 위임할 수 없다는 복위임금지의 원리(復委任禁止의 原理)가 위임입법금지론의 근거로 작용하였다.

제2절 법규명령

* 행시 6회, 16회 * 외시 32회

I. 개 설

1. 의의

1) 법규명령이란 일반통치권에 기초하여 행정기관이 정립하는 일반적·추상적 명령으로서 법규성을 가지는 것을 말한다.

2) 여기서 법규는 국가와 국민 사이의 관계를 규율하는 성문의 일반적·추상적 규정으로서, 국민과 행정권을 구속하고 재판규범이 되는 법규범을 말한다.

2. 성질

1) 법규명령과 행정규칙의 비교

(1) 법규명령의 성질

법규명령의 정립행위는 형식적 의미에서는 행정에 속하나, 실질적 의미에서는 입법에 속한다. 따라서 이러한 법규명령은 법규이기 때문에 일반적·대외적 구속력을 가진다.

(2) 법규명령과 행정규칙의 이동(異同)

구분	법규명령(위임명령, 집행명령)	행정규칙
유사점	1) 법규명령과 행정규칙은 다같이 일반적·추상적 성질을 갖는 규범으로서, 행정의 기준이 되는 규범이다. 2) 행정기관은 양자 모두 준수하여야 할 법적 의무를 진다.	
차이점		
성격	타율적 행정입법이다. 따라서 그 근거는 법령상의 수권(위임)의 범위내에서 제정하여야 한다.	자율적 행정입법이다. 따라서 행정권이 헌법제정권력자로부터 부여받은 고유한 권능에 근거하여 제정할 수 있다.
법형식	헌법이 예정한 대통령령·총리령·부령 형식(헌법 제75조·제95조). 예외적으로 고시(훈령)형식의 법규명령도 있다(대통령훈령 제28호 행정규제기본법 제4조 제2항)	「사무관리규정」이 예정한 고시·훈령 등의 형식이 원칙이나, 예외적으로 대통령령·총리령·부령의 형식을 취하기도 한다. 그러나 법령에 근거하지 아니한 시행령·시행규칙 등은 법규명령이 아니고 행정규칙이다.
효과의 성질	1) 행정주체와 국민 간의 관계를 규율하는 법규범이다. 2) 일반적으로 대외적 구속력을 갖고, 법규명령에 위반하는 행위는 위법하다. 3) 법규명령은 법규명령의 형식을 취하고,	1) 행정조직내부에서 적용되기 위하여 제정된 규범이다. 2) 그 자체로서는 행정기관만을 구속하며, 원칙상 대외적 구속력을 갖지 않는다. 다만 오늘날 학설은 재량준칙 등 일부 행정규칙에

	공포가 효력발생요건이다.	는 대외적 구속력이 있는 것으로 인정하고 있으나, 판례는 행정규칙의 대외적 구속력을 원칙상 인정하지 않는다. 3) 행정규칙은 법규명령의 형식을 취하지 않으며, 공포도 의무적인 것이 아니다.

2) 법규명령과 행정행위의 구별[132)]

법규명령은 법률관계의 "일반적·추상적 규율"인 점에서, 개별적·구체적인 행정처분과 구별된다.

Ⅱ. 법규명령의 근거

1. 법규명령을 제정하기 위해서는 「헌법」 또는 법률, 기타 상위명령의 근거가 필요하다.

2. 긴급명령

대통령의 긴급명령 및 긴급재정·경제명령은 헌법 제76조를 근거로 하여 발하여 진다.[133)]

3. 위임명령

1) 위임명령은 헌법상의 일반적 근거만으로 제정할 수 없고, 반드시 개별적·구체적 위임이 있어야 발할 수 있다(헌법 제75조, 동법 제95조).

2) 따라서 법률 또는 상위법령의 위임취지에 어긋나거나 위임근거가 없는 위임명령의 효력은 무효이다(헌재 1993.5.13, 92헌마80).

4. 집행명령

1) 집행명령은 법규명령임에도 불구하고 헌법이나 상위법령에 의한 명시적 수권규정이 없더라도 직권으로 발할 수 있다.[134)]

---

132) 박균성, 전게서, P.118.

133) ① 「헌법」 제76조 제1항은 "긴급재정·경제명령은 내우외환, 천재지변 또는 중대한 재정·경제상의 위기에 있어서, 국가의 안전보장 또는 공공의 안녕·질서를 유지하기 위하여 긴급한 조치가 필요하고, 국회의 집회를 기다릴 여유가 없을 때 최소한으로 필요한 재정·경제상의 처분을 하거나 이에 관하여 법률의 효력을 가지는 명령을 발할 수 있다"고 규정하고 있다.
② 「헌법」 제76조 제2항은 "긴급명령은 국가의 안위에 관계되는 중대한 교전상태에 있어서 국가를 보위하기 위하여 긴급한 조치가 필요하고 국회의 집회가 불가능한 때에 한하여 발할 수 있다"고 규정하고 있다.

134) 집행명령을 직권으로 발할 수 있는 이유는 새로운 입법사항을 규율하는 것이 아니고, 법률의 집행을 위하여 필요한 세부적·기술적 사항에 관한 규율을 그 내용으로 하기 때문이다.

2) 집행명령이 없어도 법령이 시행될 수 있는 경우에는 특별한 규정이 없는 한 행정권에게 집행명령을 제정할 의무는 없다.

3) 집행명령의 근거로 보통은 법률에서 “본 법 시행에 필요한 사항은 대통령령으로 정한다”는 조항을 두고 있다. 그러나 이러한 규정은 주의적 규정에 불과하며, 이러한 조항이 없더라도 집행명령을 발할 수 있다.

Ⅲ. 법규명령의 종류

1. 효력 및 내용에 의한 분류

이에는 헌법적 효력을 가지는 비상명령, 법률적 효력을 갖는 법률대위명령, 법률보다 하위의 효력을 갖는 법률종속명령이 있다.

1) 비상명령(헌법대위명령)

(1) 비상사태의 수습을 위해 헌법을 정지시키거나 보완하기 위해 발해지는 헌법적 효력을 갖는 명령이다.

(2) 종전 우리나라의 제4공화국 헌법상의 긴급조치, 제5공화국 헌법상의 비상조치를 들 수 있다. 현행 헌법상으로는 비상명령이 인정되지 아니한다.

2) 법률대위명령(독립명령)

(1) 법률대위명령이란 법률적 효력을 갖는 명령으로, 헌법에 직접 근거하여 발해진다.

(2) 현행헌법 제76조의 긴급명령, 긴급재정 및 경제명령이 이에 해당한다.

3) 법률종속명령

법률종속명령이란 법률보다 하위적 효력을 가지는 명령을 말한다. 법률종속명령은 다시 위임명령과 집행명령으로 나누어진다.

4) 위임명령

(1) 위임명령이라 함은 법률 또는 상위명령의 위임에 의해 새로운 법규사항을 정하는 명령이다.

(2) 위임명령은 위임에 의한 것이기 때문에, 위임받은 범위 내에서 법규적인 사항을 정할 수 있다. 위임명령은 성질상 법령을 보충하는 명령이라 할 수 있다.

5) 집행명령

(1) 집행명령이란 상위법을 시행하기 위하여 필요한 사항을 법령의 위임(근거)없이 직권으로 발하는 명령이다.

(2) 집행명령은 새로운 국민의 권리·의무에 관한 법규사항을 정할 수 없다. 현행 헌법상

집행명령은 헌법에서 직접적인 근거를 찾는다(헌법 제75조 · 제76조).

2. 법제정 근거에 따른 분류

1) 헌법에 근거한 법규명령

(1) 대통령령

대통령이 법률에서 구체적으로 범위를 정하여 위임받은 사항과 법률을 집행하기 위해 필요한 사항에 관하여 발하는 명령을 말한다(헌법 제75조). 보통 시행령이라고 불리며 내용상 위임명령과 집행명령을 포함하고 있다.

(2) 총리령 · 부령

국무총리 또는 행정각부의 장이 소관사무에 관하여 법률이나 대통령령의 위임 또는 직권으로 총리령 또는 부령을 발하는 명령을 말한다(헌법 제95조). 보통 시행규칙 또는 시행세칙이라고 하며, 위임명령과 집행명령을 포함한다.

(3) 중앙선거관리위원회규칙

① 중앙선거관리위원회는 법령의 범위 안에서 선거관리 · 국민투표관리 · 정당사무 등에 관한 규칙을 제정할 수 있다(헌법 제114조 제6항).

② 중앙선거관리위원회 규칙은 법규명령의 성질을 가지고 있으며, 내용적으로는 위임명령과 집행명령이 모두 포함되어 있다.

③ 이러한 명령은 대통령으로부터 독립되어 있는 기관이 발하는 법규명령이며, '규칙'이라는 명칭을 붙인다.

(4) 그 이외에 국회규칙(동법 제64조), 대법원규칙(동법 제108조), 헌법재판소규칙(동법 제113조)이 있다.

2) 헌법이 명시하지 않은 법규명령

(1) 감사원규칙

① 헌법상 근거 없이 감사원법 제52조에 근거하여 제정된 것이다.

② 감사원규칙의 성질 문제와 관련하여 법규명령으로 보는 견해와 행정규칙으로 보는 견해가 있으나, 법규명령으로 보는 것이 통설이다.

(2) 고시형식의 법규명령

① 의의

법규명령의 특별한 형태로 법령에 근거하여 제정된 고시(告示) 또는 훈령형식의 법규명령을 말한다.

[고시형식의 법규명령의 예]

정보통신망 이용촉진 및 정보보호 등에 관한 법률(제42조) 및 정보통신망 이용촉진 및 정보보호 등에 관한 법률시행령 제24조에 근거한 「청소년 유해매체물의 표시방법에 관한 방송통신위원회 고시」는 법규명령에 해당한다. 이러한 「방송통신위원회 고시」에 위반하게 되면, 벌칙이 가해진다.

② 근거

헌법은 고시(훈령)형식의 법규명령을 규정하고 있지 않다. 고시(훈령)형식의 법규명령은 법률·학설·판례에 의하여 '고시(告示)형식의 법규명령을' 인정하고 있다.

[관련 판례]

대법원은 "식품제조영업허가기준이라는 고시는 공익상의 이유로 허가를 할 수 없는 영업의 종류를 지정한 권한을 부여한 (구)식품위생법제23조의3 제4호에 따라 보건사회부장관이 발한 것으로서, 실질적으로 법의 규정내용을 보충하는 기능을 지니면서 그것과 결합하여 대외적으로 구속력이 있는 법규명령의 성질을 가진 것이다"라고 판시하였다(대판 1994.3.8, 92누1728).

3) 법규명령의 기본적인 법형식은 대통령령·총리령·부령이지만, 보충적인 형식으로 고시(훈령)형식의 법규명령도 있다. 고시(훈령)형식의 법규명령을 「행정규칙형식의 법규명령」이라고도 한다.

3. 관련문제

1) 행정 각부가 아닌 경우의 법규명령의 제정권자

(1) 헌법은 부령의 발령권자를 행정각부의 장으로 규정하고 있다. 따라서 행정각부의 장(長)에 해당하지 않는 국무총리직속기관(예컨대, 국가보훈처장, 법제처장, 식품의약품안전처장 등)이나 행정각부 소속기관(예컨대, 경찰청장 등)은 독자적으로 부령을 발할 수 없다.

(2) 이러한 경우는 총리령이나 부령으로 발하여야 한다.

2) 총리령과 부령의 관계

(1) 총리령과 부령사이의 효력상 우열에 대하여, 「총리령우월설」과 「동위설」의 견해가 대립하고 있다.

(2) 국무총리는 일면 행정각부의 장과 같이 분장사무를 처리하는 중앙행정관청으로서의 지위를 가지는 한편, 대통령의 명을 받아 행정각부를 통할하는 지위에 있으므로, 총리령이 부령보다 우위에 있다는 견해가 다수설이다.

Ⅳ. 법규명령의 한계

1. 위임명령의 한계

위임명령의 한계란 법규명령에 대한 위임을 정하는 수권규정을 제정할 때 준수해야 할 한계를 의미한다.

1) 법률 또는 상위명령의 위임

(1) 위임명령은 법률이나 상위명령에서 구체적으로 범위를 정한 개별적인 수권규범이 있는 경우에만 가능하다.

(2) 따라서 상위법령의 위임이 없는 법규명령(대통령령 · 총리령 · 부령)은 일반 국민에 대하여 구속력을 가지는 법규명령으로서의 효력은 없고, 행정조직 내에서 적용되는 행정명령의 성격을 지닐 뿐, 대외적 구속력은 없다(대판 2013.9.12, 2011두10584).

[관련 판례]

★ 위임입법이란 … 일반적 · 추상적 규범을 정립하는 것을 의미하는 것으로 형식적 의미의 법률(국회입법)에는 속하지 않지만, 실질적으로는 행정에 의한 입법으로 법률과 같은 성질을 갖는 법규의 정립이기 때문에 권력분립주의 내지 법치주의의 원리에 비추어 그 요건이 엄격할 수밖에 없으니 법규적 효력을 가지는 행정입법의 제정에는 반드시 구체적이며 명확한 법률의 위임을 요한다(헌재 2001.4.26, 2000헌마122).

★ 법령의 위임이 없음에도 법령에 규정된 처분요건에 해당하는 사항을 부령에서 변경하여 규정한 경우에는 그 부령의 규정은 행정청 내부의 사무처리기준 등을 정한 것으로서 행정조직 내에서 적용되는 행정명령의 성격을 지닐 뿐 국민에 대한 대외적 구속력은 없다고 보아야 한다. 따라서 어떠한 행정처분이 그와 같이 법규성이 없는 시행규칙 등의 규정에 위반된다고 하더라도 그 이유만으로 처분이 위법하게 되는 것은 아니다(대판 2013.9.12, 2011두10584)

2) 수권의 한계

(1) 일반적 · 포괄적 위임의 금지

① 입법권자(입법부)는 자신의 입법권한을 전면적으로 행정부에 위임할 수 없다. 즉, 위임은 구체적 · 개별적인 수권(授權)이 있어야 하고, 일반적 · 백지적 수권은 허용되지 아니한다(헌법 제75조). 다만, 다음과 같은 경우는 예외를 두고 있다.

② 조례에 대한 포괄적 위임의 허용

㉠ 조례는 법령에 위반되지 않는 한도 내에서 법률의 개별적인 위임이 없어도 제정될 수 있다.

㉡ 다만, 주민의 권리제한 또는 의무부과에 관한 사항이나 벌칙을 정할 때에는 법률의 위임이 있어야 한다.

ⓒ 판례는 자치조례에 대한 위임 등 자치법적 사항의 위임에 있어서는 포괄위임금지의 원칙이 적용되지 않으며, 포괄적 위임도 가능하다는 입장이다(대판 2013.9.2, 2011두10584).

③ 공법적 단체의 정관에 대한 위임

법률이 자치적인 사항을 공법적 단체의 정관으로 정하도록 위임한 경우 헌법 제75조·제95조의 포괄위임입법금지원칙이 적용되지 않는다. 다만, 국민의 권리·의무에 관한 기본적이고 본질적인 사항은 국회가 정하여야 한다(대판 2007.10.12, 2006두14476).

(2) 국회전속적 입법 사항의 위임 금지

① 「헌법」에서 법률로 정하도록 규정된 사항을 국회전속사항이라 한다. 국회는 「헌법」에 의하여 국회의 전속적 권한으로 된 사항에 관한 입법권은 원칙적으로 위임할 수 없다(예컨대, 국적취득요건, 죄형법정주의, 조세법률주의 등).

② 입법사항이라도 전적으로 법률로 규율되어야 하는 것은 아니고, 그 세부적 사항에 관하여 구체적으로 범위를 정하여 행정입법에 위임하는 것은 가능하다고 보는 것이 통설·판례의 입장이다.

[관련 판례]

★ 병의 복무기간은 국방의무의 본질적 내용에 관한 것이어서 이는 법률로 정하여야 할 입법사항에 속한다(대판 1985.2.28, 85초13).

★ 입법자는 법률에서 구체적으로 범위를 정하기만 한다면 대통령령뿐만 아니라 부령에 입법사항을 위임할 수 있다(헌재결 1998.2.27, 97헌마64).

★ 위임입법의 구체성·명확성의 요구 정도는 규제대상의 종류와 성격에 따라 달라지는데, 국민의 기본권을 제한하거나 침해할 소지가 있는 법규에서는 구체성·명확성의 요구가 강화되어 더 엄격하게 제한적으로 규정되어야 하는 반면에, 급부행정영역에서는 위임의 구체성·명확성 요건이 완화되어야 할 것이다(헌재결 1997.9.25, 96헌바18).

★ 법령의 위임관계는 반드시 하위법령의 개별조항에서 위임의 근거가 되는 상위법령의 해당조항을 구체적으로 명시하고 있어야만 하는 것은 아니다(대판 1999.12.24, 99두5658).

★ 헌법 제75조의 '구체적으로 범위를 정하여'라 함은 법률에 대통령령 등 하위법규에 규정될 내용 및 범위의 기본사항이 가능한 한 구체적이고도 명확하게 규정되어 있어서 누구라도 당해 법률 그 자체로부터 대통령령 등에 규정될 내용의 대강을 예측할 수 있어야 함을 의미한다(헌재결 1977.9.25, 96헌바18).

★ 일반적으로 법률의 위임에 의하여 효력을 갖는 법규명령의 경우, 구법에 위임의 근거가 없어 무효였더라도 사후에 법개정으로 위임의 근거가 부여되면 그때부터는 유효한 법규명령이 되나, 반대로 구법의 위임에 의한 유효한 법규명령이 법개정으로 위임의 근거가 없어지게 되면 그때부터 무효인 법규명령이 된다(대판 2017.4.20, 2015두45700).

(3) 처벌규정의 위임

① 처벌규정을 법규명령에 위임하는 것은 죄형법정주의에 의하여 원칙적으로 인정되지 않는다.

② 그러나 법률에서 범죄의 구성요건의 구체적 기준과 벌칙의 최고·최소한도를 정하고 그 범위 내에서 구체적인 사항을 위임하는 것은 허용된다고 보는 것이 통설·판례의 입장이다.

[관련 판례]

★ 죄형법정주의와 위임입법의 한계

죄형법정주의와 위임입법의 한계와 관련하여 헌법재판소는 "처벌법규를 위임하기 위하여는 첫째, 특히 긴급할 필요가 있거나 미리 법률로서 자세히 정할 수 없는 부득이한 사정이 있는 경우에 한정되어야 하며, 둘째, 이러한 경우일지라도 법률에서 범죄의 구성요건은 처벌대상행위가 어떠한 것일 것이라고 이를 예측할 수 있을 정도로 구체적으로 정하여야 하며, 셋째, 형벌의 종류 및 그 상한과 폭을 명백히 규정하여야 한다"고 판시하고 있다(헌재 1995.10.26, 93헌바62).

(4) 전면적 재위임의 금지

① 법령에 의하여 위임된 입법에 관한 권한을 전면적으로 다시 하위명령에 위임하는 것은 허용되지 않는다(백지재위임).

② 다만, 판례는 위임받은 사항에 관하여 일반적인 사항을 규정하고, 그 세부적인 사항을 하위명령에 재위임하는 것은 가능하다고 판시하고 있다.

[관련 판례]

★ 재위임의 범위

법률에서 위임된 사항에 관하여, 대통령령은 대강을 정한 다음 그 세부적인 사항의 보충을 다시 부령(部令)과 같은 하위명령에 위임하는 것을 재위임이라 한다. 헌법재판소는"재위임에 의한 부령의 경우에도 위임에 의한 대통령령에 가해지는 헌법상의 제한이 당연히 적용되므로 위임받은 사항을 전혀 규정하지 아니하고 그대로 재위임하는 것은 허용되지 않으며, 위임받은 사항에 관하여 대강을 정하고 그 중의 특정사항에 대하여 범위를 정하여 하위법령에 다시 위임하는 경우에만 재위임이 허용된다(헌재결 1992.2.29, 94헌마213).

(5) 형식적 권한의 위임금지

① 법률의 명령에 대한 수권은 해당기관에 전속하는 것이므로 (예컨대, 대통령·총리·각부장관), 그 명령권 자체를 타기관에 위임할 수 없다. 즉, 대통령령은 대통령만 제정할 수 있으며, 이를 국무총리나 각부 장관에게 위임할 수 없다.

② 판례는 법률 또는 대통령령으로 규정할 사항이 부령으로 규정되었다면 그 부령은 무효라고 판시한 바 있다(대판 1962.1.25, 4294민상9).

2. 집행명령의 근거와 한계

1) 집행명령의 근거

집행명령은 위임명령과는 달리 헌법 제75조와 제76조에 근거하여 상위법률 등의 수권이 없어도 직권으로 발령될 수 있다(대판 2006.10.27, 2004두12261).

2) 집행명령의 한계

집행명령은 법률 또는 상위명령을 집행하기 위하여 필요한 구체적인 절차·형식만을 규정할 수 있음에 그친다. 따라서 집행명령으로 상위법령에 규정이 없는 새로운 국민의 권리·의무에 관한 사항을 정할 수 없다.[135)]

3) 위임명령과 집행명령의 이동(異同)

구분	위임명령	집행명령
같은점	법규성 인정함	법규성 인정함
차이점	1) 새로운 입법사항(법규사항) 규정 가능함 2) 상위법령의 명시적 근거가 필요함	1) 새로운 입법사항(법규사항) 규정불가 2) 상위법령의 명시적 근거가 불필요함

Ⅴ. 법규명령의 성립 · 효력 · 소멸

1. 법규명령의 성립요건

법규명령은 법규명령제정권자가 제정하여 법규명령의 형식으로 공포함으로써 성립한다.

1) 주체

법규명령은 대통령·국무총리·행정각부 장관 등 정당한 권한을 가진 기관이 그 권한의 범위 내에서 제정한 것이어야 한다. 대법원은 "법률 또는 대통령령으로 규정할 사항이 부령으로 규정되었다면, 그 부령은 무효"라고 판시하고 있다(대판 1962.1.25, 4294민상9).

2) 내용

(1) 내용이 상위법령에 근거가 있어야 하며(법률유보의 원칙), 그에 저촉되지 않아야 한다(법률우위의 원칙).

(2) 또한 그 규정내용이 명확하고 실현 가능한 것이어야 한다.

---

135) 예컨대, 허가의 요건은 법률로 규정되어야 하며, 법률의 근거 없이 행정권이 독자적으로 허가요건을 추가한다면 그것은 기본권의 제한에 해당하기 때문이다. 따라서 법률이나 법률의 위임을 받은 위임명령에 의해서는 허가시설의 기준을 정할 수 있지만, 법률 또는 상위법령을 집행하기 위하여 필요한 사항만을 정할 수 있는 집행명령으로는 허가의 시설기준을 독자적으로 정할 수 없다.

3) 절차

(1) 내부적 절차

① 법규명령은 법정 절차에 따라 정립되어야 한다. 대통령령인 경우, 법제처의 심사와 국무회의의 심의를 거쳐야 한다.

② 총리령 · 각 부령(部令)은 법제처의 심사를 거쳐야 한다. 그러나 국무회의의 심의는 거칠 필요가 없다.

(2) 외부적 절차

다수 국민의 일상 생활과 관련하여 중요한 의미를 가지는 법령안(法令案)[136]은 그 입법취지 · 중요내용을 항목별로 관보 · 공보나 인터넷 · 신문 · 방송 등의 방법으로 할 수 있으며, 특별한 사정이 없는 한 40일(자치법규 20일) 이상 입법예고기간을 거쳐 이해관계인 등으로부터 의견 제출을 받아야 한다.

4) 형식

법규명령은 법조문형식(法條文形式)으로 한다. 명령제정권자(대통령령 · 총리령 · 부령)는 명령에 서명 · 날인하고, 번호와 일자를 기재하여야 한다.

5) 공포(公布)

법규명령은 이를 외부에 공포함으로써 성립한다. 공포는 관보(官報)에 게재하는 방법에 의하며, 공포일은 그 법규명령을 게재한 관보발행일이다.

2. 법규명령의 효력발생요건

1) 법규명령의 시행시기는 특별한 규정이 없는 한 공포한 날로부터 20일이 경과함으로써 효력이 발생한다.

2) 다만, 국민의 권리 · 의무에 직접 관계되는 명령은 특별한 사유를 제외하고는 공포일로부터 적어도 30일을 경과한 날로부터 시행된다.

3. 성립 · 효력요건의 하자(흠)

1) 하자있는 법규명령의 효과

(1) 법규명령의 적법요건에 하자가 있으면 위법이 된다. 하자있는 법규명령은 행정행위와는 달리 공정력이 인정되지 않으므로 취소행위로 보지 않고, 무효로 보는 것이 통설(중대명백설)[137] · 판례의 입장이다. 따라서 항고소송의 대상이 되지 않는다.

---

136) 대통령령으로 되어 있는 '법령안 입법예고에 관한 규정'에 따르면 다수 국민의 일상생활과 관련되는 중요분야의 법령안은 '법령안 입법예고'가 되도록 규정하고 있다.

137) 김남진, 「행정법(Ⅰ)」, 법문사, 2000, p.175; 유지태, 「행정법신론」, 신영사, 1999, p.213.

(2) 처분적 법규명령

① 법규명령은 원칙적으로 일반적 · 추상적 명령이기 때문에, 비록 이에 하자가 있더라도 항고소송의 대상이 되지 않는다.

② 처분적 법규명령은 대통령령 · 총리령 · 부령 등의 법규명령의 형식을 취하지만, 실질적으로는 관련자의 개별성과 구체성을 가짐으로써 행정행위의 성질을 갖는 법규명령을 말한다(대판 1996.9.20, 95누8003).

③ 따라서 법규명령이 처분성을 갖는 처분적 법규인 경우에는 예외적으로 항고소송의 대상이 된다.

2) 하자있는 법규명령에 따른 행정행위의 효과

(1) 하자 있는 법규명령에 따른 행정행위는 당연히 하자 있는 것이 된다. 하자 있는 법규명령에 따른 행정행위는 내용상 중대한 하자를 갖는다.

(2) 따라서 근거된 법규명령의 하자가 외관상 명백하다면 그러한 행위는 무효가 되고, 외관상 명백하지 않다면 취소할 수 있는 행위가 된다.

(3) 판례는 위헌 · 위법무효인 시행령이나 시행규칙에 근거한 행정처분의 효력은 대법원의 위법하여 무효라고 선고되지 아니한 상태에서는 그 시행령 규정의 위헌 내지 위법여부가 객관적으로 명백한 것이라 할 수 없으므로, 이러한 시행령에 근거한 행정처분의 하자는 취소사유에 해당할 뿐 무효사유가 되지 아니한다(대판 2007.6.14, 2004두619).

(4) 일반적으로 법률의 위임에 의하여 효력을 갖는 법규명령의 경우, 구법에 위임의 근거가 없이 무효였더라도 사후에 법개정으로 위임의 근거가 부여되면 그때부터는 유효한 법규명령이 되나, 반대로 구법의 위임에 의한 유효한 법규명령이 법개정으로 위임의근거가 없어지게 되면 그때부터 무효인 법규명령이 된다(대판 1995.6.30, 93추83).

[관련 판례]

★ 위법 · 무효인 시행령이나 시행규칙의 규정을 적용한 하자 있는 행정처분이 당연무효로 되려면 그 규정이 행정처분의 중요한 부분에 관한 것이어서 결과적으로 그에 따른 행정처분의 중요한 부분에 하자가 있는 것으로 귀착되고 또한 그 규정의 위법성이 객관적으로 명백하여 그에 따른 행정처분의 하자가 객관적으로 명백한 것으로 귀착되어야 한다(대판 1984.8.21, 84다카353).

★ 일반적으로 시행령이 헌법이나 법률에 위반된다는 사정은 그 시행령의 규정을 위헌 또는 위법하여 무효라고 선언한 대법원의 판결이 선고되지 아니한 상태에서는 그 시행령 규정의 위헌 내지 위법 여부가 해석상 다툼의 여지가 없을 정도로 명백하였다고 인정되지 아니하는 이상 객관적으로 명백한 것이라 할 수 없으므로, 이러한 시행령에 근거한 행정처분의 하자는 취소사유에 해당할 뿐 무효사유가 되지 아니한다(대판 2007.6.14, 2004두619).

3. 법규명령의 소멸

1) 폐지

(1) 폐지란 법규명령의 효력을 장래에 향해 소멸시키는 행정권의 의사표시를 말한다.

(2) 법규명령의 폐지는 명시적으로 행해질 수 있으며, 당해 법규명령과 내용상 저촉되는 상위법령의 범위 내에서 폐지되는 묵시적인 폐지도 행하여 질 수 있다.

2) 실효

법규명령은 일정사실의 발생으로 소멸하는데, 이를 실효라 한다. 실효의 사유로는 다음과 같은 것들이 있다.

(1) 법규명령은 내용상 충돌되는 상위 또는 동위의 법령이 제정됨으로써 그 효력이 소멸된다. 이것은 "상위법은 하위법을 깨뜨린다", "신법은 구법을 깨뜨린다"는 원칙이 적용됨을 의미한다.

(2) 법정부관의 성취

법규명령에 시행기간이 규정되어 있는 한시법인 경우에 그 종기의 도래에 의하여 소멸되고, 해제조건이 붙여진 명령은 해제조건의 성취로 법규명령은 소멸한다.

(3) 근거법령의 소멸

① 법규명령은 법률 또는 상위법령이 소멸되면 그 효력이 소멸됨이 원칙이다. 따라서 집행명령의 경우에도 근거법령인 상위법령이 폐지되면, 특별한 규정이 없는 한 실효된다.

② 다만 근거법령인 상위법령이 개정됨에 그친 경우, 집행명령은 개정된 상위법령의 시행을 위한 집행명령이 새로이 제정·발효될 때까지는 여전히 그 효력을 유지한다(대판 1989.9.12, 88누6962).

[관련 판례]

★ 집행명령의 효력

대법원은"상위법령의 시행에 필요한 세부적 사항을 정한 이른바 집행명령은 근거법령인 상위법령이 폐지되면 특별한 규정이 없는 한 실효된다. 그러나 상위법령이 개정됨에 그친 경우에는 성질상 이와 모순·저촉되지 아니하는 한 개정된 상위법령의 시행을 위한 집행명령이 새로이 제정·발효될 때까지는 여전히 그 효력을 유지한다고 할 것이다"라고 판시하고 있다(대판 1989.9.12, 88누6962).

(4) 수권법률이 위헌인 경우

① 법규명령의 위임근거가 되는 법률에 대하여 위헌결정이 선고되면 그 위임에 근거하여 제정된 법규명령도 원칙적으로 효력을 상실한다(대판 2001.6.12. 2000다18547).

② 따라서 근거법률이 위헌결정으로 소멸되면 이에 근거한 법규명령은 별도의 폐지행위 없이도 그 효력을 상실한다.

Ⅵ. 법규명령에 대한 통제

1. 의회에 의한 통제

국회에 의한 통제는 직접적 통제와 간접적 통제로 나뉠 수 있다.

1) 직접적 통제

(1) 의의

① 국회가 법규명령의 성립·발효에 직접 통제를 가할 수 있는 방법으로는

㉠ 동의권 유보(법규명령의 성립과 효력발생에 국회의 동의를 요하도록 하는 통제방법),

㉡ 적극적 결의(일단효력은 발생하되 일정기간 내에 국회의 동의를 받지 못하면 효력을 상실하게 하는 방법),

㉢ 소극적 결의(국회의 취소가 없으면 효력을 발생하게 하는 방법),

㉣ 폐지(국회가 유효한 법규명령의 효력을 소멸시키는 권한을 갖는 방법),

㉤ 제출절차(단순히 법규명령을 국회에 제출케 하는 방법) 등이 있다.

② 우리나라의 경우 이에 대하여 동의권유보에 해당한다는 견해와 의회에의 제출절차에 해당한다는 견해의 대립이 있다.

(2) 우리나라의 경우

① 우리나라의 경우는 일반적으로 법규명령에 대한 통제는 인정되지 않고 있다. 다만, 대통령의 긴급명령과 긴급재정·경제명령은 지체없이 국회에 보고하여 그 승인을 얻도록 하고, 만일 승인을 얻지 못한 때에는 그때부터 효력을 상실하도록 하고 있다. 이는 국회가 사후승인을 통해서 직접 통제할 수 있는 방법 중의 하나이다.

② 국회법(제98조의 2)[138]은 대통령령 등에 대한 입법적 통제를 할 수 있도록 규정하고 있다.

㉠ 국회법 제98조의2에 의하면 중앙행정기관의 장이 국회의 소관상임위원회에 제출하는 것은 법규명령과 행정규칙이 모두 포함되나, 상임위원회가 법률에의 위반여부 등을 검토하여 법률의 취지 또는 내용에 합치되지 아니한다고 판단되는 경우에는 소관중앙행정기관의 장에

---

138) 「국회법」 제98조의2 제1항은 위임명령·집행명령으로서의 대통령령·총리령·부령(部令) 및 행정규칙인 훈령·예규·고시 등이 제정·개정 또는 폐지되었을 때에는 10일 이내에 이를 국회에 제출하도록 하고 있다.

게 통보할 수 있다.

㉡ 이 경우 중앙행정기관의 장은 그 내용에 대한 처리계획을 다시 상임위원회에 보고하도록 하고 있으나, 이에 해당하는 것은 「법규명령」에 한정하고 있다.

2) 간접적 통제

법규명령에 대하여 국회는 국무총리 또는 국무위원의 해임건의·대통령 등에 대한 탄핵소추·예산심의권·국정감사권 등 대정부통제권을 발동하여 위법한 법규명령을 간접적으로 통제할 수 있다.

2. 사법적 통제

1) 법원에 의한 통제

사법적 통제라 함은 재판을 통한 통제(법원 및 헌법재판소)를 말한다. 법규명령에 대한 사법적 통제방법은 추상적 규범통제제도를 취하고 있는 국가(예컨대, 독일)와 구체적 규범통제제도를 취하고 있는 국가로 나눌 수 있다.

(1) 법원의 명령 · 규칙심사권(구체적 규범통제)

① 의의

㉠ 우리 헌법은 구체적 규범통제만을 규정하고 있다는 것이 지배적인 견해이고, 판례의 입장이다.[139)]

㉡ 우리 「헌법」 제107조 제2항은 "명령·규칙 또는 처분이 헌법이나 법률에 위반되는 여부가 재판의 전제가 된 경우에는 대법원은 이를 최종적으로 심사할 권한을 가진다"고 규정하고 있는데, 이를 명령·규칙심사권이라고 한다.

㉢ 여기서 재판의 전제가 된다는 것은 특정의 사건을 재판할 때에 그 사건에 적용되는 명령·규칙의 위헌·위법여부가 문제됨을 뜻한다. 즉, 특정법규명령의 위헌·위법여부가 구체적 사건에 대한 재판의 전제가 되는 경우에만 법원이 심리·판단하는 선결문제심리방식에 의한 간접적 통제가 인정되고 있다.

---

139) 구체적 규범통제제도는 당해 명령·규칙에 위헌·위법적인 내용이 있다는 것만으로는 위헌·위법결정을 하지 못하고, 그 명령·규칙이 재판의 전제, 즉 그 명령·규칙을 어떤 사건에 적용하려고 할 때 적용 전에 법원이 명령·규칙이 헌법이나 법률에 위반 되었는지를 심사할 수 있는 제도를 말한다. 반면, 추상적 규범통제제도는 당해 명령·규칙에 대하여 어느 때라도 위헌·위법이라고 선언하여 무효화 시킬 수 있는 제도를 말한다. 예컨대 건축법 A조가 위임한 사항에 대하여 대통령령(건축법 시행령) B조를 제정하였는데, 제정된 건축법시행령 B조가 위법하였다. 이 경우 관할구청장이 건축법 시행령 제B조를 근거로 하여 갑이란 사람이 신청한 건축허가를 거부하였고, 이에 대하여 갑은 건축법시행령 제B조의 위법을 이유로 건축허가거부처분의 취소를 구하는 소송이 구체적 규범통제에 해당한다. 이처럼 구체적 규범통제는 「처분」을 다투면서, 간접적으로 규범의 위법을 다투는 형식이다.

② 명령 · 규칙 심사권의 주체

행정입법에 대한 심사권, 즉 구체적 규범통제의 주체는 각급법원(군사법원 포함)이 모두 가지고 있으나, 최종적인 심판은 대법원이 한다.

③ 명령 · 규칙 심사권의 대상

㉠ 구체적 규범통제의 대상은 명령(행정입법으로서의 법규명령)과 규칙(국회규칙 · 대법원규칙 · 헌법재판소 규칙 · 중앙선거관리위원회규칙), 그리고 지방자치단체의 조례와 규칙도 여기에 포함된다.

㉡ 그러나 행정입법의 하나로서 내부적 효력만을 갖는 행정규칙은 여기에 해당되지 않는다(대판 1990.2.27, 88재누55).

④ 위헌 · 위법결정의 효력

㉠ 구체적 규범통제는 명령 · 규칙 또는 처분이 헌법이나 법률에 위반되는지 여부가 전제가 된 경우에만 가능하다.

㉡ 법원에 의해서 무효(위헌 · 위법)로 판정된 법규명령은 당해 사건(개별적 사건)에 대해서만 그 적용이 거부될 뿐이며, 일반적으로 소멸되는 것은 아니다. 따라서 위헌 · 위법으로 판단된 법규명령은 공식절차에 의하여 폐지되지 않는 한 이 규정은 형식적으로는 여전히 유효한 것으로 남아 있게 된다.

⑤ 법규명령 자체의 항고소송 대상의 여부

㉠ 원칙

법규명령은 원칙적으로 일반적 · 추상적 규범이기 때문에, 비록 이에 하자가 있더라도 항고소송의 대상이 되지 않는다.

㉡ 예외적으로 처분적 법규명령의 경우, 즉 법규명령이 구체적 집행행위의 개입 없이도 그 자체로서 직접 국민의 구체적인 권리 · 의무나 법적 이익에 영향을 미치는 등의 법률상 효과를 발생하는 경우에는 법규명령에 처분성이 인정되어 항고소송의 대상이 될 수 있다.

㉢ 행정소송에 대한 대법원 판결에 의하여 명령 · 규칙이 헌법 또는 법률에 위반된다는 것이 확정된 경우에는 대법원은 지체없이 그 사유를 행정안전부 장관에게 통보하여야 한다. 통보를 받은 행정안전부 장관은 지체없이 이를 관보에 게재하여야 한다.

㉣ 처분적 조례의 경우도 그것이 직접 국민의 권리 · 의무를 구체적으로 규율하는 처분적 명령(처분법규)인 경우에는 예외적으로 항고소송(취소소송)의 대상이 될 수 있다는 것이 다수설과 판례의 태도이다(대판 1996.9.20, 95누8003).

[관련 판례]

★ 행정소송의 대상

• 대법원은"행정소송의 대상이 될 수 있는 것은 구체적인 권리의무에 관한 분쟁이어야 하고 일반적 · 추상적인 법령 그 자체로서는 국민의 구체적 권리 · 의무에 직접적 변동을 초래하는 것이 아니므로 그 대상이 될 수 없다"고 판시하고 있다(대판 1987.3.24, 86누656).

• 대법원은 "조례(경기도 두밀분교 통폐합에 관한 조례)가 집행행위의 개입 없이도 그 자체로서 직접 국민의 구체적인 권리 · 의무나 법적 이익에 영향을 미치는 등의 법률상 효과를 발생하는 경우, 그 조례는 항고소송의 대상이 되는 행정처분에 해당한다"고 하여 처분적 조례의 항고소송을 인정하고 있다(대판 1996.9.20, 95주8003).

(2) 헌법재판소의 명령 · 규칙심사권(구체적 규범통제)

① 법규명령이 재판의 전제가 된 경우에는 일반법원에서 심사하게 되어 있다(헌법 제107조 2항). 문제는 헌법재판소가 법규명령에 대하여 헌법소원의 형태로 통제할 수 있는가 하는 점이다. 이에 대하여는 적극설과 소극설의 견해에 대립이 있으나, 적극설이 다수설이다.

② 헌법재판소는 재판의 전제가 되지 않고 기본권 침해가 존재하는 경우 헌법소원의 형태로 법규명령을 심사할 수 있다고 판시하고 있다.

[관련 판례]

★ 대법원규칙(법규명령)은 헌법소원의 대상이 됨을 인정하여 적극적인 입장을 취하고 있다.

법무사법 시행규칙 제3조 제1항은 법원행정처장이 법무사를 보충할 필요가 없다고 인정하면 법무사시험을 실시하지 아니해도 된다는 것으로서 상위법인 법무사법 제4조 제1항에 의하여 모든 국민에게 부여된 법무사 자격취득의 기회를 하위법인 시행규칙으로 박탈한 것이어서 평등권과 직업선택의 자유를 침해한 것이다(헌재결 1990.10.15, 89헌마178).

③ 다만 모든 법령이 헌법소원의 대상이 되는 것은 아니고, 그 법률이 별도의 구체적 집행행위를 기다리지 않고 직접적으로, 그리고 현재적으로 헌법상 보장된 기본권을 침해하는 경우에 한정된다.

④ 헌법재판소에 헌법소원을 청구하기 위해서는 보충성의 요건을 갖추어야 한다.

㉠ 다른 법률에 의한 구제절차를 모두 거친 후에만 헌법소원을 제기할 수 있다(헌법재판소법 제68조 제1항).

㉡ 그러나 이러한 규정에도 불구하고 예외적으로 법규명령인 경우에는 다른 구제절차가 마련되어 있지 않으므로, 법규명령은 보충성의 예외에 해당한다고 보는 것이 헌법재판소의 입장이다(헌재 1990.10.15, 89헌마178).

(3) 행정입법의 부작위(행정입법부작위)에 대한 통제

① 의의

행정입법의 부작위(행정입법부작위)란 행정입법을 제정 또는 개정할 의무가 있음에도 행정기관이 합리적인 이유 없이 지체하여 행정입법을 제정·개정 또는 폐지하지 않는 것을 말한다.

② 요건

행정입법부작위가 인정되기 위해서는 ① 행정권에게 명령을 제정·개정·폐지할 의무가 있어야 하고(작위의무), ② 상당한 기간이 지났음에도 불구하고, ③ 명령이 제정·개폐되지 않았어야 한다.

[관련 판례]

★ 입법부가 법률로서 행정부에게 특정한 사항을 위임했음에도 불구하고 행정부가 정당한 이유 없이 이를 이행하지 않는다면 권력분립의 원칙과 법치국가 내지 법치행정의 원칙에 위배되는 것으로 위법함과 동시에 위헌적인 것이 된다"고 판시하였다(대판 2007.11.29, 2006다3561).

③ 행정입법의 부작위에 대한 구제

㉠ 대법원의 입장

㉮ 판례는 행정입법의 부작위에 대한 부작위위법학인 소송을 인정하지 않고 있다. 대법원은 "부작위위법확인소송의 대상이 될 수 있는 것은 구체적 권리의무에 관한 분쟁이어야 하고, 추상적인 법령에 관하여 제정의 여부 등은 그 자체로서 국민의 구체적인 권리의무에 직접적인 변동을 초래하는 것이 아니어서 행정소송의 대상이 될 수 없다"고 판시하고 있다(대판 1992.8.9, 91누11261).

㉯ 행정입법의 부작위로 인하여 손해가 발생하여 과실이 인정되는 경우에는 국가배상청구가 가능하다(대판 2007.11.29, 2006다3561).

㉡ 헌법재판소의 입장

헌법재판소는 대법원입장과는 달리 행정입법부작위에 대하여 헌법소원 제기가 가능하다고 보고 있다.

㉮ 행정부가 명령제정을 거부하거나 행정입법을 부작위하는 경우, 이는 '공권력의 행사나 불행사'이므로 당연히 헌법소원의 대상이 된다(헌재 2004.2.26, 2001헌마718).

㉯ 다만 헌법소원이 인정되기 위하여는 행정입법권이 불행사로 기본권이 직접·구체적으로 침해되었어야 한다.

> **[관련 판례]**
>
> ★ 보건복지부장관이 의료법과 대통령령의 위임에 따라 치과전문의자격시험제도를 실시할 수 있도록 시행규칙을 개정하거나 필요한 조항을 신설하는 등 제도적 조치를 마련하지 아니한 부작위는 청구인들의 기본권을 침해한 것으로서 헌법에 위배된다(헌재 1998.7.16, 96헌마246).

㉰ 하위행정입법의 제정없이 상위 법령의 규정만으로도 집행이 이루어질 수 있는 경우라면 하위 행정입법을 하여야 할 헌법적 작위의무는 인정되지 아니한다.

㉱ 입법부작위가 행정소송의 대상에서 제외되는 경우에는 다른 구제절차가 존재하지 않으므로, 행정입법부작위는 보충성의 예외에 해당한다는 것이 헌법재판소의 입장이다.

> **[관련 판례]**
>
> ★ **법규명령에 대한 헌법재판소의 심사여부**
>
> 헌법재판소는"헌법소원심판의 대상으로서의 공권력이란 입법 · 사법 · 행정 등 모든 공권력을 말하는 것이므로, 입법부에서 제정한 법률, 행정부에서 제정한 시행령이나 시행규칙 및 사법부에서 제정한 규칙 등이 별도의 집행행위를 기다리지 않고 직접 기본권을 침해하는 것일 때에는 모두 헌법소원심판의 대상이 될 수 있다"고 하고 있다(헌재 1990.10.15, 89헌마178).

3. 행정적 통제

1) 행정감독권에 의한 통제

(1) 상급행정청이 하급행정청의 행정입법권의 행사에 대한 감독

① 상급행정청은 하급행정청의 행정입법권 행사의 기준과 방향을 지시할 수 있고, 위법한 법규명령의 폐지를 명할 수 있다.

② 상급행정청이라고 하더라도 하급행정청의 법규명령을 개정 또는 폐지할 수는 없다.

(2) 행정내부 절차상 통제

절차상 통제란 행정입법의 정립에 반드시 일정한 절차를 거치게 하는 것을 말한다(예컨대 법제처 심사 · 국무회의 심의 · 관련부처간의 협의 등).

(3) 행정심판에 의한 통제

① 중앙심판위원회는 심판 · 청구를 의결함에 있어서 처분 또는 부작위의 근거가 되는 명령(대통령령 · 국무총리령 · 부령 · 훈령 · 예규 · 고시 · 조례 · 규칙 등)이 법령에 근거가 없거나, 상위 법령에 위배되거나 국민에게 과도한 부담을 주는 등 현저하게 불합리하다고 인정되는 경우에는 관계행정기관에 대하여 당해 명령 등의 개정 · 폐지 등 적절한 시정조치를 요청할 수 있다(행정심판법 제59조 제2항).

② 이 경우 중앙행정심판위원회는 시정조치를 요청한 사실을 법제처장에게 통보하여야 한다. 시정조치 요청을 받은 관계행정기관은 정당한 사유가 없는 한 이에 따라야 한다(동조 제2항).

2) 절차적 통제

행정입법의 제정에 관하여 일정한 절차를 거치도록 함으로써, 행정상입법이 적정화를 도모하고 입법내용의 공정타당성을 확보하는 것이다. 이에는 행정입법안의 통지 · 의견제출 · 이해관계인의 청문 등이 있다. 우리나라의 경우 「행정절차법」상의 「입법예고제도」가 대표적이다.

4. 국민에 의한 통제(민중통제)

법규명령을 제정할 경우에 공청회 · 청문 등을 통하여 국민의 의사를 반영시키거나, 매스컴 및 각종 압력단체의 활동 등 여론을 통한 간접적인 통제방법이다. 행정절차법상의 청문절차는 제도화된 국민통제라 볼 수 있다.

제 3 절 행정규칙

Ⅰ. 개 설

1. 의의

1) 행정규칙이란 행정기관이 행정조직내부 또는 특별행정법관계에서 그 조직과 활동을 규율하는 일반적 · 추상적인 명령으로서, 법규적 성질을 갖지 않는 것을 말한다. 실정법상 행정규칙은 일반적으로 고시 또는 훈령의 형식으로 제정된다.[140]

2) 행정규칙은 통상 법적 근거 없이 제정되고, 법규적 성질을 갖지 않는 점에서 법규명령과 구별된다.

2. 필요성

1) 현대행정이 전문화 · 기술화됨에 따라 법집행에 있어 정책판단의 여지가 많아졌고, 그에 따라 각 행정기관에게 많은 재량이 인정되고 있다.

2) 따라서 통일적이고 질서있는 행정작용이 이루어지도록 하기 위하여, 상급행정기관에 의한 행정규칙 제정의 필요성이 증가하고 있다.

---

140) 행정규칙에는 크게 고시와 훈령이 있고, 훈령에는 협의의 훈령 · 지시 · 예규 · 일일명령이 있다.

3. 근거 및 한계

1) 근거

행정규칙은 특별한 법령의 수권(授權)을 요하지 아니하며, 법령이나 상위행정규칙에 반하지 않는 범위 내에서 특정한 행정목적의 달성을 위하여 행정기관에 의하여 행정규칙을 정립할 수 있다.

2) 한계

(1) 행정규칙은 법률 및 법규명령 또는 상위행정규칙에 저촉되지 않아야 하며, 당해 행정목적의 필요한 한도 내에서 제정되어야 하고 남용·일탈해서는 안 된다.

(2) 행정규칙에는 법률유보의 원칙은 적용되지 않으나, 법률우위의 원칙은 적용된다. 국민의 권리·의무에 관한 사항을 새로이 규정할 수는 없다.

Ⅱ. 행정규칙의 법적 성질

1. 행정규칙의 법적 성질

행정규칙의 법적 성질이라 함은 행정규칙이 법규인가, 법규가 아닌가 또는 준법규인가 하는 행정규칙의 법규성의 문제를 말한다. 이에 대해서는 여러 가지 견해가 대립하고 있다.

2. 학설

1) 비법규설

특별권력관계 내부자를 규율하므로 공무원의 행정규칙을 위반한 경우에도 법률·법규명령을 준수하는 한 국민에 대한 관계에서는 위법하다고 할 수 없다. 종래의 통설·판례였다.

2) 법규설

(1) 특별명령법규설

행정규칙을 협의의 행정규칙과 특별명령으로 구분하고, 특별명령에 대해서만 법규성을 긍정한다. 즉 특별명령은 특별권력관계의 구성원의 권리·의무에 관해서 일반적·추상적으로 규정하고 있으므로 법규성이 있다는 것이다.

(2) 이원적 법권론

① 법규에는 입법부에서 규율하는 입법상 법규와 행정부에서 규율하는 행정법규가 있다. 행정부도 독자적 기능영역으로서의 규율권을 가지며, 행정의 고유법이 생성된다고 보는 이론이다.

② 이 견해에 의하면 행정의 고유법은 직접적인 대외적 구속력을 발생하는 법규이며, 규범구체화행정규칙을 행정의 고유법에 해당하는 것으로 보고 있다.

(3) 준법규설

행정규칙(재량준칙)은 평등원칙 또는 자기구속의 법리를 매개로 하여 법규에 준하는 간접적·외부적 효력을 갖는다고 보는 견해이다.

[관련 판례]

★ 재량권 행사의 준칙인 행정규칙이 그 정한 바에 따라 되풀이 시행되어 행정관행이 존재하게 되면 평등 원칙이나 신뢰보호의 원칙에 따라 그 상대방에 대한 관계에서 그 규칙에 따라야 할 자기구속을 당하게 되는 경우에는 대외적인 구속력을 가지게 된다(헌재결 1990.9.3, 90헌마13).

(4) 유형설

행정규칙의 법규성 여부에 대하여 일률적으로 말할 수는 없고, 개별화·유형화하여 논의해야 한다는 견해이다.

3. 판례의 입장

행정규칙에 대하여 원칙적으로 법규성을 부인하나, 예외적으로 법규성을 인정하는 경우도 있다.

[관련 판례]

★ 상급행정기관이 하급행정기관에 대하여 업무처리지침이나 법령의 해석작용에 관한 기준을 정하여 발하는 이른바 행정규칙은 일반적으로 행정조직 내부에서만 효력을 가질 뿐 대외적 구속력을 갖는 것은 아니다(대판 1998.6.9, 97누19915).

★ 서울시가 정한 개인택시운송사업면허지침(대판 1997.1.21, 95누12941).

★ 서울특별시 철거민 등에 대한 국민주택 특별공급규칙(대판 2007.11.29, 2006두8495).

★ 서울특별시의 철거민에 대한 시영아파트 특별분양개선지침(대판 1989.12.26, 87누1214).

★ 비상장주식의 양도가 현저히 유리한 조건의 거래로서 부당지원행위에 해당하는지 여부에 관하여 판단함에 있어서 공정거래위원회의 부당한 지원행위의 심사지침(대판 2005.6.9, 2004두7153).

★ 한국감정평가업 협회가 제정한 토지보상평가지침(대판 2002.6.14, 2000두3450).

★ 개발제한구역관리규정은 행정청 내부의 사무처리준칙을 정한 것에 불과하여 대내적으로 행정청을 기속함은 별론으로 하되 대외적으로 법원이나 일반국민은 기속하는 효력은 없다(대판 1998.6.9, 97누19915).

★ 법률의 위임을 받아 제정된 절차적 규정이기는 하나(구 법인세법 시행규칙 제45조 제3항 제6호에 따른) 소득금액조정합계표 작성요령은 법인세의 부과·징수라는 행정적 편의를 도모하기 위한 절차적 규정으로서 단순히 「행정규칙」의 성질을 가지는데 불과하다(대판 2003.9.5, 2001두403).

★ 구 「국립묘지안장대상심의회 운영규정」은 국가보훈처장이 심의운영회의 운영에 관하여 구 「국립묘지의 설치 및 운영에 관한 법률 및 시행령」에서 위임된 사항과 그 시행에 필요한 사항을 규정함을 목적으로 하여 국가보훈처 훈령으로 정한 행정규칙에 해당한다(대판 2013.12.26, 2012두19571).

Ⅲ. 행정규칙의 종류

1. 내용에 의한 분류

행정규칙은 내용에 따라 조직규칙 · 근무규칙, 법률해석규칙, 재량지도규칙, 법률대위규칙, 법률보충규칙으로 구분된다.

1) 조직규칙 · 근무규칙

(1) 조직규칙

① 조직규칙이라 함은 행정조직내부에서의 행정기관의 구성 · 권한 배분 · 업무처리절차를 규율하는 규칙을 말한다(예컨대, 관청내부의 사무처리규정 · 사무분장규정 등).

② 헌법은 중앙행정기관 및 보조기관 등의 설치 · 조직과 직무범위를 법률과 대통령령으로 정하도록 하고 있다.

(2) 근무규칙

① 근무규칙은 상급행정기관이 하급행정기관이나 기관구성원자인 공무원의 근무에 관한 사항을 계속적으로 규율하기 위하여 발하는 행정규칙이다.

② 「행정업무의 효율적 운영에 관한 규정 및 시행규칙」에는 ㉠ 훈령, ㉡ 예규, ㉢ 지시, ㉣ 일일명령의 4가지 종류로 분류하고 있다.

2) 영조물규칙

(1) 영조물규칙이라 함은 영조물의 관리청이 영조물의 조직 · 관리 · 사용 등을 규율하기 위하여 발하는 행정규칙을 말한다(예컨대, 국 · 공립학교 학칙, 국 · 공립도서관 열람수칙 등).

(2) 영조물규칙은 영조물의 내부조직관계를 규율하는 경우도 있지만, 영조물의 사용에 관한 부분은 대외적 관계에 영향을 미친다.

3) 법률해석(규범해석) 규칙

법률해석규칙이란 법령집행의 통일성을 기할 필요에서 법령해석의 기준을 정하기 위하여 발하는 행정규칙이다. 법률해석행정규칙은 내부효과를 가지며, 대외적 구속력을 갖지 아니하는 것이 원칙이다.

4) 재량준칙

(1) 재량준칙이라 함은 상급기관이 하급행정기관의 재량권 행사와 관련하여 통일성 · 예

측가능성을 확보하고, 자의적인 재량권 행사를 방지하기 위하여 재량권행사에 관한 기준을 정하여 주는 행정규칙을 말한다.

(2) 재량준칙은 국민이나 법원에 대하여 평등의 원칙(자기구속의 법리) 등을 연결점으로 하여, 간접적으로 대외적인 구속력을 갖는다고 보는 것이 다수설의 입장이다.

[관련 판례]

★ 경찰공무원 채용시험에서의 부정행위자에 대한 5년간의 응시자격제한을 규정한 경찰공무원임용령 제46조 제1항은 행정청 내부의 사무처리기준을 규정한 재량준칙이 아니라 일반국민이나 법원을 구속하는 법규명령에 해당하므로, 그에 의한 처분은 재량행위가 아니라 기속행위이다(대판 2008.5.29, 2007두18321).

5) 법률대위규칙 · 법률보충규칙

(1) 법률대위규칙

법률대위규칙이란 법률이 필요한 영역이지만, 법률이 없는 경우에 이를 대신하여 행정권 행사의 기준을 정하는 행정규칙(고시 · 훈령)을 말한다. 예컨대, 법률이 특정분야에서 단지 "보조금을 지급할 수 있다"라고만 규정하고 있다면, 이 경우 보조금의 지급기준을 구체적으로 정하는 행정규칙은 법률대위규칙이다.[141]

(2) 법률보충규칙

법률보충규칙이란 법률의 내용이 너무 일반적이어서 보충 내지 구체화의 과정이 필요하기 때문에, 이를 보충하거나 구체화하는 행정규칙(고시 · 훈령)을 말한다. 법률보충적 행정규칙의 예로는 「재산제세사무처리」 · 「석유판매허가기준고시」 · 「식품영업허가기준고시」 등이 있다.

[관련 판례]

★ 법률보충규칙(법령보충규칙)은 상위법령과 결합하여 그 위임한계를 벗어나지 아니하는 범위 내에서 상위법령의 일부가 됨으로써 대외적 구속력을 갖게 된다(대판 1987.9.29, 86누484).

6) 규범구체화 행정규칙

(1) 의의

규범구체화 행정규칙은 비록 형식은 행정규칙일지라도 대외적 구속력을 갖는다는 독일의 연방행정법원의 뷜(Wyhl)판결 이래 인정된 개념이다. 규범구체화 행정규칙이란 입법기관이 그 대상의 전문성 등을 이유로 하여 법률에 그 세부적인 사항을 직접 규율하지 못하고, 행정기관에게 당해 규범을 구체화하는 내용으로 발령하도록 일임한 경우에 인정되는 행정규칙을 말한다.

---

141) 박균성, 전게서, P.134.

(2) 인정여부

① 판례는 국세청장의 훈령인 「재산제세사무처리규정」, 국무총리훈령인 「개별토지가격합동지침」에 대하여 법규성을 인정한 바 있다. 이들 판례의 해석과 관련하여 대법원이 규범구체화행정규칙을 인정한 것인가의 여부에 대하여 학설의 대립이 있으나, 부정설이 지배적 견해이다.

② 판례는 국세청장의 훈령인 「재산제세사무처리규정」에 대해 「규범구체화행정규칙」이라는 표현을 사용한 적이 없다. 따라서 이 부분에 대해서는 학설에 일임할 수밖에 없다.

> **[관련 판례]**
>
> ★ 뷜(wyhl)판결
>
> 뷜(Wyhl)판결은 규범구체화행정규칙이론에 대한 논의의 시발점을 제공하였다. 「원자력법」의 위임에 근거하여 제정한 연방 내무부장관의 '방사능이 있는 폐기물의 방출 또는 하천에 있어서 방사선 노출에 관한 일반적 산정기준'은 비록 형식은 행정규칙일지라도 대외적 구속력을 갖는다라고 하여 법규명령의 성질을 인정하였다.

2. 법령상(형식상)의 분류

실정법상 행정규칙은 통상 고시와 훈령의 형식으로 발령된다. 고시형식과 훈령형식은 법적 성질이나 효과에 있어서 차이가 없다.

1) 고시형식의 행정규칙

(1) 고시란 행정기관이 법령이 정하는 바에 따라 일정한 사항을 불특정다수의 일반인에게 알리는 행위형식을 말하며, 그의 법적 성질 내지 효력은 형식보다는 내용에 의하여 개별적으로 그 성질을 판단하여야 한다.

(2) 고시의 종류

① 법규명령의 성질을 가진 고시

예컨대, 불공정거래행위지정고시 · 물품수출입제한품목공고 · 기준가격고시 등을 들 수 있다.

> **[관련 판례]**
>
> ★ 행정규칙인 고시가 법령의 수권에 의해 법령을 보충사항을 정하는 경우에는 법령보충적 고시로서 근거법령과 결합하여 대외적으로 구속력 있는 법규명령의 효력을 갖는다(대판 1999.11.26, 97누13474).

② 일반처분의 성질을 가진 고시

예컨대, 「도로법」에 의한 도로구역결정고시지가공식 및 토지 등의 평가에 관한 법률에 의한 공시지가공시 등을 들 수 있다.

[관련 판례]

★ 고시의 법적 성질은 일률적으로 판단 될 것이 아니라 고시에 담겨진 내용에 따라 구체적인 경우마다 달리 결정된다. 즉, 고시가 일반 · 추상적 성격을 가질 때에는 법규명령 또는 행정규칙에 해당하지만, 고시가 구체적인 규율의 성격을 갖는다면 행정처분에 해당한다(대판 2008.11.27, 2005헌마161 · 189 전원재판부).

③ 행정규칙적 고시

고시가 행정사무의 처리기준이 되는 일반적 · 추상적 규범의 성질을 가지는 경우가 이에 해당한다.

2) 훈령형식의 행정규칙

훈령은 다시 협의의 훈령 · 지시 · 예규 · 일일명령으로 세분되는데, 이들 중 그 내용이 일반적 · 추상적인 규율이 아닌 것은 행정규칙이 아니다.

(1) 협의의 훈령

상급기관이 하급기관에 대하여 장기간에 걸쳐 그 권한의 행사를 일반적 · 추상적으로 지시하기 위하여 발하는 명령을 말한다. 훈령 중 일반적 · 추상적 성질을 갖는 것만이 행정규칙이다.

(2) 지시

상급기관이 직권 또는 하급기관의 문의나 신청에 대하여 개별적 · 구체적으로 발하는 명령이다. 이와 같은 지시는 일반적 · 추상적 규율이 아니므로, 행정규칙으로 보기는 어렵다.

(3) 예규

예규라 함은 법규이외의 문서로서 행정사무의 통일을 기하기 위하여 반복적 행정사무의 처리기준을 제시하는 명령이다.

(4) 일일명령

일일 명령이란 당직 · 출장 · 시간외 근무 등 일일업무에 관한 명령을 말한다.

Ⅳ. 행정규칙의 효과

행정규칙의 효과는 내부적 효과와 외부적 효과로 나누어서 살펴볼 수 있다.

1. 행정내부적 효과(구속력)

1) 행정규칙의 구속력이란 행정규칙이 법적 구속력을 갖는가 하는 문제이다. 행정규칙은 규칙발령기관의 권한이 미치는 범위 내에서 일면적 구속력(一面的拘束力)을 갖는다. 즉 행정규칙의 적용을 받는 상대방(예컨대, 관계행정기관이나 직원)을 구속하는 대내적 구속력을 갖는다.

2) 따라서 행정조직 내부(예컨대 관계행정기관이나 구성원) 또는 특별권력의 구성원이 행정규칙에 위반하면 징계책임을 지게 된다.

2. 외부적 효과(구속력)

행정외부적 효과는 행정규칙이 직접 국민을 구속하는지(직접적 구속효), 아니면 간접적으로 구속하는지(간접적 구속효) 구분하여 살펴볼 필요가 있다.

1) 직접적 · 외부적 구속효

(1) 행정규칙은 직접적인 외부적 효과를 갖지 아니한다. 다시 말하면 행정규칙은 행정조직 내부의 규율일 뿐 사인의 권리 · 의무를 규정하지 못하고, 법원도 구속하지 못한다. 즉 행정규칙은 법원의 재판에 기준이 되지 못한다고 보는 것이 일반적이며 판례의 기본적인 입장이다.

(2) 행정규칙은 법규가 아니므로, 행정규칙의 위반은 위법이 아니다. 따라서 행정기관이 사인에 대하여 규칙위반의 불이익처분을 하여도, 사인을 규칙위반을 이유로 다툴 수 없다.

(3) 법령보충적 행정규칙

① 행정규칙 중 평등원칙 등을 매개로 하지 않고도 법령의 구체적 내용을 보충할 권한을 부여받아 법령을 보충하는 기능을 하는 경우에는 직접적인 외부효를 인정한다.

② 판례 또한 법령보충적 행정규칙 등에 법규성을 인정하고 있다(대판 1989.11.14, 89누5676).

2) 간접적 · 외부적 구속효

(1) 재량준칙

① 간접적 · 외부적 구속효는 주로 재량준칙과 관련하여 논의되어진다. 원칙적으로 행정규칙(재량준칙)은 행정조직 내부에서만 효력을 가질뿐 국민이나 법원은 구속하는 것은 아니지만, 평등의 원칙과 자기구속의 법리에 의하여 법규로 전환(전환규범)되는 경우에는 간접적으로 외부적 효력을 인정한다(준법규성설).

② 판례

헌법재판소 및 대법원 판례는 평등원칙을 매개로 재량준칙의 간접적인 대외적 구속력을 인정하거나, 일정한 요건을 충족한 경우 행정의 자기구속의 법리를 매개로 하여 재량준칙의 대외적 구속력을 인정하고 있다(헌재 1990.9.3, 90헌마13).

[관련 판례]

재량권 행사의 준칙인 행정규칙이 그 정한 바에 따라 되풀이 시행되어 행정관행이 이루어지게 되면 평등의 원칙이나 신뢰보호의 원칙에 따라 행정기관은 그 상대방에 대한 관계에서 그 규칙에 따라야 할 자기구속을 받게 되므로, 이러한 경우에는 특별한 사정이 없는 한 그를 위반하는 처분은 평등의 원칙이나 신뢰보호의 원칙에 위배되어 재량권을 일탈 · 남용한 위법한 처분이 된다(대판 2009.3.26, 2007다88828,88835 참조).

3. 행정규칙에 위반한 행정처분의 효력

1) 행정규칙은 원칙적으로 법규성을 인정하지 않는다. 따라서 이를 위반하여도 위법한 행위가 아니며, 행정규칙에 따른 처분을 하여도 언제나 적법하다고 할 수는 없다.

2) 다만, 어떠한 처분의 근거가 행정규칙에 규정되어 있다고 하더라도, 그 처분의 상대방이 권리·의무에 직접 영향을 미치는 행위라면, 항고소송의 대상이 되는 행정처분에 해당한다.

[관련 판례]

★ 행정규칙에 의한 '불문경고조치'가 비록 법률상의 징계처분은 아니지만 항고소송의 대상이 되는 행정처분에 해당한다(대판 2002.7.26, 2001두3532).

★ 정부 간 항공노선의 개설에 관한 잠정협정 및 비밀양해각서와 건설교통부 내부지침에 의한 항공노선에 대한 운수권배분처분은 항고소송의 대상이 되는 행정처분에 해당한다(대판 2004.11.26, 2003두10251·10268).

★ 구 부당한 공동행위 자진신고자 등에 대한 시정조치 등 감면제도 운영고시 제14조 제1항에 따른 시정조치 등 감면신청에 대한 감면불인정통지는 항고소송의 대상이 되는 행정처분에 해당한다(대판 2012.9.27, 2010두3541).

Ⅴ. 법규명령형식의 행정규칙과 행정규칙형식의 법규명령

* 제49회, 제50회 행정고시

1. 법규명령형식의 행정규칙

1) 의의

(1) 법규명령형식의 행정규칙이란 법규명령의 형식을 취하고 있지만, 그 내용이 행정규칙의 성질을 가지는 것을 말한다.

(2) 행정규칙은 일반적으로 고시·훈령의 형식으로 정립되나, 경우에 따라서는 법규명령(대통령령·총리령·부령)의 형식을 취하는 경우도 있다. 즉, 시행령 또는 시행규칙으로 행정조직 내부의 행정사무처리기준을 정한 경우 이러한 규정사항을 법규명령으로 보아야 할 것인지, 행정규칙으로 보아야 할 것인지가 문제시된다.

(3) 법규명령형식의 행정규칙은 특히 행정실무상 법규명령에서 제재적 처분기준을 정한 경우에 주로 논의되어진다.

2) 학설

학설은 법규명령설·행정규칙설·수권여부기준설로 견해가 나뉘고 있으나, 법규명령설이 다수설이다.

3) 판례

(1) 초기판례는 행정규칙적인 내용이 법규의 형식을 취하는 경우에도 법규성을 부정하여 모두 행정규칙으로 보았다.

(2) 그 후 구 주택건설촉진법시행령(현 주택법시행령)사건과 관련하여 법규의 형식이 대통령령(시행령)인 경우에는 법규로 보고, 부령(시행규칙)형식의 경우에는 행정규칙으로 보고 있다.

(3) 판례는 제재기준을 정하는 재량준칙이 상위법령의 위임에 따라 법규명령의 형식으로 제정된 경우에 당해 법규명령이 부령인 경우와 대통령령인 경우를 구별한다.

① 법규명령 형식의 부령인 경우

㉠ 판례는 행정사무처리기준(특히 제재적 처분기준, 재량준칙)이 부령으로 규정되어 있는 경우에는 법규성을 행정규칙으로 취급하고 있다.

[법규성을 부인한 예 - 행정규칙으로 본 관련 판례]

★ 구 「식품위생법」 제58조에 따라 행정처분의 기준을 정한 「식품위생법 시행규칙」 제5조에서 「별표15」의 행정처분의 기준(대판 2010.4.8, 2009두22997)

★ 자동차 운수사업법 제31조 제2항의 규정에 따라 자동차 운수사업 면허의 취소처분 등에 관한 「사무처리기준과 처분절차 등」을 정한 「자동차운수사업법 제31조 등의 규정에 의한 사업면허의 취소 등의 처분에 관한 규칙」(대판 1995.10.17, 94누14148)

★ (구)약사법 제69조 제1항 제3호, 제3항에 근거하여 약사의 의약품 개봉판매행위에 대한 「약사법시행규칙」 제89조 「별표6」의 '행정처분의 기준'(대판 2007.9.20, 2007두6946)

★ 도로교통법 시행규칙 제53조 제1항이 정한 「별표16」의 「운전면허처분기준」은 행정기관의 내부지침에 불과한 것으로서 대외적으로 국민이나 법원을 기속하는 것은 아니다(대판 1998.3.27, 97누20236).

* 판례는 위와 같이 「행정처분기준」에 관한 부령은 국민이나 법원을 구속하지 못하는 행정규칙이라고 판시하고 있다.

㉡ 부령(시행규칙)형식이지만 법규적 효력을 인정한 판례도 있다. 최근에는 부령형식의 경우에도 법규성을 인정한 판례가 있다.

[관련 판례]

★ 구 여객자동차운수사업법 제11조 제4항의 위임에 따라 시외버스운송사업의 사업변경에 관한 절차, 인가기준 등을 구체적으로 규정한 여객자동차운수사업법 시행규칙을 법규명령으로 보았다(대판 2002.6.27, 2003두4355).

★ 공익사업을 위한 토지 등의 취득 및 보상에 관한 법률 제68조 제3항의 위임에 따라 협의취득의 보상액 산정에 관한 구체적 기준을 정하고 있는 공익사업을 위한 토지 등의 취득 및 보상에 관한 법률 시행규칙 제22조를 법규명령으로 보았다(대판 2012.3.29, 2011다104253).

㉢ 제재적 행정처분의 기준이 부령의 형식으로 규정되어 있는 경우, 그 기준에 따른 처분의 적법성에 관한 판단방법

대법원은 제재적 처분의 기준이 부령형식으로 규정되어 있더라도 그것은 행정청내부의 사무처리준칙을 정한 것에 지나지 아니하여 대외적으로 국민이나 법원을 기속하는 효력이 없고, 당해처분의 적법여부는 위 처분만이 기준이 아니라 관계법령의 규정내용과 취지에 따라 판단되어야 한다(대판 2007.9.20, 2007두6946).

㉣ 효력기간이 경과한 제재적 행정처분에서 가중사유가 규정된 경우에 소의 이익이 있는지 여부

㉮ 가중요건이 법률 또는 대통령령인 시행령으로 규정된 경우 소의 이익을 인정하고 있다(대판 1991.8.27, 91누3512; 대판 1999.2.5, 98두13997).

㉯ 가중요건이 부령인 시행규칙으로 규정된 경우에 판례는 소의 이익을 부정하였다. 그 후 판례는 입장을 변경하여 "부령상의 제재처분에 관한 규정에서 위반횟수에 따라 가중처분하게 되어 있는 경우에도, 제재적 처분의 제재기간 경과 후에 취소를 구할 법률상의 이익이 있다고 인정하였다(대판 2006.6.22, 2003두1684).

② 법규명령의 형식(시행령)의 제재적 처분기준

판례는 제재적 처분기준이 대통령령(시행령)의 형식으로 정해진 경우 당해 처분기준을 법규명령으로 보고 있다. 다만 그 효력에 관해서는 절대적 구속력을 인정한 경우도 있고, 그 상한을 규정한 것으로 본 경우도 있다.

㉠ 절대적 구속력을 인정한 경우

대법원은 주택건설촉진법시행령(현 주택법시행령) 사건에서 제재적 처분기준은 법규명령에 해당하며 절대적 구속력이 있다고 판시한 바 있다(대판 1997.12.26, 97누15418).

[관련 판례]

★ 대통령령 형식의 제재적 처분기준에 대한 법규성 인정 여부

당해 처분의 기준이 된 주택건설촉진법시행령과 관련하여 … 규정형식상 대통령령이므로, 그 성질이 부령인 시행규칙이나 또는 지방자치 단체의 규칙과 같이 통상적으로 행정조직 내부에 있어서의 행정명령에 지나지 않는 것이 아니라, 대외적으로 국민이나 법원을 구속하는 힘이 있는 법규명령에 해당한다. 따라서 관할 행정청은 이러한 처분기준에 따라 3개월간의 영업정지처분을 하여야 할 뿐 달리 그 정지기간에 관하여 재량의 여지가 없다(대판 1997.12.26, 97누15418).

㉡ 최고한도액을 규정한 것으로 본 경우

㉮ 대법원은 구 청소년보호법 제49조에 따른 시행령(대통령령) 제40조 「별표6」의 위반행위의 종별에 따른 과징금처분기준은 법규명령이기는 하나, 사안에 따라 적정한 과징금의 액

수를 정하여야 할 것이므로 그 기준에 명시된 수액은 정액이 아닌 최고한도액이라고 판시하여, 재량여지를 인정하고 있다(대판 2001.3.9, 99두5207).

㈏ 국민건강보험법 제8조 제1항 · 제2항에 따른 같은 법 시행령 제40조 「별표5」의 업무정지처분 및 과징금부과의 기준의 법적 성질은 법규명령이며, 여기에서 업무정지의 기간 내지 과징금의 금액의 의미는 최고한도라고 할 것이다(대판 2006.2.9, 2005두11982).

㈐ 최근 판례의 경향

대법원은 "국토의 계획 및 이용에 관한 법률 및 같은 법 시행령이 정한 이행강제금의 부과기준은 단지 상한을 정한 것에 불과한 것이 아니라, 위반행위 유형별로 계산된 특정 금액을 규정한 것이므로 행정청에 이와 다른 이행강제금액을 결정할 재량권이 없다고 보아야 한다(대판 2014.11.27, 2013두8653)"고 판시하였다. 즉, 법령상 기속행위로 규정된 처분의 기준은 상한이 아니라고 보아, 행정청에 이와 다른 이행강제금을 결정할 재량권이 없다고 하여 재량여지를 인정치 않고 있다.

2. 행정규칙형식의 법규명령(법령보충적 행정규칙)

1) 의의

행정규칙형식의 법규명령이란 형식적으로는 고시 · 훈령 · 지시와 같이 행정규칙의 형식으로 제정되었지만 실질적 내용은 법규적 성질을 갖고, 법규명령과 같은 효력을 갖는 행정규칙을 말한다(예컨대, 소비자피해고시 · 국세징수법기본통칙 등). 이를 '법령 보충적 행정규칙'이라고 부르기도 한다. 이런 경우 행정규칙으로 볼 것인지, 법규명령으로 볼 것인지 견해가 대립하고 있다.

2) 학설 및 판례

(1) 학설

① 이에는 법규명령설, 행정규칙설, 규범구체화 행정규칙설, 위헌무효설 등의 견해가 있다.

② 다수설인 「법규명령설」에 따르면, 행정규칙은 법령의 구체적 · 개별적 위임에 따라 법규를 보충하는 기능을 가지므로 대외적 구속력이 있는 법규명령으로 보아야 한다는 견해이다.

(2) 판례

대법원이 국세청 훈령인 재산제세사무처리 규정에 대해 소득세법 시행령과 결합하여 대외적 효력을 발생한다고 판시하여 법규성을 인정한 이래, 행정규칙형식의 법규명령(법령보충규칙)에 대해서는 법규성을 갖는다는 동일한 입장을 유지하고 있다. 헌법재판소도 같은 입장이다.

[관련 판례]

★ 법규를 내용으로 하는 행정규칙에 대한 효력여부

재산제세사무처리규정이 국세청장의 훈령형식으로 되어있다 하더라도 이에 의한 거래지정은 소득세법시행령의 위임에 따라 그 규정의 내용을 보충하는 기능을 가지면서 그와 결합하여 대외적 효력을 발생하게 된다(대판 1989.11.14, 89누5676).

[법령보충적 행정규칙으로 인정한 관련 판례]

★ 재산제세조사사무처리규정(국세청장훈령)(대판 1987.9.29, 86누484)

★ 수입다변화품목의 지정 및 그 수입절차 등에 관한 상공부훈령인 고시(대판 1993.11.23, 93도662)

★ 주류도매면허제도개선업무처리지침(국세청훈령)(대판 1994.4.26, 93누21688)

★ 식품제조업허가기준에 관한 보건사회부장관의 고시(대판 1994.3.8, 92누1728)

★ 공장입지기준고시(상공자원부장관고시)(대판 2003.9.26, 2003두2274)

★ 의료보험진료수가기준 중 '수탁검사실시기관인정등기준'(보건복지부고시)(대판 1999.6.23, 98두17807)

★ 법무부장관이 정한 출국금지기준(대판 1992.10.9, 91누10510)

★ (생수판매제한을 규정한)식품제조업허가기준에 관한 고시(보건복지부장관훈령)

★ 액화석유가스판매업허가처리기준에 관한 고시

★ 노인복지사업지침(보건복지부훈령)(대판 1996.4.12, 95누7727)

★ 구 독점규제 및 공정거래에 관한 법률 제23조 제3항의 위임규정에 따라 공정거래위원회가 제정한 표시·광고에 관한 공정거래지침(대판 2000.9.29, 98두12772)

★ 전라남도주유소등록요건에 관한 고시(대판 1998.9.25, 98두7503)

주유소의 진출입로는 도로상의 횡단보도로부터 10m 이상 이격되게 설치하여야 한다고 규정한 전라남도 주유소등록요건에 관한 고시는 법규명령으로서의 효력을 인정하였다. 즉, 지방자치단체장의 고시는 당해 법령의 위임한계를 벗어나지 않는 한 법규명령으로서의 효력이 있다.

[법령보충적 행정규칙으로 인정치 않고 행정규칙으로 본 관련 사례]

1) 행정규칙이 법령의 위임을 받았지만 행정적 편의를 도모하기 위한 절차적 규정은 법령보충적 행정규칙이 아니라 단순한 행정규칙의 성질을 갖는다.

★ 구 법인세법 시행규칙 제45조 제3항 제6호에 따른 소득금액조정합계표 작성요령은 법률의 위임을 받은 것이기는 하나 법인세의 부과·징수라는 행정적 편의를 도모하기 위한 절차적 규정으로서 단순히 행정규칙의 성질을 가지는데 불과하다(대판 2003.9.5, 2001두403).

2) 내부적 사무지침에 불과한 것은 법규명령의 성질을 가지지 않는다.

★ 공정거래위원회의 '부당한 지원행사의 심사지침'(대판 2004.4.23, 2001두6517)이나, 한국감정평가위원회가 제정한 '토지보상평가지침'(대판 2002.6.14, 2000두3450)은 내부의 사무처리에 불과, 법규명령의 성질을 가지지 않는다.

3. 행정규칙 형식의 법규명령의 종류

1) 법령보충적 행정규칙

(1) 의의

법령보충적 행정규칙이란 법령의 위임에 의해 법령을 보충하는 법규사항을 정하는 행정규칙을 말한다.

(2) 효력

① 행정규제기본법 제4조 제2항(단서조항)에서, '법령이 전문적·기술적 사항이나 경미한 사항으로 업무의 성질상 위임이 불가피한 사항에 관하여 구체적으로 범위를 정하여 위임한 경우 고시로 정할 수 있다'고 법령보충적 행정규칙의 존재를 명문으로 규정하고 있다.

㉠ 학설

행정규제법에 대하여 긍정설(합헌설)과 부정설(위헌설)의 견해가 대립하고 있다. 즉, 법령보충적 행정규칙이라는 입법형식을 인정하는 것이 헌법상 가능한 지에 관하여는 긍정설(합헌설)과 부정설(위헌설)의 견해가 대립하고 있다. 긍정설이 다수설이며, 헌법재판소의 입장도 같다. 긍정설에 의하면, 법령보충적 행정규칙은 법령의 위임을 받아 위임을 한 명령을 보충하는 구체적인 사항을 정하는 것이므로 국회입법의 원칙에 반하는 것이 아니라고 본다.

㉡ 헌법재판소

헌법이 인정하고 있는 위임입법의 형식은 예시적인 것으로 보아야 할 것이고, 입법자가 규율의 형식도 선택할 수도 있다. 그러한 영역에서 행정규칙에 대한 위임입법이 제한적으로 인정될 수 있다(헌재 전원재판부 2004.10.28, 99헌바91).

② 법령보충적 행정규칙의 제정에는 법령의 수권이 있어야 하고, 당해 법령의 위임한계를 벗어나지 아니하는 범위 내에서만 그것들과 결합하여 법규적 효력을 갖는다고 본다(대판 1987.9.29, 86누484). 즉 법규명령으로 본다.

③ 법령보충적 행정규칙은 그 자체로서 법규명령이 아니라 상위법령과 결합하여 일체가 되는 한도 내에서 법규명령의 성질을 갖는다(헌재결 2004.10.28, 99헌바91).

(3) 법령보충적 행정규칙의 한계

① 법령보충적 행정규칙의 제한적 인정

법령보충적 행정규칙을 폭넓게 인정하면 의회입법의 원칙에 반하게 되므로 제한적으로 인정되어야 한다.

② 위임입법의 한계준수

행정규칙형식의 법규명령도 법규명령에 해당하므로 포괄적 위임금지 등 위임입법의 한계를 준수해야 한다.

[관련 판례]

★ 위임위법의 한계 준수

• 법령보충적 행정규칙은 당해 법령의 위임한계를 벗어나지 아니하는 범위 내에서만 그것들과 결합하여 법규적 효력을 가지고, ... 보건사회부장관이 정한 1994년도 노인복지사업지침은 노령수당의 지급대상자를 70세 이상의 생활보호대상자로 규정함으로써 당초 법령이 예정한 노령수당의 지급대상자를 축소·조정하였고, 따라서 위 지침 가운데 노령수당의 지급대상자를 70세 이상으로 규정한 부분은 법령의 위임의 한계를 벗어난 것이어서 그 효력이 없다(대판 1996.4.12, 95누7727). 즉, 판례는 노인복지법에서 정한 65세 이상의 자라는 기준을 보사부장관이 정한「노인복지사업지침」에서 70세 이상의 생활보호대상자로 규정함으로써 당초 법령이 예정한 노령수당의 지급대상자를 부당하게 축소한 것은 법령의 위임한계를 벗어난 것이어서 그 효력이 없다고 보았다.

• 생수시판국내판매금지사건과 관련하여, 대법원은 "위 고시가 보존음료수 제조업의 허가를 받은 제조업자들이 보존음료수를 내국인에게 판매하지 못하도록 금지하고 있는 것은 헌법상 보장된 직업의 자유와 국민의 행복추구권을 침해하는 것으로서 헌법에 위반되어 무효라 할 것이므로, 이 고시를 내용으로 하는 위 허가조건(법정부관)은 역시 무효라 할 것이다"이라고 판시하였다(대판 1995.11.14, 92도496).

③ 법령보충적 행정규칙이 법령의 위임의 범위를 벗어난 경우, 법규명령으로서의 대외적 구속력이 인정되지 않는다. 이 경우 해당 법령보충적 행정규칙은 위법한 법규명령의 효력을 갖는 것이 아니라, 행정규칙에 불과한 것이 된다(대판 2006.4.28, 2003마715).

④ 상위법령에서 세부사항 등 시행규칙을 정하도록 위임하였음에도, 이를 고시 등 행정규칙으로 정한 경우에는, 대외적 구속력을 가지는 법규명령으로서의 효력은 인정할 수 없다(대판 2012.7.5, 2010다720761).

2) 법령보충적 행정규칙의 공포 여부

(1) 학설

법령보충적 행정규칙은 법규명령의 효력을 갖는다는 점에서 관보게재와 같은 공포는 요하지 않는다고 하더라도, 다만 어떠한 방법으로든 대외적으로 공표[142]하는 것은 필요하다는 것이 학설의 일반적 견해이다.

(2) 판례

법규성이 인정된다 하더라도 행정규칙형식으로 제정된 이상 반드시 공포 등의 절차를 거칠 필요가 없다(대판 1993.11.23, 93도662).

142) 공포라 함은 확정된 법령의 시행을 위해 국민 또는 주민에게 알리는 것을 말하는 것으로 관보에 게재 등의 형식을 취하는 것을 말한다. 반면 공표란 반드시 일정한 형식에 구애되지 않고 널리 일반적으로 알리는 것을 말한다.

(3) 규범구체화 행정규칙

규범구체화 행정규칙이 인정되는 영역은 원자력이나 환경분야와 같이 고도로 전문적이고 기술적인 분야이다. 우리나라의 경우 규범구체화 행정규칙을 인정할 것인가에 대하여 견해의 대립이 있다. 이에 대해서는 앞에서 이미 기술한 바 있다.

(4) 특별명령법

특별명령이란 특별권력관계를 규율하기 위하여 행정권이 정립하는 규범을 말하며(제2차 세계대전 후 독일에서 창출된 법개념임), 행정규칙과는 달리 법적구속성, 법원성, 재판기준성을 인정하는 견해이다. 현재로는 특별명령도 행정규칙으로 보는 것이 일반적인 견해이다.

Ⅵ. 행정규칙의 성립 · 발효요건 · 소멸

1. 성립요건

1) 행정규칙은 법령의 수권을 요하지 아니하나, 법률우위의 원칙에 따라 법령에 위반해서는 안 된다.

2) 행정규칙이 성립하기 위하여는 (1) 정당한 권한이 있는 기관이 제정하여야 하고, (2) 그 내용이 법규나 상위규칙에 위반해서는 안 되고, (3) 실현가능하고, 명확하여야 하며, (4) 소정의 절차가 있으면, 그 절차를 거쳐야 하고[143], (5) 형식이 있으면 그것을 갖추어야 한다.[144] 이러한 성립요건을 갖출 때 적법한 것이 된다.

2. 효력발생요건

1) 특별한 규정이 없으면 행정규칙은 성립요건을 갖추면 효력이 발생하고, 특별한 효력발생요건을 요하지 않는다.

2) 행정규칙은 법규성이 인정되는 것이라 하더라도 적당한 방법으로 통보되고 도달하면 효력이 발생하고, 반드시 국민에게 공포되어야만 하는 것은 아니다(행정규칙은 공포를 그 요건으로 하지 않는다). 다만, 행정절차법 제20조의 처분기준은 공포하여야 하며, 관보에 공고하는 경우에는 법령에 특별한 규정이 없는 한, 공고 후 5일이 지난 후부터 효력이 발생한다.

---

143) 대통령훈령과 국무총리훈령은 법제처의 사전심사를, 중앙행정기관의 훈령 · 예규는 법제처의 사후평가를 받아야 한다.

144) 행정규칙은 형식상 법규명령처럼 반드시 조문의 형식을 취해야 하는 것도 아니고, 문서 또는 구두로도 가능하다. 즉, 고유한 서식에 따라야 하는 것은 아니다.

3. 행정규칙의 소멸

1) 법규명령과 같이 폐지 · 종기도래 · 해제조건의 성취 · 내용이 상이한 상위 또는 동위의 행정규칙의 제정 등으로 인하여 효력을 상실한다.

2) 행정규칙은 그 제정에 있어 법령의 근거를 요하지 않기 때문에, 행정규칙제정의 근거가 되었던 법령이 소멸된 경우에도 행정규칙이 당연히 소멸되지는 않는다. 이 점에서 법규명령의 경우와 차이가 있다.

Ⅶ. 행정규칙의 하자(흠)

1. 행정규칙이 성립 · 효력발생요건 등을 갖추지 못한 때에는 하자(흠)있는 행정규칙으로 효력을 발생하지 못한다.

2. 행정규칙 자체는 공정력이 인정되지 않고 취소소송의 대상도 되지 않는다. 따라서 행정규칙에 하자가 있으면 무효의 경우에만 인정된다.

3. 상위법령에 근거를 두고 있지 않은 훈령에만 근거하여 발령된 침익적 행정처분은 무효인 훈령에 기초한 것으로서 당연무효이다(대판 1980.12.9, 79누325).

Ⅷ. 행정규칙의 통제

1. 행정적 통제

1) 행정감독권에 의한 통제와 행정절차를 통한 행정내부의 자율적 통제가 가능하다. 특히 국무총리행정심판위원회는 불합리한 법령 등의 개선에 관하여 적절한 시정조치를 요청할 수 있는 통제권을 부여받고 있다.

2) 대통령훈령과 국무총리 훈령은 법제처의 사전심사를, 중앙행정기관의 훈령 · 예규는 법제처의 사후평가를 받아야 한다.

2. 입법부(국회)에 의한 통제

1) 직접적 통제

현행법은 국회의 행정규칙에 대한 직접적 통제수단을 인정하고 있지 않다. 즉 법규명령과 같은 국회동의권 유보, 의회의 제출절차 등의 직접적 통제제도는 없다.

2) 간접적 통제

국회는 국정감사와 국정조사권, 국무위원 해임건의권, 국무총리등에 대한 대정부질문권, 대통령에 대한 탄핵소추권 등을 행사하여 위법 · 부당한 행정입법을 간접적으로 통제할 수 있다.

3. 사법부에 의한 통제

1) 법원에 의한 통제

(1) 행정규칙은 원칙적으로 대외적 효력이 인정되지 않으므로 항고소송의 대상이 될 수 없다. 즉, 행정소송법상 처분에 해당하지 않아 항고소송의 대상이 되지 않는다. 그러나 행정규칙자체가 직접 국민의 권리 · 의무에 관계되는 경우에는 처분성이 인정되어 그 취소 · 무효확인을 구하거나 또는 행정규칙의 무효를 전제로 법률관계를 판단할 수 있다.

(2) 대외적 구속력이 있는 행정규칙으로 인하여 직접 구체적으로 국민의 권익이 침해된 경우에는 그 행정규칙은 처분이 되므로 항고소송의 대상이 된다.

2) 헌법재판소에 의한 통제

(1) 행정규칙은 일반적으로 행정조직 내부에서만 효력을 가지는 것이고 대외적인 구속력을 갖는 것이 아니어서 원칙적으로 헌법소원의 대상이 아니다(헌재결 1991.7.8, 91헌마42).

(2) 다만 행정규칙이 기본권을 침해하고 아울러 다른 방법으로는 이러한 침해를 다툴 수가 없어서 결과적으로 권리보호가 불가능하다면, 헌법소원의 방식으로 이를 다툴 수 있다고 보았다(헌법 제111조 제1항 · 헌법재판소법 제68조 제1항).

[행정규칙 자체의 처분성을 부정한 관련 판례]

★ 교육부장관의 내신성적산정지침의 통일을 기하기 위하여 대학입시기본계획의 내용에서 내신성적산정기준에 관한 시행지침을 마련하여 시 · 도교육감에게 통보한 것은 행정조직 내부에서 내신성적평가에 관한 심사기준을 시달한 것에 불과하기 때문에 항고소송의 대상이 되는 행정처분으로 볼 수 없다(대판 1994.9.10, 94두33).

[행정규칙 자체의 처분성을 인정한 관련 판례]

★ 어떠한 고시가 다른 집행행위의 매개없이 그 자체로서 직접 국민의 구체적인 권리 · 의무나 법률관계를 규율하는 성격을 가질 때에는 항고소송의 대상이 되는 행정처분에 해당한다(대판 2003.10.9, 2003무23).

★ 항정신병 치료제의 요양급여인정기준에 관한 보건복지부고시는 다른 집행행위의 매개없이 그 자체로서 국민건강보험가입자, 국민건강보험공단, 요양기관 등의 법률관계를 직접 규율하는 성격을 가지므로 항고소송의 대상이 되는 행정처분에 해당한다(대판 2003.10.9, 2003무23).

★ 구 청소년보호법에 따른 청소년유해매체물결정및고시처분은 일반 불특정 다수인을 상대방으로 하여 일률적으로 표시의무, 청소년에 대한 판매 · 대여 등의 금지의무 등 각종 의무를 발생시키는 행정처분이다(대판 2007.6.14, 2004두619).

[관련 판례]

1) 행정규칙에 대하여 헌법소원의 대상성을 부정한 예

① 검찰사건사무규칙(헌재결 1991.7.8, 91헌마42)
② 교육부장관이 발표한 1996학년도 대학입시기본계획(헌재결 1997.7.16, 97헌마317)
③ 예술고학생에 대한 학생부 성적반영지침(헌재결 1997.12.19, 97헌마317)

2) 행정규칙에 대하여 헌법소원의 대상성을 인정한 예

① 행정규칙이 법령보충규칙처럼 국민에게 효력이 있는 경우에는 헌법소원의 대상이 된다(헌재 2004.1.29, 2001헌마894).
② 행정규칙(특히 재량준칙)이 그 정한 바에 따라 되풀이 시행되어 행정관행으로 인정되어 준법규의 효력을 갖는 경우 헌법재판소의 헌법소원 대상이 된다(헌재결 2005.5.26, 2004헌마49).
③ 서울대학교의 '94학년도 대학입학고사 주요요강'은 행정쟁송의 대상이 될 수 있는 행정처분이나 공권력의 행사는 될 수 없지만, 헌법소원의 대상이 되는 헌법재판소법 제1항 소정의 공권력의 행사에 해당된다고 할 것이며, 이 경우 헌법소원 외에 달리 구제방법이 없다(헌재결 1992.10.1, 92헌마68 · 76).
④ 보건복지부장관의 생계보호기준(헌재결 1997.5.29, 94헌마33)
⑤ 카바레의 영업시간을 제한하는 식품접객영업행위제한 보건복지부고시(헌재결 2000.7.20, 99헌마455)
⑥ 숙취해소 · 음주전후 표시를 할 수 없도록 한 식품의약품안정성고시(헌재결 2000.3.30, 99헌마143)

4. 국민에 의한 통제

국민에 의한 통제방식으로는 여론 · 자문 · 청원 · 압력단체의 활동 등을 들 수 있다.

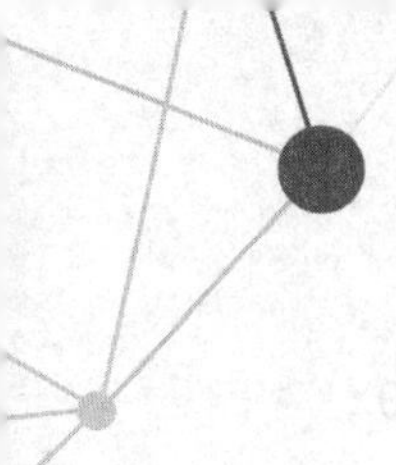

제 2 장
행정행위

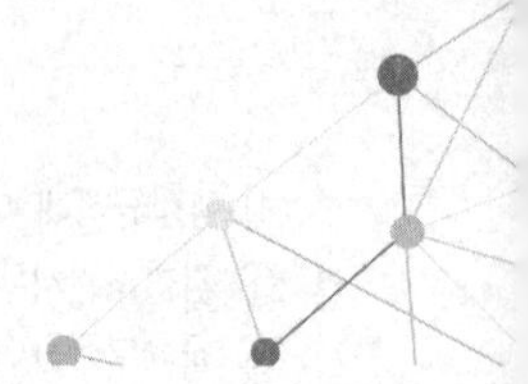

제 1 절 행정행위의 개념과 특질

Ⅰ. 행정행위 개념의 성립

1. 학문상 개념

1) 행정행위의 개념은 실정법상의 용어가 아니고, 학문상의 필요에 의해서 만들어진 강학상 개념이다.

2) 실정법상으로는 허가 · 인가 · 특허 · 면허 등 여러 가지 명칭으로 사용되고 있으며, 실무상으로는 '행정처분' 또는 '처분' 이라는 개념이 사용되고 있다.

2. 행정행위의 개념정립의 실익

행정행위개념을 정립하는 실익은 어떠한 행정작용이 행정행위에 해당하는지 여부를 가릴 수 있도록 하는 기능을 가진다.

1) 행정행위는 전형적인 권력적 단독행위이다. 따라서 소극적 형태를 취하는 거부처분도 행정행위이다. 따라서 비권력적인 공법상 계약 · 공법상 합동행위는 행정행위가 아니다.

2) 행정행위는 행정청이 국민의 권리 · 의무에 일반적으로 구체적인 변동을 가져오거나, 이를 확정하는 권력적 작용이다.

(1) 불특정다수를 상대방으로 하지만 구체적 사실을 규율하는 일반처분은 행정행위이다.

(2) 법규명령은 원칙상 구체적인 법적효과(국민의 권리의무관계에 대한 직접적인 변경)를 가져오지 않기 때문에, 행정행위는 아니다.

3) 행정행위는 공법행위이다. 따라서 사법(私法)행위는 행정행위가 아니다.

4) 행정행위는 취소소송 등 항고소송의 주된 대상이다. 행정심판법과 행정소송법은 「처분」의 개념을 사용하여 「처분」에 대하여 항고심판과 행정소송을 제기할 수 있도록 규정하고 있다.

5) 행정행위에 대한 행정상 손해전보 · 제소기간의 제한 등 사법상의 구제제도와는 다른

권리구제수단의 특수성이 인정된다.

3. 행정행위와 처분과의 관계

1) 학설

(1) 일원론(실체법설 개념설)

학문상의 개념인 행정행위와 행정쟁송법상의 개념인 「처분」은 동일하다고 보는 견해이다.

(2) 이원론(쟁송법적 개념설)

쟁송법적 개념설은 쟁송법상의 처분을 학문상의 행정행위보다 더 넓은 개념으로 이해하는 견해이다(다수설).

Ⅱ. 행정행위의 개념

종래 행정행위의 개념은 최협의설이 통설 · 판례이다.

1. 개념에 관한 학설

최협의설에 의하면, "행정청이 법 아래에서 구체적 사실에 관한 법집행으로서 행하는 권력적 단독행위인 공법행위를 말한다".

2. 행정행위의 개념적 요소

1) 행정행위는 행정청의 행위이다

(1) 행정주체의 행위이므로 행정청의 행위뿐만 아니라 공권력을 부여받은 사인(私人)의 행위도 포함된다.

(2) 국회의 입법행위 · 사법부의 재판행위는 원칙적으로 행정행위에 해당하지 않는다.

(3) 다만, 판례는 지방의회는 대의기관성과 행정기관성을 모두 가지고 있다고 보아 지방의회 의결의 행정처분성을 긍정한 바 있다.

[관련 판례]

★ 지방의회의 의원징계의결은 행정행위에 해당한다(대판 1993.11.26, 93누7341).

★ 지방의회의장에 대한 불신임의결은 행정행위에 해당한다(대판 1994.10.11, 94두23).

★ 교통안전공단이 구 교통안전공단법에 의거하여 교통안전 분담금 납부의무자에게 한 분담금납부통지는 행정행위에 해당한다(대판 2000.9.8, 2000다12716). 판례는 공공단체의 행위도 행정행위에 해당한다고 보고 있다.

★ 성업공사(현 한국자산공사)가 행한 공매처분은 행정행위이며, 이에 대한 최소소송의 피고는 성업공사가 된다(대판 1997.2.28, 96누1757).

2) 법 아래서 구체적 사실에 관한 법집행행위이다

행정행위는 개별적 · 구체적[145]으로 행정목적을 실현하기 위한 법집행작용이다.

따라서 일반적 · 추상적 규범의 정립작용인 행정상 입법(법규명령 · 행정규칙) · 조례 · 규칙 등은 행정행위에 해당하지 않는다.

(1) 처분적 법률(처분적 법규)

① 의회가 제정한 법률이나 법규명령(대통령령 · 총리령 · 부령)은 일반적 · 추상적으로 정립되기 때문에, 행정행위로 인정되지 않는다.

② 법률이나 법규명령이 개별적 · 구체적으로 규정되어 처분적 법률이나 법규명령이 되는 경우에는 행정소송법상 처분성이 인정되어 항고소송의 대상이 된다.

③ 판례는 두밀분교폐지조례사건과 관련하여 처분적 조례도 항고소송의 대상이 되는 행정처분에 해당한다고 판시한 바 있다(대판 1996.9.20, 95누8003).

(2) 일반적 · 구체적 규율(일반처분)

행정청은 경우에 따라 구체적 사안과 관련하여 일정한 기준에 의해 규율하는 불특정 다수인을 대상으로 하는 일반적 · 구체적 규율을 발하는 경우가 있다. 일반적 · 구체적 규율도 행정행위의 일종으로 본다.

3) 행정행위는 직접적인 법적효과를 발생시키는 행위이다

(1) 행정행위는 개인에 대하여 직접적으로 권리 · 의무를 발생 · 변경 · 소멸시키는 법적행위이다.

(2) 직접적인 법적 행위

직접적으로 법적 효과를 발생시키지 않는 사실행위는 행정행위가 될 수 없다. 즉 교도소장이 서신검열과 같은 행위 등은 권력적 사실행위로서 쟁송법상 처분에는 해당되지만, 강학상 행정행위(권력적 단독행위인 공법행위인 법적 행위)에는 해당되지 않는다(헌재 2009.10.13, 2009헌마507 권리행사방해 위헌확인).

4) 행정행위는 대외적 행위이다.

행정행위는 외부에 대하여 직접 법적 효과를 발생하는 행위이다.

① 행정조직 내부의 행위, 즉 행정내부적 의사결정이 있을 뿐 외부에 표시되지 않은 행위는 법적 효과를 발생시키지 않으므로 행정행위가 될 수 없다. 예컨대, 교통법규위반행위에 대한 벌점의 배점(대판 1994.8.12, 94누2190). 병역법상 신체등위판정(대판 1993.8.27, 93누3356) 등은 행정행위가 아니다.

---

145) 특정인에게만 효력을 발생하는 것을 개별적이라 하고, 특정사안에 대하여 1회적으로만 효력을 발생하는 것을 구체적이라고 한다.

[내부행위로서 처분성이 부정된 관련 판례]

★ 징병검사시의 군의관의 신체등위판정은 외부에 표시되지 않은 내부적 행위에 불과하고, 병무청장이 별도의 병역처분을 하여야 병역의무가 부과된다(대판 1993.8.27, 93누3356). 따라서 병역법상 신체등위 판정은 항고소송의 대상이 되는 처분이 아니다.

★ 운전면허행정처분처리대장상 벌점의 배점은 운전면허의 취소, 정지처분의 기초자료로 제공하기 위한 것에 불과하므로, 항고소송의 대상이 되는 처분이 아니다.

★ 공정거래위원회의 고발의견은 행정청 내부의 의사결정에 불과할 뿐 최종적인 처분은 아니다. 즉, 형벌권 행사를 요구하는 행정기관 상호 간의 행위에 불과하므로 항고소송의 대상이 되는 행정처분이 아니다.

★ 상급행정기관의 하급행정기관에 대한 승인·동의·지시 등은 행정기관 상호 간의 내부 행위로서 국민의 권리·의무에 직접 영향을 미치는 것이 아니므로 항고소송의 대상이 되는 행정처분에 해당한다고 볼 수 없다(대판 1997.9.26, 97누8540).

★ 국가균형발전특별법에 따른 혁신도시최종입지선정행위는 항고소송의 대상이 되는 행정처분이 아니다(대판 2007.11.15, 2007두10198).

★ 국세기본법 제51조·제52조의 국세환급금결정이나 이 결정을 구하는 신청에 대한 환급거부결정 등은 납세의무자가 갖는 환급청구권의 존부나 범위에 구체적이고 직접적인 영향을 미치는 처분이 아니어서 항고소송의 대상이 되는 처분이라고 볼 수 없다(대판 1989.6.15, 88누6436).

② 특별권력관계 내부행위

종래 특별권력(행정법)관계 내부행위에 대해서는 처분성이 부정되었다. 오늘날에는 특별권력관계에 있어서의 그 구성원에 대한 권리·의무에 관한 행위는 행정행위(처분)로 인정하는 것이 통설·판례의 입장이다.

[관련 판례]

★ 서울교육대학의 학장이 학칙위반자인 재학생에게 국가공권력의 하나인 징계권을 발동하여 원고의 학생으로서의 신분을 일방적으로 박탈하는 국가의 교육행정에 관한 의사를 외부에 표시하는 행위는 행정처분이다(대판 1991.11.22, 91누2144).

③ 단순한 사실행위는 행정행위에 해당하지 않는다.

단순한 조사·보고 등은 사실행위이지 행정행위는 아니다.

[관련 판례]

★ 국가공무원법상 당연퇴직사유에 해당함을 알리는 당연퇴직의 인사발령은 독립한 행정처분이라고 볼 수 없다(대판 1995.11.14, 95누2036).

★ 정년퇴직사실을 알리는 통지는 항고소송의 대상이 되는 행정처분이 아니다(대판 1983.2.8, 81누263).

5) 행정행위는 행정청의 권력적 단독행위이다.

① 권력적 단독행위란 상대방에 대하여 우월한 지위에서 행하는 일방적 지위를 말한다.

② 행정청의 구체적 사실에 관한 법집행행위일지라도 상대방과의 의사의 합치에 의하여 성립하는 공법상계약 등은 공권력의 행사에 해당하지 않으므로 행정행위가 아니다.

6) 공법행위

① 행정행위는 법적 행위 중에서도 "공법행위"로서의 성질을 갖는 것을 말한다.

② 행정청의 법적 행위일지라도 행정상의 사법작용(예컨대, 물품구입, 국유재산매각 등)은 행정행위가 아니다.

③ 판례는 국유잡종재산을 대여하는 행위(대판 2000.2.11, 99다61675), 한국마사회의 기수에 대한 징계처분행위(대판 2008.1.31, 2005두8269) 등은 사법상의 행위로 행정행위에 해당하지 않는다고 판시한 바 있다.

[관련 판례]

★ 국유재산법의 규정에 의하여 총괄청 또는 그 권한을 위임받은 기관이 국유재산을 매각하는 행위는 사경제주체로서 행하는 사법상의 법률행위에 지나지 아니하며 행정청이 공권력의 주체라는 지위에서 행하는 공법상의 행정처분은 아니라 할 것이다(대판 1986.6.24, 86누171).

★ 국유재산을 대부하는 행위는 국가가 사경제주체로서 상대방과 대등한 위치에서 행하는 사법상의 계약이고, 국유잡종재산에 관한 대부료의 납부고지 역시 사법상의 이행청구에 해당하고, 이를 행정처분이라고 할 수 없다(대판 2000.2.11, 99다61675).

★ 한국마사회가 조교사 또는 기수의 면허를 부여하거나 취소하는 것은 국가기타 행정기관으로부터 위탁받은 행정권한의 행사가 아니라 일반 사법상의 법률관계에서 이루어지는 단체 내부에서의 징계 내지 제재이므로 행정처분이 아니다(대판 2008.1.31, 2005두8269).

3. 현대적 행태의 행정행위 등(자동으로 결정되는 행정행위)

1) 의의

행정의 자동화작용(자동으로 결정되는 행정행위)이라 함은 빈번히 반복되는 행정행위가 자동장치(컴퓨터)에 의해서 이루어지는 경우, 그러한 행정행위를 「자동적으로 결정되는 행정행위」라고 부른다(예컨대 교통신호 · 무인교통단속장비에 의한 교통법규위반자 단속 · 학생의 학교배정 · 주민세부과 결정 등).

2) 법적 성질

(1) 행정의 자동결정의 기준이 되는 프로그램의 법적 성질은 행정규칙으로서의 성질을 갖는다.

(2) 행정자동결정은 행정행위로서의 성질을 갖는다고 보는 것이 일반적이다. 따라서 처분성이 인정되며, 항고소송의 대상이 된다.

(3) 행정의 자동결정도 행정작용의 하나이므로 행정의 법률적합성과 행정법의 일반원칙에 의한 법적 한계를 준수하여야 한다.

3) 법적 규율의 특수성

(1) 행정자동결정은 행정행위로서의 성질을 가지므로 행정행위에 관한 규정이 그대로 적용되는 것이 원칙이다.

(2) 다만, 행정자동결정은 대량적·반복적으로 이루어진다는 점에서, 개별적으로 행해지는 통상적인 행정행위와는 다른 특별한 규율이 필요하다.

4) 행정자동결정의 하자(흠)

행정자동결정의 하자는

(1) 프로그램에 하자가 있는 경우,

(2) 프로그램을 작성하는 관계공무원의 과실(자료입력을 잘못한 경우)이 있는 경우 등에 존재한다.

(3) 행정의 자동결정의 하자의 효과는 일반적인 행정행위와 마찬가지로 중대명백설에 따라 판단하여야 한다.

① 무효 또는 취소

행정자동결정의 하자가 중대하고 명백한 경우에는 행정행위가 무효가 되며, 하자가 그 정도에 이르지 못한 경우에는 취소의 대상이 된다.

② 직권 또는 신청에 의한 결정

행정자동결정에 오기(誤記)나 오산(誤算) 기타 이에 준하는 명백한 오류는 행정행위의 하자에는 해당되지 않는다. 따라서 행정청은 직권 또는 신청에 의하여 특별한 절차 없이 언제든지 이를 정정할 수 있다.

4. 위법한 행정자동결정과 권리구제

1) 행정의 자동결정은 행정행위이므로 항고쟁송의 대상이 된다.

2) 위법한 행정자동결정에 의한 손해배상

위법한 행정자동결정에 의해 손해가 발생한 경우에는 행정상 손해배상 책임의 일반적 원칙에 의해 국가배상을 청구할 수 있다.

(1) 행정작용결정과정의 프로그램 작성과 관련하여 관계공무원의 유책(有責)의 위법행위에 기인한 경우에는 「국가배상법」 제2조(배상책임)에 의한 배상책임이 인정된다.

(2) 자동기계의 설치 · 관리의 하자로 인한 손해

자동처리시설의 이상으로 인하여 발생한 경우에는 「국가배상법」 제5조(공공시설 등의 하자로 인한 책임)에 의한 배상책임을 인정할 수 있다.

Ⅲ. 행정행위의 특질

행정행위의 특질이라 함은 사법상 법률행위와는 달리 1) 법률적합성, 2) 행정의사의 우월적 지위, 3) 행정행위에 대한 구제수단의 특수성 등을 특질로 들 수 있다.

1. 법률적합성

행정행위는 국민의 권리 · 의무와 관련되는 일방적인 권력적 단독행위이다. 따라서 행정행위를 발함에 있어서는 반드시 법적인 근거가 있어야 하고, 이에 적합하여야 한다.

2. 행정의사의 우월적 지위

행정청에 의한 의사표시인 행정행위는 상대방에 대하여 일방적인 구속력을 가진다. 우월적 지위의 내용으로는 공정력 · 구성요건적 효력 · 구속력 · 존속력(불가쟁력 · 불가변력) · 강제력(자력집행력 · 제재력) 등을 들 수 있다.

3. 행정쟁송상 특수성(행정행위에 대한 구제수단의 특수성)

1) 행정쟁송제도의 특수성

행정행위에 위법 · 부당한 하자가 있어서 그 효력을 다투고자 하는 경우에는 행정쟁송절차에 의한다.

2) 행정상 손해전보제도의 특수성

위법한 행정행위로 인한 국가 등의 손해배상책임과 적법한 행정행위로 인한 손실보상책임이 인정되고 있다.

제 2 절 행정행위의 종류

행정행위는 여러 가지 기준에 의하여 다양하게 분류된다.

Ⅰ. 발령주체에 따른 분류

1. 국가의 행정행위(예컨대, 국세부과처분),

2. 지방자치단체의 행정행위(예컨대, 시장·군수의 건축허가 처분),

3. 공무수탁사인의 행정행위(예컨대, 사인의 토지를 수용하는 사업시행자의 수용행위) 등이 있다.

Ⅱ. 법률행위적 행정행위와 준법률행위적 행정행위

1. 의의

행정행위는 그 내용(법률적 효과)에 따라 다음과 같이 구분된다.

1) 법률적 행정행위

행정청의 의사표시를 구성요소로 하고 그 표시된 의사의 내용에 따라 법적 효과가 발생한다(예컨대, 하명·허가 등).

2) 준법률적 행정행위

의사표시 이외의 정신작용(판단·인지)의 표시를 요소로 하고 그 법적 효과는 행위자의 의사표시를 불문하고, 전적으로 법이 정한 바대로 결정된다(예컨대 공증 등).

2. 구별실익

구분	법률행위적 행정행위	준법률행위적 행정행위
구성요소	의사표시를 그 요소로 한다	의사표시 이외의 정신작용을 그 요소로 한다
법적 효과발생	그 의사의 내용에 따라 효과발생한다	법률의 규정에 따라 효과발생한다
부관의 가능성	가능하다	불가능하다
재량성 인정	가능하다	불가능하다
형 식	불요식행위가 원칙이다	요식행위가 원칙이다

Ⅲ. 기속행위와 재량행위(羈束行爲와 裁量行爲)

행정행위는 법에 기속되는 정도에 따라 기속행위와 재량행위로 나누어진다. 행정행위는 법에 기속되는 정도에 따라 다음과 같이 구분한다.

1) 기속행위

법규가 행정주체에 대하여 아무런 재량의 여지도 주지 아니하고 행정청은 오직 그 법규를 집행함에 그치는 경우의 행정행위를 가리킨다.

2) 재량행위

법규가 행정행위의 내용에 관하여 일의적(一義的)·확정적으로 규정하지 아니하고, 행정청에 대하여 일정한 선택 또는 판단의 여지를 부여하고 있는 경우의 행정행위를 말한다.

Ⅳ. 수익적 행정행위·침익적 행정행위·복효적 행정행위

행정행위가 초래하는 이익 및 불이익의 상황에 따라 행해지는 구분이다.

1. 수익적 행정행위와 침익적 행정행위

1) 의의

(1) 수익적 행정행위

① 수익적 행정행위는 상대방에게 권리, 이익을 부여하는 행정행위를 말한다(예컨대 특허행위나 각종 급부제공행위 등).

② 수익적 행정행위는 재량행위로서 부관을 부과할 수 있으며, 취소나 철회가 제한된다.

(2) 침익적 행정행위

① 침익적 행정행위는 상대방에게 의무를 부과하거나 권리·이익을 제한하는 등의 불이익처분을 주는 행위를 말한다(예컨대, 과세처분 등).

② 부담적 행정행위는 법률유보가 엄격하게 적용되어 기속행위의 성질을 갖고, 취소나 철회는 제한받지 않는다.

2) 구분의 실익

	수익적 행정행위	침익적(침해적) 행정행위
의의	상대방에게 권리·이익을 부여하는 행정행위이다.	상대방에게 의무를 부과하거나 권리·이익을 침해·제한하는 행정행위이다.
법률유보원칙과의 관계	침해유보설: 반드시 법적 근거를 요하지 않는다. 급부행정유보설 및 전부유보설: 법적근거를 요한다	반드시 법적 근거를 요한다.
신청 여부	원칙적으로 쌍방적 행정행위로서, 신청을 전제로 한다.	원칙적으로 일방적 행정행위로서, 신청과 무관하다.

의무이행확보	허가·특허 등이 있더라도 그에 따른 영업을 할 것인가는 상대방의 임의사항이다(강제성 없다).	의무불이행의 경우 행정청은 강제집행 등의 자력강제수단에 의하여 그 이행을 확보할 수 있다(강제성 있다).
재량성여부	효과재량설에 의하면 원칙적으로 특허 등을 할 것인가 여부는 행정청의 재량이다.	원칙적으로 기속행위이다.
취소/철회	직권취소 및 철회의 경우 상대방의 신뢰보호뿐만 아니라 필요시 제3자의 이익도 함께 고려되어야 한다.	철회·취소의 자유성(부담적 행정행위를 철회·취소하면 상대방에게 이익을 주므로 신뢰보호원칙이 적용되지 않는다).
부관	수익적 행정행위가 재량행위인 경우에는 그 효과를 일부 제한한다는 의미에서 부관을 붙일 수 있다.	부관을 붙일 수 없다.

2. 복효적 행정행위(이중효과적 행정행위)

* 사시 26회
* 외무 36회

1) 의의

복효적 행정행위라 함은 하나의 행정행위가 수익적효과와 침익적효과가 동시에 발생하는 것을 말한다. 복효적 행정행위는 혼합효행정행위(광의의 복효적 행정행위)와 제3자효 행정행위(협의의 복효적 행정행위)로 나눌 수 있다.

2) 종류

(1) 혼합효행정행위(혼합적행정행위)

하나의 행정행위가 동일인에게 수익적 효과와 부담적(불이익)효과가 발생하는 행정행위를 말한다.

(2) 제3자효 행정행위

① 한 사람에게는 이익을 주고 다른 한 사람에게는 불이익이라고 하는 상반된 효과를 발생시키는 행정행위를 말한다. 복효적 행정행위라 함은 보통 제3자효 행정행위를 말한다.

② 대표적인 예로 ㉠ 위험시설·환경오염시설설치(예컨대, 주거지역 내에서의 연탄공장허가·원자력 발전소의 설치허가), ㉡ 공매처분, ㉢ 토지수용의 재결, ㉣ 경업자면허(기존 일반 담배판매업자에 대한 신규 일반담배판매업자에 대한 면허), ㉤ 경원자허가(일개의 버스노선에 여객자동차운송사업면허를 받은 자와 받지 못한 자의 허가), ㉥ 합격자·당선자 결정 등을 들 수 있다.

3) 제3자효 있는 행위의 관련문제(제3자의 보호문제)

복효적 행정행위는, 예컨대 상대방에게 건축허가·주유소허가 등을 한 결과 제3자(인근주민·기존업자)에게 불이익이 생기거나, 또는 공해공장의 설치허가로 그 인근주민에게 재산 또는 건강상의 피해가 발생한 경우 등에 특히 문제가 된다. 따라서 복효적 행정행위에 있어서는 제3자에 대한 보호조치가 강구되어야 할 필요성이 있다.

(1) 행정실체법상의 문제

① 행정행위 신청권(행정개입청구권)

㉠ 제3자의 공권이 성립하기도 하고(예컨대, 주거지역에서 연탄공장설립을 허가하는 경우, 이웃주민에게 인정되는 환경권), ㉡ 행정개입청구권(예컨대, 폐기물을 무단으로 폐기하는 업자로 인해 고통을 받는 이웃주민이 환경행정청에 폐기물 제거를 명할 것을 구하는 권리) 등을 일반적으로 인정하고 있다.

② 제3자의 권리보호를 위해 행정행위의 존속이 제3자에게 이익이 되는 경우에는 취소·철회가 제한되며(예컨대, 여객자동차운수사업법·해운법 등),

③ 수익적 처분의 당사자와 부담적 처분의 당사자의 이해조절을 위해 부관을 붙일 수 있다(예컨대, 유흥주점허가시 인근 주민을 위하여 방음시설의 설치를 부관으로 붙인 경우 등).

(2) 행정절차법적 문제

① 제3자에 대한 통지

㉠ 제3자효 있는 행위와 관련하여, 행정절차법은 당사자의 권익을 제한하거나 의무를 과하는 처분을 하는 경우에는 당사자 등에게 통지하여야 한다고 규정하고 있다(행정절차법 제21조 제1항).

㉡ 여기서 당사자등이라 함은 ㉮ 행정청의 처분에 대하여 직접 그 상대가 되는 당사자, ㉯ 행정청이 직권 또는 신청에 의하여 행정절차에 참여하게 한 이해관계인을 말한다(행정절차법 제2조 제4호).

㉢ 문제는 행정절차법상의 당사자에 복효적 행정행위의 제3자가 포함되는가 하는 점이다. 행정절차법에는 제3자에 대해서 통지되어야 한다는 명문의 규정이 없다. 통설은 원칙적으로 상대방에 대한 통지만으로 효력이 발생한다고 본다.

② 제3자의 행정절차 참가

현행 행정절차법에는 제3자의 행정절차에 대한 참가에 대해서 직접적으로 규정하고 있지 않다.

(3) 행정쟁송상의 문제

① 행정심판절차법적 문제

제3자효 있는 행위와 관련하여, 제3자는 ① 심판청구인적격을 가지며, ② 이해관계가 있는 제3자는 행정심판에 참가할 수 있으며, ③ 행정심판법 제27조 제3항에 의하면 행정처분의 상대방이 아닌 제3자라도 처분이 있은 날로부터 180일을 경과하면 행정심판청구를 제기하지 못하는 것이 원칙이지만, 다만 정당한 사유가 있는 경우에는 그러하지 아니하다(행정심판법 제27조 3항 단서조항).

[행정심판법 제27조 3항 단서조항과 관련된 판례]

★ 행정처분의 직접 상대방이 아닌 제3자는 일반적으로 처분이 있는 것을 바로 알 수 없는 처지에 있으므로, 위와 같은 심판청구기간 내에 심판청구를 제기하지 아니하였다고 하더라도, 그 기간내에 처분이 있었던 것을 알았거나 쉽게 알 수 있었기 때문에, 심판청구를 제기할 수 있었다고 볼 만한 특별한 사정이 없는 한, 위 법조항 본문의 적용을 배제할 "정당한 사유"가 있는 경우에 해당한다고 보아, 위와 같은 심판청구기간이 경과 후에도 심판청구를 제기할 수 있다(대판 1992.7.28, 91누12844).

④ 제3자는 집행정지를 신청할 수 있다.[146] 제3자도 요건이 충족되는 한 집행정지제도에 의해 가구제를 받을 수 있다고 보는 것이 일반적인 견해이다.

(4) 행정소송절차상 법적 문제

제3자효 있는 행위와 관련하여, 제3자는 ① 원고적격을 가지며, ② 행정소송의 결과에 대하여 이해관계가 있는 자(예컨대, 행정처분의 직접 상대방인 연탄공장 건축주·신규업자 등)는 당해 행정소송에 참가할 수 있다(행정소송법 제16조).[147] ③ 원칙적으로 제3자도 행정소송제기기간의 제한을 받지만, 처분이 있는 날과 관련해 정당한 사유가 있는 경우에는 그러하지 아니하다.

행정소송법 제20조(제소기간) ① 취소소송은 처분 등이 있음을 안 날부터 90일 이내에 제기하여야 한다.

④ 제3자효 행정행위에 의해 법률상 이익을 침해받은 제3자는 취소소송의 제기와 동시에

---

146) 행정심판법 제30조(집행정지). 위원회는 처분, 처분의 집행 또는 절차의 속행 때문에 중대한 손해가 생기는 것을 예방할 필요성이 긴급하다고 인정할 때에는 직권으로 또는 당사자의 신청에 의하여 처분의 효력, 처분의 집행 또는 절차의 속행의 전부 또는 일부의 정지(이하 "집행정지"라 한다)를 결정할 수 있다. 다만, 처분의 효력정지는 처분의 집행 또는 절차의 속행을 정지함으로써 그 목적을 달성할 수 있을 때에는 허용되지 아니한다.

147) 제3자효 행정행위에 대한 소송에서는 「처분청」만이 피고가 되고, 소송의 결과에 따라 권리 또는 이익의 침해를 받을 제3자는 자신의 법률상의 지위를 보호하기 위하여 소송참가를 할 수 있을 뿐이다(행정소송법제16조).

행정행위의 집행정지를 신청할 수 있다. 그러나 원고가 아닌 소송에 참가한 경우에는 집행정지를 신청할 수 없다.

⑤ 처분 등을 취소하는 확정판결은 제3자에 대해서도 효력이 있다.

행정소송법 제29조 (취소판결등의 효력) ① 처분 등을 취소하는 확정판결은 제3자에 대하여도 효력이 있다.

⑥ 처분의 취소판결에 의해 권리·이익의 침해를 받은 제3자가 자기에게 책임없는 사유로 인하여 소송에 참가하지 못함으로써, 판결의 결과에 영향을 미칠 공격 또는 방어방법을 제출하지 못한 경우에는 이를 이유로 확정된 종국판결에 대해 재심을 청구할 수 있다.

⑦ 제3자효 행정행위에 대한 소송에서는 「처분청」만이 피고가 되고, 소송의 결과에 따라 권리 또는 이익의 침해를 받을 제3자는 자신의 법률상의 지위를 보호하기 위하여 소송참가를 할 수 있을 뿐이다(행정소송법 제16조).

Ⅴ. 대인적 행정행위 · 대물적 행정행위 · 혼합적 행정행위

이러한 구별의 실익은 행정행위의 효과의 이전성에 있다.

1. 대인적 행정행위

대인적 행정행위의 효과는 일신전속성을 가지므로, 타인에게 이전될 수 없다(예컨대, 의사면허·운전면허 등).

2. 대물적 행정행위

대물적 행정행위의 효과는 이전성이 인정된다(예컨대 자동차검사·건축허가·석유판매허가[148] 등).

3. 혼합적 행정행위

1) 혼합적 행정행위란 행정행위의 상대방의 주관적 사정과 함께 행정행위의 대상인 물건·시설의 객관적 사정을 모두 고려하여 행해지는 행정행위이다.

2) 혼합적 행정행위의 이전은 명문의 규정이 있는 경우에 한하여 인정되며, 통상 행정청의 승인 또는 허가 등을 받도록 규정하고 있다(예컨대, 카지노허가 등).

---

148) 석유판매허가는 대물적 허가의 성질을 갖는 것이어서 석유판매업이 양도된 경우, 양도인에게 허가를 취소할 위법사유가 있다면 이를 이유로 양수인에게 제재조치를 취할 수 있다(대판 1986.7.22, 86누203).

Ⅵ. 쌍방적 행정행위와 일방적 행정행위

1. 쌍방적 행정행위

쌍방적(동의를 필요로 하는) 행정행위란 동의·신청 등 상대방의 협력이 행정행위의 성립요건인 행위를 말한다. 이에는

1) 상대방의 신청을 요하는 행정행위(예컨대, 허가·특허·인가 등)와

2) 상대방의 동의를 요하는 행정행위(예컨대, 공무원의 임명행위 등)가 있다.

2. 일방적 행정행위

일방적 행정행위란 상대방의 협력을 요건으로 하지 않고, 행정청이 일방적으로 행하는 행정처분을 말한다(예컨대, 과세처분 등).

Ⅶ. 요식행위(要式行爲)와 불요식행위(不要式行爲)

행정행위는 성립에 일정한 형식을 요하는가의 여부에 따라 요식행위와 불요식행위로 구분할 수 있다.

1. 요식행위

1) 요식행위란 행정행위를 함에 있어서 개별법령이 일정한 형식을 갖출 것을 요구하는 경우를 말한다(예컨대, 행정심판의 재결 등).

2) 행정절차법은 행정청이 처분을 할 때 다른 법령 등에 특별한 규정이 있는 경우를 제외하고는 문서로 하도록 함으로써, 「처분」과 관련하여 요식주의를 규정하고 있다(행정절차법 제24조).

3) 요식행위가 형식을 결여하면 형식의 하자가 있는 행정행위가 된다.

2. 불요식행위

불요식행위는 일정한 형식을 요하지 않는 행정행위를 말한다(예컨대 도로상에서 이루어지는 교통경찰관의 교통상 지시행위 등).

Ⅷ. 적극적 행정행위 · 소극적 행정행위

1. 적극적 행정행위

적극적 행정행위는 현재의 법률상태에 변경을 가져올 수 있는 행정행위를 말한다(예컨대, 하명 · 허가 · 특허 · 허가취소 등).

2. 소극적 행정행위

1) 소극적 행정행위는 현재의 법률상태에 아무런 변경도 가져오지 않는 행정행위를 말한다(예컨대, 허가나 특허의 신청에 대한 거부나 부작위 등).

2) 적극적 행정행위나 소극적 행정행위는 묵시적으로도 가능하다. 예컨대 허가서류를 반려하는 것은 묵시적 거부처분에 해당한다.

Ⅸ. 부분승인 · 예비결정 · 가행정행위

1. 부분승인(부분허가)

1) 의의

부분승인은 부분허가라고도 한다. 부분승인이란 단계화된 행정절차에서 사인이 원하는 특정부분에 대해서만 승인하는 행위를 말한다.

2) 효과

(1) 부분허가권(부분승인)은 허가권에 포함되는 것이므로 허가에 대한 권한을 가진 행정청은 별도의 법적 근거가 없다 하더라도 부분허가를 행할 수 있다.

(2) 부분승인을 받은 자는 승인을 받은 범위 안에서 승인을 받은 행위를 할 수 있다.

3) 권리구제

(1) 부분승인은 행정쟁송법상 처분개념에 해당한다.

(2) 부분승인의 발령이나 불발령(부작위 또는 거부)으로 인하여 법률상 이익을 침해받게 된 자는 당연히 행정쟁송을 제기할 수 있다.

[관련 판례]

★ 부지사전승인에 터잡은 건설허가처분이 있는 경우 선행부지사전승인처분의 취소를 구할 이익이 없다.

1) 원자력법상 시설부지사전승인처분은 그 자체로서 건설부지를 확정하고 사전공사를 허용하는 법률효과를 지닌 독립한 행정처분이므로, 취소소송으로 이를 다툴 수 있다.

2) 원자로건설허가처분이 있게되면 원자로 및 관계시설의 부지사전승인처분은 그 건설허가처분에 흡수되어 독립된 존재가치를 상실함으로써 그 건설허가처분만이 쟁송의 대상이 되므로, 원자로부지사전승인처분에 대한 취소소송은 소의 이익이 없다(대판 1998.9.4, 97누19588).

2. 예비결정(사전결정)

1) 의의

예비결정이란 종국적인 행정행위에 앞서서 종국적인 행정행위에 요구되는 여러 요건 중에서 일부요건들에 대해 사전적으로 심사[149]하여 내린 결정을 말한다. 예비결정은 사전결정이라고 한다.

예컨대, 원자력법상 부지사전승인제도 · 폐기물관리법상 사업계획의 적정통보제도 등을 들 수 있다.

2) 효과

(1) 예비결정(사전결정)은 단계화된 행정절차에서 최종적인 행정결정을 내리기 전에 이루어지는 행위이지만, 그 자체가 하나의 독립한 행위로서 구속력을 가진다.

(2) 따라서 최종 행정행위는 특별한 사정이 없는 한 예비결정된 사안에 대해서는 그대로 인정하고, 나머지 요건에 대해서만 판단하게 된다. 행정청은 본 결정에서 예비결정의 내용과 상충되는 결정을 할 수 없다.

[관련 판례]

★ 폐기물관리법상의 사업계획에 대한 적정통보가 있는 경우, 폐기물사업의 허가단계에서는 나머지 허가요건만을 심사하면 족하다(대판 1998.4.28, 97누21086). 대법원은 이처럼 예비결정의 구속력을 인정하고 있다.

★ 폐기물관리법(상) 폐기물처리업의 허가를 받기 위하여는 먼저 사업계획서를 제출하여 허가권자로부터 사업계획에 대한 적정통보를 받아야 하고, 그 적정통보를 받은 자만이 일정기간 내에 시설, 장비, 기술능력, 자본금을 갖추어 허가신청을 할 수 있으므로 결국 부적정통보는 허가신청 자체를 제한하는 등 개인의 권리 내지 법률상의 이익을 개별적이고 구체적으로 규제하고 있어 행정처분에 해당한다(대판 1998.9.4, 97누19588).

---

149) 건축법 제10조(건축관련입지와 규모의 사전결정) ① 제1조에 따른 건축허가대상 건축물을 건축하려는 자는 건축허가를 신청하기 전에 허가권자에게 그 건축물의 건축에 관한 다음 각 호의 사항에 대한 사전결정을 할 수 있다.
1. 해당 대지에 건축하는 것이 이 법이나 관계 법령에서 허용되는지 여부
2. 이 법 또는 관계법령에 따른 건축기준 및 건축제한, 그 완화에 관한 사항 등을 고려하여 해당 대지에 건축 가능한 건축물의 규모
3. 건축허가를 받기 위하여 신청자가 고려하여야 할 사항

3) 권리구제

예비결정은 행정쟁송법상 처분개념에 해당한다(대판 1998.4.28, 97누21086). 따라서 예비결정의 발령이나 불발령(부작위 또는 거부)으로 인하여 법률상 이익이 위법하게 침해된 자는 행정쟁송을 제기할 수 있다.

3. 가행정행위(假行政行爲)와 종행정행위(終行政行爲)

1) 가행정행위(假行政行爲)

(1) 의의

가행정행위(잠정적 행정행위)라 함은 행정행위의 법적 효과 또는 구속력이 최종적으로 결정될 때까지 잠정적으로만 행정행위로서의 구속력을 가지는 결정을 말한다. 예컨대, 징계의결요구중에 있는 공무원에 대하여 잠정적으로 직위해제를 하는 경우, 또는 조세법상 당사자의 신고에 의한 잠정적 세액 결정 등을 들 수 있다.

(2) 가행정행위의 성질

① 법적 성질

가행정행위는 잠정적인 효과를 갖는다고 하여도, 그 자체가 하나의 행정행위로서의 성격을 갖는다.

② 부관과의 구별

가행정행위는 그 자체가 본체(本體)인 행정행위라는 점에서, 본체인 행정행위에 부가되는 종(從)된 의사표시인 행정행위의 부관과는 구별된다.

(3) 적용범위

가행정행위는 본래의 영역인 급부행정의 경우뿐만 아니라, 당사자에게 불리한 효과를 발생하게 하는 침해행정의 경우에도 존재한다.

(4) 효과

① 가행정행위는 법적 효과가 잠정적이고 임시적인 성질을 가진다. 따라서 종국적인 행정행위[150]만큼 강한 효력을 갖는 것은 아니어서, 종국적 행정행위(확정적 결정인 처분)가 행하여짐으로써, 가행정행위는 그 효력을 상실하게 된다.

② 가행정행위는 불가변력이 발생하지 않기 때문에 가행정행위가 사후에 발해지는 종국적인 결정(본처분)으로서의 대체에 대해 신뢰보호원칙을 주장하지 못한다.

---

150) 가행정행위는 종국적 행정행위가 행하여짐으로써 소멸한다. 예컨대, 당사자의 신고에 의하여 먼저 과세한 후 (잠정적인 세액), 확정된 세액에 따라 종전 과세에 대체되는 과세를 하는 경우(종국적 행정행위)를 말한다.

(5) 권리구제

가행정행위는 잠정적이기는 하지만 행정행위로서 직접적인 법적 효력을 발생한다. 따라서 가행정행위로 인해 권익침해를 받은 자는 항고소송 등을 통해 권리구제를 받을 수 있다. 즉, 가행정행위는 통상의 행정행위와 다를 바 없으므로 권리구제절차도 통상의 행정행위와 다를 바 없다.

2) 종행정행위(終行政行爲)

가행정행위는 법적 효과가 종행정행위(종국적 행정행위), 즉 종국적 행정행위가 행하여질 때까지 잠정적으로 인정된다. 따라서 종국적 행정행위가 행하여짐으로써 가행정행위는 소멸된다.

Ⅹ. 수령을 요하는 행정행위와 요하지 아니하는 행정행위

1. 일반적으로도 행정행위는 상대방에게 수령(도달)되어야 효력이 발생한다.

2. 상대방이 불특정다수인이거나 특정된 경우에도 그 주소 · 거소가 불분명한 때에는 적어도 공시 · 공고 등으로 그 내용이 공고 · 공시되어야 하고, 이 경우에는 공시 · 공고만으로도 효력이 발생한다.

Ⅺ. 개별처분과 일반처분

행정행위의 상대방이 특정되어 있는가, 불특정되어 있는가에 따른 구별이다.

1. 개별처분

1) 의의

개별처분은 행정행위의 상대방이 특정되어 있는 행정행위를 말한다. 보통 개별처분의 상대방은 1인이지만, 다수인 경우도 있다.

2) 개별적 · 구체적 규율

행정행위는 특정인에 대해 특정한 사건에만 효력을 발생하므로, 개별적 · 구체적 규율이다. 예컨대, 갑이라는 특정인에 대한 영업허가, 또는 을이라는 특정인에 대해 세금1억을 과세처분하는 경우 등을 들 수 있다.

2. 일반적 처분

일반처분은 그 처분의 직접적 규율대상이 사람인가 물건인가에 따라, 대인적 일반처분과 물적행정행위로서의 일반처분으로 나누어진다.

1) 대인적 일반처분

(1) 대인적 일반처분이란 구체적 사안과 관련하여 일정한 기준에 의해 규율되는 불특정 다수인을 대상으로 하는 행정행위를 말한다(예컨대, 일정장소에서의 집회금지처분, 도로통행금지, 주차금지, 좌회전 금지 등).

(2) 대인적 일반처분은 불특정 다수인인 점에서 '일반적'이지만, 법규명령과는 달리 구체적 사안 또는 사건을 규율대상으로 한다는 점에서 '구체적'이다.

(3) 구체적 사실에 대한 법집행행위로서 불특정 다수인을 대상으로 하는 일반처분은 행정행위의 한 유형이라는 것이 다수적 견해이다.

2) 물적 행위로서 일반처분

(1) 물적 행정행위라 함은 직접적으로는 물건이 규율대상이고, 사람은 물건과의 관계를 통해서 간접적으로 규율하는 행정행위를 말한다.

(2) 구체적인 예

도로의 공용개시 · 공용폐지 행위, 주차금지 설정[151], 속도제한 또는 일반통행표지판, 공시지가고시 · 개별공시지가고시, 도시계획결정공고, 문화재지정행위, 지하도 · 육교 그 밖의 횡단보도를 설치하여 보행자의 통행방법을 규제하는 것(대판 2000.10.17, 98두8964) 등을 들 수 있다.

[관련 판례]

★ 지방경찰청장이 횡당보도를 설치하여 보행자의 통행방법 등을 규제하는 것은 국민의 권리 · 의무에 직접 관계가 있는 행위로서, 행정처분이다(대판 2000.10.27, 98두896).

★ 시장 · 군수 또는 구청장의 개별토지가격결정은 관계 법령에 의한 토지초과이득세, 택지초과소유부담금 또는 개발부담금산정의 기준이 되어 국민의 권리나 의무 또는 법률상 이익에 직접적으로 관계되는 것으로서 행정소송법 제2조 제1항 제1호 소정의 행정청이 행하는 구체적 사실에 관한 법집행으로서의 공권력 행사이므로 항고소송의 대상이 되는 행정처분에 해당한다(대판 1994.2.8, 93누111).

---

151) 주차금지판 설정은 일반적 · 구체적 규율로서 물적 행위이며, 일반처분에 해당한다. 즉 행정처분에 해당된다. 따라서 주차금지표지판은 일반처분으로서 처분성이 인정되기 때문에, 직접 주차금지표지판 설치에 대해 행정소송이 가능하다.

제 3 절 기속행위와 재량행위 · 불확정개념

* 행시 12회, 24회
* 사시 20회, 22회, 31회, 32회
* 외무 23회

Ⅰ. 기속행위와 재량행위

1. 의의

1) 기속행위와 재량행위

행정행위는 법에 기속되는 정도에 따라 기속행위와 재량행위로 나누어진다.

(1) 기속행위

기속행위라 함은 법규가 행정청에게 재량의 여유를 주지 않고, 오직 법규가 정한 바에 따라 단순히 집행하는데 그치는 경우의 행정행위를 말한다. 즉, 기속행위는 효과의 선택과 결정에 있어 행정청이 자유영역을 갖지 못하는 행위라 할 수 있다.

(2) 재량행위

① 의의

재량행위라 함은 법규가 행정청에게 어느 범위까지 일정한 독자적 판단권을 인정하고 있는 경우에 행정청이 그 재량에 따라 행하는 행정행위를 말한다.

② 결정재량과 선택재량

㉠ 결정재량

행정청에게 재량이 인정되는 경우 어떤 행위를 할 것인가에 대한 결정권한에 대한 재량을 말한다.

㉡ 선택재량

행정청에게 법규상 허용된 여러 행정행위 중 어느 것을 선택할 것인가에 대한 재량을 말한다.

③ 기속재량행위(羈束裁量行爲)와 자유재량행위(自由裁量行爲) 2분론

판례와 전통적 학설은 재량행위를 다시 기속재량(법규재량)과 자유재량(공익재량)으로 구분한다.

㉠ 기속재량행위(법규재량)

기속재량행위라 함은 법규가 행정청에게 재량행위를 인정하는 경우에도 전혀 자유로운

판단에 맡기지 않는 것이다. 이 경우 행정청에게 재량적 판단의 여지가 거의 없다. 따라서 재량을 그르친 행위는 위법이 되어 사법심사의 대상이 된다.

㉡ 자유재량행위(재량)

자유재량행위라 함은 법규가 행정청에 대하여 판단의 기준을 제시함이 없이, 행정청의 독자적 판단을 허용하는 것을 말한다(무엇이 공익목적에 보다 적합한 것인지를 판단하는 재량을 의미함). 자유재량을 그르친 행위는 위법이 되지 않고, 부당행위[152]만 인정되어 사법심사의 대상에서 제외된다.

㉢ 기속재량과 자유재량의 개념에 대한 논의

최근의 학설은 기속재량행위와 자유재량행위를 구별해야할 실익이 거의 없다는 이유로, 양자의 개념을 인정하지 않는 견해가 유력하다. 즉, 자유재량행위라 할지라도 재량권을 일탈·남용한 경우에는 위법이 되어 사법심사의 대상이 된다. 따라서 양자의 구분은 그리 필요하지 않다.

㉣ 판례상으로는 여전히 자유재량행위와 기속재량행위를 구분하고 있다. 다만 재량권의 남용이나 재량권의 일탈의 경우는 그 재량권이 기속재량이거나 자유재량이거나를 막론하고 사법심사의 대상이 된다고 보고 있다.

[관련 판례]

★ 자유재량행위의 사법심사여부

대법원은 "재량권의 남용이나 재량권의 일탈의 경우에는 그 재량권이 기속재량이거나 자유재량이거나를 막론하고 사법심사의 대상이 된다"고 판시하고 있다(대판 1984.1.31, 83누451).

2. 기속행위와 재량행위의 구별

1) 구별의 상대성

양자는 법규에 의하여 기속되는 정도에 따라 구별된다. 그러나 재량행위라 할지라도 법으로부터 완전히 자유로울 수 없고, 기속행위(기속재량행위 포함)라 하더라도 법에 완전히 기속된 행위라고 할 수 없다. 따라서 기속행위와 재량행위의 구별은 법규와의 관계에서 볼 때 본질적인 차이가 있는 것이 아니라, 양적인 차이에 불과한 상대적인 구별에 지나지 않는다.

152) '위법'은 법을 위반한 행위로서 법에 적합한 행위인 '적법'에 대응하는 용어이다. 따라서 행정청의 위법한 행위에 대해서는 항고소송이 인정된다. 반면 '부당(不當)'은 위법은 아니지만 법의 제정목적에 비추어 적합하지 않는 행위를 말한다. 따라서 부당은 위법이 아니기 때문에, 항고소송이 인정되지 않는다.

2) 구별의 실익(필요성)

(1) 재판통제의 범위(행정소송과의 관계)

① 기속행위에 있어 행정권 행사에 잘못이 있는 경우에는 위법한 행위가 되기 때문에, 재판에 의한 사법적 통제가 가능하다. 반면 재량행위는 원칙적으로 재량권의 한계(일탈 · 남용)를 넘어서지 않는 한 행정심판의 대상이 될 뿐 행정소송의 대상은 되지 않는다.

② 그러나 재량행위에 대해 행정소송이 제기된 경우에 법원은 곧바로 각하판결을 내리지 않고 재량권행사의 한계를 준수했는지 여부를 심사한 후, 그러한 사실이 없으면 기각하는 판결을 내리고 있다. 따라서 양자의 구별실익은 상대화되고 있다.

[관련 판례]

★ 자유재량에 대한 사법심사에 있어서 법원은 스스로 일정한 결론을 도출함이 없이 해당 행위에 재량권의 일탈 · 남용이 있는지 여부만을 심사하게 되고, 이러한 재량권의 일탈 · 남용여부에 대한 심사는 사실오인, 비례 · 평등의 원칙 위배, 해당 행위의 목적 위반이나 등기의 부정유무 등을 그 판단대상으로 한다(대판 2001.12.9, 98두17593).

(2) 부관(附款)의 허용성 여부

① 기속행위에는 원칙적으로 부관을 붙일 수 없고, 재량행위의 경우에는 부관을 붙일 수 있다는 것이 종래 통설 · 판례의 입장이다.

② 판례는 기속행위나 기속적 재량행위에 부관을 붙였다 하더라도 이는 「무효」의 것이라고 판시한 바 있다(대판 1988.4.27, 87누1106).

[관련 판례]

★ 일반적으로 기속행위나 기속적 재량행위에는 부관을 붙일 수 없고, 부관을 붙였다 하더라도 이는 무효인 것이다. 따라서 감독관청이 사립학교법인의 이사회소집승인을 하면서 소집일시 · 장소를 지정한 것은 기속재량행위에 붙인 부관으로 무효이다(대판 1988.4.27, 87누1106).

(3) 공권의 성립과의 관계

① 기속행위의 경우에는 법적 요건이 충족되면 개인적 공권이 성립되지만, 재량행위에는 행정청이 그것을 행할 의무가 발생하지 않으므로, 원칙적으로 상대방인 행정객체에게는 실체적인 청구권이 인정되지 않는다.

② 다만, 재량행위의 경우에도 예외적으로 무하자재량행사청구권이 인정될 수 있고, 재량권이 0으로 수축되는 경우에는 실체적 공권인 행정개입청구권이 발생하게 된다.

(4) 확정력과의 관계(불가변력과의 관계)

① 기속행위는 법규에 의하여 엄격하게 구속되므로 행정청이 직권으로 이를 취소 · 철회

할 수 없는 확정력(불가변력)이 발생하지만, 반면 재량행위인 경우에는 사정변경에 의하여 취소·철회할 수 있으므로 불가변력이 발생하지 않는다는 견해가 있다.

② 현재는 재량행위라 하여 그 취소·변경이 자유롭지 않다는 점에서, 양자간에 직접적인 관련은 없다고 보는 견해가 통설이다.

(5) 입증책임의 문제

기속행위의 경우 법위반사실에 대한 적법성의 입증은 처분청(피고)인 행정청에게 있고, 반면 재량행위의 경우에 재량권의 일탈·남용여부에 대한 입증책임은 원고가 입증하여야 한다.

3. 재량행위와 기속행위의 구별기준

1) 재량문제

오늘날 재량의 본질에 관하여는 법률요건(행위요건)이 아니라, 법률효과(행위효과)의 선택에 재량이 있다고 보는 효과재량설의 견해가 지배적이다.

2) 법문언기준설(종합적 견해)

(1) 명문의 표현상 분명한 경우(법령의 규정형식)

재량행위와 기속행위의 구별에 있어 법률적 기준이 1차적 기준[153]이 된다. 법령이 행정청에 '하여야 한다' 또는 '...를 할 수 없다' 등의 표현을 사용하면 기속행위이다. 반면 '할 수 있다'라고 규정하고 있는 경우에는 이를 재량행위로 해석할 수 있다.

(2) 명문의 표현상 불분명한 경우(당해 행위의 성질)

제2차적 기준으로 법령규정의 문언이 분명하지 아니할 경우에는 당해 입법목적이나 입법취지 및 당해 행위의 성질 등을 종합적으로 고려하여 개별적·구체적으로 판단하여야 한다.

① 학설

법규정은 보통 "...하면 ~한다"라는 구조로 되어 있다. 여기서 "...하면"에 해당하는 부분을 요건법규(조건규정)라 하고, "~한다"부분을 효과법규(효과규정)로 부른다.[154]

---

153) 1차적 기준은 법령의 규정형식이나 체제 또는 문언에 따라 구별한다. 예컨대 「도로교통법」 제93조 제1항 제7호 "허위 또는 부정한 수단으로 운전면허를 받은 때 등에는 그 운전면허를 취소하여야 한다"고 규정하고 있으므로, 그에 의거한 행정행위는 원칙적으로 기속행위이다. 반면 「도로교통법」 제93조 제1항 제10호 "운전 중 고의 또는 과실로 교통사고를 일으킨 때에는 운전면허를 취소하거나 1년의 범위 안에서 그 운전면허를 정지시킬 수 있다"고 규정하고 있는 경우, 그에 의거한 행정행위는 원칙적으로 재량행위이다.

154) 행정법규가 행정청에게 수권을 할 경우에 가장 단순한 구조의 예를 들어보면 다음과 같다. 도로교통법 제93조 제1항 본문을 보면 "지방경찰청장은 운전면허를 받은 사람이 다음 각 호의 어느 하나에 해당하는 때에는 (1항 술에 취한 상태에서 자동차 등을 운전하는 경우 ~ 20호 운전면허를 받은 사람이 자신의 운전면허를 실효시킬 목적으로 지방경찰청장에게 자진하여 운전면허를 반납하는 경우) 행정자치부령으로 정하는 기준에 따라 운전면허를 취소하거나 1년 이내의 범위에서 운전면허의 효력을 정지시킬 수 있다"라고 규정하고 있다. 여기서 말하는 "다음 각 호의 어느 하나에 해당하는 때"가 요건규정이고, "운전면허

㉠ 요건재량설

㉮ 요건재량설은 법률요건의 인정의 결과 법률효과가 도출되므로, 법률요건 부분에만 재량이 인정되고 법률효과 자체에는 재량이 인정되지 않는다고 보는 견해이다. 예컨대, 법이 "영업을 하고자 하는 자는 시장·군수의 허가를 받아야 한다"라고 규정하는 경우에 행정행위의 요건이나 행정행위의 효과에 대하여 아무런 규정을 두고 있지 않아 법률의 문언상 불분명하다. 따라서 법규가 행정행위의 요건에 아무런 규정을 두지 않았기 때문에, 이 경우 법률요건 부분에만 재량이 인정된다고 보는 견해이다.

㉯ 행정법규가 행정행위의 요건에 대하여 아무런 규정을 두지 아니한 경우(공백규정)나 종국목적만을 규정한 경우, 또는 불확정개념 내지 다의적 개념으로 규정한 경우에는 재량행위에 속하고 법규가 종국목적 외에 중간목적까지 규정하고 있으므로 행정활동기준이 일의적으로 확정되어 행정청이 그에 구속되는 경우에는 기속행위라고 한다.

㉰ 요건재량설은 행정행위의 종국목적과 중간목적의 분류나 구체적 기준 자체가 불명확하다는 비판이 있다.

㉡ 효과재량설

㉮ 효과재량설은 행위의 성질에 중점을 두어 개인에게 권리나 이익을 부여하는 행위인가, 그것을 제한하고 박탈하는 행위인가에 따라 재량행위 여부를 구별하려는 견해이다.

㉯ 개인의 권리·이익을 제한·침해하거나 의무를 부과하는 행위(침익적 행위)는 기속재량행위이고, 개인에게 새로운 권리를 설정하거나 기타 이익을 부여하는 행위(수익적 행위)는 원칙적으로 재량행위라고 본다.

② 판례

㉠ 판례는 기속행위와 재량행위의 판단기준과 관련하여 기본적으로 당해 처분의 근거가 된 규정의 형식이나 체제 또는 문언에 따라 구별하고 있다.

[관련 판례]

★ 어느 행정행위가 기속재량행위인지 또는 자유재량행위에 속하는 것인지의 여부는 이를 일률적으로 규정지을 수는 없는 것이고, 당해 처분의 근거가 된 법규의 규정의 형식이나 체계 또는 문언에 따라 개별적으로 판단하여야 한다(대판 1995.12.12, 94누12303).

㉡ 다수의 판례는 상대방에게 불이익처분을 부과하는 경우는 기속재량행위로, 특정인에게 권리를 설정하는 행위는 행정청의 재량행위에 속한다고 판시하고 있다. 따라서 효과재량설의 입장에 서있는 것으로 판단된다.

를 취소하거나 1년 이내의 범위 안에서 그 운전면허의 효력을 정지시킬 수 있다"가 효과규정이다. 요건의 인정에 부여되어 있는 재량을 요건재량이라 하고, 효과에 부여되어 있는 재량을 효과재량이라 한다.

[관련 판례]

★ 구 주택건설촉진법 제3조에 의한 주택건설사업계획의 승인은 이른바 수익적 행정처분으로서 행정청의 재량행위에 속하므로 허가관청은 중대한 공익상 필요가 있다고 인정될 때에는 허가를 거부할 수 있고, 그 경우 법규에 명문의 근거가 없더라도 거부처분을 할 수 있다(대판 2007.5.10, 2005두13315).

[관련 판례]

★ 기속행위로 본 사례

• 대법원은"원고가 보충역에 해당하는 이상 지방병무청장은 관련 법령에 따라 원고를 공익근무요원으로 소집하여야 하는 것이고, 이와 같이 보충역을 공익근무요원으로 소집함에 있어 지방병무청장에게 재량이 있다고 볼 여지는 없다"고 판시하고 있다(대판 2002.8.23, 2002두820).

• "경찰공무원 채용시험 또는 경찰간부후보생 공개경쟁선발시험에서 부정행위를 한 응시자에 대해서는 당해 시험을 정지 또는 무효로 하고, 그로부터 5년간 이 영에 의한 시험에 응시할 수 없게 한다"고 규정한 경찰공무원임용령 제46조 제1항은 수권형식과 내용에 비추어 이는 행정청 내부의 사무처리기준을 규정한 재량준칙이 아니라, 이는 일반국민이나 법원을 구속하는 법규명령에 해당하고, 따라서 위 규정에 의한 처분은 재량행위가 아닌 기속행위라고 할 것이다(대판 2008.5.29, 2007두18321).

• 국유재산의 무단점유 등에 대한 변상금징수의 요건은 국유재산법 제51조제1항에 명백히 규정되어 있으므로 변상금을 징수할 것인가는 처분청의 재량을 허용하지 않는 기속행위이다(대판 2000.1.28, 97누4098).

• 음주측정거부를 이유로 운전면허를 취소함에 있어서 행정청은 그 취소여부를 선택할 수 있는 재량의 여지가 없다(대판 2004.11.12, 2003두12042).

• 일반음식점 영업허가는 허가신청이 법에서 정한 요건을 구비한 때에는 허가하여야 하고 관계법령에서 정하는 제한사유 외에 공공복리 등의 사유를 들어 허가신청을 거부할 수 없는 기속행위로 볼 것이다(대판 2000.3.24, 97누12532).

• 구 총포·도검·화약류등 단속법 제30조 제1호~제4호에 따른 면허취소처분(대판 1996.8.23, 96누1665)

• 광천음료수제조업허가(대판 1993.2.12, 92누5959).

• 기부금품모집규제법상의 기부금품모집허가(대판 1999.7.23, 99두3690).

★ 재량행위로 본 사례

• 주택건설사업계획의 승인은 상대방에게 권리나 이익을 부여하는 효과를 수반하는, 이른바 수익적 행정처분으로서 법령에 행정처분의 요건에 관하여 일의적으로 규정되어 있지 아니한 이상 행정청의 재량행위에 속한다고 할 것이다(대판 1996.10.11, 95누9020).

• 여객자동차운수사업법에 의한 개인택시운송사업면허는 특정인에게 특정한 권리나 이익을 부여하는 행위로서 법령에 특별한 규정이 없는 한 재량행위이고, 그 면허에 필요한 기준을 정하는 것 역시 행정청의 재량에 속하는 것이다(대판 2005.4.28, 2004두8910).

• 총포·도검·화약류 등 단속법령상 총포 등의 소지허가를 받을 수 있는 자격요건을 정하고 있는 규정은 없으나, 관할 관청의 총포 등 소지허가가 총포·도검·화약류단속법 제13조 제1항 소정의 결격자에 해당되지 아니하는 경우 반드시 허가를 하여야 하는 기속행위라고는 할 수 없다(대판 1993.5.14, 92도2179).

• 귀화허가는 외국인에게 대한민국 국적을 부여함으로써 국민으로서의 법적 지위를 포괄적으로 설정하는 행위이고, 법무부장관은 귀화신청인이 법률이 정하는 요건을 갖추었다 하더라도 귀화를 허가할 것인지 여부에 관하여 재량권을 가진다(대판 2007.7.15, 2009두19069).

• 토지형질변경허가는 금지요건이 불확정개념으로 되어 있어 그 금지요건의 판단에 행정청의 재량이 있기 때문에 토지형질변경행위를 수반하는 건축허가는 결국 재량행위에 속한다(대판 2005.7.14, 2004두6181).

• 공정거래위원회의 독점규제 및 공정거래에 관한 법률 위반행위자에 대한 과징금 부과처분(대판 2002.9.24, 2000두1717).

• 자연공원사업의 시행에 있어 공원시설기본설계 및 변경설계승인(대판 2001.7.27, 99두2970).

㉢ 재량행위와 법률유보

[관련 판례]

★ 판례는 재량행위가 인정되어 일정한 행위를 거부한 경우 법령의 명문의 규정이 없어도 가능하다는 입장을 취하고 있다. 즉, 재량행위에 대하여는 법률유보가 적용되지 않는다고 보고 있다(대판 2003.3.28, 200212113).

4. 재량권의 한계

* 사시 20회

재량행위는 행정청에 재량권을 부여한 행위를 의미하지만, 무한정한 것은 아니며 일정한 법적 한계가 있다. 재량권의 한계는 재량권의 일탈 또는 남용을 말하는 것이며, 재량권이 이 법적한계를 넘은 경우에는 그 재량권의 행사는 부당한 처분이 아니라 위법한 처분이다.

1) 재량권의 일탈 · 남용

재량권의 일탈과 남용은 이론상으로는 구분이 가능하지만, 실제상으로는 구분하기 어려우며, 양자를 구별할 실익도 없다. 판례도 이를 명확히 구분하지 않고, 혼용하여 사용하고 있다.

(1) 재량권의 일탈

재량권의 일탈이란 행정청에서 재량권의 외적한계(법규상 한계)를 벗어난 것을 의미한다.

(2) 재량권의 남용

재량권의 남용이란 행정법상의 일반원칙(비례의 원칙 · 평등의 원칙 등)에 위배하여 내적 한계(조리상 한계)를 벗어난 것을 의미한다.

(3) 재량권의 일탈 · 남용에 대한 입증책임

행정행위의 위법성에 대한 입증책임은 원고에게 있으므로, 재량권의 일탈 · 남용여부에 대한 입증책임은 처분청이 아니라 「원고」에게 있다. 즉, 행정처분의 효력을 다투는 자가 입증하여야 한다(대판 1987.12.8, 87누861).

[관련 판례]

★ 재량권 일탈 · 남용을 인정한 사례

• 공정한 업무처리에 대한 사의로 두고 간 돈 30만원이 든 봉투를 소지함으로써 피동적으로 수수하였다가 돌려 준 20여년 근속의 경찰공무원에 대한 해임처분은 사회통념상 현저하게 타당성을 잃었다고 하지 않을 수 없다(대판 1991.7.23, 90누8954).

• 주유소의 관리인이 부정휘발유를 구입 · 판매한 것을 이유로 한 위험물취급소 설치허가 취소처분은 원고에게 너무 가혹하여 그 재량권 범위를 일탈한 것이다(대판 1989.3.28, 87누436).

• 단원에게 지급될 급량비를 바로 지급하지 않고 모아 두었다가 지급한 시립무용단원에 대한 해촉처분은 여러 사정 등을 종합해보면 너무 가혹하여 징계권을 남용한 것이어서 무효이다(대판 1995.12.22, 95누4636).

• 해외근무자의 자녀를 대상으로 한 특별전형에서 외교관과 공무원의 자녀에 대하여만 실제 취득점수에 20%의 가산점을 부여해 합격사정을 함으로써 실제 취득점수에 의하면 합격할 수 있었던 응시자들에 대하여 불합격한 처분은 위법하다(재량권남용이다)(대판 1990.8.28, 89누8255).

• 준조세폐해근절 및 경제난극복을 이유로 북한어린이를 위한 의약품 지원을 위하여 성금 및 의약품 등을 모금하는 행위자체를 불허하는 것은 재량권의 일탈 또는 남용이다(대판 1999.7.23, 99두3690).

• 과징금납부명령에 재량권의 일탈이 있는 경우 법원은 재량의 일탈여부에 대해서만 판단할 수 있을 뿐 법원은 적정하다고 인정하는 부분을 초과한 부분만을 취소할 수는 없다(대판 1998.4.10, 98두2270).

★ 재량권 일탈 · 남용을 부정한 사례

• 교통경찰관이 그 단속의 대상이 되는 신호위반자에게 먼저 적극적으로 돈을 요구하고 다른 사람이 볼 수 없도록 돈을 접어 건네주도록 전달방법을 구체적으로 알려주었으며, 동승자에게 신고시 범칙금 처분을 받게 된다는 등 비위신고를 막기 위한 말까지하고 금품을 수수한 경우, 비록 그 받은 돈이 1만원에 불과하더라도 위 금품수수행위를 징계사유로 하여 당해 경찰공무원을 해임처분한 것은 징계재량권의 일탈 · 남용이 아니다(대판 2006.12.21, 2006두16274).

• 초음파검사를 통하여 알게 된 태아의 성별을 고지한 의사에 대한 의사면허자격정지처분은 재량권의 일탈 · 남용이 아니다(대판 2002.10.25, 2002두4822).

• 미성년자를 출입시켰다는 이유로 2회나 영업정지에 갈음한 과징금을 부과받은지 1개월만에 만17세도 되지 아니한 고등학교 1학년 재학생까지 포함된 미성년자들을 연령을 확인하지 않고 출입시킨 행위에 대한 영업허가취소처분은 재량권을 일탈한 위법한 처분이라 보기 어렵다(대판 1993.10.26, 9누5185).

• 국가지정문화재의 보호구역에 인접한 나대지에 건물을 신축하기 위한 국가지정문화재 현상변경신청에 대한 문화재청장의 불허가처분은 재량권을 일탈 · 남용한 위법한 처분이라고 단정하기 어렵다(대판 2006.5.12, 2004두9920).

• 명예퇴직 합의후 명예퇴직 예정일 사이에 허위로 병가를 받아 다른 회사에 근무하였음을 사유로 한 징계해임처분은 징계재량권의 일탈 · 남용으로 볼 수 없다(대판 2002.8.23, 2000다60890 · 60906).

• 허위의 무사고증명을 제출하여 개인택시면허를 받은 자에 대한 면허를 취소함에 있어서 행정청이 그 자의 신뢰이익을 고려하지 아니하였다면 재량권 남용이 아니다(대판 1986.8.19, 85누291).

• 개발제한구역내의 건축물의 건축 등에 대한 예외적 허가는 재량행위에 속하는 것이며, 그에 관한 행정청의 판단이 비례 · 평등의 원칙위배, 목적위반 등에 해당하지 않는 이상 재량권의 일탈 · 남용에 해당한다고 할 수 없다(대판 2004.3.25, 2003두12837).

• 교통사고를 일으켜 피해자 2인에게 각 전치 2주의 상해를 입히고 약 296,890원 상당의 손해를 입히고도 구호조치 없이 도주한 수사담당경찰관에 대한 해임처분은 재량권의 범위를 일탈·남용한 것이 아니다(대판 1999.10.8, 99두6101).

• 태국에서 수입하는 냉동새우 수입신고서에 말라카이트그린이 사용된 사실을 기재하지 않았음을 이유로 행정청이 영업정지 1개월의 처분을 한 것은 재량권을 일탈·남용한 것이 아니다(대판 2010.4.8, 2009두22997).

• 행정청이 개인택시운송사업의 면허를 발급하면서 「택시운전경력자」를 일정부분 우대하는 처분을 하여 택시이외의 운전경력자에게 반사적 불이익을 가져온다고 하여 행정청의 조치가 재량권을 일탈·남용한 위법한 것은 아니다(대판 2009.7.9, 2008두11099).

• 지방공무원 복무조례개정안에 대한 의견을 표명하기 위하여 전국공무원노동조합 간부 10여명과 함께 시장의 사택을 방문한 위 노동조합 시지부 사무국장에게 지방공무원법 제58조에 정한 집단행위 금지의무를 위반하였다는 등의 이유로 징계권자가 파면처분을 한 사안에서, 그 징계처분은 사회통념상 현저하게 타당성을 잃거나 객관적으로 명백하게 부당하여 징계권의 한계를 일탈하거나 재량권을 남용하였다고 볼 수 없다(대판 2009.6.23, 2006두16786).

• 약사의 의약품 개봉판매행위는 약사법에 의해 금지되어 있는데, 이를 위반한 약사에 대하여 구 약사법령에 근거한 15일 영업정지에 갈음하는 과징금 855만원을 부과한 처분은 재량권의 범위를 일탈하거나 재량권을 남용한 것이 아니다(대판 2007.9.20, 2007두6946).

2) 재량처분의 위법사유

재량권의 한계를 넘은 재량권 행사에는 (1) 재량권의 일탈(법규정위반), (2) 사실오인, (3) 목적위반·동기부정, (4) 평등원칙 위반, (5) 비례원칙위반, (6) 자기구속의 원칙위반 (7) 재량권의 불행사 또는 해태 등이 있다.

(1) 재량권의 일탈(법규정위반)

① 재량권의 일탈은 관계법령상의 재량권의 한계를 넘어선 것을 말한다(예컨대, 근거법규상 행정상의 의무위반에 대하여 3개월에서 6개월 이하의 영업정지처분을 할 수 있다고 규정되어 있는 경우에, 그것을 초과하여 1년간의 영업정지처분을 내리는 경우).

② 행정청의 재량에 속하는「처분」이라도 재량권의 한계를 넘거나 그 남용이 있는 때에는 법원은 이를 취소할 수 있다고 하여, 행정소송법상 재량하자의 사법심사에 관한 명문의 규정(재량처분의 취소)을 두고 있다(형사소송법 제27조).

(2) 사실 오인

사실의 존부에 대한 판단에는 재량권이 인정될 수 없다. 따라서 행정행위가 사실의 기초에 흠결이 있는 경우 또는 요건사실의 인정이 전혀 합리성이 없는 경우, 그 재량권의 행사는 위법하다(예컨대, 공무원에게 비위가 있다고 하여 징계처분을 하였으나, 당해 행위가 도저히 비위로 볼 수 없는 경우).

[관련 판례]

★ 합리성이 없는 재량권 행사는 위법이다.

원고는 낙도근무자로서 학교회의 참석차 항해 도중 심한 풍랑을 만나 전신쇠약 등 충격으로 장기간 입원 또는 병원치료 하였고, 이로 인하여 수로여행이 불가능하여 임지로 돌아가지 못했다고 해서, 정당한 사유없이 그 직무상의 의무에 위반하거나 직무를 태만한 것에 해당한다고 할 수 없고 이 이유로 파면처분은 징계의 재량범위를 벗어난 것이다(대판 1969.7.22, 69누38).

(3) 목적위반 · 동기부정(動機不定)

행정권의 행사가 법률에서 정한 목적과 다르게 행사되거나, 불법한 동기에 의해 행사된 경우에 그 재량행위는 위법이다. 예컨대, 「소방기본법」에 의한 가택의 출입 · 검사는 화재예방과 진압 목적을 위하여 행하여야 하고, 범죄의 예방을 위하여 행해져서는 안 된다.

(4) 평등원칙 · 비례원칙 · 자기구속의 원칙 · 부당결부금지원칙의 위반

① 평등원칙은 「헌법」상의 원칙으로서, 합리적인 이유없이 특정인을 차별취급 하지 않도록 하는 것을 말하며, 이에 위반하면 위법한 처분이 된다.

② 비례원칙의 위반은 행정이 추구하는 목적과 수단이 적절치 않은 경우에는 그것은 위법한 처분이 된다.

③ 자기구속의 원칙위반은 행정관행이 존재하는 경우에 행정관행과 다른 재량권 행사는 특별한 사정이 없는 한 자기구속의 원칙에 반한다.

④ 부당결부금지원칙의 위반은 행정작용과 실체적 관련이 없는 상대방의 반대급부를 조건으로 하는 재량행위는 부당결부금지원칙 위반으로 위법하게 된다.

(5) 재량권의 불행사 또는 해태(懈怠)

① 재량권의 불행사란 재량권을 행사함에 있어 고려하여야 할 구체적 사정을 전혀 고려하지 않은 경우를 말한다.

② 재량의 해태란 고려하여야 하는 구체적 사정에 대한 고려는 하였지만, 충분히 고려하지 않은 경우를 말한다(예컨대, 재량권 행사시 고려하여야 하는 관계 이익(공익 및 사익)을 충분히 고려하지 않은 경우 등). 이러한 경우의 재량행위는 위법한 처분이 된다.

[관련 판례]

★ 법령에 과징금의 임의적 감경사유가 있음에도 감경사유에 해당하지 않는다고 오인하여 과징금을 감경하지 않은 경우, 그 과징금부과처분은 재량권을 일탈 · 남용한 위법한 것이다(대판 2010.7.15, 2010두7031).

(6) 재량권의 영으로의 수축

법률이 행정청에 재량권을 부여하고 있을지라도 예외적인 상황에서 그 재량권이 영(0)으로 수축되어 유일한 하나의 행위를 하지 않으면 안 되는 경우가 있다. 이 경우 행정청의 재량행위는 기속행위로 전환되어, 행정청이 당해 처분 이외의 행위를 하면 위법한 것이 된다.

5. 재량행위에 대한 통제

재량권의 행사에 대한 통제로는 입법적통제 · 행정적통제 · 사법적통제가 있다.

1) 입법적 통제

입법적 통제는 의회에 의한 통제로써 법규적 통제와 정치적 통제로 구분할 수 있다.

(1) 법규적 통제(직접적 통제)

의회가 입법활동을 통하여 재량의 여지를 사전 규제하는 것을 말한다. 그러나 규율대상에 따라서는 불확정개념의 사용이 불가피하거나 요망되는 경우도 있으므로, 법규적 통제에는 일정한 내재적 한계가 있다.

(2) 정치적 통제(간접적 통제)

국회의 국정감사 · 조사, 대정부질문, 탄핵소추권, 국무총리 및 국무위원의 해임건의권 등을 통해 재량행위에 대한 통제가 가능하다.

2) 행정내부적 통제

재량행위에 대한 행정내부적 수단으로는 감독청에 의한 통제, 절차상의 통제, 행정심판에 의한 통제 등을 들 수 있다.

(1) 감독청에 의한 통제

① 상급행정청은 하급행정청의 위법한 재량권 행사뿐만 아니라 부당한 재량권 행사에 대하여도 취소 또는 변경을 요구하는 등 통제를 가할 수 있다.

② 상급행정청은 행정규칙(재량준칙)을 통해 하급행정청의 재량행사를 일반적으로 지휘하기도 한다(예컨대, 감시권 · 훈령권 · 승인권 · 주관쟁의결정권 등).

(2) 행정절차에 의한 통제

행정청의 재량결정시에 다른 행정청에게 의견을 개진하게 하거나, 심의회를 거쳐 재량행사를 하게 하는 경우 등을 들 수 있다.

(3) 행정심판에 의한 통제

행정청의 위법 또는 부당한 행정행위로 인하여 권익을 침해받은 자는 행정심판을 통해 취소 또는 변경이 가능하다.

3) 사법적 통제

(1) 법원에 의한 통제

① 재량행위는 설사 재량을 그르친 경우라고 하여도 원칙적으로 '부당'에 그치므로 행정소송의 대상이 될 수 없다.

② 그러나 행정청이 재량권을 행사함에 있어 재량권을 일탈 · 남용한 경우에는 위법한 행정작용으로서 행정소송을 통하여 행정청의 재량을 통제할 수 있다.

③ 재량에 대하여 행정소송이 제기된 경우 각하할 것이 아니라 기각하여야 한다는 것이 다수설 · 판례의 입장이다. 따라서 당해처분이 재량처분인 경우에는 본안심리에서 일탈 및 남용여부를 심사할 필요가 있다.

④ 행정청의 재량이란 언제나 의무에 합당한 재량을 의미하며 재량권의 남용이나 일탈이 있는 때에는 사법심사의 대상이 된다.

⑤ 기속행위와 재량행위의 사법심사방식

㉠ 기속행위에 대한 사법심사의 경우, 법원은 법규에 대한 원칙적인 기속성으로 인하여 법원이 사실인정과 관련 법규의 해석 · 적용을 통하여 일정한 결론을 도출한 후 그 결론에 비추어 행정청이 한 판단의 적법여부를 독자의 입장에서 판정하는 방식에 의하게 된다(대판 2001.2.9, 98두17593).

㉡ 재량행위에 대한 사법심사의 경우, 법원은 행정청의 재량에 기한 공익판단의 여지를 감안하여 독자의 결론을 도출함이 없이 당해 행위에 재량권의 일탈 · 남용이 있는지 여부만을 심사하게 된다(대판 2001.2.9, 98두17593).

(2) 헌법재판소에 의한 통제

① 위헌법률심사권의 행사를 통하여 간접적으로 행정청의 재량권을 통제할 수 있다.

② 행정청의 위법한 재량권행사로 인하여 헌법상 보장된 국민의 기본권이 침해된 경우에는 헌법소원에 의한 재량권행사의 통제도 가능하다.

Ⅱ. 불확정개념과 판단여지

1. 불확정개념

1) 개념

(1) 의의

불확정개념이란 그 개념자체로서는 그 의미가 명확하지 않고, 해석의 여지가 있는 개념을 말한다.

예컨대, 중대한 사유, 공공의 안녕과 질서, 위태롭게 할 우려, 치안상 위해 등의 용어와 같이 그 의미내용이 일의적(一義的: 한 개)인 것이 아니라 다의적(多義的: 여러 개)인 것이어서, 진정한 의미의 내용이 구체적 상황에 따라 판단되는 개념을 말한다.

(2) 인정이유

불확정개념을 도입할 수밖에 없는 이유는 ① 입법기술상 복잡 · 다양하고 가변적인 모든 사회현실을 구체적으로 나열하는 것은 불가능할 것이므로 추상적으로 규정할 수밖에 없고,

② 정치·기술·도덕 등의 변화에도 불구하고 법은 영속성을 가져야 하고, ③ 행정현상의 가변성과 행정의 능률성을 위하여, 행정청에게 어느 정도의 해석·판단의 여지를 인정할 필요가 있기 때문이다.

2) 불확정개념의 판단권 여부

(1) 불확정개념의 해석·적용은 특정한 사실관계가 요건에 해당하는가의 여부에 대한 인식문제로서의 법적 문제이기 때문에, 원칙적으로 사법심사의 대상이 되어야 한다.

(2) 그러나 불확정개념을 구체적인 사건에 해석·적용하는 과정에서 법원과 행정청간에 다른 결정을 할 수 있는 경우가 있다.

(3) 원칙적으로 불확정개념의 의미내용은 법원이 최종적으로 결정하는 것이지만, 예외적으로 행정청도 불확정개념의 해석·적용시 최종적인 결정자가 될 수 있는가 하는 점이다. 이와 관련하여 판단여지의 문제가 등장하게 되었다.

2. 판단여지설

1) 판단여지의 개념

(1) 판단여지라 함은 행정법규의 요건을 이루는 불확정개념의 해석·적용에 있어서 이론상 하나의 판단만이 가능한 것이지만, 둘 이상의 판단이 모두 적법한 판단으로 인정될 수 있는 가능성이 있는 것을 말한다.

(2) 불확정개념은 법개념(법원에 의해 논리법칙 또는 경험법칙에 따라 그 개념이 일의적으로 해석될 수 있는 개념)이므로 법원의 권한에 속하고, 사법심사의 대상이 되는 것이 원칙이다.

(3) 그러나 예외적으로 행정의 고도의 전문적·기술적·정책적 판단이 필요한 일정한 영역에서는 행정청에 판단여지가 인정되어 법원의 사법심사가 배제 또는 제한된다는 이론이다. 이를 「판단여지설」이라고 한다.

① 판단여지설은 요건규정의 불확정개념에 대한 해석론이며, 효과규정의 결정, 선택의 재량에 대해서 논의하는 것은 아니다.

② 판단여지설에서의 판단여지는 요건규정에 대해서만 판단여지를 인정한다.

③ 판단여지설에 의하면 법원은 판단여지의 한계를 준수하였는가에 대해서만 사법심사를 할 수 있게 된다.

2) 재량과 판단여지의 구분

판단여지설은 법률의 요건규정에 불확정개념이 사용된 경우, 재량을 인정하는 요건재량설을 비판하면서 등장하였다. 즉, 판단여지설에의 재량은 효과 규정에만 인정하고(이 점은 효과재량설과 동일하다), 행정재량은 법규정의 요건부분에는 존재하지 않는다는 입장이 판단여지설의 배경이다.

(1) 학설

제2차 대전 후 독일의 바호프(O.Bachof)와 울레(C.H. Ule)에 의하여 주장되었다.

① 바호프의 판단여지설

법률요건에 불확정개념이 사용된 경우 행정기관에 판단여지, 즉 법원이 심사할 수 없는 독자적인 평가·결정의 영역을 확보해 준 경우 법원은 행정기관의 결정을 받아들여야만 하고, 법원은 다만 그 영역의 한계가 준수되었는지만을 심사할 수 있을 뿐이다.

② 울레의 대체가능성

㉠ 불확정개념을 객관적·경험적 개념(예컨대, 주간, 야간)과 주관적·규범적 개념(예컨대, 공익, 중대한 위함)으로 구별하여, 경험적 개념은 하나의 판단이 가능하나, 규범적 개념은 행정청의 주관적 판단이 불가피하다는 것이다.

㉡ 따라서 전문가인 행정청의 판단을 존중하여 비전문가인 법원의 판단에 대체할 수 있다고 보는 견해이다.

③ 우리나라의 학설

㉠ 구별긍정설

판단여지와 재량을 구별하는 견해로서 효과재량설을 전제로 한다. 이 견해에 의하면 재량은 법률효과에만 인정된다(다수설).

㉡ 구별부정설

판단여지와 재량의 구별을 부정하고 모두 재량의 문제로 보는 견해이다.

(2) 판례

① 판례는 법률요건에 불확정개념이 사용된 경우 판단여지를 인정하지 않고 재량으로 평가하여, 판단여지와 재량을 구별하지 않고 있다.

② 판단의 여지가 인정되는 범위 내에서 내려진 행정청의 판단은 법원에 의한 통제의 대상이 되지 않는다. 다시 말하면 판단의 여지가 인정되어 가능한 복수의 판단이 존재하는 경우 행정청이 그 중 하나를 선택하였다면 그 행정기관의 판단은 법원에 의해 존중되고, 그 판단에 기초하여 내려진 행정행위는 위법한 처분이 되지 않는다.

[판단여지로 볼 수 있는 요건문제를 재량으로 인정한 관련 판례]

★ 시험출제 및 평가의 경우

• 공무원의 임용을 위한 면접전형에 대한 면접위원의 판단은 재량행위이다(대판 1997.11.28, 97누11911).

• 감정평가시험의 합격기준의 선택은 재량행위이다(대판 1996.9.20, 96누6882).

• 사법시험의 출제위원이 문제의 유형, 문제의 내용 등 시험문제의 구체적 내용을 정하는 것은 재량행위이다(헌재 2004.8.26, 2002헌마107).

• 공인중개사시험의 출제업무는 법령규정의 허용범위 내에서는 재량행위이다(대판 2006.12.22, 2006두12883).

★ 고도의 전문적 영역의 경우
- 교과서 검정은 고도의 학술상 · 교육상의 전문적 판단을 요한다(대판 1992.4.24, 91누6634).
- 유적발굴허가(고분발굴허가)는 재량행위이다(대판 2000.10.27, 99두264).
- 의료법 등 관계법령이 정하는 바에 따라 신의료기술의 안정성 · 유효성 평가나 신의료기술의 시술로 국민보건에 중대한 위해가 발생하거나 발생할 우려가 있는지에 대하여 한 전문적인 판단은 존중되어야 한다(대판 2016.1.28, 2013두21120).

3) 판단여지가 인정되는 영역

판단여지는 주로 다음의 영역에서 논해지고 있다.

(1) 고도의 전문적 · 비대체적 결정(非代替的決定)

비대체적 결정이란 남이 대신하기 어려운 결정을 말하는 것으로, 사람의 인격 · 적성 · 능력 등에 관한 판단이 여기에 속한다(예컨대, 고등학교 졸업시험 · 공무원의 근무성적평정 · 국가시험 답안채점(사법시험 · 의사시험 등)).

[관련 판례]

★ 비대체적 결정의 예(시험)

대학은 입학지원자가 모집정원에 미달한 경우라도 그가 정한 입학사정기준에 미달되는 자에 대하여는 입학을 거부할 수 있다(대판 1982.7.2. 81누398).

(2) 위원회에 의한 구속적 가치평가

예술 · 문화 등의 분야에서 어떤 물건이나 작품의 가치 또는 유해성 등에 대한 독립한 합의제 기관의 판단을 구속적 가치평가라고 한다(예컨대, 문화재의 판정 · 인사평가위원회의 평가 · 영화의 공연적합성의 판정 · 공정거래위원회의 불공정거래행위결정 · 청소년보호위원회의 청소년 유해도서물결정 · 식물의약품안전청의 의약품허가결정 등).

[관련 판례]

★ 구속적 가치평가의 예(작품의 가치)

교과서 검정이 고도의 학술상, 교육상의 전문적인 판단을 요한다는 특성에 비추어 보면, 교과용 도서를 검정함에 있어서 법령과 심사기준에 따라서 심사위원회의 심사를 거치고 … 사회통념상 현저히 부당하다는 등 현저히 재량권의 범위를 일탈한 것이 아닌 이상 그 검정은 위법하다고 할 수 없다(대판 1996.9.20, 98누68003).

(3) 미래예측결정

예측결정이란 미래 예측적 성질을 가진 행정결정을 의미하며, 이러한 예측결정에도 판단여지가 인정될 수 있다(예컨대, 대한민국의 이익을 해할 우려가 현저하다고 인정되는 자에 대한 법무부장관의 출국금지명령, 지역경제여건의 변화에 대한 예측, 환경행정에 있어서 위해의 평가 등).

(4) 사회형성적 영역에서의 형성적 결정(행정정책적 결정)

사회형성적 행정의 영역에 있어서도 행정청에게 판단여지가 인정된다(예컨대, 지방자치단체의 주민복지 증진을 위한 공공시설의 설치, 도시관리계획의 수립, 공무원인사를 위한 인력수급계획의 결정 등).

4) 판단여지의 한계와 통제

(1) 판단여지의 한계

판단여지의 경우도 실제상 사법심사가 어렵다는 것이지, 사법심사의 대상이 되지 않는다는 것은 아니다.[155] 따라서 판단여지가 인정되는 범위 내에서도 한계를 위반한 경우에는 사법심사가 가능하다.

(2) 판단여지의 통제법리

판단여지는 다음과 같은 법리에 따라 통제되어지며, 이를 위반한 경우에는 사법심사가 가능하다.

① 판단기관이 합의제행정기관으로서 적법하게 구성되었는지 여부

② 절차적 규정이 준수되었는지 여부

③ 행정청의 결정이 정확한 사실관계에 기초하였는지 여부

④ 평등원칙 및 비례성의 원칙 등 일반적으로 승인된 법원칙과 평가기준을 준수하고 있는지 여부,

⑤ 사안과 무관한 자가 개입되었는지의 여부 등을 들 수 있다.

제 4 절 행정행위의 내용

Ⅰ. 개 설

행정행위는 그 내용, 즉 법률적 효과에 따라 법률행위적 행정행위와 준법률적 행정행위로 구분하는 것이 통례로 되어있다. 행정행위의 이와 같은 분류는 「민법」상의 법률행위의 개념을 차용하여 이루어진 것이다.

---

155) 홍정선, 「행정법원론(상)」, 박영사, 2002, p.301; 박균성, 전게서, p.164.

▷ 행정행위의 내용

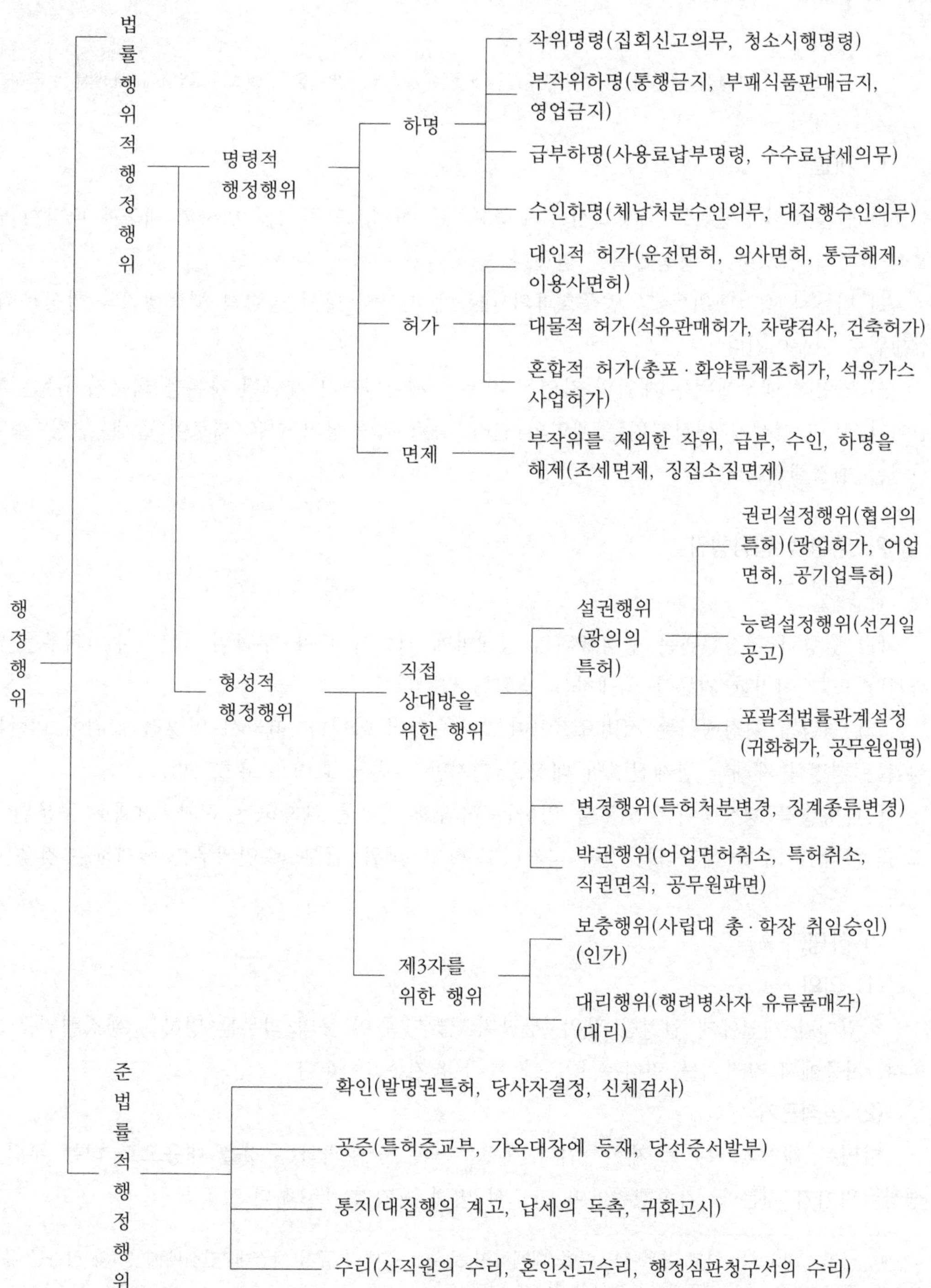
행정행위
법률행위적 행정행위
명령적 행정행위
하명
작위명령(집회신고의무, 청소시행명령)
부작위하명(통행금지, 부패식품판매금지, 영업금지)
급부하명(사용료납부명령, 수수료납세의무)
수인하명(체납처분수인의무, 대집행수인의무)
허가
대인적 허가(운전면허, 의사면허, 통금해제, 이용사면허)
대물적 허가(석유판매허가, 차량검사, 건축허가)
혼합적 허가(총포 · 화약류제조허가, 석유가스 사업허가)
면제
부작위를 제외한 작위, 급부, 수인, 하명을 해제(조세면제, 징집소집면제)
형성적 행정행위
직접 상대방을 위한 행위
설권행위 (광의의 특허)
권리설정행위(협의의 특허)(광업허가, 어업면허, 공기업특허)
능력설정행위(선거일 공고)
포괄적법률관계설정 (귀화허가, 공무원임명)
변경행위(특허처분변경, 징계종류변경)
박권행위(어업면허취소, 특허취소, 직권면직, 공무원파면)
제3자를 위한 행위
보충행위(사립대 총 · 학장 취임승인)(인가)
대리행위(행려병사자 유류품매각)(대리)
준법률적 행정행위
확인(발명권특허, 당사자결정, 신체검사)
공증(특허증교부, 가옥대장에 등재, 당선증서발부)
통지(대집행의 계고, 납세의 독촉, 귀화고시)
수리(사직원의 수리, 혼인신고수리, 행정심판청구서의 수리)

Ⅱ. 법률행위적 행정행위

* 제9회 입법고시
명령적 행위와 형식적 행위의 내용을 논하고, 양자를 구별하는 의의에 대해서 논급하라

1. 개설

1) 법률적 행정행위는 의사표시를 구성요소로 하며, 그 표시된 의사의 내용에 따라서 법률적 효과가 발생하는 행정행위를 말한다.

2) 법률적 행정행위는 그 법률효과의 내용에 따라서 다시 명령적 행정행위와 형성적 행정행위로 나누어진다.

3) 명령적 행정행위는 개인의 자연적 자유를 제한하거나 제한된 자유를 회복시켜주는 행위이다. 반면 형성적 행정행위는 개인의 권리 · 능력 · 법률상의 힘을 새로이 발생 · 변경 · 소멸시키는 행정행위이다.

2. 명령적 행정행위

1) 개설

(1) 명령적 행정행위는 행정행위의 상대방에 대하여 작위 · 부작위 · 급부 · 수인의무를 명하거나 또한 이러한 의무를 해제하는 행위를 말한다.

(2) 명령적 행정행위는 적법요건이며 효력요건이 아니다. 따라서 명령적 행위에 위반된 행위는 행정상 제재나 강제집행의 대상은 되지만 사법상 효력은 유효하다.

(3) 명령적 행정행위는 의무를 명하는 하명과 의무를 해제하는 허가 · 면제로 구분된다. 그 중 부작위의무를 해제하는 것을 허가라고 하며, 작위 · 급부 · 수인의무를 해제하는 것을 면제라고 한다.

2) 하명(下命)

(1) 의의

하명이란 개인에게 일정한 작위 · 부작위 · 급부 · 수인 등의 의무를 명하는 행정행위를 말한다. 이중에서 부작위를 명하는 행위를 특히 금지[156]라 한다.

(2) 법적근거

하명은 개인의 자유를 제한하거나 새로운 의무를 부과하는 것을 내용으로 하는 부담적 행정행위이기 때문에, 기속행위이며 반드시 법적 근거가 필요하다.

---

156) 금지(禁止)에는 어떤 경우에도 이를 해제하지 못하는 절대적 금지(예컨대, 인신매매 등)와 허가를 유보한 상대적 금지(예컨대, 건축허가 등)가 있다.

[관련 판례]

★ 지방재정법상(국유재산법 제51조 제1항) 공유재산의 무단점유자에 대한 변상금부과처분은 처분청의 재량을 허용하지 않는 기속행위이다(대판 2000.1.28, 97누4098).

(3) 상대방과 대상

① 하명의 상대방

특정인인 경우가 원칙이나, 불특정다수인을 대상으로 하는 경우(예컨대, 예방접종고시 · 야간통행금지 등) 일반처분의 형식에 의한다.

② 하명의 대상

하명의 대상은 주로 사실행위인 경우(예컨대, 교통장애물의 제거 · 불법광고물의 철거)가 일반적이나, 법률행위인 경우(예컨대, 총포거래금지 · 영업행위금지 등)도 있다.

(4) 형식

① 하명처분

일반적으로 행정행위에 의한 구체적 처분에 의함이 보통이다.

② 법규하명

㉠ 법규하명은 행정청이 의무를 명하는 것 외에 법령자체에 의해 직접 작위 · 부작위 등의 의무를 명하는 경우를 말한다(예컨대, 식품위생법상 청소년에게 주류를 판매하는 것을 금지하는 것 등).

㉡ 이러한 법규하명은 법의 내용일 뿐 행정청이 명하는 것은 아니라는 점에서 행정행위로서의 하명과 구별되나, 이 경우 처분법규가 되어 법령자체를 항고소송의 대상으로 할 수 있다.

(5) 하명의 종류

① 의무의 내용에 따라 작위 · 부작위 · 급부 · 수인의무 등으로 구분할 수 있다.

② 상대방이 특정인인가 불특정인인가에 따라 개별하명 · 일반하명으로 나눌 수 있다.

③ 대상에 따라 대인적 하명 · 대물적 하명 · 혼합적 하명으로 구분할 수 있다.

(6) 효과

① 수명자(受命者)는 하명의 내용에 따라 의무가 발생한다.

② 대인적 하명은 그 상대방에게만 효과가 발생하나(이전이 불가능), 대물적 하명인 경우는 하명의 대상이 된 물건을 승계한 자에게도 그 효과가 미친다(예컨대, 차량운행정지 등).

(7) 하명위반의 효과

① 하명에 의하여 과하여진 의무를 불이행한 자에 대하여는 행정상 강제집행이 행하여지고, 의무를 위반한 때에는 행정벌이 과하여지는 것이 보통이다.

② 하명에 의해 주어진 의무위반 또는 불이행행위는 처벌의 대상이 되지만, 법률행위의

효력 자체는 원칙적으로 유효하다.

③ 다만, 하명위반에 대한 처벌만으로는 하명의 목적을 달성할 수 없을 때에는 법률이 처벌과 함께 행위자체를 무효로 규정하는 경우도 있다.

(8) 위법한 하명에 대한 구제

① 위법한 하명에 의하여 권리·이익을 침해당한 자는 취소소송이나 무효확인소송 등 항고소송을 제기하거나, 변경을 구할 수 있다.

② 그로 인한 손해가 있으면 손해배상청구를 할 수 있다.

3) 허가

*제26회 사법시험, 제23회 행정고시

(1) 허가의 개념

① 의의

㉠ 허가라 함은 법령에 의한 일반적·상대적 금지(부작위 의무)를 특정한 경우에 해제하여 적법하게 일정한 사실행위 또는 법률행위를 할 수 있게 하는 행정행위를 말한다.

㉡ 허가는 상대적 금지의 경우에만 가능하고(예컨대, 영업허가·건축허가·어업허가·주류판매면허·운전면허 등), 절대적금지의 경우(예컨대, 미성년자에 대한 흡연허가 등)에는 인정되지 않는다.

㉢ 허가는 위험의 방지를 목적으로 금지하였던 것을 해제하는 행위이다. 따라서 허가는 통상 경찰허가로 불리기도 한다.

[관련 판례]

★ 구 공중목욕장업법에 의한 공중목욕장업허가는 그 사업경영의 권리를 설정하는 형성적 행위가 아니고 경찰금지의 해제에 불과하며 그 허가의 효과는 영업자의 회복을 가져오는 것이다(대판 1963.8.22, 63누97).

② 실정법상의 허가의 용어

㉠ 허가는 학문상의 개념이지만, 실정법상으로는 허가 외에도, 면허(예컨대, 자동차운전면허, 의사·약사면허)·특허(예컨대, 광업허가)·인가(예컨대, 토지거래허가)·등록(예컨대 사설학원 등)처분 등으로 불리기도 한다.

㉡ 실정법상 어떻게 표현되든 상대적 금지해제를 내용으로 한다면, 그것은 허가에 해당한다.

(2) 허가의 성질

① 종래 통설과 판례는 허가의 성질을 금지된 자연적 자유를 회복시켜주는 명령적 행정행위로 보았다.

② 오늘날의 다수의 견해는 허가가 소극적으로 금지를 해제하는 명령적 행정행위의 의미도 갖고(단란주점허가로 인해 단란주점 무단영업금지의 해제), 「적극적」으로 법적 지위를 창설하는 의미(예컨대, 단란주점 허가로, 허가를 받은 자가 법률관계(거래관계)를 형성할 수 있는 지위를 취득), 즉 「형성적 의미」도 갖는다고 본다(양면성설 또는 병존설).

③ 기속행위

㉠ 허가는 허가요건에 해당하면 반드시 허가를 부여해야 할 기속행위의 성질을 갖는다. 따라서 관계법규에서 정하는 제한사유 이외의 사유를 들어 허가신청을 거부할 수 없다.

㉡ 예외적으로 허가요건이 불확정개념으로 규정되어 있는 경우, 공익적 요구에 의한 이익형량이 요구되는 경우, 예외적 승인의 경우에는 재량인 인정될 수 있다.

[관련 판례]

★ 기속행위라고 본 사례

• 식품위생법상 대중음식점영업허가는 성질상 일반적 금지에 대한 해제에 불과하므로 허가권자는 허가신청이 법에서 정한 요건을 구비한 때에는 허가하여야 하고, 관계법규에서 정하는 제한사유 이외의 사유를 들어 허가신청을 거부할 수 없다(대판 1993.5.27, 93누2216).

• 건축허가권자는 건축허가신청이 건축법, 도시계획법 등 관계법규에서 정하는 어떠한 제한에 배치되지 않는 이상 당연히 같은 법조 소정의 건축허가를 하여야 하므로 법률상의 근거 없이 그 신청이 관계법규에서 정한 제한에 배치되는지 여부에 대한 심사를 거부할 수 없고, 심사결과 그 신청이 법정요건에 합치하는 경우에는 특별한 사정이 없는 한 이를 허가하여야 하며, 공익상 필요가 없음에도 불구하고 요건을 갖춘 자에 대한 허가를 관계법령에서 정하는 제한사유 이외의 사유를 들어 거부할 수는 없다(대판 1992.12.11, 92누3038).

• 광천음료수 제조업허가의 성질은 일반적 금지에 대한 해제에 불과하므로 허가권자는 허가신청이 소정의 요건을 구비한 때에는 이를 반드시 허가하여야 한다(대판 1993.2.12, 92누5959).

• 주류판매업면허는 강학상 허가로 해석되므로 주세법에 열거된 면허제한사유에 해당하지 아니하는 한 면허관청으로서는 임의로 그 면허를 거부할 수 없다(대판 1995.11.10, 95누5714).

★ 재량행위라고 본 사례

• 산림형질변경허가는 법령상의 금지 또는 제한지역에 해당하지 않더라도 중대한 공익상의 필요가 있을 경우 그 허가를 거부할 수 있으며, 이는 산림형질변경허가기간을 연장하는 경우에도 마찬가지이다(대판 2000.7.7, 99두66).

• 산림훼손허가신청 대상토지의 현상과 위치 및 주위의 상황 등을 고려하여 중대한 공익상 필요가 있다고 인정될 때에는 허가를 거부할 수 있고, 그 경우 법규에 명문의 근거가 없더라도 거부처분을 할 수 있다(대판 2003.3.28, 2002두12113).

• 한의사면허는 경찰금지를 해제하는 명령적 행위(강학상 허가)에 해당하고, 한약제조시험을 통하여 약사에게 한약조제권을 인정함으로써 한의사들의 영업상 이익이 감소되었다고 하더라도 이러한 이익은 사실상의 이익에 불과하고 약사법이나 의료법 등의 법률에 의하여 보호되는 이익이라고 볼 수 없다(대판 1998.3.10, 97누4289).

• 일반적인 건축허가는 기속행위이나 국토의 계획 및 이용에 관한 법률에 의하여 지정된 도시지역안에서 토지의 형질변경행위를 수반하는 건축허가는 재량행위이다(대판 2005.7.14, 2004두6181).

• 개발제한구역 내의 건축물의 용도변경허가는 재량행위 내지 자유재량에 속하는 것이라고 할 것이다(대판 2001.2.9, 98두17593).

• 총포 · 도검 · 화약류 등 단속법 제12조 소정의 총포 등 소지허가는 재량행위이다(대판 1993.5.14, 92도2179).

(3) 허가의 법적 근거[157)]

① 법령의 개정시 허가의 근거법

㉠ 허가의 신청 후, 행정처분 전에 법령의 개정으로 허가 기준에 변경이 있게 되면, 허가는 원칙적으로 개정법령에 따라야 한다. 판례의 입장도 이와 같다.

㉡ 대법원은 허가신청 후 허가기준이 변경된 경우, 허가 등의 행정처분은 원칙적으로 처분시의 법령과 허가기준에 의하여 처리되어야 하고 허가신청당시의 기준에 따라야 하는 것은 아니다라고 판시하고 있다(대판 2006.8.25. 2004두2974).

② 행정권에 의한 허가요건의 추가

허가의 구체적 요건은 법률에서 규정되어야 한다. 문제는 법률의 근거없이 행정부가 독자적으로 허가요건을 추가할 수 있는가 하는 점이다. 판례는 부정적이다.

[관련 판례]

★ 서울특별시의 예규로써 양곡가공시설물 설치장소에 대한 거리제한을 할 수 있는지 여부에 대하여, 관계법령에 양곡가공시설물 설치장소에 대한 거리를 제한 할 수 있는 규정을 한 조문이 없으므로, 그 제한 거리를 규정한 서울특별시의 예규가 헌법상 보장된 영업의 자유를 제한 할 수도 없다(대판 1981.1.27, 79누433).

③ 허가의 거부

㉠ 허가는 원칙상 기속행위이다(예컨대, 건축허가). 판례는 건축법상 일반건축물의 거부의 경우에는 명문의 근거가 필요하다고 하였다(대판 2006.11.9, 2006두1227).

[관련 판례]

★ 건축법상 건축허가의 거부의 경우에는 명문의 근거를 요한다(대판 1992.6.9, 91누11766).

㉡ 허가가 재량으로 인정되어 거부될 경우 법령의 근거가 없어도 된다는 것이 판례의 입장이다. 즉 재량행위에는 법률유보의 원칙이 적용되지 않는다.

---

157) 홍정선, 전게서, PP.222-223; 박균성, 전게서, P.186.

[관련 판례]

★ 산림법상 산림훼손허가 신청의 경우에는 명문의 근거를 요한다(대판 2003.3.28, 2002두12113).

㉢ 대법원은 주된 인·허가가 기속행위라 하더라도, 허가에 의제되는 인·허가가 재량행위인 경우, 즉, 산림훼손행위를 수반하는 건축허가처럼 기속행위인 허가가 재량행위인 허가를 포함하고 있는 경우에는 재량행위가 된다고 보고 있다.

[관련 판례]

★ 토지형질변경허가는 금지요건이 불확정개념으로 규정되어 있어 그 금지요건의 판단에 행정청의 재량이 있기 때문에 토지형질변경행위를 수반하는 건축허가는 재량행위에 속한다(대판 2005.7.14, 2004두6181).

(4) 형식

① 하명의 경우와는 달리 허가는 언제나 행정행위(행정처분)의 형식으로 행하여지며, 직접 법령에 의하여 행하여지는 법규허가의 경우는 없다.

② 특정인을 대상으로 하는 개별처분(예컨대, 음식점 영업허가 등)과 불특정다수인을 대상으로 하는 일반처분이 있다. 불요식이 원칙이다.

(5) 허가의 신청(출원)과 상대방

① 허가는 원칙적으로 신청에 의하여 행하여지는 쌍방적 행정행위이다. 이와 같이 허가는 신청한 특정인에게만 개별적으로 행하여지며(개별적 허가), 보통 허가라고 할 때는 이를 말하는 것이다.

② 예외적으로 통행금지해제와 같이 신청없이 행하여지는 허가도 있다. 이와 같이 신청없이 행하여진 허가는 불특정 다수인에 대하여 일반처분의 형식으로 발하여지며, 그 효과는 불특정 다수인에게 발생한다(일반적 허가로서 입산금지해제 등).

③ 일정한 경우에는 신청(출원)과 다른 내용의 수정허가도 가능하다. 판례는 "개축허가신청에 대하여 행정청이 착오로 대수선 및 용도변경허가를 하였다 하더라도 취소 등 적법한 조치없이 그 효력을 부인할 수 없다"고 판시한 바 있다(대판 1985.11.26, 85누382).

(6) 종류

① 허가의 대상에 따라 대인적 허가·대물적 허가·혼합적 허가로 나눌 수 있다. 이러한 구분은 허가대상의 양도성과 관련하여 의미를 갖는다.

㉠ 대인적 허가(예컨대 운전면허·의사면허 등)는 이전이 불가능하며,

㉡ 대물적 허가(예컨대, 유기장허가·음식점영업허가 등)는 타인에게 이전이 가능하다.

㉢ 사람과 물건을 모두 심사대상으로 하는 혼합적 허가(예컨대, 총포화약류제조허가) 등은

타인에게 이전이 제한된다.

(7) 허가의 대상

사실행위가 대부분이나(예컨대, 건축허가), 법률행위(예컨대, 무기매매허가)일 때도 있다.

[관련 판례]

★ 건축 중인 건물의 소유자와 건축허가 명의자가 일치하여야 하는 것은 아니다. 건축허가시 건축허가서에 건축주로 기재된 자가 그 소유권을 취득하는 것은 아니며, 건축 중인 건물의 소유주와 건축허가의 건축주가 반드시 일치하여야 하는 것도 아니다(대판 2009.3.12, 2006다28454).

(8) 효과

① 금지의 해제

허가의 효과는 일반적 금지를 해제하여 상대방으로 하여금 적법하게 일정한 행위(예컨대, 영업 또는 건축)를 할 수 있게 한다.

② 반사적 이익·법률상 이익

허가는 반사적 이익이 원칙이며, 예외적으로 법률상 이익이 되는 경우도 있다.

㉠ 반사적 이익(경영상 이익)

허가는 특정인에게 새로운 권리를 설정하여 주는 것이 아니다. 따라서 허가로 인해 경영상 얻은 이익이 있다면 반사적 이익에 불과하다. 이러한 반사적 이익에 대한 위법한 침해는 행정쟁송의 방식으로 다툴 수 없다.

㉡ 예외적으로 허가요건 규정이 공익뿐만 아니라 개인의 이익도 보호하고 있다고 해석되는 경우, 허가로 인한 이익은 법적 이익이 된다. 예컨대, 허가요건 중 거리제한 또는 영업구역제한 규정이 두어지는 경우에 이 「거리제한」 또는 「영업구역제한 규정」에 의해 기존업자가 독점적 이익을 누리고 있다면, 그 이익은 법률상 이익에 해당하는 것으로 인정되는 경우도 있다(대판 1988.6.14, 87누873).

[관련 판례]

★ 허가의 효과를 반사적 이익이라고 본 경우

• 기존 목욕장 영업장은 부근에 신설 영업장을 허가함으로써 인하여 기존 영업장의 수입이 사실상 감소되었을지라도 그 수입의 감소는 단순한 반사적 이익의 침해에 불과하고, 법률에 의하여 보호되는 이익이라 할 수 없다(대판 1963.8.22, 63누97).

• 담배 일반소매인으로 지정되어 영업을 하고 있는 기존업자의 신규 구내소매인에 대한 이익은 반사적 이익이다(대판 2008.4.10, 2008두402).

• 유기장영업허가는 유기장 경영권을 설정하는 설권행위가 아니고 일반적 금지를 해제하는 영업자유의 회복이라 할 것이므로 그 영업상의 이익은 반사적 이익에 불과하다(대판 1998.3.10, 97누4289).

★ 허가의 효과를 법률상 이익이라고 본 경우

• 주류제조업의 면허를 얻은 자의 이익은 단순한 사실상의 반사적 이익에만 그치는 것이 아니고 주세법의 규정에 따라 보호되는 이익이고 … 위 면허권이 가지는 재산적 가치는 현실적으로 부인할 수 없다(대판 1989.12.22, 89누46). 판례는 주류제조면허는 국가의 수입확보를 위하여 설정된 재정허가의 일종이지만, 일단 이 면허를 얻은 자의 이득은 단순한 사실상의 반사적 이득에만 그치는 것이 아니라 주세법의 규정에 따라 보호되는 이익으로 보고 있다.

• 분뇨관련영업허가를 받은 기존업자가 다른 업자에 대한 영업허가처분을 다투는 경우 원고적격이 인정된다(대판 2006.7.28, 2004두6716). 즉 기존업자의 이익은 법률상 보호되는 이익이다.

• 담배 일반소매인으로 지정되어 영업중인 기존 일반소매인의 이익은 법률상 보호되는 이익이다(대판 2008. 3.27, 2007두23811).

③ 허가의 지역범위

허가의 효과는 당해 관할 지역 내에서 미치는 것이 원칙이나, 운전면허와 같이 전국적(관할구역밖)으로 미치는 경우도 있다.

④ 허가효과 상대성

㉠ 다른 법령상의 제한

허가의 효과는 특별한 규정이 없는 한 그 근거가 된 법령의 금지만이 해제될 뿐이지, 다른 법령에 의한 금지까지 해제하여 주는 것은 아니다. 예컨대, 경찰공무원이 단란주점영업허가를 받더라도 「식품위생법」상의 금지를 해제하는데 그치며, 「국가공무원법」상 영리행위의 금지까지 해제되는 것은 아니다.

㉡ 다만, 특정법률에 의한 허가를 받게 되면 유사한 다른 법령상의 허가 · 특허 · 인가 등을 받은 것으로 간주하는 집중효 제도[158]를 두는 경우가 있다(택지개발법 제11조 제1항).

[관련 판례]

★ 접도구역 안에 있는 건물에 관하여 도로관리청으로부터 개축허가를 받은 경우 건축법 제5조 제1항에 의한 건축허가를 다시 받아야 한다(대판 1991.4.12, 91도218).

★ 식품위생법상 영업허가를 받기 위한 물적 시설요건을 갖추었으나 그 물적 시설이 건축관련 법규에 무허가 건물이라고 한다면 적법한 식품접객업의 영업허가를 받을 수 없다(대판 1999.3.9, 98두19070).

⑤ 허가의 효과

㉠ 허가는 원칙적으로 행위의 적법요건이지 효력요건은 아니다.

---

158) 집중효와 인 · 허가의제가 동일한 가에 대해서, 양자간 구별해야 한다는 견해와 양자간에는 본질적인 차이는 없다고 보는 견해가 대립하고 있다.

㉡ 허가를 받아야 할 행위를 허가받지 않고 행한 경우 행정상 강제집행이나 행정벌의 대상은 되지만,[159] 사법상 효력에는 영향이 없어 유효하다. 예컨대, 무허가 음식점의 음식물 판매행위 자체는 그대로 유효하다.

(9) 허가의 변동

① 허가의 갱신

허가에 기한이 붙어 있는 기한부 허가는 종기의 도래로 효력을 상실하는 것이 원칙이지만, 영업허가 등 관계 법령에서는 관계인의 이익의 보호 또는 거래관계의 안정을 도모하기 위하여 허가의 갱신을 인정하는 경우가 많다.

㉠ 허가의 갱신은 새로운 허가가 아니고, 종래의 허가요건을 전제로 하여 그 효과를 계속시키는 행위이다. 따라서 허가청은 경찰상 장해가 발생할 새로운 사정이 없는 한 갱신을 허가하여야 한다.

㉡ 갱신허가를 한 후에도 갱신전의 법령위반사실을 근거로 갱신허가를 취소할 수 있다. 즉, 허가의 갱신으로 인하여 갱신전의 위법사유가 치유되는 것은 아니다(대판 1982.7.27, 81누174).

㉢ 갱신허가는 그 기간이 도래하기 전에 신청하여야 하며, 만일 그러한 연장신청이 없는 상태에서 허가기간이 만료되었다면 그 경찰허가의 효력은 소멸된다.

㉣ 기한의 도래 후에 갱신신청을 하였고 갱신이 이루어지면, 갱신 전후의 행위는 별개의 새로운 행위이다(대판 1995.11.10, 94누11866).

[관련 판례]

★ 종전의 허가가 기한의 도래로 실효되었다고 하여도 종전 허가의 유효기간이 지나서 기간연장을 신청하였다면, 그 신청은 종전 허가의 유효기간을 연장하여 주는 행정처분을 구하는 것이라기보다는 종전의 허가처분과는 별도의 새로운 허가를 내용으로 하는 행정처분을 구하는 것이라고 보아야 한다(대판 1995.11.10, 94누11866).

㉤ 종전의 허가 유효기간이 지나서 기간연장을 신청하였다면 종전의 허가는 당연히 효력을 잃게 되므로 기간연장신청에 대한 거부가 가능하다.

㉥ 허가신청이 있은 후 그에 대한 결정이 있기 전에 허가기준을 정한 법령이 개정된 경우에는 개정된 법률에 따라 처분을 하여야 한다.

---

159) 도시지역에서 건축허가를 받지 아니하고 일반건축물을 건축하면 3년 이하의 징역 또는 5천만원 이하의 벌금에 처해질 뿐만 아니라(건축법 제108조 제1항), 또한 철거명령의 대상이 되며(건축법 제79조 제1항), 운전면허를 받지 아니하고 운전을 하면, 1년 이하의 징역이나 300만원 이하의 벌금에 처해진다(도로교통법 제152조 제1호).

> **[관련 판례]**
> ★ 채석허가기준에 관한 관계법령이 개정되었고 경과규정에서 그 적용범위에 관한 정함이 없는 경우 채석허가기준에 적용될 법령은 개정된 법령이다(대판 2005.7.29, 2003두3550).

② 허가의 소멸

㉠ 철회사유가 발생하면 허가는 철회될 수 있으나, 이 경우 철회의 법적근거·사유 등을 명확히 하여야 한다.

㉡ 가분성 또는 특정성이 있는 처분의 경우에는 허가의 일부철회도 가능하다(대판 1995.11.16, 95누8850).

㉢ 대인적 허가의 경우, 사망은 허가의 소멸을 가져오고, 대물적 허가인 경우에도 허가대상의 멸실은 허가의 효과의 소멸을 가져온다.

㉣ 허가의 철회는 부담적 행정행위로서 철회자체에 하자가 있는 경우 이를 행정쟁송으로 다툴 수 있다.

③ 허가의 양도와 지위승계

㉠ 대인적 허가는 일신종속적이므로 양도가 불가능하다는 것이 전통적인 견해와 판례의 입장이다.

㉡ 대물적 허가는 양도가 가능하며, 그에 따라 양도인의 법적 지위는 양수인에게 승계된다. 따라서 양도인의 법령위반사실을 이유로 양수인에게 제재처분을 할 수 있다(대판 1986.7.22, 86누203).

> **[관련 판례]**
> ★ 석유판매업이 양도된 경우, 양도인의 귀책사유로 양수인에게 제재를 가할 수 있는지에 대하여, 석유판매업(주유소)허가는 소위 대물적 허가의 성질을 갖는 것이어서 그 사업의 양도도 가능하고 이 경우 양수인은 양도인의 지위를 승계하게 됨에 따라 양도인의 위 허가에 따른 권리의무가 양수인에게 이전된다.
> 만약 양도인에게 그 허가를 취소할 위법사유가 있다면, 양수인이 그 양수 후 허가관청으로부터 석유판매허가를 다시 받았다하더라도 이로써 양도인이 지위승계가 부정된 것은 아니므로 양도인의 귀책사유는 양수인에게 그 효력이 미친다(대판 1986.7.22, 86누203).

④ 예외적 허가(승인)

㉠ 예외적 허가라 함은 일정행위가 유해하거나 사회적으로 바람직하지 않은 것으로서 법령상 원칙적으로 금지되어 있으나, 예외적인 경우에는 이러한 금지를 해제하여 당해 행위를 적법하게 해주는 행위를 말한다.

㉡ 일반적 허가나 예외적 허가는 형식상으로 보면 모두 금지의 해제라는 점에서는 동일하다.

㉢ 그러나 예외적 허가는 사회적으로 유해한 행위를 대상(예컨대, 치료목적의 아편사용허가)으로 하는데 반해, 허가는 위험방지를 대상으로 한다.

㉣ 허가는 일반적으로 기속행위의 성격을 갖지만, 예외적 허가는 공익목적이 강하므로, 일반적으로 재량행위의 성질을 갖는다.

㉤ 일반적 허가와 예외적 허가를 도표로 정리하면 다음과 같다.

	일반적 허가	예외적 허가(승인)
공통점	모두 법률행위적 행정행위이다	
차이점	예방적 금지의 해제	억제적 금지의 해제
	기속행위의 성질	재량행위의 성질
	본래의 자유회복	권리범위의 확대

[예외적 승인에 해당하는 관련 판례]

1) 치료목적의 아편사용허가, 2) 개발제한구역 내의 건축허가·용도변경허가(대판 2001.2.9, 98두17593), 3) 사행행위 영업허가(대판 1994.8.23, 94누5410), 4) 자연공원법이 적용되는 지역 내에서의 단란주점영업허가(또는 산림훼손허가), 5) 공익사업을 위한 토지수용법상의 타인의 토지에 대한 출입허가, 6) 학교보건법상의 학교환경위생정화구역 내의 유흥주점허가(대판 1996.10.29, 96누8253), 7) 구도시계획법상도시계획구역 내 건물의 증·개축, 형질변경허가(대판 1998.2.13, 97누8182).

4) 면제

(1) 의의

면제는 법령에 의하여 일반적으로 부과되어 있는 작위의무(예컨대, 공작물철거의무의 면제)·급부의무(예컨대, 공립학교 학생에 대한 납부의무의 면제)·수인의무(예컨대, 세무조사를 면제함으로써 세무조사에 수인하여야 할 의무를 면제하는 경우)를 특정한 경우에 해제하는 행위를 말한다.

(2) 성질

① 면제는 의무를 해제하는 행위인 점에서 허가와 그 성질이 같다.

② 허가는 부작위 의무를 해제하는 행위인데 대하여, 면제는 작위·급부·수인의무를 해제하는 점에서 차이가 있다.

3. 형성적 행정행위

1) 형성적 행정행위는 자연적 자유의 회복이 아니라, 특정한 상대방에게 새로운 권리·능력 또는 포괄적 법률관계, 기타의 법률상의 힘을 설정·변경·소멸시키는 행정행위를 말한다.

2) 형성적 행정행위는 ① 직접 상대방을 위하여 권리·능력·기타 법적 지위를 발생·변경·소멸시키는 행위(광의의 특허), ② 타인을 위한 행위(보충행위의 인가와 공법상대리)로 구분된다.

(1) 직접 상대방을 위한 행위(특허)

① 설권행위(광의의 특허)

광의의 특허라 함은 특정 상대방을 위하여 새로이 권리·능력을 설정하는 행위, 또는 포괄적 법률관계를 설정하는 행위를 말한다. 강학상 이를 「광의의 특허」라 부른다.

[설권행위(광의의 특허)의 예]

- **권리설정행위(협의의 특허)**
  광업허가·어업면허·도로점용허가·공설시장개설허가·하천점용허가·공기업특허·공물사용특허·공유수면매립면허·자동차운수사업면허·마을버스운송사업면허·가스사업면허·토지수용권의 설정(토지수용에 있어서의 사업인정)·도선료 징수권설정·국유재산법상 행정재산의 사용허가 등
  ※ 법령상 면허는 강학상 허가와 특허를 혼용하는 경우가 많다. 예컨대, 「자동차등의운전면허」, 「의사등의면허」, 「주류제조업의면허」, 「판매면허」등은 그 성질이 허가에 속한다.
  반면, 「어업면허」, 「공유수면매립면허」등은 그 성질이 설권행위로서의 특허에 해당된다.
- **(권리)능력설정행위**
  공법인의 설립행위 등
- **포괄적 법률관계 설정행위**
  공무원임명·귀화허가 등

(2) 권리설정행위(협의의 특허)

① 의의

㉠ 권리설정행위란 특정인에게 특정한 권리를 설정하는 행위를 말하며, 좁은 의미의 특허라고 한다. 실정법상으로 특허 이외에 면허·허가 등의 용어로 사용되는가 하면, 학문상의 특허가 아닌 행위를 특허(발명특허)라고 표현하는 경우도 있다.

㉡ 권리 설정행위에는 특허된 권리의 내용이 ㉮ 공권의 성질을 갖는 것도 있고(예컨대, 공기업특허·공물사용권의 특허), ㉯ 사권의 성질을 띠는 것(예컨대, 광업법에 따른 광업권의 허가, 수산업법에 따른 어업면허, 공유수면매립법에 의한 공유수면매립면허 등)도 있다.

[특허로 인정한 관련 판례]

★ 재개발조합설립인가신청에 대한 행정청의 조합설립인가처분은 단순히 사인들의 조합설립행위에 대한 보충행위로서의 인가의 성질을 가지는 것이 아니라 법령상 일정한 요건을 갖추는 경우 행정주체(공법인)의 지위를 부여하는 일종의 설권적 처분이다. 그리고 그와 같이 보는 이상 조합설립결의에 하자가 있다면 그 하자를 이유로 직접 항고소송의 방법으로 조합설립인가 처분의 취소 또는 무효확인을 구하여야 한다.

이와는 별도로 구 도시및주거환경정비법상 재개발설립인가신청에 대하여 행정청의 조합설립인가처분이 있은 이후에는 조합설립동의에 하자가 있음을 이유로 재개발조합설립의 효력을 부정하려면 인가처분을 대상으로 항고소송을 제기하여야 할 것이지 조합설립결의(동의)를 다툴 수는 없다(대판 2009.9.24, 2008다60568; 대판 2010.1.28, 2009두4845).

※ 판례는 구 도시및주거환경정비법상 재개발조합설립인가신청에 대한 행정청의 재개발조합설립인가처분의 성질을 「특허」로 보고 있다.

★ 국립의료원 부설주차장에 관한 위탁관리용역계약은 공법관계로서 이와 관련된 가산금지급채무부존재에 대한 소송은 행정소송에 의하여야 한다. 따라서 국립의료원 부설주차장에 관한 위탁관리용역운영계약의 법적 성질은 강학상 특허에 해당한다(대판 2006.3.9, 2004다31074). <국유행정재산의 사용·수익허가>

★ 토지 등 소유자들이 조합을 따로 설립하지 않고 직접 시행하는 도시환경정비사업에서 사업시행인가처분의 법적 성격은 행정주체로서의 지위를 부여하는 일종의 설권적 처분(특허)의 성격을 가진다(대판 2013.6.13, 2011두19994).

② 특허의 성질

㉠ 형성적 행위 및 쌍방적 행정행위

㉮ 특허는 상대방에게 권리나 이익을 새로이 설정하는 형성적 행위이다.

㉯ 특허는 출원을 요건으로 하는 쌍방적 행정행위이다. 따라서 출원이 없거나 그 취지에 반하는 특허는 완전한 효력을 발생할 수 없다. 단, 법규에 의한 특허의 경우에는 성질상 출원이 있을 수 없다.

㉡ 재량행위

특허는 새로운 법률상의 힘을 부여한다는 점에서 행정청이 공익적 관점에서 판단할 필요성이 있으므로, 법령상 특별한 규정이 없는 한 재량행위라는 것이 통설의 입장이다. 판례도 원칙상 특허를 재량행위로 보고 있으며, 다만 법령에서 특허를 기속으로 규정한 경우에는 기속행위이다.

③ 특허의 상대방 및 형식

㉠ 특허는 언제나 특정인을 상대방으로 한다.

㉡ 특허는 행정청이 행정행위로서 행하는 것이 일반적이다. 그러나 예외적으로 직접 법률에 의하여 행하여지는 법규특허도 가능하다. 예컨대, 법률의 규정에 의한 각종 공법인(예컨대, 한국도로공사법에 의한 도로공사의 설립 등)이 설립되는 것을 들 수 있다. 이러한 법규특허는 행정행위로서의 특허와는 구별된다.

㉢ 특허의 경우 허가와는 달리 수정특허는 성질상 인정되지 않는다.

---

160) 특허는 선원주의(先願主義)가 적용되지 않는다. 선원주의라 함은 둘 이상의 사람이 출원하였을 때, 먼

[특허는 재량이 원칙이라고 본 관련 판례]

★ 공유수면매립면허는 설권행위인 특허의 성질을 갖는 것이므로 원칙적으로 행정청의 자유재량에 속한다(대판 1989.9.12, 88누9206). 즉 공유수면매립면허는 강학상 특허로 자유재량행위이다.

★ 자동차운수사업법에 의한 개인택시운송사업면허는 특정인에게 권리나 이익을 부여하는 행정행위로서 법령에 특별한 규정이 없는 한 재량행위이다(대판 1996.10.11, 96누6172).

★ 개인택시운송사업면허 및 그 면허를 위하여 정하여진 순위[160] 내에서의 운전경력인정방법에 관한 기준설정은 행정청의 재량에 해당한다(대판 1995.4.14, 93누16253).

★ 개인택시운송사업면허에 필요한 기준을 정하는 것은 법령에 특별한 규정이 없는 한 행정청의 재량에 속하는 것이다(대판 2007.6.1, 2006두17989).

★ 관세법 제78조의 보세구역의 설영특허[161]는 보세구역의 설치·경영에 관한 권리를 인정한 이른바 공기업의 특허로서 그 특허의 부여 여부는 행정청의 자유재량에 속한다(대판 1989.5.9, 88누4188).

★ 법률에서 정한 귀화요건을 갖춘 귀화신청인에 대한 법무부장관의 귀화허가는 재량행위로 본다(대판 2010.7.15, 2009두19069).

★ 도로법상 도로점용허가는 특정인에게 일정한 내용의 공물사용권을 설정하는 설권행위로서 공물관리자가 신청인의 적격성, 사용목적 및 공익상의 영향 등을 참작하여 허가를 할 것인지 여부를 결정하는 재량행위이다(대판 2002.10.25, 2002두57951).

③ 특허의 효과

㉠ 법률상의 이익

특허는 허가와는 달리 상대방에 대해 권리·능력 등 법률상의 힘을 발생시킨다(예컨대, 여객자동차운송사업면허의 경우에 독점적 경영권, 어업권의 면허의 경우에 어업권).

㉡ 특허로 얻는 이익은 경영상 이익으로 법률상 이익이다. 따라서 신규특허업자에 대하여 기존업자는 이를 다툴 법률상 이익이 있다. 즉 행정쟁송을 제기할 수 있다.

[관련 판례]

★ 자동차운수사업법에 의한 자동차운송사업의 면허에 대하여 당해 노선에 관한 기존업자는 노선연장인가처분의 취소를 구할 법률상의 이익이 있다(대판 1974.4.9, 73누173).

㉢ 특허의 대인적 효과는 귀화허가 등과 같이 이전성이 인정되지 않으나, 대물적인 경우에는 이전될 수 있다.

저 출원한 사람에게 우선권을 부여하는 주의이다. 특허는 허가와는 달리 재량의 원칙상 공익상의 이익 등을 비교하여 판단하므로 선원주의가 적용되지 않는다.

161) 특허보세구역 중 통관하기 위한 물품을 장치하기 위한 구역으로, 보세장차장 설영의 특허기간은 10년 내로 하되 변경할 수 있다.

㉣ 특허로 인하여 성립하는 권리는 공권[162]인 경우도 있지만 사권(어업권 · 광업권)인 경우도 있다. 공권이든 사권이든 특허로 부여된 권리를 침해받게 되면 손해배상 등을 통하여 구제받을 수 있다.

(3) 허가와 특허의 구별

① 허가는 신청 없이 행하여지는 경우도 있으나(예컨대, 군작전지역에서 일방적 통행금지 해제처분), 특허는 항상 신청을 요하는 쌍방적 행정행위이다.

② 종래 통설적 견해에 의하면 허가는 명령적 행위이고, 특허는 형성적 행위로 보았으나, 오늘날에는 허가도 형성적 성질을 가진다고 보는 견해가 다수설이다.

③ 허가는 상대방에게 새로운 권리를 창설하는 것이 아니라 상대방이 본래 가지고 있던 자유권을 회복시켜 주는 것인 점에서, 상대방에게 권리를 설정해주는 특허와 구별된다.

④ 허가는 원칙상 기속행위이고, 특허는 원칙상 재량행위이다.

⑤ 허가로 받는 이익은 항상 반사적인 이익인 것은 아니고, 허가로 받는 이익도 법률상 이익으로 해석되는 경우가 있는 등 허가와 특허의 구별은 상대적 차이에 불과하다(구별의 상대화).

⑥ 허가와 특허를 비교하면 아래의 도표와 같다.

▷ 허가와 특허의 구별

구분	허가	특허
법적 성질	종래의 통설은 명령적 행정행위, 오늘날 형성적 행위성격도 동시에 갖고 있다고 보는 것이 유력한 견해임	형성적 행위
상대방	특정인 또는 불특정다수인(일반처분)	언제나 특정인
신청	원칙적으로 신청을 요함, 예외적으로 신청없이 가능(일반처분)	행정행위로서의 특허는 신청을 요함. 법규특허는 신청을 요하지 않음
규제목적	소극적인 질서유지(경찰목적)	적극적인 공공복리(복리목적)
대상사업	음식점 · 숙박영업 · 이미용업 등 개인적사업 (개인적 사업)	물 · 가스 · 전기 · 운송사업 등 공익사업 (기간사업)
기존업자가 받는 이익	반사적 이익	법률상 이익
효과	언제나 공법적인 것임	공법적인 것과 사법적인 것이 있음 (광업권 · 어업권 등)

162) 공권으로는 도로사용권 등의 공물사용권, 특허기업이 갖는 공용부담특권 등을 들 수 있다.

(4) 기타 설정행위

① (권리)능력설정행위

법률행위의 주체가 될 수 있는 능력인 권리능력이나, 법적 행위를 할 수 있는 능력인 행위능력의 설정은 법률에 의해 이루어지는 경우도 있다. 예컨대, 한국은행법 · 한국교육방송공사법 등 개별법률에서 공법인의 법인격에 관한 규정 등을 볼 수 있다.

② 포괄적 법률관계 설정행위

권리와 의무를 포괄적으로 설정하는 행위를 「포괄적 법률관계 설정행위」라 한다. 예컨대, 귀화허가나 공무원임명의 경우 등에서 찾아볼 수 있다. 외국인A에게 귀화허가를 하면 A는 한국인으로서 모든 권리와 의무를 갖게 되며, A를 공무원으로 임명하면 A는 공무원으로서의 모든 권리와 의무를 갖게 된다.

2) 타인을 위한 행위(제3자를 위한 행위)

(1) 인가

① 의의

㉠ 인가란 제3자의 법률적 행위를 보충하여 그의 법률상의 효과를 완성시키는 행위를 말하며, 이런 의미에서 인가를 보충행위라 한다.

㉡ 강학상 인가에 해당하는 대표적인 예로 ㉮ 재단법인 정관변경허가(대판 1996.5.15, 95누4810), ㉯ 주택재건축정비사업조합의 사업시행인가(대판 2008.1.10, 2007두16691), ㉰ 공공단체의 정관승인 · 정관변경허가, ㉱ 특허기업[163]의 사업양도, ㉲ 사립학교법인의 이사선임행위,[164] ㉳ 사립대학의 설립인가, ㉴ 국토의 계획 및 이용에 관한 법률상 토지거래허가 등을 들 수 있다.

[관련 판례]

★ 인가를 재량행위로 본 사례

• 재단법인의 임원취임에 대한 주무관청의 승인(인가)행위의 성질은 재량행위이다(대판 1995.7.25, 95누2883; 대판 2000.1.28, 98두16996).

• 인가가 재량행위인 경우 부관을 붙일 수 있는지 여부

사회복지법인의 정관변경허가의 법적 성질은 재량행위이며 비례의 원칙 및 평등의 원칙에 적합하고 행정처분의 본질적 효력을 해하지 않는 한도 내에서 부관을 붙일 수 있다(대판 2002.9.24, 2000두5661).

---

163) 특허기업이란 행정청으로부터 특허를 받아 공익사업을 경영하게 되는 기업을 의미한다(통설). 따라서 특허기업의 사용 양도시 특허의 양도가 수반되는데, 이때 행정청의 사업양도허가는 「인가」의 성질을 갖는다.

164) 사립학교법 제20조(임원의 선임과 임기) ① 임원은 정관이 정하는 바에 의하여 이사회에서 선임한다. ② 임원은 관할청(사립의 초등학교 · 중학교 · 고등학교 등은 특별시 · 광역시 · 도의 교육감이, 사립의 대학 · 산업대학 · 전문대학 등은 교육부장관)의 승인을 얻어 선임한다. 이 경우 교육부장관이 정하는 바에 따라 인적사항을 공개하여야 한다.

★ 인가를 기속사례로 인정한 사례

- 이사취임승인은 학교법인의 임원선임행위를 보충하여 법률상 효력을 완성시키는 보충적 행정행위로서 기속행위에 속한다(대판 1992.9.22, 92누5461).
- 사립학교법상 감독청의 이사회소집승인의 성격은 기속행위이다(대판 1988.4.27, 87누1106).

[도시 및 주거 환경정비법」의 내용 중의 하나인 「주택재개발정비조합」에 대한 주요 관련 판례]

1) 「재개발조합의 설립인가신청」에 대한 행정청의 「조합설립인가처분」은 법령상 일정한 요건을 갖추는 경우, 행정주체(공법)의 지위를 부여하는 일종의 설권적 처분이다(대판 2009.9.24, 2008다60568).

2) 「주택재개발조합의 설립인가」는 법률관계의 당사자의 법률행위의 효과를 완성시켜주는 보충행위(인가)에 해당한다.

3) 「재개발조합설립인가신청」에 대하여 행정청의 「조합설립인가처분」이 있은 이후에 조합설립동의에 하자가 있음을 이유로 「재개발설립의 효력」을 부정하려면 「항고소송」으로 「조합설립인가처분」의 효력을 다투어야 한다(대판 2009.9.24, 2009마168 · 169).

4) 「재개발정비사업조합」이 공법인이라는 사정이 있어도 재개발조합과 조합장 또는 조합원 사이의 선임 · 해임 등을 둘러싼 법률관계는 사법상의 법률관계로서 그 조합장 또는 조합원의 지위를 다투는 소송은 민사소송에 의하여야 한다(대판 2009.9.24, 2009마168 · 169).

5) 행정주체인「주택재건축정비사업조합」이 수립하는「관리처분계획」은 구속적 행정계획으로서 재건축조합이 행하는 독립된「행정처분」에 해당한다. 「관리처분계획안」에 대한 조합총회결의의 효력 등을 다투는 소송은「행정처분」에 이르는 절차적 요건의 존부나 효력 유무에 관한 소송으로서 그 소송결과에 따라 행정처분의 위법 여부에 직접 영향을 미치는 공법상 법률관계에 관한 것이므로, 이는 행정소송법상의 「당사자소송」에 해당한다(대판 2009.9.17, 2007다2428 전원합의체).

6) 그러나「관리처분계획」에 대하여 관할 행정청의 「인가 · 고시」까지 있게 되면 「관리처분계획」은 「행정처분」으로 효력이 발생하게 된다. 따라서 「총회결의의 하자」를 이유로 하여 「행정처분」의 효력을 다투는 「항고소송」의 방법으로 「관리처분계획의 취소 또는 무효확인」을 구하여야 한다(대판 2009.9.17, 2007다2428 전원합의체).

7) 주택재건축정비사업조합의 사업시행인가는 인가에 해당한다(대판 2008.1.10, 2007두16691).

② 성질

인가는 형성적 행위의 일종이며, 구체적인 기준이 규정되지 않는 경우는 재량행위라고 본다. 다만, 타인간의 법률행위가 소정의 법적 요건을 갖추는 경우는 기속행위이다.

③ 인가의 형식

㉠ 인가는 반드시 특정인에 대하여 처분(행정행위)의 형식으로 행하며, 법규에 의한 인가는 없다.

㉡ 인가는 반드시 상대방의 출원(신청)을 필요로 하는 쌍방적 행정행위이다.

㉢ 인가는 신청에 의하여 행해지므로 수정인가는 인정되지 않는다. 다만 법률의 규정이

있거나, 당사자 동의가 있는 경우에는 수정인가도 가능하다.

④ 인가의 대상

㉠ 인가는 성질상 반드시 법률적 행위만을 대상으로 하므로, 사실행위는 여기서 제외된다.

㉡ 인가의 대상은 법률적 행위인 한 공법상의 행위이건, 사법상의 행위이건 불문한다.

㉮ 공법상의 행위인 경우

예컨대, 토지거래계약허가, 도시개발조합설립인가, 주택건설촉진법상 재건축조합설립인가, 공공조합의 정관변경의 인가 등이 있다.

㉯ 사법상의 행위인 경우

예컨대, 특허기업의 사업양도인가, 하천점유권의 양도인가, 외국인토지취득인가, 비영리법인설립인가 등이 있다.

㉰ 인가는 계약도 있고 정관작성과 같은 계약이 아닌 경우도 있다.

⑤ 효과

㉠ 인가가 행해지면 비로소 제3자의 법률적 행위의 효과가 발생한다. 예컨대, 학교법인 이사회에서 선출된 자는 관할청이 승인을 함으로써, 사립학교 법인의 임원으로서의 지위를 갖게 된다.

㉡ 인가는 법률행위의 효력요건이므로 인가없이 행해진 행위는 사법상 무효이고, 특별히 규정이 없는 한 행정강제나 처벌의 대상은 되지 않는다.

[관련 판례]

★ 면허관청의 허가를 받지 않은 공유수면매립면허로 인한 권리·의무 양도약정의 효력은 무효이다(대판 1991. 6.25, 90누5184).

★ 주무관청의 허가 없는 공익법인의 기본재산에 대한 처분의 효력은 무효이다(대판 2005.9.28, 2004다50044).

⑥ 기본행위와 인가행위와의 관계

인가의 대상인 기본행위에 하자가 있음에도 불구하고 이에 대하여 인가가 있는 경우, 또는 기본행위는 적법하나 이에 대한 인가가 무효인 경우 그 법적 효과가 문제시 된다.

㉠ 기본행위가 적법하고 인가행위도 적법한 경우

이 경우 전체로서 당해 행위는 유효하다. 예컨대, 기본행위인 사립학교법인 이사회의 임원선임행위가 적법하고, 관할청의 인가행위(승인행위)가 적법하면, 전체로서 임원선임행위는 적법하다. 선임된 자는 임원으로서 적법하게 행위할 수 있다.

㉡ 기본행위는 적법하고 인가행위는 위법(취소)인 경우

기본행위가 적법하지만 인가행위가 취소할 수 있는 행위이면, 인가가 취소될 때까지는 인가있는 행위로서 효력을 갖는다. 선임된 자는 임원으로서 적법하게 행위할 수 있다.

㉢ 기본행위는 적법하고 인가행위는 위법(무효)인 경우

기본행위가 적법하나 인가행위가 무효이면, 무인가 행위가 된다. 따라서 무인가행위는 전체로서 유효한 행위로 성립되지 아니한다. 예컨대, 기본행위인 사립학교법인 이사회의 선임행위가 적법하여도, 관할청의 인가행위(승인행위)자체가 위법하여 무효이면, 전체로서 임원선임행위는 유효한 행위로 되지 아니한다. 선임된 자는 임원으로서 적법하게 행위할 수 없다.

㉣ 기본행위는 위법하나 인가행위가 적법한 경우

㉮ 기본행위가 불성립 또는 무효인 경우 인가행위가 유효하더라도 무효이다.

㉯ 기본행위가 취소원인이 있는 경우에는 기본행위가 취소되지 않는 한 인가의 효력에는 영향이 없다. 그러나 기본행위에 하자가 있는 경우에는 사후에 인가행위가 있다 하더라도 기본행위의 하자는 치유되지 않는다.

㉤ 위에서 기술한 기본행위와 인가의 관계를 도표화하면 다음과 같다.

▷ **기본행위와 인가와의 관계**

기본행위	인가행위	효과
적법	적법	전체로서 임원선임행위는 적법·유효하다.
적법	위법(취소)	인가가 취소될 때까지 인가 있는 행위로서 효력을 갖는다.
적법	위법(무효)	전체로서 임원선임행위는 적법·유효한 것이 아니다.
위법	적법+위법	기본행위가 위법할 때, 유효한 인가가 있어도 기본행위가 유효한 것이 될 수 없다. 예컨대, 기본행위인 사립학교법인 이사회의 임원선임행위가 위법하면, 관할청의 인가행위(승인행위) 자체가 적법하다고 하여도, 임원선임행위가 적법한 것이 될 수 없다. 선임된 자는 임원으로서 적법하게 행위할 수 없다.

[관련 판례]

★ 학교법인 임원에 대한 감독청의 취임승인은 그 대상인 기본행위의 효과를 완성시키는 보충행위이므로 그 기본행위가 불성립 또는 무효인 때에도 그에 대한 인가를 하면 그 기본행위가 유효하게 될 수 없다(대판 1987.8.18, 86누152).

★ 기본적 행위인 학교법인 이사회의 해산결의가 성립하지 않거나 무효인 때에는 교육부장관의 인가를 받았더라도 그 해산결의가 유효로 되는 것은 아니며, 인가도 무효로 된다(대판 1999.5.9, 87다카2407).

⑦ 쟁송방법과 무인가행위의 효력

㉠ 기본행위에 하자가 있고 「인가」 자체에는 아무런 하자가 없는 경우에는 기본행위가 쟁송의 대상이 된다(대판 2000.9.5, 99두4354). 다시 말하면 기본행위에 하자가 있는 경우에는 기본행위로 다투어야 하며, 인가행위를 다툴 것은 아니다. 따라서 기본행위의 하자를 내세워 바로 그에 대한 행정청의 인가처분의 취소 또는 무효확인을 구할 법률상 이익은 없다.

[관련 판례]

★ 학교법인의 임원선임행위에 하자가 있다는 이유로 감독청의 취임승인처분의 취소 또는 무효확인을 구할 법률상 이익이 없다(대판 2005.12.23, 2005두4823).

㉡ 만약 기본행위에는 잘못이 없고, 다만 인가행위에 잘못이 있다면, 당연히 행정법원에서 인가행위를 다투어야 한다.

㉢ 인가를 받아야 하는 행위임에도 인가를 받지 않고 한 행위는 효력요건이므로, 사법적으로 무효가 됨이 원칙이다. 따라서 강제집행이나 처벌의 대상이 아니다.

▷ **허가 · 특허 · 인가의 비교**

구별	허가	특허	인가
제도적 예	건축허가 주점영업허가 의사면허 등	개인택시운송사업면허 광업허가 어업면허 등	특허기업의 사업양도의 인가 · 운임 · 요금인가, 사립대총장취임임명승인, 지방채 기채승인, 농지소유권 이전 허가, 외국인토지취득허가, 허가나 특허의 양도 · 양수의 인가(허가), 화약류를 양도 · 양수하려는 자가 경찰서장의 허가를 받는 것, 전당포영업의 양도에 있어서 경찰서장의 허가를 받는 것 등.
체계상 위치	명령적 행정행위 (오늘날은 형성적 행위성도 인정)	형성적 행정행위 (상대방을 위한 행위)	형성적 행정행위 (타인을 위한 행위)
행위의 성질	원칙적 기속행위성	원칙적 재량행위성	원칙적 재량행위성
행위의 대상	사실행위, 법적행위	법률행위(공 · 사권 불문)	법률행위(공 · 사법 행위 불문)
신청의 유무	상대방의 신청없이도 가능	상대방의 신청을 전제	상대방의 신청을 전제
행위의 상대방	특정인, 불특정다수인	특정인	특정인
행위의 독립성	독립적 행위	독립적 행위	보충행위(기본적 법률행위에 의존)
행위의 성격	원칙적 처벌요건	원칙적 효력요건	원칙적 효력요건
행위의 효과	법률상 이익	법률상 이익	법률상 이익

(2) 공법상 대리

① 의의

공법상 대리라 함은 공법상 행정주체가 제3자가 할 행위를 대신하여 행한 경우에, 그 효과를 직접 제3자에게 귀속하게 하는 제도를 말한다.165)

② 성질

공법상의 대리는 행정기관이 국민을 대리하는 것을 말하므로, 법률의 규정에 의한 법정대리166)이다.

③ 종류

㉠ 감독상의 대리

예컨대 감독청에 의한 공법인의 정관작성 · 한국은행총재의 임원 임명 등을 들 수 있다.

㉡ 행정주체가 행정목적을 달성하기 위한 경우

예컨대, 체납처분절차에서의 「압류재산의 공매처분」등이 있다.

㉢ 당사자사이의 협의불성립의 경우 조정적 견지에서 국가가 대신하여 행하는 경우

예컨대, 토지수용위원회의 수용재결이 대표적인 예이다.

㉣ 개인을 보호하는 입장에서 행하는 경우(사무관리)

예컨대 행려병사자의 유류품 매각 등의 처분을 들 수 있다.

④ 효과

대리자로서 행한 행위는 원래 본인이 한 것과 같은 법적 효과를 발생시킨다.

Ⅲ. 준법률적 행정행위

준법률적 행정행위는 의사표시 이외의 정신작용(판단, 인식, 관념의 표시)을 구성요소로 하고, 그 법률적 효과는 행위자의 의사 여하를 불문하고 직접 법규가 정하는 바에 따라 발생하는 행위를 말한다. 이에는 확인행위 · 공증행위 · 통지행위 · 수리행위가 있다.

---

165) 일반적으로 대리라 함은 A가 타인B를 위한 것임을 표시하면서 법률행위를 하되, 그 효과는 B에게 귀속하게 하는 것을 말한다. 이러한 대리의 의무는 공법이나 사법이나 동일하나, 공법상 대리는 그 원인이 「공법적」이라는 점에서 다를 뿐이다.

166) 법정대리는 본인의사와 무관하게 법률에 의하여 대리권이 생기는 경우를 말한다. 법정대리의 예로 민법상 친권자가 가지는 대리권을 들 수 있다. 반면, 임의대리는 본인의 의사에 따라 대리권이 생기는 경우를 말한다.

1. 확인행위

1) 의의

(1) 확인행위란 특정한 사실 또는 법률관계의 존재 여부에 관해 의문이 있거나, 다툼이 있는 경우에 행정청이 이를 공적으로 판단하는 행위를 말한다. 실정법상으로는 재결 · 재정(裁定) · 특허 등 여러 가지 용어가 사용되고 있다.

(2) 확인행위는 기존의 사실(예컨대, 발명특허) 또는 법률관계의 존재 여부를 판단하는 것일뿐, 새로운 법관계를 창설하는 것은 아니다.

(3) 확인행위는 법원의 판결과 성질이 비슷한 법 · 선언적 행위이며, 이를 준사법적 행위라고 부르기도 한다.

(4) 확인은 실정법상 재결(裁決) · 결정 · 인정 · 검정 · 특허 등 여러 가지 용어로 사용되고 있다.

2) 성질

(1) 확인행위는 일정한 사실 또는 법률관계를 확인하는 행위이므로, 원칙상 행정청에게 재량권이 인정될 수 없다. 따라서 기속행위이다.

(2) 확인행위는 행정청의 판단에 법률상 일정한 법적효과가 결부되는 준법률행위적 행정행위이다. 따라서 이에는 부관을 붙일 수 없다.

(3) 확인행위는 사실관계 또는 법률관계의 존재여부에 관하여 공적으로 확인하는 효과를 갖는다. 따라서 당연퇴직의 통보 · 국세환부거부결정통보 등 기존의 법률관계를 단순히 확인하는 행위는 단순한 사실행위이지, 확인행위가 아니다.

[관련 판례]

★ 건축물에 대한 준공검사처분은 건축허가받은 자로 하여금 건축한 건물을 사용 · 수익할 수 있게 하는 법률효과를 발생시키는 것이므로 허가관청은 특단의 사정이 없는 한 건축허가 내용대로 완공된 건축물의 준공을 거부할 수 없다(대판 1992.4.10, 91누5358). 판례는 건축물 준공검사처분의 법적성질을 확인행위로 보고, 그 행위는 기속행위라고 판시하고 있다.

★ 친일반민족행위자재산조사위원회의 친일재산 국가귀속결정에 대한 법적 성격은 확인행위로서 준법률행위적 행정행위에 해당한다(대판 2008.11.13, 2008두13491).

★ 교과서에 관련된 국정 또는 검 · 인정제도의 법적 성질은 창설적인 형성적 행위로서 특허의 성질을 갖는 것으로 보아야 할 것이며, 그렇게 본다면 국가가 그에 대한 재량권을 갖는 것은 당연하다고 할 것이다(헌재결 1992.11.12, 89헌마88). 헌법재판소는 교과서 검정의 법적성질은 특허로서 재량행위에 해당한다고 판시하고 있다.

3) 종류

행정영역에 따른 구분과 대상에 따른 사실에 관한 확인행위를 종합하여 도표화하면 다음과 같다.

구분	확인의 예
조직법상 확인행위	당선인결정, 국가시험합격자 결정 등
급부행정법상 확인행위	도로구역결정, 발명특허[167], 교과서의 검정 등
재정법상 확인행위	소득금액의 결정 등
군정법상 확인행위	신체검사, 군사시설보호구역 등
쟁송법상 확인행위	행정심판의 재결, 이의신청의 결정 등
토지행정법상 확인행위	도시관리계획상의 용도지역 · 지구 · 구역지정 등

4) 형식

확인은 언제나 구체적인 처분의 형식으로 이루어지며, 행정절차법상 처분에 해당하기 때문에 요식행위임이 원칙이다(예컨대, 자동차검사증의 교부 등).

5) 효과

(1) 확인행위는 일반적으로 불가변력이 발생한다. 즉, 확인행위로 확정된 사실 또는 법관계는 권한있는 기관에 의해 부인되지 않는 한 누구도 그것을 임의로 변경할 수 없는 불가변력을 갖는다. 이것은 모든 확인행위에 공통된 효력이다.

(2) 확인행위의 효과는 개별법률이 정하는 바에 따라 정해진다. 예컨대, 특허법에 의한 「발명특허」의 경우 특허권이라는 형성적 효과가 부여되나 그것은 확인자체에 의한 것이 아니라 「특허법」이라는 법률의 규정에 의한 것이다.

2. 공증행위

1) 의의

(1) 공증행위라 함은 특정한 사실 또는 법률관계의 존재를 공적으로 증명하는 행위를 말한다.

(2) 공증은 의문이나 다툼이 없는 행위를 전제로 하는 점에서, 의문이나 다툼이 있는 행위에 대하여 행해지는 확인과 구별된다.

167) 발명특허는 학문상 특허가 아니라 확인에 해당한다.

2) 성질

(1) 공증행위는 준법률적 행정행위로서 법적 효과를 가져오는 행위만을 말한다.

(2) 공권력 행사에 해당한다고 하여도 법적효과를 가져오지 아니하는 사실로서의 행위는 준법률행위적 행정행위로서 공증에 해당되지 않는다.

(3) 공증행위는 특정한 사실 또는 법률관계가 객관적으로 존재하는 한, 공증을 하여야 하는 기속행위내지 기속재량행위이다.

3) 종류

(1) 등기 · 등록(각종 등기부 · 각종 등록부),

(2) 등재(각종 명부 · 원부에의 등재)[168] · 기재(회의록 · 의사록),

(3) 증명서발부 · 발급(당선증서 · 합격증서 · 졸업증서 등의 증명서 발부, 여권 · 감찰 등의 발급),

(4) 교부(영수증 · 허가증 · 특허증 · 졸업증서 · 면허장 · 원장 등의 교부)

[관련 판례]

★ 의료유사업자 자격증 갱신발급행위는 특정한 사실 또는 법률관계의 존부를 공적으로 증명하는 공증행위에 속하는 행정행위이다(대판 1977.5.24, 76누295).

4) 형식

공증은 언제나 구체적 처분의 형식으로 행하여지며, 문서(文書)에 의하고 일정한 서식이 요구되는 요식행위이다.

5) 효과

(1) 공증행위는 권리설정요건(예컨대, 광업원부에 등록)일 때도 있고, 권리행사요건(예컨대, 선거인명부등록)일 때도 있으나, 개개 공증효과는 개별법규정에 따라 정해진다.

(2) 반증이 없는 한 번복될 수 없는 공적 증거력이 발생한다.

(3) 다만, 공증에 대한 반증(反證)이 있으면 행정청의 취소를 기다리지 아니하고, 그 공적 증거력을 다투고 이를 번복할 수 있기 때문에 불가변력은 발생하지 않는다.

6) 공증의 처분성(행정행위)

공증은 공정력이 발생하지 않는다. 따라서 처분성을 인정할 수 있는가가 문제시된다.

(1) 학설

부정설(처분성을 부정)과 긍정설(처분성)의 견해가 대립하고 있다.

(2) 판례의 태도

판례는 공증자체로 법적 효과를 발생시키는 것이 아니라는 이유로 처분성을 부인하는

168) 선거인명부 · 토지대장 · 가옥대장 · 임야대장 · 하천대장 · 광업권 등을 원부에 등재하는 것을 말한다.

경우도 있고, 처분성을 긍정하는 경우도 있다. 따라서 공증의 처분성을 일률적으로 논할 수 없다.

[처분성이 부정되는 공증의 관련 판례]

★ 무허가건물을 무허가건물관리대장에서 삭제하는 행위는 다른 특별한 사정이 없는 한 항고소송의 대상이 되는 행정처분이 아니다(대판 2009.3.12, 2008두3554). <무허가건물등재대장삭제행위>

★ 소관청이 토지대장상의 소유자명의변경신청을 거부한 행위는 항고소송의 대상이 되는 행정처분이라고 할 수 없다(대판 2012.1.12, 2010두12354).

★ 이외에 자동차운전면허대장(대판 1991.9.24, 91누1400), 운전면허 행정처분 처리대장(대판 1994.8.12, 94누2190), 공무원연금카드(대판 1980.2.12, 79누121), 하천대장(대판 1982.7.13, 81누129) 등의 기재 · 정정 · 말소행위에는 처분성을 부정하고 있다. <처분성이 인정되는 공증의 관련 판례>

★ 지적공부 소관청의 지목변경신청반려행위는 국민의 권리관계에 영향을 미치는 것으로서 항고소송의 대상이 되는 행정처분에 해당한다(대판 2004.4.22, 2003두9015전체합의부). <지적공부 소관청의 지목변경신청반려행위> · 종전의 처분성 부정에서 처분성 인정으로 판례가 변경되었다.

★ 건축물대장 소관청의 용도변경신청거부행위는 국민의 권리관계에 영향을 미치는 것으로서 항고소송의 대상이 되는 행정처분에 해당한다(대판 2009.1.30, 2007두7277). <창고에서 위험물저장 및 처리시설로 변경하여 달라는 신청을 거부한 행위>

★ 지적공부 소관청이 토지대장을 직권으로 말소한 행위는 국민의 권리관계에 영향을 미치는 것으로서 항고소송의 대상이 되는 행정처분에 해당한다(대판 2013.10.24, 2011두13286).

★ 건축물대장작성신청에 대한 거부행위는 항고소송의 대상인 행정처분에 해당한다(대판 2009.2.12, 2007두17359).

★ 행정청이 건축물에 관한 건축물대장을 직권말소한 행위는 항고소송의 대상이 되는 행정처분에 해당한다(대판 2010.5.27, 2008두22655).

★ 지적소관청이 토지분할신청에 대한 거부행위는 국민의 권리관계에 영향을 미친다고 할 것이므로 항고소송의 대상이 되는 처분으로 보아야 한다(대판 1993.3.23, 91누8968).

3. 통지

1) 의의

통지라 함은 특정인 또는 불특정 다수인에게 특정한 사실을 알리는 행위를 말한다. 통지행위는 그 자체가 일정한 법률효과를 발생시키는 행정행위이다.

2) 구별 개념

(1) 행정행위로서의 통지행위는 그 자체가 독립한 행정행위이다. 따라서 특정한 법규명령 또는 행정행위의 효력발생요건으로서의 법령의 공포, 재결의 고지, 요식행위인 교부나 송달과는 구별된다.

(2) 당연퇴직의 통보와 같이 아무런 법적 효과가 주어지지 않는 행위는 단순한 사실행위에 불과할 뿐, 준법률행위적 행정행위로서의 통지와 구별된다.

3) 법적 성질(처분성 인정 여부)

① 통지행위는 행정절차법상 처분에 해당하므로, 요식행위임이 원칙이다.

② 통지는 준법률행위적 행정행위이므로, 행정심판법과 행정소송법상 처분에 해당한다. 따라서 통지행위에 하자가 있다면 그 하자를 이유로 취소나 무효확인을 구하는 행정쟁송이 가능하다.

③ 그러나 단순한 사실행위로서 통지행위는 처분성이 없다.

[통지의 처분성이 인정된 관련 판례]

★ 임용기간이 만료된 조교수에 대하여 재임용을 거부하는 취지로 한 임용기간만료의 통지는 행정처분의 대상이 되는 처분에 해당한다(대판 2004.4.22, 2000두7735).

★ 구 농지법상 농지처분의무통지는 독립한 행정처분으로서 항고소송의 대상이 된다(대판 2003.11.14, 2001두8742).

★ 구 공무원연금법 제47조에 정한 퇴직연금이 잘못 지급된 경우, 과다하게 지급된 급여의 환수를 위한 행정청의 환수 통지는 행정처분에 해당한다(대판 2009.5.14, 2007두16202).

[통지의 처분성을 부정한 관련 판례]

★ 공무원의 정년퇴직발령은 정년퇴직 사실을 알리는 관념의 통지에 불과하므로 행정소송의 대상이 되지 않는다(대판 1983.2.8, 81누263).

★ 당연퇴직의 인사발령은 퇴직사유를 알려주는 관념의 통지에 불과하고 공무원의 신분을 상실시키는 새로운 형성적 행위가 아니므로 행정소송의 대상이 되는 독립한 행정처분이라고 할 수 없다(대판 1995.11.14, 95누2036).

★ 공무원연금관리공단이 공무원연금법령의 개정사실과 퇴직연금수급자가 퇴직연금 중 일부 금액의 지급정지대상자가 되었다는 사실의 통보(대판 2004.7.8, 2004두244).

★ 수도사업자의 급수공사신청자에 대한 급수공사비 납세통지(대판 1993.10.26, 93누6331).

★ 소득의 귀속자에 대한 소득금액변동통지는 원천납세의무자인 소득 귀속자의 법률상 지위에 직접적인 법률적 변동을 가져오는 것이 아니므로, 항고소송의 대상이 되는 행정처분이라고 볼 수 없다(대판 2015.3.26, 2013두9267).

4) 종류

(1) 관념(사실)의 통지

행정청의 과거 일정한 사실을 알리는 행위를 말한다. 예컨대, 특허출원의 공고, 귀화의 고시, 토지수용에 있어서의 사업인정의 고시 등을 들 수 있다.

(2) 의사의 통지

행정청이 앞으로 어떠한 행위를 할 것을 알리는 행위를 말한다. 예컨대, 대집행의 계고, 납세의 독촉 등이다.

5) 효과

(1) 통지행위는 행정청의 작용에 법률이 일정한 법적 효과를 결부시키는 것으로, 준법률행위적 행정행위에 해당한다.

(2) 통지행위에 어떠한 효과가 주어지는가는 개별법규에 정하는 바에 다르다. 예컨대 납세의 독촉이 있음에도 납세자가 체납하면 체납처분이 가능하게 되는 것과 같다.

(3) 통지행위에 아무런 법적 효과가 주어지지 않는다면, 그러한 통지행위는 준법률행위적 행정행위로서 통지행위가 아니고 단순한 사실행위일 뿐이다.

4. 수리(受理)

1) 의의

(1) 수리라 함은 행정청이 타인의 행위를 유효한 행위로서 받아들이는 행위를 말한다.

(2) 수리[169]는 단순한 사실인 도달 또는 접수와는 달리 행정청이 타인의 행위를 유효한 행위로 판단하여 수령하는 수동적 의사행위이다(예컨대, 사직원의 수리, 혼인신고 수리, 행정심판청구서의 수리, 소장(訴狀)의 수리 등).

2) 효과

수리의 효과는 개별법이 정하는 바에 따라 다르다. 예컨대, 혼인신고의 수리는 혼인성립이라는 사법(私法)상의 효과가 발생하고, 소장의 수리는 법원(法院)에 심리절차개시의 의무를 지게 하는 공법상의 효과가 발생한다.

[관련 판례]

★ 지위승계신고의 수리행위의 대상인 사업양도·양수가 존재하지 않거나 무효인 때에는 수리를 하였더라도 당연무효이다(대판 2005.12.23, 2005두3554).

3) 수리거부와 행정구제

(1) 수리를 요하지 않는 신고

수리를 요하지 않는 신고(예컨대, 출생신고)는 자체완성적 공법행위로서 수리의 거부가 문

169) 신고와 수리와의 관계를 보면 신고(申告)는 원칙적으로 행정청(경찰관청)에 대한 사인(私人)의 일방적 통고행위이기 때문에, 행정청(경찰관청)의 별도 수리행위가 필요하지 않다. 수리를 요하지 않는 신고는 그 자체로서 일정한 법적 효과가 발생한다. 그러나 행위(행정)요건적 행위로서의 신고는 행정청의 수리가 있어야 법적효과가 발생한다(수리를 요하는 신고).

제되지 아니한다.

(2) 수리를 요하는 신고

수리를 요하는 신고의 경우는 그 자체가 독립적인 행정행위의 하나이므로, 이러한 수리나 수리의 거부는 행정쟁송의 대상이 된다.

[관련 판례]

★ 체육시설의 회원을 모집하고자 하는 자의 회원모집계획서 제출과 이에 대한 시·도지사 등의 검토결과 통보의 법적성격 및 골프장의 기존회원이 시·도지사의 검토결과 통보의 취소를 구할 법률상의 이익이 있는지 여부

• 체육시설의 신규회원을 모집하고자 하는 자의 시·도지사 등에 대한 회원모집계획서 제출은 수리를 요하는 신고에서의 신고에 해당하며, 시·도지사 등의 검토결과통보는 수리행위로서 행정처분에 해당된다(대판 2009.2.26, 2006두16243). <골프장회원권모집계획승인처분취소>

• 이러한 경우 기존회원은 위와 같은 회원모집계획서에 대한 시·도지사의 검토결과통보의 취소를 구할 법률상의 이익이 있다고 보아야 한다(대판 2009.2.26, 2006두16243).

▷ **준법률행위적 행정행위의 종류와 해당 사례**

확인의 예(例)	1. 당선자결정, 국가시험합격자결정 2. 신체검사, 건물준공처분(사용승인) 3. 교과서검·인정(헌법재판소는 교과서검·인정을 특허로 보고 있음) 4. 도로구역·하천구역의 결정, 토지경계사정, 도시구역의 지역·지구·구역결정 5. 소득금액의 결정, 납세액의 결정 6. 발명특허 7. 행정심판의 재결(이의신청의 재결). 단 토지수용의 재결은 확인행위가 아니고 대리행위임. 8. 친일재산에 대한 친일반민족행위자 재산조사위원회의 국가귀속결정 9. 장해등급결정, 국가유공자결정, 민주화운동관련자결정
공증의 예(例)	1. 부동산등기·차량등록·광업원부 등의 등기·등록행위, 특허의 등록(특허원부에의 기재), 선거인명부·토지대장, 건축물관리대장·지적공부·자동차운전면허대장 등에의 등재행위 2. 당선증서·합격증서 등과 같은 증명서 발급행위, 여권의 발급, 주민등록등·초본 발급, 주민등록증 발급, 인감증명서의 발급, 각종 인가·허가·특허 등 인·허가증 발급행위, 비과세증명, 영수증의 교부, 운전면허증교부, 의료사업자격증 갱신발급행위, 자동차정기검사필증의 교부, 건설업면허증 및 건설업면허수첩 재교부
통지의 예(例)	특허출원의 공고, 납세의 독촉, 대집행의 계고, 도지세목공고, 귀화의 고시, 전매가격고시, 의회소집공고

제5절 행정행위의 부관(行政行爲의 附款)

* 사시 16회, 17회, 22회, 24회, 29회
* 외무 23회

Ⅰ. 개 설

1. 부관의 의의

1) 행정행위의 부관[170]이라 함은 '행정행위의 효과를 제한하기 위하여 주된 의사표시에 부가되는 종(從)된 의사표시'로 정의하는 것이 종래의 통설이다.

2) 오늘날에는 행정행위의 부관이란 '행정행위의 효과를 제한 또는 보충하기 위하여 주된 행위에 부과된 종(從)된 규율' 등으로 정의되고 있다(최근의 다수설).

3) 이와 같은 견해의 대립은 효과의사 표시를 요소로 하지 않는 준법률행위적 행정행위에 부관을 붙일 수 있는가 라는 문제와 직결된다.

(1) 현재의 다수설은 법률행위적 행정행위에도 부관을 붙일 수 없는 경우가 있으며, 준법률적 행정행위라는 이유로 부관을 붙일 수 없는 것도 아니다.

(2) 양 학설의 또다른 차이는 부담에도 부관을 붙일 수 있는가 하는 점에서도 견해의 차이가 있다.

4) 행정행위의 부관은 학문상 개념이며, 실정법에서는 오히려 '조건'으로 표시되고 있다.

2. 구별개념

1) 내용상 제한

행정행위의 부관은 행정행위의 주된 규율에 대한 부가적인 규율이다. 따라서 주된 규율 내용을 직접 제한하는 것은 부관이 아니다.

2) 법정부관

(1) 행정행위의 부관은 행정청의 의사결정에 의해 붙여지는 것이다. 반면 법정부관은 행정행위의 효과제한이 직접 법령에 규정되어 있는 경우이다. 법정부관은 행정청의 의사표시에 의하여 부과된 것이 아니므로, 학문상의 부관으로 보지 않는다(통설).

---

170) 예컨대, 형질변경허가를 하면서 허가신청을 한 토지 위에 도로를 개설하기 위하여 폭 4m의 도로부지를 내놓도록 했다면, 형질변경에 대한 승인은 주된 의사표시이고, 도로부지를 기부채납하도록 하는 것은 종(從)된 의사표시이다. 이 중 종된 의사표시(폭 4m의 도로부지)는 주된 의사표시의 효력을 제한하기 위해서 붙이는 것으로 이를 부관이라 한다.

(2) 법정부관에 대하여는 행정행위에 부관을 붙일 수 있는 한계에 관한 일반적 원칙이 적용되지 않는다(대판 1999.3.8, 92누1728).

(3) 법정부관은 행정청의 의사표시가 아니라 법령 그 자체이므로, 만약 법정부관 자체에 하자가 있는 경우에는 위헌법률심사 또는 명령규칙 심사에 의하여 통제된다.

(4) 법정부관의 대표적인 예로는 수렵면허기간, 자동차검사증의 유효기간, 공무원의 시보임용, 인감증명유효기간 등을 들 수 있다.

[법정부관과 관련된 판례]

★ 보존음료수 제조업의 허가에 붙여진 전량수출 또는 주한외국인에 대한 판매에 한한다는 내용의 조건은 이른바 법정부관으로서, 이와 같은 법정부관에 대하여는 행정행위에 부관을 붙일 수 있는 한계에 관한 일반원칙이 적용되지 않는다(대판 1994.3.8, 92누1728).

Ⅱ. 부관의 종류

1. 조건(條件)

조건이란 행정행위의 효력의 발생 또는 소멸을 장래에 발생여부가 객관적으로 불확실한 사실에 의존시키는 행정청의 의사표시를 말한다. 조건에는 정지조건과 해제조건이 있다.

1) 정지조건

정지조건은 조건이 성취되어야 행정행위가 비로소 효력이 발생하는 조건을 말한다. 예컨대, 주차시설의 완비를 조건으로 하는 호텔영업허가, 도로확장을 조건으로 하는 자동차운수사업면허 등이 그 예이다.

2) 해제조건

해제조건은 일단 효력을 발생하고 조건이 성취되면 행정행위가 효력을 상실하는 조건을 말한다. 예컨대, 일정기간 내에 공사에 착수할 것을 조건으로 하는 「공유수면매립」의 경우가 해제조건부 행정행위의 대표적인 예이다. 6월 이내에 공사착수를 조건으로 하는 공유수면매립의 경우는 일단 효력이 발생하였다가, 6월 이내에 공사착수를 하지 않으면 면허의 효력이 해제된다.

3) 효력발생시기

정지조건이 성취되면 조건성취시부터 당연히 그 효력이 발생하며, 해제조건이 성취되면 당연히 그 효력이 소멸한다.

2. 기한(期限)

1) 의의

기한이란 행정행위의 효력의 발생 또는 소멸의 도래(到來)가 확실한 장래의 사실에 의존케 하는 행정청의 의사표시를 말한다. 기한은 발생여부가 확실하다는 점에서 조건과 다르다. 기한에는 확정기한과 불확정기한, 시기와 종기가 있다.

2) 종류

(1) 확정기한과 불확정기한

① 확정기한

도래할 것이 확실함은 물론 도래하는 시기까지 확실한 기한을 말한다. "도로점용을 허가한다. 다만, 허가기간은 12월 31일까지로 한다"와 같이 장래발생시점이 확정된 경우를 말한다.

② 불확정기한

도래할 것은 확실하나 도래시기가 확정되어 있지 않은 기한을 말한다. 예컨대, 갑이 죽을 때까지 연금을 지급한다는 경우 등이 이에 해당한다. 즉, 장래발생은 확실하나, 발생시점은 불확정적인 것을 말한다.

(2) 시기(時期)와 종기(終期)

① 시기

시기는 기한이 도래함으로서 행정행위가 당연히 효력을 발생하는 경우이다. 예컨대, "도로점용을 허가한다. 다만 허가기간은 2018년 2월 1일부터 6월로 한다"와 같이 장래 발생이 확실한 사실에 의존케 하는 경우를 말한다.

② 종기

종기는 기한이 도래함으로서 행정행위가 당연히 효력을 소멸하는 경우이다. 예컨대, "영업허가기간은 2020년 12월31일까지 입니다"와 같이 행정행위의 소멸을 장래 발생이 확실한 사실에 의존케 하는 경우를 말한다.

3) 종기에 관한 문제점

(1) 종기는 원래 행정행위의 절대적 소멸원인이 된다. 즉, 종기가 도래하면 원칙적으로 행정행위의 효력은 행정청의 별도의 의사표시없이 당연히 소멸된다.

(2) 그러나 장기 계속성이 예상되는 행정행위에 붙여진 종기는 그 행정행위의 존속기간이 아니라 갱신기간으로 보는 견해가 지배적이며, 판례도 같은 입장이다.

(3) 대법원은 음식점영업허가와 같이 내용상 장기계속성이 예정되어 있는 행정행위에 부당히 짧은 종기를 붙인 경우에는 그것은 행정행위의 효력이 존속기간이 아니라 그 내용의 갱

신기간(조건의 존속기간)으로 보아야 한다고 판시하고 있다(대판 2004.11.25, 2004두7023).

[관련 판례]

★ 종기인 기한에 관한 판례의 예

행정행위인 허가 또는 특허에 붙인 조항으로서 종료의 기한을 정한 경우 종기인 기한에 관하여는 일률적으로 기한이 왔다고 하여 당연히 그 행정행위의 효력이 상실된다고 할 것이 아니고, 그 기한이 그 허가 또는 특허된 사업의 성질상 부당하게 짧은 기한을 정한 경우에 있어서는 그 기한은 그 허가 또는 특허조건의 존속기간을 정한 것이며, 그 기한이 도래함으로써 그 조건의 개정을 고려한다는 뜻으로 해석하여야 할 것이다(대판 1995.11.10, 94누11866).

3. 부담(負擔)

1) 의의

(1) 부담이라 함은 행정행위의 주된 의사표시에 부과하여 그 효과를 받는 상대방에게 작위·부작위·급부·수인의무를 명하는 행정청의 의사표시를 말한다. 실정법상 조건이라는 용어로 자주 사용된다.

(2) 부담은 주로 허가, 특허 등과 같은 수익적 행정행위에 붙여지는 것으로, 부관 중 실제로 가장 많이 활용되고 있다.

(3) 구체적인 예로는 ① 공원사용허가시 청소의무·사용료납부의무, ② 영업허가시 종업원의 건강진단의무 등의 각종 의무부과, ③ 도로점용허가시 점용료의 납부의무, ④ 건축허가를 하면서 일부토지에 대한 기부채납을 명하는 경우 등을 들 수 있다.

2) 성질

(1) 부담은 독립된 행정행위

① 부담은 주된 행정행위에 종속되기는 하나 다른 부관과는 달리 그 자체가 독립된 하나의 행정행위로서 성질을 갖는다.

② 따라서 상대방이 부담을 통해서 부과된 의무를 이행하지 않을 때에는 이 부담이행을 위하여 단독으로 강제집행할 수 있으며, 부담이 위법한 경우에는 이 부담만을 따로 떼내어 행정쟁송의 제기도 가능하다.

③ 부담은 그의 존속이 본체인 주된 의사표시인 행정행위의 효력에 의존한다. 따라서 본체인 주된 의사표시인 행정행위가 효력을 상실하면, 그 부담은 당연히 효력을 상실한다.

(2) 부담의 불이행

① 부담에 의해 부과된 의무의 불이행으로 부담부행정행위가 당연히 효력을 상실하는 것은 아니다.

② 해당 의무불이행은 부담부행정행위의 취소(철회)사유가 될 뿐이다. 철회시에는 철회의 일반이론에 따라 이익형량의 원칙이 적용된다.

(3) 부담과 사법상 법률행위와의 관계

① 행정처분에 붙인 부담이 무효가 되더라도 그 부담의 이행으로 한 사법상 법률행위가 당연히 무효가 되는 것은 아니다.

② 부담은 행정행위에 해당한다. 그러나 부담의 이행으로 행해진 매매 등은 사법행위로서 서로 규율하는 법률관계가 다르기 때문에 부담이 위법하다고 하여 위법한 부담의 이행으로 행해진 사법행위까지 위법하다고 볼 수 없다(대판 2009.6.25, 2006다18174).

[관련 판례]

★ 공법상의 제한을 회피할 목적으로 행정처분과 실제적 관련성이 없어 부관으로 붙일 수 없는 부담을 사법상 계약의 형식으로 행정처분의 상대방에게 부과할 수 없다. 지방자치단체가 골프장사업계획승인과 관련하여 사업자로부터 기부금을 지급받기로 한 증여계획은, 공무수행과 결부된 금전적 대가로서 그 조건이나 동기가 사회질서에 반하므로 민법 제103조에 의해 무효이다(대판 2009.12.10, 2007다63966).

★ 토지소유자가 토지형질변경행위허가에 붙은 기부채납의 부관에 따라 토지를 기부채납한 경우, 기부채납의 부관이 당연무효이거나 취소되지 않은 상태에서 그 부관으로 인하여 증여계약의 중요부분에 착오가 있음을 이유로 증여계약을 취소할 수 없다(대판1999.5.25, 98다53134).

(4) 단계적 조치의 불이행

부담으로 부과된 의무를 불이행하는 경우 행정청은 그 후의 단계적인 조치를 거부하는 것도 가능하다. 예컨대, 건축허가시 붙인 부담의 불이행을 이유로 그 후의 준공검사를 하지 않거나, 임야개간허가시 붙인 부담의 불이행을 이유로 그 후의 개간준공허가를 거부하는 것 등이다.

(5) 협약에 의한 부관의 가능성

부담은 행정청이 행정처분을 하면서 일방적으로 부과할 수도 있지만, 부담을 부과하기 이전에 상대방과 협의하여 부담의 내용을 협약의 형식으로 정할 수도 있다.

[관련 판례]

★ 수익적 행정처분에 있어서는 부담을 부과하기 이전에 상대방과 협의하여 부담의 내용을 협약의 형식으로 미리 정한 다음 행정처분을 하면서 이를 부가할 수 있다(대판 2009.2.12, 2005다65500).

★ 행정청이 수익적 행정처분을 하면서 부과한 부담이 처분 당시 법령을 기준으로는 적법하였지만, 처분 후 부담의 전제가 된 주된 행정처분의 근거법령이 개정됨으로써 행정청이 더 이상 부관을 붙일 수 없게 된 경우에도 곧바로 협약의 효력이 소멸하는 것은 아니다(대판 2009.2.12, 2005다65500).

3) 조건과의 구별

(1) 행정청의 의사가 불분명한 경우

① 부담은 법령 또는 실무상 조건으로 불리는 경우가 많다. 그러나 양자는 그 성질상 구별되는데, 부담과 조건의 구별이 애매한 경우, 조건[171]으로 보는 것보다 부담으로 해석하는 것이 상대방에 유리하다.

② 행정청의 의사가 불분명한 경우

최소침해의 원칙상 상대방에게 유리한 부담으로 추정해야 한다고 보는 것이 통설적 견해이다(대판 2008.11.27, 2007두24289).

(2) 효력발생

부담은 처음부터 행정행위의 효력이 발생하지만, 정지조건부 행정행위는 조건의 성취가 있어야 비로소 행정행위가 효력을 발생한다.

(3) 효력소멸

① 부담은 그 의무를 이행하지 않더라도 주된 행정행위의 효력이 당연히 소멸되지는 않고, 행정청이 철회함으로써 행정행위의 효력이 소멸한다.

② 해제조건부 행정행위는 조건성취로 당연히 행정행위의 효력이 소멸된다.

4) 부담유보(사후변경의 유보)

(1) 의의

부담유보란 사후적으로 부담을 설정 · 변경 · 보완할 수 있는 권리를 미리 유보해두는 경우의 부관을 말하며, 「사후변경의 유보」라고도 불린다. 부담유보의 사후적 행사는 새로운 행정행위를 뜻한다.

(2) 구체적인 예

① "도로점용을 허가합니다. 다만 우리 군(郡)에서는 추후에 도로점용료를 징수할 수 있습니다"라고 처분을 한다면, 이는 사후적으로 부담을 설정하는 경우에 해당한다.

② "도로점용을 허가합니다. 도로점용료를 매월 1일 50만원을 납부하여야 합니다. 우리 군에서는 추후에 도로점용료를 인상할 수 있습니다"라고 처분을 한다면, 이는 사후적으로 변경하는 권리를 미리 유보해두는 경우의 부관을 말한다.

[관련 판례]

★ 행정처분에 이미 부담이 부가되어 있는 상태에서 그 의무의 범위 또는 내용 등을 변경하는 부관의 사후변경은 법률에 명문의 규정이 있거나 그 변경이 밀 유보되어 있는 경우 또는 상대방의 동의가 있는 경우에 한하

---

171) 행정법관계를 오랫동안 불확정상태에 두게 되면 공익을 해칠 우려가 있기 때문에, 조건부 행정행위의 예는 비교적 적다.

여 허용되는 것이 원칙이지만, 사정변경으로 인하여 당초에 부담을 부가한 목적을 달성할 수 없게 된 경우에도 그 목적달성에 필요한 범위 내에서 예외적으로 허용된다(대판 1997.5.30, 97누2627).

5) 수정부담(修正負擔)

(1) 의의

수정부담이란 허가 등 수익적 행정행위에 부가하여 새로운 의무를 부과하는 것이 아니라, 행정행위의 상대방이 신청한 것과는 다르게 행정행위의 내용자체를 수정·변경하는 것을 말한다(예컨대, 기와지붕을 갖는 건축허가신청에 대해 콘크리트지붕을 가진 건축허가가 난 경우).

(2) 성질

① 수정부담은 독일의 연방행정법원의 판례를 통하여 만들어진 개념으로, 신청한 수익을 거부하고 다른 내용의 처분을 하는 것을 뜻한다.

② 이러한 수정부담은 상대방이 받아들임으로써 그 효력을 발생한다.

③ 수정부담은 부관의 일종이 아니라 새로운 행정행위, 즉 수정허가로 보는 견해가 유력해지고 있다.

6) 부담의 한계

수익적 행정행위인 경우에 법령에 특별한 근거 규정이 없다고 하더라도 그 부관으로서 부담을 붙일 수 있으며, 그러한 부담은 비례의 원칙, 부당결부금지의 원칙에 위반되지 않아야 한다(대판 1997.3.11, 96다49650).

4. 철회권의 유보(撤回權의 留保)

1) 의의

(1) 철회권의 유보라 함은 행정행위의 주된 내용에 부가하여 행정행위를 행함에 있어 일정한 경우에는 행정행위를 철회할 수 있음을 정한 부관을 말한다(예컨대, 공기업 특허를 내주면서 특허명령서에 따른 내용을 위반하면 특허를 취소한다는 부관 등).

(2) 철회는 독립의 행정행위이므로 철회권이 위법하게 행사되면, 철회행사에 대해 권리구제절차를 밟을 수 있다.

2) 해제조건과의 구별

(1) 철회권의 유보는 유보된 사실이 발생하여도 행정행위의 효력을 소멸시키려는 행정청의 별도의 철회행위가 있어야 비로소 효력이 소멸된다.

(2) 해제조건은 조건사실이 발생하면 당연히 행정행위의 효력이 소멸된다.

3) 법적 근거

철회권의 유보는 법규에 직접 규정되기도 하나(예컨대, 하천법 제69조), 법령의 근거가 없어도 철회권을 유보할 수 있다.

4) 한계

(1) 일반적으로 철회권이 유보된 경우에 실제로 철회요건을 충족하면 철회를 할 수 있다고 하겠으나, 철회권의 행사가 항상 자유로운 것은 아니다. 이 경우에도 비례원칙 등 일정한 조리상의 제한을 받는다.

(2) 철회권이 유보된 경우에는 상대방은 당해 행정행위의 철회시 신뢰보호의 원칙을 원용할 수 없고, 신뢰보호에 근거한 손실보상도 원칙상 인정되지 않는다.

[관련 판례]

★ 철회권의 유보의 한계

• 취소(철회)권을 유보한 경우에 있어서도 무조건으로 취소권을 행사할 수 있는 것이 아니고, 취소를 필요로 할 만한 공익상의 필요가 있는 경우에 한하여 취소권을 행사할 수 있다(대판 1964.6.9, 64누40).

• 숙박업소에서 윤락행위를 알선 또는 조장하는 일이 없도록 하라는 명령·지시는 숙박업법에 그러한 명령이나 지시를 할 수 있는 법령상 근거가 없으므로 이 명령·지시를 가리켜 곧 숙박업법 제8조의 소정의 영업허가의 취소사유로 삼을 수 없다(대판 1979.6.12, 79누28).

• 행정청이 종교단체에 대하여 기본재산전환인가를 함에 있어 인가조건을 부가하고 그 불이행시 인가를 취소할 수 있도록 한 경우, 인가조건의 의미는 철회권을 유보한 것이다(대판 2003.5.30, 2003다6422).

(3) 철회사유가 법령에 명시되어 있는 경우에는 법정의 철회사유 이외의 사유를 철회권의 유보사유로 정할 수 없다는 것이 다수설과 판례의 입장이다(대판 1962.2.22, 4293행상42).

5. 법률효과의 일부 배제

1) 의의

(1) 법률효과의 일부 배제라 함은 법률이 예정하고 있는 효과의 일부를 배제하는 행정행위로서의 부관을 말한다.

(2) 법률효과의 일부배제를 행정행위의 부관으로 볼 수 없다는 소극적인 견해도 있으나,[172] 전통적인 견해와 판례는 법률효과의 일부배제를 부관의 일종으로 보고 있다(대판1991.12.13, 90누8503).

2) 법적 근거

법률이 예정하는 법적 효과를 행정행위로써 일부 제한하기 위해서는 반드시 법률에 근거

172) 윤세창·이호승, 「행정법(상)」, 박영사, 1993, p.243.

가 있어야 한다. 다만 법률효과를 전부 배제하는 것은 허용되지 않는다.

[관련 판례]

★ 행정행위의 부관은 부담의 경우를 제외하고는 독립하여 행정소송의 대상이 될 수 없는 것인바, 지방국토관리청장이 일부 공유수면매립지에 대하여 한 국가 또는 직할시 귀속처분은 매립준공인가를 함에 있어서 매립의 면허를 받은 자의 매립지에 대한 소유권취득을 규정한 공유수면매립법 제14조의 효과[173]의 일부를 배제하는 부관을 붙인 것이고, 이러한 행정행위의부관은 독립하여 행정소송이 될 수 없다(대판 1991.12.13, 90누8503).

Ⅲ. 부관의 가능성과 한계

어떠한 행위에 행정청이 부관을 붙일 수 있는가에 관해 규정하는 일반법은 없고, 개별법에는 필요한 부분에 부관을 붙일 수 있다는 규정이 다수 보인다(예컨대, 식품위생법 제37조 제2항).[174] 명문의 규정이 없는 경우에, 어떤 종류의 행정행위에 부관을 붙일 수 있는가 하는 것이 문제이다.

1. 부관의 가능성(부관을 붙일 수 있는 행정행위)

통설적 견해에 의하면 행정행위의 부관은

1) 법률행위적 행정행위에만 붙일 수 있고, 의사표시를 요소로 하지 않는 준법률행위적 행정행위에는 부관을 붙일 수 없다.

2) 재량행위에는 부관을 붙일 수 있지만, 기속행위에는 부관을 붙일 수 없다. 다만 기속행위의 경우에도 법령의 근거가 있는 경우에는 가능하다(식품위생법 제37조 제2항).

[관련 판례]

★ 재량행위에는 법령의 명시적 근거가 없어도 부관을 붙일 수 있다(대판 1997.3.14, 96누16698).

매립준공인가는 매립면허에 대한 단순한 확인행위가 아니며, 인가는 당사자의 법률적 행위를 보충하여 그 법률적 효력을 완성시키는 행정주체의 보충적 의사표시로서의 법률행위적 행정행위인 이상 매립면허의 양도허가시 및 준공인가시 부관을 붙일 수 있다(대판 1975.8.29, 75누23).

173) 공유수면매립법 제14조는 매립준공인가를 함에 있어서 매립의 면허를 받은 자의 매립지에 대한 소유권 취득을 규정하고 있다. 이 조항과 관련하여, 대법원은 "국토관리청장이 공유수면매립법 제14조의 효과의 일부를 배제하고 공유수면매립준공인가 중 매립지 일부에 대하여 한 국가귀속처분은 법률효과의 일부배제에 해당한다고 보고, 독립하여 행정소송의 대상으로 삼을 수 없다"고 판시하고 있다.

174) 식품위생법 제37조 제2항 식품의약품안전처장 또는 특별자치시장·특별자치도지사·시장·군수·구청장은 제1항에 따른 영업허가를 하는 때에는 필요한 조건을 붙일 수 있다.

★ **기속행위 또는 기속재량행위에 부관을 붙인 경우는 무효**

기속 또는 기속재량행위에 붙이는 부관은 무효이다. 대법원은 "일반적으로 기속행위나 기속적 재량행위에는 부관을 붙일 수 없고, 가사 부관을 하더라도 이는 무효의 것이다. 따라서 감독관청이 사립학교법인의 이사회 소집승인을 하면서 소집일시·장소를 지정한 것은 기속재량에 붙인 부관으로 무효"라고 판시하고 있다(대판 1988.4.27, 87누1107).

★ 행정청이 관리처분계획에 대한 인가처분을 하면서 기부채납과 같은 조건을 붙일 수 없다(대판2012.8.30, 2010두24951).

★ 주택재건축사업시행인가의 법적 성질은 재량행위이며, 이에 대하여 법령상의 제한에 근거하지 않은 조건(부담)을 부과할 수 있다(대판 2007.7.12, 2007두6663).

3) 최근의 견해

(1) 최근에는 전통적 견해와는 달리 부관의 가능성과 관련하여 일률적으로 논할 수는 없으며, 행정행위의 성질·목적에 따라 개별적으로 결정되어야 하는 것으로 본다.

(2) 준법률행위적 행정행위에는 부관을 붙일 수 없음이 원칙이다. 다만, 확인·공증행위에 종기 정도의 부관은 붙일 수 있다고 본다[175](여권의 유효기간·인감증명의 유효기간 등).

(3) 종래의 통설에 의하면 여권의 유효기간·인감증명서 등에 유효기간을 붙이는 것은 법정부관으로 보고 있다.

(4) 재량행위에 있어서도 성질상 부관을 붙일 수 없는 경우가 있다. 예컨대, 귀화허가는 신분을 설정하는 행정행위이므로, 법적 안정성의 원칙에 비추어 조건이 가해질 수 없다.

(5) 기속행위라도 법령에서 부관을 붙이는 것의 경우와, 장래에 있어서의 법률요건을 보충하기 위한 부관(법률요건충족적 부관)[176]은 붙일 수 있다고 한다. 판례의 경우 법률요건충족적 부관은 인정하지 않는다.

2. 사후부관

부관은 본질상 행정행위 발령과 동시에 부과되어야 하나, 주된 행정행위를 발령한 후에 새로이 부관을 붙이거나 변경을 할 수 있는가 하는 사후부관이 문제시 된다.

1) 의의

사후부관이란 행정행위를 할 때는 아무런 부관을 붙이지 않았으나, 사후에 새로이 부관

175) 예컨대, 일반여권에 대하여 그 여행목적에 따라 10년 이내의 유효기간을 붙여 발급할 수 있게 규정한 여권법시행령제6조 등을 들 수 있다.

176) 법률요건충족적 부관이라 함은 상대방의 영업허가신청 또는 특허신청시 관계법이 정하는 허가요건 중에서 비교적 경미한 일부 요건을 충족하고 있지 못한 경우에는 일단 허가 또는 특허를 발급하고, 법령이 요구한 요건 중 미비된 사항을 나중에 갖추도록 붙이는 부관을 말한다.

을 발하는 것을 말한다.

2) 학설

(1) 행정행위 당시에는 없었던 부관을 사후에 별도로 붙인 사후부관은 원칙적으로 허용되지 않는다.

(2) 부관이 사후발령이 가능한가에 관해서는 부정설·제한적 긍정설로 나뉘고 있다. 제한적 긍정설이 다수설의 입장이다.

(3) 대법원은 원칙적으로 사후부관은 인정하고 있지 않다. 다만 ① 법령에 근거가 있는 경우, ② 상대방의 동의가 있는 경우, ③ 부담이 유보되어 있는 경우, ④ 사정변경으로 인하여 당초에 부관을 부가한 목적을 달성할 수 없게 된 경우에는, 그 목적달성에 필요한 범위 내에서 사후부관을 예외적으로 허용하고 있다(대판 1997.5.30, 97누2627).

3. 부관의 한계성

1) 사항적 한계

사항적 한계란 부관은 주된 행위와 사항적 통일성을 갖는 범위 안에서 가능하다는 것을 말한다. 즉, 부관은 주된 행정행위와 실질적 관련성이 있어야 한다.[177] 예컨대 주된 행위가 식품위생법에 근거한 음식점영업허가임에도 부관에서 식품위생과 사항적인 관련성이 없는 주차장의 설치에 관한 사항을 정하고 있다면, 그러한 부관은 사항적 통일성이 결여된 것이다.

2) 목적상 한계

부관은 주된 행위의 목적에 반하지 않아야 한다. 예컨대, 주택허가를 하면서 다만 영업목적으로 사용할 것을 부관으로 정하는 경우, 그러한 부관은 행정행위의 목적에 반하는 것이다.

3) 성질상 한계

행정행위의 성질에 비추어 부관을 붙이는 것이 허용되지 아니하는 경우도 있다. 예컨대 귀화허가는 신분을 설정하는 행정행위이므로, 법적 안정성의 원칙에 비추어 조건이 가해질 수 없다.

4) 일반적 한계

부관도 행정행위의 한 구성부분이므로, 주된 행위와 마찬가지로 행정행위로서의 적법요건을 구비하여야 한다. 즉,

(1) 부관은 법령에 위반되지 않아야 하며, 행정행위가 추구하는 목적의 범위를 일탈하지 않아야 한다.

---

177) 공무원이 인·허가 등 수익적 행정처분을 하면서 그 처분과 부관사이에 실제적 관련성이 있다고 볼 수 없는 공법상의 제한을 회피할 목적으로 행정처분의 상대방과 사법상 계약을 체결하는 형식을 취하였다면, 이는 법치행정의 원리에 반하는 것으로 위법하다(대판 2009.12.10, 2007다63966).

(2) 부관은 사실상으로나 법상으로 가능하여야 하며, 부관의 내용 또한 명확하여야 한다.

(3) 부관을 위반하여 형벌을 부과하는 경우에도 죄형법정주의에 따라 엄격하게 해석하여야 한다.

(4) 부관은 평등원칙 · 비례의 원칙 등 법의 일반원칙에 반하여서는 안 된다.

[관련 판례]

★ 부관의 일반적 한계

부관부행정처분에 있어서 그 부관의 내용은 적법하여야 하고 이행 가능하여야 하며 비례의 원칙 및 평등의 원칙에 적합하고, 행정처분의 본질적 효력을 해하지 않는 한도의 것이어야 한다(대판 1992.4.28, 91누4300).

★ 기선선망어업의 허가를 하면서 운반선 · 등선 등 부속선을 사용할 수 없도록 제한한 부관은 그 어업허가의 목적 달성을 사실상 어렵게 하여 그 본질적 효력을 해하는 것이다(대판 1990.4.27. 89누6808).

★ 65세대의 주택건설에 대한 사업계획승인시 '진입도로 설치 후 기부채납, 인근 주민의 기존 통행로 폐쇄에 따른 대체 통행로 설치 후 그 부지일부 기부채납'을 조건으로 붙인 것은 위법한 부관에 해당하지 않는다(대판 1997.3.14, 96누16698).

★ 지방자치단체장이 도매시장법인의 대표이사에 대하여 위 지방자치단체장이 개설한 농수산물도매시장의 도매시장법인으로 다시 지정함에 있어서 그 지정조건으로 "지정기간 중이라도 개설자가 도매시장법인 이전 및 지정 취소 또는 폐쇄 지시에도 일체 소송이나 손실보상을 청구할 수 없다"라는 부관을 붙였으나, 그 중 부제소특약에 관한 부분은 당사자가 임의로 처분할 수 없는 공법상의 권리관계를 대상으로 하여 사인의 국가에 대한 공권인 소권을 당사자의 합의로 포기하는 것으로서 허용될 수 없다(대판 1998.8.21, 98두8919).

Ⅳ. 하자(瑕疵)있는 부관과 행정행위의 효력

부관의 한계를 넘어 위법한 부관은 행정행위의 하자이론에 따라, 무효이거나 취소할 수 있는 부관이 된다.

1. 무효인 부관과 행정행위의 효력

1) 부관이 무효인 경우에 부관만 무효라는 견해(부관만 무효설)와 행정행위까지 무효라는 견해(행정행위 무효설)가 있으나, 절충설이 통설 · 판례의 입장이다.

2) 절충설에 의하면 원칙적으로 부관만 무효가 되어 전체로서는 부관 없는 단순행정행위가 되나, 예외적으로 부관이 없었다면 주된 행위를 하지 않았을 것이라고 인정되는 경우에만 부관부행정행위의 전체가 무효로 된다는 입장이다. 즉, 부관이 그 행위에 없어서는 안 될 본질적 요소를 이룰 때에는 본체인 행정행위까지도 무효가 된다.

[관련 판례]

★ 부관이 무효인 경우의 행정행위의 효력

도로점용허가의 점용기간은 행정행위의 본질적 요소에 해당하는 것이어서 부관인 점용기간을 정함에 위법이 있으면 도로점용허가 전부가 위법이 된다(대판 1985.7.9, 84누604).

2. 취소할 수 있는 부관이 붙은 행정행위의 효력

부관이 위법으로 취소할 수 있음에 불과한 때에는 취소되기까지는 유효한 부관부 행정행위이고, 취소가 확정된 경우에는 무효인 부관과 동일하다.

Ⅴ. 하자있는 부관에 대한 행정쟁송

부관이 위법한 경우에 부관만을 따로 떼어서 쟁송의 대상으로 할 수 있는지(독립쟁송가능성), 부관만을 분리하여 취소할 수 있는지(독립취소가능성)가 문제가 된다.

1. 부관의 독립쟁송가능성(소송요건의 문제)

1) 학설

위법한 부관 그 자체만을 쟁송의대상으로 할 수 있는가에 대하여는 학설의 대립이 있다.

(1) 부관중 부담

취소소송의 대상이 되기 위해서는 처분성이 인정되어야 한다. 따라서 부관 중 부담은 그 자체가 하나의 행정행위로서 처분성이 인정되므로, 주된 행정행위와 독립하여 행정쟁송의 대상이 될 수 있다.

(2) 부담이외의 부관

부담을 제외한 나머지 부관은 독립적으로 독자적인 처분성을 갖지 못하므로 독립하여 다툴 수 없다는 입장이다.

2) 판례

(1) 대법원은 일관되게 부담만이 독립하여 항고소송의 대상이 될 수 있다고 판시하고 있다(대판 1992.2.21, 91누1264).

(2) 부담 이외의 부관은 독립하여 항고소송의 대상이 될 수 없다는 입장이다(대판 1993.10.8, 93누2032; 대판 2001.6.15, 99두509).

[관련 판례]

★ 어업면허처분을 함에 있어 그 면허의 유효기간을 1년으로 정한 경우, 위 면허의 유효기간은 행정청이 위 어업면허처분의 효력을 제한하기 위한 행정행위의 부관이라 할 것이고 이러한 행정행위의 부관은 독립하여 행정소송의 대상이 될 수 없는것이므로 위 어업면허처분 중 그 면허유효기간만의 취소를 구하는 청구는 허용될 수 없다(대판 1986.8.19, 86누202).

2. 부관에 대한 쟁송형태

부관의 하자를 독자적으로 다툴 수 있는 가능성이 인정된다 하더라도 이를 쟁송제기에 있어서 어떤 형태로 다툴 것인지는 별개의 문제이다.

1) 부담의 경우

부관 중 부담의 경우 그 자체로 처분성을 인정하여 부담만을 취소소송의 대상으로 하는 진정일부취소소송[178]이 가능하다는 것이 통설과 판례의 입장이다(대판 1992.1.21, 91누1264).

3. 부담이외의 기타의 부관(조건 · 기한 · 법률효과의 일부배제 등)

1) 통설

부담을 제외한 기타부관의 경우 처분성이 없으므로 부관부행정행위 전체를 하나의 행정행위로 보아 취소소송을 제기하고, 부관부분만이 취소를 구하는 부진정일부취소소송을 제기할 수 있다고 본다(다수설).

2) 판례

(1) 판례는 부담이 아닌 부관의 경우 부진정 일부취소소송을 인정하지 않고 있다.

(2) 따라서 부담 외의 부관의 경우 부관부행정행위 전체의 취소를 구하거나(대판 1985.7.9, 84누604), 아니면 처분청에 부관이 없는(또는 부관의 내용을 변경하는)처분으로 변경해 줄 것을 신청한 후, 그 청구가 거부된 경우에 거부행위에 대해 「거부취소소송」을 제기하도록 하고 있다(대판 1990.4.27, 89누6808).

[관련 판례]

★ 행정쟁송의 대상인 부담

부담의 경우에는 다른 부관과는 달리 행정행위의 불가분적 요소가 아니고 그 존속이 본체인 행정행위의 존재를 전제로 하는 것일 뿐이므로 부담 그 자체로서 행정쟁송의 대상이 될 수 있다(대판 1992.1.21, 91누1264).

---

178) 취소소송의 대상이 될 수 있는 처분성 여부에 따라 진정일부취소소송과 부진정일부취소소송으로 나눌 수가 있다. 1)「진정일부취소소송」은 처분에서 부관만을 따로 분리하여 취소소송의 대상으로 하여 부관의 취소를 구하는 소송형태이다. 2)「부진정일부취소소송」은 부관부행정행위 전체를 취소소송의 대상으로 하되 부관만의 취소를 구하는 소송을 말한다. 즉 진정일부취소소송의 경우 취소소송의 대상이 부관 자체이고, 부진정일부취소의 대상은 부관부행정행위이다.

★ 부관 자체 독립 행정쟁송 불가
어업면허의 유효기간 1년은 그 면허처분에 붙인 부관이며 이러한 부관에 대하여는 독립한 행정쟁송을 제기할 수 없다(대판 1986.8.19, 86누202).

★ 행정행위의 부관은 부담인 경우를 제외하고는 독립하여 행정소송의 대상이 될 수 없는 바, 기부채납받은 행정재산(예컨대, 공원시설)에 대한 사용·수익허가에서 그 허가기간은 행정행위의 본질적 요소에 해당한다고 볼 것이어서, 부관인 허가기간에 위법사유가 있다면 이로써 사용·수익허가 전부가 위법하게 될 것이다(대판 2001.6.15, 99두509).

3. 부관의 독립취소가능성(본안의 문제)

원고가 부관만의 취소를 구하는 경우에 법원이 심리를 통하여 부관이 위법하다고 판단할 때 그 부관만을 독립하여 취소할 수 있는가의 여부가 문제시 된다.

1) 재량행위와 기속행위를 구분하는 견해

주된 행정행위가 기속행위일 경우 그에 부과된 부관은 모두 독립적으로 취소할 수 있으나, 재량행위일 경우 부관만의 독립적인 취소는 인정되지 않는다는 입장이다.

2) 분리가능성의 여부로 나누는 견해

부관이 주된 행정행위와 분리될 수 있는 경우에 한해서 부관만의 취소판결을 내릴 수 있다는 입장이다.

제 6 절 행정행위의 성립요건과 효력발생요건

* 행시 2회, 34회 * 사시 13회

Ⅰ. 개 설

1. 행정행위가 적법하게 성립하여 효력을 발생하려면 법규가 요구하는 성립요건과 효력발생요건을 갖추어야 한다.

2. 행정행위가 성립요건을 구비하지 못하면 그 정도에 따라 무효가 되거나 취소가 된다.

3. 행정행위가 성립요건을 갖추어도 효력발생요건을 구비하지 못하면 그 효력은 발생하지 않는다.

Ⅱ. 성립요건

1. 행정행위의 성립요건이라 함은 행정행위가 성립하여 존재하기 위한 최소한의 요건을 말한다.

2. 행정행위가 유효하게 성립하려면 행정의사가 내부적으로 결정되고(내부적 성립), 외부적으로 표시되어야 한다(외부적 성립).

1. 내부적 성립요건

행정행위는 주체 · 내용 · 절차 · 형식에 있어 법정요건에 적합하여야 하고 공익에 적합하여야 한다.

1) 주체에 관한 요건

(1) 정당한 권한을 가진 행정청이, (2) 권한 내의 사항에 관하여, (3) 정상적인 의사에 기하여 행하여진 행위라야 한다.

2) 내용에 관한 요건

행정행위는 그 내용에 있어서 (1) 법률상 · 사실상 실현 가능하고, (2) 객관적으로 명확해야 하며, (3) 법과 공익에 적합하여야 한다.

3) 절차에 관한 요건

행정행위는 법률에 정해진 일정한 절차를 거쳐서 행하여져야 한다. 행정절차에 관한 일반법으로서 행정절차법이 있다. 이에는 (1) 협력절차(예컨대, 건축허가시 관할 행정기관이 소방본부장이나 소방서장의 동의를 받아야 하는 것 등), (2) 처분의 사전통지(예컨대, 의무를 부과하거나 권익을 제한하는 처분을 하는 경우 당사자에게 사전통지), (3) 의견청취(예컨대, 공청회 또는 의견제출절차 등), (4) 이유제시(예컨대, 처분을 할 때 처분하는 이유제시 등) 등이 있다.

4) 형식에 관한 요건

행정행위는 다른 법령 등에 특별한 규정이 있는 경우를 제외하고는 문서로 하는 것이 원칙이며, 예외적으로 신속을 요하거나 사안이 경미한 경우에는 구술 및 기타 방법으로 할 수 있다.

[관련 판례]

★ 행정청이 처분을 할 때에는 다른 법령 등에 특별한 규정이 없는 한 문서로 하여야 하며, 이에 위반하여 행하여진 행정처분은 원칙적으로 무효사유에 해당한다(대판 2011.11.10, 2011도11109).

2. 외부적 성립요건

행정행위가 성립하려면 내부적 성립요건 외에, 외부에 표시되어야 비로소 성립한다. 따라서 행정내부에서의 결정[179]이 있는 것만으로는 행정행위가 성립하였다고 할 수 없다.

Ⅲ. 효력발생요건

1. 의의

행정행위의 효력발생요건이라 함은 행정행위가 상대방에 대하여 효력을 발생하기 위한 요건을 말한다. 이에는 특정다수인에 대한 행정행위와 불특정인에 대한 행정행위로 나누어 볼 수 있다.

2. 효력발생요건

1) 특정인을 위한 효력발생요건

(1) 원칙

① 도달주의

송달은 다른 법령 등에 특별한 규정이 있는 경우를 제외하고는 송달받을 자에게 도달됨으로써 그 효력이 발생한다.

② 도달시점

㉠ 도달이란 현실적으로 행정행위를 수령하여 그 내용을 반드시 알아야 하는 것을 의미하는 것은 아니고, 상대방이 알아볼 수 있는 상태에 두는 것을 말한다(예컨대, 동거가족이나 아파트 경비원에게 교부하는 것 등).

[관련 판례]

★ 납세의무자가 과세처분의 내용을 이미 알고 있는 경우에도 납세고지서 송달이 필요하다(대판 1997.5.23, 96누5094).

㉡ 우편에 의한 송달의 경우

보통우편에 의한 송달은 상당기간 내에 도달된 것으로 추정할 수 없으나(대판 2009.12.10, 2007두20140), 등기우편은 상당기간 내에 도달된 것으로 추정된다(대판 1998.2.13, 97누9877).

---

179) 예컨대, '징계위원회의 의결처럼' 행정기관 내부의 의사결정만으로는 행정행위가 성립된 것으로 볼 수 없고 외부에 표시되어야 한다.

> **[관련 판례]**
> ★ 우편법 등 관계규정의 취지에 비추어 볼 때 우편물이 등기취급의 방법으로 발송된 경우 반송 등의 특별한 사정이 없는 한 그 무렵(발송일로부터 수일 내) 수취인(상대방이나 가족)에게 배달되었다고 보아야 한다"고 판시하고 있고(대판 1998.2.13. 97누9877), 또 "내용증명우편이나 등기우편과는 달리, 보통의 방법으로 발송되었다는 사실만으로는 그 우편물이 상당한 기간 내에 도달하였다고 추정할 수 없고, 송달의 효력을 주장하는 측에서 증거에 의하여 이를 입증하여야 한다(대판 2009.12.10, 2007두20140).

㉢ 정보통신망을 이용하여 행정기관이 송신한 전자공문서는 수신자가 지정한 컴퓨터 등에 입력된 때에 그 수신자에게 도달된 것으로 본다. 다만, 지정한 컴퓨터 등이 없는 경우에는 수신자가 관리하는 컴퓨터 등에 입력된 때에 그 수신자에게 도달될 것으로 본다.

③ 예외

행정행위를 상대방에게 표시하는 원칙적인 방법은 통지(고지)이며, 예외적으로 공고라는 방법이 있다.

㉠ 송달받을자의 주소 등을 통상의 방법으로 확인할 수 없는 경우나, 송달이 불가능한 경우에는 관보 · 공보 · 게시판 · 일간신문 중 하나 이상에 공고한다.

㉡ 공고의 경우에는 다른 법령에 특별한 규정이 있는 경우를 제외하고는 공고일로부터 14일이 경과한 때에 효력이 발생한다.

2) 불특정인을 위한 효력발생요건

(1) 공시 · 공고로서 효력이 발생한다.

(2) 상대방이 불특정 다수인으로 수령을 요하지 않는 행정행위는 공고에 의하여 외부에 표시하여야 하고, 특별한 규정이 없으면 공고일로부터 14일이 경과한 때에 그 효력이 발생한다(행정절차법 제14조, 제15조).

> **[관련 판례]**
> ★ 정보통신윤리위원회가 특정 인터넷 웹사이트를 청소년 유해매체물로 결정하고 청소년보호위원회가 효력발생시기를 명시하여 고시함으로써 그 명시된 시점에 효력이 발생하였다고 봄이 상당하고, 정보통신윤리위원회와 청소년보호위원회가 위 처분이 있었음을 위 웹사이트 운영자에게 통지하지 아니하였다고 하여 그 효력 자체가 발생하지 아니한 것으로 볼 수 없다(대판 2007.6.14, 2004두619).

Ⅳ. 행정행위의 요건불비의 효과

1. 하자(흠)있는 행정행위

행정행위가 성립요건을 갖추지 못한 경우에는 하자있는 행정행위가 되고, 성립요건을 갖추었으나 효력발생요건을 갖추지 못하면 행정행위로서 효력이 발생하지 않는다.

2. 불비(不備)의 효과

행정행위가 성립·발효요건의 하나 이상을 결여하는 경우에는 하자있는 행정행위가 된다. 즉 위법 또는 부당한 행정행위로서, 그 하자의 정도에 따라 취소(직권취소·쟁송취소)의 대상이 되거나, 무효 또는 부존재[180]인 행위가 된다.

제7절 행정행위의 효력

* 사시 13회 * 제35회 행시
* 경정 1976년, 1984년, 1989년, 1990년, 1996년
-행정처분의 성립과 효력에 관하여 논하라.

Ⅰ. 개 설

1. 효력의 의의

행정행위는 적법요건을 갖추면 효력을 발생한다. 행정행위의 효력이란 일반적으로 관계자에 대하여 구속력을 가진다는 것을 의미한다.

2. 효력의 발생·소멸

1) 행정행위는 적법성의 요건[181]에 명백하고 중대한 하자가 없는 한, 원칙적으로 외부에 표시함으로써 효력을 발생한다.

180) 부존재라 함은 행정행위의 성립요건이 결여되거나 행정행위가 아직 외부에 표시되지 않은 내부적 의사에 불과하여, 외관상 행정행위라 할 만한 행위가 존재하지 아니한 경우를 말한다.

181) 적법요건이라 함은 행정행위가 행해짐에 있어 법에 의해 요구되는 요건을 말한다(성립 및 효력요건). 행정행위가 적법요건을 충족시키지 못한 경우에는 하자있는 행정행위가 되어, 무효 또는 취소원인이 된다.

2) 행정행위는 스스로 소멸되는 것이 아닌 한, 권한을 가진 기관에 의해 폐지됨으로써 효력을 상실한다.

Ⅱ. 내용상 구속력

1. 의의

행정행위는 적법요건을 갖추면 행정청이 표시한 의사의 내용에 따라(법률행위적 행정행위), 또는 법령이 정하는 바에 따라(준법률적 행정행위) 일정한 법적 효과를 발생시키고 당사자를 구속하는 힘을 갖게 된다.[182] 이 힘을 내용상의 구속력이라 부른다.

2. 내용

1) 내용상의 구속력은 모든 행정행위에서 당연히 인정되는 실체법상의 효력이다.

2) 내용상 구속력은 행정행위의 성립·발효와 동시에 발생하고, 취소나 철회가 있기까지 지속한다.

3) 처분청도 그 행위를 취소하거나 철회하지 않는 한 행위의 내용에 구속된다. 따라서 내용상의 구속력은 쌍방적이다.

Ⅲ. 공정력(예선적 효력)

1. 의의

공정력이라 함은 일단 행정행위가 행하여지면 비록 그 성립에 하자(흠)가 있을지라도 그 하자(흠)가 중대하고 명백하여 당연 무효인 경우를 제외하고는 일단 유효하다는 추정을 받으며, 권한 있는 기관[183]에 의하여 취소되기 전까지는 누구도 이를 부인하지 못하는 힘을 공정력이라 한다.

---

182) 행정행위는 행정주체의 일방적인 행위로서 적법요건을 갖추면 실체법상의 효과, 즉 일정한 권리·의무를 발생시킨다. 예컨대, 세무서장이 특정인에게 과세처분을 하면(행정청은 징세권), 상대방은 특정한 의무(일정액의 납세의무)를 부담하게 된다.

183) 권한있는 기관이라 함은 처분청·감독청·수소법원(受訴法院: 어떤 사건에 관한 판결절차가 과거에 계속되었었거나, 현재 계속하고 있거나, 장차 계속할 법원)을 말한다. 즉, 수소법원은 소송이 제기되었을 때 소(訴)를 제기받은 법원을 말한다.

2. 근거

1) 이론적 근거

(1) 공정력의 이론적 근거로 행정정책설(또는 법적 안정정설)이 통설과 판례의 입장이다.

(2) 이 설에 의하면, 공정력은 행정행위의 상대방이나 제3자의 신뢰보호와 법적안정성, 그리고 행정목적의 원활한 수행을 위한 기술적 · 정책적 차원에서 필요하다는 것이다.

2) 실정법적 근거

(1) 실정법상 직접적인 근거는 없다. 그러나 공정력을 승인하는 간접적인 근거들은 실정법상 볼 수 있다. 예컨대, 행정감독권에 의한 직권취소규정, 취소심판 · 취소소송에 관한 규정 등을 공정력의 간접적 규정으로 보는 것이 통설적 견해이다.

(2) 집행부정지의 원칙이 공정력의 근거가 되는 가에 대해서는 학설이 대립한다. 다수설은 집행부정지원칙은 각국의 입법정책에 따라 인정여부가 결정된 것으로 공정력과는 무관하다고 본다.

3. 공정력의 한계

1) 공정력은 권력적 행정행위에만 인정된다. 따라서 ① 비권력적 공법작용(관리행위인 공법상 계약 등), ② 행정상의 사법행위나 사실행위, ③ 사인의 공법행위에는 공정력이 인정되지 않는다.

2) 공정력은 그 하자가 중대 · 명백한 무효인 행위에 대하여는 인정되지 않는다.

3) 행정기관의 행위인 명령(법규명령 · 행정규칙)은 처분성이 부정되므로, 공정력이 인정되지 않는다.

4) 공정력과 입증책임

통설적 견해인 유효성 추정설에 의하면 공정력은 입증책임의 분배와는 관계가 없다고 본다(입증책임무관설).

Ⅳ. 구성요건적 효력

1. 의의

1) 구성요건적 효력이라 함은 유효한 행정행위가 존재하는 이상 비록 하자(흠)있는 행정행위일지라도 무효가 아닌 한, 모든 행정기관과 법원은 그 행정행위와 관련된 자신들의 결정을 함에 있어서 당해 행정행위의 존재 및 내용을 존중해야 하며, 스스로의 판단의 기초 내지

는 구성요건으로 삼아야 하는 구속력을 말한다.

2) 구성요건적 효력은 행정행위를 스스로 폐지할 수 없는 다른 행정청과 법원에 관련된 개념이다.[184] 예컨대, 갑이라는 사람이 법무부장관으로부터 귀화허가를 받았다면, 그 귀화허가가 당연 무효가 아닌 한 다른 국가기관은 갑을 대한민국 국민으로 인정해야 한다는 것을 말한다.[185] 따라서 무효원인이 아닌 한 갑은 대한민국이 국민이 아니어서 공무원으로 임명될 자격이 없다고 할 수 없고, 법원 역시 갑에 대한 거부취소소송이 제기된 경우 기존의 귀화허가 행위의 하자를 이유로 청구를 기각할 수 없다.

2. 공정력과 구성요건적 효력의 구별

공정력만을 인정하는 종래의 통설과는 달리 최근의 유력한 견해는 공정력과 구성요건의 효력을 구분한다.

1) 구별부정설

(1) 구별부정설은 행정행위가 무효가 아닌 한 상대방 또는 이해관계인은 행정행위가 권한 있는 기관(처분청 · 행정심판위원회 또는 수소법원)에 의해 취소되기까지는 상대방 및 이해관계인, 그리고 타국가기관(다른 행정청 및 법원)에게 미치는 효력이라고 정의하고 있다.

(2) 따라서 이 견해에 따르면 구성요건적 효력은 인정할 필요가 없게 된다.

2) 구별긍정설

(1) 구별긍정설은 행정행위의 상대방 및 이해관계인에 대한 효력만을 공정력이라 한다.

(2) 반면, 구성요건적 효력은 취소권을 가진 기관(처분청 · 행정심판위원회 · 수소법원) 이외의 모든 국가기관에 대한 구속력을 가진다고 보고 있다.

3) 양설의 차이

양설의 견해는 크게 보면 내용 · 범위 등 대상 포섭의 범위에서 차이를 보이고 있는데, 구별긍정설이 타당하다고 본다.

3. 근거

1) 이론적 근거

(1) 공정력은 행정의 안정성과 실효성 확보에 그 근거를 두고 있다.

(2) 반면, 구성요건적 효력은 권한과 직무 또는 관할을 달리하는 국가기관은 상호 타 기관의 권한을 존중하며 침해해서는 안 된다는 「국가기관간 권한 존중의 원칙」을 근거로 하고

184) 홍정선, 전게서, P.357.
185) 김형중, 전게서, P.104.

있다.

2) 실정법적 근거

(1) 공정력과 마찬가지로 구성요건적 효력을 인정하는 법규정은 없다.

(2) 구성요건적 효력의 경우 「권한분배」와 「권력분립원리」에서 그 근거를 찾고 있다.[186]

4. 구성요건적 효력과 선결문제

1) 개설

(1) 선결문제란 법원이 본안판단을 함에 있어서 먼저 해결되어야 하는 법문제를 말한다. 즉, 취소소송을 제기받은 행정법원이 아닌 민사법원이나 형사법원이 본안판단의 전제로서 "행정행위의 효력과 위법성 여부에 관한 판단"을 먼저 하여야 하는 문제를 말한다.

(2) 문제점

① 현행 행정소송법 제11조는 민사법원이 처분의 효력이 무효인 경우에는 선결적으로 심리·판단할 수 있다고 명문으로 규정하고 있다. 그러나 행정청의 행정행위가 취소사유에 불과한 경우와 형사법원이 선결적으로 판단하는 경우에는 명문의 규정이 존재하지 않고, 이론에 맡기고 있다.

② 행정소송법 제11조는 처분 등의 효력 유무에 대하여 규정을 두고 있지만, 국가배상의 전제가 되는 위법성 여부에 대하여는 규정을 두고 있지 않다. 따라서 이에 대해서도 명문의 규정이 존재하지 않기 때문에 문제가 된다.

2) 민사소송과 선결문제

행정행위가 민사사건의 선결문제로 되는 경우에도

① 행정행위의 효력을 부인하는 것이 선결문제인 경우, ② 행정행위의 위법여부가 선결문제인 경우의 두 가지가 있다.

(1) 행정행위의 효력유무가 선결문제인 경우(부당이득반환청구소송의 경우)

① 행정행위가 무효(부존재)인 경우

㉠ 행정행위가 무효인 경우에는 공정력이 발생하지 않으므로 처음부터 효력이 발생하지 않는다.

㉡ 민사법원(수소법원)은 행정행위가 무효이면 그 선결문제로서 무효를 확인할 수 있다는 것이 통설 및 판례의 입장이다. 따라서 민사법원은 당해 행정행위의 효력을 부인할 수가 있다(행정소송법 제11조 제1항).

---

186) 법원에 구성요건 효력이 미치는 것은 헌법상의 권력분립원리에서 나온다고 보고 있다(홍정선, 전게서, P. 358 참조).

② 행정행위가 취소사유인 경우

㉠ 행정행위가 취소사유에 불과하다면 일단 유효한 효력이 발생한다.

㉡ 행정행위의 하자가 취소사유인 단순위법인 경우에는 권한있는 기관에 의해 취소되기 전까지는 민사법원은 당해 행정행위의 효력을 부인할 수 없다(대판 2001.1.16, 98다58511).

[관련 판례]

★ 민사소송에 있어서 어느 행정처분의 당연무효여부가 선결문제로 되는 때에는 이를 판단하여 당연무효임을 전제로 판결할 수 있고, 반드시 행정소송 등에 의하여 그 취소나 무효확인을 받아야 하는 것은 아니다(대판 1972.10.10, 71다2279).

★ 본건 갑종근로소득세 부과처분은 무효인 만큼 위 부과처분의 무효여부가 민사소송상 선결문제로 된 때에는 민사소송에서 판단할 수 있다(대판 1971.5.24, 71다744).

★ 행정처분이 취소사유인 경우 민사소송에서 효력을 판단할 수 없음이 원칙이다[부당이득]

국세 등의 부과 및 징수처분 등과 같은 행정처분이 당연무효임을 전제로 하여 민사소송을 제기한 때에는 그 행정처분의 당연무효인지의 여부가 선결문제이므로, 법원은 이를 심사하여 그 행정처분의 하자가 중대하고 명백하여 당연무효라고 인정될 경우에는 이를 전제로 하여 판단할 수 있으나, 그 하자가 단순한 취소사유에 그칠 때에는 법원은 그 효력을 부인할 수 없다 할 것이다(대판 1973.7.10, 70다1439).

(2) 행정행위의 위법여부가 선결문제인 경우(손해배상청구소송에서의 위법성 문제)

① 학설

㉠ 적극설

수소법원인 민사법원이 직접 행정행위의 위법성 여부를 선결문제로 심리할 수 있다는 견해이다.

㉡ 소극설

법원을 포함한 모든 국가기관은 행정행위의 공정력에 의한 기속을 받으며, 민사법원은 행정행위의 취소권이 없으므로 그 위법성 여부를 스스로 심리할 수 없다는 견해이다.

② 판례

민사법원에서 행정행위의 위법성을 확인하는 것은 결코 행정행위의 효력자체를 상실시키는 것이 아니라 행정행위의 위법성을 확인하는데 그치는 것이다. 따라서 공정력(구성요건적 효력)에 반하는 것이 아니기 때문에, 민사법원은 행정행위의 위법을 확인할 수 있다(대판1972.4.28, 72다337).

[관련 판례]

★ 계고처분이 위법임을 이유로 배상을 청구하는 취지가 인정될 수 있는 사건(철거명령의 위법을 전제로 지방자치단체에 손해배상을 청구한 소송)에 있어, 미리 그 행정처분의 취소판결이 있어야만 그 위법임을 이유로

피고에게 배상을 청구할 수 있는 것은 아니다(대판 1972.4.28, 72다337). 판례는 미리 행정처분의 취소판결이 없어도 위법성을 판단하여 국가배상을 인정할 수 있다고 판시하고 있다.

3) 형사소송과 선결문제

형사소송의 경우에도 민사소송에서처럼 두 가지 측면에서 구분하여야 한다.

(1) 행정행위의 효력을 부인하는 것이 선결문제인 경우

형사소송에서도 민사소송과 동일한 논거에 입각하여 동일한 해결을 해야 한다는 것이 일반적인 견해이다.

① 행정행위가 무효인 경우

법원의 심리결과 당해 행정행위가 당연 무효인 경우에는 형사법원은 당해 행정행위의 효력을 부인할 수 있다. 즉, 행정행위의 하자를 스스로 심사하여 판단할 수 있다.187)

② 취소사유인 경우

당해 행정행위가 취소사유에 불과하다면 공정력(구성요건적 효력)이 발생하게 되므로 권한 있는 기관에 의하여 취소되기 전까지는 유효성이 추정되기 때문에 형사법원은 당해 행정행위의 효력을 부인할 수 없다(대판 1992.8.18, 90도1709).

[관련 판례]

★ 행정행위의 효력이 무효인 경우

소방시설 불량사항에 관한 시정보완명령을 받고도 따르지 아니하였다는 내용으로 기소된 경우 위 명령을 서면이 아닌 구술로 고지한 것은 행정절차법 제24조를 위반한 것으로 하자가 중대하고 명백하여 당연무효이므로 위 명령에 따른 의무위반에 행정형벌을 부과할 수 없다(대판 2011.10.11, 2011도11109). 판례는 행정행위의 효력이 무효인 경우 형사소송에서 판단이 가능하다고 판시하고 있다.

★ 행정행위효력이 취소인 경우

• 사위의 방법으로 연령을 속여 발급받은 운전면허는 비록 위법하다고 하더라도, 도로교통법 제65조 제3호의 허위 기타 부정한 수단으로 운전면허를 받은 경우에 해당함에 불과하여 취소되지 않는 한 그 효력이 있는 것이라 할 것이므로 그러한 운전면허에 의한 운전행위는 무면허운전이라 할 수 없다(대판 1982.6.8, 80도2646). 판례는 행정행위의 효력이 취소인 경우 형사소송에서 판단할 수 없다고 판시하고 있다.

• 물품을 수입하고자 하는 자가 일단 세관장에게 수입신고를 하여 그 면허를 받고 물품을 통과한 경우에는, 세관장의 수입면허가 중대하고도 명백한 하자가 있는 행정행위이어서 당연무효가 아닌 한 관세법 제181조 소정의 무면허수입죄가 성립될 수 없다(대판 1989.3.28, 89도149).

---

187) 박윤흔, 전게서, P.132. 예컨대, 위법사유있는 운전면허를 가진 자의 운전이 무면허운전에 관한 처벌법규의 적용을 받을 것인가라는 경우에, 행정행위가 무효인 경우에는 형사법원이 판단할 수 있다. 그러나 단순위법의 경우에는 공정력(구성요건적 효력) 때문에 형사법원은 그 운전면허의 효력내지 운전면허의 존재를 부인할 수 없다(김남진, 「행정법(Ⅰ)」, 법문사, 2000, P.309).

(2) 행정행위의 위법성을 확인하는 것이 선결문제인 경우

형사법원에서 행정행위의 위법성을 확인하는 것은 결코 형사법원이 행정행위 자체를 상실시키는 것이 아니라, 위법성을 확인하는데 그치는 것이다. 따라서 공정력(구성요건적 효력)에 반한다고 볼 수 없다는 것이 다수설 및 판례의 입장이다(대판 1992.8.18, 90도1709).[188]

Ⅴ. 존속력(확정력)

1. 존속력이라 함은 하자있는 행정행위라 할지라도 일정한 경우에는 행정행위에 취소될 수 없는 힘이 부여되는데, 이것을 존속력(확정력)이라 한다.

2. 존속력에는 불가쟁력과 불가변력이 있다.

1) 불가쟁력

(1) 의의

불가쟁력이라 함은 쟁송 기간을 경과하거나 쟁송수단을 모두 거친 때에는 행정행위의 상대방·기타 관계인이 행정행위의 효력을 더 이상 다툴 수 없게 하는 구속력을 말한다.

(2) 인정이유

불가쟁력은 행정법관계의 신속한 확정과 능률적인 행정목적 실현을 위해서 인정된다.

(3) 발생시기

쟁송수단이 인정되는 행정행위는 쟁송기간의 경과, 법적 구제수단의 포기, 판결을 통한 행정행위의 확정에 의하여 발생한다.

(4) 효과

① 불가쟁력이 발생한 행정행위에 대하여 쟁송이 제기되면 부적법한 것으로 각하된다.

② 불가쟁력이 발생하더라도 행정행위의 하자가 치유되는 것은 아니다. 즉, 행정소송을 제기할 수 없더라도 그 처분이 위법한 것은 틀림이 없으나, 더 이상 그 효력에 대하여 다툴 수 없다는 것을 의미한다.

③ 불가쟁력에 의한 구속력은 행정행위의 상대방 기타 이해관계인에 대한 구속력이며 처분청을 구속하는 효력은 아니다. 따라서 불가쟁력이 발생했더라도 불가변력이 발생하지 않는 한 행정청은 직권으로 취소·변경이 가능하다.

④ 불가쟁력이 생긴 행정처분에 대하여 국민은 행정청에 그 행정처분의 변경을 구할 신청권이 원칙적으로 부정된다(예외인정).

---

188) 대판 1992.8.18, 90도1709.

[관련 판례]

★ 제소기간이 이미 도과하여 불가쟁력이 생긴 행정처분에 대하여는 개별법규에서 그 변경을 요구할 신청권을 규정하고 있거나 관계법령의 해석상 그러한 신청권이 인정될 수 있는 등 특별한 사정이 없는 한 국민에게 그 행정처분의 변경을 구할 신청권이 있다고 할 수 없다(대판 2007.4.26, 2005두11104).

⑤ 불가쟁력이 발생한 경우에도 국가배상청구는 가능하다.

[관련 판례]

★ 쟁송기간을 도과한 과세처분에 대해서도 국가배상청구소송을 제기하여 정당한 세액의 초과범위를 반환받을 수 있다(대판 1979.4.10, 79다262).

(5) 한계

① 무효인 행정행위에 대하여는 제소기간의 제한을 받지 않으므로 불가쟁력이 발생하지 않는다.

② 법률·법규명령은 그 자체가 행정소송의 대상이 될 수 없으므로 불가쟁력이 적용되지 않는다. 다만 법규자체에 처분성이 인정되는 처분법규인 경우에는 불가쟁력이 적용된다.

③ 불가쟁력은 불복기간의 경과 등으로 확정되는 효력일 뿐, 판결과 같은 기판력이 발생하는 것은 아니다(대판 1993.4.13, 92누17181).

2) 불가변력

(1) 의의

행정행위 중에서 일정한 경우에는 처분청이나 감독청이라도 직권으로 자유로이 이를 취소·철회할 수 없게 되는 힘을 말한다.

(2) 근거

불가변력은 법령의 명문이 없는 경우에도 행정행위의 성질에 비추어 인정되는 효력이다. 예컨대 일정한 쟁송절차를 거쳐 행해지는 행정심판의 재결·소청심사위원회·국제심판소·토지수용위원회 등의 재결 등 확인행위에는 불가변력이 인정된다.

(3) 불가변력이 인정되는 행정행위

불가변력은 모든 행정행위에 공통된 효력이 아니라 일정한 행정행위의 경우에만 인정된다.

① 준사법적 행정행위

행정심판의 재결, 토지수용재결, 징계위원회의 징계의결, 소청심사위원회의 결정 등을 들 수 있다.

② 확인행위

국가시험합격자 결정, 당선인 결정, 교과서의 검·인정, 발명특허 등이 있다.

③ 수익적 행정행위

수익적 행정행위의 경우 불가변력이 발생한다는 견해가 있으나, 상대방의 신뢰보호를 위해 취소권·철회권이 제한된다는 견해가 다수설이다.

④ 판례는 과세처분에 관한 이의신청절차도 불복절차라는 점 등을 근거로 이의신청에 따른 직권취소에도 특별한 사정이 없는 한 번복할 수 없는 효력(불가변력)을 인정하고 있다(대판 2010.9.30, 2009두1020).[189)]

(4) 내용

① 행정청에 대한 효력

불가변력이 발생한 경우 행정청은 직권으로 취소할 수 없다. 다만, 상대방 등 이해관계인은 쟁송기간이 경과하지 않은 경우(불가쟁력이 발생하지 않는 한) 취소소송 등을 제기할 수 있다.

② 무효인 행정행위의 경우

무효인 행정행위의 경우에는 불가변력이 발생하지 않는다.

③ 불가변력에 위반된 행위의 효과(취소사유)

행정청이 불가변력에 위반된 행위를 한 경우에는 당연무효사유가 아니라 취소사유에 해당한다(대판 1965.4.22, 63누220).

④ 불가변력은 당해 행정행위의 경우에만 인정되고, 동종의 행정행위라 하더라도 그 대상이 다른 경우에는 인정되지 않는다는 것이 판례의 입장이다(대판 1974.12.10, 73누129).

3) 불가쟁력과 불가변력의 이동(異同)

구분		불가쟁력	불가변력
공통점		행정법관계의 안정을 도모하고 상대방 등의 신뢰를 보호한다.	
차이점	효력발생의 대상	상대방 및 이해관계인	행정주체(행정기관)
	인정범위	모든 행정행위	특수한 행정행위(준사법적 행정행위 등)
	인정이유	행정의 능률성(신속한 법률관계 확정)	법적 안정성
	효력	법령에서 제소기간 등을 규정함으로써 인정되는 쟁송법(절차법)상의 효력	행정행위의 성질에서 나오는 실체법상의 효력
	양자의 상호관계	① 불가쟁력과 불가변력은 서로 무관하다. ② 불가쟁력이 발생한 행정행위도 불가변력이 발생되지 않는 한 행정청이 취소 또는 변경할 수 있다. ③ 불가변력이 발생한 행정행위도 불가쟁력이 발생하지 않는 한 상대방은 쟁송을 제기하여 그 효력을 다툴 수 있다. ④ 무효인 행정행위는 불가쟁력과 불가변력이 발생하지 않는다.	

189) 박균성, 「행정법기본강의」, 박영사, 2016, p.56.

Ⅵ. 강제력

행정행위의 실효성을 확보하기 위하여 행정의사에 불복하는 자에게 행정법상의 제재나 행정법상의 강제집행을 할 수 있는 우월한 힘이 인정된다. 강제력에는 자력집행력과 제재력이 있다.

1. 자력집행력

1) 의의

(1) 행정행위에 따른 의무를 이행하지 않은 자에 대하여 행정청이 직접 실력을 행사하여 자력으로 그 의무의 이행을 실현시킬 수 있는 힘을 자력집행력이라 한다.

(2) 집행력은 성질상 의무부과적 행정행위 중에서도 대체가능한 작위의무와 급부의무를 과하는 하명행위에 대해서만 인정된다. 따라서 형성적·확인적 행위는 그 대상이 되지 않는다.

2) 근거

(1) 자력집행력이 인정되기 위하여는 법률의 근거가 있어야 한다는 것이 통설이다(법규설).

(2) 실정법상 근거로는 행정대집행법·국세징수법 등을 들 수 있다.

2. 제재력(행정벌)

1) 행정법상 부과된 의무위반에 대하여 행정벌(행정형벌 또는 행정질서벌)을 부과할 수 있는 효력을 말한다.

2) 근거

행정벌이 과하여지기 위하여는 명시적인 법률의 근거가 있어야 한다.

Ⅶ. 공권·공의무의 상대성

1. 행정법관계에서 행정주체가 개인에게 또는 개인이 행정주체에 대하여 갖는 권리·의무는 사법관계에서와는 달리 전체적 공익을 위하여 인정되는 것이므로, 권리가 동시에 의무라는 상대성을 갖는다.

2. 따라서 그 권리·의무는 이전·상속·포기가 제한되고, 국가의 특별한 보호와 강제가 행하여지는 특수성을 갖는다.

Ⅷ. 권리구제의 특수성

1. 행정쟁송

1) 행정권의 행사에 의해 국민의 권리가 침해되는 경우에는 행정사건의 특수성에 비추어 여러 가지 특례가 인정되고 있다.

2) 소송을 제기하기에 앞서 행정기관에 심판을 청구하는 행정심판제도와 행정소송법 등에 의한 행정사건의 재판 등 민사소송과는 다른 방법과 절차가 적용되고 있다.

2. 행정상 손해전보

행정작용으로 인해 손해를 받은 자에게는 행정상 손해배상 또는 손실보상을 하도록 국가배상제도가 인정되고 있다.

제 8 절 행정행위의 하자(흠)

Ⅰ. 개 설

1. 하자(瑕疵)의 의의

1) 행정행위가 그 성립요건과 효력발생요건을 결여하여 적법·유효하게 성립하지 못한 경우를 하자(흠)있는 행정행위라 한다.

2) 행정행위의 하자는 내용면에서는 위법행위와 부당한 행위로 나뉜다.

(1) 위법이라 함은 법(성문법령 및 불문법원리)의 위반을 의미하며, 부당이라 함은 법을 위반함이 없이 공익 또는 합목적성 판단을 잘못한 것을 말한다. 즉 부당한 행정행위란 행정기관이 재량권의 한계를 넘지 않는 한계 내에서 재량권의 행사를 그르친 행정행위를 의미한다.

(2) 위법한 행정행위는 행정심판·행정청의 직권에 의한 취소, 법원에 의해서도 취소될 수 있다. 그러나 부당한 행정행위는 행정심판이나 직권에 의해 취소될 수 있을 뿐, 법원에 의해 취소될 수는 없다.

3) 오기·오산 등의 명백한 사실의 착오(행정행위의 하자가 아닌 것)

(1) 단순히 잘못된 기록(誤記)과 잘못된 계산(誤算)같은 명백한 잘못들, (2) 기타 행정행위의 표현상 명백한 오류 등을 들 수 있다.

(2) 이들에 대해서는 특별한 법령상 규정이나 형식·절차 없이도 당사자의 신청이나 직권으로 언제나 정정할 수 있다(행정절차법 제25조). 따라서 행정행위의 하자로 보지 않는다.

2. 하자의 태양(態樣)

학설과 판례는 하자있는 행정행위의 법적효과를 행정행위의 부존재, 무효인 행정행위, 취소할 수 있는 행정행위의 3가지로 구분하고 있다.

1) 행정행위의 부존재(不存在)

(1) 의의

행정행위의 부존재란 행정행위라고 볼 수 있는 외형상의 존재 자체가 없는 경우를 말한다.

(2) 부존재 사유

① 행정기관이 아닌 명백한 사인(私人)의 행위, ② 행정권의 발동으로 볼 수 없는 권유·주의·희망표시 등의 행위, ③ 행정기관 내부의 의사결정이 있었을 뿐 아직 외부에 표시되지 않은 경우[190], ④ 취소·철회·실효 등으로 소멸한 경우 등이 있다.

(3) 행정행위의 부존재와 무효의 구별

행정행위의 무효와 부존재는 개념상 구분된다.

① 행정행위의 무효는 행정행위의 외관은 존재하지만, 행정행위가 애초부터 효력이 없는 경우를 말한다.

② 행정행위 부존재라 함은 행정행위라고 볼 수 있는 외관이 존재하지 않는 경우를 말한다.

③ 구별의 실익

㉠ 현행 행정심판법과 행정소송법은 행정행위의 부존재와 관련하여 행정행위부존재확인심판및행정행위부존재확인소송을 명문으로 규정하고 있고, 무효인 경우에도 부존재와 마찬가지로 무효등확인심판 및 무효등확인소송을 동일하게 규율하고 있다.

㉡ 실체법적 측면에서도 부존재인 행정행위나 무효인 행정행위는 다같이 실체법상 법적효력이 발생하지 않는다. 따라서 양자의 구별의 실익은 그리 크지 않다.

2) 무효인 행정행위

무효인 행정행위는 외관상 행정행위로서 존재함에도 불구하고 그 하자가 중대하고 명백하여, 권한 있는 기관의 취소를 기다릴 것도 없이 처음부터 당연히 법률효과가 발생하지 않는 것을 말한다.

---

190) 예컨대, Ⓐ구청의 총무과 직원이 기안한 문서가 총무과장과 구청장의 결재도 거치지 않고 갑이라는 사람에게 우편으로 송달되었다고 한다면, Ⓐ구청의 총무과 직원이 한 행위는 Ⓐ구청 내부에서의 의사결정과정에 있는 행위일 뿐, Ⓐ구청장의 의사결정으로서의 행위라고 볼 수 없다.

3) 취소할 수 있는 행정행위

취소할 수 있는 행정행위는 그 성립에 중대하고 명백한 하자 이외의 하자가 있음을 이유로 권한 있는 기관(처분청 등)에 의하여 취소됨으로써, 비로소 그 효력을 상실하게 되는 행정행위를 말한다.

4) 행정행위의 하자유무 판단시점

(1) 행정행위가 적법한 것인지 또는 위법한 것인지의 여부를 판단하는 기준시점은 행정행위가 발령되는 시점이다.

(2) 판례는 행정소송에서 행정처분의 위법여부는 행정처분이 있을 때의 법령과 사실상태를 기준으로 하여 판단하여야 하고, 처분 후 법령의 개폐나 사실상의 변동에 의하여 영향을 받지는 않는다고 판시하고 있다(대판 2002.7.9, 2001두10684).

[관련 판례]

★ 행정처분의 위법여부를 판단하는 기준 시점에 대하여 판결시가 아니라 처분시라고 하는 의미는 행정처분이 있을 때의 법령과 사실상태를 기준으로 하여 위법 여부를 판단할 것이며 처분 후 법령의 개폐나 사실상태 등의 변동에 영향을 받지 않는다는 뜻이지 처분 당시 존재하였던 자료나 행정청에 제출되었던 자료만으로 위법 여부를 판단한다는 의미는 아니므로...(대판 1995.11.10, 95누8461).

5) 처분시 적용법령

(1) 행정처분의 신청시와 처분시 사이에 법령이 변경된 경우 어느 법령을 적용할 것인가가 문제시된다.

(2) 판례는 원칙상 처분시의 법령을 적용하여야 한다고 판시하고 있다(대판 2009.2.12, 2005다65500).

Ⅱ. 무효인 행정행위와 취소할 수 있는 행정행위의 구별

1. 무효와 취소의 구별기준

무효인 행정행위와 취소할 수 있는 행정행위는 효력 및 쟁송수단 등에서 차이가 있기 때문에, 그에 대한 구별기준을 찾아 볼 필요가 있다.

1) 학설

(1) 행정행위의 무효와 취소를 구별하는 기준으로 여러 견해가 있으나, 전통적 견해와 판례는 「중대명백설」을 취한다.

(2) 중대명백설이란 행정행위의 하자가 중대한 법규위반이고, 그것이 외관상 명백한 것인 때에는 무효가 된다는 견해이다.

2) 판례

(1) 판례 또한 중대명백설에 입각하고 있다. 대법원은 중대 · 명백성의 판단기준과 관련하여, "행정법규의 종류 · 목적 · 성질 · 기능 외에 그 위반의 정도도 종합적으로 고려되어야 하며, 또한 하자의 명백성은 법률전문가가 아닌 정상적인 인식 능력을 가진 통상인이면 누구나 같은 결론에 도달할 정도로 명백해야 한다"고 판시하고 있다(대판 1985.9.24, 85다326).

2. 무효와 취소의 구별실익

무효인 행정행위와 취소할 수 있는 행정행위를 구별하는 실익은 아래와 같다.

1) 행정행위의 효력

(1) 무효인 행정행위는 처음부터 행정행위로서 아무런 효력을 발생하지 않는다. 무효인 행정행위에는 공정력 · 불가쟁력이 인정되지 않는다.

(2) 취소할 수 있는 행정행위는 권한 있는 기관에 의해 취소되기 전까지는 유효하다.

2) 행정쟁송에 있어서의 구별실익

(1) 쟁송방법

① 취소할 수 있는 행정행위는 행정청이 직권으로 취소하지 아니하는 한, 취소심판 · 취소소송에 의해 취소를 구할 수 있다.

② 무효인 행정행위에 대하여는 무효등확인심판 또는 무효등확인소송에 의해 무효확인을 구할 수 있다.

(2) 선결문제 판단권

① 민 · 형사소송에서 취소할 수 있는 행정행위가 선결문제로 된 경우, 선결문제로서 행정행위의 효력을 부인하는 것이 필요한 때에는 민사법원이나 형사법원은 이에 대한 선결문제 판단권이 없다.

② 민사소송이나 형사소송에서 무효인 행정행위가 선결문제로 된 경우, 민사법원이나 형사법원은 이에 대한 선결문제 판단권이 있다.

(3) 행정심판전치주의와의 관계

행정심판전치주의는 취소소송(무효선언을 구하는 취소소송포함)에는 적용되지만, 무효확인소송에는 적용되지 않는다.

(4) 사정재결(행정심판) · 사정판결(행정소송)

취소할 수 있는 행정행위에 대하여만 사정재결 · 사정판결이 인정된다. 그러나 행정행위가 무효인 경우에는 사정판결제도는 적용되지 않는다.[191]

---

191) 행정소송법상 사정판결은 취소소송에 있어서만 허용될 뿐 무효등확인소송이나 부작위위법확인소송에는 준용되지 않는다.

(5) 쟁송기간

① 취소할 수 있는 행정행위는 반드시 일정한 기간 내에 다투어야 한다. 그 기간을 경과하게 되면 불가쟁력이 발생한다.

② 무효인 행정행위 중에서도 무효선언을 구하는 취소쟁송이 제기된 경우에는 취소소송의 제기요건을 갖추어야 한다(대판 1993.3.12, 92누11039). 그러나 이를 제외한 무효인 행정행위에 대하여는 언제든지 행정심판이나 행정소송을 제기할 수 있다.

(6) 간접강제와의 관계

현행 행정소송법상 「거부처분」의 취소판결에는 간접강제가 인정되지만, 거부처분에 대한 무효확인판결에 대하여는 간접강제가 인정되지 않는다.

(7) 하자의 치유와 전환

하자의 치유는 원칙적으로 취소할 수 있는 행정행위에만 인정되고, 하자의 전환은 무효인 행정행위에만 인정된다는 것이 통설이다.

(8) 공정력 기타 효력의 유무

공정력 · 확정력은 일응 유효하게 취소할 수 있는 행정행위에만 인정되고, 무효인 행정행위에는 인정되지 않는다.

(9) 불가쟁력

취소할 수 있는 행정행위는 쟁송제기기간의 제한으로 불가쟁력이 발생한다. 반면 무효인 행정행위는 행정쟁송에 있어서 제소기간의 제한을 받지 아니하므로, 불가쟁력이 발생하지 않는다.

(10) 국가배상과 무효 · 취소와의 상관성

국가배상(위법성)은 공무원의 위법 · 유책한 행위에 대한 손해배상을 청구하는 것이므로, 행정처분의 무효와 취소와는 관련성이 없다. 따라서 국가배상(행정상 손해배상)은 무효 · 취소와의 구별실익과는 무관하다.

3. 위헌법률에 근거한 행정처분의 효력

1) 문제의 소재

(1) 법률이 위헌으로 결정된 후 그 법률에 근거하여 행해진 행정처분은 하자가 중대하고 명백하여 당연무효가 된다(헌법재판소법 제47조 제2항).

(2) 문제는 ① 행정처분이 있은 후 그 처분이 근거된 법률이 위헌으로 결정되는 경우, 그 처분이 하자있는 행위임은 분명하지만 그 하자가 무효사유인지 아니면 취소사유인지의 여부와, ② 헌법재판소의 위헌결정 후 위헌법률이 소급효의 범위문제이다.

2) 위헌법률에 근거한 행정처분의 효력

(1) 대법원

① 헌법재판소의 위헌결정 전에 행정처분의 근거되는 당해 법률이 헌법에 위반된다는 사유는 특별한 사정이 없는 한 그 행정처분의 전제가 될 수 있을 뿐 당연무효 사유는 아니다(대판 1994.10.28, 92누9463; 대판 2002.11.8, 2001두3181).

② 어느 행정처분에 대하여 그 행정처분의 근거가 된 법률이 위헌이라는 이유로 무효확인청구의 소가 제기된 경우에는 다른 특별한 사정이 없는 한 법원으로서는 그 법률이 위헌인지 여부에 대하여는 판단할 필요없이 그 무효확인청구를 기각하여야 한다(대판 1994.10.28, 92누9463).

(2) 헌법재판소

① 행정처분의 집행이 이미 종료되었고 그것이 번복될 경우 법적 안정성을 크게 해치게 되는 경우에는 후에 행정처분의 근거가 된 법규가 헌법재판소에서 위헌으로 선고된다고 하더라도 그 행정처분이 당연무효가 되지 않는다. 즉 취소사유가 되는 것이 원칙이라는 입장이다(대판 1994.6.30, 92헌바23).

② 위헌결정에 따른 위헌 법령에 근거한 행정처분이 무효라 하더라도 법적 안정성을 크게 해치지 않는 반면에 그 하자가 중대하지만 그 구제가 필요한 경우에 대하여는 그 예외를 인정하여 이를 당연무효사유로 보아서 쟁송기간 경과 후에라도 무효확인을 구할 수 있는 것이라고 보아야 할 것이다(헌재결 1994.6.30, 92헌바23). 따라서 헌법재판소는 법적 안정성을 해치지 않는 경우에는 예외적으로 무효를 인정하고 있다.

3) 위헌법령에 근거한 행정처분의 집행력

대법원은 이 경우 일괄적으로 무효사유로 보고 있다.

(1) 위헌결정 이후에 당초의 압류를 해제하고 다른 재산에 대하여 대체 압류를 한 경우, 그 압류는 당초의 압류처분과는 별도인 새로운 처분으로서 법률의 근거없이 행하여진 당연무효의 처분이다(대판 2002.6.28, 2001두1925).

(2) 위헌결정 이후에 별도의 행정처분으로서 다른 재산에 대한 압류처분, 징수처분 등 체납처분절차를 진행하였다면 이는 근거되는 법률이 없는 것이어서 그 하자가 중대하고 명백하여 당연무효이다(대판 2002.6.28, 2001다60873).

(3) 과세처분 이후 조세 부과의 근거가 되었던 법률규정에 대하여 위헌결정이 내려진 경우, 그 조세채권의 집행을 위한 체납처분은 당연무효이다(대판 2012.2.16, 2010두10907).

4) 위헌결정과 소급효

(1) 문제의 소재

헌법재판소의 법률에 대한 위헌결정은 형벌에 관한 규정을 제외하고 장래적으로 효력이 소멸된다. 그러나 형벌에 관한 규정이 아닌 경우에도 소급효를 인정하여 소급효를 확장하고 있는 것이 대법원과 헌법재판소의 입장이다.

(2) 형벌이 아닌 일반 법령에 대한 소급효인정범위

① 헌법재판소

헌법재판소의 위헌결정의 효력은 ㉠ 위헌제청을 한 당해사건, ㉡ 위헌결정이 있기 전에 이와 동종의 위헌여부에 관하여 헌법재판소에 위헌제청을 하였거나 법원에 위헌제청신청을 한 경우의 당해사건, ㉢ 따로 위헌제청신청을 아니하였지만 당해 법률 또는 법률의 조항이 재판의 전제가 되어 법원에 계속 중인 사건(병행사건)에 대해서는 소급효를 인정하고 있다(헌재결 1993.5.13, 92헌가10, 91헌바7, 92헌바2450). 다만 헌법재판소는 대법원과 달리 위헌결정 이후에 같은 이유로 제소된 일반사건에 대해서는 소급효를 인정하지 않고 있다.

② 대법원

대법원은 위헌결정 이후 제소된 일반사건에도 원칙적으로 소급적용을 인정하고 있으나, 예외적으로 소급적용을 제한하고 있는 경우도 있다.

㉠ 소급효 인정

㉮ 헌법재판소 위헌결정의 효력은 위헌제청을 한 당해사건, ㉯ 위헌결정이 있기 전에 이와 동종의 위헌 여부에 관하여 헌법재판소에 위헌여부심판제청을 하였거나 법원에 위헌여부심판제청신청을 한 경우의 당해 사건과, ㉰ 따로 위헌신청은 아니하였지만 당해 법률 또는 법률의 조항이 재판의 전제가 되어 법원에 계속 중인 사건뿐만 아니라 ㉱ 위헌결정 이후에 위와 같은 이유로 제소된 일반사건에도 미친다(대판 1993.1.15, 91누5747).

㉡ 소급적용이 제한된 사례

금고 이상의 형의 선고유예를 받은 경우에 공무원직에서 당연히 퇴직하는 것으로 규정한 구 지방공무원법 제61조 중 제5호 부분에 대한 헌법재판소의 위헌결정의 소급효를 인정할 경우 그로 인하여 보호되는 퇴직공무원의 권리구제라는 구체적 타당성 등의 요청에 비하여 종래의 법령에 의하여 형성된 공무원의 신분관계에 관한 법적 안정성과 신뢰보호의 요청이 현저하게 우월하므로, 위 위헌결정 이후 제소된 일반사건에 대하여 위 위헌결정의 소급효가 제한된다(대판 2005.11.10, 2005두5628).

(3) 위헌법률에 근거한 행정처분의 효력과의 관계

① 위헌인 법률에 근거한 행정처분이 당연무효인지의 여부는 위헌결정의 소급효와는 별개의 문제이다. 따라서 위헌결정의 소급효가 인정된다고 하여 위헌인 법률에 근거한 행정처분이 당연무효가 된다고 할 수 없다.

② 오히려 이미 취소소송의 제기기간을 경과하여 확정력(불가쟁력)이 발생한 행정처분에는 위헌결정의 소급효가 미치지 않는다고 보아야 한다(대판 1994.10.28, 92누9463).

Ⅲ. 하자있는 행정행위의 치유(治癒)와 전환(轉換)

* 행시 29회, 47회

1. 개설

1) 의의

행정행위의 성립에 하자가 있는 경우에는 그 하자의 정도에 따라 무효 또는 취소할 수 있음이 원칙이다. 그러나 행정행위의 성립당시에 하자가 있었음에도 불구하고 그 효력을 유지하려는 법리가 바로 하자의 치유와 전환이다.

2) 근거

하자있는 행정행위의 치유나 전환에 대한 실정법적 근거규정은 없다. 그러나 이에 대한 이론적 근거로서 일반적으로 공공복리의 실현, 당사자의 법적 안정성보장 등이 제시되고 있다.

[관련 판례]

★ 하자의 치유와 전환은 원칙적으로 불허하나 예외적으로 허용한다

하자있는 행정행위의 치유나 전환은 행정행위의 성질이나 법치주의의 관점에서 볼 때 원칙적으로 허용될 수 없는 것이지만, 행정행위의 무용한 반복을 피하고 당사자의 법적 안정성을 위해, 하자있는 행정행위의 치유나 전환을 사용하는 때에도 국민의 권리와 이익을 침해하지 않은 범위에서 구체적 사정에 따라 합목적적으로 인정해야 된다 할 것이다(대판 1983.7.26, 82누420).

★ 주택재개발정비사업조합 설립추진위원회가 주택재개발정비사업조합 설립인가처분의 취소소송에 대한 1심 판결 이후 정비구역 내 토지 등 소유자의 4분의3을 초과하는 조합설립동의서를 새로 받았다고 하더라도, 위 설립인가처분의 하자가 치유된다고 볼 수 없다(대판 2010.8.26, 2010두2579).

2. 하자의 치유

1) 의의

하자의 치유라 함은 취소할 수 있는 행정행위가 일정한 사유가 있는 경우, 그 하자에도 불구하고 '하자없는 유효한 행정행위'로 되어 행정행위의 효력을 다툴 수 없게 되는 것을 말한다. 즉, 하자의 치유로서 행정행위는 완전하게 적법·유효한 행위가 된다.

2) 하자의 치유사유

(1) 하자있는 요건의 사후보완

예컨대, 요식행위의 형식의 보완, 무권대리의 사후추인, 필요한 이유의 사후제시, 협력절차결여시의 추인 등이 있다.

(2) 치유

① 하자의 치유가 주로 인정되는 것은 절차와 형식의 하자의 경우이다.

② 행정처분의 내용상의 하자에 대해서는 치유를 인정하지 않는 것이 다수설과 판례의 입장이다(대판 1991.5.28. 90누1359).

[관련 판례]

★ 노선 여객자동차 운송사업의 사업계획변경인계처분에 관한 하자가 행정처분의 내용에 관한 것이고 새로운 노선면허가 소 제기 이후에 이루어진 사정 등에 비추어 하자의 사후적 치유는 인정되지 않는다(대판 1991.5.28, 90누1359).

3) 적용범위

(1) 전통적인 견해와 판례는 행정행위의 하자의 치유는 취소할 수 있는 행정행위에만 인정한다.

(2) 무효인 행정행위에 대한 치유 여부

무효인 행정행위에 치유를 인정하는 것은 오히려 법치주의에 반한다는 이유를 이를 부정하는 것이 다수설과 판례의 입장이다.

[관련 판례]

★ 당연 무효인 징계처분의 하자가 피징계자의 용인으로 치유되는지 여부

징계처분이 중대하고 명백한 하자 때문에 당연 무효의 것이라면 징계처분을 받은 자가 이를 용인하였다 하여 그 하자가 치유되는 것은 아니다(대판 1989.12.12, 88누8869).

★ 당연무효인 국가공무원 임용행위의 치유여부

원고가 국가공무원으로 임용된 뒤 명예퇴직하였으나 임용전에 당시 국가공무원법상의 임용결격사유가 있었으면 국가가 과실에 의하여 이를 밝혀내지 못하였다고 하더라도 그 임용행위는 당연무효이고 그 하자가 치유되는 것은 아니어서 퇴직급여청구신청을 반려하는 처분은 적법하다(대판 1996.4.12. 95누18857).

★ 토지등급결정내용의 개별통지가 있다고 볼 수 없어 토지등급결정이 무효인 이상, 토지소유자가 그 결정 이전이나 이후에 토지등급결정내용을 알았다거나 또는 그 결정 이후 매년 정기 등급수정의 결과가 토지소유자 등의 열람에 공하여졌다 하더라도 개별통지의 하자가 치유되는 것은 아니다(대판 1997.5.28, 96누5308).

★ 환지변경처분 후에 이의를 유보함이 없이 변경처분에 따른 청산금을 교부받았다 하더라도 그 사정만으로 무효인 행정처분의 흠이 치유된다고 볼 수 없고 소권을 포기 또는 부제소합의를 하였다고 인정할 수 없다(대판 1992.11.10, 91누8227).

4) 치유의 효과

치유의 효과는 소급적이다.

하자있는 행정행위가 치유요건이 충족된 경우에는 하자없는 유효한 행정행위(적법행위)로

서 본래의 효력이 발생한다.

5) 하자의 치유의 시간적 한계

(1) 하자의 치유는 행정쟁송제기 전까지 가능하다는 견해가 지배적인 견해이다. 따라서 행정소송 도중에는 치유될 수 없다.

(2) 판례는 구체적으로 정확한 시기를 밝히고 있지는 않으나, 치유를 허용하려면 적어도 처분에 대한 불복 여부의 결정 및 불복신청에 편의를 줄 수 있는 상당한 기간 내에 하여야 한다고 판시하고 있다(대판 1983.7.26, 82누420).

[관련 판례]

★ 과세관청이 취소소송의 계속 중에 납세고지서의 세액산출근거를 밝히는 보정통지를 하였다하여 그 위법성이 이로써 치유된다 할 수 없다(대판 1988.2.9, 83누404).

★ 납세의무자가 사실상 과세표준과 세액 등을 알고 쟁송에 이르렀다 하여 통지사항의 일부를 결여한 부과처분의 하자가 치유되지는 않는다(대판 1984.3.13, 83누686).

★ 세액산출근거가 기재되지 아니한 납세고지서에 의한 부과처분은 강행법규에 위반하여 취소대상이 된다 할 것이므로 부과된 세금을 자진 납부하였다고 하더라도 위법성은 치유되는 것이라고는 할 수 없다(대판 1985.4.9, 84누431).

★ 납세고지서의 기재사항 일부 등이 누락된 경우라도 앞서 보낸 과세예고통지서 등에 필요적 기재사항이 제대로 기재된 경우, 그 하자는 치유 가능하다(대판 2001.3.27, 99두8039).

6) 하자의 치유사유에 해당하지 않는 경우

(1) 불가쟁력

불가쟁력은 불복기간의 경과로 인하여 행정행위의 효력을 다툴 수 없을 뿐이지 하자가 치유되는 것은 아니다.

(2) 공정력은 하자있는 행정행위를 일응 유효로 추정하는 것이지 그 하자를 완전 유효하게 하는 것은 아니다(대판 2001.6.26, 99두11592).

3. 하자있는 행정행위의 전환

1) 의의

하자있는 행정행위의 전환이란 원래 행정청이 의도했던 행정행위로서는 무효이나, 다른 행정행위로서 성립·효력요건을 갖추고 있는 경우에는 행정청의 의도에 반하지 않는 한 유효한 다른 행정행위로 전환하는 것을 말한다.

2) 취지

하자의 전환은 하자의 치유와 마찬가지로 국민의 법적 안정성과 신뢰보호, 그리고 행정행위의 불필요한 반복회피 등을 방지하기 위한 것이다.

3) 전환의 구체적인 예

(1) 사자(사망자)에 대한 조세부과 · 귀속재산불하 · 광업허가 등을 상속인에게 인정하는 경우

(2) 토지수용절차에서 재결신청인이 사망한 경우

(3) 과오납세액을 다른 조세채무에 충당한 행위가 무효인 경우 환급행위로 전환한 경우 등을 들 수 있다.

4) 전환의 요건

하자있는 행정행위의 전환이 인정되기 위하여는 다음과 같은 엄격한 요건을 갖추어야 한다.

(1) 하자있는 행정행위와 전환하려고하는 다른 행정행위와의 사이에 요건 · 목적 · 효과에 있어 실질적 공통성이 있고,

(2) 전환되는 행정행위의 성립 · 발효요건 · 적법요건을 갖추고 있어야 하고,

(3) 하자있는 행정행위를 한 행정청의 의도에 반하는 것이 아니어야 하고,

(4) 당사자가 그 전환을 의욕하는 것으로 인정되어야 하며,

(5) 제3자의 이익을 침해하지 아니하는 경우라야 한다.

5) 적용영역

(1) 무효인 행정행위에 대해서만 인정하고 있는 것이 전통적 견해와 판례의 입장이다.

(2) 최근에는 취소할 수 있는 행정행위에도 전환을 인정하려는 견해(다수설)와 부정하는 견해가 대립하고 있다.

[관련 판례]

★ 무효인 행정행위에 대해서만 하자전환 인정

사망자에 대한 행정처분은 무효이고 그 무효인 행정처분이 상속인에게 송달되었다 하여도 그 무효인 행정처분이 유효가 될 수는 없다. 그러나 그 취소처분을 상속인들에게 송달한 때에는 그 송달시에 망인의 상속인에 대하여 다시 그 불하처분을 취소한다는 새로운 행정처분을 한 것이라 할 것이다(대판 1969.1.21, 68누190).

6) 전환의 효과

(1) 소급효

무효행위의 전환의 효과는 소급하여 효력이 발생한다.

(2) 통설에 의하면 전환된 행정행위는 새로운 행정행위이므로, 상대방은 전환된 행정행위에 대하여 행정쟁송을 제기하여 다툴 수 있다.

Ⅳ. 행정행위 하자의 승계

1. 의의

하자의 승계라 함은 두 개 이상의 행정행위가 연속적으로 행하여지는 경우에 선행행위(先行行爲)에 하자가 있으면, 후행행위에 하자가 없더라도 선행행위의 하자가 후행행위에 승계되는 경우를 말한다.

2. 하자승계의 전제조건

하자의 승계가 인정되기 위하여는 우선 다음의 전제조건을 충족하여야 한다.

(1) 하자의 승계문제가 논의되기 위해서는 반드시 두 개의 행위가 있어야 한다. 앞의 행위를 선행행위라 하고 뒤의 행위를 후행행위라 한다.

(2) 선행 행정행위에는 하자가 있어야 하고, 후행 행정행위는 적법하여야 한다. 왜냐하면 선행행위가 적법하거나 후행행위가 위법하다면 하자의 승계라는 논의 자체가 필요하지 않기 때문이다.

[관련 판례]

★ 계고처분의 후속절차인 대집행에 위법이 있다고 하더라도, 그와 같은 후속절차에 위법성이 있다는 점을 들어 선행절차인 계고처분이 부적법하다는 사유로 삼을 수는 없다(대판 1997.2.14, 96누15428).

(3) 선행행위에는 무효사유가 아닌 취소사유에 해당하는 하자가 존재하여야 한다. 선행행위에 무효사유의 하자가 존재하면 무효인 하자는 후행행위에 언제나 승계되어 후행처분은 무효가 된다는 것이 판례의 입장이다. 따라서 선행행위에 취소할 수 있는 위법이 있어야 한다.

(4) 선행행위에 대한 불가쟁력이 발생하여야 한다. 왜냐하면 선행행위에 대한 취소기간이 지나지 않은 경우에는 선행행위를 다투어 권리구제를 받을 수 있기 때문이다.

3. 하자승계의 인정기준 및 인정범위

1) 원칙

하자의 승계의 인정범위는 행정법 관계의 안정성·행정의 실효성의 보장이라는 요청과 국민의 권리구제의 요청을 조화하는 선에서 결정되어야 한다.

(1) 학설

① 선행행위와 후행행위가 결합하여 하나의 효과를 발생하는 경우는 하자의 승계가 인정된다.

② 그러나 선행행위와 후행행위가 서로 별개의 독립된 법률효과를 목적으로 하는 경우에는 하자가 승계되지 않는다는 것이 통설적 견해이다.

(2) 판례

① 판례가 하자의 승계를 인정한 사례(선행행위와 후행행위가 서로 결합되어 1개의 법률효과를 목적으로 하는 경우)

㉠ 행정집행절차상 계고처분과 대집행영장발부통보처분, 기준시가고시처분과 토지수용처분, 분묘개장명령과 후행계고처분, 조세체납처분에 있어서의 독촉·압류·매각·충당의 각행위, 안경사 시험합격처분과 안경사면허취소처분 등이 있다.

㉡ 선행행정행위와 후행행정행위 간에 각각 독립한 행위임에도 하자의 승계를 긍정한 구체적인 예

개별공시지가결과 과세처분, 표준지공시지가결정과 수용재결, 친일반민족행위진상규명위원회 최종발표와 적용배제자 결정은 서로 독립하여 별개의 법적 효과를 목적으로 하고 있는 경우임에도, 하자의 승계를 예외적으로 긍정하고 있다.

[관련 판례]

★ 개별공시지가결정과 과세처분(양도소득세) 간에는 서로 독립하여 별개의 효과를 목적으로 하지만 수인한도를 넘는 경우에는 양자 간에 하자가 승계된다(대판 1994.1.25, 93누8542).

★ 수용보상금의 증액(수용재결)을 구하는 소송에서 선행처분으로서 그 수용대상토지 가격산정의 기초가 된 비교표준지공시지가결정의 위법을 독립한 사유로 주장할 수 있다(대판 2008.8.21, 2007두13845).

★ 개별공시지가와 과세처분 간에도 수인한도와 예측가능성을 침해하지 않는 경우에는(통지되어 알게 됨) 승계되지 않는다(대판 1998.3.13, 96누6059).

★ 갑을 친일반민족행위자로 결정한 친일반민족행위진상규명위원회의 최종발표(선행처분)에 따라 지방보훈지청장이 독립유공자 예우에 관한 법률 적용 대상자로 보상금 등의 예우를 받던 갑의 유가족 을 등에 대하여 독립유공자 예우에 관한 법률 적용배제자 결정(후행처분)을 한 사안에서, 선행처분의 후행처분에 대한 구속력을 인정할 수 없어 선행처분의 위법을 이유로 후행처분의 효력을 다툴 수 있다(대판 2013.3.14, 2012두6964).

② 판례가 하자의 승계를 부정한 사례

건물철거명령과 대집행계고처분[192], 토지수용의 사업인정과 토지수용위원회의 수용재결처분, 보충역편입처분과 공익근무요원소집처분, 도시계획 결정과 수용재결, 택지개발계획의 승인과 수용재결처분, 과세처분과 체납처분, 경찰관직위해제처분과 면직처분(대판 1984.9.1, 84누191) 등이 있다.

192) 선행행위나 후행행위가 독립하여 별개의 법적효과를 발생하는 경우에는 하자가 승계되지 않으므로, 건물철거명령과 대집행행위 사이에는 하자가 승계되지 않는다.

[관련 판례]

★ 대집행의 계고, 대집행영장에 의한 통지, 대집행의 실행, 대집행에 요한 비용의 납부명령 등은 타인이 대신하여 행할 수 있는 행정의무의 이행을 의무자의 비용부담 하에 확보하고자 하는 동일한 행정목적을 달성하기 위하여 단계적인 일련의 절차로 연속하여 행하여지는 것으로서, 서로 결합하여 하나의 법률효과를 발생시키는 것이므로, 선행처분인 계고처분이 하자가 있는 위법한 처분이라면, 비록 그 하자가 중대하고도 명백한 것이 아니어서 당연무효의 처분이라고 볼 수 없고 행정소송으로 효력이 다투어지지도 아니하여 이미 불가쟁력이 생겼으며, 후행처분인 대집행영장발부통보처분 자체에는 아무런 하자가 없다고 하더라도 후행처분인 대집행영장발부통보처분의 취소를 청구하는 소송에서 청구원인으로 선행처분인 계고처분이 위법한 것이기 때문에, 그 계고처분을 전제로 행하여진 대집행영장발부통보처분도 위법한 것이라는 주장을 할 수 있다(대판 1996.2.9, 95누12507).

★ **직위해제처분과 면직처분은 별개의 법률효과를 발생하는 행정처분**

구 「경찰공무원법」제50조 제1항에 의한 직위해제처분과 같은 조 제3항에 의한 면직처분은 후자가 전자의 처분을 전제로 한 것이기는 하나, 각각 단계적으로 별개의 법률효과를 발생하는 행정처분이어서 선행 직위해제처분의 위법사유가 면직처분에는 승계되지 아니한다 할 것이므로 선행된 직위해제처분의 위법사유를 들어 면직처분의 효력을 다툴 수는 없다 할 것이다(대판 1984.9.11, 84누191).

제 9 절 행정행위의 무효

* 행시 20회, 24회
* 사시 1회

Ⅰ. 개 설

1. 의의

행정행위의 무효라 함은 외형상 행정행위로서 존재하고 있음에도 불구하고 그 하자가 중대하고 명백하여 처음부터 당연히 그 법률적 효과가 전혀 발생하지 않는 행정행위를 말한다.

2. 구별

무효인 행정행위는 행위의 외관이 존재한다는 점에서 부존재와 구별되며, 일단 유효하게 성립하였다가 일정한 사유의 발생으로 효력이 소멸되는 실효와도 구별된다.

Ⅱ. 무효와 취소의 구별

1. 양자의 구별에 관하여 통설 판례는 중대명백설이다. 무효는 중대하고 명백한 법규위반으로 처음부터 행정행위로서 효력이 발생치 않는다.

2. 취소는 하자는 있지만 권한있는 기관에 의하여 취소될 때까지는 효력을 발생하는 행정행위의 취소와 구별된다.

Ⅲ. 행정행위의 무효원인

통설·판례에 의하면 행정행위의 무효원인은 원칙적으로 당해 행정행위가 지닌 중대하고 명백한 하자이다.

1. 주체에 관한 하자

1) 정당한 권한을 가진 행정기관이 아닌 자의 행위(예컨대, 공무원 결격사유에 해당하는 자의 행위, 임기만료되거나 면직된 자의 행위, 대리권이 없거나 권한의 위임을 받지 아니한 자의 행위 등)

2) 행정기관의 권한 외의 행위(예컨대, 경찰청장의 조세부과행위, 행정자치부장관의 군인에 대한 징계처분 등)

[관련 판례]

★ 당연무효인 사례

환경관리청장의 폐기물처리시설 설치승인처분은 권한없는 기관에 의한 행정처분으로써 그 하자가 중대하고 명백하여 당연무효이다(대판 2004.7.22, 2002두10704).

★ 당연무효가 아닌 사례

• 5급 이상의 국가정보원직원에 대한 의원면직처분이 임면권자인 대통령이 아닌 국가정보원장에 의해 행해진 것으로 위법하고, 나아가 국가정보원직원의 명예퇴직원 내지 사직서 제출이 직위해제 후 1년여에 걸친 국가정보원장 측의 종용에 의한 것이었다는 사정을 감안한다 하더라도 그러한 하자가 중대한 것이라 볼 수는 없으므로, 대통령의 내부결재가 있었는지에 관계없이 당연무효는 아니다(대판 2007.7.26, 2005두15748).

• 적법한 권한위임 없이 세관출장소장에 의하여 행하여진 관세부과 처분

세관출장소장에게 관세부과처분에 관한 권한이 위임되었다고 볼만한 법령상의 근거가 없는데도 피고가 이 사건 처분을 한 것은 결국 적법한 위임 없이 권한 없는 자가 행한 처분으로서 그 하자가 중대하다고 할 것이나, 세관출장소장 명의로 관세부과처분 및 증액경정처분이 이루어져 왔는데 그동안 세관출장소장에게 관세부과처분에 관한 권한이 있는지 여부에 관하여 아무런 이의제기가 없었던 점 등에 비추어 보면, 세관출장소장에게 관세부과처분을 할 권한이 있다고 객관적으로 오인할 여지가 다분하다고 인정되므로 결국 적법한 권한 위임 없이 행해진 이 사건 처분은 그 하자가 중대하기는 하지만 객관적으로 명백하다고 할 수는 없어 당연무효는 아니라고 보아야 할 것이다(대판 2004.11.26, 2003두2403).

• 단속경찰관이 자신의 명의로 운전면허행정처분통지서를 작성·교부하여 행한 운전면허정지처분은 권한 없는 자에 의하여 행하여진 점에서 무효인 처분에 해당한다(대판 1997.5.16, 97누2313).

3) 다른 기관의 필요적 협력을 결한 행위

예컨대, 징계위원회의 의결없이 징계한 경우 등을 들 수 있다.

[관련 판례]

★ 도지사의 인사교류안 작성과 그에 따른 인사교류의 원고가 전혀 이루어지지 않은 상태에서 행하여진 관할 구역 내 시장의 인사교류에 관한 처분은 당연무효이다(대판 2005.6.24, 2004두10968).

2. 내용에 관한 하자

1) 내용이 사실상·법률상 실현불가능한 행위

(1) 내용의 실현불가능한 행위는 무효이다. 실현불능에도 사실상의 불능과 법률상의 불능이 있다.

① 사실상 불능

사회통념상 실현이 불가능한 것을 의미한다(예컨대, 30초 이내에 불법포장마차의 철거를 명하는 경우).

② 법률상 불능

법이론적 관점에서 또는 법제도상 실현이 불가능한 것을 말한다.

㉠ 사람에 관한 불능(인적 불능)

사자(死者)에 대한 의사면허, 여성에 대한 입영명령, 금치산자에 대한 공무원 임용 등

㉡ 물건에 관한 불능(물적 불능)

폐차된 자동차에 대한 자동차 검사합격, 존재하지 않는 토지의 수용재결, 제3자의 재산에 대한 공매처분, 압류의 목적물이 될 수 없는 물건에 대한 압류 등.

㉢ 법률관계에 관한 불능

납세의무없는 자에 대한 납세의무면제, 매춘업알선에 대한 경찰허가, 소멸시효가 완성된 후의 과세처분, 법률상 인정되지 않는 어업권 설정 등

[관련 판례]

★ 부동산을 양도한 사실이 없음에도 세무당국이 부동산을 양도한 것으로 오인하여 양도소득세를 부과하였다면 당연무효이다(대판 1983.8.23, 83누179).

★ 주택건설촉진법에 의한 설립인가를 받은 주택조합이 아파트지구개발사업의 사업계획을 승인받아 아파트를 건축한 경우 구 개발이익환수에 관한 법률 제6조 제1항 소정의 개발부담금납부의무자는 사업시행자인 주택조합이고 그 조합원들이 아니므로, 납부의무자가 아닌 조합원들에 대한 개발부담금부과처분은 그 처분의 법적 근거가 없는 것으로서 그 하자가 중대하고도 명백하여 무효이다(대판 1998.5.8, 95다30390).

★ 경찰공무원법에 규정되어 있는 경찰관임용 결격사유는 경찰관으로 임용되기 위한 절대적인 소극적 요건으로서 임용 당시 경찰관임용 결격사유가 있었다면 비록 임용권자의 과실에 의하여 임용결격자임을 밝혀내지 못하였다 하더라도 그 임용행위는 당연무효로 보아야 한다(대판 2005.7.28, 2003두469).

★ 주택재개발조합의 대의원회가 관리처분계획에서 정한 방법에 의하지 않고 보류지분을 처분한 경우, 그 처분행위의 효력은 무효이며 이에 관한 관리처분계획 내용에 반하는 조합 정관규정의 효력도 무효이다(대판 2009.6.25, 2007다28642 · 28659 · 28666).

★ 예산이 각 처분 등으로써 이루어지는 '4대강 살리기 사업' 중 한강 부분을 위한 재정 지출을 내용으로 하고 있고 예산의 편성에 절차상 하자가 있다는 사정만으로 곧바로 각 처분에 취소 사유에 이를 정도의 하자가 존재한다고 보기 어렵다(대판 2015.12.10, 2011두32515).

[내용의 하자와 관련된 판례]

★ 납세자가 아닌 제3자의 재산을 대상으로 한 압류처분은 그 처분의 내용이 법률상 실현될 수 없는 것이어서 당연 무효이다(대판 2001.2.23. 2000다68924).

★ 적법한 건축물에 대한 철거명령은 그 하자가 중대하고 명백하여 당연무효라고 할 것이고, 그 후행행위인 건축물철거 대집행계고처분 역시 당연무효라고 할 것이다(대판 1999.4.27, 97누6780).

2) 내용이 불명확 · 불특정한 행위

예컨대, 특정되지 아니한 건축물에 대한 철거명령, 수용대상이 명백하지 아니한 토지수용재결, 경계를 특정하지 않은 도로결정 등은 원칙적으로 무효라는 것이 통설이다.

3. 절차에 관한 하자

1) 일반적 기준

(1) 무효

당사자 사이의 이해관계의 조정이나 이해관계인의 권익보호인 경우는 무효로 본다.

(2) 취소

행정의 적정, 원활한 운영 등에 목적이 있는 경우 취소로 본다.

2) 무효로 인정되는 경우

(1) 법규에 규정한 절차인 상대방의 동의를 결여한 행정기관의 행위

예컨대, 상대방의 동의를 결여한 공무원 임명 · 신청없는 귀화허가 등의 행위는 무효이다.

(2) 법규에서 규정한 다른 행정기관의 협력 등을 결여한 행정기관의 행위

① 행정청이 행정행위를 함에 있어서 타기관의 의결·협의·승인을 거치도록 규정한 경우에 그들 절차를 결한 경우는 하자의 정도에 따라 무효 또는 취소사유가 된다.

② 단순히 행정·편의적·세부적 절차를 위반한 행위는 원칙적으로 취소사유가 된다.

(3) 법규에서 규정한 공고·통지를 결여한 행정기관의 행위

예컨대, 특허출원 공고를 거치지 않은 발명특허·공고절차없이 행한 환지계획의 인가 등은 무효이다.

(4) 법규에서 규정한 의견청취절차의 기회를 결여한 행정기관의 행위

예컨대, 청문을 거치지 않고 행한 영업허가의 취소·변명의 기회없이 행한 파면처분 등은 원칙적으로 무효이다.

(5) 법규에서 규정한 이해관계인의 협의를 결여한 행정기관의 행위

예컨대, 토지소유자 등과의 협의 절차 없이 행한 토지수용재결은 원칙적으로 무효라는 것이 통설이다.

[절차의 하자와 관련된 판례]

★ 「환경영향평가법」상 환경영향평가의 대상사업임에도 환경영향평가를 거치지 않고 행해진 사업승인처분
구 환경영향평가법상 환경영향평가를 실시하여야 할 사업에 대하여 환경영향평가를 거치지 않았음에도 승인 등 처분을 한 경우, 그 처분의 하자가 행정처분의 당연무효사유에 해당한다(대판 2006.6.30, 2005두14363).

★ 주민등록직권말소처분 무효확인

주민등록말소처분이 주민등록법에 규정한 최고·공고의 절차를 거치지 아니하였다 하더라도 그러한 하자는 중대하고 명백한 것이라고 할 수 없어 처분의 당연무효사유에 해당하지 않는다(대판 1994.8.26, 94누3223).

★ 환경영향평가법령에서 정한 환경영향평가를 거쳐야 할 대상사업에 대하여 그러한 환경영향평가를 거치지 아니하였음에도 승인 등 처분을 하였다면 그 처분은 위법하다 할 것이나, 그러한 절차를 거쳤다면 비록 그 환경영향평가의 내용이 다소 부실하다 하더라도, 당해 승인 등 처분에 재량권 일탈·남용의 위법이 있는지 여부를 판단하는 하나의 요소로 됨에 그칠 뿐, 그 부실로 인하여 당연히 당해 승인 등 처분이 위법하게 되는 것이 아니다(대판 2006.3.16, 2006두330전합).

★ 환지처분이 확정되어 효력을 발생한 후 환지절차를 새로이 밟지 아니하고 한 환지변경처분의 효력은 무효이다(대판 1997.2.13, 97다49459).

★ 구 폐기물처리시설 설치촉진 및 주변지역 지원 등에 관한 법률에 정한 입지선정위원회가 그 구성방법 및 절차에 관한 같은 법 시행령의 규정에 위배하여 군수와 주민대표가 선정·추천한 전문가를 포함시키지 않은 채 임의로 구성되어 의결을 한 경우, 그에 터잡아 이루어진 폐기물처리시설 입지결정처분의 하자는 중대한 것이고 객관적으로도 명백하므로 무효사유에 해당한다(대판 2007.4.12, 2006두20150).

★ 면허관청이 운전면허정지처분을 하면서 통지서에 의하여 면허정지사실을 통지하지 아니하거나 처분집행예정일 7일 전까지 이를 발송하지 아니한 경우에는 절차와 형식을 갖추지 아니한 조치로서 효력이 없고, 면허관청이 임의로 출석한 상대방의 편의를 위하여 구두로 면허정지사실을 알렸다면 운전면허정지처분은 위법하다

(대판1996.6.14,95누17823).

★ 구 학교보건법상 학교환경위생정화구역에서의 금지행위 및 시설의 해제 여부에 관한 행정처분을 함에 있어 학교환경위생정화위원회의 심의를 누락한 행정처분은 취소사유이다(대판 2007.3.15, 2006두15806).

★ 개발부담금부과처분을 하면서 납부고지에 납부기한을 법정납부기한보다 단축하여 기재한 경우, 그 부과처분은 위법하게 되지 않는다(대판 2002.7.23, 2000두9946).

4. 형식에 관한 하자

1) 법령상 필요한 문서에 의하지 아니한 행정기관의 행위

예컨대, 독촉장에 의하지 아니한 납세독촉, 소집통지서에 의하지 않고 구두에 의한 예비군소집 등은 무효이다(대판 1970.3.24, 69도6889).

2) 법령상 행정기관의 서명 · 날인을 결여한 행정기관의 행위

예컨대, 출석위원의 기명날인이 없는 국가배상결정서 정본, 선거관리위원들의 서명 · 날인 없는 선거록 등은 무효라는 것이 통설이다.

3) 이유 기타 필요적 기재사항을 기재하지 않은 행위

이유를 붙이지 아니한 행정심판재결, 집행책임자를 표시하지 아니한 대집행영장, 징계사유없는 징계처분 등은 무효이다.

[관련 판례]

★ 행정청의 처분의 방식에 관하여 규정한 행정절차법 제24조(문서에 의하도록 한 처분)에 위반하여 행하여진 행정청의 처분은 그 하자가 중대하고 명백하여 원칙적으로 무효이다(대판 2011.10.11, 2011도11109).

5. 효력발생요건의 하자

효력발생요건인 통지나 공고가 없거나, 법정방법에 의하지 아니하고 통지한 경우 그 행정행위는 원칙적으로 무효이다(대판 1998.9.8. 98두9653).

Ⅳ. 행정행위의 무효의 제한

1. 무효인 행정행위도 상대방의 신뢰보호를 위하여 유효한 행정행위로 취급되는 경우가 있을 수 있다.[193)]

193) 김철용, 전게서, P.243.

2. 예컨대, 사실상 공무원이론이 적용되는 경우이다. 즉, 공무원이 아닌 자가 행한 행정행위라도 상대방이 진실한 공무원이 행한 행정행위로 믿을 만한 충분한 이유가 있는 경우에는 상대방의 신뢰를 보호하기 위하여 유효한 행정행위로 취급되어야 한다는 견해도 있다.[194)]

Ⅴ. 하자의 승계

두 개 이상의 행정행위가 연속하여 행하여지는 경우에 선행행정행위가 무효인 때에는 후행행정행위도 무효가 된다.

Ⅵ. 무효의 효과

1. 행정행위가 무효이면 행정청의 특별한 의사표시를 기다릴 것 없이 처음부터 당연히 행정행위로서의 효력을 발생하지 못한다.

2. 당사자 · 행정청 · 법원 등은 언제나 무효를 주장할 수 있고, 상대방은 의무를 이행할 필요가 없다.

3. 무효인 행정행위가 일정한 요건을 갖춘 경우, 무효행위의 전환이 인정된다.

Ⅶ. 무효를 주장하는 방법

무효를 주장하는 방법은 크게 항고쟁송에 의하는 방법과 기타의 방법으로 나눌 수 있다.

1. 항고쟁송에 의하는 방법

1) 행정심판에 의한 경우

무효등확인심판에 의하여 행정행위의 무효확인을 청구할 수 있다.

2) 행정소송에 의한 경우

(1) 무효선언을 구하는 의미의 취소소송

무효의 주장을 취소소송의 형식으로 하는 경우이다. 즉, 무효선언을 구하는 경우라도 취소소송의 형식을 취하는 이상 행정심판전치주의 · 제소기간의 제한을 받는다는 것이 다수설과 판례의 입장이다.

---

194) 김도창, 「일반행정법론(상)」, 청운사, 1993, P.469.

(2) 무효등확인소송

행정행위가 그 하자로 인하여 무효가 되는 경우 무효확인소송을 제기할 수 있으며, 이 경우에는 예외적으로 행정심판전치주의 제소기간, 사정판결과 같은 규정이 적용되지 않는다.

2. 선결문제로서 주장하는 방법

1) 행정행위가 무효라는 것을 행정소송에 의하여 직접적으로 무효를 주장하는 것이 아니고, 민사소송, 형사소송[195]에서 행정행위의 무효를 주장하여 승소함으로써 무효의 확인을 받게 된다.

2) 예컨대, 무효인 과세처분에 의하여 세금을 납부한 자가 과세처분의 무효확인소송을 제기하지 않고 곧바로 부당이득반환청구소송을 제기한 경우, 상대방은 이 소송의 선결문제로서 과세처분의 무효를 주장할 수 있다.

3. 일부무효

1) 행정행위의 일부가 무효이면 그 부분만 무효이고, 나머지 부분은 유효한 행위로 본다.

2) 그러나 그 무효부분이 중요한 것이어서 행정청이 그것 없이는 행정행위를 발하지 않았으리라 판단되는 경우에 한하여 그 행정행위는 전체가 무효가 된다.

제10절 행정행위의 취소(行政行爲의 取消)

* 행시 4회, 11회, 19회, 30회, 34회
* 사시 6회, 11회
* 외무 11회, 16회

Ⅰ. 개 설

1. 취소의 의의

1) 행정행위의 취소라 함은 일단 유효하게 성립한 행정행위에 대하여 그 성립에 중대하고도 명백한 하자 이외의 하자가 있음을 이유로 권한 있는 기관이 그 법률상의 효력을 원칙적으로 소급하여 소멸시키는 별도의 독립된 행정행위를 말한다.

2) 행정행위의 취소는 가장 좁은 의미로는 직권취소만을 뜻하고, 광의로는 직권취소와 함

195) 예컨대, 병역법상의 처분불복종으로 기소된 자가 처분의 무효를 전제로 무죄를 주장할 수 있다.

께 쟁송취소를 포함한다.

2. 구별개념

1) 무효선언과의 구별

취소는 일단 유효하게 성립된 행정행위의 효력을 소멸시키는 행위인 점에서, 처음부터 무효인 행정행위임을 공적으로 확인하고 선언하는 무효선언과 구별된다.

2) 철회와의 구별

행정행위의 철회란 아무런 하자없이 유효·적법하게 성립되었으나, 그 후에 발생한 새로운 사정을 이유로 그 효력을 장래에 향하여 소멸시키는 행위이다. 따라서 성립 당시의 행정행위의 하자를 이유로 행정행위의 효력을 소멸시키는 취소와 구별된다.

3) 실효와의 구별

실효는 어떠한 사유로 당연히 소멸하지만, 취소는 별도의 취소절차를 거쳐 취소해야만 효력이 소멸한다.

Ⅱ. 직권취소와 쟁송취소

* 행시 10회, 26회, 30회, 34회, 37회, 39회
– 행정행위의 직권취소

1. 의의

1) 직권취소는 행정청이 직권으로 행하는 취소를 말하며, 쟁송취소는 행정쟁송절차를 거쳐 행하는 취소(행정심판에 의한 취소와 법원의 소송에 의한 취소)를 말한다.

2) 직권취소와 쟁송취소는 모두 행정행위의 성립상의 하자를 이유로 그 효력을 상실시키는 형성적 행위라는 점에서는 같다.

2. 직권취소와 쟁송취소의 구체적 차이점

1) 취소권자

직권취소권자는 행정청(처분청·감독청)이다. 그러나 쟁송취소권자[196]는 이의신청의 경우는 처분청이, 행정심판의 경우는 행정심판위원회가, 행정소송의 경우는 법원이다.

2) 취소대상

직권취소의 경우는 주로 수익적 행정행위와 복효적 행정행위이고, 반면 쟁송취소의 대상

---

196) 일반적으로 쟁송취소권자라고 하면 행정심판위원회와 법원을 말한다.

은 주로 불이익행정행위(부담적행정행위)와 복효적 행정행위이다.

3) 법적근거

하자있는 행정행위의 직권취소에 관한 행정법상의 통칙적인 규정은 없고, 개별법에 규정되어 있다. 반면, 쟁송취소의 법적근거는 행정심판법과 행정소송법이다.

4) 취소사유

직권취소는 위법·부당 외에 구체적인 행정목적 실현을 고려하여 취소 여부를 결정한다. 반면, 쟁송취소는 위법성만이 취소사유가 된다.

5) 취소권의 제한

(1) 직권취소는 상대방의 기득권 보호, 제3자의 신뢰보호를 위하여 취소권행사가 제한되는 경우가 많다.

(2) 반면, 쟁송취소의 경우는 취소가 있으면 취소함이 원칙이며, 취소권제한이 없다.

6) 취소기간

(1) 직권취소는 기간의 제한을 받지 않으나, 실권(失權)의 법리(法理)가 적용되는 경우가 있다.

(2) 반면, 쟁송취소의 경우는 쟁송의 제기기간이 법에 정해져 있고, 기간이 경과하면 더 이상 다툴 수 없는 불가쟁력이 발생한다.

7) 취소절차

(1) 직권취소에 관한 일반적인 규정은 없다. 직권취소의 절차는 행정처분이므로, 행정절차법에서 정하는 일반적인 절차규정과 개별법이 정한 절차에 따른다.

(2) 반면, 쟁송취소의 경우는 「행정심판법」·「행정소송법」 등이 정한 쟁송절차에 따라 행해진다.

8) 취소의 효력

(1) 취소의 효과는 소급적인 것이 원칙이다. 다만 소급효로 기존의 법질서를 파괴하거나, 신뢰를 침해하는 경우에는 소급하지 않는 것이 정당하다. 따라서 취소의 효과는 구체적 가치판단에 따라 합리적으로 결정해야 할 것이다.

(2) 반면, 쟁송취소의 효과는 원칙적으로 소급하여 그 효력이 상실된다.

[관련 판례]

★ 운전면허취소처분을 받은 후 자동차를 운전하였으나 위 취소처분이 행정쟁송절차에 의하여 취소된 경우, 무면허운전이 성립하지 않는다(대판 1999.2.5, 98도4239).

★ 과세처분을 취소하는 판결이 확정되면 그 과세처분은 처분시에 소급하여 소멸하므로 그 뒤에 과세관청에서 그 과세처분을 경정하는 경정처분을 하였다면 이는 존재하지 않는 과세처분을 경정한 것으로서 그 하자가

중대하고 명백한 당연무효의 처분이다(대판 1989.5.9, 88다카16096).

★ 영업허가취소처분이 행정쟁송절차에 의하여 취소된 경우 영업허가취소처분 이후의 영업행위를 무허가영업이라고 볼 수 없다(대판 1993.6.25, 93도277).

Ⅲ. 행정행위의 직권취소

1. 의의

직권취소란 일단 유효하게 발령된 행정행위를 그 성립의 하자를 이유로 권한있는 기관이 그 법률상의 효력을 원칙적으로 행위시에 소급하여 소멸시키는 독립된 행정행위이다.

2. 취소권의 근거

직권취소는 행정청 스스로의 반성에 의거하여 행하는 취소를 말한다. 그러기 때문에 행정청은 별도의 명시적 근거가 없어도 직권취소할 수 있다(다수설 · 판례).

[관련 판례]

★ 직권취소의 경우 법적근거가 불필요

병역의무가 국가수호를 위하여 전 국민에게 과하여진 헌법상의 의무로서… 지방병무청장은 군의관의 신체등위판정이 금품수수에 따라 위법 또는 부당하게 이루어졌다고 인정하는 경우에는 그 위법 또는 부당한 신체등위판정을 기초로 자신이 한 병역처분을 직권으로 취소할 수 있다(대판 2002.5.28, 2001두9653).

★ 행정행위를 한 처분청은 법적 근거가 없다고 하더라도 원래의 처분을 존속시킬 필요가 없게 된 사정변경이 생겼거나 또는 중대한 공익상의 필요가 발생한 경우에는 그 효력을 상실하게 하는 별개의 행정행위로 이를 취소할 수 있다(대판 1995.5.26, 94누8266).

★ 변상금부과처분에 대한 취소소송이 진행중이라도 그 부과권자로서는 위법한 처분을 스스로 취소하고 그 하자를 보완하여 다시 적법한 부과처분을 할 수도 있는 것이다(대판 2006.2.10, 2003두5686).

3. 취소권자

1) 직권취소의 취소권자가 처분청인 경우

처분청은 명문의 근거 없이도 직권취소를 할 수 있다. 판례의 입장도 같다.

[관련 판례]

★ 처분청은 가장 원칙적인 취소권자

처분청은 법적 근거가 없는 경우에도 취소할 수 있는 권한을 가진다. 대법원은"행정처분에 하자가 있는 경우에는 법령에 특별히 취소사유로 규정하고 있지 아니하여도 행정청은 그가 행한 위법한 행정처분을 취소할 수 있다"고 판시하고 있다(대판 1982.7.27, 81누271).

2) 직권취소의 취소권자가 감독청인 경우

(1) 감독청의 경우에는 명문의 규정이 있으면 그에 따르면 된다.

(2) 명문의 규정이 없는 경우, 감독청이 일반적인 감독권에 의거하여 직권취소할 수 있는가에 관해서 소극설과 적극설의 견해가 대립하고 있다.

(3) 감독청의 취소권을 규정한 개별법령

대통령의 행정감독권(정부조직법 제11조), 국무총리의 행정감독권(정부조직접 제16조), 그리고 행정권한의 위임 및 위탁에 관한 규정(동규정 제6조 위임기관의 지휘 · 감독권)은 감독청인 위임청에게 처분청인 수임청의 처분을 취소할 수 있는 권한을 규정하고 있다.

[관련 판례]

★ 직권취소를 할 수 있다는 사정만으로 이해관계인에게 처분청에 대하여 그 취소를 요구할 신청권이 부여된 것으로 볼 수는 없으므로, 처분청이 취소신청을 거부하더라도 그 거부행위는 항고소송의 대상이 되는 처분에 해당하지 않는다(대판 2006.6.30, 2004두701).

★ 권한 없는 행정기관이 한 당연무효인 행정처분을 취소할 수 있는 권한은 당해 행정처분을 한 처분청에게 속하고, 당해 행정처분을 할 수 있는 적법한 권한을 가지는 행정청에게 그 취소권이 귀속되는 것이 아니다(대판 1994.10.10, 84누463).

4. 취소의 사유

1) 취소사유에 관하여는 관계법에서 명문으로 규정되어 있는 경우도 있다. 그러나 그러한 규정이 없는 경우에도 그 하자가 중대하고 명백하여 무효원인에 해당하지 않는 경우에는 일반적으로 취소사유가 된다.

2) 학설 · 판례를 통하여 취소사유로 제시되고 있는 것은 다음과 같다.

① 단순한 위법인 경우, ② 부당한 행위(공익에 반하는 행위), ③ 권한을 초과한 행위, ④ 사기 · 강박 등으로 인하여 의사결정에 하자가 있는 행위, ⑤ 착오의 결과로서 위법 · 부당하게 된 경우, ⑥ 증수뢰 · 부정신고 · 기타 부정행위에 의한 행위, ⑦ 선량한 풍속 · 기타 사회질서에 위반한 행위, ⑧ 경미한 절차나 형식을 결여한 경우 등을 들 수 있다.

5. 취소권의 제한

* 사시 24회

1) 취소권 행사의 제한

(1) 직권취소는 기본적으로 행정의 법률적합성원리와 신뢰보호의 원칙의 비교형량에 따르는 제한을 받는다.

(2) 취소권의 제한문제는 기본적으로 수익적행정행위의 취소의 경우에 제기된다.

2) 직권취소가 제한되는 경우

직권취소권의 행사가 제한되는 경우는 다음과 같다.

(1) 수익적 행정행위

① 허가·특허의 취소와 같이 행정행위의 취소로 말미암아 개인의 기득권을 침해하게 되는 경우에는, 그 개인의 기득권을 보호하는 것보다 더 강한 공익상의 필요 또는 제3자의 이익보호의 필요가 있지 아니하면 취소권의 행사가 제한된다.

② 수익적 행정행위에 대한 직권취소는 기속행위(기속재량행위)이다.

[관련 판례]

★ 수익적 행정행위에 대한 직권취소는 기속재량행위

행정처분에 하자가 있음을 이유로 처분청이 이를 취소하는 경우에도 그 처분이 국민에게 권리나 이익을 부여하는 이른바 수익적 행정행위인 때에는 그 처분을 취소하여야 할 공익상 필요와 그 취소로 인하여 당사자가 입게 될 기득권과 신뢰보호 및 법률생활안정의 침해 등 불이익을 교량한 후 공익상 필요가 당사자가 입을 불이익을 정당화할 만큼 강한 경우에 한하여 취소할 수 있는 것이다(대판 1991.4.12, 90누9520).

(2) 비례원칙에 의한 제한

공익과 사익(私益)을 비교·형량하여 행정행위를 취소함으로써 얻는 공익이 취소하지 않음으로써 얻는 사익(私益)보다 작은 경우에는 취소할 수 없는 것이 원칙이다.

(3) 불가변력이 있는 행정행위

행정심판의 재결(裁決), 토지수용의 재결, 합격자 결정, 당선인의 결정 등 준사법적 행정행위는 불가변력이 발생하므로, 소정의 쟁송절차에 의하는 경우 외에는 행정청이 직권으로 취소할 수 없는 것이 원칙이다.

(4) 포괄적 신분관계 설정행위

공무원 임명, 귀화허가와 같이 포괄적 신분관계 설정행위의 경우에는 법적안정성의 견지에서 취소권의 행사가 제한된다.

(5) 실권(失權)의 법리가 인정되는 경우

취소권자가 상당히 장기간에 걸쳐 그 권한을 행사하지 아니한 결과 장차 당해 행위는 취소되지 아니할 것이라는 신뢰가 형성된 경우에는 그 취소권은 상실된다.

(6) 인가와 같은 사인의 법률적 행위의 효력을 완성시켜 주는 행위

(7) 복효적 행정행위

(8) 하자의 치유와 전환이 인정되는 경우 등을 들 수 있다.

3) 취소가 제한되지 않는 경우(직권취소가 인정되는 경우)

(1) 위험방지의 경우, 즉 상대방의 신뢰보다 공공의 안녕질서가 더 요구되는 경우(중대한 공익상의 이유)

(2) 수익적 행정행위가 상대방의 사기 · 증수뢰에 의한 경우

판례는 행정처분의 하자가 당사자의 사실은폐나 기타 사위의 방법에 의한 신청행위에 기인한 것이라면 그 처분이 수익적 처분인 경우라도 취소권 제한의 법리가 적용되지 않는다고 판시하고 있다(대판 1996.10.25, 95누14190).

(3) 수익자가 행정행위의 위법을 알았거나 중대한 과실로 인해 몰랐을 경우(신뢰보호의 원칙이 인정되지 않음)

(4) 쟁송기간이 도과하여 더 이상 다툴 수 없는 불가쟁력이 발생한 경우 등을 들 수 있다.

6. 취소의 종류

1) 행정청은 전부취소 또는 일부취소를 선택할 수 있고, 소급효 있는 취소 또는 소급하지 않는 취소(장래효)를 결정할 수 있다.

2) 일부취소는 가분성이 있거나 그 처분대상이 특정될 수 있다면 그 일부만의 취소가 가능하다(대판 2000.2.11, 99두7210). 예컨대, 건물전체에 대한 철거명령 중 건물일부에 대한 부분취소는 건물일부의 철거가 가능한 경우에 해당한다.

7. 취소절차

1) 직권취소는 법령에 규정이 없는 한 특별한 절차를 요하지 않는다.

2) 다만, 수익적 행정행위를 직권취소하는 경우에는 상대방에게 부담적 효과를 발생시키므로 행정절차법상의 일정한 절차(예컨대, 청문 · 이유부기 · 사전통지 등)를 거쳐야 한다.

3) 행정청은 종전 처분과 양립할 수 없는 처분을 함으로써 묵시적으로 종전 처분을 취소할 수도 있다.

8. 취소의 효과

1) 취소의 소급효와 효과결정의 개별화

취소의 효과는 소급적인 것이 원칙이다. 그러나 다수설은 직권취소의 소급효 또는 불소급효는 일률적으로 말할 수 없으며, 구체적인 이익형량에 따라 결정되어야 한다는 견해이다.

(1) 부담적 행정행위의 취소는 원칙상 소급효가 있는 것으로 보아야 한다.

(2) 직권취소의 대상이 수익적 행정행위인 경우에는 상대방에게 귀책사유가 없는 한, 취소의 효과가 소급하지 않는 것이 원칙이다(장래적 효력이 발생하는 장래효). 다만 취소의 소급효를 인정하지 않으면 심히 공익에 반하는 경우에는 상대방에게 귀책사유가 없는 경우에도 소급효를 인정해야 할 것이다.

(3) 복효적 행정행위의 취소는 행정행위의 상대방 및 제3자의 이익상황 등 구체적 사정에 따라 소급여부를 결정하여야 한다.

[관련 판례]

★ 직권취소의 원칙적인 소급효를 인정하는 것이 판례의 입장

행정처분의 취소의 효과는 행정처분이 있었던 때에 소급하는 것이나 취소되기까지의 기득권을 침해할 수 없는 것이 원칙이다(대판 1962.3.8, 4294민상1263).

2) 소(訴)의 이익

행정행위가 직권취소되면 당해 행정행위는 취소로 인하여 그 효력이 상실되며 더 이상 존재하지 않게 된다. 따라서 존재하지 아니한 행정행위를 대상으로 취소소송을 제기하여도 그 취소소송은 소의 이익이 없어 부적법하게 된다(대판 2006.9.28, 2004두5317).

3) 반환청구권

소급효가 인정되는 경우에는 이미 지급한 급부는 부당이득을 구성하기 때문에 반환하여야 하지만, 소급하지 않는 경우에는 이미 수여된 급부는 반환하지 않으며 장래에 향하여 행하여지지 않은 것으로 된다.

9. 취소의 취소(취소의 하자)

하자있는 행정행위를 취소하였는데 그 취소행위에 하자있음을 이유로 다시 이를 취소하여 원행정처분을 소생시킬 수 있는가 하는 것이 문제이다.

1) 취소에 무효사유인 하자가 있는 경우

취소처분이 중대하고 명백한 하자가 있는 경우에 행정행위로서의 당해 취소행위는 처음부터 효력을 발생하지 아니하고, 원행정처분은 아무런 영향을 받지 않고 그대로 존속한다.

2) 취소에 단순위법인 하자가 있는 경우

(1) 학설

소극설과 적극설의 견해가 대립하고 있으나, 취소가 가능하다는 적극설이 다수설이다.

(2) 판례

판례는 부담적 행위와 수익적 행위를 구별하여 판시하고 있다.

① 수익적 행정행위

㉠ 수익적 행정행위의 경우 판례는 제3자의 이해관계를 고려할 필요가 없다면 취소의 취소를 인정하여 원처분을 소생시킬 수 있다고 판시하고 있다(대판 1997.1.21, 96누3401). 적극설의 입장이다.

㉡ 다만 취소처분이후 제3자의 이해관계가 있는 경우에는 취소가 제한된다.

[관련 판례]

★ 광업권 취소처분 후 광업권 설정의 선출원이 있는 경우에도 취소처분을 취소하여 광업권을 복구시키는 조처는 위법하다(대판 1967.10.23, 67누126).

② 부담적 행정행위

㉠ 법령의 명문의 규정이 없으면 취소에 의하여 소멸된 행정행위를 다시 소생시킬 수 없으므로, 원행정행위를 다시 하는 수밖에 없다는 것이 소극설의 입장이다.

㉡ 부담적 행정행위의 경우 판례는 취소의 취소를 부정한다. 따라서 원처분을 소생시킬 수 없고, 새로운 처분을 다시 하여야 한다는 입장이다(대판 1995.3.10, 94누7027; 대판 2002.5.27, 2001두9653).

[관련 판례]

★ 조세부과의 취소를 다시 취소하여 원부과처분을 소생시킬 수 없다.

과세관청은 부과의 취소를 다시 취소함으로써 원부과처분을 소생시킬 수는 없고 납세의무자에게 종전의 과세대상에 대한 납부의무를 지우려면 다시 법률에서 정한 부과절차에 좇아 동일한 내용의 새로운 처분을 하는 수밖에 없다(대판 1995.3.10, 94누7027).

★ 현역병 입영대상편입처분을 보충역편입처분으로 변경한 경우, 보충역편입처분에 불가쟁력이 발생한 이후 보충역편입처분이 하자를 이유로 직권취소 되었다면 종전의 현역병 입영대상편입처분의 효력은 되살아나지 않는다(대판 2002.5.28, 2001두9653).

제11절 행정행위의 철회(行政行爲의 撤回)

* 행시 14회
* 외무 27회

Ⅰ. 개 설

1. 의의

1) 행정행위의 철회라 함은 행정행위가 처음부터 아무런 하자없이 완전 유효하게 성립되었으나, 사후에 이르러 그 효력을 존속시킬 수 없는 새로운 사정이 발생하였기 때문에 행정청이 장래에 향하여 그 효력을 상실시키는 별개의 독립된 행정행위를 말한다.

2) 실정법상으로 대부분 취소라는 용어로 사용되는 경우도 많으나(예컨대, 도로법, 하천법), 그 성질상 양자는 서로 다른 개념이다.

2. 취소와의 구별

1) 취소는 처분청·감독청·법원이 행사하는데 대하여, 철회는 특별한 규정이 없는 한 처분청만이 행사할 수 있다.

2) 취소원인은 성립상의 하자인 위법과 부당(공익위반 등)을 이유로 하는데 대하여, 철회원인은 행정행위가 유효하게 성립한 후 발생한 새로운 사정으로 행정행위의 효력을 더 이상 지속시킬 수 없는 경우이다.

3) 취소는 원시적 하자이므로 원칙적으로 소급하여 효력을 소멸한다. 반면 철회는 유효하게 성립한 행정행위이므로 장래에 향하여만 효력을 상실시킨다.

4) 취소와 철회의 차이점

취소와 철회의 차이점을 도표화하면 다음과 같다.

구분	취소	철회
권한자	직권취소: 처분청,감독청(이설 있음)	처분청(감독청은 제외)
	쟁송취소: 행정심판위원회,법원	
근거	직권취소: 근거불요(통설·판례)	근거불요(통설·판례)
	쟁송취소: 실정법에 있음	
사유	원시적(성립당시)하자	후발적인 새로운 사정

<table>
<tr><td rowspan="2">절차</td><td>직권취소: 특별한 절차 불요, 직권으로 가능함</td><td rowspan="2">특별한 절차 불요, 직권으로 가능함</td></tr>
<tr><td>쟁송취소: 실정법상 엄격한 절차요함</td></tr>
<tr><td rowspan="2">효과</td><td>직권취소
판례: 원칙상 소급효(단, 취소되기까지의 기득권을 침해할 수 없음).
당사자에게 과실이 없는 경우에는 장래효</td><td rowspan="2">원칙적으로 장래효</td></tr>
<tr><td>쟁송취소: 소급효가 원칙</td></tr>
<tr><td rowspan="2">대상</td><td>직권취소: 주로 수익적 행정행위</td><td rowspan="2">주로 수익적 행정행위</td></tr>
<tr><td>쟁송취소: 주로 부담적 행정행위</td></tr>
</table>

Ⅱ. 철회권자

행정행위의 철회는 처분청만이 할 수 있다. 감독청은 처분청에 철회를 명(命)할 수는 있으나, 법률에 특별한 규정이 없는 한 행정행위에 관한 철회권을 가지지 못한다.

Ⅲ. 철회권의 근거

철회사유가 존재하는 경우 그것만으로 법적근거 없이 철회권을 행사할 수 있는지의 여부에 대하여 견해가 대립하고 있다. 철회의 법적근거가 주로 문제되는 것은 수익적 행정행위의 철회이다.

1. 학설

1) 근거불요설 · 근거필요설 · 제한적긍정설의 견해가 대립하고 있다. 행정행위의 철회사유가 존재하는 경우에 그것만으로 별도의 법적근거 없이 철회할 수 있다는 「근거불요설」이 다수설의 입장이다.

2) 최근에는 부담적 행정행위의 철회에는 법적 근거를 요하지 않지만, 수익적 행정행위의 철회시(상대방에게 기득권이 발생한 경우)에 법적 근거를 필요로 한다는 견해가 유력하게 제기되고 있다.

2. 판례

판례는 근거불요설의 입장을 취하고 있다.

[관련 판례]

★ 철회자유원칙설

처분 당시에 그 행정처분에 별다른 하자가 없었고 또 그 처분 후에 이를 취소할 별도의 법적 근거가 없다 하더라도 원래의 처분을 그대로 존속시킬 필요가 없게 된 사정변경이 생겼거나 또는 중대한 공익상의 필요가 발생한 경우에는 별개의 행정행위로 이를 철회하거나 변경할 수 있다고 보아야 한다(대판 1992.1.17, 91누3130).

Ⅳ. 철회원인(철회사유)

1. 행정행위의 철회의 원인은 행정행위가 적법하게 성립하였으나 사후에 새로운 사정이 발생하였기 때문이다.

2. 그 구체적인 사유를 보면

1) 법령에 규정된 철회사유가 발생한 때(예컨대, 도로법상 점용허가 사유위반 등),

2) 당해 행정행위의 부관에 의하여 철회권이 유보된 경우,

3) 행정행위에 수반되는 법적 의무 또는 부관에 의한 의무를 위반하거나 이행치 않은 경우,

4) 사정변경으로 인하여 행정행위의 존속이 공익상 중대한 침해가 되는 경우,

5) 일정한 시기까지 행정행위의 내용인 권리행사나 사업착수가 없는 경우,

6) 행정행위의 내용인 사업·목적의 달성이 불가능하다고 판명된 경우,

7) 근거법령의 개폐로 행정행위를 존속시킬 수 없게 된 경우 등을 들 수 있다.

[관련 판례]

★ 철회사유로서의 부담부행정행위

부담부 행정행위에 있어서 처분의 상대방이 부담을 이행하지 아니한 경우에 처분 행정청으로서는 당해 처분을 취소(철회)할 수 있는 것이다(대판 1989.10.24, 86누2431).

Ⅴ. 철회권의 제한

1. 침익적 행정행위의 철회

1) 침익적 행정행위의 철회는 상대방의 불이익을 제거하는 것이므로, 원칙적으로 이를 철회할 수 있다. 즉, 철회는 자유롭다.

2) 다만, 침익적 행정행위의 경우에도 예외적으로 행정행위를 존속시켜야 할 중대한 공익이 존재하거나, 제3자의 이익을 침해하는 경우에는 제한된다.

2. 수익적 행정행위의 철회

수익적 행정행위의 철회는 상대방의 신뢰와 법적 안정성을 해할 우려가 있으므로 철회사유가 발생한 경우에도 원칙적으로 제한된다. 다만, 다음과 같은 사유 등에 대하여는 제한적인 범위 내에서 철회할 수 있다.

1) 이익형량의 원칙

(1) 철회권행사는 철회를 요하는 공익상의 필요 · 상대방의 신뢰 내지 기득권 보호 · 법적 안정성의 유지 등 여러 가지 이익을 비교형량하여 철회 여부를 결정하여야 한다.

(2) 철회시에는 철회를 할 공익상필요와 철회로 인하여 상대방 등 관계인에게 가해지는 불이익을 형량하여 공익상필요가 큰 경우에 한하여 철회하여야 한다. 이를 철회시의 이익형량의 원칙이라 한다.

2) 철회권의 유보

(1) 부관에 의하여 철회권이 유보되어 있는 경우에는 행정청은 원칙적으로 당해 행위를 철회할 수 있다.

(2) 이 경우 상대방은 그 철회를 예측할 수 있으므로, 통상 신뢰보호의 문제는 제기되지 않는다.

3) 부담의 불이행

(1) 행정행위에 부관으로서 부담이 부과되어 있는 경우에 그 상대방이 이를 이행하지 아니하는 때에는 행정청은 원칙적으로 당해 행위를 철회할 수 있다.

(2) 다만, 이 경우에도 비례원칙과 관련하여 침익성이 적은 다른 수단에 의하여 부담상의 의무를 확보할 수 있는 때에는 철회가 허용되지 않는다.

4) 실권에 의한 제한

철회권이 발생한 경우에도 행정청이 일정기간 철회권을 행사하지 아니한 경우에는 신뢰보호원칙상 행정청은 그 행위를 철회할 수 없다고 보아야할 것이다.

[관련 판례]

★ 실권의 법리를 인정한 예

택시운전사가 1983.4.5. 운전면허정지기간 중 운전행위를 하다가 적발되어 형사처벌을 받았으나 행정청으로부터 아무런 행정조치가 없이 방치되고 있다가 3년여가 지난 1986.7.7. 에 와서 이를 이유로 가장 무거운 운전면허를 취소(철회)하는 행정처분을 하였다면 이는 행정청이 별다른 행정조치가 없을 것이라고 믿은 신뢰의 이익과 그 법적 안정성을 빼앗는 것이 된다(대판 1987.9.8, 87누373).

5) 사정변경

(1) 처분 후의 사정이 변경되어 새로운 사정과 관련하여 당해 행위가 적법·타당성이 결여되고 그를 존속시키는 것이 공익을 해치는 경우에는 당해 행위를 철회할 수 있다.

(2) 그러나 공무원의 임명·귀화허가 등의 포괄적 신분설정행위는 그 성질상 사정변경에 의한 철회가 허용되지 않는다.

6) 불가변력

불가변력이 발생한 행정행위에 대하여는 성질상 철회할 수 없다는 것이 통설이다(예컨대, 행정심판의 재결, 국가시험합격자결정 등).

7) 비례의 원칙

(1) 일반론

비록 상대방에게 귀책사유가 있더라도 철회가 아닌 다른 경미한 침해를 가져오는 수단으로도 그 목적을 달성할 수 있는 경우에는 그러한 수단을 사용해야지 곧바로 철회권을 행사하는 것은 비례의 원칙에 반한다.

[관련 판례]

★ 비례원칙의 위반사례

주유소가 단 한번 부정휘발유를 취급한 것을 이유로 가장 무거운 제재인 석유판매허가 자체를 취소(철회)한 행정처분은 재량권 일탈이다(대판 1988.5.10, 87누707).

(2) 일부철회의 문제

판례는 외형상 하나의 행정처분이라고 하더라도 가분성이 있는 경우에 일부철회로도 목적을 달성할 수 있으면 일부만을 철회하여야지 전부를 철회하는 것은 위법하다고 판시하고 있다(대판 1986.12.9, 86누276). 일부철회와 관련하여 복수 운전면허의 철회가 문제된다. 이에 대하여는 부당결부금지의 원칙에서 이미 기술한 바 있다.

Ⅵ. 철회의 절차

1. 철회자체도 하나의 처분이므로, 근거법령에 별도의 규정이 없는 경우에도 행정절차법 등이 정한 절차를 거쳐야 한다.

2. 철회는 주로 불이익처분이므로, 행정청은 당사자에게 사전통지절차, 변명기회의 부여, 유리한 증거제출, 처분의 이유 등을 제시하여야 한다.

[관련 판례]

★ 엄격한 철회의 절차적 요건

면허관청이 운전면허정지처분을 하면서 통지서에 의하여 면허정지 사실을 통지하지 아니하거나 처분 집행예정일 7일 전까지 이를 발송하지 아니한 경우에는 특별한 사정이 없는 한 도로교통관계법령이 요구하는 절차·형식을 갖추지 아니한 조치로서 그 효력이 없고, 이와 같은 법리는 면허관청이 임의로 출석한 상대방의 편의를 위하여 구두로 면허정지 사실을 알렸다고 하더라도 마찬가지이다(대판 1996.6.14, 95누17823).

Ⅶ. 철회의 효과

1. 철회의 효과는 원칙적으로 장래에 향해서만 발생한다(대판 2003.5.30, 2003다 6422).

[관련 판례]

★ 영업허가취소처분이 행정쟁송절차에 의하여 취소된 경우 영업허가취소처분 이후의 영업행위를 무허가영업이라고 볼 수 없다(대판 1993.6.25, 93도277).

2. 철회의 부수적 효과로서 행정청은 상대방에게 관련문서(예컨대, 허가증)나 물건의 반환을 요구할 수 있으며, 원상회복·시설개수명령 등을 발할 수 있다. 이러한 경우에는 법령의 근거를 요한다.

3. 철회로 말미암아 특별한 손실을 받은 자에게는 상대방의 귀책사유가 없는 한 행정청은 그 손실을 보상해주는 것이 정당하다. 이에 관한 일반법은 없고, 단행법에서 그 예를 찾아볼 수 있다(예컨대, 도로교통법·하천법 등).

Ⅷ. 하자있는 철회(철회의 취소)

행정행위의 철회에 하자가 있는 경우 철회의 위법을 이유로 그를 취소하여 원행정행위를 소생시킬 수 있는가의 문제로서, 행정행위의 취소의 법리에 따라 논할 수 있다.

1. 철회처분이 중대하고 명백한 하자가 있는 경우, 그 철회처분은 당연히 무효가 된다.

2. 철회처분에 단순위법의 하자가 있는 경우, 그 철회처분의 직권취소가 가능한가하는 문제이다.

1) 수익적 행정행위의 철회는 부담적 효과를 갖는 독립된 행정행위이다.

2) 판례는 직권취소의 법리에 따라 수익적 행정행위의 철회에 대하여는 취소가 가능하지만, 부담적 행정행위의 철회의 취소는 인정하지 않고 있다.

[관련 판례]

★ 행정처분이 취소되면 그 소급효에 의하여 처음부터 그 처분이 없었던 것과 같은 효과를 발생하게 되는바, 행정청이 의료법인의 이사에 대한 이사취임승인취소처분(제1처분)을 직권으로 취소(제2처분)한 경우에는 그로 인하여 이사가 소급하여 이사로서의 지위를 회복하게 되고, 그 결과 위 제1처분과 제2처분 사이에 법원에 의하여 선입결정된 임시이사들의 지위는 법원의 해임결정이 없더라도 당연히 소멸된다(대판 1997.1.21, 96누3401). 판례는 수익적 행정행위의 철회의 취소를 긍정하고 있다.

★ 부담적 행정행위의 철회의 취소 - 부정

지방병무청장이 재신체검사 등을 거쳐 현역병입영대상편입처분을 보충역편입처분이나 제2국민역편입처분으로 변경하거나 보충역편입처분을 제2국민역편입처분으로 변경하는 경우, 그 후 새로운 병역처분의 성립에 하자가 있었음을 이유로 하여 이를 취소한다고 하더라도 종전의 병역처분의 효력이 되살아나지 않는다(대판 2002.5.28, 2001두9653).

제12절 행정행위의 실효

*제25회 사법시험

Ⅰ. 개 설

1. 의의

행정행위의 실효란 행정청의 별개의 행정행위에 의하지 아니하고, 일정한 사실의 발생으로 장래에 향하여 당연히 소멸되는 것을 말한다.

2. 구별개념

1) 행정행위의 실효는 일단 발생된 효력이 소멸된다는 점에서 무효와 구별된다.

2) 효력의 소멸이 행정청의 의사와 무관하다는 점에서 행정행위의 취소·철회와 구별된다.

Ⅱ. 실효사유

1. 대상의 소멸

1) 일반적인 경우

행정행위는 행위의 대상이 되는 사람의 사망, 목적물의 소멸로 인해 당연히 효력을 상실한다. 예컨대, 1) 사람의 사망으로 인한 운전면허의 실효, 2) 자동차가 소멸된 경우 자동차검사 합격처분의 실효, 3) 사업면허의 대상의 소멸로 인한 사업면허의 실효 등이 있다.

2) 특별한 경우

(1) 자진폐업에 의한 영업허가의 실효(대판 1985,7.9, 83누412),

(2) 중요한 허가요건인 물적 시설이 모두 철거되어 허가받은 영업상의 기능을 더 이상 수행할 수 없게 된 경우에도 대상이 소멸하는 경우와 같이 실효사유가 된다(대판 1990.7.13, 90누2284).

[관련 판례]

★ 종전의 영업을 자진폐업하고 새로운 영업허가 신청을 한 경우 소멸한 종전의 영업허가는 당연히 소멸하고, 다시 예식장영업허가 신청을 하였다 하더라도 이는 전혀 새로운 영업허가의 신청임이 명백하다(대판 1985.7.9, 83누412)

★ 유기장의 영업허가를 받은 자가 영업장소를 명도하고 유기시설을 모두 매각함으로써 유기장을 폐업한 경우, 그 영업허가취소처분의 취할 소의 이익이 없는 것이라고 볼 수 있다(대판 1990.7.13, 90누 2284).

2. 부관의 성취(해제조건의 성취 또는 종기의 도래)

해제조건부행위에 있어서 해제조건이 성취되거나 종기가 도래하면 주된 행정행위는 당연히 효력을 상실한다.

3. 목적의 달성

행정행위의 목적이 달성되거나 목적달성이 불가능해지면, 해당 행정행위는 당연히 실효된다(예컨대, 조세부과처분에 따른 조세납부).

4. 근거법령의 폐지 · 법정기간이 경과하면 해당 행정행위는 당연히 소멸된다.

Ⅲ. 실효의 효과

1. 행정청의 실효사유가 발생하면 행정청이 별도의 의사표시 없이 그때부터 장래를 향하여 당연히 효력이 소멸된다.

2. 실효는 누구나 이를 주장할 수 있으며, 실효여부에 관해 다툼이 있는 경우 실효확인심판 또는 실효확인소송을 제기할 수 있다.

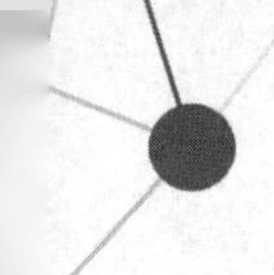

제 3 장
기타 그 밖의 행정작용

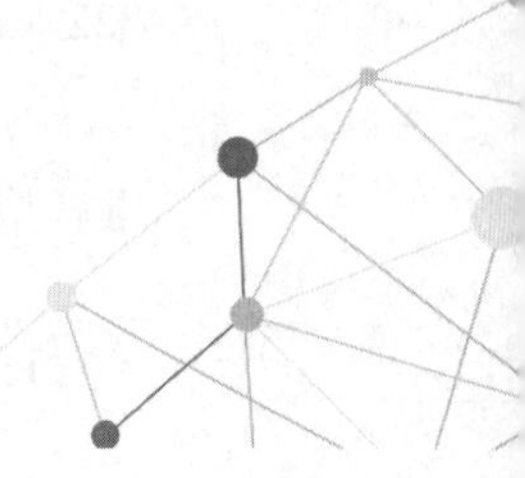

행정작용에는 행정입법 또는 행정행위이외에도 여러 형식이 존재한다. 예컨대, 행정법상의 확약·공법상 계약·행정상의 사실행위·행정지도·행정계획 등이 있다.

제 1 절 행정법상의 확약(行政法上의 確約)

Ⅰ. 개 설

1. 의의

1) 행정법상의 확약이라 함은 행정청이 장래에 향하여 일정한 행정행위를 하거나 하지 않을 것을 내용으로 하는 행정청의 구속력 있는 약속을 말한다.[197]

2) 현행 행정절차법은 확약에 대한 규정을 두지 않고 있기 때문에, 이 문제는 전적으로 학설·판례에 일임하고 있다.

2. 구별개념

확약은 1) 사인에 대한 외부행위이므로 행정내부적 작용과는 구별되며, 2) 일방적 행위라는 점에서 복수당사자의 의사의 합치인 공법상 계약과 구분되며, 3) 행정청이 자기구속을 할 의도로 행하는 것인 점에서, 특정의 사실·법적상태에 대한 행정청의 단순한 고지와 구분되며, 4) 법적행위라는 점에서 행정지도와 같은 사실행위와는 구별되며, 5) 장래의 종국적 행위에 대한 약속에 불과하다는 점에서, 자체완결적행위인 부분행정행위[198] 등과 구별된다.

197) 확약의 예로는 1) 주민에 대한 개발사업의 약속, 2) 무허가 건물입주자에게 자진철거시에는 아파트분양권을 주겠다는 약속, 3) 무허가영업을 일정기간까지 단속하지 않겠다는 약속 등을 들 수 있다.

198) 부분행정행위는 행정행위가 다단계절차를 거쳐 행하여지는 경우에 그 각 단계마다 행하여지는 부분결정을 말한다. 예컨대 발전용 원자로 및 관계시설의 건설에 있어서 이들 시설을 건설하고자 하는 자가

Ⅱ. 법적 성격

1. 학설

1) 확약의 법적 성질에 관하여는 긍정설과 부정설로 견해가 나누어지고 있으나, 긍정설 중 「본처분권한내지설」이 통설이다.

2) 이 설에 의하면 확약은 처분권에 속하는 예비적인 권한행사로서 본처분권에 당연히 포함되므로, 본 처분권이 있으면 별도의 법적근거 없이도 인정된다고 본다.

2. 판례

판례에 의하면 확약은 장래의 행정작용에 대한 약속에 불과하여 처분성이 없다고 보고 있다(학설은 이견 있음).

[관련 판례]

★ 확약은 행정행위가 아니다.

어업권면허에 선행하는 우선순위결정은 행정청이 우선권자로 결정된 자의 신청이 있으면 어업권 면허처분을 하겠다는 것을 약속하는 행위로서 확약에 불과하고 행정처분은 아니므로, 우선순위결정에 공정력이나 불가쟁력과 같은 효력은 인정되지 아니한다(대판 1995.1.20, 94누6529).

Ⅲ. 확약의 허용성과 한계

1. 확약의 허용근거

1) 확약은 독일행정법의 학설과 판례에 의하여 정립된 법리이다.

2) 확약의 허용근거와 관련하여 실정법에 확약에 관한 명문의 규정이 없는 경우에, 확약의 허용근거를 어디에서 찾을 것인가 하는 것이 문제가 된다.

1) 허용성

(1) 명문의 규정이 있는 경우

당연히 확약이 허용된다.

건설허가 신청 전에 부지에 대한 사전승인을 신청한 경우에 교육과학기술부장관이 행하는 부지에 대한 사전승인이 그것이다. 부분행정행위는 행정행위라는 점에서 다 같이 사전에 행하여지는 행위이지만, 확약과 구별된다. 부분행정행위는 그 자체 처분성이 인정되므로, 행정쟁송의 대상이 된다.

(2) 명문규정이 없는 경우

① 독일의 행정절차법에는 확약에 관하여 일반적 규정을 두고 있으나, 우리나라 행정절차법은 확약에 대해 규정하고 있지 않다.

② 우리나라에서는 확약이 허용된다는 긍정설이 일반적이며, 긍정설 중 「본처분권한내재설」이 통설이다.

2. 확약의 허용의 한계

1) 기속행위와 확약의 가능성

(1) 재량행위에 대해서는 확약을 할 수 있다는 데에 이론이 없다.

(2) 기속행위에 대해서도 확약이 가능한가에 관하여는 견해의 대립이 있다. 기속행위에 있어서도 확약에 의하여 예지이익(기대이익) 및 대처이익(기대이익)이 주어질 수 있다는 점에서 긍정설이 다수설이다.

2) 요건사실 완성후의 확약

(1) 처분을 할 요건사실 완성이 완성된 후에도 확약을 할 수 있는가의 문제에 대하여, 확약이 가능하다는 긍정설과 확약은 할 수 없다는 부정설이 있다.

(2) 통설인 긍정설에 의하면 요건사실이 완성된 후에도 상대방에게 기대이익 또는 준비이익을 줄 수 있으므로, 미리 확약을 하는 것이 무방하다고 한다.

Ⅳ. 확약의 요건

확약의 경우에도 주체, 내용, 절차, 형식 등 일반적인 요건을 갖추어야 한다.

1. 주체에 관한 요건

확약은 본 행정행위를 할 수 있는 권한을 가진 행정청이 그 권한의 범위내에서 행하여져야 한다.

2. 내용에 관한 요건

확약의 내용은 법령에 적합하고 이행이 가능한 것이어야 한다. 적합·타당한 내용의 확약은 1) 상대방에게 표시하고, 2) 상대방은 행정청의 확약을 신뢰할 뿐만 아니라, 그 신뢰에 귀책사유가 없어야 한다.

3. 소정절차에 관한 요건

확약의 내용인 본 행정행위에 관하여 일정한 절차적 요구가 있는 경우, 그 절차를 거쳐야 한다는 것이 다수설의 입장이다(예컨대, 청문절차 등).

4. 형식에 관한 요건

독일행정절차법은 확약을 서면으로 하도록 하고 있다. 그러나 명문규정이 없는 우리나라의 경우 서면뿐만 아니라 구술에 의한 확약도 가능하다고 보고 있다.

Ⅴ. 확약의 효과

1. 확약의 자기구속의 효과

1) 행정청의 확약은 신뢰보호와 금반언(禁反言)의 법리(法理)를 바탕으로 당해 행정청 자신을 구속하여 확약된 내용을 이행할 의무가 발생한다.

2) 상대방은 해당 행정청에 대하여 그 확약에 따를 것을 요구할 수 있으며, 나아가 그 이행을 청구할 수 있다.

3) 확약의 대상이 위법한 경우 확약의 구속력을 인정할 수 없다는 견해가 일반적이고, 판례 또한 같은 입장이다.

2. 확약의 무효

1) 권한없는 확약, 2) 확약에 중대하고 명백한 하자, 3) 신청인에게 불이익을 주는 위법한 확약은 무효이다.

3. 확약의 취소

1) 취소의 원인

확약에 무효의 원인에 이르지 않는 단순한 위법의 하자가 있을 때에는 취소원인이 된다.

2) 취소의 제한

확약을 취소·철회하는 경우에도 공익과 상대방의 권리이익보호와 제3자의 신뢰보호 및 법적안정성을 비교형량하여 결정해야 한다.

4. 확약의 철회

적법한 확약을 사정변경을 이유로 철회하는 경우, 상대방의 신뢰보호 관점에서 취소에 있어서 보다 더욱 많은 제약을 받는다.

5. 확약의 사정변경(실효)

확약 후에 사실상태 또는 법률상태가 변경된 경우, 만일 행정청이 그러한 사실을 알았더라면 그와 같은 확약을 하지 않을 것으로 인정되는 경우에는 행정청은 확약에 구속되지 않는다고 보아야 한다.

[관련 판례]

★ 확약의 실효(구속력의 배제)

행정청이 상대방에게 어떤 처분을 하겠다고 확약 또는 공적인 의사표명을 하였다고 하더라도, 그 자체에서 상대방으로 하여금 언제까지 처분의 발령을 신청하도록 유효기간을 두었는데도 그 기간내에 상대방의 신청이 없었다거나 확약 또는 공적인 의사표명이 있은 후에 사실적·법률적 상태가 변경되었다면, 그와 같은 확약 또는 공적인 의사표명은 행정청의 별다른 의사표시를 기다리지 않고 실효된다(대판 1995.1.20, 94누6529).

Ⅵ. 확약 불이행에 대한 구제

행정청의 확약 불이행으로 손해를 입은 자는 국가배상법의 요건이 충족되는 한도 내에서 손해배상을 청구할 수 있다.

제 2 절 공법상 계약

Ⅰ. 개 념

1. 의의

1) 공법상 계약이란 공법적 효과의 발생을 목적으로 복수당사자 사이에 반대방향의 의사표시의 합치로 성립하는 공법행위이다.

2) 공법상 계약은 비권력적 작용으로서 실정법상이 아닌 학문상 개념이며, 현행법상 공법

상 계약에 관한 통칙적 규정은 없다.

2. 구별개념

1) 사법상 계약과의 구별

(1) 사법상 계약은 사법의 영역에서 이루어지는 계약을 말하며, 공법상계약은 공법의 영역에서 이루어지는 계약을 말한다.

(2) 공법상 계약은 공법적 효과를 발생시키는 것으로, 계약체결의 자유 · 계약의 해제 · 쟁송절차 등에 있어 사법상 계약과 구별된다.

2) 행정행위와의 구별

(1) 공법상 계약과 행정행위는 구체적인 법적효과를 가져오는 법적행위인 점에서는 동일하다.

(2) 행정행위는 행정주체에 의해 일방적으로 행해지는 권력행위이지만, 반면 공법상 계약은 행정주체와 국민사이의 합의에 의해 행해지는 비권력행위이다.

3) 공법상 합동행위와의 구별

(1) 공법상 계약은 반대방향의 의사의 합치에 의하여 당사자 쌍방에 대해 반대적 의미의 효과가 발생한다.[199)]

(2) 반면, 공법상 합동행위는 같은 방향의 의사의 합치에 의하여 당사자에 대해 같은 의미의 효과가 발생한다(예컨대, 시 · 군 조합의 설립 등).

4) 행정계약(공공계약)과의 구별

(1) 행정계약은 행정주체가 당사자로 되어 있는 모든 계약을 포함한다.

(2) 행정계약은 공법상 계약과 행정주체의 사법상 계약을 합하여 부르는 점에서 공법상 계약과 구별된다.

[관련 판례]

★ 지방재정법에 의하여 준용되는 '국가를 당사자로 하는 계약에 관한 법률'에 따라 지방자치단체가 당사자로 되는 이른바 공공계약(관급공사)은 사경제의 주체로서 상대방과 대등한 위치에서 체결하는 사법상의 계약이다(대판 2006.6.19, 2006마117).

---

199) 일방이 권리를 가지며, 타방은 의무를 지는 것을 의미한다.

Ⅱ. 공법상 계약의 성립가능성과 자유성

1. 공법상 계약의 성립가능성

행정주체와 행정객체 간에 공법상 계약의 성립이 가능한가의 문제인데, 현재에 와서는 가능하다는 데에 대하여 이견이 없다(통설).

2. 공법상계약의 자유성

1) 법률유보의 원칙

공법상 계약에도 법률의 근거가 있어야 할 것인가에 대한 자유성의 문제가 제기되는데, 원칙적으로 법률의 근거없이도 가능하다는 긍정설이 통설이다.

(1) 비권력행정의 영역

법률의 근거 없이도 공법상 계약이 자유로이 성립될 수 있다는 것이 통설이다.

(2) 권력관계의 영역

① 근거가 필요하다는 견해 · 제한적으로 인정된다는 견해[200] · 근거가 불필요하다는 견해[201] 등이 있다.

② 이에 대하여는 일률적으로 말할 수는 없으나, 당해 작용의 성질, 관계법규의 의미 · 목적 등에 부합하는 한도 내에서 제한적으로 인정될 수 있다.

2) 법률우위의 원칙 적용

공법상 계약의 자유성은 허용되나, 공법상 계약에도 법률우위의 원칙은 적용된다. 즉, 공법상 계약은 1) 헌법 · 법령에 위반되어서는 아니 되며, 2) 공법상 계약은 평등원칙 · 비례원칙 등 행정상의 법의 일반원칙은 준수하여야 한다.

[관련 판례]

★ 공법상 계약(계약직공무원에 대한 채용계약해지의 의사표시)의 경우 이유제시를 하여야 하는 것은 아니다(대판 2002.11.26, 2002두5948).

★ 지방전문직 공무원채용계약은 공법상 계약이다

지방전문직 공무원채용계약해지의 의사표시에 대하여는 대등한 당사자 간의 소송형식인 공법상 당사자소송으로 그 의사표시의 무효확인을 청구할 수 있다(대판 1993.9.14, 92누4611).

★ 지방계약직공무원에 대해서 채용계약상 특별한 약정이 없는 한, 지방공무원법 및 지방공무원 징계 및 소청 규정에 정한 징계절차에 의하지 아니하고는 보수를 삭감할 수 없다(대판 2008.6.12, 2006두16328).

---

200) 김성수, 「행정법 I」, 법문사, 2000, p.387; 박균성, 「행정법론(상)」, 박영사, 2010, p.358.
201) 박윤흔, 「최신행정법강의(상)」, 박영사, 2004, p.550; 정하중, 「행정법총론」, 법문사, 2005, p.349.

Ⅲ. 공법상 계약의 종류

1. 주체에 따른 구분

1) 행정주체 상호간의 공법상 계약

(1) 국가와 공공단체간의 사무위탁, 공공시설의 관리(예컨대, 도로법 제70조)

(2) 공공단체 상호 간의 사무위탁(예컨대, 지방자치단체간의 교육사무위탁, 농지개량조합 등의 시·군·구에 대한 조합비·회비징수위탁 등)

(3) 지방자치단체 상호간의 협의(예컨대 도로·하천의 경비부담에 관한 협의 등)

2) 행정주체와 사인간의 공법상 계약

(1) 사인에 대한 행정사무의 위탁(예컨대, 사인의 신청에 의한 별정우체국의 지정),

(2) 임의적 공용부담(예컨대, 사인의 사유지를 도로·학교·공원 등의 부지로 제공하는 계약),

(3) 공법상의 보조계약(예컨대, 자금지원계약, 장학계약 등 보조금교부계약 등)

(4) 특별행정법관계설정합의(예컨대, 지원입대, 전문직공무원의 채용계약, 영조물이용관계의 설정 등)

3) 사인 상호간의 공법상 계약

(1) 대표적인 예로 공익사업을 위한 토지의 취득에 있어서 사업시행자와 토지소유자간의 협의(공익사업을 위한 토지 등의 취득 및 보상에 관한 법률 제26조)를 들 수 있다.

(2) 판례는 토지수용법상의 협의를 사법상 계약으로 본다(대판 1992.10.27., 선고91누3871).

Ⅳ. 공법상 계약의 성립조건

1. 주체적 요건

공법상 계약을 체결하고자 하는 행정청이 해당 공법상계약을 체결할 수 있는 권한을 갖고 있어야 한다.

2. 절차에 관한 요건

특별규정이 없는 한 의사표시와 계약에 관한 일반원칙을 따르게 된다. 공법상 계약에는 행정절차법이 적용되지 아니한다(판례).

3. 형식에 관한 요건

공법상 계약은 구두에 의한 것도 가능하지만, 계약내용을 명백히 할 필요가 있으므로 문서로 하는 것이 바람직하다.

4. 내용상 요건

1) 법률우위의 원칙은 공법상 계약에도 적용된다. 따라서 공법상 계약의 내용은 법을 위반하지 않아야 한다.

2) 법의 일반원칙은 공법상 계약에도 적용된다. 예컨대, 비례의 원칙상 사인의 급부는 계약목적달성에 적합하여야 하며, 부당결부금지의원칙상 사인의 급부와 행정청의 급부가 부당하게 결부되어서는 아니 된다.

3) 계약내용은 당연히 공적임무의 수행에 기여하는 것이어야 한다.

Ⅴ. 공법상 계약의 특수성(특질)

공법상계약의 특질은 실체법상특질 · 절차법적특질로 나눌 수 있다.

1. 실체법적 특수성

공법상 계약은 행정행위와 다른 실체법적 특질을 갖는다.

1) 성립상의 특색

(1) 계약의 내용

계약자유의 원칙이 제한된다. 즉, 계약내용의 내용을 행정주체가 일방적으로 정하고 상대방은 체결여부만 선택하는 부합계약(부합성)이 대부분이거나 체결이 강제되기도 한다.

(2) 감독청 또는 관계행정청의 인가 · 확인 등

공법상 계약은 감독청 또는 관계행정청의 인가 · 확인을 그 절차적 요건으로 하는 경우가 많다(예컨대, 토지보상법상 사업시행자와 피수용자 간에 협의가 성립한 경우에 그에 대한 관할토지수용위원회의 인가 등).

2) 효력상의 특색

(1) 비권력성

① 공법상 계약은 공법적 효과를 발생시키며, 공익의 실현수단인 점에서 비추어 공법적 규율의 대상이 된다.[202)]

② 공법상 계약에는 행정행위에 인정되는 효력인 공정력 · 존속력 · 집행력 등이 인정되지 않는다.

---

202) 박균성, 전게서, p.222.

③ 계약의 해제 · 변경권

공법상 계약에는 민법상의 계약해제에 관한 규정이 적용되지 않는다.

㉠ 공법상 계약관계의 계속이 현저히 곤란하게 된 사정이 발생한 경우에는 행정청이 일방적으로 계약을 해제 또는 변경할 수 있다.

㉡ 반면, 사인은 공익에 영향을 미치지 않은 경우 이외에는 해제 · 변경권이 인정되지 않으며, 해제 · 변경을 신청할 수 있을 뿐이다.

[관련 판례]

★ 조사용역계약의 계속적 성격과 공익적 성격에 비추어 상대방의 일련의 행위가 계약 당사자 사이의 신뢰관계를 파괴하고 그 공익성을 저해함으로써 계약관계의 계속을 현저히 곤란하게 한다는 이유로 행정청이 행한 조사용역계약의 해지통고를 한 것은 적법한 해지이다(대판 2003.3.26, 2000두10209).

④ 이행상의 특성

㉠ 계약당사자는 계약내용에 따라 이행의무를 진다. 당사자가 계약상의 의무를 이행하지 아니하면 상대방은 법원의 판결을 받아 이행을 강제할 수밖에 없다.

㉡ 따라서 행정청이라도 상대방의 의무불이행에 대한 강제적 실행이 용이한 것은 아니다.

⑤ 권리 · 의무의 이전 · 대행의 금지 · 제한

공법상 계약에서 발생한 권리의무는 이전 · 대행이 금지되거나 제한된다(예컨대, 지원입대의 경우 대리입대금지 등).

2. 절차법적 특질

1) 행정절차법의 적용문제

(1) 공법상 계약절차에 관한 일반적 규정은 존재하지 않으며, 행정절차법상에도 공법상 계약절차에 관한 규정을 두고 있지 않다.

(2) 개별법에 따른 절차

① 공법상 계약의 절차에 관하여 개별법에 별도의 규정이 있으면 그 절차에 따른다(예컨대, 민영교도소의 설치 · 운영에 관한 법률 제9조가 정하고 있는 해지청문).

② 개별법에 별도의 규정이 없으면 「국가를 당사자로 하는 계약에 관한 법률」[203] 등이 적용된다.

---

203) 「국가를 당사자로 하는 계약에 관한 법률」은 국가를 당사자로 하는 공법상 계약뿐만 아니라 국가를 당사자로 하는 사법상 계약에도 동일하게 적용된다. 즉, 공법상 계약과 사법상계약을 구별하지 않고 규율하고 있다.

2) 쟁송형태

(1) 공법상 계약에 관한 쟁송은 민사소송이 아니라, 원칙적으로 공법상 당사자소송에 의한다. 즉, 공법상 계약은 비권력작용으로서 당사자소송의 대상이 되며 항고소송의 처분성은 인정되지 않는다.

(2) 공법상 계약은 당사자 소송의 대상이 되므로 피고는 행정주체가 된다.

(3) 공법상 당사자 소송에 관련된 판례

[관련 판례]

★ 지방전문직 공무원 채용계약해지의 의사표시는 대등한 당사자간의 소송형식인 공법상 당사자소송으로 그 의사표시의 무효확인을 청구할 수 있다(대판 1993.9.14., 92누4611).

★ 광주광역시합창단원으로서 위촉기간이 만료되는 자들의 재위촉 여부에 대해서 불복할 경우 취소소송을 제기할 수 없다. 즉, 광주광역시가 재위촉을 하지 않더라도 항고소송의 대상이 되는 처분이 아니다(대판 2001.12.11, 2001두7794).

★ 그 단원이 가지는 지위가 공무원과 유사한 것이라면 서울특별시 시립무용단 단원의 위촉은 공법상 계약이라 할 것이고, 따라서 그 단원의 해촉에 대하여는 공법상의 당사자소송으로 그 무효확인을 청구할 수 있다(대판 1995.12.22, 95누4636).

★ 계약직 공무원인 공중보건의사의 채용계약해지의 의사표시는 일반 공무원에 대한 징계처분과 같이 항고소송의 대상이 되는 처분 등의 성격을 가진 것으로 인정되지 아니하고.... 공중보건의사채용계약해지의 의사표시에 대하여는 대등한 당사자간의 소송형식인 공법상의 당사자소송으로 그 의사표시의 무효확인을 청구할 수 있는 것이지, 이를 항고소송의 대상이 되는 행정처분이라는 전제하에서 그 취소를 구하는 항고소송을 제기할 수 없다.

(4) 항고소송의 대상이 되는 경우

공법상 계약과 분리될 수 있고, 권력적 성격이 강한 행위는 행정소송법상 처분에 해당하고 항고소송의 대상이 된다고 보아야 한다.

[관련 판례]

★ 지방계약직 공무원에 대한 보수의 삭감을 징계처분의 일종인 감봉과 다를 바 없다고 보고, 항고소송의 대상이 된다(대판 2008.6.12, 2006두16328).

3) 자력집행력 여부

(1) 행정주체는 상대방의 의무불이행에 대하여 자력집행력(강제력)이 인정되지 않는 것이 원칙이다.

(2) 다만, 예외적으로 명문의 규정이 있다면 법원의 판결 없이도 행정청이 강제집행할 수 있다.

4) 국가배상청구소송

(1) 공법상 계약의 의무의 불이행 및 그 체결상 · 집행상의 불법행위로 인한 손해배상청구도 당사자소송에 의하도록 하는 것이 이론상 타당하다.

(2) 다만, 소송 실무상으로는 이를 민사소송으로 처리하고 있다.

Ⅵ. 공법상 계약의 하자

1. 공법상 계약에 하자가 있는 경우, 공정력이 인정되는 권력적 행정행위가 아니기 때문에 취소할 수 있는 공법상 계약은 있을 수 없다.

2. 따라서 하자 있는 공법상 계약은 무효라는 것이 다수설이다.[204)]

[관련 판례]

★ 구 지방재정법 및 국가를 당사자로 하는 계약에 관한 법률상의 요건과 절차를 거치지 않고 체결한 지방자치단체와 사인간의 사법상 계약 또는 예약의 효력은 무효이다(대판 2009.12.24, 2009다51288).

제 3 절 행정상의 사실행위

Ⅰ. 개 설

1. 의의

1) 행정상의 사실행위라 함은 일정한 법률효과의 발생을 목적으로 하는 것이 아니라, 행정기관의 행위가운데 직접적으로 사실상의 효과의 발생만을 목적으로 하는 일체의 행위형식을 말한다.

2) 행정상 사실행위는 직접적으로 법적효과를 발생시키지 않는 행위이다. 그러나 간접적으로는 법적효과를 발생시키는 경우도 있다.[205)]

---

204) 김남진 · 김연태, 「행정법Ⅰ」, 법문사, 2007, p.338; 홍정선, 「행정법원론(상)」, 박영사, 2009, p.474.

205) 예컨대, 위법한 사실행위로 인하여 국민에게 손해가 발생한 경우에 국가 또는 지방자치단체는 피해국민에 대하여 손해배상의무를 지고, 피해자국민은 손해배상청구권을 갖게 된다.

Ⅱ. 사실행위의 종류

1. 권력적 사실행위와 비권력적 사실행위

이것은 사실행위가 공권력의 행사로서 행하여지는 것인지의 여부에 따른 구별이다.

1) 권력적 사실행위

권력적 사실행위는 행정기관의 일방적 의사결정에 의하여 특정의 행정상의 목적을 위해 국민의 신체·재산 등에 실력을 가하여 행정상 필요한 상태를 실현하고자 하는 사실행위를 말한다(예컨대, 전염병환자의 강제격리, 행정상 강제집행, 행정상 즉시강제 등).

2) 비권력적 사실행위

비권력적 사실행위는 공권력적 행사를 요소로 하지 않는 사실행위를 말한다(예컨대, 행정상 행정지도, 고지, 경고, 통지, 교통교육 등).

2. 내부적 사실행위와 외부적 사실행위

이것은 사실행위가 행정조직 내부에서 행하여지는 것인지 또는 외부적으로 국민과의 관계에서 행하여지는 것인지에 따른 구별이다.

1) 내부적 사실행위

내부적 사실행위라 함은 행정조직의 내부에서 행정사무의 처리에 관한 사실행위를 말한다(예컨대, 문서작성, 행정결정을 위한 준비행위, 금전처리 등).

2) 외부적 사실행위

(1) 외부적 사실행위라 함은 외부적으로 국민과의 관계에서 행정목적의 실현을 위한 구체적인 행정활동과 관련하여 행하여지는 사실행위를 말한다(예컨대, 불법주·정차 차량의 견인, 도로상 방치물의 제거 등).

(2) 행정상 사실행위 가운데 행정법상 중요한 의의를 가지는 것은 외부적 행위이다. 따라서 행정상 사실행위라고 할 때에는 외부적 사실행위만을 가리키는 것이 보통이다.

3. 집행적 사실행위와 독립적 사실행위

이것은 사실행위가 법령 또는 행정행위를 집행하기 위하여 행하여진 것인지의 여부에 따른 구분이다.

1) 집행적 사실행위

(1) 집행적 사실행위라 함은 법령 또는 행정행위를 집행하기 위한 사실행위를 말한다. 집행적 사실행위는 공권력적 실력행사에 의한 행위이기 때문에, 행정구제의 관계에서 특히 중

요한 의의를 갖는다고 볼 수 있다.

(2) 집행적 사실행위로는 경찰관의 무기사용 · 전염병 환자의 강제격리 · 행정상 강제집행 등을 들 수 있는데, 이는 권력적 사실행위에 해당한다.

2) 독립적 사실행위

행정상의 사실행위가 독자적인 의미를 가지는 사실행위를 말한다(예컨대, 행정상의 행정지도, 관용차의 운전 등).

4. 정신적 사실행위와 물리적 사실행위

이것은 사실행위가 일정한 정신작용을 내용으로 하는가, 아니면 단순한 물리적 행위에 그치는가에 따른 구별이다.

1) 정신적 사실행위

정신적 사실행위는 일정한 의식의 표시가 내포된 지식표식행위를 말한다(예컨대, 행정상의 행정지도, 법적인 효과없는 고시, 통보, 보고, 청문 등).

2) 물리적 사실행위

물리적 사실행위는 순전히 사실상의 결과발생만을 의도하는 물리적 행위를 말한다(예컨대, 무허가 건물철거 등과 같은 행정상 강제집행행위, 교통안전 시설 설치공사 및 유지관리 행위 등).

5. 공법적 사실행위와 사법적 사실행위

행정상 사실행위가 공법적 규율을 받는 것인가, 사법적 규율을 받는 것인가에 따른 분류이다. 이러한 분류는 권리구제의 방법과 관련하여 중요한 의미를 가진다.

1) 공법적 사실행위

(1) 공법적 사실행위는 행정상 사실행위가 공법적 규율을 받는 사실행위를 말한다.

(2) 공법적 사실행위로 인하여 손해를 입은 자는 「국가배상법」에 의해 손해배상을 청구할 수 있다.

2) 사법적 사실행위

(1) 사법적 사실행위는 행정상 사실행위가 사법적 규율을 받는 사실행위를 말한다.

(2) 공법적 사실행위와는 달리 사법적 사실행위로 인해 손해를 입은 자는 「민법」등 사법제도(私法制度)에 의한 손해배상을 청구할 수 있을 뿐이다.

Ⅲ. 행정상 사실행위의 법적 근거와 한계

1. 법적 근거

행정상 사실행위도 조직규범의 범위 내에서 이루어져야 함에는 의문이 없으나, 작용법적 근거까지 필요한가에 대해서는 견해의 대립이 있다.

1) 법률우위의 원칙

행정상 사실행위도 행정기관의 행위이기 때문에, 법치행정의 원칙상 당해 사실행위를 행할 수 있는 권한이 조직규범에 의하여 수권(授權)되어야 한다. 즉, 법률우위의 원칙이 당연히 적용된다.

2) 법률유보의 원칙(法律留保의 原則)

(1) 학설

① 행정상 사실행위의 요건과 관련하여 문제가 되는 것은 모든 행정상의 사실행위에 법률유보의 원칙이 적용되느냐 하는 것인데, 이에 대하여는 견해의 대립이 있다.

② 비권력적 사실행위에는 법적 근거가 필요치 않으나(법적근거불요설), 권력적 사실행위와 상대방의 권리를 침해하는 침익적 사실행위는 법률의 근거를 요한다.

(2) 사실행위로서 경고(警告) · 추천 · 시사

법률유보원칙의 적용과 관련하여 최근 대두되고 있는 법률문제의 하나로 공법 등과 같은 정보제공작용이 있다. 우리나라에서는 아직까지 경고 · 추천 · 시사 등에 대하여 확립된 개념은 없으나, 독일에서는 이에 대한 논의가 활발히 진행되고 있다.

① 의의

㉠ 공적 경고

경고는 특정 공산품이나 농산품 그리고 제조식품 등과 관련하여 그것을 먹거나 마시게 되면 건강에 해롭다는 식으로 공보하는 행정기관의 공보작용 중의 하나이다. 경고는 법적 구속이 미약하지만, 경고의 사회적 파급효과는 결코 미약하지 않다.

㉡ 추천

사회적으로 또는 신체적으로 유해하지 않은 여러 종류의 물품 · 행동 중에서 행정기관의 어느 하나를 추천하는 것을 말한다.

㉢ 시사

행정기관이 특정목적물에 관한 지식 · 정보를 제공하고, 그것에 대한 수용여부는 전적으로 각자에게 맡기는 공보작용을 말한다.

② 법적 문제 및 처분성 유무

㉠ 공법상 사실행위로서「공적 경고」가 법률에 근거를 요하는가, 이에 대하여는 아직까지 견해들이 확립되어 있지 않다.

㉡ 경고와 특정물품의 추천은 공권적 성질을 가지는 것으로서 행정쟁송법 상의 처분에 포함시켜도 무방하다는 견해가 제기되고 있기도 하다.

2. 한계

행정상 사실행위는 법령에 저촉되어서는 안되며, 비례원칙 등과 같은 행정법의 일반원칙을 준수하여야 한다.

Ⅳ. 행정상 사실행위에 대한 권리구제

1. 행정상 사실행위와 행정쟁송

1) 권력적 사실행위

권력적 사실행위는 권리구제와 관련하여 처분성을 인정할 수 있는지 등의 문제가 제기되고 있다.

(1) 학설

① 긍정설과 부정설의 견해가 대립하고 있으나, 권력적 사실행위는 '처분'에 해당한다는 것이 대다수의 견해로서 취소소송의 대상이 될 수 있다.

② 다만, 권력적 사실행위는 단기간에 종료되는 것이 보통이어서 소의 이익이 부정되는 경우가 많기 때문에, 그 계속성이 인정되는 경우로 한정하는 경향이 있다.

(2) 판례

① 대법원은 권력적 사실행위를 행정소송법상 '처분'으로 본다. 예컨대 권력적 사실행위로 보이는 단수조치를 '처분'에 해당하는 것으로 판시하였다(대판 1985.12.24, 84누598).

② 헌법재판소는 '수형자의 서신을 교도소장이 검열하는 행위'는 권력적 사실행위로서, 행정심판이나 행정소송의 대상이 되는 행정처분으로 볼 수 있다고 하여, 권력적 사실행위의 처분성을 인정하고 있다(헌재 1990.8.27, 96헌마 398). 즉, 권력적 사실행위는 헌법소원의 대상이 된다고 하고 있다.

2) 비권력적 사실행위

비권력적 사실행위(예컨대, 행정지도, 알선, 권유, 사실상의 통지)는 일반적으로 처분성이 부정되므로, 행정심판이나 행정소송의 대상이 되지 아니한다.

> **[관련 판례]**
>
> ★ 단순한 사실행위의 항고소송 대상 여부
>
> 항고소송의 대상이 되는 행정처분이라 함은 … 국민의 구체적 권리의무에 직접적 변동을 초래하는 행위를 말하고 행정권 내부에서의 행위나 알선, 권유, 사실상의 통지 등과 같이 상대방 또는 기타 관계자들의 법률상 지위에 직접적인 변동을 일으키지 아니하는 행위는 항고소송의 대상이 될 수 없다고 해석하여야 할 것이다(대판 1993.10.26, 93누6331).

2. 행정상 사실행위와 손해전보(損害塡補)

1) 행정상 손해배상

(1) 위법한 공법상 사실행위로 손해를 입은 자는 「국가배상법」이 정하는 바에 따라 손해배상을 청구할 수 있다.

(2) 당해 사실행위가 사법적 사실행위(私法的事實行爲)인 경우에는 국가배상법이 아니라, 민사소송절차에 따라 배상을 청구할 수 있다.

2) 행정상 손실보상

(1) 적법한 권력적 사실행위로 인하여 특별한 희생이 발생한 경우에는 손실보상을 청구할 수 있다. 예컨대, 소방활동에 종사한 자가 사망하거나 부상을 입은 경우에는 이를 보상하는 규정 등을 들 수 있다(「소방기본법」).

(2) 비권력적 사실행위는 개별법의 규정이 없는 한 보상책임이 없다(다수설 · 판례).

3. 사실행위와 결과제거청구권

1) 위법한 공법상 사실행위로 인하여 위법한 사실상태가 야기된 경우, 침해받은 사인은 위법한 결과의 제거나 위법하게 수거된 물건의 반환을 청구할 수 있는 결과제거청구권이 인정될 수 있다.

2) 우리나라에서는 아직 판례상 공법상 결과제거청구권이 인정되고 있지 않다.

> **[관련 판례]**
>
> ★ 수도사업자의 급수공사 신청자에 대한 급수공사비 납세통지는 사실상의 통지행위에 불과하므로 행정처분이 아니다(대판 1993.10.26, 93누6331).
>
> ★ 헌법재판소는 1994년 서울대 신입생선발입시안에 대한 헌법소원으로 다툰 서울대학교 입학고사 요강사건에서, “대학입학고사주요요강은 사실상의 준비행위 내지 사전안내로서 행정쟁송의 대상이 될 수 있는 행정처분이나 공권력의 행사는 될 수 없지만, 헌법재판소법 제68조 제1항 소정의 공권력의 행사에 해당된다고 할 것이며, 이 경우 헌법소원 외에 달리 구제방법이 없다”고 판시하여, 헌법소원을 인정하고 있다(헌재 1992.10.1, 92헌마68 · 76).

제4절 행정지도(行政指導)

Ⅰ. 개 설

1. 의의

행정지도라 함은 행정기관이 그 소관사무의 범위 안에서 일정한 행정목적을 달성하기 위하여 지도·권고·조언 등을 행하는 비권력적 사실행위를 말한다.

2. 구별개념

① 행정지도는 단순한 사실행위에 불과하여 법적 효과가 없다는 점에서, 행정상 행정행위 등과 같이 법적 효과 발생을 수반하는 법률행위와 구별된다.

② 행정지도는 법적 구속력과 강제력을 가지지 않는 비권력적 사실행위인 점에서, 권력적 행위로서 강제력을 가지는 사실행위인 행정강제와 구별된다.

③ 행정지도는 상대방의 협력·동의 아래 행하여지는 비권력적 사실 행위인 점에서, 상대방의 협력 없이 행정기관 스스로의 활동에 의해서 완결할 수 있는 행정작용과는 구별된다(예컨대, 홍보활동 등).

Ⅱ. 필요성 및 문제점

1. 행정지도의 필요성

1) 행정기능이 탄력적 행정목적 수행

현대의 적극적 복리행정 기능의 수행을 위하여는 급속하게 변하는 행정현상에 신축적이고, 탄력적으로 대응하기 위하여 행정지도가 필요하다.

2) 분쟁의 사전회피(임의적 · 비권력적 수단에 의한 편의성)

강제력에 의한 행정목적달성 보다는 비권력적 수단에 의하는 것이 공권력 발동으로 야기될 수 있는 마찰이나 저항을 피할 수 있는 편의성이 있다.

3) 지식 · 정보의 제공

행정지도는 특히 경제적 분야에서 최신의 새로운 지식·기술·정보 등을 제공하여 줄 수 있는 적절한 수단이 되고 있다. 예컨대, 농업기술지도, 농촌진흥청의 우량묘종의 보급·권장 등을 들 수 있다.

4) 신축적 · 탄력적 행정수단, 법령보완적 기능을 수행한다.

2. 행정지도의 문제점

행정지도는 여러 가지 효용성이 있으나, 다음과 같은 결함과 문제점이 지적되고 있다.

1) 행정지도의 사실상의 강제성

행정지도는 원래 상대방의 동의 또는 임의적인 협력을 바탕으로 행하여지는 비권력적 행정작용이나, 행정주체의 우월성으로 말미암아 사실상 강제성을 띠기 쉽다.

2) 한계 · 책임소재 불명확

행정지도는 반드시 법적 근거를 요하는 것이 아니다. 따라서 그 기준이 뚜렷하지 않아 한계를 넘어 행사하기 쉽고, 행정지도에 따른 국민에게 손해가 발생한 경우 행정기관의 책임소재조차 명백하지 않은 경우가 적지 않다.

3) 행정구제수단의 불완전성

행정지도는 비권력적 사실행위이므로 행정쟁송의 대상이 되기 어렵고, 손해가 발생한 경우에도 손해전보 등을 통하여 구제받기가 어렵다는 점을 들 수 있다.

Ⅲ. 행정지도의 종류

1. 법규상지도 · 비법규상 지도

법규상 지도란 법규에 근거하여 이루어지는 행정지도를 말한다.

1) 법규상지도

(1) 법규에 직접근거한 행정지도

실정법상 지도 · 권고 등 행정지도에 관하여 규정하고 있는 경우도 적지 않다(예컨대, 「독점규제 및 공정거래에 관한 법률」의 시정권고, 「직업안정법」의 직업지도 등).

(2) 간접적 근거에 의한 행정지도

특별한 근거규정은 없으나 어떠한 처분권이 주어진 경우, 그 처분권을 배경으로 하는 지도 등을 말한다(예컨대, 「건축법」에 의한 건물의 개수 · 철거명령 대신에 자진철거를 권고하는 것 등).

2) 비법규상 지도

법규에 근거하지 않고 이루어지는 행정지도를 말한다. 행정지도의 대부분은 이에 해당한다.

2. 기능에 의한 분류

1) 규제적 행정지도

공익 또는 질서유지에 반하는 것으로 판단되는 행위·사태 등을 제거 또는 억제하기 위하여 일정한 작위·부작위를 요망 또는 권고하는 행정지도이다(예컨대, 대규모집회 신고시 경찰관청과 주최측 사이의 교통체증과 관련 사전 정보제공 및 불법시위 자제촉구, 불법건축물 철거, 개수 권고, 자연보호를 위한 오물투기 제한, 요금인상을 억제하기 위한 행정지도 등).

2) 조정적(調整的) 행정지도

이해관계의 대립 등으로 행정목적 달성에 지장을 초래할 우려가 있는 경우에, 그것을 조정하기 위하여 행하는 행정지도이다(예컨대, 노사간 협의의 알선·조정 등).

3) 조성적(助成的) 행정지도

행정기관이 국민이나 기업의 활동에 발전적인 방향으로 유도하기 위하여 정보·지식을 제공하는 행정지도이다(예컨대, 생활개선지도, 영농지도, 중소기업에 대한 경영지도 등).

Ⅳ. 행정지도의 법적 근거와 한계

1. 법적 근거(행정지도와 법률유보)

1) 행정지도에도 행정조직법적 근거가 필요하다는 데에 대하여는 이견이 없다.

2) 작용법적 근거가 필요한 가에 대해서는 법률유보의 원칙이 적용되지 않는다고 보는 것이 다수설과 판례의 입장이다.

3) 다만 행정지도 중에서 규제적 행정지도에는 행정작용법적 근거가 필요하다는 견해가 유력하다.[206)]

2. 행정지도의 한계

1) 행정지도에도 법률우위의 원칙이 적용된다.

2) 행정지도는 행정지도의 내용이 헌법·법령의 명문규정·행정상의 법의 일반원칙(비례의 원칙·평등의 원칙·신뢰보호의 원칙)에 위반되어서는 안 된다.

---

206) 변재옥, 「행정법강의(1)」, 박영사, 1991, p.421; 천병태, 「행정법총론」, 삼영사, 1998, p.378.

Ⅴ. 행정지도의 원칙 및 방식

1. 행정지도의 원칙

「행정절차법」은 행정지도의 원칙을 명문화하고 있다.

1) 비례의 원칙 및 임의성의 원칙

행정지도는 그 목적달성에 필요한 최소한도에 그쳐야 하고, 또한 상대방의 의사에 반하여 부당하게 강요하여서는 아니 된다(행정절차법 제48조 제1항).

2) 불이익의 조치금지의 원칙

행정기관은 상대방이 행정지도에 따르지 아니하였다는 것을 이유로 불이익한 조치를 하여서는 아니 된다(동법 제48조 제2항).

2. 행정지도의 방식

「행정절차법」은 행정지도의 원칙뿐만 아니라, 행정지도의 방식에 대해서도 명문화하고 있다.

1) 행정지도실명제

(1) 행정지도를 행하는 자는 그 상대방에게 행정지도의 취지·내용 및 신분을 밝혀야 한다(동법 제49조 제1항).

(2) 행정지도는 서면·구두 모두 가능하다.

(3) 행정지도가 구술로 이루어지는 경우에 상대방이 서면의 교부를 요구하는 때에는 특별한 지장이 없는 한, 이를 교부 하여야 한다.

2) 의견제출

행정지도의 상대방은 당해 행정지도의 방식·내용 등에 관하여 행정기관에 의견을 제출할 수 있다.

3) 다수인을 대상으로 하는 행정지도(공표)

행정지도의 명확성과 공평성을 확보하기 위하여 동일 행정목적으로 다수인에게 행정지도를 행하는 경우에는, 특별한 사정이 없는 한 행정지도에 공통적인내용이 되는 사항을 공표하여야 한다.

Ⅵ. 행정지도와 권리구제

1. 행정쟁송

1) 행정지도는 상대방의 동의 또는 임의적 협력을 바탕으로 하는 비권력적 사실행위이다. 따라서 처분성이 부정되어 이에 대한 항고소송의 대상이 되지 아니 한다(다수설 · 판례).

2) 이에 대하여 행정지도 중 규제적 · 구속적 성격을 강하게 갖는 것은 예외적으로 행정지도의 처분성을 인정할 수 있다고 하는 견해도 있다.[207)]

3) 행정지도에 따르지 않은 것을 이유로 하여 어떤 다른 처분이 행하여진 경우, 또는 행정지도를 전제로 하여 다음의 처분이 행하여진 경우에는 행정지도의 하자를 이유로 후행처분의 효력을 다툴 수 있을 것이다.

[관련 판례]

★ 행정지도에 대한 처분성 부정

• 세무당국이 소외 회사에 대하여 특정인과의 주류거래를 일정한 기간 중지하여 줄 것을 요청한 행위는 권고 내지 협조를 요청하는 권고적 성격의 행위로서 소외 회사나 특정인의 법률상의 지위에 직접적인 법률상의 변동을 가져오는 행정처분이라고 볼 수 없는 것이므로 항고소송이 될 수 없다(대판 1980.10.27, 80누395).

• 구청장이 도시재개발구역 내의 건물소유자에게 건물의 자진철거를 요청하면서 '지장물철거촉구'라는 제목의 공문을 보낸 경우 이 요청행위는 행정소송의 대상이 되는 처분으로 볼 수 없다(대판 1989.9.12, 88누8883).

• 행정지도만으로는 건축법상의 도로지정이 있는 것으로 볼 수 없다(대판 1999.8.24, 99두592).

• 금융감독원장이 종합금융주식회사의 전 대표이사에게 재직 중 위법 · 부당행위사례를 첨부하여 금융 관련 법규를 위반하고 신용질서를 심히 문란하게 한 사실이 있다는 내용으로 '문책경고장(상당)'을 보낸 행위는 항고소송의 대상이 되는 행정처분에 해당하지 아니한다(대판 2005.2.17, 2003두10312).

★ 행정지도에 대한 처분성 긍정

• 행정규칙에 의한 '불문경고조치'가 비록 법률상의 징계처분은 아니지만, 항고소송의 대상이 되는 행정처분에 해당한다(대판 2002.7.26, 2001두3532).

• 구 남녀차별금지 및 구제에 관한 법률상 국가인권위원회의 성희롱결정 및 시정조치권고는 행정소송의 대상이 되는 행정처분에 해당한다(대판 2005.7.8, 2005두487).

• 금융기관의 임원에 대한 금융감독원장의 문책경고는 그 상대방에 대한 직업선택의 자유를 직접 제한하는 효과를 발생하게 하는 등 상대방의 권리 · 의무에 직접 영향을 미치는 행위로서 항고소송의 대상이 되는 행정처분에 해당한다(대판 2005.2.17, 2003두14765).

---

207) 김도창, 「일반행정법론(상)」, 청운사, 1993 p.528.

2. 헌법소원

1) 행정지도는 공권력 행사가 아니므로 원칙적으로 헌법소원의 대상이 되지 아니한다.

2) 그러나 행정지도가 사실상 강제력을 가지는 경우에는 예외적으로 헌법소원의 대상이 된다고 헌법재판소는 판시한 바 있다(헌재 2003. 6.26, 2003헌마337, 2003헌마7.8(병합)).

> **[관련 판례]**
>
> ★ 교육인적자원부장관의 국·공립대학총장들에 대한 학칙시정요구에 대하여, "그 법적성격은 사실상의 행정지도의 일종이지만 그에 따르지 않을 경우 일정한 불이익조치를 예정하고 있어 사실상 상대방에게 그에 따를 의무를 부과하는 것과 다를 바 없으므로, 단순한 행정지도로서의 한계를 넘어 규제적·구속적 성격을 상당히 강하게 갖는 것으로서 「헌법소원」의 대상이 되는 공권력의 행사라고 볼 수 있다.

3. 손해배상

1) 행정지도에 따를지 여부에 관해 상대방에 완전한 자유가 보장되어 있는 경우에는 행정지도와 손해 사이에는 인과관계가 부정되어 피해자의 배상청구권은 인정되지 않는다.

2) 행정지도를 따름으로 피해를 입은 자는 국가배상법 제2조 제1항이 정하는 바에 따라 국가 또는 지방자치단체에 손해배상을 청구할 수 있다.

> **[관련 법률]**
>
> 국가배상법 제2조 ① 국가나 지방자치단체는 공무원 또는 공무를 위탁받은 사인(이하 "공무원"이라 한다)이 직무를 집행하면서 고의 또는 과실로 법령을 위반하여 타인에게 손해를 입히거나, 「자동차손해배상 보장법」에 따라 손해배상의 책임이 있을 때에는 이 법에 따라 그 손해를 배상하여야 한다.

위법한 행정지도에 있어서 국가배상법 책임과 관련하여 다음의 세 요건이 특히 중요하다.

(1) 행정지도가 국가배상법의 직무행위에 해당하는지 여부

행정지도는 행정목적을 달성하기 위한 비권력적 사실행위, 즉 비권력적 공행정작용이다. 따라서 행정지도는 국가배상법의 적용범위에 포함된다.

> **[관련 판례]**
>
> ★ 국가배상법이 정한 배상청구의 요건인 '공무원의 직무'에는 권력적 작용만이 아니라 비권력 작용도 포함된다(대판 1998.7.10., 96다38971).

(2) 행정지도의 위법성과 과실여부

① 행정지도로 인한 손해에 대해 국가배상책임이 인정되기 위해서는 행정지도의 위법성

과 행정지도를 행한 공무원의 과실이 인정되어야 한다.

② 법의 일반원칙을 위반한 경우에도 위법성이 인정된다.

> **[관련 판례]**
>
> ★ 행정지도가 강제성을 띠지 않은 비권력적 작용으로서 행정지도의 한계를 일탈하지 않은 경우 그로 인하여 상대방에게 어떤 손해가 발생하였다면, 행정기관은 그에 대한 손해배상책임을 지지 않는다(대판 2008.9.25, 2006다18228).

(3) 행정지도와 손해의 인과관계

① 위의 요건의 충족 중 가장 문제가 되는 것은 인과관계이다. 일반적으로 임의적인 의사에 의하여 행정지도를 따른 경우에는 인과관계가 단절되므로 국가배상이 부정된다(통설).

② 그러나 사실상 강제에 의한 경우, 즉 국민이 행정지도를 따를 수밖에 없는 불가피한 경우에는 인과관계가 존재한다고 보아 국가배상책임을 인정해야 할 것이다.

③ 대법원은 행정기관이 법령의 근거도 없이 책의 판매금지를 종용하였다면 이는 불법행위를 구성할 뿐만 아니라, 그 시판불능으로 입은 손해와는 상당인과관계가 있다고 하여 행정지도에 대한 국가의 손해배상책임을 인정하고 있다(서울지법 1989.9.26, 88가합4039).

4. 손실보상(損失補償)

1) 행정지도는 임의적인 협력을 전제로 한다. 따라서 그로 인한 손실이 공권력 행사로 인한 특별한 희생이라고 보기는 어려우므로, 원칙적으로 손실보상청구권이 부정된다고 할 수 있다.

2) 다만 통일벼 장려에 따라 손실을 본 농가에 대한 국가의 임의적인 보상조치는 가능하다.

Ⅶ. 행정지도와 하자(위법성 조각 여부)

1. 위법한 행정지도에 따른 사인의 행위가 결과적으로 위법하고 범죄행위에 해당하는 경우, 사인에 대하여 형사처벌이 가능한지 문제시된다.

2. 판례는 위법한 행정지도에 따른 경우에도 사인의 행위는 그 위법성이 여전히 인정되며, 그 위법성이 조각되지 않고 형사처벌의 대상이 된다는 입장이다.

> **[관련 판례]**
>
> ★ 토지거래계약신고에 관한 행정관청의 위법한 관행에 따라 토지의 매매가격을 허위로 신고한 행위라 하더라도 위법성이 조각되지 않아 형사처벌의 대상이 된다(대판 1992.4.24, 91도1609).

★ 토지의 매매대금을 허위로 신고하고 계약을 체결하였다면 이는 계약예정금액에 대하여 허위의 신고를 하고 토지 등의 거래계약을 체결한 것으로서 구 국토이용관리법 제33조 제4호에 해당한다고 할 것이고, 행정관청이 국토이용관리법 소정의 토지거래계약신고에 관하여 공시된 기준시가를 기준으로 매매가격을 신고하도록 행정지도를 하여 그에 따라 허위신고를 한 것이라 하더라도 이와 같은 행정지도는 법에 어긋나는 것으로서 그와 같은 행정지도나 관행에 따라 허위신고행위에 이르렀다고 하여도 이것만 가지고서는 그 범법행위가 정당화될 수 없다(대판 1994.6.14, 93도3247).

제 5 절 행정계획

Ⅰ. 행정계획의 의의

1) 행정계획이란 행정주체 또는 행정기관이 장래 일정기간내에 도달하고자 하는 목표를 미리 설정하고, 그 목표를 달성하기 위하여 여러 수단들을 조정 · 종합함으로써 구체적 활동의 기준을 제시하는 행위이다.

2) 행정계획의 예로는 도시관리계획,[208] 경제개발계획, 환경계획 등을 들 수 있다.

Ⅱ. 행정계획의 종류

행정계획은 여러 기준에 따라 분류할 수 있으나, 법적 관점에서는 계획의 구속력 여부에 따른 구분이 가장 중요한 의미를 지닌다.

1. 구속적 계획

사인에 대하여 혹은 다른 행정기관에 대하여 법적 구속력을 갖는 행정계획을 말한다. 구속적 계획 중 중요한 것은 사인에 대하여 법적 구속력을 가지는 행정계획이다.

1) 국민에 대하여 구속력을 가지는 계획

국토의 계획 및 이용에 관한 법률상의 도시관리계획, 도시개발법상의 계발계획 등은 국

208) 도시관리계획은 특별시, 광역시, 시 · 군의 관할구역에 대하여 그 공간구조와 발전방향을 제시하는 것을 목표로 하고, 그 목표를 달성하기 위하여 지역 · 지구 · 구역의 지정 및 그 안에서의 행위제한, 도시계획의 설치 · 관리, 도시계획시설사업의 시행 등의 수단을 제시한다. 따라서 행정계획은 목표와 수단의 구조로 이루어져 있다.

민의 권리·이익에 영향을 주는 행정계획으로, 행정행위(일반처분)의 성격을 가진다.

2) 타계획에 대하여 구속력을 가지는 계획

(1) 국토기본법상의 국토종합계획, 국토의 계획 및 이용에 관한 법률상의 도시기본계획 등은 국민에 대한 구속력은 없으나, 타계획을 수립하는데 있어 일정한 지침·기준이 된다.

(2) 따라서 구속력을 가지는 계획으로 행정규칙적 성격을 가진다.

3) 관계 행정기관에 대하여 구속력을 가지는 계획

예산회계법상의 예산운용계획은 예산의 운영과 관련하여 관계 행정기관을 구속하는 계획이나, 국민에게는 구속력이 없다.

2. 비구속적 계획(구속력 없는 계획)

사인이나 다른 행정기관에 대하여 아무런 법적 구속력을 갖지 않는 행정계획을 말한다. 예컨대, 교육진흥계획·체육진흥계획·전력안정을 위한 전력수습기본계획 등이다.

Ⅲ. 행정계획의 법적 성질

1. 법적 성질

1) 행정계획 중에는 행정입법의 성질을 갖는 것도 있고, 때로는 행정행위의 성질을 갖는 것도 있으며, 때로는 행정내부에서만 효력을 발생하는 내부지침적 성격의 것도 있다.

2) 따라서 그 법적 성질을 추상화하여 일률적으로 말할 수는 없고, 개개의 계획의 내용에 따라 구체적으로 판단되어야 할 것이다.

2. 도시계획결정과 관련한 논의

우리나라의 경우 특히 도시계획의 법적 성질이 무엇인가 하는 것이 중점적으로 논의된 바 있다.

1) 학설

이에대하여 (1) 입법행위설[209], (2) 행정행위설[210], (3) 독자성설[211], (4) 개별검토설[212]

---

209) 입법행위설은 행정계획은 국민의 자유와 권리에 관련되는 일반·추상적인 규율을 정립하는 행위로서 일반적 구속력을 가지므로, 항고소송의 대상이 아니라는 견해이다.

210) 행정행위설은 행정계획중에는 법관계의 구체적인 변동이라는 효과를 가져오는 행정행위의 성질을 가지는 것이 있고, 이 경우에는 항고소송의 대상이 된다는 견해이다.

211) 독자성설은 행정계획은 법규범도 아니고 행정행위도 아닌 특수한 성질의 것이지만, 그에게 구속력이 인정된다고 보는 견해이다.

212) 계획의 법적 성질을 계획마다 개별적으로 검토하여 항고소송대상의 여부를 판단하는 견해이다.

등의 견해가 대립하고 있으나, 복수성질설(개별검토설)이 통설이다.

2) 판례

행정계획에 대한 판례는 처분성을 인정한 예도 있고, 부정한 예도 있다.

(1) 처분성을 인정한 판례

① (구) 도시계획법 제12조 소정의 고시된 도시계획결정은 특정 개인의 권리 내지 법률상의 이익을 개별적이고 구체적으로 규제하는 효과를 가져오게 하는 행정청의 처분으로서, 행정소송의 대상이 된다(대판 1982.3.9, 80누105).

② 택지개발촉진법상의 택지개발예정지구지정과 택지개발사업시행자에 대한 택지개발계획승인은 항고소송의 대상이 되는 처분이라고 볼 수 있다(대판 1996.12.6, 95누8409).

③ 도시재개발법상의 관리처분계획은 토지 등의 소유자에게 구체적이고 결정적인 영향을 미치므로 처분성이 있다(대판 2002.12.10, 2001두6333).

④ 환지예정지지정이나 환지처분은 그에 의하여 직접 토지소유자 등의 권리·의무가 변동되므로 이를 항고소송의 대상이 되는 처분이라고 볼 수 있다(대판 1999.8.20, 97누6889).

⑤ 도시설계는 건축물규제라는 성격과 건축법안의 입법적인 경과에 비추어 볼 때 법적 구속력을 가지는 구속적 행정계획이다(헌재결 2003.6.26, 2002헌마402).

⑥ 개발제한구역지정처분은 광범위한 형성의 자유를 가지는 계획재량처분이다(대판 1997.6.24, 96누1313).

(2) 처분성을 부정한 판례

① (구)도시계획법상 도시기본계획은 일반지침에 불과하다고 하여 일반 국민에 대한 직접적 구속력이 없다(대판 2002.10.11, 2000두8226).

② 토지구획정리법상 환지계획은 환지예정지 지정이나 환지처분의 근거가 될 뿐 고유한 법률효과를 수반하는 것이 아니어서 항고소송의 대상이 되는 행정처분에 해당하지 않는다(대판 1999.8.20, 97누6889).

③ 택지개발촉진법상 택지개발사업시행자의 택지공급방법결정행위는 분양계약을 위한 사전준비절차로서의 사실행위에 불과하고, 항고소송의 대상이 되는 행정처분으로 볼 수 없다(대판 1993.7.13, 93누36).

Ⅳ. 법적 근거

1. 구속적인 행정계획은 법적 근거가 필요하나, 비구속적 행정계획은 법적근거가 필요하지 않다.

2. 우리나라의 행정절차법에는 행정계획에 대하여 일반적인 규정을 두고 있지는 않지만, 구속적 행정계획의 경우에는 행정절차법의 처분절차가 적용될 수 있다.

V. 행정계획의 절차

1. 행정계획의 절차상 통제에 관한 일반법은 없고, 개별법(예컨대, 국토의 계획 및 이용에 관한 법률)에 단면적으로 규정되어 있을 뿐이다.

2. 행정계획은 보통 심의회의 조사·심의 → 관계기관간의 조정 → 주민 등 이해관계인의 참여 → 공고의 단계를 거쳐 책정된다.

3. 행정계획에는 광범위한 형성의 자유가 인정되므로 계획수립과정의 절차통제가 중요시된다.

4. 판례는 구속적계획의 경우 절차하자를 위법사유로 인정하고 있으며, 그 사유는 주로 취소사유로 보고 있다.

[관련 판례]

★ 구 도시계획법상 행정청이 기안·결재 등의 과정을 거쳐 도시계획결정 등의 처분을 하였다고 하더라도 이를 관보에 게재하여 고시하지 아니한 도시계획결정은 위법하다(대판 1985.12.10, 85누186).

★ 도시계획의 수립에 있어서 공청회와 이주대책이 없는 도시계획 수립행위는 위법하며 취소사유가 된다.

★ 도시계획의 입안에 있어 공고 및 공람절차에 하자가 있는 도시계획결정은 위법하다(대판 2003.3.23, 98두2768).

VI. 행정계획의 효력

행정계획이 어떤 효력을 발생하는가는 일률적으로 말할 수는 없고, 각 사안에 따라 구체적으로 검토되는 것이 바람직하다.

1. 효력발생요건

1) 개인의 자유와 권리에 직접 관련하는 계획은 법규형식에 의한 것이 아니어도, 국민들에게 알려져야만 효력을 발생한다. 따라서 정당하게 도시계획결정 등의 처분을 하였다고 하더라도 이를 관보에 게재하여 고시하지 아니한 이상 대외적으로 아무런 효력도 발생하지 아니한다(대판 1985.12.10. 85누186).

2) 법규형식의 계획은 당연히 '법령 등 공포에 관한 법률'이 정한 바의 형식을 갖추어서 공포되어야 하고, 특별히 정함이 없으면 공포일로부터 20일이 지나야 효력이 발생한다.

2. 효력의 내용

1) 구속효의 형태

행정계획은 사인에 대한 구속적 계획에 있어서와 같이 사인에 대하여 일정한 법적 효과를 발생하는 경우도 있고, 행정기관에 대한 구속적 계획에 있어서와 같이 행정기관에 대하여 일정한 의무를 과하는 경우도 있다.

2) 집중효

(1) 의의

① 집중효는 계획확정에 부여되는 특수한 효과라고 볼 수 있다.

② 집중효라 함은 도시개발계획이나 택지개발사업 등 대규모사업계획이 확정되면, 그 근거법에서 다른 법령이 규정하고 있는 일정한 인가·허가 등을 받은 것으로 간주하는 것을 말한다.

[관련 법률]

★「철도건설법」 제11조 제1항은 "국토해양부 장관이 실시 계획을 승인한 때에는 「국토의계획및이용에관한법률」등이 정한 협의·승인·허가·인가·동의·신고·심의·처분 등이 있는 것으로 본다.

(2) 법적 근거

집중효 제도는 행정기관의 권한에 변경을 가져온다. 따라서 행정조직법정주의의 원리에 비추어 집중효는 반드시 근거법상의 명시적 근거를 필요로 한다.

(3) 관계기관과의 협력과 주민의견청취

행정계획이 결정되면 다른 인·허가 등 행위가 행하여진 것으로 의제되는 경우에 행정계획을 결정하는 행정청은 미리 의제되는 행위의 관계기관과 협의하도록 규정하고 있는 개별법이 있다(예컨대, 택지개발촉진법 제11조 2항).

[관련 판례]

★ 건설부장관(현 국토교통부장관)이 (구)주택건설촉진법에 따라 관계기관의 장과의 협의를 거쳐 주택건설사업계획승인을 한 경우 별도로 도시계획법 소정의 중앙도시계획위원회의 의결이나 주민의 의견청취 등 절차를 거칠 필요가 없다(대판 1992.11.10, 92누1162).

3) 인 · 허가의제제도

(1) 독일의 행정계획의 집중효에 대응하는 것으로서 우리 실정법상 채택되어 있다.

(2) 법적근거를 요하며 집중효와 유사하다.

(3) 근거법상의 주된 허가, 특허 등을 받으면, 그 시행에 필요한 다른 법률에 의한 인 · 허가도 이를 받은 것으로 간주하는 제도이다.

(4) 인 · 허가 신청의 거부처분과 소송의 대상[213]

① 인 · 허가 의제와 거부처분

㉠ 인 · 허가 의제에 있어서 의제되는 처분의 요건불비를 이유로 주된 인 · 허가의 신청에 대한 거부를 하는 경우, 거부처분의 적법성 여부가 문제시 된다.

㉡ 판례는 의제되는 인 · 허가의 요건불비를 이유로 주된 인 · 허가 신청에 대한 거부처분의 적법성을 인정하고 있다(대판 2002.10.11. 2001두151).

[관련 판례]

★ 채광계획인가로 공유수면점용허가가 의제될 경우, 공유수면점용불허사유로서 채광계획을 인가하지 아니할 수 있다(대판 2002.10.11, 2001두151).

★ 국토의 계획 및 이용에 관한 법률상의 개발행위허가로 의제되는 건축신고가 개발행위 허가의 기준을 갖추지 못한 경우, 행정청은 수리를 거부할 수 있다(대판 2011.11.20, 2010두1495 전합).

② 인 · 허가 의제와 소송제도

㉠ 인 · 허가 의제에 있어서 인 · 허가가 의제되는 행위의 요건불비를 이유로 사인이 신청한 주된 인 · 허가에 대한 거부처분이 있는 경우, 의제되는 행위에 대한 거부를 소송의 대상으로 해야 하는지, 아니면 주된 인 · 허가의 거부를 대상으로 소송을 제기하여야 하는지가 문제시 된다.

㉡ 인 · 허가의제에 있어서 인 · 허가가 의제되는 행위의 요건불비를 이유로 사인이 신청한 주된 인 · 허가에 대한 거부처분이 있는 경우, 주된 인 · 허가의 거부처분을 대상으로 소송을 제기해야 한다는 것이 판례의 입장이다.

[관련 판례]

★ 건축불허가처분을 하면서 그 처분사유로 건축불허가 사유뿐만 아니라 형질변경불허가 사유나 농지전용불허가 사유를 들고 있다고 하여 그 건축불허가처분 외에 별개로 형질변경불허가처분이나 농지전용불허가처분이 존재하는 것이 아니므로, 그 건축불허가처분을 받은 사람은 그 건축불허가처분에 관한 쟁송에서 건축법상의 건축불허가 사유뿐만 아니라 같은 도시계획법상의 형질변경불허가 사유나 농지법상의 농지전용불허가사유

213) 홍정선, 전게서, PP.177－178.

에 관하여도 다툴 수 있는 것이지, 그 건축불허가처분에 관한 쟁송과는 별개로 형질변경불허가처분이나 농지전용불허가처분에 관한 쟁송을 제기하여 이를 다투어야 하는 것은 아니며, 그러한 쟁송을 제기하지 아니하였어도 형질변경불허가 사유나 농지전용불허가사 사유에 관하여 불가쟁력이 생기지 아니한다(대판 2001.1.16. 99두10988).

4) 중복된 도시계획결정의 효력은 각 사안에 따라 구체적으로 검토되어야 한다.

[관련 판례]

★ 후행도시계획에 선행도시계획과 서로 양립할 수 없는 내용이 포함되어 있다면, 특별한 사정이 없는 한 선행도시계획은 후행도시계획과 같은 내용으로 적법하게 변경되었다고 할 것이다(대판 1997.6.24, 96누1313).
★ 도시계획의 결정·변경 등에 관한 권한을 가진 행정청은 이미 도시계획이 결정·고시된 지역에 대하여도 다른 내용의 도시계획을 결정·고시할 수 있다(대판 2000.9.8, 99두11257).
★ 후행도시계획의 결정을 하는 행정청이 선행도시계획의 결정·변경 등에 관한 권한을 가지고 있지 아니한 경우, 선행도시계획과 양립할 수 없는 내용이 포함된 후행도시계획결정의 효력은 무효이다(대판 2000.9.8, 99두11257).

Ⅶ. 행정계획의 통제

1. 행정적 통제

1) 절차에 의한 통제

계획의 수립과정에서 이해관계인의 참여 등을 통해 구체적 계획이 합법성·합리성을 확보하도록 하는 것이 중요하다. 이러한 절차적 통제는 입법적·사법적 통제가 불충분한 행정계획분야에서 중요한 통제수단으로 기능한다.

2) 감독권에 의한 통제

상급행정청은 하급행정청에 대해 행정계획과 관련하여 기준·내용 등을 지시하거나, 기존의 행정계획의 취소·변경을 명할 수 있다.

2. 국회에 의한 통제

행정계획은 그 법규범의 특성상 법률을 통한 직접적 통제는 곤란하며, 국정감사 등을 통하여 간접적으로 행정계획에 통제를 가할 수 있다. 그러나 이러한 수단은 그 효과가 통상 간접적이고 사후적이라는데 한계가 있다.

3. 사법적 통제

1) 행정쟁송(처분해당문제)

행정계획이 행정심판법 및 행정소송법상의 「처분」에 해당하는 가의 문제는 행정계획의 다양성 때문에 일률적으로 말할 수는 없다.

(1) 학설

① 행정소송은 구체적인 처분을 대상으로 하고 있기 때문에, 행정계획은 사법심사의 대상이 되지 않는다는 견해도 있다.

② 그러나 행정계획 중에서 구속적 행정계획으로서 그 공고(또는 고시)로 사인의 종전의 권리상태에 구체적인 변동을 가져오는 것은 처분에 해당한다고 보고 있는 것이 적극설의 입장이다.

③ 적극설은 모든 행정계획이 아니라 「처분성」이 있는 행정계획에 한정시키고 있다.

(2) 판례

대법원은 ① 도시계획법 제12조 소정의 고시된 도시계획결정을 처분으로 판시하여, 행정소송의 대상이 된다고 하였고(대판 1982.3.9. 80누105), ② 도시계획법 제21조와 동법시행령 제20조의 건설부장관의 개발제한구역의 지정·고시행위에 대하여 행정쟁송절차로서 다툴 수 있다고 판시한바 있다(대판 1978.12.26. 78누281).

2) 계획재량과 통제

(1) 계획재량의 개념

① 계획재량이라 함은 행정계획을 수립·변경함에 있어서 계획청에게 인정되는 재량을 말한다. 즉, 행정주체는 계획법률에 근거한 구체적인 계획을 책정하는 과정에서 광범위한 형성의 자유를 갖게 된다.

② 계획재량은 행정행위에 있어서의 재량행위에 비하여 재량의 폭이 넓다. 그 이유는 계획재량이 목표와 수단의 구조로 이루어져 있다는 데에서 찾아볼 수 있다.

[관련 판례]

★ 개발제한구역지역정지처분은 계획재량처분

개발제한구역지정처분을 건설부장관이 법령의 범위 내에서 도시의 무질서한 확산방지 등을 목적으로 도시정책상의 전문적·기술적 판단에 기초하여 행하는 일종의 행정계획으로 그 입안·결정에 관하여 광범위한 형성의 자유를 가지는 계획재량처분이다(대판 1997.6.24. 96누1313).

★ 행정주체가 구체적인 행정계획을 입안·결정할 때 가지는 형성의 자유의 한계에 관한 법리가 장기간 미집행 도시계획시설의 변경신청에 관한 결정을 함에 있어서도 적용된다(대판2012.1.12, 2010두5806).

(2) 계획재량과 일반 행정재량의 구분

구분	행정재량(일반행정법규)	계획재량(행정계획법규)
규범구조	조건프로그램(조건－효과모형)214)	목적－수단모형(목적프로그램)
재량범위	상대적으로 좁음(선택재량과 결정재량)	상대적으로 넓음(광범위한 형성의 자유)
위법성판단	재량권의 내적·외적 한계기준	재량권 행사의 절차적 하자 기준
형량대상	부분전 이해관계인만 고려	전체적인 이해관계인 모두 고려
재량통제방법	사후적 통제중심	사전적 통제중심(절차적 통제)

(3) 계획재량과 사법심사

① 계획재량의 경우, 형성의 자유가 인정되는 범위 내에서 사법심사가 배제된다.

② 그렇다고 해서 계획재량(형성의 자유)에는 아무런 제한이 없는 것은 아니고, 여기에도 다음과 같은 일정한 한계가 있다.

㉠ 계획상의 목표는 법질서에 부합하여야 하고, ㉡ 수단은 목표실현에 적합·필요·비례적이어야 하고, ㉢ 법에 정한 절차가 있다면 그 절차를 준수하여야 하고, ㉣ 비례원칙 또는 비교형량요청의 원칙(형량명령)을 준수하여야 한다. 즉, 공익상호간, 사익상호간, 공익과 사익상호간의 정당한 형량을 하여야 한다.

③ 형량명령

㉠ 형량명령(비교형량요청의 원칙)이라 함은 행정계획을 수립·변경함에 있어서 관련된 이익을 정당하게 형량하여야 한다는 원칙을 말한다.

㉡ 형량명령은 행정계획에서 행정기관이 가지는 계획재량의 통제를 위한 법리이다.

④ 형량하자

㉠ 행정계획결정이 형량명령의 내용에 반하는 경우에 형량하자가 있게 된다. 이익형량을 전혀 하지 않은 하자를 「형량의 해태(형량의 부존재)」라고 한다.

㉡ 이익형량을 하기는 하였으나 반드시 고려하여야 할 중요한 사항을 누락하는 경우를 「형량의 흠결(형량의 누락)」이라고 한다.

㉢ 이익형량을 하였으나 정당성·객관성·비례성이 결여된 경우의 하자를 「오형량(형량불비례)」이라고 한다.

---

214) 통상의 법률은 「어떠한 요건사실이 발생하면 어떠한 효과가 주어진다」는 가언명제형식에 기한 조건프로그램이다. 반면 계획법률은 「어떠한 목적을 위하여 어떠한 행위를 한다는 목적－수단 형식에 기한 목적프로그램이다. 계획법률이 갖는 이러한 구조상의 특성이 계획재량이라는 문제를 가져온다(홍정선, 전게서, P.181).

[관련 판례]

★ 행정주체는 구체적인 행정계획을 입안·결정함에 있어서 비교적 광범위한 형성의 자유를 가진다고 할 것이지만, 행정주체가 가지는 이와 같은 형성의 자유는 무제한적인 것이 아니라 그 행정계획에 관련되는 자들의 이익을 공익과 사익사이에서는 물론이고 공익 상호간과 사익 상호간에도 정당하게 비교형량하여야 한다는 제한이 있는 것이고, 따라서 행정주체가 행정계획을 입안·결정함에 있어서 이익형량을 전혀 행하지 아니하거나, 이익형량의 고려대상에 마땅히 포함시켜야할 사항을 누락한 경우 또는 이익형량을 하였으나 정당성·객관성이 결여된 경우에는 그 행정계획결정은 재량권을 일탈·남용한 것으로서 위법한 것으로 보아야 할 것이다(대판 2007.4.12. 2005두1893).

(4) 헌법소원

① 행정기관에 대한 구속적 계획 및 비구속적 계획도 헌법소원의 대상이 되는 공권력의 행사에 해당하는가의 문제이다.

② 헌법재판소는 개발제한구역제도 확정발표 위헌 확인사건에서 비구속적 행정계획안도 국민의 기본권에 직접적으로 영향을 끼치고 앞으로 법령의 뒷받침에 의하여 그대로 실시될 것이 틀림없을 것으로 예상될 수 있는 때에는 공권력의 행사로서 예외적으로 헌법소원의 대상이 될 수 있다고 판시한 바 있다(헌재 2006.6.1. 99헌마538.543 등).

Ⅷ. 계획보장청구권(손실보상청구권)

1. 의의

1) 계획보장청구권이란 행정계획에 대한 관계국민의 신뢰를 보호하기 위하여 관계 국민에 대하여 인정된 행정주체에 대한 권리를 총칭하는 개념이다.

2) 행정계획작용은 정치·경제·사회적인 일정 여건의 변화에 따라 계획의 폐지·변경의 필요성(계획변경의 문제)과 계획의 존속을 신뢰하는 이해관계인의 보호(신뢰보호의 문제)라는 충돌문제가 발생하게 된다.

3) 신뢰보호원칙은 행정법상의 일반원리로서 행정계획의 경우에도 예외 없이 적용된다.

2. 계획보장청구권의 내용

1) 의의

(1) 행정계획은 장기성, 종합성, 가변성을 그 특징으로 한다. 이는 행정계획이 장래 사정변경 등이 있으면 언제든지 변경 또는 폐지될 수 있다는 것을 의미한다.

(2) 일반적인 계획보장청구권은 인정되지 않으며, 또한 계획보장청구권은 실정법상으로

반영되고 있지 않다.

2) 내용

계획보장청구권에는 계획존속청구권 · 계속집행청구권 · 계획변경청구권 · 경과조치청구권 · 손실보상청구권 등이 있다.

[관련 판례]

★ 장기성, 종합성이 요구되는 행정계획에 있어서는 그 계획이 일단 확정된 후에 어떤 사정의 변경이 있다 하여 지역주민에게 일일이 그 계획의 변경을 청구할 권리가 인정되지 않는다(대판 1989.10.24, 89누725).

3. 학설 및 판례

1) 학설

계획보장청구권은 인정될 수 없다는 것이 다수설의 입장이다.

2) 판례의 태도

(1) 판례는 도시계획 및 국토이용계획 등과 관련하여 주민의 계획보장청구는 법규상 또는 조리상 권리가 없다고 보고 있고(대판 1994.12.9, 94누8433), 계획변경신청에 대한 불허행위에 대하여 처분성을 부정한 바 있다.

(2) 예외

「행정절차법」은 계획을 변경하는 경우에 행정예고절차를 규정하고 있고(행정절차법 제46조 1항), 판례도 최근에는 예외적으로 신청인에게 계획변경 신청권이 있다고 보아 그 거부행위에 대하여 처분성을 인정하였다(대판 2003.9.23, 2001두10936).

[관련 판례]

★ 구 국토이용관리법상의 국토이용변경신청을 거부하는 것이 실질적으로 당해 행정처분 자체를 거부하는 결과가 되는 경우에는 예외적으로 그 신청인에게 국토이용계획변경을 신청할 권리가 있고, 이러한 신청에 대한 거부행위는 항고소송의 대상이 되는 행정처분에 해당한다(대판 2003.9.23, 2001두10936).

★ 도시 · 군관리계획 구역 내에 토지 등을 소유하고 있는 주민은 입안권자에게 도시계획입안을 요구할 수 있는 법규상 또는 조리상의 신청권이 있으며, 도시계획입안신청에 대한 거부행위는 항고소송의 대상이 되는 행정처분에 해당한다(대판 2004.4.28, 2003두1806).

★ 폐기물처리사업계획의 적정통보를 받은 자는 사업부지에 대한 국토이용계획변경을 신청할 법규상 또는 조리상 권리를 가진다(대판 2003.9.23, 2001두10936).

★ 도시관리계획 구역 내 토지 등을 소유하고 있는 주민의 납골시설에 관한 도시관리계획의 입안 제안을 반려한 군수의 처분은 항고소송의 대상이 된다(대판 2010.7.22, 2010두5745).

★ 문화재보호구역 내의 토지소유자가 문화재보호구역의 지정해제 신청에 대한 거부행위는 항고소송의 대상이 되는 행정처분에 해당한다. 즉, 문화재보호구역내에 있는 토지소유자 등으로서는 위 보호구역의 지정해제를 요구할 수 있는 법규상 또는 조리상의 신청권이 있다(대판 2004.4.27, 2003두8821).

Ⅸ. 행정계획과 권리구제제도

1. 손해전보

1) 행정계획과 손해배상청구권

위법한 행정계획의 수립·변경 또는 폐지로 인하여 손해를 받은 자는 행정상 손해배상청구도 가능하다.

2) 행정계획과 손실보상

적법한 행정계획의 수립·변경 또는 폐지로 인하여 예기치 아니한 불이익을 받은 자는 손실보상의 요건을 갖춘 경우에 손실보상을 청구할 수 있다.

[관련 판례]

★ 도시계획법 제21조에 따른 개발제한구역 지정으로 인한 재산권 행사의 제한인 경우에는 공공복리를 위하여 감수해야 하는 재산권에 내재하는 사회적 제약에 불과하다(특별한 희생이 아님)(대판 1996.6.28, 94다54511).

2. 행정쟁송

1) 행정계획에 대하여 취소소송이 인정되기 위하여는 행정계획으로 인하여 국민의 권리에 직접적인 영향을 미친 경우에 한하여 처분성이 인정된다.

2) 취소소송으로 권리구제가 되기 위하여는 행정계획이 위법하다고 판단되어야 한다.

3) 판례는 절차적 하자의 위법성 정도에 관하여도 당연 무효로 보지 않고 취소사유로 보는 것이 일반적 경향이다.

[관련 판례]

★ 도시계획의 수립에 있어서 공청회를 거치지 않은 도시계획결정은 취소사유에 해당하는 위법이 있다(대판 1990.1.23, 87누947).

3. 헌법소원

행정계획에 의하여 기본권을 침해당한 자는 헌법소원을 통하여 권리구제가 가능하다.

[관련 판례]

★ 건설부장관이 발표한 「개발제한구역제도 개선방안」은 개발제한구역의 해제 내지 조정을 위한 일반적인 기준과 그 운용에 대한 국가의 기본방침을 천명하는 정책계획안으로서 비구속적 행정계획안에 불과하지만 국민의 기본권에 직접적으로 영향을 끼치고 앞으로 법령의 뒷받침에 의하여 그대로 실시될 것이 틀림없을 것으로 예상되는 때에는 헌법소원의 대상이 될 수 있다(헌재결 2000.6.1, 99헌마538). 헌법재판소는 일정한 경우 비구속적 행정개혁안에 대하여 헌법소원의 대상으로 인정하고 있다.

★ 도시계획사업의 시행으로 인한 토지수용에 의하여 토지에 대한 소유권을 상실한 자는 도시계획결정이 당연무효가 아닌 한 그 토지에 대한 도시계획결정의 취소를 청구할 법률상 이익이 인정되지 않는다(헌재결 2002.5.30, 2000헌바58, 2001헌바3).

★ 도시계획시설결정과 토지의 수용이 위법하더라도 당연무효가 아닌 경우에, 일단 도시계획시설사업의 시행에 착수한 뒤에는 이해관계인에게는 그 도시계획시설결정 자체의 취소를 청구할 법률상 이익이 없다(헌재결 2002.5.30, 2000헌바58, 2001헌바3).

★ **행정계획의 미집행에 따른 권리구제**

• 장기 미집행 도시계획시설결정의 실효는 헌법상 재산권으로부터 당연히 도출되는 것은 아니며 법률의 근거가 필요하다는 것이 헌법재판소의 입장이다(헌재결 2002헌바84 · 89, 2003헌마678 · 943).

• 사적 이용권이 배제된 상태에서 토지소유자로 하여금 10년 이상을 아무런 보상 없이 수인하도록 하는 것은 헌법상 재산권 보장에 위배된다(헌재결 1999.10.21, 97헌바26).

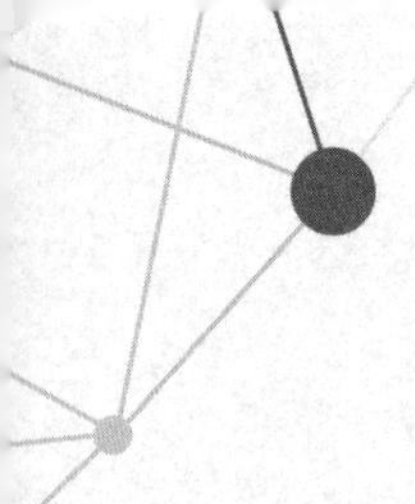

제 4 장
행정절차

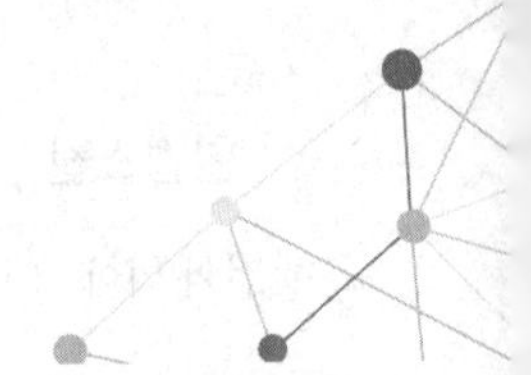

제 1 절 행정절차

* 행시 24회, 32회, 33회
* 사시 22회, 32회

Ⅰ. 행정절차의 개념

1. 행정절차의 의의

1) 행정절차라 함은 광의로 행정과정상 행정기관이 거쳐야 하는 모든 절차를 말한다(예컨대, 행정절차, 행정상 재결절차, 행정강제 등의 집행절차, 행정심판에 관한 절차 등).

2) 협의로는 행정청이 공권력을 행사하여 행정에 관한 결정을 함에 있어 요구되는 외부와의 일련의 교섭과정, 즉 행정의사결정에 관한 제1차적 결정과정인 절차를 말한다(통설).

2. 구별개념

1) 행정절차는 국회의 입법절차(예컨대 법률안, 예산안 등의 국회심사, 의결절차)와 구별된다.

2) 행정절차법은 행정실체법과 구별된다(예컨대, 허가를 취소하는 경우 취소사유 등을 규정한 법이 행정실체법이고, 반면 취소를 하기 위하여 거쳐야 할 절차, 예컨대 취소당하는 사람에 대한 의견진술의 기회부여 등을 규정한 법이 행정절차법이다).

3) 현행 행정절차법은 처분절차, 신고절차, 행정상 입법예고 절차, 행정예고 절차, 행정지도절차 등을 행정절차로 규정하고 있다(행정절차법 제3조 제1항).

3. 연혁

1) 영 · 미법계

(1) 영국에서의 행정절차는 자연적 정의의 원칙[215]과 이를 보충하기 위한 제정법을 통해

---

215) 자연적 정의의 원칙이라 함은 누구든지 자기의 사건에 심판관이 될 수 없다는 '편견배제의 원칙'과 누

발전하였고, 미국의 경우 수정헌법의 적법절차조항에 기초를 두고 있다.

(2) 미국의 경우 적법절차에 의한 국민의 권리보장에 있어서 가장 중요한 것은 행정결정 과정에서의 사전청문절차를 받을 권리이다.

2) 대륙법계

(1) 종례의 대륙법계 국가에서는 행정의 합목적성·통일성·능률성을 중시하였기 때문에, 사후적인 재심사의 길이 열려 있으면 충분한 것으로 보았다.

(2) 오늘날은 사후적인 재판의 통제에도 한계가 드러나게 됨에 따라 개인의 인권과 권익 보호에 중점을 두는 행정절차가 발달하게 되었다.

3) 우리나라에서의 행정절차

(1) 우리나라 「행정절차법」은 1996년 12월 31일 제정·공포되고 1998년 1월 1일부터 시행되어 현재에 이르고 있다.

(2) 행정절차법은 행정절차를 제도화하고 행정절차과정에 국민의 참여를 보장함으로써, 행정의 민주화를 가져오는데 중요한 의미를 갖는다.

Ⅱ. 행정절차의 법적 근거

1. 헌법

1) 학설과 헌법재판소는 행정절차의 요청을 헌법적 근거에 의한 것으로 보고 있다.

2) 우리 헌법은 행정절차에 관하여 직접적 근거규정을 두고 있지 않다. 헌법 제12조 제3항 본문은 "적법한 절차"[216]라는 규정을 명문화하고 있다. 이 규정은 형사사법권의 발동에 관한 조항이라 하더라도, 그 취지는 행정절차에도 적용된다.

[관련 판례]

★ 적법절차의 원칙은 형사절차상의 영역에 한정되지 않고, 입법·행정 등 국가의 모든 공권력의 작용에도 적용된다(헌재 1992.12.24, 92헌가8).

★ 개별세법에 납세고지에 관한 별도의 규정이 없더라도 국세징수법이 정한 것과 같은 납세고지의 요건을 갖추지 않으면 안된다는 것이고, 이는 적법절차의 원칙이 과세처분에도 적용됨에 따른 당연한 귀결이다(대판 2012.10.18, 2010두12347전합).

구든지 청문없이 비난당하지 아니한다는 '쌍방원칙'이라는 2가지 원리로 구성되어 있다.

216) 적법절차의 원칙이란 국가권력이 개인의 권익을 제한하는 경우에는 개인의 권익을 보호하기 위한 적정한 절차를 거쳐야 한다는 원칙을 말한다.

2. 법률

1) 법령으로는 행정절차에 관한 일반법인 「행정절차법」이 있다.

2) 민원사무와 관련된 일반법으로 민원처리에 관한 법률이 있다. 그 이외에 행정절차에 관한 개별규정(특별규정)을 두는 경우도 적지 않다(예컨대, 식품위생법의 청문, 경찰관직무집행법 제5조의 경고, 토지수용법상의 의견청취 등).

3) 법 적용순서는 다른 특별법이 있다면 그 법률을 먼저 적용하고, 행정절차법은 최후적으로 적용된다.

제 2 절 행정절차법

제 1 항 행정절차법의 특색

Ⅰ. 행정절차법의 구조 및 특징

1. 행정절차법의 구조

1) 행정절차법은 일반법이다. 즉, 행정절차에 관한 공통적인 사항을 규정하는 법이다. 개별법률에 특별한 규정이 없는 한 행정절차에 관해서는 당연히 행정절차법이 적용된다.

2) 행정절차법은 총칙 · 처분절차 · 신고절차 · 행정상입법예고절차 · 행정예고절차 · 행정지도절차 · 보칙 등 총 8장으로 구성되어 있다.

3) 행정절차법은 「절차법」이지만, 그렇다고 해서 절차적 규정만을 갖는 것은 아니고, 예외적으로 실체법 규정(예컨대, 제4조의 신뢰보호의 원칙도 갖는다)도 두고 있다.

2. 행정절차법의 특징

1) 행정절차법은 행정절차에 관한 일반법이지만, 모든 행정작용에 적용되는 것은 아니다. 행정절차법은 처분절차 · 신고절차 · 행정상 입법예고절차 · 행정예고절차 · 행정지도절차를 규율대상으로 하고 있기 때문에, 다른 법률에 특별한 규정이 없는 경우에 적용된다.

2) 이 중에서 「처분절차」가 중심적인 내용이 되고 있다.

① 침해적 처분절차로는 사전통지 · 의견청취를 규정하고 있고,

② 수익적처분에 관해서는 처분의 신청·처분의 처리기간에 관하여 일반적인 규정을 두고 있다.

③ 처분일반(수익적처분과 부담적 처분)에 관하여는 처분기간의 설정·공표, 처분의 이유제시, 처분의 방식(문서주의), 처분의 정정, 고지에 관한 규정이 있다.

3) 행정절차법은 (1)공법상계약절차, (2)행정계획절차, (3)행정강제, (4)확약, (5)실권, (6)행정조사절차 등에 대해서는 규율하고 있지 않다.

Ⅱ. 행정절차법의 적용범위

1. 적용범위

행정절차법은 제3조는 행정절차법의 적용범위를 규정하고 있다.

1) 「처분」, 「신고」, 「행정상 입법예고·행정예고」, 「행정지도의 절차」에 관하여 다른 법률에 특별한 규정이 있는 경우를 제외하고는 행정절차법을 적용한다(행정절차법 제3조 제1항).

2) 행정절차법은 조례에 관하여 특별한 규정을 두고 있지 않으므로, 동법은 지방자치단체의 사무에도 일반적으로 적용된다.

2. 적용배제사항

행정절차법은 동법의 적용이 제외되는 것으로 9개 사항을 규정하고 있다.

1) 국회 또는 지방의회의 의결을 거치거나 동의 또는 승인을 얻어 행하는 사항, 2) 법원 또는 군사법원의 재판에 의하거나 그 집행으로 행하는 사항, 3) 헌법재판소의 심판을 거쳐 행하는 사항, 4) 각급 선거관리위원회의 의결을 거쳐 행하는 사항, 5) 감사원이 감사위원회의 결정을 거쳐 행하는 사항, 6) 형사·행형 및 보안처분 관계법령에 의하여 행하는 사항, 7) 국가안전보장·국방·외교 또는 통일에 관한 사항 중 행정절차를 거칠 경우 국가의 중대한 이익을 현저히 해할 우려가 있는 사항, 8) 심사청구·해난심판·조세심판·특허심판·행정심판 기타 불복절차에 의한 사항, 9) 병역법에 의한 징집·소집, 외국인의 출입국·난민인정·귀화, 공무원 인사관계법령에 의한 징계 기타 처분 또는 이해조정을 목적으로 법령에 의한 알선·조정·중재·재정 기타 처분 등 당해 행정작용의 성질상 행정절차를 거치기 곤란하거나 불필요하다고 인정되는 사항이나, 행정절차에 준하는 절차를 거친 사항으로서 대통령령으로 정하는 사항의 경우에는 행정절차법의 적용이 배제된다.

[관련 판례]

★ 공무원 인사관계 법령에 의한 처분 중 행정절차법의 적용이 배제되는 범위와 관련하여, 대법원은 "공무원 인사관계에 의한 처분에 관한 사항 전부에 대하여 행정절차법의 적용이 배제되는 것이 아니라 성질상 행정절차를 거치기 곤란하거나 불필요하다고 인정되는 처분이나 행정절차에 준하는 절차를 거치도록 하고 있는 처분의 경우에만 행정절차법의 적용이 배제된다"고 판시하고 있다(대판 2007.9.21, 2006두20631). 이러한 법리는 공무원 인사관계 법령에 의한 처분에 해당하는 별정직 공무원에 대한 직권처분의 경우에도 마찬가지로 적용된다(아래 판례참조). 따라서 군인사 법령에 의하여 진급자 명단에 포함된 자에 대하여 의견제출의 기회를 부여하지 아니한 채 진급선발을 취소하는 처분(업자로부터 금품수수를 한 이유)을 한 것은 절차상 하자가 있어 위법하다(대판 2007.9.21, 2006두20631).

★ **별정직 공무원에 대한 직권면직시 사전통지나 의견제출의 기회를 부여하지 않은 경우**

별정직 공무원에 대한 직권면직의 경우에는 징계처분과 달리 행정절차에 준하는 절차를 거치도록 하는 규정이 없어서 별정직 공무원에 대하여 직권면직 처분을 하면서 행정절차법상 사전통지나 의견제출의 기회를 부여하지 않았다면 그 직권면직 처분은 위법하다(대판 2013.1.16, 2011두30687).

★ 정규공무원으로 임용된 사람에게 시보임용처분 당시 지방공무원법 제31조 제4호에 정한 공무원 결격사유가 있어 시보임용처분을 취소하고 그에 따라 정규임용처분을 취소한 사안에서, 정규임용처분을 취소하는 처분은 성질상 행정절차를 거치는 것이 불필요하여 행정절차법의 적용이 배제되는 경우에 해당하지 않으므로, 그 처분을 하면서 사전통지를 하거나 의견제출의 기회를 부여하지 않은 것은 위법하다(대판 2009.1.30, 2008두16155).

★ 대통령이 한국방송공사 적자구조 만성화에 대한 경영책임을 물어 사장을 해임하면서 행정절차법 소정의 사전통지 등 절차를 거치지 않아 위법하다(대판 2013.2.23, 2011두5001). 판례는 대통령의 한국방송공사 사장 해임에 행정절차법이 적용된다고 판시하고 있다.

★ 국가공무원법상 직위해제처분은 행정작용의 성질상 행정절차를 거치기 곤란하거나 불필요하다고 인정되는 사항 또는 행정절차에 준하는 절차를 거친 사항에 해당하므로, 처분의 사전통지 및 의견청취 등에 관한 행정절차법의 규정이 별도로 적용되지 않는다(대판 2014.5.16, 2012두26180). 이는 소청심사위원회를 통하여 구제가 가능하기 때문이다.

★ 공정거래위원회의 시정조치 및 과징금납부명령에 행정절차법 소정의 의견청취절차 생략사유가 존재하는 경우, 공정거래위원회의 행정절차법을 적용하여 의견청취절차를 생략할 수 없다(대판 2001.5.8, 2000두10212).

★ 묘지공원화 화장장의 후보지를 선정하는 과정에서 서울특별시, 비영리법인, 일반 기업 등이 공동발족한 협의체인 추모공원건립추진협의회가 후보지 주민들의 의견을 청취하기 위하여 그 명의로 개최한 공청회에 대해 행정절차법에서 정한 절차를 준수하여야 하는 것은 아니다(대판 2007.4.12, 2005두1893).

제 2 항 행정절차법의 내용

행정절차법은 한편으로는 모든 행정작용에 공통적으로 적용되는 사항 및 절차를 정하고, 또 다른 한편으로는 행정처분 · 입법 · 행정지도 등 행위형식별로 거쳐야 할 행정절차를 규정하고 있다.217)

217) 박균성, 전게서, P.274.

Ⅰ. 공통사항 및 공통절차(행정절차법의 일반원칙)

1. 신의성실의 원칙

행정청은 직무를 수행함에 있어서 신의에 따라 성실히 하여야 한다(행정절차법 제4조 제1항).

2. 신뢰보호의 원칙

행정청은 법령 등의 해석 또는 행정청이 관행이 일반적으로 국민에게 받아들여진 때에는 공익 또는 제3자의 정당한 이익을 현저히 해할 우려가 있는 경우를 제외하고는 새로운 해석 또는 관행에 의하여 소급하여 불리하게 처리하여서는 아니 된다(행정절차법 제4조 제2항).

3. 투명성의 원칙과 법령해석 요청권

1) 투명성의 원칙

행정청이 행하는 행정작용은 그 내용이 구체적이고 명확하여야 하며, 행정작용의 근거가 되는 법령 등의 내용이 명확하지 아니한 경우 상대방은 해당 행정청에 그 해석을 요청할 수 있다(행정절차법 제5조).

2) 법령해석 요청권

이 경우의 법령해석요구권자[218]는 행정작용의 직접상대방이 된 자와 행정작용의 상대방이 될 것이 예견되는 자 등이다. 당해 행정청은 특별한 사유가 없는 한 이에 응하여야 한다.

4. 행정청의 관할

국민 또는 주민이 특정 행정작용을 어느 행정청이 담당하는지 잘 모르거나, 잘못알고 관할이 다른 행정청에 사안을 접수시키는 경우가 있다. 이에 대하여 행정절차법은 다음과 같이 규정하고 있다.

1) 행정청이 그 관할에 속하지 아니하는 사안을 접수하였거나 이송 받은 경우, 또는 행정청이 접수 또는 이송 받은 후 관할이 변경된 경우에는 지체 없이 이를 관할 행정청에 이송하여야 하고 그 사실을 신청인에게 통지하여야 한다.

2) 행정청의 관할이 분명하지 아니하는 경우에는 당해 행정청을 공통으로 감독하는 상급

---

218) 법제업무운영규정 제9항에 중앙행정기관의 장, 지방자치단체의 장 및 민원인의 법제처에 대한 법령해석 요청권을 규정하고 있다.

행정청이 그 관할을 결정하며, 공통으로 감독하는 상급행정청이 없는 경우에는 각 상급행정청의 협의로 그 관할을 결정한다(동조 제2항).

5. 행정청간의 협조의무 및 행정응원

1) 행정청간의 협조의무

행정청은 행정의 원활한 수행을 위하여 서로 협조하여야 한다.

2) 행정응원

(1) 행정절차법은 행정응원에 관하여 규정을 두고 있다. ①법령 등의 이유로 독자적인 직무수행이 어려운 경우, ②인원 · 장비의 부족 등 사실상의 이유로 독자적인 직무수행이 어려운 경우 등에는 다른 행정청에 행정응원을 요청할 수 있다(동법 제8조 제1항).

(2) 행정응원을 요청받은 행정청은 ①다른 행정청이 보다 능률적이거나 경제적으로 응원할 수 있는 명백한 이유가 있는 경우, ②행정응원으로 인하여 고유의 직무수행이 현저히 지장 받을 것으로 인정되는 명백한 이유가 있는 경우 외에는 행정응원을 거부할 수 없다(동조 제2항).

(3) 행정응원을 위하여 파견된 직원은 원칙적으로 응원을 요청한 행정청의 지휘 · 감독을 받는다(동조 제5항).

6. 행정절차법상 「당사자」등

1) 당사자

(1) 행정절차에 있어서 당사자 등이 될 수 있는 자는 ① 자연인, ② 법인 또는 법인이 아닌 사단이나 재단, ③ 기타 다른 법령 등에 의하여 권리 의무의 주체가 될 수 있는 자 중 어느 하나에 해당하는 자이다.

(2) 행정절차법은 당사자 등의 자격과 관련하여 내국인과 외국인을 구분하지 않고 있으므로, 외국인도 당사자 등의 자격을 갖는다고 해석된다.

[관련 판례]

★ 행정청이 구 식품위생법상의 영업자지위승계신고수리처분을 하는 경우, 종전의 영업자는 행정절차법 제2조 제4호 소정의 '당사자'에 해당하며 수리처분시 종전의 영업자에게 행정절차법 소정의 행정절차를 실시하여야 한다(대판 2003.2.14, 2001두7015).

★ 행정청이 구 관광진흥법 또는 구 체육시설의 설치 · 이용에 관한 법률의 규정에 의하여 유원시설업자 또는 체육시설업자지위승계신고를 수리하는 처분을 하는 경우, 종전 유원시설업자 또는 체육시설업자에 대하여 행정절차법 제21조 제1항 등에서 정한 처분의 사전통지 등 절차를 거쳐야 한다(대판 2012.12.13, 2011두29144).

2) 당사자 등의 지위승계

(1) 당사자 등이 사망한 경우 상속인과 다른 법령 등에 의하여 당사자 등의 권리 또는 이익을 승계한 자는 당사자 등의 지위를 승계한다.

(2) 법인 등이 합병하는 경우 합병 후 존속하는 법인 등이나 합병 후 새로 설립된 법인 등이 당사자 등의 지위를 승계한다.

(3) 처분에 관한 권리 또는 이익을 사실상 양수한 자는 행정청의 승인을 얻어 당사자 등의 지위를 승계한다.

7. 송달

행정절차법 제14조에 송달의 방법을 규정하고 있다.

1) 송달은 우편·교부 또는 정보통신망 이용 등의 방법에 의하며, 송달받을자의 주소·거소·영업소·사무소 또는 전자우편주소로 하되, 송달받은 자가 동의하는 경우에는 그를 만나는 장소에서 송달할 수 있다(조우송달). 정보통신망을 이용한 송달은 송달받을 자가 동의하는 경우에 한한다.

2) 교부에 의한 송달은 수령확인서를 받고 문서를 교부함으로써 행하며, 송달하는 장소에서 송달받을 자를 만나지 못한 때에는 그 사무원·피용자 또는 동거자로서 사리를 분별할 지능이 있는 자에게 교부할 수 있다(보충송달).

3) 다만, 송달받을 자의 주소 등을 통상의 방법으로 확인할 수 없는 경우, 송달이 불가능한 경우에는 관보·공보·게시판·일간신문 중 하나 이상에 공고하고 인터넷에도 공고하여야 한다.

4) 송달은 원칙적으로 송달받을 자에게 도달됨으로써 그 효력이 발생하며, 정보통신망을 이용하여 전자문서로 송달하는 경우에는 송달받을 자가 지정한 컴퓨터 등에 입력된 때에 도달된 것으로 본다. 공고의 경우에는 원칙적으로 공고일부터 14일이 경과한 때에 그 효력이 발생한다.

8. 비용부담

1) 행정절차에 소요되는 비용은 행정청이 부담한다. 다만 당사자 등이 자기를 위하여 스스로 지출한 비용은 그러하지 아니하다. 법률의 근거 없이는 어떠한 비용도 징수할 수 없다.

2) 행정청은 행정절차의 진행에 필요한 참고인·감정인 등에게 예산의 범위 안에서 여비와 일당을 지급할 수 있다.

Ⅱ. 처분절차

1. 개설

1) 행정절차법상 '처분'이라 함은 행정청이 행하는 구체적 사실에 관한 법집행으로서의 공권력의 행사 또는 그 거부와 그 밖에 이에 준하는 행정작용을 말한다.

2) 처분절차에 관한 행정절차법의 규정에는 침해적 처분과 수익적 처분에 공통적으로 적용되는 규정이 있고(처분기준의 설정 · 공표, 이유제시, 처분의 방식, 고지 등),

3) 신청에 의한 처분 또는 침해적 처분에만 적용되는 규정이 있다(신청절차, 의견진술절차).[219]

2. 공통절차 및 공통사항

1) 공통절차

행정절차법상 「처분의 방식」, 「처분기준의 설정 · 공표」, 「처분의 이유 제시」, 「처분의 정정 · 고지」등을 규정하고 있다.

(1) 처분의 방식

① 문서주의가 원칙이다. 판례는 행정청의 처분의 방식에 관하여 규정한 행정절차법 제24조(처분의 방식)에 위반하여 행하여진 행정청의 처분은 그 하자가 중대하고 명백하여 원칙적으로 무효이다(대판 2011.10.11, 2011도11109).

② 전자문서로 하는 경우에는 당사자의 동의가 있어야 한다.

③ 신속을 요하거나 사안이 경미한 경우에는 구술기타 방법으로 할 수 있다. 이 경우 당사자의 요청이 있을 때에는 지체없이 처분에 관한 문서를 교부하여야 한다.

④ 처분실명제

처분을 하는 문서에는 그 처분행정청 · 그 담당자의 소속 · 성명 · 연락처를 기재하여야 한다.

[관련 판례]

★ 지방소방사시보 발령을 취소한다고만 기재되어 있는 인사발령통지서에 정규공무원인 지방소방사 임용행위까지 취소한다는 취지가 포함되어 있다고 볼 수 없다(대판 2005.7.28, 2003두469). 판례는 행정청이 행정처분을 하는 문서의 문언만으로 행정처분의 내용이 분명한 경우, 그 문언과 달리 다른 행정처분까지 포함되어 있다고 해석할 수 없다고 판시하고 있다.

---

219) 박균성, 전게서, p.276.

2) 처분기준의 설정 · 공표의무

(1) 의의

① 행정청은 필요한 처분기준을 당해 처분의 성질에 비추어 될 수 있는 한, 구체적으로 정하여 공표하여야 한다. 처분기준을 변경하는 경우에도 또한 같다.

② 다만, 당해 처분의 성질상 현저히 곤란하거나 공공의 안정 또는 복리를 현저히 해하는 것으로 인정될 만한 상당한 이유가 있는 경우에는 이를 공표하지 아니할 수 있다.

(2) 처분시준의 설정

① 처분기준에는 법령과 행정규칙(재량준칙 · 해석규칙)이 있다. 법령에서 이미 구체적인 처분기준이 설정되어 있는 경우에는 처분기준을 행정규칙으로 제정할 의무는 없다.

② 처분기준의 설정의무는 모든 행정권 행사에 인정되며, 재량행위 뿐만 아니라 기속행위에도 적용된다.

(3) 해석 · 설명 요청권

① 당사자 등은 공표한 처분기준이 불명확한 경우 당해 행정청에 대하여 그 해석 또는 설명을 요청 할 수 있다.

② 이 경우 당해 행정청은 특별한 사정이 없는 한 이에 응하여야 한다. 따라서 신청인은 절차적권리로서 해석요구권 · 설명요구권을 갖는다.

(4) 설정 · 공표의무 위반의 효과

① 처분기준을 설정하여야 함에도 설정하지 않거나 설정된 처분기준이 구체적이지 못한 경우, 또는 처분기준을 공표하지 않는 경우에 그 하자는 관련 행정처분의 독립된 취소사유가 될 것인가에 대하여는 견해의 대립이 있다.

② 처분기준의 설정은 법률이나 행정입법(대통령령 · 총리령 · 부령 · 고시 · 훈령 · 지시 등)의 형식으로 가능하고, 조례 등 자치입법의 형식으로도 가능하다.

[관련 판례]

★ 처분기준이 고시 · 훈령 · 지시 등으로 정한 경우에도 구체성이 결여된 때에는 행정절차법 제20조(처분기준의 설정 · 공표) 위반이 되고, 객관적 합리성이 결여 된 때에는 그 자체 또는 그에 기한 처분이 통제의 대상이 된다(대판 2004.5.28. 2004두961).

(5) 처분기준의 구속력과 신뢰보호

① 처분기준이 행정규칙이 성질을 갖는 경우에도(재량준칙 · 해석규칙) 자기구속의 법리의 요건이 충족되면, 자기구속의 법리에 따라 대외적 구속력을 갖게 된다.

② 자기구속의 법리가 인정되지 않는 경우에도 행정기준을 신뢰한 국민의 신뢰는 보호되어야 한다.

3) 처분의 이유제시

(1) 처분의 이유제시의 의의 및 기능

① 이유제시라 함은 행정청이 처분을 함에 있어서 처분의 근거 이유를 제시하는 것을 말한다.[220] 이유제시에는 관련사실과 관련법조문을 적시하여야 한다.

② 처분의 이유제시는 ㉠행정의 자기통제(정당성), ㉡명확성 확보, ㉢당사자의 권리보호, ㉣당사자에 대한 만족, ㉤부담완화 등의 기능을 수행한다.

(2) 법적 근거

① 행정절차법 제23조는 행정청은 처분시 그 근거와 이유를 제시하여야 한다고 하여 이유제시의무를 원칙적으로 인정하고 있다.

② 적용예외

다만 ㉠신청내용을 모두 인용하는 처분, ㉡단순·반복적인 처분 또는 경미한 처분으로 당사자가 그 이유를 명백히 알 수 있는 경우 및 ㉢긴급히 처분을 할 필요가 있는 경우 예외적으로 배제하고 있다

③ 예외와 당사자의 요청

처분 후 당사자가 요청할 경우에는 그 근거와 이유를 제시하여야 한다. 다만 신청내용을 모두 그대로 인정하는 처분인 경우에는 당사자가 요청하더라도 이유제시를 하지 않아도 된다.

④ 판례는 행정절차법 제정 이전부터 이유부기를 불문법 원리로 파악하여 개별법상의 근거가 없더라도 이유부기를 요한다고 판시한 바 있다(대판 1990.9.11, 90누1786).

(3) 성질

판례는 종래부터 행정행위의 이유제시를 행정행위의 적법요건으로 본다. 따라서 이유제시의 결여는 위법한 행위가 된다.

[관련 판례]

★ 서부세무서장의 원고에 대한 종합소득세부과처분을 다룬 사건에서, 대법원은 "과세표준과 세율·세액·세액산출근거 등의 필요한 사항을 납세자에게 통보하도록 한 세법상의 제규정들은 … 강행규정으로서 납세고지서에 그와 같은 기재가 누락되면 그 과세처분 자체가 위법한 처분이 되어 취소의 대상이 된다"고 판시하고 있다(대판 1990.9.11. 90누 1786).

---

220) 예컨대 유흥업소업자 갑은 17세의 미성년자에게 주류를 제공하다가 A구청의 직원에게 적발되었다. 이를 이유로 A구청장이 갑에게 영업허가를 취소하는 경우, A구청장은 취소통지서에 갑이 17세의 미성년자에게 주류를 제공한 사실과 그 사실이 식품위생법 제44조(영업자 등의 준수사항) 제2항 제4호(청소년에게 주류를 제공하는 행위)에 위반되므로, 제75조(허가취소 등) 제1항 제13호에 따라 취소한다는 것을 알려야 한다.

(4) 요건

① 이유제시의 정도

㉠ 이유제시는 처분사유를 알 수 있을 정도로 구체적으로 제시하여야 한다.

㉡ 행정청이 처분을 결정함에 있어 고려하였던 사실상 · 법률상의 근거를 알려주어야 한다.

[관련 판례]

★ 면허의 취소처분에는 그 근거가 되는 법령이나 취소권유보의 부관 등을 명시하여야 함은 물론 처분을 받은 자가 어떠한 위반사실에 대하여 당해 처분이 있었는지를 알 수 있을 정도로 사실을 적시할 것을 요하며, 이와 같은 취소처분의 근거와 위반사실의 적시를 빠뜨린 하자는 피처분자가 처분 당시 그 취지를 알고 있었다거나 그 후 알게 되었다 하여도 치유될 수 없다고 할 것인바, 세무서장인 피고가 주류도매업자인 원고에 대하여 한 이 사건 일반주류도매업면허취소통지에 '상기 주류도매상은 무면허주류판매업자에게 주류를 판매하여 주세법 제11조 및 국세법사무처리규정 제26조에 의거 지정조건위반으로 주류판매면허를 취소합니다'라고만 되어 있어서 원고의 영업기간과 거래상대방 등에 비추어 원고가 어떠한 거래행위로 인하여 이 사건 처분을 받았는지 알 수 없게 되어 있다면 이 사건 면허취소처분은 위법하다(대판 1990.9.11. 90누1786).

㉢ 기속행위의 경우, 처분을 함에 있어서 고려한 중요하고 본질적인 법률상 · 사실상의 근거를 제시하여야 하고, 재량행위의 경우에는 보다 더 구체적으로 명확히 제시되어야 한다.

② 이유부기의 범위

㉠ 공법상 계약과 같은 처분절차가 아닌 경우에는 이유부기를 요하지 않는다(예컨대, 계약직공무원채용계약해지의 의사표시)(대판 2002.11.26, 2002두5948).

㉡ 신청에 대한 거부처분

판례에 의하면 당사자가 근거 규정 등을 명시하여 신청하는 인 · 허가 등을 거부하는 처분을 함에 있어 당사자가 그 근거를 알 수 있을 정도로 상당한 이유를 제시한 경우에는 당해 처분이 근거 및 이유를 구체적 조항 및 내용까지 명시하지 않더라도 그로 말미암아 그 처분이 위법한 것은 아니다라고 보고 있다(대판 2002.5.17, 2000두8912).

③ 이유부기의 기준시점

㉠ 이유제시는 원칙적으로 처분이 이루어지는 시점에 이루어져야 한다(처분시).

㉡ 처분시에 이유제시가 없거나 미비하다면, 그러한 처분은 하자가 있는 것으로서 위법한 것이 된다.

④ 이유부기의 방식

㉠ 행정청에 대하여 처분을 구하는 신청을 원칙적으로 문서로 하여야 한다. 다만 ㉮ 다른 법령에 특별한 규정이 있는 경우 ㉯ 행정청이 미리 다른 방법을 정하여 공시한 경우에는 예외이다.

㉡ 처분을 신청함에 있어 전자문서로 하는 경우에는 행정청의 컴퓨터 등에 입력된 때에

신청한 것으로 본다.

㉢ 행정청은 미리 신청에 필요한 구비서류·접수기관·처리기간 기타 필요한 사항을 게시(인터넷 등을 통한 게시 포함)하거나 이에 대한 편람을 비치하여 누구나 열람할 수 있도록 하여야 한다.

⑤ 이유제시의 하자

㉠ 이유제시 결여의 효과

하자의 정도에 따라 무효 또는 취소사유가 될 수 있다.

㉮ 이유제시가 요구됨에도 불구하고 이유의 기재가 전혀 없거나 중요한 사항의 기재가 결여되어 그 하자가 중대하다면 무효사유가 된다.

㉯ 이유의 기재가 중대하지 않거나 이유기재의 불충분은 취소사유로 될 수 있다.

㉰ 판례는 이유제시의 하자를 통상 취소사유로 보고 있다(대판 1985.4.9, 84누431).

[관련 판례]

★ 납세고지서에 세액산출 근거의 기재가 누락된 과세처분의 효력은 취소사유이다(대판 1985.12.10, 84누243).

★ 처분 당시 당사자가 어떠한 근거와 이유로 처분이 이루어진 것인지를 충분히 알 수 있어서 그에 불복하여 행정구제절차로 나아가는 데에 별다른 지장이 없었던 것으로 인정되는 경우에는 처분서에 처분의 근거와 이유가 구체적으로 명시되어 있지 않았다고 하더라도 그로 말미암아 그 처분이 위법한 것으로 된다고 할 수는 없다(대판 2013.11.14, 2011두18571).

㉡ 이유제시의 하자의 치유

㉮ 치유의 가능성

ⓐ 취소할 수 있는 행위와 관련하여 하자의 치유가 문제된다. 이에 대하여는 긍정설·제한적부정설의 견해가 대립하고 있으나, 제한적 긍정설[221]을 취하여 일정한 요건 하에 치유를 인정하고 있다.

ⓑ 판례는 이유부기 하자의 치유에 대하여 원칙적으로 허용될 수 없다는 입장이지만, 예외적으로 하자의 치유를 인정하고 있다.

㉯ 치유의 시기

ⓐ 하자의 치유가 어느 시점까지 가능한 가. 학설은 쟁송제기이전시설(다수설)·쟁송종결시설·절충설 등의 견해가 대립하고 있다.

ⓑ 판례는 하자의 추완이나 보완은 행정심판(행정쟁송)의 제기 이전에 가능하다는 입장을 취하고 있다(대판 1983.7.26, 82누420).

221) 하자의 치유를 전면적으로 긍정하는 견해(긍정설)와 전면적으로 부정하는 견해를 양자 조화하여, 제한적으로 긍정하자는 견해가 제한적 긍정설이다.

[관련 판례]

★ 세액산출근거가 누락된 납세고지서에 의한 과세처분의 하자의 치유를 허용하려면 늦어도 과세처분에 대한 불복 여부의 결정 및 불복신청에 편의를 줄 수 있는 상당한 기간 내에 하여야 한다고 할 것이므로 위 과세처분에 대한 전심절차가 모두 끝나고 상고심의 계류 중에 세액산출근거의 통지가 있었다고 하여 이로써 과세처분의 하자가 치유되었다고는 볼 수 없다(대판 1984.4.10, 83누393).

★ 면허의 취소처분에는 그 근거가 되는 법령이나 취소권 유보의 부관 등을 명시하여야 하나, 이와 같은 취소처분의 근거의 위반사실의 적시를 빠뜨린 하자는 피처분자가 처분 당시 그 취지를 알고 있었다거나 그 후 알게되었다 하여도 치유될 수 없다(대판 1990.9.11, 90누1786).

(5) 처분의 정정

행정청은 처분에 있어 오기 · 오산 기타 이에 준하는 명백한 오류가 있을 때에는 신청 또는 직권에 의하여 지체 없이 이를 정정하고 당사자에게 통지하여야 한다.

(6) 행정심판 및 행정소송관련 사항의 고지

행정청이 처분을 할 때에는 당사자에게 그 처분에 관하여 행정심판 및 행정소송을 제기할 수 있는지 여부, 그 밖에 불복을 할 수 있는지 여부, 청구절차 및 청구기간 그 밖에 필요한 사항을 알려야 한다.

3. 신청에 의한 처분의 절차(수익적 처분절차)

신청절차는 신청에 의한 처분절차를 규율하는 절차로서, 행정절차법상의 「처분의 신청」, 「처리기간의 설정」, 「공표」 등에 관하여 규정하고 있다.

1) 처분의 신청(수익적 처분)

(1) 행정청에 대하여 처분을 구하는 신청은 문서로 하여야 한다. 다만 다른 법령 등에 특별한 규정이 있는 경우와 행정청이 미리 다른 방법을 정하여 공시한 경우에는 그러하지 아니하다.

(2) 전자문서로 신청하는 경우에는 행정청의 '컴퓨터' 등에 입력된 때에 신청한 것으로 본다.

2) 신청서류의 접수(의무적 접수)

(1) 신청이 있는 때에는 특별한 규정이 없는 한 행정청은 그 접수를 보류 또는 거부하거나 부당하게 되돌려 보내서는 아니 된다.

(2) 접수증 교부

① 구술 · 전화 · 우편 · 전신 · 모사전송 · 정보통신망에 의한 신청, 처리기간이 "즉시"로 되어 있는 신청

② 접수증에 갈음하는 서류를 주는 신청을 제외하고 신청인에게 접수증을 주어야 한다.

③ 다만 대통령령으로 정하는 경우에는 접수증을 주지 아니할 수 있다.

3) 신청의 보완

(1) 신청에 구비서류의 미비 등 흠이 있는 경우에는 행정청은 상당한 기간을 정하여 지체 없이 신청인에게 보완을 요구하여야 한다.

(2) 그 기간 내에 보완을 하지 아니한 때에는 그 이유를 명시하여 접수된 신청을 되돌려 보낼 수 있다.

(3) 행정청은 신청인의 소재지가 분명하지 아니하여 위 보완의 요구가 2회에 걸쳐 반송된 때에는 신청을 취하한 것으로 보아 이를 종결 처리할 수 있다.

(4) 신청인은 처분이 있기 전에는 그 신청의 내용을 보완하거나 변경 또는 취하할 수 있다.

(5) 다만 다른 법령 등에 특별한 규정이 있거나, 당해 신청의 성질상 보완·변경 또는 취하할 수 없는 경우는 예외이다.

[관련 판례]

★ 행정청의 허가업무 담당자에게 신청서의 내용에 대한 검토를 요청한 것만으로는 다른 특별한 사정이 없는 한 명시적이고 확정적인 신청의 의사표시가 있었다고 하기 어렵다(대판 2004.9.24, 2003두13236).

4) 신속한 처리

(1) 신청서류가 접수되면 행정청은 이를 신속하게 처리할 의무를 진다.

(2) 접수한 신청이 다수의 행정청이 관여하는 것인 때에는 행정청은 관계 행정청과의 신속한 협조를 통하여 당해 처분이 지연되지 아니하도록 하여야 한다.

5) 신청의 처리(처리기간의 설정 · 공표)

(1) 다수의 행정청이 관여하는 처분의 신속처리의무

다수의 행정청이 관여하는 처분을 구하는 신청을 접수한 경우에는 관계행정청과의 협조에 의하여 당해 처분이 지연되지 않도록 하여야 한다.

(2) 처리기간

「행정절차법」은 신속한 절차를 위하여 행정청에 처리기간의 설정·공표의무를 규정하고 있다.

① 행정청은 처분의 처리기간을 종류별로 미리 정하여 공표하여야 하며, 1회에 한하여 그 기간을 연장할 수 있다.

② 행정청이 처리기간을 연장하는 때에는 처리기간의 연장사유와 처리예정기한을 지체 없이 신청인에게 통지하여야 한다.

③ 행정청이 처리기간 내에 처리하지 아니한 때에는 신청인은 당해 행정청 또는 그 감독 행정청에 대하여 신속한 처리를 요청할 수 있다.

4. 불이익처분(침해적처분)의 절차(의견진술절차)

1) 개설

(1) 행정절차법상의 불이익처분은 '당사자'에게 의무를 부과하거나 '당사자'의 권익을 침해하는 처분(침해적 처분)을 말하며, 따라서 그 상대방이 불특정인인 경우(일반처분)에는 불이익처분에 해당하지 않는다.

(2) 행정절차법은 당사자에게 의무를 부과하거나 권익을 제한하는 처분(침해적 처분)에 대하여 「처분의 사전통지」, 「의견청취(청문 · 공청회 · 의견제출)」를 규정하고 있다.

2) 행정처분의 사전통지

(1) 행정청은 당사자에게 의무를 과하거나 권익을 제한하는 처분을 하는 경우에는 미리 당사자 등에게 통지하여야 한다.

(2) 예외

행정처분의 사전통지는 다음의 3가지 경우에는 예외로 한다.

① 공공의 안전 또는 복리를 위하여 긴급히 처분을 할 필요가 있는 경우

② 법령 등에서 요구된 자격이 없거나 없어지게 되면 반드시 일정한 처분을 하여야 하는 경우에 그 자격이 없거나 없어지게 된 사실이 법원의 재판 등에 의하여 객관적으로 증명된 경우

③ 해당 처분의 성질상 의견청취가 현저히 곤란하거나 명백히 불필요하다고 인정될만한 상당한 이유가 있는 경우에는 사전통지를 아니할 수 있다.

(3) 사전통지를 하지 아니하는 경우 행정청은 처분을 할 때 당사자 등에게 통지를 하지 아니한 사유를 알려야 한다. 다만, 신속한 처분이 필요한 경우에는 처분후 그 사유를 알릴 수 있다.

[관련 판례]

★ 신청에 대한 거부처분은 당사자의 권익을 제한하는 처분에 해당한다고 할 수 없는 것이어서 처분의 사전통지대상이 된다고 할 수 없다(대판 2003.11.28, 2003두674).

★ 고시의 방법으로 불특정 다수인을 상대로 의무를 부과하거나 권익을 제한하는 처분(도로구역변경고시)은 행정절차법 제22조 제3항의 의견제출절차의 대상이 되는 처분이 아니다(대판 2008.6.12, 2007두1767). 판례는 상대방을 특정할 수 없는 경우에는 의견제출절차의 대상이 되는 처분이 아니라고 판시하고 있다.

★ 건축법상의 공사중지명령에 대한 사전통지를 하고 의견제출의 기회를 준다면 많은 액수의 손실보상금을 기대하여 공사를 강행할 우려가 있다는 사정이 사전통지 및 의견제출절차의 예외사유에 해당하지 아니한다(대판 2004.5.28, 2004두1254).

(4) 복효적 행정행위의 제3자에 대한 사전통지의무 여부

① 행정절차법은 직접적으로 규정을 두고 있지 않다.

② 불이익처분의 직접 상대방인 당사자도 아니고 행정청이 참여하게 한 이해관계인도 아닌 제3자에 대해서는 사전통지에 관한 규정이 적용되지 않는다.

3) 의견청취절차

(1) 개설

① 이해관계인에게 의견진술의 기회를 주는 것은 행정절차에 있어서 핵심적인 요소이다.

② 행정절차법은 의견청취절차로서 의견제출절차, 청문절차, 공정회절차를 규정하고 있다.

③ 의견청취절차 중 의견제출절차는 일반절차로 인정되고 있지만, 청문절차와 공청회절차는 정식절차로서 예외적인 경우에 인정되고 있다.

④ 의견청취절차의 공통사항

㉠ 처분의 사전통지를 하지 아니할 수 있는 경우와 당사자의 의견진술의 기회를 포기한다는 뜻을 명백히 표시한 경우에는 의견청취를 아니할 수 있다.

㉡ 행정청은 청문·공청회 또는 의견제출을 거친 때에는 신속히 처분하여 당해 처분이 지연되지 아니하도록 하여야 한다.

㉢ 행정청은 처분 후 1년 이내에 당사자 등의 요청이 있는 경우에는 청문·공청회 또는 의견제출을 위하여 제출받은 서류 기타 물건을 반환하여야 한다.

(2) 의견제출절차

① 의견제출

㉠ 의견제출의 의의

㉮ 의견제출이란 행정청이 어떠한 행정작용을 하기에 앞서 당사자 등이 의견을 제시하는 절차로서, 청문이나 공청회 개최의 경우 외에는 당사자 등에게 의견제출의 기회를 주어야 한다.

㉯ 청문·공청회는 행정절차법이 정한 일정한 경우에만 실시하도록 하고 있다. 그러나 의견제출은 청문·공청회를 거치지 않는 경우에 일반적인 절차로 규정하고 있다.

㉰ 당사자 등은 처분 전에 그 처분의 관할 행정청에 서면·구술로 또는 정보통신망을 이용하여 의견제출을 할 수 있으며, 그 주장을 입증하기 위한 증거자료 등을 첨부할 수 있다.

㉱ 당사자 등이 정당한 이유없이 의견제출기한 내에 의견제출을 하지 아니한 경우에는 의견이 없는 것으로 본다.

㉡ 의견제출절차의 인정범위

㉮ '당사자에게 의무를 부과하거나(예컨대, 조세부과처분), 권익을 제한하는 처분(예컨대, 수익적 행정행위의 취소 등)'에 한하여 의견제출 절차가 인정된다.

[관련 판례]

★ '고시' 등 불특정 다수인을 상대로 의무를 부과하거나 권익을 제한하는 처분은 성질상 의견제출의 기회를 주어야 하는 상대방을 특정할 수 없으므로, 이와 같은 처분에 있어서는 그 상대방에게 의견제출의 기회를 주어야 하는 것은 아니다(대판 2014.10.27, 2012두7745).

★ 특별한 사정이 없는 한 신청에 대한 거부처분은 직접 당사자의 권익을 제한하는 것은 아니어서 신청에 대한 거부처분을 여기에서 말하는 '당사자의 권익을 제한하는 처분'에 대항한다고 볼 수 없는 것이어서 처분의 사전통지대상이 되지 않는다(대판 2003.11.28, 2003두674).

★ 법령에 의해 당연히 퇴직 연금 환수금액이 결정되는 경우에는 당사자에게 의견진술의 기회를 주지 아니하여도 된다(대판 2000.11.28, 99두5443).

㉯ 의견제출절차가 면제되는 경우

다음에 해당하는 경우에는 사전통지를 아니할 수 있고, 이에 따라 의견청취의무도 면제된다.

ⓐ 급박한 위해의 방지 및 제거 등 공공의 안전 또는 복리를 위하여 긴급한 처분이 필요한 경우,

ⓑ 법원의 재판 또는 준사법적 절차를 거치는 행정기관의 결정 등에 따라 처분의 전제가 되는 사실이 객관적으로 증명되어 처분에 따른 의견청취가 불필요하다고 인정되는 경우,

ⓒ 의견청취의 기회를 줌으로써 처분의 내용이 미리 알려져 현저히 공익을 해치는 행위를 유발할 우려가 예상되는 등 해당 처분의 성질상 의견청취가 현저하게 곤란한 경우,

ⓓ 법령 또는 자치법규(이하 "법령 등"이라 한다)에서 준수하여야할 기술적 기준이 명확하게 규정되고, 그 기준에 현저히 미치지 못하는 사실을 이유로 처분을 하려는 경우로서 그 사실이 실험, 계측, 그 밖에 객관적인 방법에 의하여 명확히 입증된 경우,

ⓔ 법령 등에서 일정한 요건에 해당하는 자에 대하여 점용료·사용료 등 금전급부를 명하는 경우 법령 등에서 규정하는 요건에 해당함이 명백하고, 행정청의 금액산정에 재량의 여지가 없거나 요율이 명확하게 정하여져 있는 경우 등 해당 처분의 성질상 의견청취가 명백히 불필요하다고 인정될만한 상당한 이유가 있는 경우 등이다.

㉢ 의견제출자

㉮ '당사자 등'에 대하여만 사전통지 및 의견제출에 대한 권리를 부여하고 있다(행정절차법 제2조 제4호).

㉯ 여기서 행정절차법상 '당사자 등'이라 함은 행정청의 처분에 대하여 직접 그 상대가 되는 당사자와, 행정청의 직권으로 또는 신청에 따라 참여하게 한 이해관계인[222]을 말한다.

222) '이해관계인'이라 함은 처분에 의하여 법률상 사실상의 영향을 받는 자를 말한다.

㉣ 처분의 사전통지 및 사전통지기간

㉮ 사전통지사항

사전통지는 의견진술(청취)의 전치절차이다. 행정청은 당사자에게 의무를 과하거나 처분을 하는 경우에는 처분·당사자의 성명과 주소·처분의 내용 및 법적 근거·의견제출기한 등을 당사자에게 통지하여야 한다.

㉯ 사전통지기간

행정청은 의견제출의 준비에 필요한 상당한 기간을 주어 통지하여야 한다.

㉤ 의견제출의 방식

당사자 등은 처분 전에 그 처분의 관할 행정청에 서면이나 구술 또는 정보통신망을 이용하여 의견제출을 할 수 있다.

당사자 등이 정당한 이유 없이 의견제출기한까지 의견제출을 하지 아니한 경우에는 의견이 없는 것으로 본다.

㉥ 의견제출의 효과

행정청은 처분을 함에 있어서 당사자 등이 제출한 의견이 상당한 이유가 있다고 인정하는 경우에는 이를 반영하여야 하나, 행정청이 반드시 당사자 등의 의견을 따라야 하는 것은 아니다. 즉, 제출된 의견이 법적으로 행정청을 기속하지는 않는다.

㉦ 의견제출절차의 하자의 효력

판례는 의견제출절차의 하자를 원칙상 취소사유라고 본다.

[관련 판례]

★ 행정청이 침해적 행정처분을 함에 있어서 당사자에게 사전통지를 하거나 의견제출의 기회를 주지 아니하였다면, 그 처분은 위법하여 취소를 면할 수 없다(대판 2000.11.14, 99두5870).

(3) 청문절차

① 청문의 의의

청문이란 행정청이 어떠한 처분을 하기에 앞서 당사자 등의 의견을 직접 듣고 증거를 조사하는 절차를 말한다. 행정절차법상 청문은 정식·비공개 청문을 채택하고 있다.

② 청문절차의 개시(처분의 사전통지)

행정청이 불이익처분과 관련하여 청문절차를 실시하고자 하는 경우에는 처분의 사전통지를 청문이 시작되기 10일 전에 당사자 등에게 하여야 한다.

③ 청문의 실시

청문은 다음의 경우에 한하여 청문을 실시한다.

㉠ 다른 법령 등에서 청문을 실시하도록 규정하고 있는 경우의 「의무적 청문」(예: 국토의계획및이용에관한법률 136조 3호의 규정에 의한 실시계획인가의 취소)

㉡ 행정청이 필요하다고 인정하는 경우의 「임의적 청문」

㉢ 「인허가 등의 취소」, 「신분 · 자격의 박탈」, 「법인이나 조합 등의 설립허가의 취소」 시 행정절차법(제21조 제1항 제6호)에 따른 의견제출기한 내에 당사자 등의 신청이 있는 경우의 「신청에 의한 청문」이 있다.

[청문의 예외에 관한 판례]

★ 청문통지서가 반송되어 온 경우나 청문일시에 불출석한 경우는 청문의 예외사유가 아니다

청문의 예외에 해당하는가 여부는 행정처분의 성질에 비추어 판단하여야 하는 것이지, 청문통지서의 반송 여부, 청문통지의 방법 등에 의하여 판단할 것은 아니다(대판 2001.4.13, 2000두3337).

★ 당사자 간의 협약으로 법령상 규정된 청문 등을 배제할 수 없다.

불이익처분을 하면서 행정청과 당사자 사이의 합의에 의해 청문절차를 배제하기로 하였더라도 청문을 실시하지 않아도 되는 예외사유에 해당하지 아니한다(대판 2004.7.8, 2002두8350).

④ 청문주재자

㉠ 청문은 행정청이 소속직원 또는 대통령령으로 정하는 자격을 가진 자 등에서 선정하는 자가 주재한다.

㉡ 청문주재자는 독립하여 직무를 수행하고, 직무수행상의 이유로 신분상의 불이익을 받지 않는다.

㉢ 행정청은 청문이 시작되는 날부터 7일전까지 청문주재자에게 청문과 관련한 필요한 자료를 미리 통지하여야 한다.

㉣ 대통령령으로 정하는 사람 중에서 선정된 청문주재자는 형법이나 그 밖의 다른 법률에 따른 벌칙을 적용할 때에는 공무원으로 본다.

㉤ 청문주재자에게는 제척 · 기피 · 회피가 적용된다. 이 경우 행정청은 청문을 정지하고 그 신청이 이유가 있다고 인정하는 때에는 당해 청문주재자를 지체없이 교체하여야 한다.

⑤ 문서의 열람

당사자 등은 청문의 통지가 있는 날부터 청문이 끝날 때까지 행정청에 대해 당해 사안의 조사결과에 관한 문서 기타 당해 처분과 관련되는 문서의 열람 또는 복사를 요청할 수 있다.

⑥ 청문의 공개 및 진행

㉠ 청문은 당사자의 공개신청이 있거나 청문주재자가 필요하다고 인정하는 경우에는 이를 공개할 수 있다.

㉡ 다만, 공익 또는 제3자의 정당한 이익을 현저히 해할 우려가 있는 경우에는 공개할 수 없다.

⑦ 증거조사(직권조사주의)

청문주재자는 당사자의 신청이 있는 경우뿐만 아니라 직권에 의해서도 필요한 조사를 할 수 있으며, 당사자 등이 주장하지 아니한 사실에 대해서도 조사할 수 있다.

⑧ 비밀유지

누구든지 청문을 통하여 알게 된 사생활이나 경영상 또는 거래상의 비밀을 정당한 이유 없이 누설하거나 다른 목적으로 사용하여서는 아니 된다.

⑨ 청문의 종결

청문주재자는 당해 사안에 대하여 당사자 등의 의견진술·증거조사가 충분히 이루어졌다고 인정되는 경우에는 청문을 종결한다. 청문을 마친 때에는 청문주재자는 지체 없이 청문조서 기타 관계서류를 행정청에 제출하여야 한다.

⑩ 청문의 재개

행정청은 청문을 마친 후 처분을 하기까지 새로운 사정이 발견되어 청문을 재개할 필요가 있다고 인정하는 때에는 청문조서 등을 되돌려 보내고 청문의 재개를 명할 수 있다.

⑪ 청문조서 및 의견서

청문주재자는 ① 청문의 제목, ② 당사자 등의 진술의 요지 및 제출된 의견, ③ 증거조사를 한 경우에는 그 요지 및 첨부된 증거, ④ 청문의 일시 및 장소 등을 기재한 청문조서와 종합의견 등이 기재된 청문주재자의 의견서를 작성하여야 한다. 당사자 등은 청문조서의 기재내용을 열람·확인할 수 있으며, 이의가 있을 때에는 그 정정을 요구할 수 있다.

⑫ 청문결과의 처분에의 반영

행정청은 청문 결과 제출받은 청문조서 기타 관계서류를 충분히 검토하고, 상당한 이유가 있다고 인정하는 경우에는 처분에 그 결과를 적극 반영하여야 한다. 그러나 처분청이 그 의견에 구속되지는 않는다.

⑬ 청문을 결한 경우

청문을 결한 경우에는 절차하자로서 위법한 행정행위가 되며, 판례는 주로 취소사유로 본다.

[관련 판례]

★ 식품위생법 제64조, 같은 법 시행령 제37조 제1항 소정의 청문절차를 전혀 거치지 아니하거나 거쳤다고 하여도 그 절차적 요건을 제대로 준수하지 아니한 경우에는 가사영업정지사유 등 위의 법 제58조 등 소정사유가 인정된다고 하더라도 그 처분은 위법하여 취소를 면할 수 없다(대판 1991.7.9, 91누971).

★ 행정절차법 제21조 제4항 제3호가 청문을 실시하지 않을 수 있는 사유로서 규정하고 있는 '의견청취가 현저히 곤란하거나 명백히 불필요하다고 인정될 만한 상당한 이유가 있는지의 여부'는 당해 행정처분의 성질에 비추어 판단하여야 하는 것이지, 청문통지서의 반송 여부, 청문통지의 방법 등에 의하여 판단할 것은 아니며, 또한 행정처분의 상대방이 통지된 청문일시에 불출석하였다는 이유만으로 행정청이 관계 법령상 그 실시가 요구되는 청문을 실시하지 아니한 채 침해적 행정처분을 할 수는 없을 것이므로, 행정처분의 상대방에 대한 청문통지서가 반송되었다거나, 행정처분의 상대방이 청문일시에 불출석하였다는 이유로 청문을 실시하지 아니하고 한 침해적 행정처분은 위법하다(대판 2001.4.13, 2000두3337).

★ 당해 영업자가 청문을 포기한 경우가 아닌 한 청문절차를 거치지 않고 한 영업소폐쇄명령은 위법하여 취소사유에 해당된다(대판 1983.6.14, 83누14).

★ 행정청은 청문실시 후 청문절차에서 개진된 의견에 기속되지 않는다(대판 1995.12.22, 95누30).

⑭ 청문의 불문법원성 인정여부

㉠ 판례는 이유부기와 달리 청문의 불문법원리성을 부정하고 있다.

㉡ 개별법률이나 대통령령에 규정된 청문절차를 거치지 않은 경우에는 위법사유가 되지만, 개별법률에 규정이 없거나 행정규칙에 규정된 청문절차를 거치지 않은 경우에는 원칙적으로 위법하지 않는다고 본다.

[관련 판례]

★ 청문을 포함한 당사자의 의견청취절차 없이 어떤 행정처분을 한 경우에도 관계 법령에서 당사자의 의견청취절차를 시행하도록 규정하지 않고 있는 경우에는 그 행정처분이 위법하게 되는 것이 아니다(대판 1994.8.9, 94누3414).

★ 개별법률에 규정된 청문절차를 결여한 영업정지처분은 위법하다.
식품위생법 제58조 소정의 사유가 분명히 존재하는 경우라 하더라도 위와 같은 청문절차를 제대로 준수하지 아니하고 한 영업정지처분은 위법하다(대판 1990.11.9, 90누4129).

★ 대통령령에 규정된 청문절차를 결여한 처분은 취소사유가 된다.
식품위생법 제64조, 같은 법 시행령 제37조 제1항 소정의 청문절차를 전혀 거치지 아니하거나 거쳤다고 하여도 그 절차적 요건을 제대로 준수하지 아니한 경우에는 그 처분은 위법하여 취소를 면할 수 없다(대판 1991.7.9,91누971).

★ 건축사법 제28조 소정의 등록취소 등 사유가 분명히 존재하는 경우라 하더라도 당해 건축사가 정당한 이유 없이 청문에 응하지 아니한 경우가 아닌 한 청문절차를 거치지 아니하고 한 건축사사무소등록취소처분은 위법하다(대판 1984.9.11, 82누166). 판례는 행정규칙(훈령)이 정한 청문절차를 거치지 아니한 건축사 사무소 등록취소처분을 위법하다고 보고 있다.

(4) 공청회절차

① 공청회의 의의

공청회란 행정청이 공개적인 토론을 통하여 어떠한 행정작용에 대하여 「당사자 등」, 「전문지식과 경험을 가진 자」, 「기타 일반인」으로부터 의견을 널리 수렴하는 절차를 말한다.

② 공청회의 개최

공청회는 ㉠ 다른 법령 등에서 공청회를 개최하도록 규정하고 있는 경우, ㉡ 당해 처분의 영향이 광범위하여 널리 의견을 수렴할 필요가 있다고 행정청이 인정하는 경우에 개최된다.

③ 개최의 알림(공고)

행정청이 공청회를 개최하려는 경우에는 공청회 개최 14일전까지 공청회 개최에 관하여 필요한 사항을 당사자 등에게 통지하고, 관보·공보·인터넷 홈페이지 또는 일간신문 등에 공고하는 등의 방법으로 널리 알려야 한다.

④ 전자공청회

㉠ 행정청은 위 공청회와 병행하여서만 정보통신망을 이용한 공청회(전자공청회)를 실시할 수 있다.

㉡ 전자공청회를 실시하는 경우에는 누구든지 전자통신망을 이용하여 의견을 제출하거나 제출된 의견 등에 대한 토론에 참여할 수 있다.

⑤ 공청회의 주재자 및 발표자

㉠ 공청회의 주재자는 해당 공청회의 사안과 관련된 분야에 전문적 지식이 있거나 그 분야에서 종사한 경험이 있는 자 중에서 행정청이 지명 또는 위촉한다.

㉡ 공청회 주재자의 독립성·중립성·전문성이 보장되어야 한다.

⑥ 공청회의 진행

㉠ 공청회의 주재자는 공청회를 공정하게 진행하여야 하며, 공청회의 원활한 진행을 위하여 발표내용을 제한할 수 있고, 질서유지를 위하여 발언중단, 퇴장명령 등 행정자치부장관이 정하는 필요한 조치를 할 수 있다.

㉡ 발표자는 공청회의 내용과 직접 관련된 사항에 한하여 발표하여야 한다.

㉢ 공청회의 주재자는 발표자의 발표가 끝난 후에는 발표자 상호 간에 질의 및 답변을 할 수 있도록 하여야 하며, 방청인에 대하여도 의견을 제시할 기회를 주어야 한다.

⑦ 공청회 및 전자공청회 결과의 반영

행정청은 처분을 함에 있어서 공청회·전자공청회 및 정보통신망 등을 통하여 제시된 사실 및 의견이 상당한 이유가 있다고 인정하는 경우에는 이를 반영하여야 한다.

Ⅲ. 신고절차

1. 신고의 의의

1) 신고란 행정청에 대하여 일정한 사항을 통지하는 행위로서, 법령 등이 정하는 바에 따라 당해 통지하는 행위를 말한다.

2) 신고에는 자체완성적 신고와 수리를 요하는 행위요건적 신고가 있다.

2. 적용대상

1) 행정절차법의 규율대상이 되는 신고는 "법령 등에서 행정청에 일정한 사항을 통지함으로써 의무가 끝나는 신고"를 말한다. 이는 자체완성적 신고이다.

2) 그러나 이에 한정되지 않고, 수리를 요하는 신고에도 준용된다고 보아야 한다.

3. 신고의 요건

1) 법령 등에서 행정청에 대하여 일정한 사항을 통지함으로써 의무가 끝나는 신고(예컨대, 주민등록법 제11조), 즉 자체완성적 신고는 적법한 신고서가 행정청(접수기관)에 도달된 때에 신고의무가 이행된 것으로 본다.

2) 행정청은 신고요건을 갖추지 못한 신고서가 제출된 경우에는 지체없이 상당한 기간을 정하여 신고인에게 보완을 요구하여야 한다.

3) 행정청은 신고인이 기간 내에 보완을 하지 아니하였을 때에는 그 이유를 구체적으로 밝혀 해당 신고서를 되돌려 보내야 한다.

Ⅳ. 행정상 입법예고절차

1. 개설

행정상 입법예고절차는 국민의 일상생활과 밀접하게 관련되는 법령안의 내용을 국민에게 미리 예고하도록 하고, 그에 대한 국민의 의견을 듣고 행정입법안에 국민의 의견을 반영하도록 하는 제도이다.

2. 적용범위

1) 행정절차법은 법령을 제정·개정 또는 폐지하고자 할 때에는 당해 입법안을 마련한 행정청으로 하여금 이를 예고하도록 하고 있다.

2) 예외적으로 다음의 경우에는 입법예고를 하지 아니할 수 있다.

(1) 입법내용이 국민의 권리 · 의무 또는 일상생활과 관련이 없는 경우, (2) 입법이 긴급을 요하는 경우, (3) 입법내용의 성질 또는 기타 사유로 예고의 필요가 없거나 곤란한 것으로 판단되는 경우, (4) 상위법령 등의 단순한 집행을 위한 경우, (5) 예고함이 공익에 현저히 불리한 영향을 미치는 경우 등이다.

3) 다만, 법제처장은 입법예고를 하지 아니한 법령안의 심사요청을 받은 경우에 입법예고를 하는 것이 적당하다고 판단될 때에는 당해 행정청에 대하여 입법예고를 권고하거나 직접 예고할 수 있다.

3. 예고방법

소관행정청은 입법안의 취지, 주요내용 또는 전문을 관보 · 공보 · 신문 · 방송 · 인터넷 등의 방법으로 공고하고, 필요하다고 인정되는 단체 등에 대해 예고사항을 통지할 수 있다.

4. 예고기간

입법예고기간은 예고할 때 정하되, 특별한 사정이 없는 한 40일 이상의 기간 동안으로 한다.

5. 의견제출 및 처리

1) 예고된 입법안에 대해서는 누구든지 의견을 제출할 수 있으며, 행정청은 제출된 의견에 대해서는 제출자에게 그 처리결과를 통보하여야 한다.

2) 행정청은 경우에 따라서 행정청이 필요하다고 인정할 때에는 공청회를 개최할 수 있도록 하고 있다.

[관련 판례]

★ 법령이 입법예고나 홍보가 없었다고 하여 그 조항이 신의성실의 원칙에 위배되는 무효인 규정이라고 볼 수 없다(대판 1990.6.8, 90누2420).

V. 행정예고 절차

1. 개설

행정예고제는 국민생활에 매우 중요한 의미를 가지는 일정한 행정시책에 대해서 이를 미리 국민에게 알리는 제도를 말한다.

2. 적용범위

행정청은 1) 국민생활에 매우 큰 영향을 주는 사항, 2) 다수 국민의 이해가 상충되는 사항, 3) 다수 국민에게 불편이나 부담을 주는 사항, 4) 기타 널리 국민의 의견수렴이 필요한 사항에 대한 정책·제도 및 계획을 수립·시행 또는 변경하는 경우에는 미리 이를 예고하도록 하고 있다.

3. 행정예고기간

예고 내용의 성격 등을 고려하여 정하되, 특별한 사정이 없으면 20일 이상으로 한다.

4. 행정예고의 의견제출 및 처리 등

이에 관해서는 행정상 입법예고에 관한 규정이 준용된다.

Ⅵ. 행정지도

1. 개설

행정지도란 행정주체가 조언·권고 등의 방법으로 국민이나 기타 관계자의 행동을 유도하여 그 의도하는 바를 실현하기 위하여 행하는 비권력적 사실행위를 말한다.

2. 행정지도의 원칙

1) 과잉금지원칙 및 임의성의 원칙

행정지도는 그 목적달성에 필요한 취소한도에 그쳐야 하고, 또한 그 상대방의 의사에 반하여 부당하게 강요되어서는 아니 된다.

2) 불이익조치금지원칙

행정기관은 상대방이 행정지도에 따르지 아니하였다는 것을 이유로 불이익한 조치를 하여서는 아니 된다(동조 제2항).

3) 행정지도의 방식

행정절차법은 실명제를 도입하여 운영하고 있다.

(1) 행정지도를 행하는 자는 그 상대방에게 행정지도의 취지·내용 및 신분을 밝혀야 한다(행정지도실명제).

(2) 동법은 구술로 행정지도가 행해진 경우 상대방이 서면의 교부를 요구하는 때에는 행정지도를 행하는 자는 직무수행에 특별한 지장이 없는 한 이를 교부하도록 하고 있다.

4) 의견제출

행정지도의 상대방은 당해 행정지도의 방식 · 내용 등에 관하여 행정기관에 의견제출을 할 수 있다(행정절차법 제50조).

5) 다수인을 상대로 하는 행정지도

행정절차법은 동일한 행정목적을 실현하기 위하여 다수인에게 행정지도를 하고자 하는 경우에는, 행정지도의 명확성과 공평성 확보의 관점에서 이들 행정지도에 공통적인 내용이 되는 사항을 공표하도록 하고 있다.

제 3 항 행정절차의 하자

Ⅰ. 절차적 하자의 의의

1. 법치행정의 원리상 행정행위가 적법요건을 결여한 경우, 당해 행위는 하자 있는 행정행위로서 무효 또는 취소원인이 되며, 이러한 적법요건에는 형식 · 절차상의 요건도 당연히 포함된다.

2. 행정청에 의한 각종의 공법적 작용에 절차상 하자가 있을 때, 이를 절차상 하자라 부른다.

3. 행정절차법은 절차하자에 대해서는 규정하고 있지 않다.

Ⅱ. 절차상 하자의 효과

행정처분에 절차상 위법이 있는 경우에 절차상 위법이 해당 행정처분의 독립된 위법사유(취소 또는 무효사유)가 될 수 있는가. 즉 법원은 실체법상 적법함에도 불구하고 절차적 하자만으로 독자적 취소 또는 무효확인을 할 수 있는지가 문제시 된다.

1. 명문규정이 있는 경우

우리나라의 경우 절차상 하자에 관한 일반적인 규정은 없고, 개별법률에 "소청사건을 심사할 때 소청인 등에게 진술의 기회를 부여하지 아니하고 한 결정은 무효로 한다"고 명문규정을 두고 있을 뿐이다(국가공무원법 제13조 제2항).

2. 명문규정이 없는 경우

1) 학설

(1) 절차상 하자가 독립된 취소사유 또는 무효사유가 될 수 있는지에 관하여 학설은 적극설·소극설·절충설로 견해가 대립하고 있다. 적극설은 절차상 하자만을 이유로 행정처분의 무효를 확인하거나 행정처분을 취소할 수 있다고 본다(통설).

(2) 판례

① 적극설의 입장에서 기속행위·재량회위의 구분없이 절차상의 하자를 모두 독립된 위법사유로 보고 있다.

② 위법성의 정도는 청문과 이유부기의 하자에 관하여는 주로 취소사유로 보고 있다.

2) 실정법

(1) 행정절차법은 "행정청이 당사자에게 의무를 과하거나 권익을 제한하는 처분을 함에 있어서는 청문 또는 공청회의 경우 외에는 당사자 등에게 의견제출의 기회를 주어야 한다"고 규정하고 있다(동법 제22조3항).

(2) 이러한 규정은 행정절차법에 의거하여 침익적 처분에는 예외적인 경우를 제외하고는 반드시 의견청취절차를 거쳐야 하고, 이를 거치지 아니하면 위법한 것이 된다는 것을 의미한다.

[관련 판례]

★ 식품위생법 … 소정의 청문절차를 전혀 거치지 아니하거나 거쳤다고 하여도 그 절차적 요건을 제대로 준수하지 아니한 경우에는 가사 영업정지사유 등 위 법 제58조 등 소정사유가 인정된다고 하더라도 그 처분은 위법하여 취소를 면할 수 없다(대판 1991.7.9, 91누971).

★ 행정청이 침해적 행정처분을 함에 있어서 당사자에게 위와 같은 사전통지를 하거나 의견제출의 기회를 주지 아니하였다면, 사전통지를 하지 않거나 의견제출의 기회를 주지 아니하여도 되는 예외적인 경우에 해당하지 아니하는 한 그 처분은 위법하여 취소를 면할 수 없다(대판 2000.11.14, 99두5870).

★ 구 학교보건법상 학교환경위생정화구역에서의 금지행위 및 시설의 해제 여부에 관한 행정처분을 함에 있어 학교환경위생정화위원회의 심의를 누락한 행정처분은 취소사유이다(대판 2007.3.15, 2006두15806).

★ 행정청이 당사자에게 의무를 과하거나 권익을 제한하는 처분을 함에 있어서 당사자에게 행정절차법상의 사전통지를 하거나 의견제출의 기회를 주지 아니한 경우, 그 처분은 위법하여 취소를 면할 수 없다(대판 2004.5.28, 2004두1254).

Ⅲ. 절차적 하자의 치유

1. 의의

1) 절차적 하자의 치유란 행정행위가 발령 당시에 적법요건의 하나인 절차요건에 하자가 있는 경우에 그 하자를 사후에 보완하면, 발령 당시의 하자에도 불구하고 그 행위의 효과를 다툴 수 없도록 유지하는 것을 말한다.

2. 인정여부

1) 학설

긍정설·제한적 긍정설·부정설의 견해가 있으나, 국민의 방어권 보장을 침해하지 않는 범위 안에서 제한적으로 허용된다는 제한적 긍정설이 통설이다.

2) 판례

판례는 원칙적으로 불허이나 예외적으로 허용하고 있다.

[관련 판례]

★ 행정청이 식품위생법상의 청문절차를 이행함에 있어 소정의 청문서 도달 기간을 지키지 아니하였다면 이는 청문의 절차적 요건을 준수하지 아니한 것이므로 이를 바탕으로 한 행정처분은 일단 위법하다고 보아야 할 것이지만 이러한 청문제도의 취지는 처분으로 말미암아 받게 될 영업자에게 미리 변명과 유리한 자료를 제출할 기회를 부여함으로써 부당한 권리침해를 예방하려는 데에 있는 것임을 고려하여 볼 때, 가령 행정청이 청문서 도달기간을 다소 어겼다 하더라도 영업자가 이에 대하여 이의하지 아니한채 스스로 청문일에 출석하여 그 의견을 진술하고 변명하는 등 방어의 기회를 충분히 가졌다면 청문서 도달기간을 준수하지 아니한 하자는 치유되었다고 봄이 상당하다(대판 1992.10.23, 92누2844).

★ 납세고지의 하자는 납세의무자가 그 나름대로 산출근거를 알고 있다거나 사실상 이를 알고서 쟁송에 이르렀다고 하더라도 치유되지 않는다(대판 2002.11.13, 2001두1543).

★ 행정청이 식품위생법상의 청문절차를 이행함에 있어 청문서 도달기간을 다소 어겼지만 영업자가 이의하지 아니한 채 청문일에 출석하여 의견을 진술하고 변명하는 등 방어의 기회를 충분히 가진 경우 하자의 치유가 가능하다(대판 1992.10.23, 92누2844).

★ 부과처분 전 부담금예정통지서에 필요적 기재사항이 기재되어 있는 경우, 납부고지서에 기재사항의 일부가 누락되었더라도 그 하자가 치유될 수 있다(대판 1997.12.26, 97누9390).

★ 납세고지서의 기재사항 일부 등이 누락된 경우라도 앞서 보낸 과세예고통지서 등에 필요적 기재사항이 제대로 기재된 경우, 그 하자는 치유 가능하다(대판 2001.3.27, 99두8039).

3. 치유시기

1) 학설

하자의 치유가 어느 시점까지 가능한가의 문제에 대하여, 쟁송제기이전시설, 쟁송종결시설 등의 견해가 대립하고 있다. 쟁송제기이전시설의 다수설의 입장이다.

2) 판례

절차상 하자의 치유시기와 관련하여 판례는 하자의 추완이나 보완은 행정심판(행정쟁송)의 제기 전까지 치유가 가능하며, 항고소송 계속 중에는 절차하자가 치유될 수 없다는 입장이다.

[관련 판례]

★ 납세고지서에 과세표준, 세율, 세액의 산출근거 등이 누락된 경우에는 늦어도 과세처분에 대한 불복 여부의 결정 및 불복신청에 편의를 줄 수 있는 상당한 기간 내에 보정행위를 하여야 그 하자가 치유된다 할 것이므로, 과세처분이 있은지 4년이 지나서 그 취소소송이 제기된 때에 보정된 납세고지서를 송달하였다는 사실이나 오랜 기간(4년)의 경과로써 과세처분의 하자가 치유되었다고 볼 수 는 없다(대판 1983.7.26, 82누420).

4. 절차하자와 취소판결의 기속력

행정소송에서 절차하자를 이유로 취소판결이 난 이후에 행정청이 하자를 보완하여 동일한 처분을 한 경우에 이는 취소판결에 의해 취소된 종전의 처분과는 별개의 처분에 해당하므로 기속력(반복금지효)에 반하지 않는다(다수설 · 판례).

[관련 판례]

★ 과세의 절차 내지 형식에 위법이 있어 과세처분을 취소하는 판결이 확정되었을 때에는 그 확정판결의 기판력은 거기에 적시된 절차 내지 형식의 위법사유에 한하여 미치는 것이므로 과세관청은 그 위법사유를 보완하여 다시 새로운 과세처분을 할 수 있고, 그 새로운 과세처분은 확정판결에 의하여 취소된 종전의 과세처분과는 별개의 처분이라 할 것이어서 확정판결의 기판력에 저촉되는 것이 아니다(대판 1987.2.10, 86누91).

5. 하자치유의 효과

절차상 하자의 치유를 인정하게 되면, 처음부터 적법한 행위와 같은 효과를 가진다. 즉, 치유의 효과는 소급적이다.

제 5 장
정보공개와 개인정보의 보호

제 1 절 정보공개제도

Ⅰ. 행정정보공개의 의의

1. 행정정보공개라 함은 국가 등 공공기관이 보유하고 있는 정보(일부 비공개로 하여야 할 정보는 제외)를 국민의 청구에 의해서 열람·복사·제공하도록 하는 제도를 말한다.

2. 엄격한 의미의 정보공개는 국민의 청구에 의해서 공개되는 경우를 지칭하고 또한 그 공개가 의무지워지는 경우를 가리킨다.

> **[관련 판례]**
>
> ★ 공공기관은 국가기관에 한정된 것이 아니라 지방자치단체·정부투자기관·그 밖에 공동체 전체의 이익에 중요한 역할이나 기능을 수행하는 기관도 포함된다(대판 2006.8.24, 2004두2783).

Ⅱ. 행정정보공개의 법적 근거

1. 헌법적 근거

1) 알권리[223]의 근거규정에 관하여는 여러 견해가 있으나, 헌법재판소는 알권리의 헌법상 근거를 헌법 제21조의 표현의 자유에서 찾고 있다.

2) 대법원은 알권리는 개별법의 구체화 없이 헌법적 근거만으로 인정된다고 판시하고 있다(대판 1999.9.21, 98두3426).

223) '알 권리'라 함은 일반적으로 접근할 수 있는 정보원으로부터 방해받지 않고, 보고·듣고·읽을 수 있는 소극적 측면으로서의 권리와 정보의 공개를 청구할 수 있는 적극적 측면으로서의 권리를 모두 포함한다.

[관련 판례]

★ **정보공개청구권은 「헌법」상의 권리**

알 권리는 「헌법」제21조의 언론의 자유에 당연히 포함되는 바, 이는 국민이 정부에 대한 일반적 정보공개를 구할 권리(청구권적 기본권)라고 할 것이며, 서류에 대한 열람·복사, 민원의 처리는 법률의 제정이 없더라도 불가능한 것은 아니라 할 것이고 또 비록 공문서 공개의 원칙보다는 공문서의 관리·통제에 중점을 두고 만들어진 규정이기는 하지만, 위(정부공문서)규정 제36조 제2항을 근거로 알 권리를 곧바로 실현시키는 것은 가능하다(헌재 1989.9.4, 88헌마22).

★ **국민에게 문서열람 및 복사청구권 인정**

국민은 국가기관에 대하여 기밀에 관한 사항 등 특별한 경우 이외에는 국가기관이 보관하고 있는 문서의 열람 및 복사를 청구할 수 있다(대판 1989.10.24, 88누9312).

2. 법률상 근거

1) 행정정보공개에 관한 일반법으로 「공공기관의 정보공개에 관한 법률」이 있고, 2) 그 밖에 「교육관련기관의 정보공개에 관한 특례법」등이 있다.

Ⅲ. 공공기관의 정보공개에 관한 법률

1. 정보공개법과 타법령과의 관계

1) 정보의 공개에 관하여는 다른 법률에 특별한 규정이 있는 경우를 제외하고는 이 법이 정하는 바에 의한다고 규정하고 있다(제4조 제1항). 따라서 「공공기관의 정보공개에 관한 법률」은 정보공개에 관한 일반법의 지위를 가진다.

2) 지방자치단체는 그 소관사무에 관하여 법령의 범위에서 정보공개에 관한 조례를 정할 수 있다.

[관련 판례]

★ 주민의 권리를 제한하거나 의무를 부과하는 조례라고는 단정할 수 없고, 따라서 그 제정에 있어서 반드시 법률의 개별적 위임이 따로 필요한 것은 아니다(대판 1992.6.23, 92추17). 이 판례는 공공기관의 정보공개에 관한 법률 제정 전에 인정한 판결로서 실정법의 근거가 없는 경우에도 정보공개조례제정이 가능하다고 보았다.

★ '공무원 또는 공무원이었던 사람이 그 직무와 관련하여 보관하거나 가지고 있는 문서(민사소송법 제344조 제2항)'의 의미 및 이러한 공문서의 공개에 관하여 적용되는 법률은 민사소송법이 아닌 공공기관의 정보공개에 관한 법률이다(대판 2010.1.19, 2008마546).

3) 국가안전보장에 관련되는 정보 및 보안 업무를 관장하는 기관에서 국가안전보장과 관련

된 정보의 분석을 목적으로 수집하거나 작성한 정보에 대해서는 이 법을 적용하지 아니한다.

2. 정보공개청구권자 및 정보공개대상

1) 정보공개청구권자

(1) 정보공개의 청구권자는 '모든 국민'[224]이며, 외국인의 정보공개청구에 관하여는 대통령령으로 그 내용을 정한다.

(2) 현재 외국인은 국내거주자와 학술 · 연구를 위한 일시적 체류자 및 국내에 사무소를 두고 있는 법인단체에 한정하고 있다.

(3) 정보공개청구는 이해관계가 없는 공익을 위한 경우에도 인정된다(대판 2003.12.12. 2003두8050).

[관련 판례]

★ 정보공개청구권은 법률상 보호되는 구체적인 권리이므로 청구인이 공공기관에 대하여 정보공개를 청구하였다가 거부처분을 받은 것 자체가 법률상 이익의 침해에 해당한다(대판 2003.12.12, 2003두8050).

★ 정보공개를 청구할 수 있는 국민에는 자연인은 물론 법인, 권리능력 없는 사단 · 재단도 포함되고, 법인 · 권리능력 없는 사단 · 재단 등의 경우에는 설립목적을 불문한다(대판 2003.12.12, 2003두8050).

2) 정보공개대상

(1) 정보공개대상의 원칙

정보공개의 대상이 되는 정보는 '공공기관이 보유 · 관리하는 정보'이다.

(2) 공공기관

'공공기관'이라 함은 ① 국가기관(㉠ 국회 · 법원 · 헌법재판소 · 중앙선거관리위원회, ㉡ 대통령 소속기관과 국무총리 소속기관을 포함한 중앙행정기관 및 그 소속기관 ㉢ 행정기관 소속 위원회의 설치 · 운영에 관한 법률에 따른 위원회), ② 지방자치단체, ③ 정부투자기관, ④ 그 밖에 대통령령으로 정하는 기관(㉠「유아교육법」, 「초 · 중등교육법」, 「고등교육법」에 따른 각급학교 또는 그 밖의 다른 법률에 따라 설치된 학교,[225] ㉡ 특별법에 의해 설립된 특수법인[226] ㉢ 국가 또는 지방자치로부터 보조금을 받는 사회복지법인과 사회복지사업을 하는 비영리법인)을 말한다.

---

224) 모든 국민에는 자연인 · 법인 · 권리능력없는 사단 · 재단 등이 포함되고, 법인 · 권리능력없는 사단 · 재단 등의 경우에는 설립목적을 불문한다(대판2003.12.12.,2003두8050).

225) 여기서 말하는 각급학교에는 국 · 공립초등학교 및 사립초등학교, 국 · 공립 중 · 고등학교 및 사립 중 · 고등학교, 국 · 공립대학 및 사립대학교 등이 포함된다. 따라서 사립학교(초 · 중고 · 대학교)도 공공기관의 정보공개에 관한 법령상 공공기관에 해당한다.

226) 방송법에 의하여 설립 · 운영되는 한국방송공사(특별법에 의하여 설립된 특수법인), 즉 KBS도 정보공개 의무가 있는 공공기관에 해당한다(대판2003.12.12.,2003두8050).

[관련 판례]

★ 사립대학교가 국비의 지원을 받는 범위 내에서만 공공기관의 성격을 가진다고 볼 수 없다(대판 2006.8.24, 2004두2783). 이 판례는 두 가지 의미를 내포하고 있다.

• 첫째, 구 공공기관의 정보공개에 관한 법률시행령 제2조 제1호가 정보공개의무기관으로 사립대학교를 들고 있는 것은 모법의 위임범위를 벗어난 것이 아니다라는 점, 둘째, 사립대학교에 정보공개를 청구하였다가 거부되면 사립대학교 총장을 피고로 하여 취소소송을 제기할 수 있다는 점이다.

★ 한국방송공사(KBS)는 공공기관의 정보공개에 관한 법률 시행령 제2조 제4호의 '특별법에 의하여 설립된 특수법인'으로서 정보공개의무가 있는 공공기관의 정보공개에 관한 법률 제2조 제3호의 '공공기관'에 해당한다(대판 2010.12.23, 2008두13101).

★ '한국증권업협회'는 공공기관의 정보공개에 관한 법률 시행령 제2조 제4호의 '특별법에 의하여 설립된 특수법인'에 해당한다고 보기 어렵다(대판 2010.4.29, 2008두5643). 이는 민법상 사단법인에 관한 규정을 준용받기 때문이다.

★ 사법시험 제2차 시험의 답안지 열람은 시험문항에 대한 채점위원별 채점결과의 열람과 달리 사법시험업무의 수행에 현저한 지장을 초래한다고 볼 수 없으므로 공개하여야 한다(대판 2003.3.14, 2000두6114).

★ '2002년도 및 2003년도 국가 수준 학업성취도평가 자료'는 공공기관의 정보공개에 관한 법률 제9조 제1항 제5호에서 정한 비공개대상정보에 해당하는 부분이 있으나, '2002학년도부터 2005학년도까지의 대학수학능력시험 원데이터'는 연구목적으로 그 정보의 공개를 청구하는 경우 위 조항의 비공개대상정보에 해당하지 않는다(대판 2010.2.25, 2007두9877).

★ 아파트재건축주택조합의 조합원들에게 제공될 무상보상평수의 사업수익성 등을 검토한 자료는 구 공공기관의 정보공개에 관한 법률 제7조 제1항에서 정한 비공개대상정보에 해당하지 않는다(대판 2006.1.13, 2003두9459).

★ 대한주택공사의 아파트 분양원가 산출내역에 관한 정보는 비공개대상정보가 아니다(대판 2007.6.1, 2006두20587).

(3) 공공기관이 보유 · 관리하는 정보

① 원칙적으로 공공기관이 직무상 작성 또는 취득하여 관리하고 있는 문서(전자문서포함) · 도면 · 사진 · 필름 · 테이프 · 슬라이드 및 그 밖에 준하는 매체 등에 기록된 사항이다. 공개청구의 대상이 되는 정보는 공공기관이 '보유하는 정보'에 한정된다.

② 공개청구의 대상이 되는 문서는 반드시 원본일 필요는 없다(대판 2006.5.25, 2006두3049).

[관련 판례]

★ 공공기관의 정보공개에 관한 법률상 공개청구의 대상이 되는 정보란 공공기관이 직무상 작성 또는 취득하여 현재 보유 · 관리하고 있는 문서에 한정되는 것이기는 하나, 그 문서가 반드시 원본일 필요는 없다(대판 2006.5.25, 2006두3049).

3) 비공개 대상정보

(1) 비공개대상정보라 함은 공공기관이 공개를 거부할 수 있는 정보를 말한다. 비공개 정보는 비밀정보를 의미하지 않는다.

(2) 비밀정보는 공개가 금지되는 정보이지만, 비공개대상정보는 행정기관이 공개하지 않을 수 있는 정보를 말한다(재량이므로 비공개정보를 공개정보로 할 수 있다).

(3) 정보공개법은 아래의 정보를 비공개대상정보로 열거하고 있다.

① 다른 법률 또는 법률에 의한 명령에 의하여 비밀로 또는 비공개사항으로 규정된 정보

[관련 판례]

★ 공공기관의 정보공개에 관한 법률 제9조 제1항 제1호 소정의 '법률에 의한 명령'은 법률의 위임규정에 의하여 제정된 대통령령, 총리령, 부령 전부를 의미한다기보다는 정보의 공개에 관하여 법률의 구체적인 위임 아래 제정된 법규명령(위임명령)을 의미한다(대판 2003.12.11, 2003두8395).

★ 교육공무원의 근무성적평정의 결과를 공개하지 아니한다고 규정하고 있는 교육공무원 승진규정 제26조를 근거로 정보공개청구를 거부하는 것은 타당하지 않다(대판 2006.10.26, 2006두11910).

★ 검찰보존사무규칙 제22조는 행정기관 내부의 사무처리준칙으로서 행정규칙에 불과하므로 위 규칙상의 열람·등사의 제한을 공공기관의 정보공개에 관한 법률 제9조 제1항 제1호의 '다른 법률 또는 법률에 의한 명령에 의하여 비공개 사항으로 규정된 경우'에 해당할 수 없다(대판 2006.5.25, 2006두3049).

★ 국가정보원이 그 직원에게 지급하는 현금급여 및 월초수당에 관한 정보는 공공기관의 정보공개에 관한 법률 제9조 제1항 제1호의 비공개대상정보인 '다른 법률에 의하여 비공개 사항으로 규정된 정보'에 해당한다고 보아야 하고, 위 정보공개청구인이 해당직원의 배우자라고 하여 달리 볼 것은 아니다(대판 2010.12.23, 2010두14800).

★ 국방부의 한국형 다목적 헬기(KMH)도입사업에 대한 감사원장의 감사결과보고서가 군사2급비밀에 해당하는 이상 공공기관의 정보공개에 관한 법률 제9조 제1항 제1호에 의하여 공개하지 아니할 수 있다(대판 2006.11.10, 2006두9351).

★ '학교폭력대책자치위원회 회의록'은 공공기관의 정보공개에 관한 법률 제9조 제1항의 비공개대상정보에 해당한다(대판 2010.6.10, 2010두2913).

★ 학교환경위생구역 내 금지행위(숙박시설)해제결정에 관한 학교환경위생정화위원회의 회의록에 기재된 발언내용에 대한 해당 발언자의 인적 사항 부분에 관한 정보는 공공기관의 정보공개에관한법률제7조제1항제5호 소정의 비공개대상에 해당한다(대판 2003.8.22, 2002두12946).

★ 문제은행 출제방식을 채택하고 있는 치과의사 국가시험의 문제지와 정답지는 공공기관의 정보공개에 관한 법률상 비공개대상정보에 해당한다(대판 2007.6.15, 2006두15936).

★ '학교폭력대책자치위원회의 회의록'은 공공기관의 정보공개에 관한 법률 제9조 제1항 제5호의 '공개될 경우 업무의 공정한 수행에 현저한 지장을 초래한다고 인정할 만한 상당한 이유가 있는 정보(비공개정보)'에 해당한다(대판 2010.6.10, 2010두2913).

② 공개될 경우, 국가안전보장 · 국방 · 통일 · 외교관계 등 국가의 중대한 이익을 현저히 해할 우려가 있다고 인정되는 정보

[관련 판례]

★ 보안관찰법 소정의 보안관찰관련 통계자료는 구 공공기관의 정보공개에 관한 법률 제7조 제1항 제2호 소정의 공개될 경우 국가안전보장 · 국방 · 통일 · 외교관계 등 국가의 중대한 이익을 해할 우려가 있는 정보 또는 제3호 소정의 공개될 경우 국민의 생명 · 신체 및 재산의 보호 기타 공공의 안전과 이익을 현저히 해할 우려가 있다고 인정되는 정보에 해당한다(대판 2004.3.18, 2001두8254).

③ 공개될 경우, 국민의 생명 · 신체 및 재산의 보호에 현저한 지장을 초래할 우려가 있다고 인정되는 정보

④ 진행중인 재판에 관련된 정보와 범죄의 예방 · 수사 · 공소의 제기 및 유지 · 형의 집행 · 교정 · 보안처분에 관한 사항으로서 공개될 경우, 그 직무수행을 현저히 곤란하게 하거나 형사피고인의 공정한 재판을 받을 권리를 침해한다고 인정할 만한 상당한 이유가 있는 정보

[관련 판례]

★ '진행중인 재판에 관련된 정보'에 해당한다는 사유로 정보공개를 거부하기 위하여는 반드시 그 정보가 진행 중인 재판의 소송기록 그 자체에 포함된 내용의 정보일 필요는 없으나, 재판에 관련된 일체의 정보가 그에 해당하는 것은 아니고 진행 중인 재판의 심리 또는 재판결과에 구체적으로 영향을 미칠 위험이 있는 정보에 한정된다고 봄이 상당하다(대판 2011.11.24, 2009두19021). 판례는 정보공개를 거부하기 위해서는 그 정보가 진행 중인 재판에 관련된 일체의 정보를 말하는 것은 아니다라고 보고 있다.

⑤ 감사 · 감독 · 검사 · 시험 · 규제 · 입찰계약 · 기술개발 · 인사관리 · 의사결정과정 또는 내부검토과정에 있는 사항 등으로서 공개될 경우, 업무의 공정한 수행이나 연구 · 개발에 현저한 지장을 초래한다고 인정할만한 상당한 이유가 있는 정보

[관련 판례]

★ '감사 · 감독 · 검사 · 시험 · 규제 · 입찰계약 · 기술개발 · 인사관리 · 의사결정과정 또는 내부검토과정에 있는 사항 등으로서 공개될 경우 업무의 공정한 수행에 현저한 지장을 초래한다고 인정할 만한 상당한 이유가 있는 정보'란 공개될 경우 업무의 공정한 수행이 객관적으로 현저하게 지장을 받을 것이라는 고도의 개연성이 존재하는 경우를 말한다(대판 2012.10.11, 2010두18758).

⑥ 당해 정보에 포함되어 있는 이름 · 주민등록번호 등 개인에 관한 사항으로서 공개될 경우, 개인의 사생활의 비밀 또는 자유를 침해할 우려가 있다고 인정되는 정보, 다만, 다음에 열거한 개인에 관한 정보는 제외한다.

㉠ 법령에서 정하는 바에 따라 열람할 수 있는 정보

㉡ 공공기관이 공표를 목적으로 작성하거나 취득한 정보로서, 개인의 사생활의 비밀 또는 자유를 부당하게 침해하지 아니하는 정보

㉢ 공공기관이 작성하거나 취득한 정보로서 공개하는 것이 공익이나 개인의 권리구제를 위하여 필요하다고 인정되는 정보

㉣ 직무를 수행한 공무원의 성명·직위

㉤ 공개하는 것이 공익을 위하여 필요한 경우로서 법령에 따라 국가 또는 지방자치단체가 업무의 일부를 위탁 또는 위촉한 개인의 성명·직업

[관련 판례]

★ 공무원이 직무와 관련없이 개인적인 자격으로 간담회·연찬회 등 행사에 참석하고 금품을 수령한 정보는 구 공공기관의 정보공개에 관한 법률 제7조 제1항 제6호 단서 다목 소정의 '공개하는 것이 공익을 위하여 필요하다고 인정되는 정보'에 해당하지 않는다(대판 2003.12.12, 2003두8050).

★ 지방자치단체의 업무추진비 세부항목별 집행내역 및 그에 관한 증빙서류에 포함된 개인에 관한 정보는 '공개하는 것이 공익을 위하여 필요하다고 인정되는 정보'에 해당하지 않는다(대판 2003.3.11, 2001두6425).

★ 사면대상자들의 사면실시건의서와 그와 관련된 국무회의안건자료에 관한 정보는 구 공공기관의 정보공개에 관한 법률에서 정한 공개정보이다(대판 2006.12.7, 2005두241).

★ 불기소처분기록 중 피의자신문조서 등에 기재된 피의자 등의 인적 사항 이외의 진술내용 역시 개인의 사생활의 비밀 또는 자유를 침해할 우려가 인정되는 경우 정보공개법 제9조 제1항 제6호 본문 소정의 비공개대상에 해당한다(대판 2012.6.18, 2011두2361).

⑦ 법인·단체 또는 개인의 영업상 비밀에 관한 사항으로서 공개될 경우, 법인 등의 정당한 이익을 현저히 해할 우려가 있다고 인정되는 정보, 다만 다음에 열거한 정보를 제외한다.

㉠ 사업활동에 의하여 발생하는 위해로부터 사람의 생명·신체 또는 건강을 보호하기 위하여 공개할 필요가 있는 정보

㉡ 위법·부당한 사업활동으로부터 국민의 재산 또는 생활을 보호하기 위하여 공개할 필요가 있는 정보

[관련 판례]

★ 법인 등이 거래하는 금융기관의 계좌번호에 관한 정보는 법인 등의 영업상 비밀에 관한 사항으로서 공개될 경우 법인 등의 정당한 이익을 현저히 해할 우려가 있다고 인정되는 정보에 해당한다(대판 2004.8.20, 2003두8302).

★ 공공기관의 정보공개에 관한 법률 제9조 제1항 제7호에 정한 '법인 등의 경영·영업상 비밀'은 '타인에게 알려지지 아니함이 유리한 사업활동에 관한 일체의 정보' 또는 '사업활동에 관한 일체의 비밀사항'으로 해석함이 상당하다(대판 2008.10.23, 2007두1798).

★ 한국방송공사(KBS)의 '수시집행 접대성 경비의 건별 집행서류 일체'는 공공기관의 정보공개에관한법률제9조제1항제7호의 비공개대상정보에 해당하지 않는다(대판2008.10.23,2007두1798).

⑧ 공개될 경우 부동산투기 · 매점매석 등으로 특정인에게 이익 또는 불이익을 줄 우려가 있다고 인정되는 정보에 해당하면, 공공기관은 이를 공개하지 아니할 수 있다. 공개청구한 정보가 비공개대상정보에 해당하는 부분과 공개가 가능한 부분이 혼합되어 있는 경우에는 공개청구의 취지에 어긋나지 아니하는 범위 안에서 두 부분을 분리할 수 있는 때에는 비공개대상정보에 해당하는 부분을 제외하고 공개하여야 한다.

(4) 비공개정보의 한계

① 공공기관은 비공개대상정보의 어느 하나에 해당하는 정보가 기간의 경과 등으로 인하여 비공개의 필요성이 없어진 경우에는 그 정보를 공개대상으로 하여야 한다.

② 비공개정보에 해당한다고 하여 자동적으로 공개가 거부될 수 있는 것은 아니다.

[관련 판례]

★ 해당 정보의 공개로 달성될 수 있는 공익 및 사익과 비공개로 하여야 할 공익 및 사익을 이익형량하여 공개여부를 결정하여야 한다(대판 2009.12.10, 2009두12785).

(5) 정보공개의 대상여부에 관한 판례 정리

구분	내용(대법원의 판례)
공개대상정보	①교도관이 직무 중 발생한 사유에 관하여 작성하는 근무보고서 ②검찰보존사무규칙 중 불기소사건기록 등의 열람 · 등사에 대하여 제한하고 있는 부분 ③사법시험 제2차 시험의 답안지 ④사면대상자들의 사면실시건의서와 그와 관련된 국무회의 안건자료 ⑤한국방송공사의 수시집행 접대성 경비의 건별 집행서류 일체 ⑥교육공무원에 대한 근무성적 평정의 결과 ⑦대한주택공사의 아파트 분양원가 산출내역에 관한 정보
비공개대상정보	①공무원이 직무와 관련없이 개인적 자격으로 간담회 · 연찬회 등 행사에 참석하고 금품을 수령한 정보 ②보안관찰법 소정의 보안관찰관련 통계자료 ③국방부의 한국형 다목적 헬기(KMH)도입 사업에 관한 감사원장의 감사결과보고서 ④국가정보원이 직원에게 지급하는 현금급여 및 월초수당에 관한 정보 ⑤학교폭력예방 및 대책에 관한 법률상 학교폭력대책자치위원회의 회의록 ⑥지방자치단체의 업무추진비 세부항목별 집행내역 및 그에 관한 증빙서류에 포함된 개인정보 ⑦문제은행 출제방식을 채택하고 있는 치과의사 국가시험의 문제지와 정답지 ⑧학교환경위생구역 내 금지행위(숙박시설) 해제결정에 관한 학교환경위생정화위원회의 회의록에 기재된 발언내용에 대한 해당 발언자의 인적사항 정보 ⑨재개발사업에 관한 정보

(6) 정보공개의 청구와 권리남용

오로지 공공기관의 담당공무원을 괴롭힐 목적으로 정보공개청구를 구하고 있다는 등의 특별한 사정이 없는 한, 정보공개의 청구가 권리남용에 해당한다고 볼 수 없다(대판 2008.10.23, 2007두1798).

3. 정보공개의 절차

1) 정보공개청구서의 제출

정보의 공개를 청구하는 청구인은 당해 정보를 보유하거나 관리하고 있는 공공기관에 ① 청구인의 이름 · 주민등록번호 · 주소 및 연락처(전자우편주소, 전화번호 등), ② 공개를 청구하는 정보의 내용 및 공개방법을 기재한 정보공개청구서를 제출하거나, 구술로써 정보의 공개를 청구할 수 있다(실명제).

2) 정보공개 여부의 결정 · 통지

(1) 정보공개 결정기간

① 정보공개청구방법에 따라 정보공개의 청구가 있는 때에는 청구를 받은 날부터 10일 이내에 공개여부를 결정하여야 한다.

② 다만 부득이한 사유로 10일 내에 공개여부를 결정할 수 없는 때에는 그 기간의 만료일 다음날부터 기산하여 10일의 범위 내에서 공개 여부 결정기간을 연장할 수 있다.

③ 공공기관은 공개청구된 공개대상정보의 전부 또는 일부가 제3자와 관련이 있다고 인정할 때에는 그 사실을 제3자에게 지체없이 통지하여야 하며, 필요한 경우에는 그의 의견을 들을 수 있다. 이 경우 제3자는 비공개요청을 할 수 있으며, 이러한 요청에도 불구하고 공개하는 경우에는 불복절차에 따라 불복하면 된다.

(2) 정보공개심의회와 정보공개위원회

① 정보공개심의회

㉠ 국가기관, 지방자치단체 및 공기업은 정보공개여부 등을 심의하기 위하여 정보공개심의회를 설치 · 운영한다.

㉡ 심의회는 위원장 1명을 포함한 5명 이상 7명 이하의 위원으로 구성한다.

② 정보공개위원회

㉠ 행정자치부장관 소속하에 정보공개위원회를 둔다.

㉡ 위원회는 위원장과 부위원장 각 1명을 포함한 9명의 위원으로 구성한다.

3) 공개 여부 결정의 통지

(1) 공공기관은 정보의 공개를 결정한 때에는 공개일시 · 공개장소 등을 명시하여 청구인

에게 통지하여야 한다.

(2) 공공기관은 정보의 비공개결정을 한 때에는 그 내용을 청구인에게 지체 없이 문서로 통지하여야 한다. 이 경우 비공개사유와 불복방법 및 불복절차를 구체적으로 명시하여야 한다.

[관련 판례]

★ 정보공개를 청구하는 자가 공공기관에 대해 정보의 사본 또는 출력물의 교부의 방법으로 공개방법을 선택하여 정보공개청구를 한 경우, 공개청구를 받은 공공기관은 그 공개방법을 선택할 재량권이 없다(대판 2003.12.12, 2003두8050).

★ 정보공개를 요구받은 공공기관이 공공기관의 정보공개에 관한 법률 제7조 제1항 몇 호 소정의 비공개사유에 해당하는지를 주장·입증하지 아니한 채 개괄적인 사유만을 들어 그 공개를 거부할 수 없다(대판 2003.12.11, 2001두8827).

★ 알 권리에서 파생되는 정보의 공개의무는 특별한 사정이 없는 한 국민의 적극적인 정보수집행위, 특히 특정의 정보에 대한 공개청구가 있는 경우에야 비로소 존재한다(헌재결 2004.12.16, 2002헌마579).

★ 손해배상소송에 제출할 증거자료를 획득하기 위한 목적으로 정보공개를 청구한 경우, 오로지 상대방을 괴롭힐 목적으로 정보공개를 구하고 있다는 등의 특별한 사정이 없는 한, 권리남용에 해당하지 아니한다(대판 2004.9.23, 2003두1370).

★ '대한주택공사의 특정 공공택지에 관한 수용가, 택지조성원가, 분양가, 건설원가 등 및 관련자료 일체'인 경우, '관련자료 일체'부분은 그 내용과 범위가 정보공개청구 대상정보로서 특정되지 않았다(대판 2007.6.1, 2007두2555).

★ 공개청구의 대상이 되는 정보가 이미 다른 사람에게 공개되어 널리 알려져 있다거나 인터넷 등을 통하여 공개되어 인터넷검색 등을 통하여 쉽게 알 수 있는 경우에도 소의 이익이 없다거나 그 비공개결정이 정당화될 수 없다(대판 2010.12.23, 2008두13101).

(3) 부분공개

공개 청구한 정보가 비공개정보에 해당하는 부분과 공개가능한 부분이 혼합되어 있는 경우, 공개청구의 취지에 어긋나지 아니하는 범위에서 두 부분을 분리할 수 있는 경우에는 비공개대상정보에 해당하는 부분을 제외하고 공개하여야 한다.

[관련 판례]

★ 정보를 공공기관이 보유·관리하고 있을 상당한 개연성이 있다는 점에 대하여 원칙적으로 공개청구자에게 증명책임이 있다고 할 것이지만, 공개를 구하는 정보를 공공기관이 한 때 보유·관리하였으나 후에 그 정보가 담긴 문서 등이 폐기되어 존재하지 않게 된 것이라면 그 정보를 더 이상 보유·관리하고 있지 아니하다는 점에 대한 증명책임은 공공기관에게 있다(대판 2004.12.9, 2003두12707).

★ 교도관의 가혹행위를 이유로 형사고소 및 민사소송을 제기하면서 그 증명자료 확보를 위해 '근무보고서'와 '징벌위원회 회의록' 등의 정보공개를 요청하였으나 교도소장이 이를 거부한 사안에서, 근무보고서는 비공개대상정보에 해당한다고 볼 수 없고, 징벌위원회 회의록 중 비공개 심사·의결 부분은 비공개사유에 해당하지만

징벌절차 진행 부분은 비공개 사유에 해당하지 않는다고 보아 분리공개가 허용된다(대판 2009.12.10, 2009두12785).

★ 정보의 부분 공개가 허용되는 경우란 그 정보의 공개방법 및 절차에 비추어 당해 정보에서 비공개대상정보에 관련된 기술 등을 제외 혹은 삭제하고 나머지 정보만을 공개하는 것이 가능하고 나머지 부분의 정보만으로도 공개의 가치가 있는 경우를 의미한다(대판 2009.12.10, 2009두12785).

(4) 정보의 전자적 공개

① 전자적 형태로 보유 · 관리하는 정보

공공기관은 전자적 형태로 보유 · 관리하는 정보에 대하여 청구인이 전자적 형태로 공개하여 줄 것을 요청하는 경우에는 그 정보의 성질상 현저히 곤란한 경우를 제외하고는 청구인의 요청에 따라야 한다.

② 전자적 형태로 보유하지 아니하는 정보

공공기관은 전자적 형태로 보유 · 관리하지 아니하는 정보에 대하여 청구인이 전자적 형태로 공개하여 줄 것을 요청한 경우에는 정상적인 업무수행에 현저한 지장을 초래하거나 그 정보와 성질이 훼손될 우려가 없으면 그 정보를 전자적 형태로 변환하여 공개할 수 있다.

(5) 즉시처리가 가능한 정보의 공개

다음의 어느 하나에 해당하는 정보로서 즉시 또는 말로 처리가 가능한 정보에 대해서는 정보공개여부의 결정에 따른 절차를 거치지 아니하고 공개하여야 한다.

① 법령 등에 따라 공개를 목적으로 작성된 정보

② 일반국민에게 알리기 위하여 작성된 각종 홍보자료

③ 공개하기로 결정된 정보로서, 공개에 오랜 시간이 걸리지 아니하는 정보

④ 그 밖에 공공기관의 장이 정하는 정보

(6) 비용부담

① 정보의 공개 및 우송 등에 소요되는 비용은 실비의 범위 안에서 청구인이 부담한다.

② 공개를 청구하는 정보의 사용목적이 공공복리의 유지 · 증진을 위하여 인정되는 경우에는 비용을 감면할 수 있다.

4. 불복구제절차

청구인은 비공개결정에 대하여 이의신청 또는 행정심판을 청구할 수 있고, 직접 행정소송을 제기할 수 있다. 또한 청구인은 이의신청을 거쳐 행정심판을 제기할 수도 있고, 직접 행정심판을 제기할 수도 있다.

1) 이의신청

(1) 이의신청(임의절차)

청구인이 정보공개와 관련하여 공공기관의 비공개 또는 부분공개의 결정에 대하여 불복이 있거나, 정보공개 청구 후 20일이 경과하도록 정보공개 결정이 없는 때에는 공공기관으로부터 정보공개 여부의 결정통지를 받은 날 또는 정보공개 청구 후 20일이 경과한 날부터 30일 이내에 공공기관에 문서로 이의신청을 할 수 있다. 이의신청은 임의절차이며 행정심판이 아니다.

(2) 이의신청에 대한 통지

① 공공기관은 이의신청을 받은 날부터 7일 이내에 그 이의신청에 대하여 결정하고 그 결과를 청구인에게 지체없이 문서로 통지하여야 한다.

② 다만, 부득이한 사유로 정하여진 기간 이내에 결정할 수 없을 때에는 그 기간이 끝나는 날의 다음 날부터 기산하여 7일 이내의 범위에서 연장할 수 있으며, 연장사유를 청구인에게 통지하여야 한다.

③ 공공기관은 이의신청을 각하 또는 기각하는 결정을 한 경우에는 청구인에게 행정심판 또는 행정소송을 제기할 수 있다는 사실을 결과 통지와 함께 알려야 한다.

2) 행정심판

① 청구인이 정보공개와 관련한 공공기관의 결정에 대하여 불복이 있거나, 정보공개 청구 후 20일이 경과하도록 정보공개 결정이 없는 때에는 「행정심판법」이 정하는 바에 따라 행정심판을 청구할 수 있다. 이 경우 국가기관 및 지방자치단체 외의 공공기관의 결정에 대한 재결청은 관계 중앙행정기관의 장 또는 지방자치단체의 장으로 한다.

② 청구인은 이의신청절차를 거치지 아니하고 행정심판을 청구할 수 있다.

③ 행정심판은 거부처분 취소심판 또는 의무이행심판의 형식으로 제기한다.

3) 행정소송

(1) 행정소송의 제기

① 청구인이 정보공개와 관련한 공공기관의 결정에 대하여 불복이 있거나 정보공개 청구 후 20일이 경과하도록 정보공개결정이 없는 때에는 「행정소송법」이 정하는 바에 따라 행정소송을 제기할 수 있다.

[관련 판례]

★ 공개청구의 대상이 되는 정보가 이미 다른 사람에게 공개되어 널리 알려져 있다거나 인터넷 등을 통하여 공개되어 쉽게 알 수 있다는 사정만으로는 소의 이익이 없다거나 비공개결정이 정당화될 수 없다(대판2010. 12.23. 2008두13101).

② 정보공개청구권자의 정보공개신청에 대한 거부는 행정소송의 대상이 되는 거부처분이다.

(2) 원고적격 · 피고적격

① 정보공개청구권은 법률상 보호되는 구체적인 권리이므로, 정보공개청구권이 있는 자는 개인적인 이해관계와 관계없이 공개거부로 그 권리를 침해받은 것이므로 당연히 공개거부를 다툴 원고적격을 갖는다(대판 2004.8.20, 2003두8302).

② 정보공개의 거부를 한 행정청이 피고가 되며, 정보공개심의회는 피고적격으로서의 지위를 갖지 않는다.

(3) 일부취소판결

공개를 거부한 정보에 비공개대상정보에 해당하는 부분과 공개가 가능한 부분이 혼합되어 있고, 공개청구의 취지에 어긋나지 아니하는 범위 안에서 두 부분을 분리할 수 있을 때에는 청구취지의 변경이 없더라도 공개가 가능한 부분만의 일부취소를 명할 수 있다.

(4) 소의 이익

공공기관이 그 정보를 보유·관리하고 있지 아니한 경우에는 특별한 사정이 없는 한 정보공개거부처분의 취소를 구할 법률상의 이익이 없다(대판 2006.1.13, 2003두9459).

(5) 정보의 비공개열람

재판장은 필요하다고 인정하면 당사자를 참여시키지 아니하고 제출된 공개청구 정보를 비공개로 열람·심사할 수 있다.

4) 제3자의 이의신청 등

비공개정보 중 기업비밀과 개인정보와 같이 공개되는 경우에 제3자의 권익이 침해되는 경우가 있다. 따라서 정보공개에 대하여 제3자가 이해관계있는 정보의 공개를 막을 수 있는 수단을 갖도록 하는 것이 형평의 원칙에 맞는다.

① 공개대상정보의 전부 또는 일부가 제3자와 관련이 있는 경우에 공개청구된 사실을 통지받은 제3자는 통지받은 날부터 3일 이내에 당해공공기관에 공개하지 아니할 것을 요청할 수 있다.

② 이에 따른 비공개요청을 받은 공공기관이 당해 제3자의 의사에 반하여 공개하고자 하는 경우에는 공개사유를 명시하여 서면으로 통지하여야 하며, 공개통지를 받은 제3자는 당해 공공기관에 서면으로 이의신청을 하거나 행정심판 또는 행정소송을 제기할 수 있다. 이 경우 이의신청은 통지받은 날부터 7일 이내에 하여야 한다.

③ 공공기관은 공개결정일과 공개실시일 사이에 최소한 30일의 간격을 두어야 한다.

[관련 판례]

★ 공공기관이 보유·관리하고 있는 정보가 제3자와 관련이 있는 경우, 제3자가 비공개를 요청하였다고 하여 그 사유만으로 공공기관의 정보공개에 관한 법률상 정보의 비공개사유에 해당하지 않는다(대판 2008.9.25, 2008두8680).

★ 기관이 아닌 개인이 타인에 관한 정보의 공개를 청구하는 경우에는 구 공공기관의 개인정보보호에 관한 법률이 아닌 공공기관의 정보공개에 관한 법률 제9조 제1항 제6호에 따라 개인에 관한 정보의 공개 여부를 판단하여야 한다(대판 2010.2.25, 2007두9877).

④ 제3자에 관한 정보의 공개가 거부된 경우, 정보공개청구자가 공개거부취소소송을 제기하면 이해관계있는 제3자는 소송참가가 가능하다.

제 2 절 개인정보보호제도

Ⅰ. 개 념

1. 의의

개인정보보호제도라 함은 개인에 관한 정보가 부당하게 수집·유통·이용되는 것을 막아 사생활의 비밀 등을 보호하려는 제도를 말한다.

2. 개인정보자기결정권

개인정보자기결정권이란 자신에 관한 정보가 언제, 누구에게, 어느 범위까지 알려지고 또 이용되도록 할 것인지를 그 정보주체가 스스로 결정할 수 있는 권리를 말한다. 이러한 권리를 정보상 자기결정권, 자기정보결정권, 자기정보통제권이라고 한다(헌재 2005.5.26, 99헌마513·2004헌마190(병합)).

[관련 판례]

★ 주민등록법상 지문날인제도는 정보주체가 현실적으로 입게 되는 불이익에 비하여 경찰청장이 보관·전산화하고 있는 지문정보를 범죄수사활동, 대형사건사고나 변사자가 발생한 경우의 신원확인, 타인의 인적사항 도용방지 등 각종 신원확인의 목적을 위하여 이용함으로써 달성할 수 있게 되는 공익이 더 크다고 보아야 할 것이므로, 이 사건 지문날인제도가 과잉금지원칙에 위배하여 청구인들의 개인정보자기결정권을 침해하였다고 볼 수 없다(헌재결 2005.5.26, 99헌마513, 2004헌마190 병합 전원재판부).

Ⅱ. 법적근거

1. 헌법적근거

헌법 제17조는 "모든 국민은 사생활의 비밀과 자유를 침해받지 아니한다"라고 규정하여 사생활의 비밀과 자유를 보장하고 있다.

2. 법률의 근거

1) 개인정보보호법은 개인정보의 보호에 관한 기본법 및 일반법의 성질을 갖는다.

2) 「정보통신망 이용촉진 및 정보보호 등에 관한 법률」, 「신용정보의 이용 및 보호에 관한 법률」, 「금융실명거래 및 비밀보장에 관한 법률」 등이 있다.

Ⅲ. 개인정보보호법의 내용

1. 용어의 정리

이법에서 사용하는 용어의 뜻은 다음과 같다.

1) "개인정보"란 살아 있는 개인에 관한 정보로서 성명, 주민등록번호 및 영상 등을 통하여 개인을 알아 볼 수 있는 정보(해당 정보만으로는 특정 개인을 알아볼 수 없더라도 다른 정보와 쉽게 결합하여 알아볼 수 있는 것을 포함한다)를 말한다.

2) "정보주체"란 처리되는 정보에 의하여 알아볼 수 있는 사람으로서, 그 정보의 주체가 되는 사람을 말한다.

3) "개인정보처리자"란 업무를 목적으로 개인정보파일을 운용하기 위하여 스스로 또는 다른 사람을 통하여 개인정보를 처리하는 공공기관, 법인, 단체 및 개인 등을 말한다.

4) "공공기관이란 (1) 국회, 법원, 헌법재판소, 중앙선거관리위원회의 행정사무를 처리하는 기관, 중앙행정기관(대통령 소속기관과 국무총리 소속기관을 포함) 및 그 소속기관, 지방자치단체 (2) 그 밖의 국가기관 및 공공단체 중 대통령령으로 정하는 기관을 말한다.

[관련 판례]

★ 지문은 개인정보에 해당하는가?

개인정보자기결정권은 자신에 관한 정보가 언제 누구에게 어느 범위까지 알려지고 또 이용되도록 할 것인지를 그 정보주체가 스스로 결정할 수 있는 권리, 즉 정보주체가 개인정보의 공개와 이용에 관하여 스스로 결정할 권리를 말하는바, 개인의 고유성, 동일성을 나타내는 지문은 그 정보주체를 타인으로부터 식별가능하게 하는 개인정보에 해당한다(헌법재판소 2005.5.26, 99헌마513).

2. 개인정보의 보호원칙

(1) 개인정보처리자(공공기관, 법인, 단체 및 개인)는 개인정보의 처리 목적을 명확하게 하여야 하고, 그 목적에 필요한 범위에서 취소한의 개인정보만을 적법하고 정당하게 수집하여야 한다.

(2) 개인정보처리자는 처리 목적에 필요한 범위에서 적합하게 개인정보를 처리하여야 하며, 그 목적 이 외의 용도로 활용하여서는 아니 된다.

(3) 개인정보처리자는 처리목적에 필요한 범위에서 개인정보의 정확성·완전성 및 최신성이 보장되도록 하여야 한다.

(4) 개인정보처리자는 개인정보의 처리 방법 및 종류 등에 따라 정보주체의 권리가 침해받을 가능성과 그 위험 정도를 고려하여, 개인정보를 안전하게 관리하여야 한다.

(5) 개인정보처리자는 개인정보 처리방침 등 개인정보의 처리에 관한 사항을 공개하여야 하며, 열람청구권 등 정보주체의 권리를 보장하여야 한다.

(6) 개인정보처리자는 정보주체의 사생활 침해를 최소화하는 방법으로 개인정보를 처리하여야 한다.

(7) 개인정보처리자는 개인정보의 익명처리가 가능한 경우에는 익명에 의하여 처리될 수 있도록 하여야 한다.

(8) 개인정보처리자는 이 법 및 관계 법령에서 규정하고 있는 책임과 의무를 준수하고 실천함으로써, 정보주체의 신뢰를 얻기 위하여 노력하여야 한다.

3. 개인정보보호의 내용

1) 보호대상이 되는 개인정보의 의의

(1) 개인정보법의 보호대상이 되는 개인정보는 '살아 있는 개인에 관한 정보'로서 성명·주민등록번호 및 영상 등을 통하여 개인을 알아 볼 수 있는 정보를 말한다.

(2) 사자(死者)나 법인(法人)의 정보는 이 법에서 말하는 개인정보에 포함되지 않는다.

(3) 개인정보보호법은 공공기관에 의해 처리되는 정보뿐만 아니라 민간(개인)에 의해 처리되는 정보까지 보호대상으로 하고 있다.

[관련 판례]

★ 개인정보자기결정권의 보호대상이 되는 개인정보를 개인의 신체, 신념, 사회적 지위, 신분 등과 같이 인격주체성을 특징짓는 사항으로서 개인의 동일성을 식별할 수 있게 하는 일체의 정보를 의미하며, 반드시 개인의 내밀한 영역에 속하는 정보에 국한되지 않고 공적 생활에서 형성되었거나 이미 공개된 개인정보까지 포함한다(대판 2016.3.10, 2012다105482).

2) 정보주체의 권리

정보주체는 자신의 개인정보 처리와 관련하여 다음의 권리를 가진다.

(1) 개인정보의 처리에 관한 정보를 제공받을 권리

(2) 개인정보의 처리에 관한 동의 여부, 동의 범위 등을 선택하고 결정할 권리

(3) 개인정보의 처리 여부를 확인하고 개인정보에 대하여 열람(사본의 발급을 포함한다. 이하 같다)을 요구할 권리

(4) 개인정보의 처리 정지, 정정·삭제 및 파기를 요구할 권리

(5) 개인정보의 처리로 인하여 발생한 피해를 신속하고 공정한 절차에 따라 구제받을 권리 등이 있다.

3) 개인정보의 처리

(1) 개인정보의 수집 제한

① 개인정보처리자는 ㉠ 정보주체의 동의를 받은 경우, ㉡ 법률에 특별한 규정이 있거나 법령상 의무를 준수하기 위하여 불가피한 경우, ㉢ 공공기관이 법령 등에서 정하는 소관업무의 소행을 위하여 불가피한 경우 등에는 개인정보를 수집할 수 있으며, 그 수집목적의 범위에서 이용할 수 있다.

② 개인정보처리자가 정보주체의 동의를 받을 때에는 ㉠ 개인정보의 수집·이용·목적, ㉡ 수집하려는 개인정보의 항목, ㉢ 개인정보의 보유 및 이용기간, ㉣ 동의를 거부할 권리가 있다는 사실 및 동의거부에 따른 불이익이 있는 경우에는 그 불이익의 내용을 정보주체에 알려야 한다.

③ 개인정보처리자가 개인정보를 수집하는 경우에는 그 목적에 필요한 최소한의 개인정보를 수집하여야 한다. 이 경우 최소한의 개인정보 수집이라는 입증책임은 개인정보처리자가 부담한다.

(2) 개인정보의 제공

① 개인정보처리자는 ㉠ 정보주체의 동의를 받은 경우, ㉡ 법률에 특별한 규정이 있거나 법령상 의무를 준수하기 위하여 불가피한 경우, ㉢ 공공기관이 법령 등에서 정하는 소관업무의 수행을 위하여 불가피한 경우, ㉣ 정보주체 등이 의사표시를 할 수 없는 상태에 있거나 주소불명 등으로 사전 동의를 받을 수 없는 경우로서 명백히 정보주체 또는 제3자의 급박한 생명·신체·재산의 이익을 위하여 필요하다고 인정되는 경우에는 정보주체의 개인정보를 제3자에게 제공(공유를 포함)할 수 있다.

② 개인정보처리자가 정보주체 이외로부터 수집한 개인정보를 처리하는 때에는 정보주체의 요구가 있으면 즉시 ㉠ 개인정보의 수집 출처, ㉡ 처리 목적, ㉢ 처리의 정지를 요구할 권

리가 있다는 사실을 정보주체에게 원칙적으로 알려야 한다.

③ 개인정보처리자는 보유기간의 경과, 개인정보의 처리목적 달성 등 그 개인정보가 불필요하게 되었을 때에는 원칙적으로 지체없이 그 개인정보를 파기하여야 한다.

(3) 개인정보의 이용 · 제공 · 제한

개인정보처리자는 개인정보를 수집목적에 따른 범위를 초과하여 이용하거나 제3자에게 제공하는 범위를 초과하여 제3자에게 제공하여서는 아니 된다. 다만 다음의 어느 하나에 해당하는 경우에는 정보주체 또는 제3자의 이익을 부당하게 침해할 우려가 있을 때를 제외하고는 개인정보를 목적 외의 용도로 이용하거나 이를 제3자에게 제공할 수 있다.

[개인정보보호법 제18조 개인정보의 목적의 이용 · 제공 제한]

① 정보주체로부터 별도의 동의를 받은 경우
② 다른 법률에 특별한 규정이 있는 경우
③ 정보주체 또는 그 법정대리인이 의사표시를 할 수 없는 상태에 있거나 주소불명 등으로 사전 동의를 받을 수 없는 경우로서 명백히 정보주체 또는 제3자의 급박한 생명, 신체, 재산의 이익을 위하여 필요하다고 인정되는 경우
④ 통계작성 및 학술연구 등의 목적을 위하여 필요한 경우로서 특정 개인을 알아볼 수 없는 형태로 개인정보를 제공하는 경우
⑤ 개인정보를 목적 외의 용도로 이용하거나 이를 제3자에게 제공하지 아니하면 다른 법률에서 정하는 소관업무를 수행할 수 없는 경우로서 보호위원회의 심의·의결을 거친 경우
⑥ 조약, 그 밖의 국제협정의 이행을 위하여 외국정부 또는 국제기구에 제공하기 위하여 필요한 경우
⑦ 범죄의 수사와 공소의 제기 및 유지를 위하여 필요한 경우
⑧ 법원의 재판업무 수행을 위하여 필요한 경우
⑨ 형(刑) 및 감호, 보호처분의 집행을 위하여 필요한 경우에는 목적외의 용도로 이용하거나 이를 제3자에게 제공할 수 있다. 다만 제5호부터 제9호까지의 경우는 공공기관의 경우로 한정한다.

(4) 개인정보를 제공받은 자의 이용 · 제공 제한(제19조)

① 정보주체로부터 별도의 동의를 받은 경우

② 다른 법률에 특별한 규정이 있는 경우를 제외하고는 개인정보를 제공받은 목적 외의 용도로 이용하거나 이를 제3자에게 제공하여서는 아니 된다.

(5) 개인정보의 처리 제한

① 민감정보의 처리 제한

㉠ 민감정보란 원칙적으로 사상·신념, 노동조합·정당의 가입·탈퇴, 정치적 견해, 건강, 성생활 등에 관한 정보, 그 밖에 정보주체의 사생활을 현저히 침해할 우려가 있는 개인정보로서 대통령령으로 정하는 정보를 말한다.

㉡ 개인정보처리자는 원칙적으로 민감정보를 처리할 수 없다.

㉢ 다만, 법령에서 민감정보의 처리를 요구하거나 허용하는 경우 등에는 예외적으로 허용된다.

② 고유식별정보의 처리

㉠ 고유식별정보란 법령에 따라 개인을 고유하게 구별하기 위하여 부여된 식별정보로서 대통령령으로 정하는 정보를 말한다.

㉡ 개인정보처리자는 고유식별정보를 처리할 수 없다.

㉢ 다만, 정보주체에게 알리고 다른 개인정보의 처리에 대한 동의와 별도로 동의를 받은 경우와, 법령에서 구체적으로 고유식별정보의 처리를 요구하거나 허용하는 경우는 예외적으로 허용된다.

③ 주민등록번호의 처리의 제한

개인정보처리자는 다음의 어느 하나에 해당하는 경우를 제외하고는 주민등록번호를 처리할 수 없다.

㉠ 법률 · 대통령령 · 국회규칙 · 대법원규칙 · 헌법재판소규칙 · 중앙선거관리위원회규칙 및 감사원규칙에서 구체적으로 주민등록번호의 처리를 요구하거나 허용한 경우

㉡ 정보주체 또는 제3자의 급박한 생명, 신체, 재산의 이익을 위하여 명백히 필요하다고 인정되는 경우

㉢ 제1호 및 제2호에 준하여 주민등록번호 처리가 불가피한 경우로서 행정안전부령으로 정하는 경우

④ 영상정보처리기기의 설치 · 운영 제한

㉠ 누구든지 다음의 경우를 제외하고는 공개된 장소에 영상정보처리기기를 설치 · 운영하여서는 아니 된다.

㉮ 법령에서 구체적으로 허용하고 있는 경우

㉯ 범죄의 예방 및 수사를 위해서 필요한 경우

㉰ 시설안전 및 화재예방을 위하여 필요한 경우

㉱ 교통단속을 위하여 필요한 경우

㉲ 교통정보의 수집 · 분석 및 제공을 위하여 필요한 경우를 제외하고는 공개된 장소에 영상정보처리기기를 설치 · 운영하여서는 아니된다.

㉡ 누구든지 불특정 다수가 이용하는 목욕실, 화장실, 발한실, 탈의실 등 개인의 사생활을 현저히 침해할 우려가 있는 장소의 내부를 볼 수 있도록 영상정보처리기기를 설치 · 운영하여서는 아니된다. 다만 교도소, 정신보건 시설 등 법령에 근거하여 사람을 구금하거나 보호하는 시설로서 대통령령으로 정하는 시설에 대하여는 그러하지 아니하다.

㉢ 영상정보처리기기운영자는 영상정보처리기기의 설치목적과 다른 목적으로 영상정보처리기기를 임의로 조작하거나 다른 곳을 비춰서는 아니되며, 녹음기능을 사용할 수 없다.

4) 개인정보의 안전한 관리

(1) 개인정보파일의 등록 및 공개

공공기관의 장이 개인정보파일을 운용하는 경우에는 개인정보파일의 명칭, 운용목적, 처리방법, 보유기간 등을 행정안전부장관에게 등록하여야 한다. 등록한 사항이 변경된 경우에도 또한 같다.

(2) 개인정보영향평가(제33조)

공공기관의 장은 대통령령으로 정하는 기준에 해당하는 개인정보파일의 운용으로 인하여 정보주체의 개인정보 침해가 우려되는 경우에는 그 위험요인의 분석과 개선사항 도출을 위한 평가(영향평가)를 하고 그 결과를 행정안전부장관에게 제출하여야 한다. 이 경우 공공기관의 장은 영향평가를 행정안전부장관이 지정하는 기관(평가기관) 중에서 의뢰하여야 한다.

(3) 개인정보 유출통지

개인정보처리자는 대통령령으로 정한 규모 이상의 개인정보가 유출된 경우에는 통지 및 조치 결과를 지체 없이 행정안전부장관 또는 대통령령으로 정하는 전문기관에 신고하여야 한다. 이 경우 행정안전부장관 또는 대통령령으로 정하는 전문기관은 피해 확산방지, 피해 복구 등을 위한 기술을 지원할 수 있다.

5) 정보주체의 권리보장

(1) 개인정보의 열람요구권

① 정보주체는 개인정보처리자가 처리하는 자신의 개인정보에 대한 열람을 해당 개인정보처리자에게 요구할 수 있다.

② 개인정보처리자는 열람을 요구받았을 때는 10일 내에 정보주체가 해당 개인정보를 열람할 수 있도록 하여야 한다.

(2) 개인정보의 정정 · 삭제요구권

자신의 개인정보를 열람한 정보주체는 개인정보처리자에게 그 개인정보의 정정 또는 삭제를 요구할 수 있다. 다만, 다른 법령에서 그 개인정보가 수집 대상으로 명시되어 있는 경우에는 그 삭제를 요구할 수 없다.

(3) 개인정보의 처리정지 등 요구권

정보주체는 개인정보처리자에 대하여 자신의 개인정보 처리의 정지를 요구할 수 있다. 이 경우 공공기관에 대하여는 제32조에 따라 등록 대상이 되는 개인정보파일 중 자신의 개인정보에 대한 처리의 정지를 요구할 수 있다.

(4) 권리행사의 방법 및 절차

정보주체는 열람, 정정·삭제, 처리 정리 등의 요구를 문서 등 대통령령으로 정하는 방법·절차에 따라 대리인에게 할 수 있다.

6) 권리구제

(1) 손해배상청구

개인정보처리자가 「개인정보 보호법」을 위반하여 정보주체에게 손해를 입힌 경우, 정보주체는 개인정보처리자에게 손해배상을 청구할 수 있다. 이 경우 개인정보처리자는 고의 또는 과실이 없음을 입증하지 아니하면 책임을 면할 수 없다.

(2) 개인정보 분쟁조정

① 개인정보에 관한 분쟁을 처리하기 위하여 개인정보분쟁조정위원회를 둔다.

② 개인정보와 관련한 분쟁의 조정을 원하는 자는 개인정보 분쟁조정위원회에 분쟁조정을 신청할 수 있다(동법 제43조 제1항).

③ 분쟁조정위원회는 분쟁조정 신청을 받은 날부터 60일 이내에 이를 심사하여 조정안을 작성하여야 한다.

④ 조정안을 제시받은 당사자가 제시받은 날부터 15일 이내에 수락 여부를 알리지 아니하면 조정을 거부한 것으로 본다.

⑤ 개인정보 분쟁조정위원회의 조정을 분쟁당사자가 수락하는 경우, 조정의 내용은 재판상 화해와 동일한 효력을 갖는다(동법 제47조 제5항).

(3) 개인정보 단체소송

개인정보보호법은 단체소송에 관한 규정을 두고 있다.

① 개인정보보호법 소정의 요건을 갖춘 소비자단체나 비영리단체는 개인정보처리자가 집단분쟁조정을 거부하거나 집단분쟁조정의 결과를 수락하지 아니한 경우에는 법원에 권리침해 행위의 금지·중지를 구하는 단체소송을 제기할 수 있다(동법 제51조).

㉠ 소비자기본법에 따라 공정거래위원회에 등록한 소비자단체가 개인정보 단체소송을 제기하려면, 그 단체의 정회원수가 1천명 이상이어야 한다.

㉡ 소비자기본법 제29조에 따른 등록 후 3년이 경과하였을 것 등의 요건을 갖추어야 한다.

② 개인정보 단체소송을 허가하거나 불허가하는 법원의 결정에 대하여는 즉시 항고할 수 있다.

③ 원고의 청구를 기각하는 판결이 확정된 경우 이와 동일한 사안에 관하여는 다른 단체는 단체소송을 제기할 수 없다.

④ 개인정보 단체소송에 관하여 개인정보보호법에 특별한 규정이 없는 경우에는 민사소

송법을 적용한다(동법 제57조 제1항).

(4) 개인정보 보호위원회

(1) 개인정보보호에 관한 사항을 심의 · 의결하기 위하여 대통령 소속으로 개인정보보호 위원회를 둔다.

(2) 위원장1명, 상임위원1명을 포함한 15명 이내의 위원으로 구성하며, 위원장은 위원 중에서 공무원이 아닌 사람으로 대통령이 위촉한다.

제 3 편

행정상 의무이행

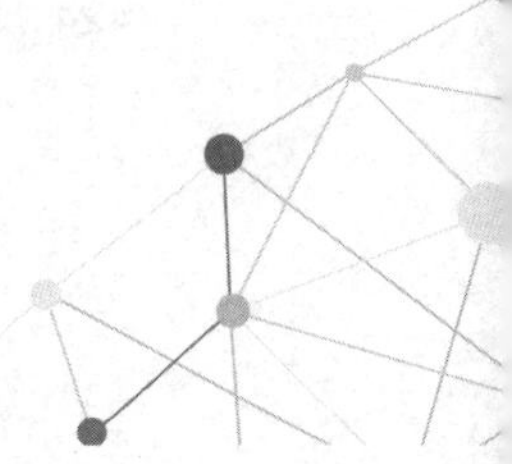

제 1 장
행정의 실효성 확보수단

제1절 개 설

Ⅰ. 의 의

1. 행정의 실효성 확보수단이라 함은 행정목적의 실효성을 확보하기 위하여 인정되는 법적수단을 말한다.

2. 행정의 실효성확보수단으로 행정강제와 행정벌이 전통적으로 인정되고 있다. 그러나 행정의 실효성을 확보하는 데에는 불충분하고 효과적이지 못한 경우가 있기 때문에 새로운 실효성 확보수단이 법상 또는 행정실무상 등장하고 있다. 행정의 실효성의 확보를 위한 수단들을 도해화하면 다음과 같다.

▷ 행정의 실효성확보수단(의무이행확보수단)

<table>
<tr><th>구분</th><th>수단</th><th>내용</th><th colspan="2">종류</th></tr>
<tr><td rowspan="7">전통적 수단</td><td rowspan="5">직접적 수단</td><td rowspan="5">행정상의무불이행과 이행강제</td><td rowspan="4">행정상 강제집행</td><td>대집행</td></tr>
<tr><td>이행강제금(집행벌)</td></tr>
<tr><td>직접강제</td></tr>
<tr><td>강제징수</td></tr>
<tr><td colspan="2">행정상 즉시강제(즉시집행)</td></tr>
<tr><td rowspan="2">간접적 수단</td><td rowspan="2">행정상 의무위반에 대한 제재</td><td colspan="2">행정형벌</td></tr>
<tr><td colspan="2">행정질서벌(과태료)</td></tr>
<tr><td rowspan="5">새로운 수단</td><td rowspan="5">간접적 수단</td><td rowspan="4">금전적 제재</td><td colspan="2">과징금</td></tr>
<tr><td colspan="2">부과금</td></tr>
<tr><td colspan="2">가산금</td></tr>
<tr><td colspan="2">가산세</td></tr>
<tr><td>비금전적 제재</td><td colspan="2">공표 · 공급거부 · 관허사업의 제한 등</td></tr>
</table>

제2절 행정상 강제집행

* 사시 8회, 12회

Ⅰ. 개 설

1. 의의

행정상 강제집행이라 함은 행정상의 의무불이행에 대하여 행정청이 강제적으로 의무를 이행시키거나 그 의무이행이 있었던 것과 같은 상태를 실현하는 작용을 말한다.

2. 구별개념

1) 행정상 즉시강제와의 구별

(1) 양자는 실력으로 필요한 상태를 실현시키는 권력적 행위라는 점에서는 동일하다.

(2) 그러나 행정상 강제집행은 의무의 존재와 불이행을 전제로 하는 점에서, 의무불이행을 전제로 하지 아니하고 급박한 경우에 즉시 실력을 행사하는 행정상 즉시강제와 구별된다.

2) 행정벌과의 구별

(1) 양자는 의무이행을 확보하여 행정상의 목적을 실현한다는 점에서는 동일하다.

(2) 그러나 행정상 강제집행은 장래의 의무이행을 강제하는 점에서, 과거의 의무위반에 대한 제재인 행정벌과 구별된다.

3) 민사상 강제집행과의 구별

(1) 행정상 강제집행과 민사상 강제집행은 모두 권리주체의 청구권을 강제로 실현하는 수단이라는 점에서 유사하다.

(2) 그러나 행정상 강제집행은 법원의 판결 없이 행정권의 자력에 의한 집행이라는 점에서, 법원의 판결에 의해서만 집행이 가능한 타력집행(他力執行)인 민사상 강제집행과는 근본적으로 구별이 된다.

[관련 판례]

★ 행정상 강제집행은 행정상의 의무불이행에 대하여 행정권이 실력을 가하여 그 의무를 이행시키거나 또는 이행된 것과 같은 상태를 실현하는 작용을 말하는 것으로서 사법상의 의무의 강제가 법원의 힘을 빌려야 하는 것과 다르다(대판 1968.3.19, 63누172).

★ 행정처분을 하여 이에 따르지 않는 경우에는 행정대집행의 방법으로 그 의무내용을 실현할 수 있는 것이고, 이러한 행정대집행의 절차가 인정되는 경우에는 따로 민사소송의 방법으로 의무이행을 구할 수 없다(대판 2000.5.12, 99다18909).

Ⅱ. 행정상 강제집행의 법적 근거

행정상 강제집행은 국민의 권리와 자유를 침해하는 권력적 행정작용이다. 따라서 법치행정의 원칙상 반드시 법적 근거가 있어야 한다.

1. 이론상 근거

1) 전통적 견해에 따르면 행정주체가 국민에게 의무를 명하는 법규는 동시에 의무이행을 강제하는 근거법이 된다고 보았다(처분권내재설).

2) 오늘날의 견해는 행정상 강제집행을 하기 위해서는 의무를 명하는 행위와 별도의 근거를 요한다는 것이 통설의 견해이다.

2. 실정법상 근거

1) 일반법

행정상 강제집행의 일반법으로서 행정대집행법(대집행), 국세징수법(행정상 강제징수), 행정조사 기본법(행정조사), 질서위반 행위규제법(과태료)이 있다.

2) 개별법

건축법, 토지수용법, 식품위생법, 공중위생관리법 등이 있다.

Ⅲ. 행정상 강제집행의 수단

1. 행정상의 강제집행의 수단으로는 대집행 · 이행강제금 · 직접강제 · 강제징수가 있다.

2. 우리나라에서는 대집행과 행정상 강제징수만이 일반적으로 인정되고, 직접강제와 이행강제금(집행벌)은 예외적으로만 인정된다. 강제집행의 종류 · 대상 · 법적근거를 도해화하면 다음과 같다.

▷ 강제집행의 종류 · 대상 · 법적근거

강제집행의 종류	강제집행의 대상	일반법
대집행	대체적 작위의무	행정대집행법
집행벌(강제금)	금전적 급부의무	일반법은 없고 개별법상 규정이 있다
직접강제	대체적 작위의무＋비대체적 작위의무＋부작위의무＋수인의무	일반법은 없고, 개별법상 규정이 있다
강제징수	대체적 작위의무＋부작위의무＋수인의무	국세징수법(기능상)

1. 대집행(代執行)

* 외무 13회, 14회, 23회

1) 의의

행정상의 대집행이라 함은 공법상 대체적 작위의무(代替的 作爲義務)[227]를 진자가 그 의무를 이행하지 아니한 경우에 그 당해 행정청이 스스로(자기집행) 또는 제3자로 하여금 이를 행하게 하고, 그에 관한 비용을 의무자로부터 징수하는 행정상의 강제집행을 말한다.

2) 대집행의 주체(대집행권자)

(1) 당해 행정청

① 대집행을 결정하고 이를 실행할 수 있는 권한을 가진 자를 대집행주체라 한다. 대집행주체는 당해 행정청이다.

② 당해 행정청이란 의무를 부과한 행정청으로, 국가기관이나 지방자치단체의 기관일수도 있다.

(2) 대집행의 위탁의 경우

① 대집행을 현실로 수행하는 자는 반드시 당해 행정청이어야 하는 것은 아니다. 경우에 따라서는 제3자가 대집행을 수행할 수도 있는데, 이를 「타자집행」이라 부른다.

② 행정청을 대신하여 대집행을 하는 제3자는 행정보조자의 지위를 가질 뿐 대집행의 주체는 아니다. 따라서 대집행을 하는 제3자와 의무자와의 관계는 아무런 법률관계가 없으나, 다만 의무자는 수인의무가 발생한다.

③ 타자집행의 경우 행정청과 제3자와의 관계를 공법관계로 보는 견해도 있으나, 사법상 도급계약으로 보는 견해가 다수설이다.

[관련 판례]

★ 읍·면장의 계고처분 권한 여부

군수가 군 사무위임조례의 규정에 따라 무허가 건축물에 대한 철거대집행사무를 하부행정기관인 읍·면에 위임하였다면, 읍·면장에게는 관할구역 내의 무허가 건축물에 대하여 그 철거대집행을 위한 계고처분을 할 권한이 있다(대판 1997.2.14, 96누15428).

---

227) 대체적 작위의무란 타인이 대신하여 행할 수 있는 행위, 즉 타인이 하더라도 의무자가 스스로 행한 것과 동일한 행정상의 목적을 실현할 수 있는 성질의 의무를 말한다(예컨대, 교통장애물제거의무·불법광고물제거의무·위법건축물제거의무 등).

3) 대집행의 대상

(1) 대체적 작위의무

① 대집행의 대상은 법률(위임명령·조례포함)에 의하여 직접 명령되었거나 또는 법률에 의거한 행정청의 명령에 의하여 과하여진 대체적 작위의무이다(행정대집행법 제2조).

② 행정대집행법 제2조상의 대집행은 행정처분에 의하여 하는 것이 일반적이지만, 처분법규에 의한 하명에 의하여 할 수 있다. 이 때 처분법규는 명령·조례를 포함한다.

③ 대집행의 대상은 공법상 의무에 한정한다(대판 2006.10.13, 2006두7096). 따라서 행정주체와 사인간에 사법적 효력을 지니는 건축도급계약을 체결한 경우라면, 사인의 의무불이행이 있어도 행정대집행이 허용되지 않는다.

[관련 판례]

★ 공유재산대부계약의 해지에 따른 원상회복으로 행정대집행의 방법에 의하여 그 지상물을 철거시킬 수 있다는 사례(법률에 의하여 직접 명령되어 있는 경우)

지방재정법 제85조 제1항은 공유재산을 정당한 이유 없이 점유하거나 그에 시설을 한 때에는 이를 강제로 철거하게 할 수 있다고 규정하고, 그 제2항은 지방자치단체의 장이 제1항의 규정에 의한 강제철거를 하게 하고자 할 때에는 행정대집행법 제3조 내지 제6조의 규정을 준용한다고 규정하고 있는바(현재는 공유재산 및 물품관리법 제83조에서 규율), 공유재산의 점유자가 그 공유재산에 관하여 대부계약 외 달리 정당한 권원이 있다는 자료가 없는 경우 그 대부계약이 적법하게 해지된 이상 그 점유자의 공유재산에 대한 점유는 정당한 이유 없는 점유라 할 것이고, 따라서 지방자치단체의 장은 지방재정법 제85조에 의하여 행정대집행의 방법으로 그 지상물을 철거시킬 수 있다(대법원 2001.10.12, 2001두4078).

④ 공법상의무는 타인이 대신하여 행할 수 있는 의무, 즉 대체적 작위의무이어야 한다. 따라서 의무자만이 이행가능한 전문적·기술적인 의무는 대체성이 없다.

대집행의 대상이 될 수 없는 것으로는 ㉠ 비대체적 작위의무(예컨대, 토지건물의 인도의무 및 토지의 건물명도의무, 의사의 진단의무, 증인출석의무, 전문가의 감정의무 등), ㉡ 부작위의무(예컨대, 무허가건물건축금지의무, 무면허운전금지의무, 무허가음식점 영업금지의무 등) 등을 들 수 있다.

[관련 판례]

★ 대체적 작위의무가 아닌 사례

• 토지건물의 인도의무(토지의 건물명도의무포함)는 대집행의 대상이 될 수 없다. 왜냐하면 토지와 건물의 명도의무는 대체적 작위의무가 아니기 때문이다. 강제력에 의한 토지나 건물의 명도는 점유자 자신에 대한 물리력 행사를 수반하므로, 대집행의 대상이 될 수 없다(대판 1998.10.23, 97누157).

• 도시공원시설인 매점의 관리청이 그 점유자로부터 점유이전을 받고자 하는 경우에 대집행이 적절한 수단이 될 수 없다(대판 1998.10.23, 97누157). 이 판례는 점유이전의 의무를 강제적으로 실현함에 있어 직접적인 실력행사가 필요한 것이지 대체적 작위의무에 해당하는 것은 아니라고 본 사례이다.

• 장례식장의 사용중지의무는 타인이 대신할 수 없고 타인이 대신하여 행할 수 있는 행위라고도 할 수 없는 비대체적 부작위의무이기 때문에, 대집행의 대상이 되지 않는다(대판 2005.9.28, 2005두7464).

(평석)

영업정지처분에 따른 영업정지의무는 부작위의무에 해당한다. 행정대집행은 대체적 작위의무를 대상으로 하기 때문에 부작위의무는 그 의무를 위반함으로써 발생한 결과를 시정하기 위한 작위의무로 전환된 후에 비로소 대집행의 대상이 될 수 있다. 작위의무로의 전환도 법령에서 행정청에게 작위의무 발령에 관한 수권규정이 있는 경우에 한한다. 행정청이 작위의무를 부과할 수 있는 수권조항에 근거하여 작위의무로 전환함이 없이는 해당 부작위의무위반만으로는 대집행을 할 수 없다는 것이 통설과 판례의 태도이다.

(2) 부작위의무의 불이행시 대체적 작위의무로 전환

부작위의무 · 비대체적 작위의무는 대집행의 대상이 될 수 없다.

① 법률상 시설설치금지의무는 부작위의무이다. 부작위의무는 원칙적으로 대집행의 대상이 되지 않는다. 예컨대 도로 등의 불법점거 및 불법공작물의 설치행위는 부작위의무의 위반이므로, 그에 대하여는 직접 대집행을 할 수 없다(대판 1996.6.28, 96누4373). 이 경우 별도의 법률규정에 근거하여 작위의무(철거의무)를 명하는 명령(철거명령)을 발하여 작위의무로 전환시킨 후, 그 작위의무에 대한 불이행이 있을 때에 대집행을 행하여야 한다(골재채취법 제33조).

[관련 법률]

★ 골재채취법 제33조(원상복구 명령 등) ① 시장 · 군수 또는 구청장은 골재채취 허가를 받아야 할 자가 허가를 받지 아니하고 골재를 채취한 경우에는 골재채취구역의 원상복구 또는 시설의 철거 등을 명하거나 이에 필요한 조치를 할 수 있다.

② 시장 · 군수 또는 구청장은 제1항에 따른 명령을 받은 자가 그 명령을 이행하지 아니할 때에는 「행정대집행법」에 따라 대집행을 할 수 있다.

② 판례는 작위의무로 전환시킬 수 있는 법적 근거(전환규범)가 없다면, 법률유보의 원칙상 대집행은 불가능하다고 보고 있다. 즉, 부작위의무위반으로부터 생긴 결과를 시정하기 위해서는 위반대상에 대한 제거 · 이전 · 개수 · 철거 등의 대체적 작위의무를 부과하고, 그 작위의무에 대한 불이행이 있을 때에 비로소 대집행을 행하여야 한다.

[관련 판례]

★ 법치주의의 원리에 비추어 볼 때 위와 같은 부작위의무로부터 그 의무를 위반함으로써 생긴 결과를 시정하기 위한 작위의무를 당연히 끌어낼 수는 없으며, 또 위 금지규정으로부터 작위의무, 즉 위반결과의 시정을 명하는 권한이 당연히 추론되는 것도 아니다(대판 1996.6.28, 96누4374). 판례는 부작위의무규정으로부터 작위의무의 법적 근거를 도출할 수 없다는 입장이다.

③ 토지 · 물건의 명도(인도)

토지나 건물의 명도 의무가 대집행의 대상이 되는지가 문제시된다.

㉠ 토지 · 건물의 점유이전의무는 토지 · 건물을 점유하고 있는 사람의 퇴거를 필요로 하기 때문에, 이는 대체적 작위의무라고 할 수 없다. 따라서 대집행의 대상이 될 수 없다.

㉡ 이러한 경우에는 직접적인 실력행사가 필요한 경우로서 직접강제에 의하는 것이 일반적이다.

[관련 판례]

★ 구 토지수용법(현 공익사업법) 상 피수용자 등이 기업자에 대하여 부담하는 수용대상토지의 인도의무는 대체적 작위의무라고 볼 수 없으므로 행정대집행법에 의한 대집행의 대상이 될 수 없다(대판 2005.8.19, 2004다2809).

④ 국유재산법 등의 행정대집행법 준용

국유재산법 불법시설물의 철거에는 행정대집행법을 준용한다고 규정하고 있다. 따라서 행정청은 해당법률에 의거하여 대집행을 할 수 있다.

[관련 판례]

★ 공유재산 대부계약이 적법하게 해지된 이상 그 점유자의 공유재산에 대한 점유는 정당한 이유 없는 점유라 할 것이고, 원상회복으로 행정대집행의 방법에 의하여 그 지상물을 철거시킬 수 있다(대판 2001.10.12, 2001두4078).

4) 대집행의 요건

(1) 공법상 의무의 불이행이 있을 것

사법상 의무는 행정대집행의 대상이 아니다.

[관련 판례]

★ (구)「공공용지의 취득 및 손실보상에 관한 특례법」에 따른 토지 등의 협의취득시 건물소유자가 철거의무를 부담하겠다는 약정을 한 경우, 그 철거의무는「행정대집행」상 대집행의 대상이 되지 않는다(대판 2006.10.13 ,2006두7096). 판례는 동법에 따른 토지 등의 협의취득은 공공사업에 필요한 토지 등을 그 소유자와의 협의에 의하여 취득하는 경우에는 공공기관이 사경제주체로서 행하는 사법상 매매내지 사법상 계약의 실질을 가지는 것이다. 따라서 협의취득시 건물소유자가 매매대상 건물에 대한 철거의무를 부담하겠다는 취지의 약정을 하였다고 하더라도 이러한 철거의무는 공법상 의무가 될 수 없고, 위와 같은 철거의무는 행정대집행법에 의한 대집행의 대상이 되지 않는다고 보고 있다.

(2) 불이행된 의무는 대체적 작위의무일 것

비대체적 작위의무는 대집행의 대상이 아니다.

(3) 다른 수단으로는 그 이행확보가 곤란할 것

의무이행의 확보를 위한 방법으로서의 대집행은 상대방에 대한 침해정도가 크기 때문에 침해성이 적은 다른 수단이 있는 경우에는 그에 의하여야 하고, 대집행은 그러한 수단이 없는 경우에 부득이한 수단으로서만 발동되어야 한다(보충성의 원칙).

(4) 그 불이행을 방치함이 심히 공익을 해하는 것일 것

① 의무의 불이행만으로 대집행이 가능한 것은 아니다. 의무의 불이행을 방치하는 것이 심히 공익을 해한다고 인정되는 경우에 비로소 대집행이 허용된다(대판 1989.3.28, 87누930).

② 「심히」의 판단시기는 계고시가 기준이 된다. 즉, 원칙적으로 '의무의 불이행을 방치하는 것이 심히 공익을 해하는 것으로 인정되는 경우의 요건'은 계고를 할 때에 충족되어 있어야 한다.

[관련 판례]

★ 도로 점용의 허가를 받지 아니하고 광고물을 설치하였다는 점만으로 곧 심히 공익을 해치는 경우에 해당한다고 할 수 없다(대판 1974.10.25, 74누122).

★ 건축허가면적보다 0.02㎡ 정도 초과하여 이웃의 대지를 침범한 경우에 이를 대집행으로 철거할 경우 많은 비용이 드는 반면 공익을 크게 해친다고 볼 수도 없기 때문에, 철거를 위한 계고처분은 그 요건을 갖추지 못한 것으로 위법하며 취소를 면할 수 없다(대판 1991.3.12, 90누10070).

(5) 대집행에 있어서의 재량문제

집행의 요건이 충족된 후 대집행을 할 것인가의 여부는 행정청의 재량에 속한다고 보는 견해가 다수설이다(행정대집행법 제2조의 표현인 '~할 수 있다'는 것을 근거로 함). 다만 재량이 영으로 수축되는 경우에는 기속적이다.

(6) 불가쟁력의 발생문제

행정대집행법은 대체적 작위의무의 부과처분에 불가쟁력이 발생할 것을 대집행의 요건으로 규정하고 있지 않다. 불가쟁력의 발생은 대집행의 요건이 아니다.

(7) 입증책임

대집행의 입증책임은 처분청에 있고(대판 1996.6.11, 96누8086), 당연히 집행정지 중에는 집행을 할 수 없다.

(8) 대집행과 민사소송

① 공법상 의무의 이행에 관한 행정대집행의 절차가 인정되는 경우에는 따로 민사소송의 방법으로 공작물의 철거·수거 등을 구할 수는 없다(대판 2005.5.12, 99다18909).

② 다만, 행정청이 행정대집행을 할 수 있는 경우 행정청의 채권자가 행정청을 대위하여 민사소송의 방법으로 시설물의 철거를 구할 수 있다.

5) 대집행의 절차

대집행은 대집행의 계고 ⇒ 대집행 영장에 의한 통지 ⇒ 대집행의 실행 ⇒ 비용징수의 4단계 순서로 행하여지며, 이는 상호결합하여 대집행이라는 효과를 완성시킨다.

(1) 대집행의 계고

계고란 대집행요건이 갖추어진 경우, 상당한 이행기간을 정하여 그 기한까지 이행되지 아니할 때에는 대집행을 한다는 뜻을 미리 문서로써 알리는 것을 말한다.

① 계고는 문서에 의한 것이어야 하고, 구두에 의한 계고는 무효가 된다.

② 계고의 성질은 준법률행위적 행정행위로서 통지행위에 해당하며(통설), 행정쟁송의 대상이 된다(대판 1962.10.10. 62누117).

③ 예외적으로 계고절차는 '비상시 또는 위험이 절박한 경우에 대집행의 급속한 실시를 요하여 그 절차를 거칠 여유가 없을 때'에는 이를 생략할 수 있다.

[관련 판례]

★ 행정청이 위법한 건축물에 대한 철거대집행계고처분을 한 후 의무불이행이 있자 다시 제2차, 제3차 계고서를 발송한 경우 제1차 계고만 처분성을 갖는다. 이 경우 제2차, 제3차의 계고처분은 새로운 철거의무를 부과한 것이 아니고 다만 대집행 기한의 연기통지에 불과하다(대판 1994.10.28, 94누5144).

★ 대집행의 계고→대집행의 영장→대집행의 실행→대집행에 요한 비용의 납부명령 등은 서로 결합하여 하나의 법률효과를 발생시키는 것이므로 하자의 승계가 인정된다(대판 1996.2.9, 95누12507).

★ 대집행계고를 함에 있어서는 의무자가 스스로 이행하지 아니하는 경우에 대집행할 행위의 내용과 범위가 특정되어야 하지만 그 행위의 범위 및 내용은 반드시 대집행계고서에 의하여만 특정되어야 하는 것은 아니고 계고처분 전후에 송달된 문서나 기타 사정을 종합하여 행위의 내용이 특정되면 족하다(대판 1994.10.28, 94누5144).

★ 계고서라는 명칭의 1장의 문서로서 위법건축물의 철거를 명함과 동시에 그 소정기한 내에 자진철거를 하지 아니할 때에는 대집행할 뜻을 미리 알고 계고한 경우라도 건축법에 의한 철거명령과 행정대집행법에 의한 계고처분은 독립하여 있는 것으로서 그 요건이 충족되었다고 볼 것이다(대판 1992.6.12, 91누13564).

★ 위법한 건물의 공유자1인에 대한 계고처분은 다른 공유자에 대하여는 그 효력이 없다(대판 1994.10.28, 94누5144).

④ 계고처분에 앞서 작위의무를 부과하는 행정처분이 선행되어야 하는가가 문제시된다. 판례는 철거명령과 계고처분을 1장의 문서로 할 수 있다고 판시하고 있다(대판 1992.6.12, 91누13504).

(2) 대집행영장에 의한 통지

① 의무자가 계고를 받고도 그 의무를 이행하지 아니할 때는 행정청은 대집행영장으로써 대집행시기, 대집행책임자 성명, 대집행에 드는 비용의 견적액을 의무자에게 통지하여야 한다.

② 비상시 또는 위험이 절박하여 대집행영장에 의한 통지의 절차를 취할 여유가 없을 때에는 그 수속을 생략하고, 대집행을 할 수 있다.

③ 대집행통지는 준법률행위적 행정행위로서 그 자체가 독립하여 항고소송(취소소송)의 대상이 된다.

> **[관련 판례]**
> ★ 상당한 의무이행기간을 부여하지 아니한 대집행계고처분 후에 대집행영장으로써 대집행의 시기를 늦추었더라도 위 대집행계고처분은 상당한 이행기간을 정하여 한 것이 아니어서 대집행의 적법절차에 위배한 것으로 위법한 처분이다(대판 1990.9.14, 90누2048).

(3) 대집행의 실행

① 대집행의 실행이란 물리적인 실력을 가하여 의무가 이행된 것과 같은 상태를 실현하는 것을 말한다.

② 대집행의 실행은 계고·대집행영장의 통지와는 달리 권력적 사실행위로서의 성격을 갖는다.

③ 대집행은 행정청 또는 제3자에 의하여 집행되며, '집행책임자는 그가 집행책임자라는 것을 표시한 증표를 휴대하여 대집행시에 이해관계인에게 제시하여야 한다.'

④ 대집행의 실행에 대하여 의무자가 수인하지 아니하고 저항하는 경우, 이를 실력으로 배제할 수 있는지가 문제된다.

㉠ 명문규정이 없는 우리나라의 경우 견해가 대립하고 있으나, 실력행사는 허용되지 않고, 형법상 공무집행방해죄와 경찰관직무집행법상의 즉시강제에 의하여야 한다는 부정설이 다수설이다.

㉡ 이에 대해 명시적인 판례는 없으며, 실제로는 실력에 의한 저항을 형법상 공무집행방해죄에 해당하는 것으로 보아 당해 범죄의 예방·제지를 위한 경찰관직무집행법상의 권한을 발동함으로써 해결하고 있는 실정이다.

(4) 비용징수

① 대집행의 비용은 의무자가 부담하여야 한다.

② 대집행에 소요된 비용의 금액은 납부기일을 정하여 문서로써 납부를 명하고, 만약 납부기일까지 납부치 않으면 「국세징수법」의 예에 의하여 그 비용을 강제징수 한다.

③ 비용 납부 명령은 비용납부의무를 발생시키는 행정행위(하명)이므로, 항고소송의 대상이 된다.

④ 대집행에 요한 비용에 대하여서는 행정청은 사무비의 소속에 따라 국세에 다음가는 순위의 취득권을 가진다.

⑤ 대집행에 요한 비용을 징수하였을 때에는 그 징수금은 사무비의 소속에 따라 국고 또는 지방자치단체의 수입으로 한다.

6) 대집행에 대한 권리구제

(1) 행정쟁송

대집행절차의 4단계 중에 위법·부당이 있으면 어떤 단계에 대해서든 항고쟁송을 제기할 수 있다.

① 행정심판

㉠ 대집행에 대하여 불복이 있는 자는 당해 행정청 또는 직급상근관청에 행정심판을 제기할 수 있으며, 아울러 법원에 제소할 수 있다.

㉡ 당해 행정청에 행정심판을 제기한 자는 다시 행정심판을 제기할 수 없다.

② 취소소송

㉠ 계고나 대집행영장의 통지는 준법률행위적 행정행위로 취소소송이 가능하다.

㉡ 대집행의 실행행위는 사실행위이지만 권력적이라는 점에서, 항고소송을 제기할 수 있다는 것이 통설·판례이다.

㉢ 소송이 제기되면 대집행요건충족의 입증책임은 처분청이 부담하여야 한다(대판 1996.10.11, 96누8086).

[관련 판례]

★ 계고의 취소소송 대상 여부

계고는 준법률행위적 행정행위이며 대집행의 일련의 절차의 불가결의 일부이므로 계고의 상대방은 계고절차의 단계에서 그 취소를 구할 법률상 이익이 있다 할 것이고, 계고는 행정소송법 소정의 처분에 포함된다(대판 1967.10.31, 66누25).

(2) 대집행정지신청 등

대집행이 위법하고 그 실행행위가 비교적 장기에 걸치는 때에는 집행의 정지를 신청하고, 구제를 받을 수 있다. 집행정지 중에는 집행을 할 수 없다.

(3) 하자의 승계

① 대집행은 4단계의 행위로 이루어지며, 이들 각 단계의 행위는 대집행이라는 동일한 목적을 위한 단계적 절차의 일부를 의미한다. 따라서 대집행의 4단계 상호간에는 하자의 승계가 인정된다.

② 그러나 대집행의 전제가 되는 하명처분(작위의무부과 행위)의 하자는 계고에 승계되지 않는다. 다만 하명처분이 무효인 경우에는 그 하자는 대집행절차에 승계된다. 그러나 그것이 취소할 수 있는 행위에 불과한 경우에는 승계되지 아니한다(대판 1975.12.9, 75누218).

[관련 판례]

★ 후행처분인 대집행영장발부통보처분의 취소청구소송에서 선행처분인 계고처분이 위법하다는 이유로 대집행영장발부통보처분도 위법한 것이라는 주장을 할 수 있다(대판 1996.2.9, 95누12507).

★ 적법한 건축물에 대한 철거명령은 그 하자가 중대하고 명백하여 당연무효라고 할 것이고, 그 후행행위인 건축물철거 대집행계고처분 역시 당연무효라고 할 것이다(대판 1999.4.27, 97누6780).

(4) 대집행실행종료 후의 구제

① 협의의 소(訴)의 이익

㉠ 대집행의 실행이 종료된 후에는 소(訴)의 이익이 없는 것이 대부분이므로 그 취소 또는 변경을 구하는 항고쟁송을 제기하지 못한다는 것이 판례의 입장이다.

㉡ 그러나 대집행의 실행이 종료된 뒤에도 그 대집행의 취소로 회복될 법률상의 이익이 있는 경우에는 그 취소를 구하는 행정쟁송을 제기할 수 있다.

② 손해배상청구

대집행이 완료되어 취소소송을 제기할 수 없는 경우에도 국가배상청구는 가능하다. 즉 위법한 행정대집행이 완료되면 그 처분의 무효확인 또는 취소를 구할 소의 이익은 없다 하더라도, 미리 그 행정처분의 취소판결이 있어야만 그 행정처분의 위법을 이유로 손해배상청구를 할 수 있는 것은 아니다(대판 1992.4.28, 72다337).

[관련 판례]

★ **대집행실행종료 후의 소(訴)의 이익 여부**

행정상의 즉시강제 또는 행정대집행과 같은 사실행위는 그 실행이 완료된 이후에 있어서는 그 행위의 위법을 이유로 하는 손해배상 또는 원상회복의 청구를 하는 것은 몰라도 그 사실행위의 취소를 구하는 것은 권리보호의 이익이 없다(대판 1965.5.31, 65누25).

2. 이행강제금(집행벌)

1) 의의

이행강제금은 대체적인 작위의무 · 비대체적 작위의무 · 부작위의무 · 수인의무의 불이행시에 일정액수의 금전납부의무가 부과될 것임을 미리 계고함으로써 의무의 이행을 확보하는 수단 내지 이러한 수단에서 말하는 금전을 「이행강제금」이라고 한다. 이행강제금은 집행벌이라고도 한다.

2) 성질

(1) 이행강제금은 위반행위에 대한 제재로서의 벌금형(형벌)이 아니다. 이행금은 장래 의

무이행의 확보를 위한 강제수단일 뿐이다. 이행금은 행정상 명령의 실현을 위한 집행수단이다.

(2) 이행강제금은 처벌이 아니라 의무의 이행을 위한 것이므로 일종의 처벌이라 할 수 있는 과태료와 성질을 달리한다. 따라서 강제금은 과태료나 형벌과 병과될 수도 있다. 양자를 병과하더라도 이중처벌이 아니다(헌재 2004.2.26, 2001헌바80; 대법원 2005.8.19, 2005마30).

(3) 대집행이 부적절한 경우에 행정청은 대체적 작위의무불이행시 강제수단으로서 대집행과 이행강제금을 재량에 의하여 선택적으로 결정할 수 있다.

[관련 판례]

★ 현행 건축법상 위법건축물에 대한 이행강제수단으로 대집행(건축법 제85조)과 이행강제금(건축법 제80조)이 인정되고 있는데, 양 제도는 각각의 장단점이 있으므로 행정청은 개별사건에 있어서 위반내용, 위반자의 시정의지 등을 감안하여 대집행과 이행강제금을 선택적으로 활용할 수 있으며, 이처럼 그 합리적인 재량에 의해 선택하여 활용하는 이상 중첩적인 제재에 해당한다고 볼 수 없다(헌재 2004.2.26, 2001헌바80).

(4) 이행강제금의 부과처분은 행정행위의 성질(급부하명)을 갖는다.

(5) 이행강제금은 처벌이 아니므로 의무의 이행이 있기까지는 반복하여 부과할 수 있다. 따라서 일사부재리의 원칙에 위배되지 않는다. 즉, 건축법상 시정명령불이행에 대한 이행강제금 부과의 경우 허가권자는 최초의 시정명령이 있었던 날을 기준으로 하여 1년에 2회 이내의 범위에서 그 시정명령이 이행될 때까지 반복하여 이행강제금을 징수할 수 있다.

[관련 판례]

★ 공무원이 위법건축물임을 알지 못하여 공사도중에 시정명령이 내려지지 않아 건축물이 완공되었다 하더라도 위법건축을 완공후에도 시정명령을 할 수 있고 그 불이행에 대하여 이행강제금을 부과할 수 있다(대판 2002.8.16, 2002마1022).

3) 이행강제금 대상

(1) 이행강제금은 비대체적 작위의무뿐만 아니라 대체적 작위의무에 대하여도 인정할 수 있다(헌재 2004.2.26. 2001헌바80 · 84 · 102 · 103, 2001헌바26(병합)).

(2) 이행강제금 납부의무는 상속인 기타의 사람에게 승계될 수 없는 일신전속적인 성질의 것이므로, 이미 사망한 사람에게 이행강제금은 부과하는 내용의 처분이나 결정은 당연무효이다(대결 2006.12.8. 2006마470). 판례는 이행강제금은 일신전속적인 것으로서 승계되지 않는다고 보고 있다.

4) 법적 근거

(1) 이행강제금제도는 의무자에 대한 침익적인 강제수단이므로 강제금의 부과를 위해서는 당연히 법적 근거를 필요로 한다.

(2) 강제금에 관한 일반법은 없고, 건축법 · 농지법 · 독점규제및공정거래에 관한 법률 등 개별법에서 이행강제금의 형태로 규정하고 있다.

5) 이행강제금의 금액 · 부과절차

(1) 이행강제금의 금액과 부과절차 등은 강제금에 관해 규정하는 개별 법률에서 정하는 바에 의한다.

(2) 이행강제금을 부과하기 전에 이행강제금을 부과 · 징수한다는 뜻을 미리 문서로 계고하여야 한다. 건축법상 이행강제금 납부의 최초독촉은 징수처분으로서 항고소송의 대상이 되는 행정처분이 될 수 있다(대판 2009.12.24, 2009두14507).

(3) 건축법상 허가권자는 이행강제금 부과처분을 받은 자가 이행강제금을 기한 내에 납부하지 아니하는 때에는 지방세 체납처분의 예에 따라 이를 징수한다.

[관련 판례]

★ 건축법상의 이행강제금은 완공 후에도 위법건축물을 알게 된 이상 시정명령을 할 수 있다(대판 2009.12.24, 2002마1022).

6) 이행강제금 부과처분에 대한 불복

(1) 이행강제금부과처분에 불복이 있는 자는 개별법률이 정하는 바에 따라 다툴 수 있다. 예컨대, 현행 건축법상 이행강제금에 대하여 불복하고자 하는 때에는 일반 행정쟁송절차에 의하여 다툴 수 있다. 반면, 농지법상 이행강제금에 대하여 불복하는 자는 비송사건절차법에 의한 과태료의 재판을 하도록 규정하고 있다(농지법 제62조 제7항).

(2) 이행강제금의 부과처분에 대한 불복방법에 관하여 아무런 규정을 두고 있지 않은 경우에는 행정처분인 이행강제금 부과처분을 대상으로 행정심판 또는 행정소송을 제기할 수 있다.

3. 직접강제

* 사시 33회

1) 의의

(1) 직접강제라 함은 「행정법」상의 의무불이행에 대하여 직접 의무자의 신체 또는 재산에 실력을 가하여 의무가 이행된 것과 같은 상태를 실현하는 행정상의 강제집행을 말한다(예컨대, 촬영금지지역에서 촬영한 필름의 즉각적인 압수, 실력에 의한 예방접종 등).

(2) 직접강제는 권력적 사실행위에 해당한다.

2) 직접강제의 대상과 구별

(1) 직접강제의 대상

직접강제는 대체적 작위의무뿐만 아니라 비대체적 작위의무·부작위의무·수인의무 등 모든 의무의 불이행에 대하여 과하여 질 수 있다(통설).

(2) 구별

① 즉시강제와의 구별

직접강제는 의무의 불이행을 전제로 하는 점에서, 의무의 불이행을 전제로 하지 않는 행정상 즉시강제와 다르다.

② 대집행과의 구별

㉠ 직접강제는 비대체적 의무뿐만 아니라 대체적 작위의무에도 행해질 수 있다(통설). 따라서 행정청이 의무자에게 놓인 대체적 작위의무를 의무자의 지위에서 행하는 대집행과 구분된다.

㉡ 대체적 작위의무에 대하여 대집행이 가능한 경우에는 비례의 원칙상 직접강제는 인정되지 않는다.

3) 근거 및 한계

(1) 근거

① 직접강제는 의무자에 대한 침익적인 강제수단이므로, 직접강제를 위해서는 반드시 법적 근거를 필요로 한다. 직접강제에 관한 일반법은 없고 몇몇 개별법률에서 찾아볼 수 있다.

② 직접 강제를 규율하고 있는 개별법

㉠ 출입국관리법(제46조) : 외국인의 강제퇴거 및 선박수색

㉡ 방어해면법(제7조) : 퇴거의 강제

㉢ 군사시설보호법(제9조) : 강제퇴거

㉣ 집회및시위에관한법률(제20조) : 해산요청불응시의 데모군중강제해산

㉤ 공중위생관리법(제11조) : 위법 또는 명령위반한 영업의 정지 또는 영업소 폐쇄

㉥ 식품위생법(제79조) : 무허가 영업소의 강제폐쇄

㉦ 먹는물관리법(제46조, 제47조) : 영업장·사업장의 폐쇄조치 및 폐기처분

㉧ 학원의 설립·운영 및 과외교습에 관한 법률 등 : 학원 또는 교습소 폐쇄조치 및 교습중지

(2) 한계

직접강제는 반드시 법률에 근거가 있는 경우에만 행사되어야 하며, 비례의 원칙을 준수하여 최후수단으로서 행하여져야 한다(보충성의 원칙).

4) 권리보호

(1) 직접강제는 권력적 사실행위이지만, 상대방에게 수인의 의무를 요구한다는 점에서 법적 행위의 성질도 갖는다.

(2) 이런 점에서 직접 강제는 처분성이 인정되어 행정심판이나 행정소송의 대상이 된다. 그러나 직접강제는 통상 신속하게 종료되므로, 권리보호의 이익이 없게 된다.

(3) 따라서 직접강제수단을 행정심판이나 행정소송의 대상으로 하는 것은 현실적으로 기대하기 어렵다.

4. 행정상 강제징수

1) 의의

행정상의 강제징수라 함은 「행정법」상 금전급부의무가 이행되지 않은 경우에 행정청이 의무자의 재산에 실력을 가하여 이를 징수하는 작용이다.

2) 법적 근거

(1) 행정상 강제징수의 일반법으로는 국세징수법이 있다.

(2) 국세징수법은 원래 국세징수를 위한 법이지만, 여러 법률이 강제징수에 있어서「국세징수법」을 준용하고 있는 결과, 국세징수법은 공법상 금전급부의무의 강제에 관한 일반법으로 기능하고 있다.

3) 절차

강제징수의 절차는 독촉과 체납처분(재산의 압류+압류재산의 매각+청산)의 순으로 이루어진다. 즉 「국세징수법」상의 강제징수절차는 ①독촉→ ②재산의 압류→ ③압류재산의 매각→ ④청산 순으로 이루어진다.

(1) 독촉

① 독촉은 의무자에게 금전납부의무의 이행을 최고하고 그 불이행시에 체납처분할 것을 예고하는 통지행위로서, 준법률행위적 행정행위인 통지행위이다.

② 국세를 그 납부기한까지 완납하지 아니하였을 때에 세무서장 또는 시장·군수·구청장은 납부기한이 지난 후 10일 이내에 반드시 문서로 독촉장을 발부하여야 한다.

③ 독촉장 또는 납부 또는 납부최고서는 발부일로부터 20일 내의 납부기한을 주어야 한다(국세징수법 제23조 제3항).

④ 독촉은 압류의 전제요건이 되며, 소멸시효 중단의 효과가 발생한다.

⑤ 계고와 마찬가지로 동일한 내용의 독촉이 반복될 경우 최초의 독촉만이 처분성이 인정된다는 것이 판례의 입장이다(대판 1999.7.13, 97누119).

(2) 체납처분

① 재산의 압류

㉠ 압류란 의무자의 재산에 대하여 사실상 및 법률상의 처분을 금지하여 의무자의 재산을 확보하는 강제행위를 말한다.

㉡ 압류의 대상은 체납자의 소유로서 금전적 가치가 있고 양도할 수 있는 것이면 모든 재산이 된다. 무체재산권도 포함된다(국세징수법 제51조). 다만, 발명 또는 저작에 관한 것으로서 공표되지 아니한 것은 압류할 수 없다.

㉢ 독촉장 발부 없이 한 압류처분은 위법하다. 그러나 독촉절차 없이 한 압류처분을 하였더라도 당연무효가 아니라고 보는 것이 판례의 입장이다(대판 1988.6.28, 87누1009).

㉣ 압류는 권력적 사실행위로서 처분성이 있으며 항고소송의 대상이 된다.

㉤ 압류에는 법관의 영장이 필요하지 않다. 그러나 국세범칙사건조사를 위한 압류는 형사상의 소추와 관련되므로, 법관의 영장이 있어야 한다.

㉥ 압류는 시효중단의 효과를 발생하며, 압류의 하자는 매각·청산에 승계된다.

㉦ 압류는 체납자의 소유에 제한되며, 체납자와 그 동거 가족의 생활상 없어서는 아니될 의복·침구·가구와 주방구 등 생활필수품은 압류할 수 없다(체납자와 그 동거가족에게 필요한 3개월간의 식료와 연료는 압류할 수 없다).

㉧ 체납자가 사망한 경우 비록 체납자 명의로 남아있는 재산이라도 법률상 소유자는 상속인이 된다. 조세체무는 상속인에게 상속되는 재산상 의무이기 때문에, 상속인은 사망자의 조세채무를 부담하여야 한다. 따라서 체납자가 사망한 후 체납자 명의의 재산에 대하여 한 압류는 그 재산을 상속한 상속인에 대하여 한 것으로 본다.

㉨ 조세부과처분이 무효인 경우에는 체납처분도 당연무효이다. 그러나 부과처분이 취소사유의 하자에 불과하다면 체납처분이 행해진 후에 부과처분이 취소되더라도 후행 체납처분이 당연무효가 되는 것은 아니고, 단지 취소할 수 있는데 불과하다(대판 1974.3.26, 73다1884).

[관련 판례]

★ 압류후 부과처분의 근거법률이 위헌으로 결정된 경우에 압류처분은 취소사유가 되는 것이므로 압류를 해제하여야 할 것이다(대판 2002.7.12, 2002두3317).

★ 납세자가 아닌 제3자의 재산을 대상으로 한 압류처분은 그 처분의 내용이 법률상 실현될 수 없는 것이어서 당연무효이다(대판 2001.2.23, 2000다68924).

★ 세무공무원이 국세의 징수를 위해 납세자의 재산을 압류하는 경우 그 재산의 가액이 징수할 국세액을 초과한다고 하여 위 압류가 당연무효의 처분이라고 할 수 없다(대판 1986.11.11, 86누479).

★ 세무공무원이 국세징수법 제26조에 의하여 체납자의 가옥·선박·창고 기타의 장소를 수색하였으나 압류할

목적물을 찾아내지 못하여 압류를 실행하지 못하고 수색조서를 작성하는데 그친 경우에도 소멸시효 중단의 효력이 있다(대판 2001.8.21, 2000다12419).

★ 압류처분에 기한 압류등기가 경료된 경우에도 압류처분의 무효확인을 구할 이익이 있다(대판 2003.5.16, 2002두3669).

★ 체납자의 재산이 압류되면 처분이 금지되고, 압류의 효력은 압류재산의 천연과실 · 법정과실에도 미치고, 재판상의 가압류 · 가처분 또는 체납자의 사망이나 법인합병 등에 영향을 받지 아니한다(국세징수법 제35조~제137조). 압류시 영장이 필요한 것은 아니다.

★ 체납자가 사망한 후 체납자 명의의 재산에 대하여 한 압류는 그 재산을 상속한 상속인에 대하여 한 것으로 본다(국세징수법 제37조).

㉧ 재판상의 가압류 또는 가처분재산이 체납처분의 대상인 경우에도 국세징수법에 따른 체납처분을 한다(동법 제35조). 즉 가압류 또는 가처분에 의해 체납처분이 영향을 받는 것은 아니다.

② 압류재산의 매각

㉠ 압류한 재산에 대한 매각은 통화를 제외한 모든 재산을 원칙적으로 공매를 통해 매각하여야 한다.

㉡ 그러나 수의계약에 의하지 않으면 매각대금이 체납처분비에 충당하고 잔여가 생길 여지가 없을 때 등의 경우, 예외적으로 수의계약에 의하여 매각할 수 있다.

㉢ 공매는 공고한 날로부터 10일이 지난 후에 행한다. 판례는 10일의 공매공고기간이 경과하지 아니한 공매는 위법하다고 판시하고 있다(대판 1974.2.26, 73누186).

㉣ 공매의 법적 성격은 공법상 대리로서 공매(매각하여 소유권을 이전하기로 한 결정) 그 자체를 우월한 공권력의 행사인 행정처분으로 보고 행정소송의 대상이 된다고 판시하고 있다(대판 1984.9.25, 84누201). 다만, 수의계약에 의하는 경우에는 사법상 계약으로서의 성질을 갖는다.

[관련 법률 및 판례]

★ 공매대행

1) 세무서장은 성업공사(현 한국자산관리공사)로 하여금 공매를 대행하게 할 수 있으며, 이 경우 공매는 세무서장이 한 것으로 본다. 즉 세무서장은 한국자산관리공사에게 공매업무를 위임시킬 수 있다.
2) 한국자산관리공사가 체납압류한 재산의 공매처분에 대한 소송에서 피고는 세무서장이 아니라 수임청으로서의 「한국자산관리공사」가 된다(대판 1997.2.28, 96누1757).

★ 과세관청이 체납처분으로 행하는 공매는 우월한 공권력의 행사로서 행정소송의 대상이 되는 공법상의 행정처분이다(대판 1984.9.25, 84누201).

★ 공매통지 자체는 그 상대방인 체납자 등의 법적 지위나 권리 · 의무에 직접적인 영향을 주는 행정처분에 해당하지 아니한다. 따라서 다른 특별한 사정이 없는 한 체납자 등은 공매통지의 결여나 위법을 들어 공매처분의 취소 등을 구할 수 있는 것이지, 공매통지 자체를 항고소송의 대상으로 삼아 그 취소 등을 구할 수는 없다(대판 2011.3.24, 2010두25527).

★ 한국자산공사가 부동산을 인터넷을 통하여 재공매(입찰)하기로 한 결정과 공매통지는 공매사실 자체를 체납자에게 알려주는데 불과하므로 항고소송의 대상이 되는 행정처분이 아니다(대판 2007.7.27, 2006두8464).

★ 체납자 등에 대한 공매통지가 공매의 절차적 요건이며 체납자 등에게 공매통지를 하지 않았거나 적법하지 않은 공매통지를 한 경우에는 절차상의 흠이 있어 그 공매처분은 위법하다.

★ 체납자 등에 대한 공매통지는 국가의 강제력에 의하여 진행되는 공매절차에서 체납자 등의 권리 내지 재산상 이익을 보호하기 위하여 법률로 규정한 절차적 요건에 해당하지만, 그 통지를 하지 아니한 채 공매처분을 하였다 하여도 그 공매처분이 당연무효로 되는 것은 아니다(대판 2012.7.26, 2010다50625).

④ 세무공무원이 질권(質權)이 설정된 재산을 압류하려는 경우에는 그 질권자에게 문서로써 해당 질물의 인도를 요구하여야 한다. 이 경우 질권자는 질권의 설정시기에 관계없이 질물(質物)을 세무공무원에게 인도하여야 한다(국세징수법 제34조).

(4) 청산

세무서장은 매각대금에서 국세 · 가산금과 체납처분비 기타의 채권에 배분하고(배분순위는 체납처분비→국세→가산금의 순이다), 잔액이 있는 때에는 이를 체납자에게 지급하여야 한다(동법 제81조 제3항).

5. 행정상 강제징수에 대한 불복

1) 행정쟁송

(1) 행정상 강제징수에 대한 불복인 경우

① 행정상 강제징수에 대하여 불복이 있을 때에는 개별법령에 특별규정이 없는 한 국세기본법 · 행정심판법 · 행정소송법이 정한 바에 따라 행정쟁송을 제기할 수 있다.

② 불복을 할 수 있는 자는 강제징수에 대하여 법률상 직접적인 이해관계를 가진 자에 국한된다.

(2) 국세징수에 대한 불복인 경우

① 국세징수에 대한 불복이 있을 때에는 국세기본법상의 심사청구 또는 심판청구와 그에 대한 결정을 거쳐야 행정소송을 제기할 수 있다.

② 이 경우 따라서 심사청구와 심판청구를 모두 경유하여야 하는 것은 아니지만, 이 중 하나의 절차는 거쳐야 행정소송의 제기가 가능하다. 예컨대, 과세관청의 압류처분에 대한 조

세소송을 하기 위해서는 국세기본법상 심사청구 또는 심판청구, 둘 중 하나를 필요적으로 거쳐야 한다.

③ 국세징수에 대한 불복으로 국세기본법이 아닌 감사원법에 근거하여 심사청구를 할 수 있다. 감사원에 심사청구를 한 경우에는 국세기본법에 따른 심사청구 또는 심판청구를 거친 것으로 보고, 행정소송을 제기할 수 있다.

2) 하자의 승계

독촉과 체납처분 간에는 강제징수라는 동일한 목적을 위한 단계적 절차이므로 하자가 승계되나, 조세부과처분과 독촉 또는 체납처분 간에는 하자가 승계되지 않는다.

[관련 판례]

★ 납세의무자의 국세환급금결정이나 환급신청에 대한 세무서장의 환급거부결정은 항고소송의 대상이 되는 처분이 아니다(대판 1994.12.2, 92누14250).

★ 조세징수를 위한 압류등기 후에 그 부동산을 양수한 소유자에게는 그 압류처분의 무효확인을 구할 원고적격이 없다(대판 1984.9.25, 84누201).

★ 공매에 의하여 재산을 매수한 자는 그 공매처분이 취소된 경우 그 취소처분의 위법을 주장하여 행정소송을 제기할 법률상의 이익이 있다(대판 1984.9.25, 84누201).

6. 금전채권 · 채무의 소멸시효

금전의 급부를 목적으로 하는 국가의 권리로서 시효에 관하여 다른 법률에 규정이 없는 것은 5년 동안 행사하지 아니하면 시효로 인하여 소멸한다.

제 3 절 행정상 즉시강제

* 사시 1회, 12회
* 외무 14회, 18회, 20회, 24회

Ⅰ. 개 설

1. 의의

1) 행정상 즉시강제라 함은 목전의 급박한 행정상 장해를 제거하여야 할 필요가 있는 경

우에 미리 의무를 명할 시간적 여유가 없거나 또는 그 성질상 의무를 명하여서는 목적달성이 곤란할 때, 직접 국민의 신체 또는 재산에 실력을 가하여 행정상 필요한 상태를 실현시키는 작용을 말한다.

2) 행정상 즉시강제는 급박한 위험으로부터 개인을 보호하거나, 위험을 방지하고자 하는 데 그 목적이 있으나, 예측가능성과 법적 안정성을 침해할 여지가 크다. 따라서 행정상 강제집행을 원칙으로 하고 행정상 즉시강제는 예외적인 강제수단으로 보아야 한다.

2. 다른 개념과의 구별

1) 행정상 강제집행과의 구별

행정상 즉시강제는 행정상의 의무의 존재와 불이행을 전제로 하지 않고 목전에 급박한 장애를 제거하기 위한 긴급행위인 점에서, 의무의 존재와 불이행을 전제로 하는 행정상 강제집행과 구별된다.

2) 행정벌과의 구별

행정상 즉시강제는 장래에 향하여 행정상 필요한 상태를 실현시키는 점에서, 과거의 의무위반에 대한 제재인 행정벌과 구별된다.

3) 행정조사와의 구별

행정상 즉시강제는 행정상 필요한 상태를 실현하기 위한 목적을 갖는 점에서, 정보나 자료의 수집을 목적으로 하는 행정조사와 구별된다.

Ⅱ. 법적 성질 · 근거

1. 법적 성질

행정상 즉시강제는 1) 구체적인 의무부과행위이자 권력적 사실행위이다.

2) 행정상 즉시강제는 실력행사에 대해 참아야 하는 수인의무도 발생시키는 행위이다. 즉 행정상 즉시강제는 사실행위와 법적 의무로서 수인의무가 결합된 행위이다. 3) 행정상 즉시강제는 수인의무와 관련하여 항고소송의 대상이 되는 처분의 성질을 갖는다.

2. 법적 근거

1) 행정상 즉시강제는 의무자에 대한 침익적 강제수단이므로 법률유보의 원칙상 법률의 근거를 필요로 한다. 행정상 즉시강제에 관한 일반법은 없다.

2) 다만, 경찰공무원이 수행하는 경찰작용 영역에서는 일반법으로 경찰관직무집행법이

있다. 그 밖에 개별법으로 「마약류관리에 관한 법률」·「식품위생법」·「소방기본법」·「전염병예방법」등이 있다.

Ⅲ. 행정상 즉시강제의 수단

행정상 즉시강제의 수단은 경찰관직무집행법상의 수단과 개별법상의 수단으로 나눌 수 있으며, 그 대상에 따라 다시 대인적 강제, 대물적 강제, 대가택 강제로 구별된다.

1. 대인적 강제

대인적 강제라 함은 신체에 실력을 가하여 행정상 필요한 상태를 실현시키는 작용을 말한다.

1) 경찰관직무집행법상의 대인적 강제수단

「경찰관직무집행법」상의 보호조치(제4조), 경고·억류·피난 등의 위험발생방지조치(제5조), 범죄의 예방과 제지(제6조), 경찰장비의 사용 등(제10조) 및 무기의 사용(동법 제10조의 4) 등이 있다.

2) 개별법상의 대인적 강제수단

개인법상의 대인적 강제수단으로는 「소방기본법」에 의한 소화종사명령, 「전염병예방법」상의 강제격리, 「마약류관리에 관한 법률」에 의한 마약류 중독자의 치료보호, 「출입국관리법」상 무기사용 등이 있다.

2. 대물적 강제

대물적 강제라 함은 타인의 물건에 대해 실력을 가하여 행정상 필요한 상태를 실현시키는 작용을 말한다.

1) 「경찰관직무집행법」상의 대물적 강제수단

「경찰관직무집행법」상의 무기·흉기·위험물의 임시영치(동법 제4조 제3항), 위험발생의 방지조치(동법 제5조 제1항) 등이 있다.

2) 개별법상의 대물적 강제수단

개별법규가 인정하고 있는 대물적 강제수단으로는 「식품위생법」에 의한 물건의 폐기, 「도로교통법」상의 교통장애물의 제거, 「소방기본법」상의 위험시설 등에 대한 긴급조치 등을 들 수 있다.

[관련 법률 및 판례]

★ (구)음반 및 비디오물에 관한 법률 제24조 제3항은 문화체육관광부장관, 시 · 도지사, 시장 · 군수 · 구청장은 등급분류를 받지 아니하거나 등급분류를 받은 비디오물 또는 게임물과 다른 내용의 비디오물 또는 게임물을 발견한 때에는 관계공무원으로 하여금 이를 수거하여 폐기하게 할 수 있다고 규정하고 있다. 이는 행정법상 의무불이행을 전제로 하지 않으므로 행정상 즉시강제에 해당한다.

★ 헌법재판소는 불법게임물에 대한 폐기처분에 대하여 행정상 즉시강제로 보고 있다(헌재 2002.10.31, 2000헌가12).

3. 대가택 강제

대가택 강제라 함은 소유자 또는 관리자의 의사에 불구하고 타인의 가택, 영업소 등에 대하여 실력을 가하여 행정상 필요한 상태를 실현하는 작용을 말한다.

1) 「경찰관직무집행법」의 대가택 강제수단

위험방지를 위한 출입(동법 제7조 제1항)이 있다.

2) 개별법상의 대가택 강제수단

개별법규가 인정하고 있는 대가택 강제수단에는 수색(조세범처벌절차법 제9조) 등이 있다.

[관련 판례]

★ 조세범 처벌절차법 제9조(압수 · 수색영장) ① 세무공무원이 제8조에 따라 압수 또는 수색을 할 때에는 근무지 관할 검사에게 신청하여 검사의 청구를 받은 관할 지방법원판사가 발부한 압수 · 수색영장이 있어야 한다. 다만, 다음 각 호의 어느 하나에 해당하는 경우에는 해당 조세범칙행위 혐의자 및 그 밖에 대통령령으로 정하는 자에게 그 사유를 알리고 영장 없이 압수 또는 수색할 수 있다.

1. 조세범칙행위가 진행 중인 경우
2. 조세범칙행위 혐의자가 도주하거나 증거를 인멸할 우려가 있어 압수 · 수색영장을 발부받을 시간적 여유가 없는 경우

② 제1항 단서에 따라 영장 없이 압수 또는 수색한 경우에는 압수 또는 수색한 때부터 48시간 이내에 관할 지방법원판사에게 압수 · 수색영장을 청구하여야 한다.

③ 세무공무원은 압수 · 수색영장을 발부받지 못한 경우에는 즉시 압수한 물건을 압수당한 자에게 반환하여야 한다.

Ⅳ. 행정상 즉시강제의 요건과 한계

1. 행정상 즉시강제의 요건

일반적으로 행정상 즉시강제는 급박한 행정상의 장해를 제거할 필요가 있는 경우에 미리

의무를 명할 시간적 여유가 없을 때, 또는 성격상 의무를 명하여서는 목적달성이 곤란할 때에 한하여 인정된다.

2. 행정상 즉시강제의 한계

행정상 즉시강제에는 법적근거가 필요하나, 거기에는 실체법상 한계와 절차법상 한계가 따른다.

1) 실체법상의 한계(조리상의 한계)

(1) 긴급성의 원칙

행정상의 즉시강제는 목전의 급박한 장해를 방지·제거하기 위하여 행해져야 한다. 따라서 미래에 발생할지 모를 장해를 예견하여 발동되어서는 아니 된다.

(2) 필요성의 원칙(최소침해의 원칙)

소극적으로 사회공공의 질서를 유지하기 위하여 필요한 범위 내에 그쳐야 하며, 공공복리의 달성이라는 적극적인 행정목적달성을 위하여 발동되어서는 안 된다.

(3) 보충성의 원칙

다른 수단으로써는 위해방지조치를 행할 시간적 여유가 없거나 다른 조치로는 행정목적을 달성할 수 없는 경우이어야 한다. 따라서 행정상 강제집행이 가능한 경우에는 행정상 즉시강제는 인정되지 않는다(헌재 2002.10.31, 2001헌가12).

(4) 비례원칙

행정상 즉시강제의 실체법상 한계로서 가장 중요한 것은 비례원칙이다. 즉 행정상 즉시강제는 ① 적합성의 원칙, ② 필요성의 원칙 ③ 상당성의 원칙(협의의 비례원칙) 등의 비례원칙에 위반되어서는 아니 된다. 예컨대, 타인의 재산에 대한 위해를 제거하기 위하여 인신을 구속할 수는 없다.

(5) 소극성의 원칙

행정상 즉시강제는 소극적으로 사회공공의 안녕질서의 유지를 위하여 필요한 한도내에서 그쳐야 하며 공공복리 등과 같은 적극적인 행정목적의 달성을 위하여 발동되어서는 안 된다.

3. 절차법적 한계(영장주의와의 관계)

즉시강제의 발동에 관하여 영장이 필요한가에 대하여 명문의 규정이 없으므로, 헌법상 영장주의가 행정상 즉시강제에도 적용될 수 있을 것인가에 대하여 견해가 대립하고 있다.

1) 영장불요설(令狀不要說)

헌법상 영장주의는 형사사법권의 남용방지를 목적으로 하는 규정들이므로, 행정목적수행을 위한 행정상의 즉시강제에는 영장이 적용되지 않는다는 견해이다.

2) 영장필요설

영장주의가 형사사법권발동에만 적용된다는 명문의 규정이 없는 이상, 헌법이 보장하는 영장주의는 국민의 기본권을 보장하기 위한 것이다. 따라서 특별한 예외적 규정이 없는 한 영장주의는 행정상 즉시강제에도 일반적으로 적용된다는 견해이다.

3) 절충설

(1) 헌법상 영장주의는 행정상 즉시강제에도 원칙적으로 적용되고, 다만 즉시강제의 특수성을 고려하여 행정목적달성에 불가피하다고 인정할 만한 합리적인 이유가 있는 경우에 한하여, 영장주의의 예외[228]를 인정해야 한다는 입장이다.

(2) 절충설이 통설적 견해이며, 판례의 입장이다(대판 1995.6.30, 93추83).

[관련 판례]

★ 행정상 즉시강제는 상대방의 임의이행을 기다릴 시간적 여유가 없을 때 하명 없이 바로 실력을 행사하는 것으로서, 그 본질상 급박성을 요건으로 하고 법관의 영장을 기다려서는 그 목적을 달성할 수 없다고 할 것이므로, 원칙적으로 영장주의가 적용되지 않는다고 보아야 할 것이다(헌재결 2002.10.31, 2000헌가12).

★ 구 사회안전법 제11조 소정의 동행보호규정은 재범의 위험성이 현저한 자를 상대로 긴급히 보호할 필요가 있는 경우에 한하여 단기간의 동행보호를 허용한 것으로서 그 요건을 엄격히 해석하는 한, 동 규정 자체가 사전영장주의를 규정한 헌법규정에 반한다고 볼 수는 없다(대판 1997.6.13, 96다56115).

★ 관계행정청이 등급분류를 받지 아니하거나 등급분류를 받은 게임물과 다른 내용의 게임물을 발견한 경우 관계공무원으로 하여금 영장 없는 수거를 인정한다고 하더라도 이를 두고 헌법상 영장주의와 적법절차에 위배되는 것으로는 볼 수 없다(대판 2002.10.31, 2000헌가12).

Ⅴ. 행정상 즉시강제에 대한 구제

1. 적법한 즉시강제에 대한 구제

1) 적법한 즉시강제로 인해 개인이 손실을 입게 되고 또한 그 손실이 특별한 희생에 해당한다면, 그 개인은 행정상 손실보상을 청구할 수 있다(헌법 제23조 제3항).

2) 제3자에 대한 경찰관의 발동으로 제3자가 특별한 손실을 입은 경우에 그 손실을 보상해주어야 한다는 것이 일반적인 견해였으나, 최근에 경찰관직무집행법에 손실보상에 대한 조문이 신설되었다.

---

228) 행정상 즉시강제가 불가피할 경우라 할지라도 형사책임문제와 관련이 있거나, 개인의 신체·재산·가택에 중대한 침해를 가할 수 있는 경우에는 헌법상 영장주의가 적용된다고 한다.

[관련 법률 및 판례]

★ 경찰관직무집행법 제11조의2[손실보상] ① 국가는 경찰관의 적법한 직무집행으로 인하여 다음 각 호의 어느 하나에 해당하는 손실을 입은 자에 대하여 정당한 보상을 하여야 한다.

1. 손실발생의 원인에 대하여 책임이 없는 자가 재산상의 손실을 입은 경우(손실발생의 원인에 대하여 책임이 없는 자가 경찰관의 직무집행에 자발적으로 협조하거나 물건을 제공하여 재산상의 손실을 입은 경우를 포함한다).
2. 손실발생의 원인에 대하여 책임이 있는 자가 자신의 책임에 상응하는 정도를 초과하는 재산상의 손실을 입은 경우

② 제1항에 따른 보상을 청구할 수 있는 권리는 손실이 있음을 안 날로부터 3년, 손실이 발생한 날부터 5년간 행사하지 아니하면 시효의 완성으로 소멸한다.
③ 제1항에 따른 손실보상신청 사건을 심의하기 위하여 손실보상심의위원회를 둔다.
④ 제1항에 따른 손실보상의 기준, 보상금액, 지급절차 및 방법, 손실보상심의위원회의 구성 및 운영, 그 밖에 필요한 사항은 대통령령으로 정한다.

★ 집회 · 시위에 참가하기 위하여 출발하려고 하는 행위를 제지한 경찰관의 행위가 집회·시위 예정시간으로부터 약 5시간30분 전에 그 예정장소로부터 약 150㎞ 떨어진 곳에서 이루어진 것이라고 하더라도 경찰관직무집행법 제6조제1항에 근거한 적법한 직무집행에 포함된다고 볼 수 없다(대판 2008.11.13, 2007도9794).

2. 위법한 즉시강제에 대한 구제

1) 인신보호제도

(1) 위법한 즉시강제로 인해 국가, 지방자치단체, 공법인 또는 개인, 민간단체 등이 운영하는 수용시설(의료시설, 복지시설, 수용시설, 보호시설)에 수용 · 보호 또는 감금되어 있는 자는 인신보호법에 따라 법원에 그 구제를 청구할 수 있다.

(2) 법원은 구제청구사건을 심리한 결과 청구가 이유가 있다고 인정되는 때에는 결정으로 피수용자의 수용을 즉시 해제할 것을 명하여야 한다(인신보호법 제13조제1항).

2) 행정쟁송

(1) 행정상 즉시강제는 권력적 사실행위로서의 성질을 가지므로 행정심판과 행정소송의 대상이 된다.

(2) 그러나 즉시강제는 단기간에 그 효과가 완성되는 경우가 보통이므로,[229] 그 취소 또는 변경을 구할 실익이 없는 경우가 많다. 따라서 행정쟁송의 제기는 현실적으로 실효성 있는 구제수단이라고 할 수 없다.

---

229) 소방장애물의 파괴와 같이 행정상 즉시강제가 단시간에 종료되는 경우에는 권리보호의 필요(협의의 소의 이익)가 없기 때문에, 행정쟁송의 제기가 가능하지 않다. 그러나 전염병환자의 격리의 강제입원과 같이 즉시강제가 계속적 성질을 갖는 경우에는 즉시강제가 계속되는 한 행정쟁송으로 다툴 소의 이익이 있다.

3) 손해배상

위법한 즉시강제로 인하여 재산상의 손해를 받은 자는 국가에 대하여 배상을 청구할 수 있다. 손해배상청구는 위법한 재산권침해행위에 대한 가장 실효성 있는 구제수단이라 할 수 있다.

4) 정당방위

위법한 행정상의 즉시강제에 대해서는 「형법」상의 정당방위의 법리에 의한 항거가 가능하며, 이 한도 내에서는 공무집행방해죄를 구성하지 않는다는 것이 판례의 입장이다.

[관련 판례]

★ 위법한 즉시강제에 대한 정당방위 인정 여부

적법성이 결여된 직무행위를 하는 공무원에게 항거하였다고 하여도 그 항거행위가 폭력을 수반한 경우에 폭행죄 등의 죄책을 묻는 것은 별론으로 하고 공무방해죄로 다스릴 수 없다(대판 1992.2.11, 91도2797).

5) 기타의 구제수단

그 외에 감독청에 의한 취소·정지명령, 공무원에 대한 형사책임 및 징계책임, 고소·고발, 청원 등이 있으나 이는 간접적인 구제수단에 지나지 않는다.

제 4 절 행정조사(行政調査)

* 사시 27회, 33회, 37회

Ⅰ. 개 설

1. 의의

행정조사라 함은 행정기관이 사인으로부터 행정상 필요한 정보·자료 등을 수집하기 위하여 행하는 일체의 행정작용을 말한다.[230)]

230) 김남진, 전게서, P.468; 유지태, 전게서, P.304; 강구철, 「강의 행정법」, 형설출판사, 1998, P.543.

2. 구별개념

1) 행정상 즉시강제와의 구별

(1) 행정상 즉시강제는 직접 개인의 신체·재산에 실력을 가하여 행정상 필요한 구체적인 결과를 실현시키는 것을 목적으로 한다. 반면, 행정조사는 그 자체가 결과를 실현시키는 것이 아니라 행정작용에 필요한 자료수집을 위한 준비적·보조적 수단의 성질을 갖는다.

(2) 행정상 즉시강제는 목전에 급박한 행정상 장해를 제거하여야 할 긴급성이 그 개념의 요소가 되는데 반하여, 행정조사는 긴급성을 요소로 하지 않는다.

2) 입법조사나 사법조사와의 구별

행정조사는 행정기관에 의한 조사작용인 점에서, 국회에 의한 조사인 입법조사(예컨대, 국정감사조사 등)·형사사법작용(예컨대, 증인신문)과 구별된다.

3) 행정행위와의 구별

행정조사는 직접적으로는 법적 효과를 발생하지 않는 권력적 사실행위라는 점에서, 법적 행위인 행정상 행정행위(예컨대, 허가 등)와 구별된다.

Ⅱ. 행정조사의 성질

1. 행정조사의 성질은 복합적이다. 행정조사는 권력적인 사실행위와(예컨대, 보고서요구명령·장부서류제출명령·출두명령 등), 비권력적조사(비권력적 사실행위)도 포함한다(예컨대, 질문·출입검사·진찰·앙케이트 조사 등).

2. 일반적으로 행정조사 그 자체는 법적효과를 가져오지 아니하므로(비권력적 조사), 사실행위에 해당한다(예컨대, 여론조사).

3. 그러나 권력조사의 경우에는 조사에 대하여 참아야 하는 수인의무를 발생시키기도 한다(예컨대, 불심검문). 이러한 경우에는 사실행위와 법적 행위가 결합된 행위가 된다.[231]

Ⅲ. 행정조사와 법적 근거

1. 이론적 근거

1) 권력적 행정조사의 경우

권력적 행정조사는 국민의 신체나 재산에 침해를 가져오므로, 법률의 근거를 요한다. 현

231) 홍정선, 「행정법원론(상)」, 박영사, 2002, P.552; 박균성, 전게서, P.234.

재 이에 관한 일반법은 없고 다만, 개별법에서 규정되고 있다(예컨대, 경찰관직무집행법 제3조 불심검문 등).

2) 비권력적 행정조사의 경우

비권력적 행정조사는 국민의 신체나 재산에 직접 침해를 가져오는 것이 아니므로, 법적 근거를 요하지 아니한다.

3) 조사대상자 없이 정보를 수집하는 행정조사는 원칙상 법률의 근거를 요하지 않는다.

2. 실정법상 근거

1) 행정조사에 관한 일반법으로 행정조사기본법[232)]이 있다. 행정조사에 관하여 다른 법률에 특별한 규정이 있는 경우를 제외하고는 행정조사기본법으로 정하는 바에 따른다.

2) 행정조사가 규정된 개별법으로는 경찰관직무집행법(동법 제3조의 불심검문), 국세징수법(동법 제27조의 질문권, 검사권), 소방기본법(동법 제29조 이하의 화재조사), 전염병예방법(동법 제42조의 조사) 등이 있다.

3) 행정기관은 법령 등에서 행정조사를 규정하고 있는 경우에 한하여 행정조사를 실시할 수 있다. 다만, 조사대상자의 자발적인 협조를 얻어 실시하는 행정조사의 경우에는 그러하지 아니하다.

4) 특정의 조사대상자를 대상으로 하지 않는 행정조사라도 사인의 기본권에 대한 침해를 수반하는 행정조사는 헌법 제37조 제2항(기본권의 제한)에 근거하여 반드시 법률의 근거가 있어야 한다.

3. 행정조사기본법의 적용범위

1) 행정조사에 관하여 다른 법률에 특별한 경우를 제외하고는 행정조사 기본법으로 정하는 바에 따른다.

2) 다음 각 호의 어느 하나에 해당하는 사항에 대해서는 이법을 적용하지 아니한다.

> 1. 행정조사를 한다는 사실이나 조사내용이 공개될 경우 국가의 존립을 위태롭게 하거나 국가의 중대한 이익을 현저히 해칠 우려가 있는 국가안전보장·통일 및 외교에 관한 사항
> 2. 국방 및 안전에 관한 사항 중 다음 각 목의 어느 하나에 해당하는 사항
> 가. 군사시설·군사기밀보호 또는 방위사업에 관한 사항
> 나. 「병역법」·「향토예비군설치법」·「민방위기본법」·「비상대비자원관리법」에 따른 징집·소집·동원 및 훈련에 관한 사항
> 3. 「공공기관의 정보공개에 관한 법률」제4조 제3항의 정보에 관한 사항

232) 행정조사기본법은 2016년 5.29일 타법을 개정하여 최종공포되었고, 2016년 11월 30일에 시행되었다.

4. 「근로기준법」제101조에 따른 근로감독관의 직무에 관한 사항
5. 조세·형사·행형 및 보안처분에 관한 사항
6. 금융감독기관의 감독·검사·조사 및 감리에 관한 사항

Ⅳ. 행정조사의 기본원칙

1. 조사범위의 최소화(비례의 원칙)

행정조사는 조사목적을 달성하는데 필요한 최소한의 범위 안에서 실시하여야 하며, 다른 목적 등을 위하여 조사권을 남용하여서는 아니 된다.

2. 조사목적의 적합성

행정기관은 조사목적에 적합하도록 조사대상자를 선정하여 행정조사를 실시하여야 한다.

3. 중복조사의 제한

행정기관은 유사하거나 동일한 사안에 대하여는 공동조사 등을 실시함으로써 행정조사가 중복되지 아니하도록 하여야 한다.

4. 예방위주 행정조사

행정조사는 법령 등의 위반에 대한 처벌보다는 법령 등을 준수하도록 유도하는데 중점을 두어야 한다.

5. 조사내용 공표금지

다른 법률에 따르지 아니하고는 행정조사의 대상자 또는 행정조사의 내용을 공표하거나 직무상 알게 된 비밀을 누설하여서는 아니 된다.

6. 타용도 이용금지

행정기관은 행정조사를 통하여 알게 된 정보를 다른 법률에 따라 내부에서 이용하거나 다른 기관에 제공하는 경우를 제외하고는 원래의 조사목적 외의 용도로 이용하거나 타인에게 제공하여서는 아니 된다.

Ⅴ. 행정조사의 종류

1. 행정조사는 조사의 성질에 따라 권력적 행정조사(예컨대, 불심검문 · 물건의 수거 · 가택수색 등)와 비권력적 행정조사(예컨대, 여론조사 · 임의적인 공청회 등)로 구분된다.

2. 그밖에 조사의 대상에 따라

1) 대인적 조사(예컨대, 불심검문 · 질문 · 신체검색 등) · 대물적 조사(예컨대, 물건의 수거나 검사 · 시설검사 · 장부 등의 열람 등) · 대가택조사(예컨대, 개인의 주거 · 창고 · 영업소 등에 대한 가택출입 · 음식물이나 저장품 검사 등의 임검 등),

2) 조사의 방법에 따라 직접조사(예컨대, 수색 등) · 간접조사(예컨대, 여론조사 등),

3) 조사의 영역에 따라 경찰상 행정조사(예컨대, 불심검문 등),

4) 조사의 목적의 개별성과 일반성에 따라 개별조사(예컨대, 토지수용법상 토지조사 등) · 일반적 조사(예컨대, 통계법상의 국세조사 등)로 구분된다.

Ⅵ. 행정조사의 한계

1. 실체법상 한계

1) 권력적 조사의 경우에는 근거된 법규의 범위 내에서만 가능하다. 따라서 행정조사는 조사목적 이외의 목적을 위하여 행해져서는 안 된다.

2) 비권력적 조사를 포함하여 모든 행정조사는 기본권 보장 · 보충성의 원칙 · 비례원칙 등 행정법의 일반원칙의 범위내에서만 가능하다.

2. 절차적 한계

1) 권력적 조사

(1) 행정조사와 영장주의와의 관계

① 영장주의가 행정조사에도 적용되느냐에 관해서는 견해의 대립이 있다. 행정상 즉시강제와 마찬가지로 영장불요설(소극설) · 영장필요설(적극설) · 절충설이 있다. 절충설이 지배적 견해이다.[233]

② 그러나 형사소추를 위한 자료수집에 직결되는 행정조사나 실질적으로 직접적 물리적 강제와 동일시 될 수 있는 행정조사에는 사전영장주의가 적용된다고 보아야 한다. 다만 긴급을 요하는 불가피한 경우에는 그러하지 아니하다(대판 1976.11.9. 76도2703).

233) 이상규, 「신행정법론(상)」, 법문사, 1997, P.562; 석종현, 「일반행정법(상)」, 삼영사, 1997, P.540.

> **[관련 판례]**
> ★ 세관공무원이 밀수품을 싣고 왔다는 정보에 의하여 정박중인 선박에 대하여 수색을 하려면 선박의 소유자 또는 점유자의 승낙을 얻거나 법관의 압수수색영장을 발부받거나 또는 관세법 제212조 1항 후단에 의하여 긴급을 요하는 경우에 한하여 수색압수를 하고 사후에 영장의 교부를 받아야 할 것이다(대판 1976.11.9, 76도2703).

(2) 증표의 제시

① 행정조사를 행하는 공무원은 그 권한을 증명하는 증표를 휴대하여 관계자에게 이를 제시하여야 한다.

② 개별법규가 증표의 제시를 규정하는 한 증표의 제시는 행정조사의 요건을 이루는 것이고, 증표의 제시로 피조사자는 작위·수인의 의무를 지게 된다.

(3) 시간상 한계

영업장에 대한 조사의 경우, 원칙적으로 영업시간 내에 조사가 가능하고, 다만 긴급한 경우에는 예외적으로 영업시간 외에도 가능하다고 볼 것이다.

2) 비권력적 조사의 경우

비권력적 조사의 경우 피조사자에 대하여 강제력을 행사하는 것이 아니고 피조사자측의 임의적인 협력을 전제로 하는 것이기 때문에, 영장주의에 관한 문제는 생기지 아니한다.

Ⅶ. 행정조사의 시행

1. 조사대상자와 조사대상

1) 조사대상자

(1) 행정기관은 조사목적에 적합하도록 조사대상자를 선정하여 행정조사를 실시하여야 한다.

(2) 조사대상자는 조사원에게 공정한 행정조사를 기대하기 어려운 사정이 있다고 판단되는 경우에는 그 이유를 명시한 서면으로 행정기관의 장에게 당해 조사원의 교체를 신청할 수 있다.

2) 조사대상

(1) 행정기관의 장은 행정조사의 목적, 법령준수의 실적, 자율적인 준수를 위한 노력, 규모와 업종 등을 고려하여 명백하고 객관적인 기준에 따라 행정조사의 대상을 선정하여야 한다.

(2) 조사대상자는 원칙적으로 조사대상 선정기준에 대한 열람을 행정기관의 장에게 신청할 수 있고, 행정기관의 장은 법률에 규정된 예외적인 경우에 한해 열람을 거부할 수 있을 뿐이다.

2. 행정조사의 방법

1) 일반적인 방법

(1) 행정조사의 일반적인 방법으로 출석·진술요구, 보고요구와 자료제출의 요구, 시료채취 등이 있다.

(2) 행정기관의 장이 조사대상자의 출석·진술을 요구하는 때에는 일정한 사항이 기재된 출석요구서를 발송하여야 한다.

(3) 행정기관의 장은 인터넷 등 정보통신망을 통하여 조사대상자로 하여금 자료의 제출 등을 하게 할 수 있다(행정조사법 제28조 제1항).

2) 현장조사

(1) 원칙

현장조사는 해가 뜨기 전이나 해가 진 뒤에는 할 수 없다.

(2) 예외

① 조사대상자(대리인 및 관리책임이 있는 자를 포함)가 동의한 경우

② 사무실 또는 사업장 등의 업무시간에 행정조사를 실시하는 경우

③ 해가 뜬 후부터 해가 지기 전까지 행정조사를 실시하는 경우에는 조사목적의 달성이 불가능하거나 증거인멸로 인하여 조사대상자의 법령 등의 위반 여부를 확인할 수 없는 경우 등이다.

(3) 현장조사를 하는 조사원은 그 권한을 나타내는 증표를 지니고 이를 조사대상자에게 내보여야 한다.

3) 시료채취와 손실보상

(1) 시료채취를 하는 경우에는 최소한도로 하여야 한다.

(2) 행정기관의 장은 시료채취로 조사대상자에게 손실을 입힌 때에는 대통령령으로 정하는 절차와 방법에 따라 그 손실을 보상하여야 한다.

4) 공동조사

(1) 당해 행정기관 내의 2 이상의 부서가 동일하거나 유사한 업무분야에 대하여 동일한 조사대상자에게 행정조사를 실시하는 경우, 행정기관의 장은 공동조사를 실시하여야 한다(동법 제14조 제1항 제1호).

(2) 서로 다른 행정기관이 대통령령으로 정하는 분야에 대하여 동일한 조사대상자에게 행정조사를 실시하는 경우에는 공동조사를 하여야 한다.

5) 중복조사의 제한

(1) 행정조사는 법령 등 또는 행정조사운영계획으로 정하는 바에 따라 정기적으로 실시함을 원칙으로 하고, 예외적으로 수시조사를 할 수 있다. 수시조사를 할 수 있는 경우는 다음과 같다.

1. 법률에서 수시조사를 규정하고 있는 경우
2. 법령 등의 위반에 대하여 혐의가 있는 경우
3. 다른 행정기관으로부터 법령 등의 위반에 관한 혐의를 통보 또는 이첩받은 경우
4. 법령 등의 위반에 대한 신고를 받거나 민원이 접수된 경우
5. 그 밖에 행정조사의 필요성이 인정되는 사항으로서 대통령령으로 정하는 경우

(2) 정기조사 또는 수시조사를 실시한 행정기관의 장은 동일한 사안에 대하여 동일한 조사대상자를 재조사하여서는 아니된다. 다만 행정기관의 이미 조사를 받은 조사대상자에 대하여 위법행위가 의심되는 새로운 증거를 확보한 경우에는 그러하지 아니하다.

3. 조사의 실시

1) 법령에 근거한 조사

(1) 사전통지와 의견제출

행정조사를 실시하고자 하는 행정기관의 장은 원칙적으로 출석요구서, 보고요구서, 자료제출요구서, 현장출입조사서를 조사개시 7일 전까지 조사대상자에게 서면으로 통지하여야 한다.

(2) 조사대상자는 사전통지의 내용에 대하여 행정기관의 장에게 의견을 제출할 수 있다.

(3) 행정기관의 장은 조사대상자가 제출한 의견이 상당한 이유가 있다고 인정하는 경우에는 이를 행정조사에 반영하여야 한다.

2) 자발적인 협조에 따른 행정조사(임의조사)

(1) 행정조사를 실시하는 경우에는 법령의 규정이 있는 경우에만 가능하지만, 조사대상자의 자발적인 협조를 얻어 실시하는 행정조사의 경우에는 법령에 근거가 없어도 가능하다.

(2) 행정조사의 경우 사전통지를 서면으로 통지를 하여야 하지만, 조사대상자의 자발적인 협조를 얻어 실시하는 행정조사의 경우에는 구두로 통지할 수 있다.

(3) 행정기관의 장이 조사대상자의 자발적인 협조를 얻어 행정조사를 실시하고자 하는 경우 조사대상자는 문서 · 전화 · 구두 등의 방법으로 당해 행정조사를 거부할 수 있다.

(4) 행정조사에 대하여 조사대상자가 조사에 응할 것인지에 대한 응답을 하지 아니한 경우에는 법령 등에 특별한 규정이 없는 한 그 조사를 거부한 것으로 본다.

3) 조사권 행사의 제한

(1) 조사대상자는 법률·회계 등에 대하여 전문지식이 있는 관계전문가로 하여금 행정조사를 받는 과정에 입회하게 하거나 의견을 진술하게 할 수 있다.

(2) 조사대상자와 조사원은 조사과정을 방해하지 아니하는 범위 안에서 행정조사의 과정을 녹음하거나 녹화할 수 있다. 이 경우 녹음·녹화의 범위 등은 상호협의하여 정하여야 한다.

4) 조사결과의 통지

행정기관의 장은 법령 등에 특별한 규정이 있는 경우를 제외하고는 행정조사의 결과를 확정한 날부터 7일 이내에 그 결과를 조사대상자에게 통지하여야 한다.

4. 자율관리체제

1) 자율신고제도

(1) 행정기관의 장은 법령 등에서 규정하고 있는 조사사항을 조사대상자로 하여금 스스로 신고하도록 하는 제도를 운영할 수 있다(행정조사법 제25조 제1항).

(2) 행정기관의 장은 조사대상자가 신고한 내용이 거짓의 신고라고 인정할 만한 근거가 있거나 신고내용을 신뢰할 수 없는 경우를 제외하고는 그 신고내용을 행정조사에 갈음할 수 있다(동법 제25조 제2항). 따라서 그 신고내용을 행정조사에 갈음할 수 있을 뿐이지, 반드시 갈음하여야 하는 것은 아니다.

Ⅷ. 행정조사와 위법조사

1. 행정조사와 실력행사

1) 권력적 조사

(1) 학설

행정조사를 행하는 과정에서 상대방이 이를 거부하는 경우(예컨대, 임검·장부검사·가택수색 등)에 행정조사를 행하는 공무원은 피조사자측의 저항을 실력으로 억압하고 강제수사 할 수 있을까에 대하여 견해의 대립이 있다.

(2) 불이익처분

권력적 조사를 규정하는 개별법규는 행정조사를 거부·방해하거나 기피한 자에 대하여 징역·벌금·구류·과료 등의 별도의 벌칙규정이나 불이익처분 등의 제재를 규정하고 있다(예컨대, 식품위생법 제77조·전당법 제34조). 따라서 관계법이 명시적으로 규정이 없는 경우에는 직접적인 실력행사는 허용되지 않는다고 보는 것이 다수설의 견해이다.

2) 비권력적 행사의 경우

비권력적 조사의 경우에는 피조사자측의 저항이 있어도 행정조사를 행하는 공무원은 실력으로 그 저항을 억압할 수 없다(예컨대, 임의동행요구 거부의 경우).234)

2. 위법조사의 효과

1) 법률이 행정조사의 목적 · 절차 등을 규정하고 있는 경우에 그것에 위반하여 행한 행정조사는 위법하게 된다. 예컨대, 범죄수사의 목적으로 세무조사를 행하였다면 그 세무조사는 위법하다.

2) 위법한 행정조사의 결과로 획득한 자료를 바탕으로 행정행위가 행하여진 경우에 그 행정조사에 의해 수집된 정보에 기초하여 내려진 행정결정이 위법한 것으로 되는지에 대해서는 견해가 대립하고 있다.

3) 판례는 행정조사가 위법한 경우에 해당 조사를 기초로 한 행정결정은 위법한 것으로 본다(대판 1992.3.31, 91다32053). 다만 행정조사의 하자가 경미한 경우에는 위법사유가 되지 않는 것으로 본다(대판 2009.1.30, 2006두9498).

[관련 판례]

★ 과세관청 내지 그 상급관청이나 수사기관의 일방적이고 억압적인 강요로 합리적이고 타당한 근거도 없이 작성된 과세자료에 터잡은 과세처분의 하자는 중대하고 객관적으로 명백한 하자이다(대판 1992.3.31, 91다32053 전원합의체).

★ 우편물 통관검사절차에서 이루어지는 우편물의 개봉, 시료채취, 성분분석 등의 검사는 수출입물품에 대한 적정한 통관 등을 목적으로 한 행정조사의 성격을 가지는 것으로서 수사기관의 강제처분이라고 할 수 없으므로, 압수·수색영장 없이 우편물의 개봉, 시료채취, 성분분석 등 검사가 진행되었다 하더라도 특별한 사정이 없는 한 위법하다고 볼 수 없다(대판 2013.9.26, 2013도7718).

★ 부가가치세부과처분이 종전의 부가가치세 경정조사와 같은 세목 및 같은 과세기간에 대하여 중복하여 실시된 위법한 세무조사에 기초하여 이루어진 경우 위법하다(대판 2006.6.2, 2004두12070).

234) 예컨대, 공무원이 위생검사 등 비권력적 행정조사를 위해 타인의 영업소에 들어가려고 하는데 상대방이 저지하는 경우, 법률에 근거가 없는 이상 공무원은 강제로(실력을 행사하여) 영업소에 들어갈 수 없다고 보아야 할 것이다.

Ⅸ. 행정조사에 대한 구제

1. 적법조사에 대한 구제

적법한 행정조사로 인하여 특별한 희생을 당한 자는 손실보상을 청구할 수 있다. 이에 관하여는 일반법이 없고, 간혹 개별법규에서 나타나는 경우가 있다(예컨대, 공익사업을 위한 토지 등의 취득 및 보상에 관한 법률 제9조).

2. 위법조사에 대한 구제

(1) 행정쟁송

① 위법한 권력적 조사처분의 취소·변경을 구할 법률상 이익과 권리보호의 필요가 있는 자는 행정상 쟁송을 제기할 수 있다.

② 권력적 행정조사의 경우 행정조사가 완성되어 버리면 취소나 변경을 구할 이익이 없기 때문에, 실제상 행정상 쟁송은 권력적 행정조사가 장기간에 걸쳐 계속되는 경우에 의미를 갖는다.

[관련 판례]

★ 세무조사결정은 납세의무자의 권리·의무에 직접 영향을 미치는 공권력의 행사에 따른 행정작용으로서 항고소송의 대상이 된다(대판 2011.3.10, 2009두23617, 23624).

★ 과세관청 내지 그 상급관청이나 수사기관의 강요로 합리적이고 타당한 근거도 없이 작성된 과세자료에 터 잡은 과세처분의 하자는 중대하고 명백한 것이다(대판 1992.3.31, 91다32053).

(2) 손해배상

위법한 행정조사로 손해를 입은 국민은 국가배상을 청구할 수 있다. 위법한 행정조사의 경우에 행정상 쟁송에 의한 구제는 큰 의미를 갖지 못하나, 행정상 손해배상은 중요한 의미를 갖는다.

(3) 기타

직권에 의한 취소·정지, 공무원의 형사 책임·징계책임, 청원 등은 간접적으로 행정조사에 대한 구제제도로서의 의미를 갖는다. 뿐만 아니라 무효인 행정조사에 정당방위가 인정된다는 것도 구제제도의 의미를 갖는다.

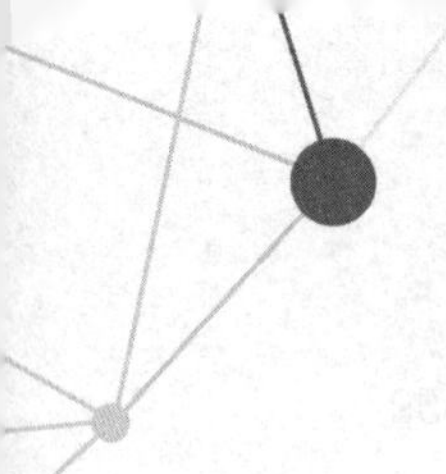

제 2 장
행정벌(行政罰)

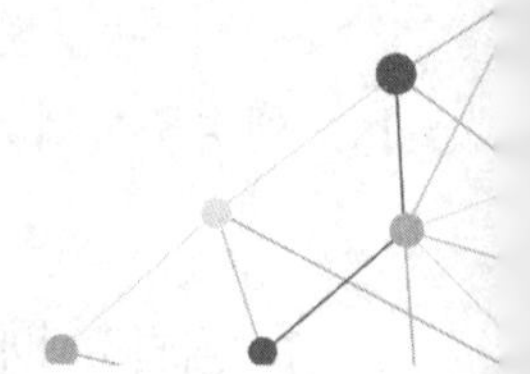

제 1 절 행정형벌(行政刑罰)

* 사시 19회 * 행시 27회
* 외무 15회, 17회
* 경정 86년, 89년, 90년

Ⅰ. 개 설

1. 행정벌의 의의

1) 행정벌이라 함은 행정의 상대방이 「행정법」상 의무를 위반한 경우에 국가 또는 지방자치단체가 행정의 상대방에게 과하는 처벌을 말한다.

2) 행정벌은 과거의 의무위반에 대한 제재로서 간접적으로 행정법상의 의무의 이행을 확보하는 수단이 된다.

2. 행정벌의 종류

1) 행정벌에는 행정형벌과 행정질서벌이 있다.

(1) 행정형벌

① 행정형벌은 「형법」에 형명(刑名)이 있는 형벌(사형 · 징역 · 금고 · 자격상실 · 자격정지 · 벌금 · 구류 · 과료 및 몰수)이 과하여지는 행정벌이며, 행정벌은 대부분 이에 속한다.

② 원칙적으로 형법총칙이 적용되고 「형사소송법」이 정하는 절차에 따라 처벌된다.

(2) 행정질서벌

① 행정질서벌은 「형법」에 형명이 없는 과태료가 과하여지는 행정벌이다.

② 행정질서벌은 일반사회의 법익에 직접 영향을 미치지는 않으나, 행정상 질서에 장해를 야기할 우려가 있는 의무위반(예컨대, 각종의 등록 · 신고 의무불이행의 경우)에 대해 과태료가 가해지는 제재를 말한다.

(3) 조례에 의한 과태료

① 「지방자치법」의 규정에 의거하여 조례로서 정하는 과태료이다. 지방자치단체는 조례로써 조례위반행위에 대하여 1천만원 이하의 과태료(행정질서벌)를 정할 수 있다(지방자치법 제27조 제1항).

② 지방자치단체의 조례도 과태료의 부과의 근거가 될 수 있다.

2) 행정법규 위반에 대한 처벌내용에 관한 입법재량

어떤 행정법규 위반행위에 대해 과태료를 과할 것인지 행정형벌을 과할 것인지는 기본적으로 입법재량에 속하는 문제이다(헌재 1994.4.28, 91헌바14).

Ⅱ. 행정형벌

1. 행정형벌의 의의

1) 행정형벌이라 함은 행정법상의 의무위반에 대한 제재로서 형법에 규정되어 있는 형벌이 과해지는 행정벌을 말한다(예컨대, 식품위생법 제94조).

2) 형법상 사형·징역·금고·자격상실·자격정지·벌금·구류·과료 등의 형벌을 과할 수 있다. 문제가 되는 것은 행정형벌에는 일반법이 없기 때문에 행정형벌에 형법총칙이 적용될 수 있느냐이다.

[관련 법률]

★ 식품위생법 제94조(벌칙) ① 다음 각 호의 어느 하나에 해당하는 자는 10년 이하의 징역 또는 1억원 이하의 벌금에 처하거나 병과할 수 있다.

1. 제4조(위해식품 등의 판매금지) 제5조(병든 동물고기 등의 판매 등 금지) 제6조(기준·규격이 정하여지지 아니한 화학적 합성품 등의 판매 등 금지)를 위반한 자(이하 생략). 식품위생법 제94조와 같이 행정법령에 형법이 규정되어 있는 형벌이 규정되기도 하는데, 이 규정에 의하여 형벌이 가해지는 행정벌을 「행정형벌」이라 한다.

2. 행정형벌의 성질

1) 행정형벌과 징계벌

(1) 목적·대상

행정형벌은 행정법상의 의무위반자를 대상으로 일반행정질서유지의 실효성을 확보하기 위하여 과하는데 대하여, 징계벌은 특별행정법 관계에서 그 내부질서유지를 위해 질서문란자에게 과하는 제재이다.

(2) 양자의 관계

양자는 목적을 달리하기 때문에 양자를 병과하는 것은 일사부재리(一事不再理)의 원칙이 적용되지 아니한다. 예컨대, 공무원이 관세법을 위반하여 밀수를 하면 행정벌로 처벌을 받게 되고, 동시에 징계벌로서 국가공무원법에 의한 파면 등의 징계벌을 받게 된다.

2) 행정형벌과 이행강제금(집행벌)

(1) 행정형벌은 과거의 의무위반에 대하여 과하는 제재인데 대하여, 강제금은 행정법상의 의무불이행이 있는 경우에 장래의 이행을 강제하기 위한 행정상 강제집행의 일종을 말한다.

(2) 행정형벌은 일사부재리의 원칙이 적용되어 반복적으로 과할 수 없으나, 집행벌은 일사부재리의 원칙이 적용되지 않으므로 의무이행이 있을 때까지 반복적으로 과할 수 있다.

(3) 양자는 목적·성질을 달리하므로 병과가 가능하다. 행정형벌은 원칙적으로 법원이 부과하는 반면, 집행벌은 의무를 부과한 처분청에서 행한다.

3) 행정형벌과 형사벌

행정벌 중 행정형벌과 형사벌은 형식적 관점에서 볼 때 처벌이 주어진다는 점에서는 동일하다. 그러나 실질적인 관점에서 볼 때 처벌의 목적이나 성질 등에서 같은 것인가, 아니면 다른 것인가에 대한 구별의 필요성이 제기되고 있다.

(1) 구별기준

통설은 행정범과 형사범을 구별하고 있다.

① 형사벌은 살인·강도 등과 같이 그 행위의 반도덕성·반사회성이 당해 행위를 범죄로 규정하는 실정법을 기다릴 것 없이 일반적으로 인식되고 있는 범죄를 말한다. 반면 행정범이란 그 행위의 반도덕성·반사회성이 당해 행위를 범죄로 규정하는 법률의 제정이전에는 당연히 인정되는 것은 아니며, 당해 행위를 범죄로 규정하는 법률의 제정에 의해 비로소 인정되는 범죄를 말한다.

② 양자의 구별은 절대적이라 할 수 없고, 상대적이고 유동적이다. 따라서 행정범의 반사회성·반도덕성에 대한 인식이 시간의 경과에 따라 일반인의 의식에 형성되어 지는 경우에는 형사범으로 전환될 수 있다.

(2) 구별의 실익

① 행정벌의 특수성을 이유로 죄형법정주의에 반하지 아니하는 범위내에서, 형법 총칙의 적용을 해석상 배제할 수 있다.

② 형사범에 대하여는 형벌을 과하지만, 행정범에 대하여는 과태료를 부과할 수도 있는 입법상에 있어서 실익이 있다.

Ⅲ. 행정형벌의 법적 근거

1. 행정벌도 처벌의 일종이므로 반드시 법률의 근거를 요한다. 죄형법정주의는 형사벌의 경우는 물론 행정벌에도 똑같이 적용된다. 현재로서 행정형벌에 관한 일반법은 없고, 단행법률에서 개별적으로 규정되고 있다.

2. 법규명령

1) 법규명령으로 행정벌을 규정할 수도 있으나, 헌법상(동법 제75조·제95조)의 위임법리에 따라야 한다.

2) 법률은 벌칙의 정립권을 법규명령에 위임할 수 있으나, 이 경우 처벌의 대상이 되는 행위의 구성요건 및 행정벌의 최고한도 등은 법률에 이미 정해져 있어야 하고, 그 범위내에서 구체적인 것을 명령으로 정하게 하는 것은 허용된다고 본다(통설).[235] 판례 또한 이와 같다.

[관련 판례]

★ 형벌법규의 해석은 엄격하여야 하고 명문규정의 의미를 피고인에게 불리한 방향으로 지나치게 확장해석하거나 유추해석하는 것은 죄형법정주의에 어긋나는 것으로서 허용되지 않으며, 이러한 법해석의 원리는 그 형벌법규의 적용대상이 행정법규가 규정한 사항을 내용으로 하고 있는 경우에 있어서 그 행정법규의 규정을 해석하는 데에도 마찬가지로 적용된다(대판 1990.11.27, 90도1516).

★ 특히 긴급할 필요가 있거나 미리 법률로써 자세히 정할 수 없는 부득이한 사정이 있는 경우에 한하여 수권법률(위임법률)이 구성요건의 점에서는 처벌 대상인 행위가 어떠한 것인지 이를 예측할 수 있을 정도로 구체적으로 정하고, 형벌의 점에서는 형벌의 종류 및 그 상한과 폭을 명확히 규정하는 것을 전제로 위임입법이 허용된다(대판 2000.10.27, 2000도1007).

Ⅳ. 행정형벌의 특수성

1. 행정형벌과 형법총칙의 적용

1) 행정형벌에 형법총칙이 적용될 수 있느냐의 문제인데, 「형법」제8조는"본법(本法) 총칙은 타법령에 정한 죄에 적용된다. 단 그 법령에 특별한 규정이 있을 때에는 예외로 한다"라고 규정하고 있다.

2) 따라서 행정형벌에 대하여 형법총칙의 적용을 배제하는 명문의 규정이 있거나, 해석상 적용을 배제하는 것으로 인정되는 경우를 제외하고는 형법총칙이 적용된다는 것이 통설·판

235) 박윤흔, 「최신행정법강의(상)」, 박영사, 2000, P.227; 서원우, 전게서, P.340.

례의 입장이다(대판 1965.6.29, 65도1).

2. 행정형벌의 특수성

일반적인 견해에 따르면 행정형벌에 관하여 형법총칙이 적용된다고 할지라도, 명문규정상 또는 해석상 형법총칙의 적용이 배제되는 구체적인 예를 보면 다음과 같다.

1) 범의(犯意:고의 · 과실)

(1) 형사범의 경우에는 원칙적으로 고의가 있음을 요건으로 하고, 과실있는 행위는 법률에 특별한 규정이 있는 경우에 한하여 처벌한다. 행정범의 경우에도 원칙적으로 고의가 있는 경우만을 처벌하고 과실범을 예외적으로 처벌한다.

(2) 오늘날의 통설 및 판례는 과실행위를 처벌한다는 명문의 규정이 있는 경우뿐만 아니라 명문규정이 없더라도, 관련 행정형벌법규의 해석에 의하여 과실행위도 처벌한다는 뜻이 도출되는 경우에는 처벌할 수 있다는 입장이다(대판 1993.9.10, 92도1136).

[관련 판례]

★ 행정상의 단속을 주안으로 하는 법규라 하더라도 명문규정이 있거나 해석상 과실범도 벌할 뜻이 명확한 경우를 제외하고는 형법의 원칙에 따라 고의가 있어야 벌할 수 있다(대판 1986.7.22, 85도108).

★ 구 대기환경보전법(1992.12.8, 법률 제4535호로 개정되기 전의 것)의 입법목적이나 제반 관계규정의 취지 등을 고려하면, 법정의 배출허용기준을 초과하는 배출가스를 배출하면서 자동차를 운행하는 행위를 처벌하는 위 법 제57조 제6호의 규정은 자동차의 운행자가 그 자동차에서 배출되는 배출가스가 소정의 운행 자동차 배출허용기준을 초과한다는 점을 실제로 인식하면서 운행한 고의범의 경우는 물론 과실로 인하여 그러한 내용을 인식하지 못한 과실범의 경우도 함께 처벌하는 규정이다(대판 1993.9.10, 92도1136).

2) 위법성의 인식

행정형벌의 경우에도 위법성 인식이 요구된다. 그러나 개별법률에서는 명문의 규정으로 이의 적용을 배제시키는 경우가 있다(예컨대, 담배사업법 제31조, 조세범처벌법 제4조 제1항).

[관련 판례]

★ 허가를 담당하는 공무원이 허가를 요하지 않는다고 잘못 알려준 것을 믿은 경우 자기의 행위가 죄가 되지 않는 것으로 인식한 데 정당한 이유에 해당하여 처벌할 수 없다(대판 1992.5.22, 91도2525).

3) 책임능력

형사범은 책임무능력자(심신상실자 · 14세 미만의 자)와 한정책임능력자(심신미약자 · 농아자)의 형은 벌하지 않거나 감경한다. 반면, 행정범의 경우에는 이들 규정의 적용을 배제 또는 제한하는 규정을 두는 경우가 있다(예컨대, 「담배사업법」제31조의 형법의 적용제한).

4) 법인(法人)의 범죄능력

(1) 「형법」상 법인(法人)은 범죄능력이 없고, 범죄행위자만이 처벌되므로 법인은 형사벌의 대상이 되지 않는다. 법인격 없는 사단도 마찬가지이다. 반면, 행정범에서는 법인의 대표자 또는 법인의 종업원이 그 법인의 업무에 관하여 행정범을 범한 경우에 행위자 뿐만 아니라 법인도 아울러 처벌하는 양벌규정[236]을 두는 경우가 많다. 처벌수단은 재산형인 벌금·과료·몰수 등이다.

(2) 판례는 지방자치단체도 양벌규정에 따라 처벌대상이 되는 법인으로 보고 있는 경우가 있다(대판 2005.6.11, 2004도2657).

[관련 판례]

★ 1) 지방자치단체가 그 고유의 자치사무를 처리하는 경우에는 지방자치단체는 국가기관의 일부가 아니라 국가기관과는 별도의 독립한 공법인이므로, 지방자치단체 소속 공무원이 지방자치단체 고유의 자치사무를 수행하던 중(지방자치단체 소속 공무원이 압축트럭 청소차를 운행하던 중 제한 축증을 초과 적재 운행함으로서 도로관로청의 차량운행제한을 위반한 사안) 도로법 위반행위를 한 경우, 지방자치단체는 양벌규정에 따라 처벌대상이 되는 법인에 해당한다(대판 2005.11.10, 2004도2657).

★ 2) 국가가 본래 그의 사무의 일부를 지방자치단체의 장에게 위임하여 처리하게 하는 기관위임사무의 경우 지방자치단체는 양벌규정에 따른 처벌대상이 될 수 없다(대판 2009.6.11, 2008도6530). 즉 지방자치단체 소속 공무원이 기관위임사무에 해당하는 지정항만순찰 등의 업무를 위해 관할관청의 승인없이 개조한 승합차를 운행함으로써 (구)자동차관리법을 위반한 경우, 해당 지방자치단체는 양벌규정에 따른 처벌대상이 될 수 없다. 양 판례를 비교해보면 ★1)은 지방자치단체가 그 고유의 자치사무를 처리하는 경우에는 지방자치단체는 국가기관과는 별도의 독립한 공법인으로 본다. ★2)는 국가가 본래 그의 사무의 일부를 지방자치단체의 장에게 위임하여 그 사무를 처리하게 하는 기관위임사무의 경우에는 지방자치단체는 국가기관의 일부로 본다.

5) 타인의 행위에 대한 책임

(1) 사업주나 미성년자, 금치산자의 위법행위에 대한 법정대리인 등 행위자 이외의 자가 지는 책임은 감독의무를 태만히 한 책임, 즉 과실책임으로 보는 것이 통설·판례의 입장이다(대판 2006.2.24, 2005도7673).

(2) 행위자 이외의 자의 처벌은 법적 근거가 있어야 한다. 다만 판례는 명문의 규정이 없는 경우에도 관계규정의 해석에 의해 행위자 이외의 자도 벌할 뜻이 명확한 경우에는 행위자 이외의 자에 대한 처벌이 인정된다고 본다(대판 1978.11.28, 78누369).

---

236) 양벌규정이라함은 범죄행위자와 함께 행위자 이외의 자를 함께 처벌하는 법규정을 말한다. 예컨대, 종업원의 위반행위에 대하여 사업주도 처벌하는 것으로 규정하는 경우가 있고, 미성년자나 금치산자의 위반행위에 대하여 법정대리인을 처벌하는 것으로 규정하는 경우도 있다.

[관련 판례]

★ 양벌규정에 의한 영업주의 처벌은 금지위반행위자인 종업원의 처벌에 종속하는 것이 아니라 독립하여 그 자신의 종업원에 대한 선임감독상의 과실로 인하여 처벌되는 것이므로 종업원의 범죄성립이나 처벌이 영업주 처벌의 전제조건이 될 필요는 없다(대판 1987.11.10, 87도1213).

★ 행정범은 타인의 행위에 대해서도 책임을 진다.
공통사무집행자로 둔 자가 부정한 방법으로 주세를 포탈하였다면 피고인들이 그것을 전연 몰랐다 하여도 사업주로서 그 탈세행위를 막는데 필요한 주의를 다하지 못한 선임·감독상의 과실책임을 면하지 못한다(대판 1969.8.26, 69도1151).

★ 행정법규 위반에 대하여 가하는 제재조치는 행정목적의 달성을 위하여 행정법규 위반이라는 객관적 사실에 착안하여 가하는 제재이므로 반드시 현실적인 행위자가 아니라도 법령상 책임자로 규정된 자에게 부과할 수 있다(대판 2012.5.10, 2012두1297).

★ 양벌규정에 대한 헌법재판소의 입장 - 위헌으로 본다.
종업원 등의 범죄행위와 관련하여 선임·감독상의 주의의무를 다하여 아무런 잘못이 없는 영업주도 처벌하도록 규정하고 있는 양벌규정을 법치국가의 원리 및 죄형법정주의로부터 도출되는 형벌에 관한 책임주의원칙에 반하여 헌법에 위반된다(헌재 2009.7.30, 2008헌가10).

6) 공범

행정범에 대하여는 공범에 관한 형법상의 규정을 배제하는 경우가 적지 않다. 예컨대, 공동정범·교사범·종범의 규정을 배제하는 경우(예컨대 선박법 제39조), 종법감정규정의 적용을 배제하는 경우(예컨대, 담배사업법 제31조) 등을 들 수 있다.

7) 누범(累犯)

「형법」은 누범에 대하여는 그 죄에 정한 형(刑)의 장기의 2배까지 가중처벌할 수 있게 하였다. 그러나 행정범의 경우에는 이러한 형법규정을 배제하고 있는 경우가 있다(예컨대, 담배사업법 제31조).

Ⅴ. 행정형벌의 절차법적 특수성

행정형벌은 「형사소송법」이 규정한 절차에 의하여 일반법원에서 과함이 원칙이다. 그러나 예외적으로 통고처분·즉결심판절차와 같은 특별한 절차에 의하여 처벌할 수 있는 규정을 두고 있다.

1. 통고처분

1) 통고처분의 의의

(1) 통고처분이라 함은 일반 형사소송절차에 앞선 절차로서 일정한 위법행위의 범법자에

게 일정금액을 납부토록하고, 범칙자가 그 범칙금을 납부하면 처벌이 종료되는 과형절차를 말한다.

(2) 통고처분은 현행법상 조세범 · 관세범 · 출입국사범 · 교통사범 등에 대하여 적용되고 있다.

(3) 통고처분을 할 것인지의 여부는 권한행정청의 재량에 속한다(대판 2007.5.11, 2006도1993).

2) 법적 성질

(1) 통고처분은 형식적 의미의 행정이나 실질적 의미에서는 사법이다.

(2) 통고처분은 준사법적 행정행위로서 행정행위의 일종이다.

(3) 통고처분에 불복이 있는 경우에는 정식 형사절차가 인정되므로 행정쟁송을 제기할 수 없다(대판 1980.10.14, 80누380).

3) 대상

벌금 · 과료와 같은 비교적 경한 행정형벌에 부과되는 것으로서, 자유형(징역 · 금고형)에 대해서는 인정되지 않는다.

4) 통고처분권자

경찰서장, 세무서장, 지방국세청장, 국세청장, 세관장, 관세청장, 출입국관리소장 등이다.

5) 통고처분의 효과

(1) 통고처분내용의 이행

① 통고처분을 받은 자가 법정기한 내에 통고처분의 내용을 이행한 경우 불가변력이 발생하게 되어 일사부재리의 원칙의 적용을 받아 동일사건에 대하여 다시 형사소추를 받지 않으며, 처벌절차는 종료되고 확정판결과 동일한 효과가 발생한다.

② 통고처분에는 일사부재리의 원칙이 적용된다. 따라서 동일사건에 대하여 다시 형사소추할 수 없다.

③ 통고처분이 행해지면 공소시효의 진행은 중단된다(조세범처벌법 제16조).

④ 통고처분의 이행기간이 경과하여도 고발 전이면 이행이 가능하다.

(2) 통고처분의 불이행

① 통고처분을 받은 자가 법정기간내에 통고된 내용을 이행하지 아니하면 권한행정청(예컨대, 경찰서장 · 세무서장 등)은 일정기간 내에 고발할 수 있고, 이로써 일반과형절차인 형사소송절차로 이행하게 된다.

② 경범죄처벌법과 도로교통법상 통고처분은 즉결심판청구로, 나머지는 일반형사소송절차로 이행하게 된다.

③ 조세범처벌절차법상 국세청장·지방국세청장 또는 세무서장은 범칙자가 통고를 받은 날부터 15일 이내에 통고대로 이행하지 아니한 경우에는 고발하여야 한다.

④ 통고처분권자의 고발에 의하여 정식 형사소송절차가 진행되고, 검찰은 통고처분권자의 고발 없이는 기소할 수 없음이 원칙이다.

[관련 판례]

★ 통고처분을 할 것인지의 여부는 관세청장 또는 세관장의 재량에 맡겨져 있고, 따라서 관세청장 또는 세관장이 관세법에 대하여 통고처분을 하지 아니한 채 고발하였다는 것만으로는 그 고발 및 이에 기한 공소의 제기가 부적법하게 되는 것은 아니다(대판 2007.5.11, 2006도1993).

(3) 통고처분에 대한 불복

① 통고처분에 대해 이의가 있는 경우에는 통고처분에 따른 범칙금을 납부하지 않으면 된다. 이 경우 법정기간이 지나면 통고처분은 효력을 상실하며 즉결심판청구 또는 고발에 의해 형사소송절차로 이행된다.

② 통고처분은 취소소송의 대상이 아니다(통설·판례). 왜냐하면 통고처분의 최종적인 당·부당은 형사소송절차에서 판단되고, 소정의 기간 내에 통고처분을 이행하지 아니하면 통고처분은 효력을 상실하기 때문이다.

[관련 판례]

★ 통고처분은 행정처분이 아니므로 행정소송의 대상이 되지 않는다

• 「도로교통법」제118조(통고처분)에서 규정하는 경찰서장의 통고처분은 행정소송의 대상이 되는 행정처분이 아니므로 그 처분의 취소를 구하는 소송은 부적법하고, 도로교통법상의 통고처분을 받은 자가 그 처분에 대하여 이의가 있는 경우에는 통고처분에 따른 범칙금의 납부를 이행하지 아니함으로써 경찰서장의 즉결심판청구에 의하여 법원의 심판을 받게 될 뿐이다(대판 1995.7.22, 82마210).

• 통고처분은 상대방의 임의의 승복을 그 발효요건으로 하기 때문에 그 자체만으로는 통고이행을 강제하거나 상대방에게 아무런 권리·의무를 형성하지 않으므로 행정심판이나 행정소송의 대상으로서의 처분성을 부여할 수 없고, 통고처분에 대하여 이의가 있으면 통고내용을 이행하지 않음으로써 고발되어 형사재판절차에서 통고처분의 위법·부당함을 얼마든지 다툴 수 있다(헌법재판소 1998.5.28, 96헌바4 전원재판부).

• 법률의 규정에 의하여 통고처분을 할 수 있음에도 불구하고 법률이 정한 즉시 고발사유의 존재를 이유로 통고처분을 하지 않고 고발하였다는 것만으로는 그 고발 및 이에 기한 공소의 제기가 부적법하게 되는 것은 아니다(대판 2007.5.11, 2006도1993).

★ 통고처분의 상대방이 범칙금을 납부하지 아니하여 즉결심판, 나아가 정식재판의 절차로 진행되었다면 당초의 통고처분은 그 효력을 상실한다 할 것이므로 이미 효력을 상실한 통고처분의 취소를 구하는 헌법소원은 권리보호의 이익이 없어 부적법하다(헌재결 2003.10.30, 2002헌마275). 즉 통고처분은 헌법소원의 대상이 되지 않는다.

2. 즉결심판

1) 기소독점주의의 예외

(1) 20만원 이하의 벌금·구류 또는 과료에 해당하는 행정형벌(경찰형벌)은 즉결심판에 관한 절차법에 따라 경찰서장의 청구에 의하여 피고인에게 벌금 등을 과한다.

(2) 즉결심판은 경찰서장에 의해 절차가 개시됨으로써 기소독점주의의 예외가 된다는데 그 의의가 있다.

2) 즉결심판의 불복

(1) 즉결심판절차도 형사소송절차의 하나이다. 즉결심판에 불복이 있는 피고인은 선고고지를 받은 날로부터 7일 이내에 정식재판을 청구할 수 있다.

(2) 즉결심판은 형사범에도 적용되므로 행정형벌에 특유한 과벌절차는 아니다.

제 2 절 행정질서벌

※ 제15회 행시
※ 제47회 사시

Ⅰ. 개 설

1. 행정질서벌의 의의

1) 행정질서벌이란 일반사회의 법익에 직접 영향을 미치지는 않으나, 행정상의 질서에 장해를 야기할 우려가 있는 의무위반에 대해 과태료가 가해지는 제재를 말한다.

2) 행정질서벌에는 과태료가 인정되고 통고처분은 인정되지 않는다.

2. 행정형벌의 행정질서벌화

1) 경미한 행정법규위반이 행정형벌로 이어진다면 국민을 대량으로 전과자로 만들 가능성이 농후하다. 따라서 비교적 경미한 행정법규위반에 대해 단기자유형이나 벌금형을 규정하는 경우에는 과태료로 전환하는 것이 필요하다.

2) 최근에는 행정질서벌이 확대되는 경향을 보이고 있다.

3. 형벌총칙의 적용문제

행정질서벌인 과태료는 형벌이 아니므로, 행정질서벌에는 형법총칙이 적용되지 않는다.

Ⅱ. 법적 근거

행정질서벌의 부과는 법률에 근거가 있어야 한다. 행정질서벌에는 국가의 법령에 근거한 것과 지방자치단체의 조례에 근거한 것이 있다.

1. 법률

과태료 부과에 관한 일반법으로 총칙적 성격을 갖고 있는 「질서위반행위규제법」[237]이 있고, 각칙(행정질서벌의 구체적인 종류를 정하는 규정)은 개별법률에서 정하고 있다.

2. 조례

지방자치단체는 조례로서 벌칙을 정할 수 있다.

[관련 법률]

★ 지방자치

1) 조례위반행위(동법 제27조)

① 지방자치단체는 조례를 위반한 행위에 대하여 조례로써 1천만원 이하의 과태료를 정할 수 있다.

② 과태료는 해당 지방자치단체의 장이나 그 관할 구역안의 지방자치단체의 장이 부과한다.

2) 사기·공공시설 부정사용자 등에 대한 과태료 부과

① 조례로써의 과태료 부과

지방자치단체는 ㉠사기나 그밖의 부정한 방법으로 사용료·수수료 또는 분담금의 징수를 면한 자에 대하여는 그 징수를 면한 금액의 5배 이상의 과태료를, ㉡공공시설을 부정사용한 자에 대하여는 50만원 이하의 과태료를 부과하는 규정을 조례로 정할 수 있다.

② 과태료 부과처분에 대한 이의제기

㉠ 과태료 부과처분에 대해 이의가 있는 자는 그 처분을 통지받은 날부터 90일 이내에 그 지방자치단체의 장에게 이의신청할 수 있다.

㉡ 지방자치단체의 장은 이의신청을 받은 날부터 60일 이내에 이를 결정하여 알려야 한다.

3) 조례에 의한 과태료부과처분은 처분성이 부정되므로 행정소송의 대상이 아니다. 다만 예외적으로 과태료 처분에 이의를 제기한 자(사기·공공시설 부정사용자 등)가 이 기간 내에 결정의 통지를 받지 못하거나, 그 결정에 불복하는 경우에는 그 결정이 경과한 날 또는 결정통지를 받은 날부터 90일 이내에 행정소송을 제기할 수 있다.

---

237) 과태료에 대한 일반적인 규정이 존재하지 않았으나 2007.12.21일 「질서위반행위규제법」이 제정되어 2008.6.22일부터 시행되었다.

3. 다른 법률과의 관계

과태료의 부과·징수, 재판 및 집행 등의 절차에 관한 다른 법률의 규정 중 질서위반행위규제법의 규정에 저촉되는 것은 이 법이 정하는 바에 따른다(동법 제5조).

Ⅲ. 질서위반행위규제법의 내용

1. 용어의 정의

1) 「질서위반행위」란 법률(지방자치단체의 조례를 포함) 상의 의무를 위반하여 과태료를 부과하는 행위를 말한다. 다만 다음의 행위는 제외된다.

> (1) 대통령령으로 정하는 사법(私法)상·소송법상 의무를 위반하여 과태료를 부과하는 행위
> (2) 대통령령으로 정하는 법률에 따른 징계사유에 해당하여 과태료를 부과하는 행위

2) 「행정청」이란 행정에 관한 의사를 결정하여 표시하는 국가 또는 지방자치단체의 기관, 그밖의 법령 또는 자치법규에 따라 행정권한을 가지고 있거나 위임 또는 위탁받은 공공단체나 그 기관 또는 사인(私人).

3) 「당사자」란 질서위반행위를 한 자연인 또는 법인(법인이 아닌 사단 또는 재단으로서 대표자 또는 관리인이 있는 것을 포함)을 말한다.

2. 적용 범위

1) 시간적 범위

(1) 질서위반행위의 성립과 과태료 처분은 행위시의 법률에 따른다.

(2) 질서위반행위 후 법률이 변경되어 그 행위가 질서위반행위에 해당하지 아니하게 되거나 과태료가 변경되기 전의 법률보다 가볍게 된 때에는 법률에 특별한 규정이 없는 한 변경된 법률을 적용한다.

(3) 행정청의 과태료 처분이나 법원의 과태료 재판이 확정된 후 법률이 변경되어 그 행위가 질서위반행위에 해당하지 아니하게 된 때에는 변경된 법률에 특별한 규정이 없는 한 과태료의 징수 또는 집행을 면제한다.

2) 장소적 범위

(1) 속지주의

이 법은 대한민국 영역 안에서 질서위반행위를 한 자에게 적용한다.

(2) 속인주의

이 법은 대한민국 영역 밖에서 질서위반행위를 한 대한민국의 국민에게 적용한다.

(3) 이법은 대한민국 영역 밖에 있는 대한민국의 선박 또는 항공기 안에서 질서위반행위를 한 외국인에게 적용한다.

3. 질서위반행위의 성립 등

1) 질서위반행위 법정주의(제6조)

법률에 따르지 아니하고는 어떤 행위도 질서위반행위로 과태료를 부과하지 아니한다.

[관련 판례]

★ 과태료는 행정상의 질서유지를 위한 행정질서벌에 해당할 뿐 형벌이라고 할 수 없어 죄형법정주의의 규율대상에 해당하지 아니한다(헌재결 1998.5.28, 96헌바83). 과태료에는 죄형법정주의가 적용 안 된다는 것이 헌법재판소의 입장이었다.

2) 고의 및 과실(제7조)

고의 또는 과실이 없는 질서위반행위는 과태료를 부과하지 아니한다.

[관련 판례]

★ 과태료부과대상 질서위반행위를 한 자가 자신의 책임 없는 사유로 위반행위에 이르렀다고 주장하는 경우, 법원은 고의·과실을 따져보아야 한다(대판 2011.7.14, 2011마364).

★ (구)대기환경보전법(1992.12.8, 법률제4535호로 개정되기 전의 것)의 입법목적이나 제반 관계규정의 취지 등을 고려하면, 법정의 배출허용기준을 초과하는 배출가스를 배출하면서 자동차를 운행하는 행위를 처벌하는 위 법 제57조 제6호의 규정은 자동차의 운행자가 그 자동차에서 배출되는 배출가스가 소정의 운행 자동차 배출허용기준을 초과한다는 점을 실제로 인식하면서 운행한 고의범의 경우는 물론 과실로 인하여 그러한 내용을 인식하지 못한 과실범의 경우도 함께 처벌하는 규정이다(대판 1993.9.10, 92도1136).

3) 위법성의 착오(제8조)

자신의 행위가 위법하지 아니한 것으로 오인하고 행한 질서위반행위는 그 오인에 정당한 이유가 있는 때에 한하여 과태료를 부과하지 아니한다.

4) 부과대상

(1) 책임연령(제9조)

14세가 되지 아니한 자의 질서위반행위는 과태료를 부과하지 아니한다. 다만, 다른 법률에 특별한 규정이 있는 경우에는 그러하지 아니하다.

(2) 심신장애(제10조)

① 심신장애로 인하여 행위의 옳고 그름을 판단할 능력이 없거나 그 판단에 따른 행위를 할 능력이 없는 자의 질서위반행위는 과태료를 부과하지 아니한다.

② 심신장애로 판단능력이 미약한 자의 질서위반행위는 과태료를 감경한다.

③ 스스로 심신장애 상태를 일으켜 질서위반행위를 한 자에 대하여는 적용하지 않는다.

(3) 법인의 처리 등(제11조)

법인의 대표자, 법인 또는 개인의 대리인 · 사용인 및 그 밖의 종업원이 업무에 관하여 법인 또는 그 개인에게 부과된 법률상의 의무를 위반한 때에는 법인 또는 그 개인에게 과태료를 부과한다.

(4) 다수인의 질서위반행위(제12조)

① 2인 이상의 질서위반행위에 가담한 때에는 각자가 질서위반행위를 한 것으로 본다.

② 신분에 의하여 성립하는 질서위반행위에 신분이 없는 자가 가담한 때에는 신분이 없는 자에 대하여도 질서위반행위가 성립하며, 신분에 의하여 과태료를 감경 또는 가중하거나 과태료를 부과하지 아니하는 때에는 그 신분의 효과는 신분이 없는 자에게 미치지 아니한다.

(5) 수개의 질서위반행위(제13조)

하나의 행위가 2개 이상의 질서위반행위에 해당하는 경우에는 각 질서위반행위에 대한 과태료 중 가장 중한 과태료를 부과한다.

4. 과태료의 부과 · 징수의 절차

1) 사전통지 및 의견제출 등(제16조)

(1) 사전통지

행정청이 질서위반행위에 대하여 과태료를 부과하고자 하는 때에는 미리 당사자(고용주 포함)에게 대통령령으로 정하는 사항을 통지하여야 한다.

(2) 의견제출

① 행정청은 당사자에게 10일 이상의 기간을 정하여 의견을 제출할 기회를 주어야 한다. 이 경우 지정된 기일까지 의견 제출이 없는 경우에는 의견이 없는 것으로 본다.

② 당사자는 의견 제출 기한 이내에 대통령령으로 정하는 방법에 따라 행정청에 의견을 진술하거나 필요한 자료를 제출할 수 있다.

③ 행정청은 당사자가 제출한 의견에 상당한 이유가 있는 경우에는 과태료를 부과하지 아니하거나 통지한 내용을 변경할 수 있다.

2) 과태료 부과 · 과태료의 납부

(1) 행정청은 의견 제출 절차를 마친 후에 서면(당사자가 동의하는 경우에는 전자문서를 포함)으로 과태료를 부과하여야 한다.

(2) 서면에는 질서위반행위, 과태료 금액, 그 밖에 대통령령으로 정하는 사항을 명시하여야 한다.

(3) 신용카드 등에 의한 과태료의 납부

① 당사자는 과태료, 가산금, 중가산금 및 체납처분비를 대통령령으로 정하는 과태료 납부대행기관을 통하여 신용카드, 직불카드 등으로 낼 수 있다.

② 과태료의 분할납부에 관한 규정이 삭제되고, 신용카드 등에 의한 납부가 신설되었다(2017.6.3시행).

3) 과태료 부과의 제척기간(제19조)

(1) 행정청은 질서위반행위가 종료된 날(다수인이 질서위반행위에 가담한 경우에는 최종행위가 종료된 날을 말한다)부터 5년이 경과한 경우에는 해당 질서위반행위에 대하여 과태료를 부과할 수 없다.

(2) 상기 조항에도 불구하고 행정청은 재판 또는 약식재판에 따른 법원의 결정이 있는 경우에는 그 결정이 확정된 날부터 1년이 경과하기 전까지는 과태료를 정정부과하는 등 해당 결정에 따라 필요한 처분을 할 수 있다.

4) 가산금 징수 및 체납처분 등(제24조)

(1) 행정청은 당사자가 납부기한까지 과태료를 납부하지 아니한 때에는 납부기한을 경과한 날부터 체납된 과태료에 대하여 100분의3에 상당하는 가산금을 징수한다.

(2) 체납된 과태료를 납부하지 아니한 때에는 납부기한이 경과한 날부터 매1개월이 경과할 때마다 체납된 과태료의 1천분의 12에 상당하는 가산금(이하 이 조에서 "중가산금")을 제1항에 따른 가산금에 가산하여 징수한다. 이 경우 중가산금을 가산하여 징수하는 기간은 60개월을 초과하지 못한다.

(3) 행정청은 당사자가 기한 이내에 이의를 제기하지 아니하고 가산금을 납입하지 아니한 때에는 국세 또는 지방세 체납처분의 예에 따라 징수한다.

(4) 행정청의 과태료 결손처분에 관하여는「국세징수법」 제86조를 준용한다.

5) 상속재산 등에 대한 집행(제24조의 2)

(1) 과태료는 당사자가 과태료 부과처분에 대하여 이의를 제기하지 아니한 채 기한이 종료한 후 사망한 경우에는 그 상속재산에 대하여 집행할 수 있다.

(2) 법인에 대한 과태료는 법인이 과태료 부과처분에 대하여 이의를 제기하지 아니한 채

기한이 종료한 후 합병에 의하여 소멸한 경우에는 합병 후 존속한 법인 또는 합병에 의하여 설립된 법인에 대하여 집행할 수 있다.

6) 행정청의 과태료 부과에 대한 권리구제

(1) 행정청의 과태료부과에 대한 이의제기

① 이의제기의 기간 및 방법

행정청의 과태료 부과에 불복하는 당사자는 과태료 부과 통지를 받은 날부터 60일 이내에 해당 행정청에 서면으로 이의제기를 할 수 있다.

② 이의제기시 과태료 부과처분의 효력

이의제기가 있는 경우에는 행정청의 과태료 부과처분은 그 효력을 상실하고, 법원이 비송사건 절차를 준용한 과태료 재판에 따라 과태료를 부과한다.

(2) 법원에의 통보

① 이의제기를 받은 행정청은 이의제기를 받은 날로부터 14일 이내에 이에 대한 의견 및 증빙서류를 첨부하여 관할법원에 통보하여야 한다.

② 다만, 다음 어느 하나에 해당하는 경우에는 그러하지 아니하다.

㉠ 당사자가 이의제기를 철회한 경우, ㉡ 당사자의 이의제기에 이유가 있어 과태료를 부과할 필요가 없는 것으로 인정되는 경우

(3) 질서위반행위의 조사

행정청은 질서위반행위가 발생하였다는 합리적 의심이 있어 그에 대한 조사가 필요하다고 인정할 때에는 대통령령으로 정하는 바에 따라 ㉠ 당사자 또는 참고인의 출석 요구 및 진술의 청취, ㉡ 당사자에 대한 보고 명령 또는 자료 제출의 명령을 할 수 있다.

7) 질서위반행위의 재판 및 집행

(1) 관할법원

과태료 사건의 관할법원은 다른 법령에 특별한 규정이 있는 경우를 제외하고는 당사자의 주소지의 지방법원 또는 그 지원의 관할로 한다.

(2) 당사자의 심문 · 행정청에 대한 출석요구

① 심문 등

㉠ 법원은 심문기일을 열어 당사자의 진술을 들어야 한다.

㉡ 법원은 검사의 의견을 구하여야 하고 검사는 심문에 참여하여 의견을 진술하거나 서면으로 제출해야 한다.

㉢ 법원은 당사자 및 검사에게 심문기일을 통지하여야 한다.

② 행정청에 대한 출석 요구 등

법원은 행정청의 참여가 필요하다고 인정하는 때에는 행정청으로 하여금 심문기일에 출석하여 의견을 진술하게 할 수 있다. 행정청은 법원의 허가를 받아 소속 공무원으로 하여금 심문기일에 출석하여 의견을 진술하게 할 수 있다.

③ 직권에 의한 사실통지와 증거조사

법원은 직권으로 사실의 탐지와 필요하다고 인정하는 증거의 조사를 하여야 하며 증거조사에 관하여는 민사소송법에 따른다.

(3) 재판과 항고

① 재판

과태료 재판은 이유를 붙인 결정으로써 한다. 이 결정은 당사자와 검사에게 고지함으로써 효력이 생긴다.

② 항고

당사자와 검사는 과태료 재판에 대하여 즉시항고를 할 수 있다. 이 경우 항고는 집행정지의 효력이 있다.

(4) 과태료 재판의 집행 및 위탁

① 재판의 집행

㉠ 과태료 재판은 검사의 명령으로써 집행한다. 이 경우 그 명령은 집행력 있는 집행권원과 동일한 효력이 있다.

㉡ 재판 집행의 위탁(제43조)

검사는 과태료를 최초 부과한 행정청에 대하여 과태료 재판의 집행을 위탁할 수 있고, 위탁을 받은 행정청은 국세 또는 지방세 체납처분의 예에 따라 집행한다.

㉢ 지방자치단체의 장이 집행을 위탁받은 경우에는 그 집행한 금원은 당해 지방자치단체의 수입으로 한다.

8) 약식재판

(1) 약식재판

법원은 상당하다고 인정하는 때에는 심문 없이 과태료 재판을 할 수 있다.

(2) 약식재판에 대한 이의 신청

당사자와 검사는 약식재판의 고지를 받은 날로부터 7일 이내에 이의 신청서를 제출함으로써 이의신청을 할 수 있으며, 기간 내에 이의신청이 없으면 약식재판이 확정된다.

(3) 법원이 이의신청이 적법하다고 인정하는 때 약식재판은 그 효력을 잃으며, 이 경우 법원은 심문을 거쳐 다시 재판하여야 한다(정식재판으로 이행된다).

9) 과태료의 실효성 제고 수단

(1) 자진납부에 대한 과태료 경감

행정청은 당사자가 의견제출 기한 이내에 과태료를 자진하여 납부하고자 하는 경우에는 대통령령으로 정하는 바에 따라 과태료를 감경할 수 있으며, 당사자가 감경된 과태료를 납부한 경우에는 과태료 부과 및 징수절차가 종료된다(동법 제18조).

(2) 관허사업의 제한

① 사업의 정지 및 허가의 취소

행정청은 허가·인가·면허·등록 및 갱신을 요하는 사업을 경영하는 자로서 다음의 사유에 모두 해당하는 체납자에 대하여는 사업의 정지 또는 허가 등의 취소를 할 수 있다(동법 제52조 제1항).

> ㉠ 해당 사업과 관련된 질서위반행위로 부과받은 과태료를 3회 이상 체납하고 있고, 체납발생일부터 각1년이 경과하였으며, 체납금액의 합계가 500만원 이상인 체납자,
> ㉡ 천재지변이나 그 밖의 중대한 재난 등 대통령령으로 정하는 특별한 사유 없이 과태료를 체납한 자

② 사업의 정지 및 허가취소의 철회

행정청은 당해 과태료를 징수한 때에는 지체 없이 사업의 정지 또는 허가 등의 취소나 그 요구를 철회하여야 한다.

(3) 신용정보의 제공

① 행정청은 과태료 징수 또는 공익목적을 위하여 필요한 경우 신용정보회사 또는 신용정보집중기관의 요청에 따라 당사자의 체납 또는 결손처분자료를 제공할 수 있다(동법 제53조 제3항).

② 행정청은 당사자에게 과태료를 납부하지 아니할 경우에는 체납 또는 결손처분자료를 제공할 수 있음을 미리 알려야 하며, 정보를 제공한 경우에는 해당 체납자에게 그 사실을 통보하여야 한다.

(4) 고액 상습체납자에 대한 감치

① 법원은 검사의 청구에 따라 결정으로 30일의 범위 이내에서 과태료의 납부가 있을 때까지 다음 사유에 모두 해당하는 경우 체납자(법인인 경우 대표자를 말한다. 이하 이 조에서 같다)를 감치에 처할 수 있다.

> ㉠ 과태료를 3회 이상 체납하고 있고, 체납발생일부터 각 1년이 경과하였으며, 체납금액의 한계가 1천만원 이상인 체납자 중 대통령령으로 정하는 횟수와 금액 이상을 체납한 경우
> ㉡ 과태료 납부능력이 있음에도 불구하고 정당한 사유 없이 체납한 경우

② 체납자는 감치의 결정에 대하여는 즉시항고를 할 수 있다.

③ 감치에 처해진 체납자는 동일한 체납사실로 재차 감치되지 않는다.

(5) 자동차 관련 과태료 체납자에 대한 자동차 등록번호판의 영치(제55조)

행정청은 자동차관리법 제2조 제1호에 따른 자동차의 운행·관리 등에 관한 질서위반행위 중 대통령령으로 정하는 질서위반행위로 부과받은 과태료(이하 "자동차 관련 과태료"라 한다)를 납부하지 아니한 자에 대하여 체납된 자동차 관련 과태료와 관계된 그 소유의 자동차의 등록번호판을 영치할 수 있다.

10) 과태료부과에 대한 불복(처분성 부정)

(1) 과태료부과에 대해서는 일반적으로 「질서위반행위규제법」이 적용된다.

(2) 따라서 그 부과처분에 불복이 있을 때에는 법원에서 이에 대해 재판을 하고, 과태료부과처분에 대해 항고소송은 원칙적으로 허용되지 않는다.

[관련 판례]

★ 과태료부과처분에 불복하는 당사자는 다른 법률에 특별한 규정이 없는 한, 과태료부과처분의 취소를 구하는 행정소송을 제기할 수 없다(대판 2012.10.11, 2011두19369).

★ 수도조례 및 하수도 사용조례에 기한 과태료의 부과여부 및 그 당부는 최종적으로 질서위반행위규제법에 의한 절차에 의하여 판단되어야 할 것이므로, 그 과태료부과처분은 행정청을 피고로 하는 행정소송의 대상이 되는 행정처분이라고 볼 수 있다.

11) 과태료의 시효

(1) 과태료는 행정청의 과태료부과처분이나 법원의 과태료 재판이 확정된 후 5년간 징수하지 아니하거나 집행하지 아니하면 시효로 인하여 소멸한다(제15조).

(2) 소멸시효의 중단·정지 등에 관하여는 국세기본법 제28조를 준용한다.

Ⅳ. 병과(이중처벌)의 가능성

1. 행정형벌과 행정질서벌

1) 학설

(1) 긍정설

행정형벌과 행정질서벌은 모두 행정벌의 일종이나, 그 목적이나 성질이 다르다고 볼 것이므로, 행정질서벌인 과태료부과처분 후에 행정형벌을 부과한다고 하여도 일사부재리의 원칙에 반하는 것은 아니다.

(2) 부정설

행정형벌과 행정질서벌은 과벌절차는 다르지만, 모두 행정벌의 일종이므로 동일한 행정범에 대하여 일사부재리의 원칙 내지 이중처벌금지의 원칙에 따라 양자는 병과할 수 없다(다수설).

2) 판례

(1) 대법원

형사처벌과 행정질서벌을 동시에 부과하는 것이 일사부재리 원칙에 반하지 않는다(대판 2000.10.27, 2000도3874). 대법원은 형사처벌과 행정질서벌은 병과가 가능하다고 본다.

[관련 판례]

★ 신규등록신청을 위한 임시운행허가를 받고 그 기간이 끝났음에도 자동차등록원부에 등록하지 아니한 채(무등록차량) 허가기간의 범위를 넘어 운행한 경우에 차량소유자(피고인)가 이미 관련 법조항에 의한 과태료를 부과 받아 납부한 후에 다시 피고인에 대해 형사처벌을 한다고 하여 이를 일사부재리의 원칙에 반하는 것이라고 할 수는 없다(대판 1996.4.12, 96도158).

(2) 헌법재판소

① 행정형벌과 행정질서벌은 병과할 수 없다는 것이 기본적인 입장이다.

② 행정벌을 과하는 경우 입법자는 그 입법목적의 달성을 위하여 행정형벌이나 행정질서벌을 선택하여 과할 수 있고, 그 입법목적이나 입법당시의 실정 등을 종합 고려하여 어느 하나를 결정하는 것이다(헌재결 1997.4.24, 95헌마90).

③ 행정질서벌로서의 과태료는 형벌(특히 행정형벌)과 목적 · 기능이 중복되는 면이 없지 않으므로, 하나의 행위에 대하여 양자를 동시에 부과하는 것은 이중처벌금지의 기본정신에 배치된다(헌재 1994.6.30, 92헌바38).

④ 행정형벌과 행정질서벌이 기본적 사실관계로서의 행위를 달리하는 경우에는 병과할 수 있다.

[관련 판례]

★ 구 건축법 제54조 제1항에 의한 무허가건축행위에 대한 형사처벌과 동법 제56조의2 제1항에 의한 과태료의 부과는 헌법 제13조 제1항이 금지하는 이중처벌에 해당한다고 할 수 없다(헌재결 1994.6.30, 92헌바38).

2. 행정질서벌과 징계벌

행정질서벌과 징계벌은 모두 불이익한 처벌이지만, 그 목적이나 성질을 달리하므로 징계벌을 부과한 후 행정질서벌을 부과할 수도 있다. 즉, 일사부재리의 원칙이 적용되지 않기 때문에 병과가 가능하다.

3. 행정형벌과 건축법상 이행강제금

행정형벌과 건축법상 이행강제금은 병과가 가능하다(헌재 1994.6.30, 92헌바38).

4. 형사벌과 이행강제금(집행벌)

무허가 건축행위에 대한 형사처벌과 시정명령 위반에 대한 이행강제금 부과는 이중처벌에 해당한다고 볼 수 없다(헌재 2004.2.26, 2001헌바80; 대판 2005.8.19, 2005마30).

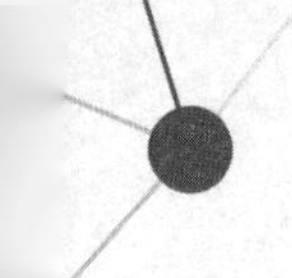

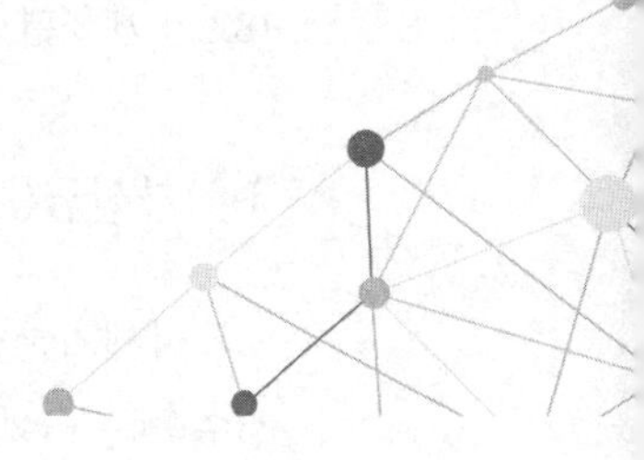

제 3 장 행정법상의 새로운 의무이행확보수단

제 1 절 새로운 의무이행확보수단

Ⅰ. 개 설

1. 전통적 의무이행확보수단의 한계

현대 복리국가에 있어서 행정작용이 복잡 · 다양해짐에 따라 종래의 행정강제나 행정벌과 같은 전통적인 의무이행확보수단만으로는 오늘날의 행정현실에 충분히 대응할 수 없는 한계가 나타나게 되었다. 따라서 이러한 공백을 보충하기 위한 목적으로 새로운 의무이행확보수단이 등장하게 되었다.

2. 새로운 의무이행확보수단

1) 전통적인 의무이행확보수단의 보완적인 성격을 갖는 과징금 · 공표제도 · 공급거부 · 관허사업의 제한 · 국외여행의 제한 · 세무조사 등의 새로운 의무이행확보수단으로 논의되고 있다.

2) 새로운 의무이행확보수단의 법적성질에 대하여는 견해의 대립이 있으나, 간접적인 의무이행을 강제하는 효과를 가져다주는 수단이라고 보고 있다(다수설).

제 2 절 금전상의 제재

금전적 제재는 행정법규의 위반자에게 금전급부의무라는 불이익을 과함으로써 간접적으로 의무를 이행케 하는 방법이다. 금전상의 제재에는 가산금 · 과징금 · 부과세 · 부당이득세 등을 들 수 있다.

Ⅰ. 가산금(加算金) · 가산세(加算稅)

국세기본법은 가산금을 가산세와 구별하여 납부기한 경과시, 고지세액에 가산하여 부과·징수하는 금액으로 정하고 있다.

1. 가산금

1) 의의

가산금은 국세·지방세·관세 등을 납부기한까지 완납하지 아니하는 경우에 제재로 과하여지는 금전상의 부담이다.

2) 법적근거(국세징수법)

(1) 가산금은 그 자체가 침익적 행정행위(급부하명)이므로 법률의 근거가 필요하다.

(2) 국세를 납부기한까지 완납하지 아니한 때에는 그 납부기한이 지난날로부터 체납된 국세에 대하여 100분의 3에 상당하는 가산금을 징수한다(국세징수법 제21조).

(3) 체납된 국세를 납부하지 아니한 때에는 납부기한이 경과한 날로부터 매 1월에 지날 때마다 체납된 국세의 1천분의 12에 상당하는 가산금을 제21조에 규정하는 가산금에 가산하여 징수한다(중가산금).

3) 성질

(1) 가산금은 의무이행의 확보를 위한 것이지 처벌은 아니다.

(2) 가산금은 조세채권에 대한 일종의 연체금으로서 하명의 성질을 가지고 있다.

[관련 판례]

★행정재산의 사용·수익 허가에 따른 사용료를 납부기한까지 납부하지 않은 경우에 부과되는 가산금과 중가산금의 법적 성질은 지연이자의 의미로 부과되는 부대세의 일종이다(대판 2006.3.9, 2004다31074).

★ 국세징수법상 가산금 또는 중가산금의 고지는 법률규정에 의하여 당연히 발생하는 것이므로 항고소송의 대상이 되는 처분이 아니다(대판 2005.6.10, 2005다15482).

2. 가산세

1) 의의

가산세란 세법에 규정하는 의무의 성실한 이행을 확보하기 위하여 그 세법에 의하여 산출된 세액에 가산하여 징수하는 금액으로서, 본래 납세의무와는 별개로 부과되는 금전수단이다.

2) 종류

(1) 납부불성실행위 (2) 신고불성실행위 등에 대하여 과하는 가산세가 여기에 해당한다.

3) 성질

(1) 가산세는 행정법상 의무이행의 확보를 위한 것이지 처벌은 아니다. 따라서 원칙적으로 동일한 행위에 대하여 행정벌과 가산세를 병과하여 부과할 수 있다.

(2) 가산세는 그 자체가 침익적 행정행위(급부하명)이므로 법률의 근거가 필요하다.

4) 부과 · 징수와 구제

국세기본법 · 국세징수법 · 소득세법이 정하는 바에 따른다. 위법한 가산세부과에 대해서는 당연히 다툴 수 있다(헌재 2005.2.24, 2004헌바26).

[관련 판례]

★ 세법상 가산세는 과세권의 행사 및 조세채권의 실현을 용이하게 하기 위하여 납세자가 정당한 이유없이 법에 규정된 신고, 납세 등 각종의무를 위반한 경우에 개별세법이 정하는 바에 따라 부과되는 행정상의 제재로서 납세자의 고의 · 과실은 고려되지 않는다(대판 1997.8.22, 96누15404).

★ 가산세는 개별세법이 과세의 적정을 기하기 위하여 정한 의무의 이행을 확보할 목적으로 그 의무 위반에 대하여 세금의 형태로 가하는 행정벌의 성질을 가진 제재이므로 그 의무 해태에 정당한 사유가 있는 경우에는 이를 부과할 수 없다(대판 1992.4.28, 91누9848).

★ 납세의무자가 법령을 부지 또는 오인하거나 세무공무원의 잘못된 설명을 믿고 신고납부의무를 불이행한 것은 가산세를 부과할 수 없는 정당한 사유에 해당하지 않는다(대판 2002.4.12, 2000두5944).

★ 가산세부과시 납세자의 고의 · 과실 · 법령부지 등은 고려되지 않는다(대판 1994.8.26, 93누20467).

★ 가산세 부과처분은 본세의 부과처분과 별개의 과세처분이다(대판 2005.9.30, 2004두2356).

★ 하나의 납세고지서에 의하여 복수의 과세처분을 함께 하는 경우에는 과세처분별로 그 세액과 산출근거 등을 구분하여 기재함으로써 납세의무자가 과세처분의 내용을 알 수 있도록 해야 하는 것 역시 당연하다고 할 것이다(대판 2012.10.18, 2010두12347전합).

★ 하나의 납세고지서에 의하여 본세와 여러 종류의 가산세를 함께 부과하면서 납세고지서에 가산세를 종류별로 구분하지 아니한 채 가산세의 합계액만을 본세액과 별도로 기재하고 가산세의 산출근거도 기재하지 아니한 경우, 가산세의 납세고지는 위법하다(대판 2012.10.18, 2010두12347전합).

Ⅱ. 과징금(부과금)

1. 의의

1) 과징금이란 행정법상의 의무를 위반한 자에 대하여 당해 위반행위로 얻은 경제적 이

익을 박탈하기 위하여 부과하거나 또는 사업의 취소·정지에 갈음하여 부과하는 금전적 제재를 말한다. 환경관련 법률에서는「부과금」으로 부르기도 한다.

2) 우리나라 과징금 제도는 「독점규제 및 공정거래에 관한 법률」에서 처음으로 도입되었다.

2. 법적근거

1) 과징금부과행위는 그 자체 독립적인 침익적 행정행위(급부하명)이다. 따라서 법률유보의 원리상 법률의 근거를 요한다.

2) 과징금부과에 대한 통칙적인 규정(일반법)은 없고, 다만 개별법규에서 단편적으로 나타나고 있다(예컨대, 여객자동차운수사업법·독점규제 및 공정거래에 관한 법률·대기환경보전법 등).

3. 유형

1) 전형적 과징금

(1) 원래 과징금제도는 경제법상의 의무위반으로 인한 불법적인 이익을 박탈하기 위한 행정제재금의 성격이었다. 예컨대, 불공정 거래행위 등을 한 자에 대해서 그로 인하여 얻은 불법적 이익을 과징금을 통해 환수하도록 하고 있는데, 이것이 전형적인 과징금에 해당한다.

(2) 법령위반으로 취득한 이익이 없는 경우에도 독점규제 및 공정거래에 관한 법률 제6조에 의하여 과징금을 부과할 수 있다.

2) 변형된 과징금

(1) 의의

변형된 과징금이라 함은 영업정지처분에 갈음하여 과징금을 부과하는 것으로, 이를 변형된 과징금이라 한다. 즉 인·허가 사업에 있어서 그 사업정지를 명할 일정한 위법사유가 있음에도 불구하고 이를 정지시키지 아니하고, 그 사업을 계속하게 하고 사업을 계속함으로써 얻은 이익을 박탈하는 내용의 행정제재금을 말한다.

(2) 변형된 과징금의 예

「여객자동차운수사업법」의 과징금, 「대기환경보전법」상의 과징금, 「전기사업법」상의 과징금 등을 들 수 있다. 변형된 과징금은 주로 국민생활의 생활편의를 위해 인정된다.

[관련 법률]

★ 여객자동차운수사업법 제88조 [과징금처분]

① 국토교통부장관 또는 시·도지사는 여객자동차 운수사업자가 제49조의6 제1항 또는 제85조 제1항 각 호의 어느 하나에 해당하여 사업정지처분을 하여야 하는 경우에 그 사업정지처분이 그 여객자동차운수사업을

이용하는 사람들에게 심한 불편을 주거나 공일을 해칠 우려가 있는 때에는 그 사업정치처분을 갈음하여 5천만원 이하의 과징금을 부과·징수할 수 있다.

★ **대기환경보전법 제37조 [과징금처분]**

① 시·도지사는 다음 각 호의 어느 하나에 해당하는 배출시설을 설치·운영하는 사업자에 대하여 제36조에 따라 조업정지를 명하여야 하는 경우로서 그 조업정지가 주민의 생활, 대외적인 신용·고용·물가 등 국민경제, 그 밖에 공익에 현저한 지장을 줄 우려가 있다고 인정되는 경우 등 그 밖에 대통령령으로 정하는 경우에는 조업정지 처분을 갈음하여 2억원 이하의 과징금을 부과할 수 있다.

4. 부과 · 징수

1) 과징금을 부과할 것인지 영업정지처분을 할 것인지, 과징금을 부과할 경우 그 금액은 얼마로 할 것인지는 행정청의 재량에 속한다(대판 1998.4.10, 98두2270).

2) 과징금은 소관 행정청이 부과한다. 과징금 납부의무를 불이행한 경우에 국세 또 지방세 체납처분절차에 따라 강제징수한다.

3) 과징금은 대체적 급부가 가능하므로 과징금을 받은 자가 사망한 경우에는 그 상속인에게 승계된다(대판 1999.5.14, 99두35).

5. 구제수단

과징금의 부과·징수행위는 행정쟁송법상 처분에 해당하므로, 그것이 위법한 경우 항고소송으로 다툴 수 있다.

[관련 판례]

★ 공정거래위원회의 독점규제 및 공정거래에 관한 법률 위반행위자에 대한 과징금부과처분의 법적 성질은 재량행위라 할 것이다(대판 2002.9.24, 2000두1713).

★ 면허받은 장의자동차운송사업구역에 위반하였음을 이유로 한 행정청의 과징금부과처분에 의하여 동종업자의 영업이 보호되는 결과는 사업구역제도의 반사적 이익에 불과하기 때문에 그 과징금부과처분을 취소한 재결에 대하여 처분의 상대방이 아닌 제3자는 그 취소를 구할 법률상 이익이 없다(대판 1992.12.8, 91누13700).

6. 과징금의 전부취소와 일부취소

1) 과징금의 전부취소를 인정한 경우

과징금부과처분이 법이 정한 한도액을 초과하여 위법할 경우 법원으로서는 그 전부를 취소할 수밖에 없고, 그 한도액을 초과한 부분이나 법원이 적정하다고 인정되는 부분을 초과한 부분만을 취소할 수 없다(대판 1998.4.10, 98두2270).

2) 과징금의 일부취소를 인정한 경우

공정거래위원회가 부당한 공동행위에 대한 과징금을 부과하면서 여러 개의 위반행위에 대하여 하나의 과징금납부명령을 하였으나, 그 중 일부의 위반행위에 대한 과징금부과만이 위법한 경우에는 일부의 위반행위에 대한 과징금액에 해당하는 부분만을 취소할 수 있다(대판 2006.12.22, 2004두1483).

3) 과징금 부과처분의 기준을 정하는 경우에 여러 요소를 종합적으로 고려하여 사안에 따라 적정한 과징금의 액수를 정하여야 할 것이므로, 그 수액은 정액이 아니라 최고 한도액이다(대판 2001.3.9, 99두5207).

7. 형벌과 병과

헌법재판소는 "과징금은 국가형벌권 행사로서의 처벌이 아니므로, 법에서 형사처벌과 아울러 부과처분을 규정하고 있더라도 이중처벌금지의 원칙에 반하지 않는다"(대판 2007.7.12, 2006두4554)고 판시한 바 있다.

8. 과징금과 과태료

1) 과징금부과행위의 법적 성질은 행정행위로서 급부하명이다. 과징금은 범죄에 대한 형벌권의 실행으로서의 과벌(형벌)이 아니다. 또한 의무위반에 대한 제재이기는 하나, 행정벌은 아니다.

2) 따라서 동일한 위반행위에 대하여 행정벌(형사처벌 · 벌금 · 과태료)과 과징금의 병과가 가능하다.

제 3 절 공급거부

Ⅰ. 의 의

1. 공급거부라 함은 행정법상 의무위반자나 불이행자에 대하여 일정한 행정상의 서비스 또는 재화의 공급을 거부함으로써, 의무이행을 간접적으로 확보하는 수단이다(예컨대, 국민생활에 필수적인 전기 · 수도와 같은 재화 또는 서비스 등).

2. 공급거부는 행정상 의무이행확보수단으로서 매우 실효성이 있으며, 오늘날 그 중요성이 증가하고 있다.

> ★ 공급거부에 대하여 포르스트호프는 '행정국가의 가장 야만적인 형식으로의 후퇴'라고 지적하고, 복지국가이념에 위배된다고 비판하고 있다.

Ⅱ. 법적 근거

1. 공급거부는 침해적 · 권력적 사실행위이므로, 법률상의 근거가 필요하다. 따라서 법적 근거없는 공급거부는 허용되지 않는다.

2. (구)건축법에 전기 · 전화 · 수도 · 가스의 공급거부에 관한 근거규정이 있었으나, 2005년 건축법 개정으로 삭제되었다.

Ⅲ. 공급거부의 한계

1. 공급거부는 비례의 원칙(과잉금지의 원칙) · 부당결부금지의 원칙 등과 같은 행정법의 일반원칙의 한계 내에서 행사되어야 한다.

2. 특히 공급거부의 한계 및 통제와 관련하여서는 행정권의 부당결부금지의 원칙이 고려되어야 한다. 즉 다른 법령에 의하여 부과된 의무의 위반 · 불이행에 대하여 그 의무이행확보수단으로 당해 급부의 공급을 거부 또는 중단하는 것은 부당결부금지의 원칙에 위반된다.

Ⅳ. 구제수단

1. 수도 · 전기 등의 위법한 공급거부에 대해서 당해 공급거부가 사법적 형식인 경우에는 민사소송, 공법적 형식인 경우에는 행정쟁송의 방법에 의하여 다툴 수 있다.

2. 국가 또는 지방자치단체의 위법한 공급거부조치로 재산상의 손해를 입은 자는 국가배상법에 의하여 손해배상을 청구할 수 있다.

3. 판례

1) 단수처분은 항고소송의 대상이 되는 행정처분에 해당한다(대판 1979.12.28, 79누218).

2) 단전 · 단수의 요청행위는 권고적 성격에 불과하므로, 항고소송의 대상이 되지 않는다. 또 구청장의 공급불가의 회신도 항고소송의 대상이 되는 행정처분이라고 볼 수 없다(대판

1995.11.21, 95누9099).

> [관련 판례]
> ★ **단전 · 단수의 요청행위는 항고소송의 대상이 되지 않는다.**
> 행정청이 위법건축물에 대한 시정명령을 하고 나서 위반자가 이를 이행하지 아니하여 전기 · 전화의 공급자에게 그 위법 건축물에 대한 전기 · 전화공급을 하지 말아 줄 것을 요청한 행위는 권고적 성격의 행위에 불과한 것으로서 전기 · 전화공급자나 특정인의 법률상 지위에 직접적인 변동을 가져오는 것은 아니므로 이를 항고소송의 대상이 되는 행정처분이라고 볼 수 없다(대판 1996.3.22, 96누433).

제4절 관허사업의 제한(官許事業의 制限)

Ⅰ. 의 의

1. 관허사업이란 사업을 하기 위해 반드시 행정관청의 허가를 받아야 하는 사업을 말한다.

2. 관허사업의 제한이라 함은 행정법상의 의무위반행위에 대해서 각종의 인 · 허가 발급의 거부 · 취소 · 정지 등을 통하여 행정법상의 의무이행을 확보하는 수단이다.

Ⅱ. 법적근거

관허사업의 제한(제재적 행정처분)은 권익침해의 효과를 가져오기 때문에 철회권의 유보가 있거나, 법률유보의 원칙상 명문의 근거가 있어야 한다.

Ⅲ. 종 류

관허사업의 제한(제재적 행정처분)에는 1)관련사업의 제한, 2)일반적인 관련사업의 제한 등이 있다.

1. 관련관허사업의 제한

해당사업과 관련된 「행정법」상의 의무를 위반한 경우, 해당 사업의 허가를 거부하거나 취소 · 정지하는 경우를 말한다. 예컨대, 마약취급자가 「마약류관리에 관한 법률」 등에 위반한 경우에 마약취급자의 면허취소나 그 업무 또는 마약사용의 전부나 일부를 정지시키는 것 등을 들 수 있다(마약류관리에 관한 법률 등).

2. 일반적인 관허사업의 제한(위반내용과 직접 관련을 갖지 않는 사업제한)

「행정법」상의 의무위반사항과 직접적인 관련이 없는 사업의 허가를 거부하거나 취소·정지함으로써, 간접적으로 「행정법」상의 의무이행을 확보하는 경우이다. 예컨대, 국세나 지방세의 체납자에 대하여 기존의 허가·인가를 정지·취소시키거나, 새로운 사업에 대한 허가·인가를 거부하는 것을 말한다. 국세징수법은 이를 관허사업의 제한이라고 부르고 있다.

Ⅳ. 한 계

아래의 1. 2 경우의 관허사업의 제한은 그 의무위반과의 사이에 실질적 관련성이 없다는 점에서 부당결부의 원칙에 위배되거나, 그 목적과 수단과의 관계에서 비례원칙을 침해하는 것이라는 비판도 제기되고 있다.

1. 국세징수법 제7조의 "납세자가 국세를 체납한 때에 세무서장이 허가·인가·면허 및 등록과 갱신을 요하는 사업의 주무관서에 당해 납세자에 대하여 그 허가 등에 대하여 허가 등을 아니할 것을 요구할 수 있고, 이에 따라 정당한 사유가 없는 한 해당 주무관서는 요구에 따라야 하며, 그 조치결과를 즉시 해당 세무서장에게 알려야 한다"는 규정은 「관련관허사업의 제한」에 해당한다.

2. 질서위반행위규제법 제52조 제1항의 "해당 사업과 관련된 질서위반행위로 부과받은 과태료를 3회 이상 체납하고 있고, 체납발생일부터 각1년이 경과하였으며, 체납금액의 합계가 500만원 이상인 체납자 중 대통령령으로 정하는 횟수와 금액 이상을 체납한 자에게는 사업의 정지 또는 허가 등을 취소할 수 있다"는 규정은 일반적인 관허사업의 제한에 해당한다.

Ⅴ. 구 제

1) 관허사업의 제한이 위법하다면 행정쟁송절차·행정상 손해배상제도에 관한 일반원리가 적용된다.

2) 관허사업의 제한의 위헌성에 대하여 판례는 입장을 밝히고 있지 않다.

제5절 공표(公表)

* 행시 45회

Ⅰ. 개 설

1. 의의

공표라 함은 행정법상의 의무위반 또는 의무불이행이 있는 경우에 그의 성명·위반사실 등을 일반에게 공개하여 사회적 비난과 명예 또는 신용의 침해를 위협함으로써 행정법상의 의무이행을 간접적으로 강제하는 수단을 말한다(예컨대, 고액조세체납자의 명단공개·조세 체납자의 명단공개·성범죄자의 명단공표·공해배출업소의 명단공개 등).

2. 법적 성질 및 기능

1) 법적 성질

공표는 일정한 사실을 국민에게 알리는 비권력적 사실행위에 지나지 않으며, 그 자체로서는 아무런 법적효과(권리·의무)를 발생하지 않는다. 공표제도는 명예벌적 성격을 띠고 있다.

2) 기능

(1) 장점

① 공표제도는 공권력을 행사하는 것이 아니므로 절차의 제약을 받음이 없이 간략·신속하게 발동할 수 있다는 점에서 효용성을 갖는다.

② 공표제도는 국민의 알권리의 실현에 기여하는 의미도 갖고 있다.

(2) 단점

공표제도가 남용될 경우 명예·신용 등의 회복 방법이 없고, 개인의 프라이버시권을 침해할 우려가 많다.

Ⅱ. 법적 근거와 한계

1. 근거

1) 공표는 현실적으로 행정상 의무이행확보수단으로서의 기능을 수행하고 있을 뿐만 아니라, 사실상 상대방의 명예·프라이버시·신용 등에 중대한 영향을 미치므로 원칙적으로 법

적 근거를 요한다(다수설).

2) 현행법상 명단 등의 공표를 규정하고 있는 일반법은 없으며, 개별법에서 그 예를 찾아 볼 수 있다.

3) 대표적인 개별법으로 「공직자윤리법」·「식품위생법」·「독점규제 및 공정거래에 관한 법률」·「국세기본법」상의 고액·상습체납자 등의 명단공개 등을 들 수 있다.

(1) 「공직자윤리법」은 공직자가 허위로 재산을 등록한 경우 공직자윤리위원회가 "일간신문 광고란을 통해 이를 공표" 하도록 규정하고 있다. 이 경우는 공표가 제재수단으로서의 성격을 갖고 있다고 보아야 한다.

(2) 「식품위생법」에서 "식품위생법상의 위해가 발생한 경우에 영업자에 대한 공표"를 명하도록 규정하고 있다. 이는 경고(警告)로서의 공표의 예에 해당된다고 볼 수 있다.

[관련 판례]

★ 헌법재판소는 "청소년 성매수자의 신상공개제도가 이중처벌 금지원칙, 과잉금지의 원칙, 평등원칙, 적법절차원칙 등에 위반되지 아니한다"고 판시한 바 있다(헌재 2003.6.26, 2002헌가1나).

2. 한계

1) 프라이버시권과 공표청구권(알권리)의 조화

공표는 「헌법」상 보장된 사생활의 비밀의 자유를 침해할 가능성이 있으므로 비례의 원칙의 적용문제, 특히 상당성의 원칙이 지켜져야 한다. 따라서 공표함으로써 얻게 되는 공익과 잃게 되는 사익(프라이버시권의 침해)과의 관계를 구체적으로 비교·형량하여 결정함이 중요하다(대판 1998.7.14. 17257).

2) 행정법의 일반원칙의 준수

행정상 공표는 비례의 원칙과 부당결부의 원칙·무죄추정의 원칙 등에 위반하지 않아야 한다. 이에 위반하면 위법한 것이 된다.

[관련 판례]

★ 전과사실이 공표된 후보자의 인격권 침해정도와 유권자들의 선택권과의 우선적 가치 여부

선거관리위원회가 주체한 합동연설회장에서 일간지의 신문기사를 읽는 방법으로 전과사실을 적시하였다는 점과 … 또한 전과사실이 공표됨으로써 상대 후보가 입는 명예(인격권)의 침해정도와 유권자들의 올바른 선택권에 대한 장애의 정도를 교량한다면, 후자가 전자보다 중하다고 보는 것이 상당하다. 따라서 피고인이 상대 후보의 전과사실을 적시한 것은 진실한 사실로서 공공의 이익에 관한 때에 해당하므로 「공직선거 및 선거부정방지법」제251조 단서에 의하여 위법성이 조각된다(대판 1996.6.28, 96도977).

★ 일정한 행정목적 달성을 위하여 언론에 보도자료를 제공하는 등 이른바 행정상 공표의 방법으로 실명을 공개함으로써 타인의 명예를 훼손한 경우, 그 공표된 사람에 관하여 적시된 사실의 내용이 진실이라는 증명이 없더라도 국가기관이 공표 당시 이를 진실이라고 믿었고 또 그렇게 믿을 만한 상당한 이유가 있다면 위법성이 없다(대판 1998.5.22, 97다57689).

Ⅲ. 공표와 권리구제

위법한 공표로 인하여 명예를 훼손당하거나 경제적 손해를 입은 자는 다음과 같은 권리구제수단이 검토될 수 있다.

1. 손해배상청구소송

공표는 국가배상 공무원의 직무행위에 해당하므로, 위법한 공표로 인하여 손해를 입은 자는 국가배상법이 정하는 바에 따라 손해배상을 청구할 수 있다.

[관련 판례]

★ 공표로 타인의 명예를 훼손한 경우에도 국가기관이 공표 당시 이를 진실이라고 믿었고 또 그렇게 믿을 만한 상당한 이유가 있다면 위법성이 없는 것이고, 이점은 언론을 포함한 사인의 명예훼손의 경우에서 마찬가지이다(대판 1993.11.26, 93다18389). 이 사건은 위법성조각검토에 있어서 상당한 이유가 있다고 함으로써 손해배상을 인정하지 않은 사례이다.

★ 지방국세청 소속 공무원들이 통상적인 조사를 다하여 의심스러운 점을 밝혀 보지 아니한 채 막연한 의구심에 근거하여 원고가 위장증여자로서 국토이용관리법을 위반하였다는 요지의 조사결과를 보고한 것이라면 국세청장이 이에 근거한 보도자료의 내용이 진실하다고 믿은 데에는 상당한 이유가 없다(대판 1993.11.26, 93다18389). 이 사건은 위법성조각사유 검토에 있어서 상당한 이유가 없다고 함으로써 손해배상을 인정하였다.

2. 정정공고 요청

공표의 상대방은 민법 제764조(명예훼손의 경우의 특칙)[238]에 근거하여 동일한 매스컴을 통하여 정정공고를 구할 수도 있을 것이다.

---

238) 민법 제764조(명예훼손의 경우의 특칙) 타인의 명예를 훼손한 자에 대하여는 법원은 피해자의 청구에 의하여 손해배상에 가름하거나 손해배상과 함께 명예회복에 적당한 처분을 명할 수 있다.

3. 공무원의 책임

1) 형사책임

위법한 공표를 행한 공무원에 대해서는 형법상의 명예훼손죄 · 피의사실공표죄 · 공무상비밀누설죄 등과 같은 형사책임을 물을 수 있다.

2) 징계책임

위법하게 공표한 공무원에 대해서는 징계처분이 가해질 수 있다.

[관련 판례]

★ **피의사실공표와 명예훼손죄**

수사담당경찰관이 경찰출입기자들을 상대로 피의사실을 공표하고 그에 관한 보도를 적극적으로 요청함과 동시에 취재편의를 제공하였고, 나아가 기자들로 하여금 피의사실을 관계자들의 실명 또는 초상과 함께 신문에 게재하거나 방송되게 함으로써 결국 허위사실에 의하여 피의자의 명예를 훼손하게 하였으므로, 그 경찰관들의 사용자로서 국가의 손해배상책임이 있다(대판 1996.2.27, 95다4946).

4. 공표와 행정소송

1) 학설

공표와 같은 사실행위에 대하여 취소소송이 가능한지에 관해서는 견해의 대립이 있다. 다수설에 의하면 공표는 비권력적 사실행위에 해당하며 그 자체로서 아무런 법적 효과를 발생하지 않기 때문에, 그 처분성을 인정할 수 없다는 입장이다. 따라서 취소소송의 대상이 되지 않는다.

2) 판례

판례 또한 명단 등의 공표는 비권력적 사실행위이므로, 원칙적으로 취소소송의 대상이 되지 않는다고 보고 있다.

제6절 기 타

Ⅰ. 차량 등의 사용금지

이는 행정법규의 위반에 사용된 차량 그 밖의 운반수단의 사용을 정지 또는 금지케 함으로써 간접적으로 의무이행을 강제하는 방법이다(예컨대, 「산림법」 등).

Ⅱ. 국외여행의 제한

예컨대, 국세의 고액체납자에 대하여 국외여행의 제한조치가 행해지는 경우가 있다. 이러한 관계법적 근거로는 「여권법」, 「출입국관리법」 등이 있다.

Ⅲ. 취업의 제한

「병역법」은 징병검사를 기피하거나, 징집·소집을 기피하고 있는 사람, 그리고 군복무 및 공익근무요원복무를 이탈하고 있는 사람의 취업을 제한하고 있다(「병역법」). 이러한 여러 가지 수단들에는 비례성의 원칙과 부당결부금지원칙이 중요한 의미를 갖는다.

제 4 편

행정구제법

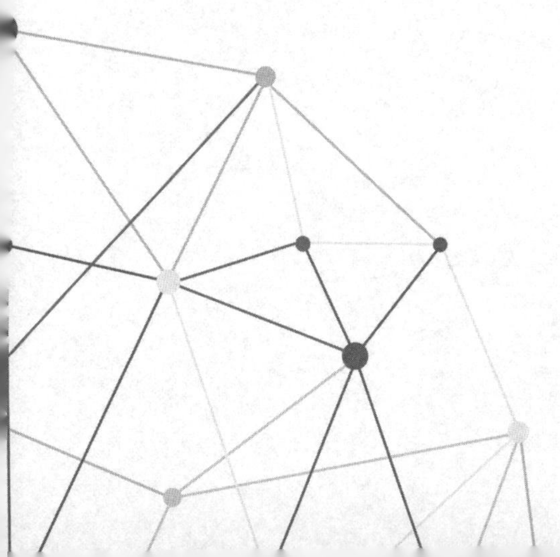

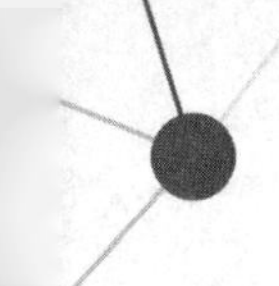

제 1 장
행정구제제도

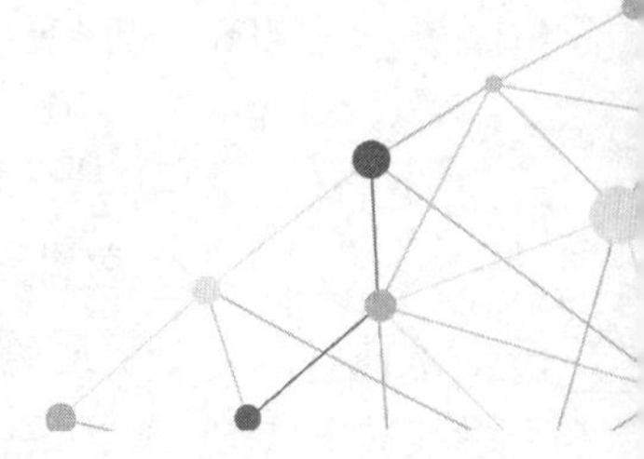

제 1 절　현행 행정구제제도

Ⅰ. 행정구제의 의의 및 필요성

1. 의의

행정구제라 함은 행정작용으로 인하여 권익을 침해당한 자가 국가기관에 대하여 원상회복 · 손해전보 또는 당해 행정작용의 시정(취소 · 변경)을 요구하는 절차를 말한다.

2. 필요성

행정구제제도는 행정권의 남용으로부터 국민의 권익과 재산을 보호하고, 법치행정의 원칙과 국민의 기본권 보장을 핵심으로 하는 필수불가결의 제도이다.

Ⅱ. 행정상 행정구제제도의 유형

행정구제제도는 크게 사전적 행정구제제도와 사후적 행정구제제도로 나눌 수 있다.

1. 사전구제제도

사전구제제도라 함은 위법 · 부당한 행정작용 등으로 인하여 구체적인 권익침해가 발생하기 이전에, 그 침해를 극소화하거나 예방하기 위한 구제수단을 말한다. 이러한 사전구제제도로는 청원 · 공청회 · 민원처리제도 등이 있다.

2. 사후구제제도

1) 행정상 손해전보제도 · 행정상 쟁송제도

(1) 행정상 손해전보는 행정상 손해배상과 행정상 손실보상을 포함한다.

(2) 행정쟁송제도는 행정심판과 행정소송이 포함된다.

2) 헌법 소송

사후적 행정구제제도 중의 하나로 헌법소송을 들 수 있다. 특히 그 중에서도 헌법소원심판과 행정소송과의 관계는 상당히 중요하다.

(1) 헌법소원심판은 법원의 재판을 대상으로 할 수 없다는 제한이 있다.

(2) 다른 법률에 구제절차가 있으면 먼저 그 절차를 모두 거쳐야 한다는 보충성을 요건으로 한다.[239] 이 보충성으로 인하여, 공권력 행사 중 「처분」에 해당하는 것은 행정소송중 항고소송을 제기하여야 하지만, 「처분」이 아닌 행정작용에 대하여는 헌법소원심판이 행정구제제도로서 기능하게 된다(헌재 2008.10.6, 2005헌마1005).

제2절 사전적 권리구제수단

Ⅰ. 청 원

1. 의의

1) 청원은 국민이 국가나 지방자치에 대하여 불만 또는 희망을 진술하고 시정을 요구하는 것을 말한다.

2) 헌법은 청원권을 기본권으로 보장하고 있다. 청원에 관한 일반법으로 청원법이 있고, 국회법과 지방자치법에도 청원에 관한 규정을 두고 있다.

2. 내용

청원은 국가작용의 위법성 · 적법성 · 부당성 · 실행여부를 불문하며, 또한 국민의 권리침해 여부도 불문한다.

1) 청원의 사유

(1) 피해의 구제
(2) 공무원의 위법 · 부당한 행위에 대한 시정이나 징계의 요구
(3) 법률 · 명령 · 조례 · 규칙 등의 제정 · 개정 또는 폐지
(4) 공공의 제도 또는 시설의 운영

239) 김철용, 「행정법」, 고시계사, 2013, P.400.

(5) 그 밖에 국가기관 등의 권한에 속하는 사항

2) 청원의 불수리사유

(1) 감사·수사·재판·행정심판·조정·중재 등 다른 법령에 의한 조사·불복 또는 구제절차가 진행 중인 때
(2) 허위의 사실로 타인으로 하여금 형사처분 또는 징계처분을 받게 하거나 국가기관 등을 중상모략하는 사항인 때
(3) 사인 간의 권리관계 또는 개인의 사생활에 관한 사항인 때
(4) 청원인의 성명·주소 등이 불분명하거나 청원내용이 불명확한 때

3) 청원의 제한 및 불이익 차별금지

(1) 반복청원 및 이중청원의 반려
동일인이 동일한 내용의 청원서를 동일한 기관에 2건 이상 제출하거나 2 이상의 기관에 제출한 때에는 나중에 접수된 청원서는 이를 반려할 수 있다(청원법 제8조).
(2) 누구든지 타인을 모해할 목적으로 허위의 사실을 적시한 청원을 하여서는 아니된다(동법 제11조).
(3) 누구든지 청원을 하였다는 이유로 차별대우를 받거나 불이익을 강요당하지 아니한다(동법 제11조).

3. 청원서의 처리

1) 심사처리의무

국가기관은 청원을 수리하여 성실하고 공정하게 심사할 의무가 있다.

2) 통지의무

청원을 관장하는 기관은 특별한 사유가 없는 한 90일 이내에 그 처리결과를 청원인에게 통지하여야 한다.

3) 청원에 대한 심사처리결과의 통지유무는 행정소송의 대상이 되는 행정처분이라 할 수 없다(대판 1990.5.25, 90누1458).

Ⅱ. 옴브즈만 제도(Ombudsman)[240]

1. 옴브즈만의 의의

옴브즈만이라 함은 의회에 의해 임명되나 의회로부터는 광범위한 독립성을 부여받은 의

240) 김형중,「경찰행정법」, 경찰공제회, 2007, pp.300－301.

뢰인으로서, 공공기관(행정기관 · 검찰 · 법원 등)의 법령준수를 감시하며 위법 · 부당한 행정작용에 대하여 시정하도록 권고 · 알선하는 것을 주된 임무로 하는 자이다.

2. 옴브즈만 제도는 본래 스웨덴 「헌법」에 의하여 설치된 헌법상 기관으로 스칸디나비아 제국(핀란드 · 덴마크 등)에서 일반화되었고, 오늘날에는 영국 · 미국 · 독일 · 일본 등에서 자국의 실정에 맞도록 변형시켜 운영하고 있다.

3. 옴브즈만의 기능 및 특성

1) 기능

옴브즈만 제도는 전통적인 행정구제제도의 결점을 보완하여 권리보호의 사각지대에 국민의 대표기관인 의회의 개입을 통하여 국민의 권익을 보다 효과적으로 보호하려는 것이 그 주된 임무이다.

2) 특성

(1) 옴브즈만은 의회에서 임명하며, 입법부 소속의 공무원으로서 당해 업무를 입법부에 보고하여야 한다.

(2) 옴브즈만은 직무수행상 독립성과 신분이 보장된 「헌법」상 기관이다.

(3) 옴브즈만은 민원제기가 없는 경우에도 직권으로 공무원의 직무집행을 조사할 수 있고, 위법행위뿐만 아니라 부당행위 · 부작위 등도 조사대상이 된다.

(4) 옴브즈만은 행정작용에 대한 직접적인 취소 · 정지권은 없고, 관계기관에 대하여 취소 · 변경을 권고할 수 있을 뿐이다.

(5) 옴브즈만은 매우 저렴한 비용과 간이 · 신속한 수단을 통하여 개인의 사전권익을 도모할 수 있다.

4. 우리나라의 민원처리제도

우리나라의 경우 옴브즈만제도 자체는 없으나 이와 유사한 제도로 민원처리제도와 고충민원처리제도가 있다.

[관련 판례]

★ 지방자치단체의 옴브즈만 제도의 설치 가능성

대법원은 "합의제 행정기관인 옴브즈만을 집행기관의 장인 도지사 소속으로 설치하는데 있어서는 「지방자치법」제107조 제1항의 규정에 따라 당해 지방자치단체의 조례로 정하면 되는 것이지 헌법이나 법령상으로 별도의 설치근거가 있어야 되는 것은 아니다"라고 하여 옴브즈만 제도의 설치가능성을 긍정적으로 판시하고 있다(대판 1997.4.11, 96추138).

1) 민원처리제도

(1) 민원처리에 관한 법률

① 개념

'민원인'이라 함은 행정기관에 민원을 제기하는 개인·법인 또는 단체를 말하며, '민원'이라 함은 민원인이 행정기관에 대하여 처분 등 특정한 행위를 요구하는 것을 말한다.

② 민원처리의 원칙

행정기관의 장은 관계법령 등에서 정한 처리기간이 남아 있다거나 그 민원과 관련 없는 공과금 등을 미납하였다는 이유로 민원 처리를 지연시켜서는 아니된다. 다만, 다른 법령에 특별한 규정이 있는 경우에는 그에 따른다.

③ 처리기간의 계산

민원의 처리기간을 5일 이하로 정한 경우에는 민원의 접수시각부터 "시간"으로 계산하되, 공휴일과 토요일은 산입(算入)하지 아니한다. 이 경우 1일은 8시간의 근무시간을 기준으로 한다.

④ 사전심사의 청구 등

민원인은 법정민원 중 신청에 경제적으로 많은 비용이 수반되는 민원 등 대통령령으로 정하는 민원에 대하여는 행정기관의 장에게 정식으로 민원을 신청하기 전에 미리 약식의 사전심사를 청구할 수 있다.

⑤ 처리결과의 통지

행정기관의 장은 접수된 민원에 대한 처리를 완료한 때에는 그 결과를 민원인에게 문서로 통지하여야 한다. 다만, 기타민원의 경우와 통지에 신속을 요하거나, 민원인이 요청하는 등 대통령령으로 정하는 경우에는 구술 또는 전화로 통지할 수 있다.

⑥ 거부처분에 대한 이의신청

법정민원에 대한 행정기관 장의 거부처분에 불복하는 민원인은 그 거부처분을 받은 날부터 60일 이내에 그 행정기관의 장에게 문서로 이의를 제기할 수 있다.

(2) 현행법상 주요한 민원처리기관

감사원·정부합동민원실·행정기관에 설치한 민원실 등이 있다.

2) 국민권익위원회의 고충민원처리제도

(1) 의의

① 고충민원이란 행정기관 등의 위법·부당하거나 소극적인 처분(사실행위 및 부작위를 포함) 및 불합리한 행정제도로 인하여 국민의 권리를 침해하거나 국민에게 불편 또는 부담을 주는 사항에 관한 민원(현역장병 및 군관련 의무복무자의 고충민원을 포함)을 말한다(부패방지 및 국

민권익위원회의 설치 및 운영에 관한 법률 제2조 제5호).

② 국민권익위원회는 2008년 2월 29일 신설된 국무총리 소속의 합의제 중앙행정기관이다. 종래의 국민고충처리위원회 · 국가청렴위원회 · 국무총리행정심판위원회를 통합하여 국민의 권익구제 창구를 일원화시켰다.

(2) 법적 근거

① 국민권익위원회의 근거법은 「부패방지 및 국민권익위원회의 설치와 운영에 관한 법률」이다.

② 국민권익위원회의 설치

국민총리 소속으로 위원장1명을 포함한 15명의 위원으로 구성되어 있고, 위원(위원장포함)의 임기는 3년으로 하되 1차에 한하여 연임할 수 있다.

③ 시민고충처리위원회

시민고충처리위원회는 지방자치단체 및 그 소속기관(법령에 따라 지방자치단체나 그 소속기관의 권한을 위임 또는 위탁받은 법인 · 단체 또는 그 기관이나 개인을 포함한다)에 대한 고충민원의 처리와 이에 관련된 제도개선을 위하여 동법 제32조(시민고충처리위원회의 설치)에 따라 설치된 기관이다.

(3) 기능(동법 제12조)

1. 국민의 권리보호 · 권익구제 및 부패방지를 위한 정책의 수립 및 시행
2. 고충민원의 조사와 처리 및 이와 관련된 시정권고 또는 의견표명
3. 고충민원을 유발하는 관련 행정제도 및 그 제도의 운영에 개선이 필요하다고 판단되는 경우 이에 대한 권고 또는 의견표명
4. 위원회가 처리한 고충민원의 결과 및 행정제도의 개선에 관한 실태조사와 평가
5. 공공기관의 부패방지를 위한 시책 및 제도개선 사항의 수립 · 권고와 이를 위한 공공기관에 대한 실태조사
6. 공공기관의 부패방지시책 추진상황에 대한 실태조사 · 평가
7. 부패방지 및 권익구제 교육 · 홍보 계획의 수립 · 시행
8. 비영리 민간단체의 부패방지활동 지원 등 위원회의 활동과 관련된 개인 · 법인 또는 단체와의 협력 및 지원
9. 위원회의 활동과 관련된 국제협력
10. 부패행위 신고 안내 · 상담 및 접수 등
11. 신고자의 보호 및 보상
12. 법령 등에 대한 부패유발요인 검토
13. 부패방지 및 권익구제와 관련된 자료의 수집 · 관리 및 분석
14. 공직자 행동강령의 시행 · 운영 및 그 위반행위에 대한 신고의 접수 · 처리 및 신고자의 보호
15. 민원사항에 관한 안내 · 상담 및 민원사항 처리실태 확인 · 지도
16. 온라인 국민참여포털의 통합 운영과 정부민원안내콜센터의 설치 · 운영
17. 시민고충처리위원회의 활동과 관련한 협력 · 지원 및 교육
18. 다수인 관련 갈등 사항에 대한 중재 · 조정 및 기업애로 해소를 위한 기업고충민원의 조사 · 처리

> 19. 「행정심판법」에 따른 중앙행정심판위원회의 운영에 관한 사항을 관장함
> 20. 다른 법령에 따라 위원회의 소관으로 규정된 사항
> 21. 그 밖에 국민권익 향상을 위하여 국무총리가 위원회에 부의하는 사항

(4) 고충민원의 신청

① 누구든지(국내에 거주하는 외국인을 포함한다) 국민권익위원회 또는 시민고충처리위원회에 고충민원을 신청할 수 있다.

② 이 경우 하나의 권익위원회에 대하여 고충민원을 제기한 신청인은 다른 권익위원회에 대하여도 고충민원을 신청할 수 있다. 즉, 중복신청도 가능하다.

③ 고충위원회에 고충민원을 신청하고자 하는 자는 문서로 신청하여야 하고, 특별한 사정이 있는 경우는 구술로 신청할 수 있다.

④ 고충위원회는 고충민원의 신청이 있는 경우에는 다른 법령에 특별한 규정이 있는 경우를 제외하고는 그 접수를 보류하거나 거부할 수 없으며, 접수된 고충민원서를 부당하게 되돌려 보내서는 안 된다.

(5) 고충민원의 조사

① 고충민원의 조사

권익위원회는 고충민원을 접수한 경우에는 지체 없이 그 내용에 관하여 필요한 조사를 하여야 한다.

② 조사의 방법

권익위원회는 조사를 함에 있어서 필요하다고 인정하는 경우에는 관계행정기관 등에 대한 설명요구 또는 관련 자료 · 서류 등의 제출요구, 관계행정기관 등의 직원 · 신청인 · 이해관계인이나 참고인의 출석 및 의견진술 등의 요구, 조사사항과 관계있다고 인정되는 장소 · 시설 등에 대한 실지조사, 감정의 의뢰의 조치를 할 수 있다(동법 제42조).

(6) 고충민원의 각하

고충위원회는 접수된 고충민원이 고도의 정치적 판단을 요하거나 국가기밀 또는 공무상 비밀에 관한 사항 등 8개의 조항에 해당하는 경우에는 그 고충민원을 각하하거나 관계기관에 이송할 수 있다(동법 제43조 1항).

(7) 시정의 권고 및 의견표명

① 권익위원회는 고충민원에 대한 조사결과 처분 등이 위법 · 부당하다고 인정할 만한 상당한 이유가 있는 경우에는 관계행정기관 등의 장에게 적절한 시정을 권고할 수 있다.

② 권익위원회는 고충민원에 대한 조사결과 신청인의 주장이 상당한 이유가 있다고 인정

되는 사안에 대하여는 관계행정기관 등의 장에게 의견을 표명할 수 있다.

③ 권익위원회는 관계행정기관의 장에게 제도개선을 권고하거나 의견을 표명할 수 있다.

④ 권익위원회는 관계 행정기관의 장에게 시정 또는 제도개선의 권고를 하기 전에 그 행정기관 등과 신청인 또는 이해관계인에게 미리 의견을 제출할 기회를 주어야 한다.

(8) 처리결과의 통보

① 고충위원회는 조사중이거나 조사가 끝난 고충민원에 대한 공정한 해결을 위하여 합의권고(동법 제44조), 당사자의 신청 또는 직권에 의한 조정(동법 제45조 1항), 관계행정기관 등의 장에게 적절한 시정권고(동법 제46조1항) 등을 할 수 있다.

② 고충위원회는 고충민원의 결정내용을 지체 없이 신청인 및 관계 행정기관 등의 장에게 통지하여야 한다(동법 제49조).

③ 권고 또는 의견을 받은 관계행정기관 등의 장은 이를 존중하여야 하며, 그 권고 또는 의견을 받은 날부터 30일 이내에 그 처리결과를 권익위원회에 통보하여야 한다.

④ 그에 따른 권고를 받은 관계행정기관 등의 장이 그 권고내용을 이행하지 아니하는 경우에는 그 이유를 권익위원회에 문서로 통보하여야 한다.

(9) 감사의 의뢰 및 청구

① 감사의 의뢰

고충민원의 조사·처리과정에서 관계행정기관 등의 직원이 고의 또는 중대한 과실로 위법·부당하게 업무를 처리한 사실을 발견한 경우 국민권익위원회는 감사원에, 시민고충처리위원회는 당해 지방자치단체에 감사를 의뢰할 수 있다(동법 제51조).

② 감사의 청구

19세 이상의 국민은 공공기관의 사무처리가 법령위반 또는 부패행위로 인하여 공익을 현저히 해하는 경우 대통령령으로 정하는 일정한 수 이상의 국민의 연서로 감사원에 감사를 청구할 수 있다.

(10) 공표

권익위원회는 ① 권고 또는 의견표명의 내용, ② 행정기관의 처리결과, ③ 권고내용의 불이행시에는 불이행사유를 일반에 공표할 수 있다. 다만 다른 법률의 규정에 따라 개인의 사생활의 비밀이 침해될 우려가 있는 경우에는 그러하지 아니하다(동법 제53조).

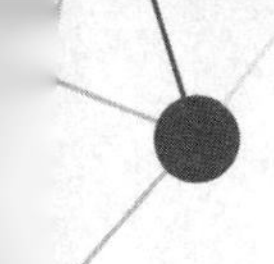

제 2 장 사후적 구제제도

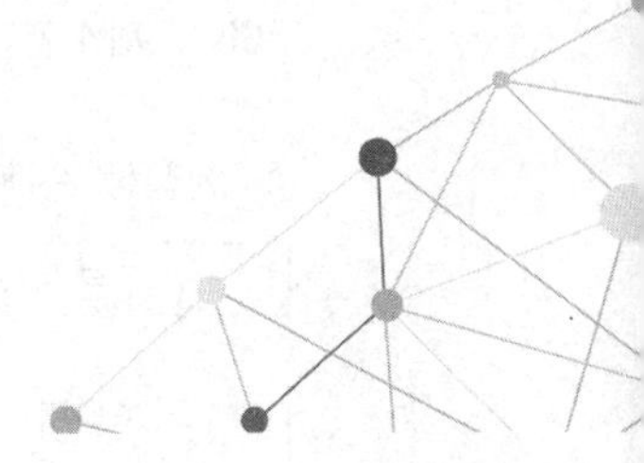

제1절 개 설

Ⅰ. 행정상 손해전보제도의 의의

1. 행정상 손해전보제도라 함은 국가의 작용으로 인하여 국민에게 야기된 손해를 전보(塡補)하여 주는 제도를 말하며, 이에는 행정상 손해배상과 행정상 손실보상이 있다.

2. 현행 실정법은 위법행위에 의한 손해의 배상인 행정상 손해배상과 적법행위에 의한 손실의 보상인 행정상 손실보상을 구분하고 있다.[241] 판례 또한 양자를 구분하고 있다(대판2001. 9.4. 99두11080).

Ⅱ. 양자의 상대화(접근 · 융화 경향)

1. 오늘날 사회적 위험의 증대로 피해자구제의 필요성이 높아지고 있다. 그 결과 손해배상책임의 주된 기준이 주관적 · 도의적 책임으로부터 객관적인 손해부담의 배분적 정의로 옮겨지고 있다.

2. 따라서 과실의 객관화나 입증책임전환의 법리 등을 통하여 점차 과실책임이 무과실책임에 접근하는 등(손해배상의 손실보상화), 손해배상제도와 손실보상제도가 접근하는 경향을 보이고 있다.

---

241) 행정상 손해배상제도는 행정의 위법성을 다툰다는 점에서는 행정소송과 마찬가지 기능을 가진다는 점에서, 원인행위에 대한 평가가 없는 행정상 손실보상과 다르다.

▷ **행정상 손해배상과 손실보상의 구별**

구분	손해배상	손실보상
기초원리	· 개인주의 사상 · 도덕적 책임주의	· 단체주의적 사상 · 사회적 공평부담주의 · 피해자의 경제적 희생
법적근거	· 헌법 제29조 · 일반법 있음(국가배상법)	· 헌법 제23조 제3항 · 일반법 없음(단, 토지수용에 관해서는 공익사업을 위한 토지 등의 취득 및 보상에 관한 법률이 일반법임)
가해행위 및 손해	위법행위로 인한 손해	적법행위로 인한 손실
책임의 성질	과실책임주의	무과실책임주의
대상	생명 · 신체 등 비재산권에 대한 침해 포함	재산적 침해만
양도 · 압류	생명 · 신체의 침해로 인한 권리는 양도 · 압류가 불가	양도 · 압류 가능함

제 2 절　행정상 손해배상

Ⅰ. 의 의

행정상 손해배상이라 함은 위법 · 부당한 행정작용으로 인하여 손해를 받은 자에 대하여 국가 또는 공공단체가 그 손해를 배상하는 제도를 말한다.

Ⅱ. 우리나라의 행정상 손해배상제도

1. 손해배상책임의 헌법적 근거

1) 현행 「헌법」 제29조 제1항은 “공무원의 직무상 불법행위로 손해를 받은 국민은 법률이 정하는 바에 의하여 국가 또는 공공단체에 정당한 배상을 청구할 수 있다”고 하여 국민의 국가배상청구권을 기본권으로 인정하고 있다. 그러나 공공영조물의 설치 · 관리의 하자로 인한 국가배상책임은 규정하고 있지 않다.

2) 국가배상에 관하여 헌법은 「국가 또는 공공단체」로 규정하고 있다. 반면 국가배상법은 「국가 또는 지방자치단체」로 규정하여, 「국가와 지방자치단체」 이외의 공공단체의 배상책

임은 「민법」에 의하게 하고 있다. 따라서 헌법의 배상주체의 범위가 국가배상법보다 범위가 더 넓다.

> **[관련 판례]**
>
> ★ 한국도로공사의 불법행위로 인한 손해(고속도로 소음으로 인한 양돈업 폐업)에 대해 민법 제750조의 불법행위로 인한 배상책임을, 고속도로의 관리상 하자로 인한 한국도로공사의 배상책임에 민법 제758조의 배상책임을 인정한다(대판 2001.2.9. 99다55434).
>
> 판례는 공공단체의 공행정작용을 수행하는 중 손해를 발생시킨 경우 기본적으로 민법 제750조의 불법행위로 인한 배상책임 또는 민법 제758조의 공작물의 책임을 인정하고 있다.

3) 국가배상의 주체는 행정주체가 되므로 그 피고도 행정주체가 된다(예컨대, 국가 · 지방자치단체 · 공무수탁사인 등).

4) 국가배상법을 민법과 비교했을 때 민법 제756조의 '사용자 배상책임'은 사용자의 면책사유를 규정하고 있으나, 국가배상법은 사용자인 국가의 면책사유를 규정하고 있지 않다. 즉, 민법상의 사용자 면책사유는 국가배상법상의 고의 · 과실의 판단시에 적용되지 않는다.

2. 국가배상법

1) 국가배상

(1) 「국가배상법」은 국가 · 지방자치단체 또는 공무수탁사인의 불법행위로 인한 손해배상책임에 관한 일반법이다(국가배상법 제2조 제1항).

(2) 국가배상법상의 적용법률 순서

① 「국가배상법」 제8조에 의하면 「민법」이외의 다른 법률이 있으면 그 법률이 먼저 적용되며, 그런 특별법이 없으면 국가배상법이 적용되고 「국가배상법」에 없는 사항에 대하여는 민법이 보충적으로 적용된다.

② 이 규정에 따라 국가배상책임에 대한 법은 국가배상에 관한 특별법 → 국가배상법 → 민법의 순으로 적용된다.

(3) 국가배상에 관한 특별법

① 무과실책임을 인정하고 있는 법

자동차손해배상보장법 · 원자력손해배상법 · 공무원연금법 · 산업재해보상법 등이 있다.

② 배상책임의 범위 또는 손해배상을 경감 내지 정형화하고 있는 법

우편법 · 전기통신사업법 · 도시철도법 등이 있다.

[관련 판례]

★ 우편물 취급에 수반하여 발생한 손해는 우편법에 의해서만 배상을 청구할 수 있다(대판 1972.2.8., 75다1059).

2) 국가배상법과 자동차손해보장법과의 관계

교통사고로 인한 손해배상책임에 관하여 규율하고 있는 법률로는 민법 · 국가배상법 · 자동차손해보장법이 있다. 이 중 자동차손해배상보장법(이하 '자배법'이라고 한다)[242]은 민법과 국가배상법이 특별법으로서 우선 적용이 된다.

[관련 판례]

★ 공무원이 그 직무를 집행하면서 자동차사고로 타인의 생명 · 신체를 해친 경우 국가배상법과 자동차손해보장법의 관계가 문제되는바, 자배법은 손해배상책임의 성립요건에 관해 국가배상법에 대하여도 특별규정이다(대판 1996.3.8, 94다23876).

(1) 자배법 제3조는 자동차 운행이 사적인 용무를 위한 것이건 공무를 위한 것이건 구별하지 아니하고 민법 · 국가배상법에 우선하여 적용한다.

[관련 판례]

★ 공무원의 공무집행상의 위법행위로 인한 공무원 개인책임의 내용과 범위는 민법과 국가배상법의 규정과 해석에 따라 정하여 질 것이지만, 그 사고가 자동차를 운전한 공무원이 경과실, 중과실 또는 고의를 가리지 않고 자기를 위하여 자동차를 운행하는 자에 해당하는 한 자배법상 손해배상책임(무과실책임)을 부담한다(대판 1996.5.31, 94다15271).

(2) 공무원의 차량사고로 인하여 손해가 발생한 경우 국가 등이 자동차손해배상보장법의 성립요건을 갖추게 되면 국가배상법에 의한 손해배상책임을 지게 된다. 이 경우 자배법 제3조의 요건인 "자기를 위하여 자동차를 운행하는 자"라는 운행자성이 인정되어야 한다.

① 무과실책임

자배법이 적용되는 경우 승객이 사망하거나 부상한 경우에는 그 사망 또는 부상이 그 승객의 고의나 자살행위로 인한 것이 아닌 한 국가는 무과실책임을 진다.

② 공무원이 국가 또는 지방자치단체 소유의 공용차를 운전하는 경우

공무원은 손해배상책임의 주체가 될 수 없고, 국가 또는 지방자치단체가 자배법의 손해배상책임을 부담한다.

---

242) 자동차손해배상보장법은 자동차의 운행으로 사람이 사망하거나 재물이 멸실 또는 훼손된 경우에 있어서의 손해배상을 보장하는 제도를 확립함으로써 피해자를 보호하고 자동차 운송의 건전한 발전을 촉진함을 목적으로 한다.

> **[관련 판례]**
>
> ★ 공무원이 그 직무를 집행하기 위하여 국가 또는 지방자치단체 소유의 공용차를 운행하는 경우, 그 자동차에 대한 운행지배나 운행이익은 그 공무원이 소속한 국가 또는 지방자치단체에 귀속된다고 할 것이고 그 공무원은 자기를 위하여 공용차를 운행하는 자로서 같은 법조 소정의 손해배상책임의 주체가 될 수는 없다(대판 1994.12.27, 94다31860).

③ 공무원이 개인적인 일로 무단으로 국가 또는 지방자치단체 소유의 공용차를 운행하여 무단으로 관용차를 사용한 경우에도 국가 등의 자동차손해보장법상의 책임이 인정된다(대판 1988.1.19, 87카2202).

> **[관련 판례]**
>
> ★ 국가 소속공무원이 관리권자의 허락을 받지 아니한 채 국가 소유의 오토바이를 무단으로 사용하다가 사고가 발생하였다면(오토바이와 시동열쇠를 무단운전이 가능한 상태로 잘못 보관함), 국가가 위 공무원의 무단운전에도 불구하고 위 오토바이에 대한 객관적·외형적인 운행지배 및 운행이익을 계속 가지고 있었다고 봄이 상당하다(대판 1988.1.19, 87다카2202).

④ 공무원이 직무상 자기 소유의 자동차를 운전하다가 사고를 일으킨 경우

이 경우 국가배상법보다 우선하여 자배법이 적용된다. 따라서 공무원 개인은 자배법의 손해배상책임을 부담한다(대판 1996.3.8, 94다23876).

3) 「국가배상법」의 법적 성격

① 학설

㉠ 국가배상법의 성격에 관해서는 사법설과 공법설이 대립되고 있다. 국가배상법을 공법으로 보는 입장에서는 국가배상청구권을 공권으로 보고(다수설), 사법(私法)으로 보는 입장에서는 사권(私權)으로 본다.

㉡ 국가배상법을 공법으로 보는 다수설에 의하면 국가배상소송의 형태는 당사자소송이며, 행정법원의 관할사항이 된다.

② 판례

판례는 국가배상책임을 민사상 손해배상의 일종으로 보고, 국가배상법을 민법상의 특별법으로 보고 있다(대판 1972.10.16, 69다701). 따라서 판례는 사법설에 입각하여 국가배상청구사건을 민사소송으로 다루고 있다(대판 1971.4.6, 70다2955).

> **[관련 판례]**
>
> ★ 공무원의 직무상 불법행위로 손해를 받은 국민이 국가 또는 공공단체에 배상을 청구하는 경우 국가 또는 공공단체에 대하여 그의 불법행위를 이유로 손해배상을 구함은 국가배상법이 정한바에 따른다 하여도 이 역

시 민사상의 손해배상 책임을 특별법인 국가배상법이 정한데 불과하다(대판 1972.10.10, 69다701).

4) 국가배상책임의 유형

국가배상법은 배상책임의 유형으로 ①공무원의 직무상 불법행위로 인한 배상책임 ②영조물의 설치·관리상의 하자로 인한 배상책임의 두 가지를 규정하고 있다. ③ 국가배상법은 국가나 지방자치단체가 사인의 지위에서 행하는 사경제작용(예컨대, A구청이 경영합리화를 위해 중고자동차를 민간인에게 매각하는 경우)으로 인한 손해배상책임에 관해서는 규정하고 있지 않다. 이 경우 배상책임은 민법에 의한다.

5) 국가배상제도와 외국인

(1) 상호주의

국가배상법은 외국인이 피해자인 경우에는 그 나라와 상호 보증이 있는 경우에만 적용되는 상호주의를 채택하고 있다(국가배상법 제7조). 여기서 상호의 보증이란 피해자인 외국인의 본국에서 한국인도 손해배상을 청구할 수 있어야 함을 의미한다.

[관련 판례]

★ 중화민국은 상호보증이 있는 경우에 해당하여 중화민국인도 국가배상을 청구할 수 있다(대판 1968.12.3, 68다1929).

(2) 한미행정협정(SOFA)상의 배상문제

① 손해배상청구에 관련하여 개별법률에서 따로 특별규정을 두는 경우도 있다. ② 주한미국군대 및 한국증원군대(카투사) 구성원 등의 공무집행 중 행위와, 이들이 소유·점유·관리하는 시설 등의 설치 또는 관리의 하자로 인한 피해자도 국가배상법의 규정에 따라 대한민국에 대하여 배상을 청구할 수 있다(한미행정협정 제23조 제5항).

[관련 판례]

★ '한미행정협정' 제5조 제2항을 근거로 대한민국은 주한미군의 시설 등 사용과 관련된 불법행위의 피해자에 대하여 면책을 주장할 수 없다(대판 2009.10.29, 2009다42666).

★ 한미행정협정 제23조 제5항은 공무집행중인 미합중국 군대의 구성원이나 고용원의 작위나 부작위 또는 미합중국 군대가 법률상 책임을 지는 기타의 작위나 부작위 또는 사고로서 대한민국 안에서 대한민국 정부 이외의 제3자에게 손해를 가한 것으로부터 발생하는 청구권은 대한민국이 이를 처리하도록 규정하고 있으므로 위 청구권의 실현을 위한 소송은 대한민국을 상대로 제기하는 것이 원칙이다(대판 1997.12.12, 95다29895).

제 1 항 공무원의 위법한 직무행위로 인한 배상책임

Ⅰ. 개 설

1. 의의

공무원의 위법행위로 인한 국가배상책임이란 공무원의 과실있는 위법행위로 인하여 발생한 손해에 대한 배상책임을 말한다. 국가배상법 제2조는 다음과 같이 국가의 과실책임을 인정하고 있다.

> **[관련 법률]**
>
> "① 국가나 지방자치단체는 공무원 또는 공무를 위탁받은 사인(이하 '공무원'이라 한다)이 직무를 집행하면서 고의 또는 과실로 법령을 위반하여 타인에게 손해를 입히거나, 「자동차손해배상보장법」에 따라 손해배상의 책임이 있을 때에는 이 법에 따라 그 손해를 배상하여야 한다. 다만, 군인·군무원·경찰공무원 또는 향토예비군대원이 전투·훈련 등 직무집행과 관련하여 전사·순직하거나 공상을 입은 경우에 본인이나 그 유족이 다른 법령의 규정에 따라 재해보상금·유족연금·상이연금 등의 보상을 지급받을 수 있을 때에는 이 법 및 「민법」의 규정에 따른 손해배상을 청구할 수 없다. ② 제1항 본문의 경우에 공무원에게 고의 또는 중대한 과실이 있으면 국가나 지방자치 단체는 그 공무원에게 구상할 수 있다."

2. 법적근거

우리헌법은 국가 또는 공공단체의 배상책임을 일반적으로 규정하고 있으며(「헌법」제29조), 이를 실시하기 위하여 제정된 국가배상법은 공무원의 위법한 직무행위로 인한 배상에 대하여 그 구체적 내용을 명백히 하고 있다(「국가배상법」제2조 제1항).

Ⅱ. 배상책임의 성질

1. 학설

1) 공무원의 위법한 직무행위로 인하여 발생한 타인의 손해에 대해서 국가 또는 지방자치단체가 지는 배상책임의 성질을 어떻게 볼 것인가에 대해서는 대위책임설[243] · 자기책임설[244] ·

243) 대위책임설은 공무원의 위법한 직무행위로 인한 손해배상책임은 당해 공무원이 져야 하나, 피해자보호 등을 위해서 국가 또는 지방자치단체가 가해자인 공무원을 대신하여 지는 대위책임에 불과하다는 견해이다.

244) 자기책임설은 국가는 그의 기관인 공무원의 행위를 통하여 국가목적을 달성하는 것이므로, 공무원의 행위에 대하여 국가가 직접 자신의 책임을 진다는 입장이다.

중간설[245] · 절충설 등이 첨예하게 대립하고 있으나, 절충설이 다수설이다.

2) 절충설

(1) 공무원의 고의 · 중과실에 의한 공무원의 불법행위는 기관행위로 볼 수 없으므로 그에 대한 손해배상책임은 대위책임이나, 경과실에 의한 경우에는 기관행위로 볼 수 있으므로 그에 대한 손해배상책임은 자기책임의 성질을 가진다는 입장이다.

(2) 선택적 청구문제

고의 · 중과실의 경우에는 피해자에게 국가 · 지방자치단체나 가해공무원 어느 쪽이든 선택적 청구가 인정되고, 경과실의 경우에는 부정된다.

(3) 구상권 문제

고의 · 중과실의 경우에만 구상권 행사가 긍정되고(국가배상법 제2조), 경과실의 경우에는 부정된다.

2. 판례

대법원은 「국가배상법」의 성질과 관련하여 명시적인 입장을 표명하고 있지는 않지만, 절충설의 입장을 따르고 있다.

[관련 판례]

★ 「국가배상법」의 입법취지는 국가 등에게 손해부담책임을 부담시켜 국민의 재산권을 보장하기 위한 것이라는 점에서 자기책임을 인정하면서도, 공무원의 직무수행상 경과실로 타인에게 손해를 입힌 경우에는 국가에 그 책임이 귀속되고, 반면에 공무원의 위법행위가 고의 · 중과실에 기인하는 경우에는 그 본질에 있어서 기관행위로서의 품격을 상실하였기 때문에 국가 등에게 그 책임을 귀속시킬 수 없고, 다만 이러한 경우에는 피해자인 국민을 두텁게 보호하기 위하여 국가와 공무원 개인의 중첩적 배상을 부담하되, 국가 등이 공무원에게 구상할 수 있도록 함으로써 궁극적으로 그 책임이 공무원에게 귀속되도록 하려는 것이다(대판 1996.2.15, 95다38677).

★ 공무원에게 경과실이 있을 뿐인 경우에는 공무원 개인은 손해배상책임을 부담하지 아니하므로, 경과실이 있는 공무원이 피해자에게 직접 손해를 배상하였다면 그것은 채무자 아닌 사람이 타인의 채무를 변제한 비채변제에 해당하며, 피해자에게 손해를 직접 배상한 경과실이 있는 공무원이 국가에 대하여 국가의 손해배상책임의 범위 내에서 자신이 변제한 금액에 관하여 구상권을 행사하는 것은 권리남용이 아니다(대판 2014.8.20, 2012다54478). 판례는 직무수행 중 불법행위로 타인에게 손해를 입힌 경우, 피해자에게 손해를 직접 배상한 경과실이 있는 공무원이 국가에 대하여 구상권을 취득한다고 보고 있다.

---

245) 중간설은 공무원의 불법행위가 경과실에 기인한 경우에는 공무원의 행위는 기관행위가 되므로 국가의 배상책임이 자기책임이지만, 공무원의 불법행위가 고의나 중과실인 경우에 지는 국가의 배상책임은 대위책임이라고 본다.

Ⅲ. 손해배상책임의 요건

「국가배상법」제2조에 의한 배상책임이 성립하기 위하여는 1)공무원(공무수탁사인포함)이, 2)그 직무행위를, 3)집행하면서, 4)고의 또는 과실로, 5)법령에 위반하여, 6)타인에게 손해를 가한 경우에 성립한다. 국가배상책임이 성립하기 위해서는 이러한 요건을 모두 구비하여야만 한다.

1. 공무원의 행위

1) 공무원의 범위

(1) 공무원이란 행정부 · 입법부 · 사법부 소속(검사와 판사 포함)의 공무원까지 포함한다.

(2) 국가공무원, 지방공무원이든 공무원의 신분을 가진자는 물론이고, 공무원이 신분을 갖지 않더라도 널리 공무를 위탁(일시적 위탁이든 한정적인 사항에 관한 활동의 위탁이든 불문한다)받아 종사하는 자를 모두 포함한다(통설 · 판례).

(3) 여기서 말하는 공무원은 특정되어야 하는가에 관하여 특정될 필요가 없다는 것이 통설과 판례의 태도이다. 따라서 다수의 경찰공무원에 의한 최루탄 발사로 인한 사망의 경우에도 국가배상책임이 성립한다.

(4) 공무원 속에는 기관(특히 국회 · 지방의회 · 선거관리위원회 · 합의제 행정기관)자체가 포함되는가에 긍정설과 부정설의 견해로 나뉘고 있으나, 기관 그 자체도 포함된다고 본다.[246)]

(5) 임용결격자가 공무원으로 행한 사실이 사후에 발견되어도 공무원에 해당한다.

(6) 다만, 국가배상법상 배상주체가 국가 · 지방자치단체로 한정하고 있어 공공조합(예컨대, 농지개량조합 등) · 영조물법인(예컨대, 서울대학병원 · 한국도로공사 · 한국토지공사 등)의 직원은 공무원에 포함되지 않는다.

[관련 판례]

★ 국가배상법상 공무원에 해당하는 자

① 동원 중인 향토예비군(대판 1970.5.26, 70다471), ②시청소차 운전수(대판 1971.4.6, 70다2955), ③공무수탁사인으로 전입신고서에 확인인을 찍는 통장(대판 1991.7.9, 91다5570), ④국가나 지방자치단체에 근무하는 청원경찰(대판1993.7.13. 92다47564), ⑤ 민사상의 강제집행에 관여하는 집행관(대판1966.1.25, 65다2381). ⑥동장에 의해 선정된 교통할아버지, ⑦공무를 위탁받은 사인으로 구 수산청장으로부터 뱀장어에 대한 수출추천업무를 위탁받은 수산업협동조합(대판 2003.11.14. 2002다55304), ⑧주한미군 · 카투사(한미상호방위조약 및 그에 근거한 한미행정협정) 등을 들 수 있다.

---

246) 김남진, 「행정법 I」, 법문사, 2000, P.565; 박윤흔, 「최신행정법강의」, 박영사, 2004, P.701.

> ★ 국가배상법상 공무원이 아닌 경우
> ①의용소방대원(대판 1975.11.25, 73다1896), ②시영버스 운전사, ③공무집행에 자진하여 협력하는 사인(私人), ④법령에 의해 대집행권한을 위탁받은 한국토지공사(현재의 토지주택공사)(대판 2010.1.28, 2007다82950), ⑤우체국에서 아르바이트를 하는 자 등.

(7) 한미상호방위조약(제4조) 및 그에 근거한 한미행정협정(제23조 제5항)에 의거, 미합중국군대의 구성원·고용원 또는 한국증원부대구성원(카투사)도 여기의 공무원에 준한다. 다만 한미행정협정의 시행에 관한 민사특별법에 의하면, 미군이 직무수행 중에 손해를 가한 때에만 국가배상법의 규정에 의하여 이를 배상토록 규정하고 있다.

2) 직무를 집행함에 당하여

(1) 직무행위의 범위

직무행위의 범위에 관하여는 다음과 같은 견해의 대립이 있다.

① 협의설

'직무'를 권력작용에만 국한시키는 입장으로, 오늘날 이 견해를 취하는 학자는 거의 없다.

② 광의설

'직무'를 국가 또는 지방자치단체의 사경제작용을 제외한 일체의 공행정작용(권력·비권력적 작용)으로 이해하려는 견해이다(통설).

③ 최광의설

'직무'를 권력작용·비권력적 작용(관리작용)뿐만 아니라, 사경제작용까지도 모두 포함하는 것으로 보는 입장이다.

④ 판례

판례도 공행정작용인 이상 권력작용과 비권력작용까지 직무행위에 포함시키나 사경제 작용은 제외시키고 있다(대판 2004.4.9, 2002다10691).

> [관련 판례]
> ★ 국가배상법이 정한 배상청구의 요건인 '공무원의 직무'에는 권력적 작용만이 아니라 행정지도와 같은 비권력적 작용도 포함되며, 단지 행정주체가 사경제로서 하는 활동만 제외된다(대판 1998.7.10, 96다38971).

(2) 직무행위의 내용

① 일반적으로 직무행위의 내용에는 권력작용, 비권력적 공행정작용, 입법작용·사법(司法)작용, 법률행위적 행정행위, 준법률적 행정행위, 사실행위, 작위·부작위 등의 행정작용도 모두 포함된다.

② 입법작용

국회의원의 입법행위로 인해 피해를 입은 경우 입법작용 역시 직무행위에 포함되므로 국가배상책임이 인정될 수 있다. 그러나 판례는 국회의원의 입법행위는 국가배상법 제2조 제1항(배상책임) 소정의 위법행위에 해당한다고 볼 수 없다는 판시를 한 바 있다. 즉, 국가배상책임을 인정하지 않는다.

[관련 판례]

★ 국회의원은 입법에 관하여 원칙적으로 국민 전체에 대한 관계에서 정치적 책임을 질 뿐 국민 개개인의 권리에 대응하여 법적 의무를 지는 것은 아니다. 따라서 국회의원의 입법행위는 그 입법 내용이 헌법의 문언에 명백히 위배됨에도 불구하고 국회가 굳이 당해 입법을 한 것과 같은 특수한 경우가 아닌 한 국가배상법 제2조 제1항 소정의 위법행위에 해당한다고 볼 수 없다(대판 1997.6.13, 96다56115).

③ 사법작용(司法作用)

사법작용 역시 직무행위에 포함되나, 판례는 법관의 재판에 법령의 규정을 따르지 아니한 잘못이 있다고 하더라도 원칙적으로 바로 국가배상법상 위법한 행위가 되지 않는다고 한다. 그러나 당해 법관이 위법 또는 부당한 목적을 가지고 재판을 하는 등 법관이 그에게 부여된 권한의 취지에 명백히 어긋나게 이를 행사하였다고 인정할 만한 특별한 사정이 있다면 예외적으로 위법성을 인정할 수 있다고 판시한 바 있다(대판 2001.4.24, 2000다16114).

[관련 판례]

★ 헌법재판소 재판관의 헌법소원 심판의 청구기간을 잘못 산정하여 각하결정을 함으로써 청구인으로 하여금 본안판단을 받을 기회를 상실하게 한 경우, 만약 본안판단을 하였더라도 어차피 청구가 기각되었을 것이라는 사정이 있다고 하더라도, 잘못된 판단으로 인하여 헌법소원심판 청구인의 위와 같은 합리적인 기대를 침해한 것이고 이러한 기대는 인격적 이익으로서 보호할 가치가 있다고 할 것이므로, 그 침해로 인한 정신적 고통에 대하여는 위자료를 지급할 의무가 있다고 할 것이다(대판 2003.7.11, 99다24218).

④ 수사기관의 행위

검사도 국가배상법상 공무원에 해당하므로 일정한 요건이 충족된 경우 국가배상책임이 인정될 수 있다.

[관련 판례]

★ 검사는 피고인의 정당한 이익을 옹호할 의무가 있으므로 무죄를 입증할 결정적인 증거를 법원에 제출하지 않은 경우 위법성이 있으므로 국가배상책임이 있다(대판 2002.2.22, 2001다23447).

⑤ 부작위에 의한 손해배상책임

국가배상법상 부작위는 행정권의 불행사를 의미한다. 또한 작위의무는 직무상 의무를 의미하므로, 부작위는 직무상 의무위반을 의미한다.

㉠ 조리에 의한 작위의무 인정[247]

판례는 형식적 의미의 법령에 명시적으로 공무원의 작위의무가 규정되어 있지 않음에도 일정한 경우에 관련규정에 비추어 조리상 위험방지작위의무를 인정하고 있다(대판 2005.6.10, 2002다53995). 즉, 법령에 명시적으로 공무원의 작위의무가 규정되어 있지 않은 경우에도 공무원의 부작위로 인한 국가배상책임을 인정하고 있다.

㉡ 판례는 행정기관 등이 그 권한을 행사하지 아니한 것이(부작위) 직무상 의무를 위반하여 위법한 것으로 되는 경우에는 특별한 사정이 없는 한 과실도 인정된다고 판시하고 있다(대판 2001.4.24 ,2000다57856).

㉢ 절박하고 중대한 위험상태가 발생하였거나 발생할 우려가 있는 경우가 아닌 한, 원칙적으로 공무원이 관련 법령대로만 직무를 수행하였다면 그와 같은 공무원의 부작위를 가지고 「고의 또는 과실로 법령에 위반」하였다고 할 수 없다(대판 2001.4.24, 2000다57856).

▷ 공무원의 부작위에 의한 국가배상 인정 · 불인정의 예

부작위에 의한 국가배상인정사례	부작위에 의한 국가배상 불인정
㉠ 충무시의 극동호 유람선 화재에 대한 소속 공무원들의 유람선에 대한 수선·사용 및 운행의 제한·금지 명령을 불행사한 부작위(대판 1993.2.12, 91다43466). ㉡ 시위진압 후 도로상에 방치된 트랙터에 대한 경찰의 위험발생방지조치에 대한 부작위(대판 1998.8.25, 98다16890). ㉢ 경찰서 대용감방 내에서 수감자들 간에 폭력행위가 발생하였음에도 경찰관이 이를 제지하지 않는 부작위(대판 1993.9.28, 93다17546). ㉣ 경찰이 윤락업주로부터 뇌물을 수수하여 윤락행위 강요를 제지하지 않고 수사하지 않은 부작위(대판 2004.9.23, 2003다49009). ㉤ 무장공비(1.12김신조 무장공비 청와대습격사건) 출현으로 인한 민간인의 사망에 대한 경찰공무원의 직무의 부작위(대판 1971.4.6, 71다124).	㉠ 정신질환자인 세입자에 의해 살해당한 집주인의 유족이 정신질환자의 평소 행동에 대한 사법경찰관의 수사 미개시 및 긴급구호권 불행사의 부작위(대판 1996.10.25, 95다45972). ㉡ 에이즈 검사결과 양성으로 판정된 후 자의로 보건당국의 관리를 벗어난 자에 대하여 그 후 국가 산하 검사기관이 실시한 일련의 정기검진 결과 중에서 일부가 음성으로 판정된 적이 있음에도 불구하고 위 검사기관이 이를 본인에게 통보하지 않고 그에 따른 후속조치가 없었던 경우(대판 1998.10.13, 98다18520).

247) 박균성, 「행정법 기본강의」, 박영사, 2016, p.343

⑥ 준법률행위적 행정행위

공증 등 준법률행위적 행정행위도 직무행위에 포함된다.

[관련 판례]

★ 위조인장에 의하여 타인명의의 인감증명서가 발급되고 이를 토대로 소유권이전 등기가 경료된 부동산을 담보로 금전을 대여한 자가 손해를 입게 된 경우, 인감 증명발급업무 담당공무원의 직무집행상의 과실이 인정된다(대판 2004.3.26, 2003다54490).

★ 공무원의 과실로 허위의 인감증명서가 발급됨으로써 부실근저당권을 마친 저당권자가 그 저당권의 불성립으로 손해를 입었다면 공무원의 그와 같은 직무상 과실과 손해 사이에는 상당인과관계가 있다(대판 1991.7.9, 91다5570).

⑦ 국가 또는 공공단체라 할지라도 공권력의 행사가 아니고 순전히 대등한 지위에서 사경제의 주체로 활동하였을 경우에는 그 손해배상의 책임에 국가배상법의 규정이 적용될 수 없고, 민법이 적용된다(대판 1969.4.22, 68다2225).

(3) 직무를 집행하면서 한 행위

① 외형설

㉠ '직무를 집행함에 당하여'라 함은 직무행위 자체는 물론 직무수행의 수단으로 행한 행위 및 직무와 밀접히 관련된 행위를 말한다(통설 · 판례).

㉡ "직무를 집행하면서"의 판단기준은 외형설을 취하고 있다(대판 2005.1.14, 2004다26805). 외형설에 의하면 직무집행행위뿐만 아니라 실질적으로 직무집행행위가 아니더라도 외형상 직무행위로 보여질 때는 "직무를 집행하면서 행한 행위"로 본다.

[관련 판례]

★ 직무를 집행함에 당하여라는 취지는?

대법원은 "「국가배상법」제2조 제1항에서 말하는 '직무를 집행함에 당하여'라는 취지는 공무원의 행위의 외관을 객관적으로 관찰하여 공무원의 직무행위로 보여질 때에는 비록 그것이 실질적으로 직무행위이거나 아니거나 또는 행위자의 주관적 의사에 관계없이 그 행위는 공무원의 직무집행행위로 볼 것이요, 이러한 행위가 실질적으로 공무집행행위가 아니라는 사정을 피해자가 알았다 하더라도 그것을 「국가배상법」제2조 제1항에서 말하는 '직무를 집행함에 당하여'라고 단정하는 데 아무런 영향을 미치는 것은 아니다"라고 판시하고 있다(대판 1966.6.28, 66다781).

② 판례는 외형적 직무관련을 널리 인정하고 있다. 직무관련성을 인정할 수 있는 사례와 부정하는 사례를 도표화하면 다음과 같다.

▷ 직무행위성 인정 · 부정사례

직무행위 인정사례(국가배상책임인정)	직무행위 부정사례(국가배상책임 불인정)
① 상급자가 하급자를 훈계 도중 폭력을 행사하여 사고를 발생시킨 경우(대판 1966.10.18, 66다1377). ② 감방 내에서의 기합 및 사적인 형벌(대판 1993.9.28, 93다17546). ③ 미군부대 소속 선임하사관이 부대에 공용차량이 없어서 개인소유의 차량을 빌려 출장을 갔다가 퇴근하기 위하여 집으로 운행하던 중 사고가 발생한 경우(대판 1988.3.22, 87다카1163). ④ 운전을 임무로 하지 않는 군인이 군복을 입고 군용차량을 불법 운전하다가 사고를 낸 경우(대판 1988.3.22, 87다카1163). ⑤ 직무와 관련된 수뢰행위 ⑥ 군인(육군중사)의 사전 훈련지역 정찰행위 중 개인소유의 오토바이로 사고를 낸 경우(대판 1994.5.27, 94다6741). ⑦ 경찰관이 비번 날 관할 밖에서 제복을 착용하고 불심검문을 가장하여 통행인에게 금품을 강탈한 행위 ⑧ 지방자치단체가 선정한 교통할아버지의 교통지도행위 ⑨ 부대귀대 중 민간인을 태우고 운행하는 도중 일어난 사고 ⑩ 출퇴근 완료 후 운전수가 단독으로 통근차량을 운행하다 사고를 낸 경우 ⑪ 인사업무담당 공무원이 다른 공무원증을 위조하여 대출 받은 경우(대판 2005.1.14, 2004다26805).	① 공무원이 통상적으로 근무하던 근무지로 자기소유의 자동차를 가지고 출근하다가 자기 과실로 사고를 일으킨 경우(대판 1996.5.31, 94다15271). ② 세관공무원이 재산압류도중 행한 절도행위 ③ 부대를 이탈한 군인이 민간인을 사살한 경우 ④ 서로 장난 중에 발생한 총기오발사고 ⑤ 상관의 기합에 분격하여 행한 총기난사 ⑥ 결혼식 참석을 위해서 군용차 운행을 한 경우 그 불법운행사실을 알면서 피해자가 승차하여 발생한 사고 ⑦ 가솔린 불법처분 중 발화한 경우 ⑧ 세무과에서 근무하던 구청공무원이 무허가건물철거 세입자들에 대한 시영아파트 입주권 매매행위를 한 경우(대판 1993.1.15, 92다8514).

2. 고의 또는 과실로 인한 행위

국가 등의 배상책임이 성립하기 위해서는 공무원이 직무집행시 '고의 또는 과실'로 타인에게 손해를 가한 경우에만 국가배상책임이 인정된다.

1) 의의

고의라 함은 자기의 행위로 인한 결과의 발생을 인식하면서도 그 행위를 행하는 심리상태를 말하며, 과실이라 함은 자기의 행위로 인하여 일정한 결과의 발생을 부주의로 인식하지 못하고 그 행위를 하는 심리상태를 말한다.

2) 판단기준

고의 또는 과실을 요건으로 하고 있는 점에서 국가배상법은 원칙적으로 「과실책임주의」

를 채택하고 있다.

(1) 고의 · 과실의 유무는 당해 공무원을 기준으로 하여 판단하여야 한다(통설). 따라서 직무행위를 한 공무원에게 고의 · 과실이 있으면 되고, 선임 · 감독자인 국가의 고의 · 과실은 불문한다. 즉, 국가는 공무원의 불법행위책임이 인정되는 경우에 공무원의 선임 · 감독을 게을리 함이 없어도 배상책임을 진다(국가의 무과실책임).[248)]

(2) 과실의 입증책임은 피해자인 원고에게 있다는 것이 통설 · 판례의 입장이다(대판 2004. 6.11. 2002다31018). 그러나 피해자가 가해공무원의 고의 · 과실을 입증하는 것은 현실적으로 매우 어렵다. 따라서 과실의 입증을 완화시키기 위해서 일응추정의 법리가 주장되고 있다(통설).

(2) 과실의 객관화론

과실의 유무를 주관적으로 판단하는 것이 아니라 객관적으로 판단하는 것을 '과실의 객관화'라고 한다. 이는 과실개념을 객관화하여 국가배상책임의 성립을 용이하게 하려는 취지이다.

① 과실의 객관화 경향

㉠ 국가배상법상의 과실은 해당 가해 공무원의 주의능력을 기준으로 하여 판단되지 않고, 해당 직무를 담당하는 「평균적 공무원의 주의능력」을 기준으로 판단되는 추상적 과실을 의미한다(통설 · 판례).

㉡ 따라서 과실은 당해 직무를 담당하는 평균인이 보통 갖추어야 할 주의의무(추상적 과실)를 게을리 한 것을 말하며, 특정 공무원 개인의 지식 · 능력 · 경험의 여하에 따라 주관적(구체적 과실)으로 정하여지지 아니한다(대판 1987.9.22, 87다카1164).

② 과실공무원의 특정불요

공무원의 과실을 입증함에 있어서 가해공무원의 특정이 필수적인 것은 아니다. 누구의 행위인지가 판명되지 않더라도 손해의 발생상황으로 보아 공무원의 행위에 의한 것이 인정되면 국가는 배상책임을 지게 된다.[249)]

[관련 판례]

★ 데모진압 도중 최루탄 투척 등으로 데모가담자에게 발생한 손해의 국가배상사건에서 가해공무원을 특정할 필요가 없다(서울지법 1988.9.21, 88가합2327).

★ 대법원은 과도한 시위진압으로 인하여 시위참가자가 사망한 사안에서, 국가배상책임을 인정하되 시위참가자에 대하여 30%과실상계를 한 원심판결을 수긍하였다(대판 1995.11.10, 95다23897).

---

248) 홍정선, 전게서, p.490.

249) 이는 공무원을 특정할 수 없더라도 공무원의 행위인 이상 국가조직의 책임을 인정하는 독일법상의 「조직과실이론」과 프랑스의 「역무과실이론」과 궤를 같이 한다.

③ 공무원의 법령해석과 과실

원칙은 배상책임을 인정하나, 예외적으로 부정되는 경우도 있다.

㉠ 원칙

공무원이 일반적인 법적 지식을 갖추지 못하고 법규를 잘못 해석하여 처분한 경우 과실을 인정할 수 있다.

[관련 판례]

★ 법적 지식의 부족이 과실에 해당하는가의 여부

법령에 대한 해석이 복잡, 미묘하여 워낙 어렵고, 이에 대한 학설, 판례조차 귀일되어 있지 않는 등의 특별한 사정이 없는 한 일반적으로 공무원이 관계 법규를 알지 못하거나 필요한 지식을 갖추지 못하고 법규의 해석을 그르쳐 행정처분을 하였다면 그가 법률전문가 아닌 행정직 공무원이라고 하여 과실이 없다고는 할 수 없다(대판 2001.2.9, 98다52988).

㉡ 예외

특별한 사정이 있는 경우 평균적인 공무원이 가질 수 있는 통상의 법률적 소양을 바탕으로 직무행위를 한 경우에는 과실이 부정될 수도 있다.

[관련 판례]

★ 관계 공무원의 법령의 해석 · 적용과 관련하여 공무원의 무과실이 인정되는 경우

• 법령의 해석이 복잡 · 미묘하여 어렵고 학설 · 판례가 통일되지 않을 때에 공무원이 신중을 기해 그 중 어느 한 설을 취하여 처리한 경우에는 그 해석이 결과적으로 위법한 것이었다 하더라도 국가배상법상 공무원의 과실을 인정할 수 없다(대판 1973.10.10, 72다2583).

• 공무원은 일반적으로 당해 직무에 관한 법령을 알고 있다고 볼 수 있으므로 공무원이 관계 법규를 알지 못하거나 필요한 지식을 갖추지 못한 경우 국가배상이 인정됨이 원칙이다. 그러나 법령에 대한 해석이 복잡 · 미묘하여 워낙 어렵고 이에 대한 학설 · 판례조차 귀일되어 있지 않는 등의 특별한 사정이 있는 경우에만 국가배상이 부정된다(대판 1981.8.25, 80다1598).

• 관계법령에 대한 해석이 확립되기 전 어느 한 설을 취하여 업무를 처리한 행정처분이 후에 항고소송으로 취소된 경우, 당해 행정처분이 곧바로 공무원의 고의 또는 과실로 인한 불법행위를 구성한다고 단정할 수는 없다(대판 1997.7.11, 97다7608).

• 행정입법에 관여한 공무원이 나름대로 합리적 근거를 찾아 어느 하나의 견해에 따라 경과규정을 두는 등의 조치 없이 새 법령을 그대로 시행 또는 적용하였으나 그 판단이 나중에 대법원이 내린 판단과 달라 결과적으로 신뢰보호원칙 등을 위반하게 된 경우, 국가배상책임의 성립요건인 공무원의 과실이 있다고 볼 수 없다(대판 2013.4.26, 2011다144280).

★ 과실이 인정되는 경우

• 행정청이 확립된 법령의 해석에 어긋나는 견해를 고집하여 계속적으로 위법한 행정처분을 하거나 이에 준하는 행위로 평가될 수 있는 불이익을 처분 상대방에게 주는 경우, 손해배상책임이 있다(대판 2007.5.10, 2005다31828).

④ 행정규칙에 따른 처분

행정규칙에 따른 처분의 경우에는 후에 그 처분이 재량권을 일탈한 위법한 처분임이 판명된 경우에도 일반적으로 과실이 있다고 보기 어렵다는 것이 다수설과 판례의 입장이다.

[관련 판례]

★ 행정규칙의 처분기준에 따른 처분에 대한 과실인정 여부

영업허가취소처분이 나중에 행정심판에 의하여 재량권을 일탈한 위법한 처분임이 판명되어 취소되었다고 하더라도 그 처분이 당시 시행되던 공중위생법시행규칙에 정하여진 행정처분의 기준에 따른 것인 이상 그 영업허가취소처분을 한 행정청 공무원에게 그와 같은 위법한 처분을 한 데 있어 어떤 직무집행상의 과실이 있다고 할 수는 없다(대판 1994.11.8, 94다26141).

⑤ 행정처분이 항고소송에서 취소된 경우 과실의 인정여부

위법성과 과실을 별개의 개념으로 이해된다. 따라서 어떠한 처분이 곧바로 과실로 인정되지는 않는다. 판례 역시 동일한 입장을 취하고 있다.

㉠ 어떠한 행정처분이 뒤에 항고소송에서 취소되었다고 할지라도 그 자체만으로 그 행정처분이 곧바로 공무원의 고의 또는 과실로 인한 불법행위를 구성한다고 단정할 수는 없다(대판 2005.5.12, 99다70600).

㉡ 법령에 의한 국가시험에 있어 시험문항의 출제 및 정답결정에 오류가 있어 합격자 결정이 위법하게 되었더라도 객관적 정당성을 상실하지 않은 이상 국가배상책임은 인정되기 어렵다(대판 2003.11.27, 2001다33789; 대판 2003.12.11, 2001다65236).

3. 법령에 위반한 행위(위법성)

1) 법령의 범위

(1) 법령의 범위에 대하여 협의설과 광의설이 대립하고 있다. ① 협의설은 성문법과 불문법을 포함한 모든 법규를 포함한다는 견해이다. ② 광의설은 성문법 · 불문법 이외에 인권존중 · 공서양속 등도 포함하여 당해 직무행위가 객관적으로 「정당성」을 결여한 행위까지도 포함된다.

(2) 양설은 공서양식까지 포함하는 가에 차이가 있는데, 법령개념을 넓게 보는 광의설이 통설 · 판례이다(대판 2002.5.17, 2000다22607).

2) 법령의 위반의 의미

(1) 학설

위반이란 법령에 위배됨을 의미한다. 위법의 대상 및 판단기준을 무엇으로 보느냐에 따라서 학설의 견해가 대립하고 있다. 결과불법설 · 행위위법설[250] · 직무의무위반설 · 상대적

250) 행위위법설은 공권력행사의 행위규범에의 적합 여부를 기준으로 위법성 여부를 판단하는 견해이다.

위법성설[251] 등이 있으나, 「행위위법설」이 다수설이다.

(2) 판례

판례는 원칙적으로 행위위법설을 취하고 있으나, 최근 상대적 위법성설을 따른 판례도 존재한다.

[관련 판례]

★ 경찰관이 교통법규 등을 위반하고 도주하는 차량을 순찰차로 추적하는 직무를 집행하는 중에 그 도주차량의 주행에 의하여 제3자가 손해를 입은 경우, 경찰관의 추적행위가 위법하다고 볼 수 없다(대판 2000.11.10, 2000다26807 · 26814).

★ 공무원의 직무집행이 법령이 정한 요건과 절차에 따라 이루어진 것이라면 특별한 사정이 없는 한 이는 법령에 적합한 것이고 그 과정에서 개인의 권리가 침해되는 일이 생긴다고 하여 그 법령적합성이 곧바로 부정되는 것은 아니다(대판 2000.11.10, 2000다26807 · 26814).

★ 시청 소속공무원이 시장을 부패방지위원회에 부패혐의자로 신고한 후 동사무소로 전보된 사안에서, 그 전보인사는 사회통념상 용인될 수 없을 정도로 객관적 상당성을 결여하였다고 단정할 수 없어 불법행위를 구성하지 않는다(대판 2009.5.28, 2006다16215).

★ 교도소의 의무관은 교도소 수용자에 대한 진찰 · 치료 등의 의료행위를 하는 경우 수용자의 생명 · 신체 · 건강을 관리하는 업무의 성질에 비추어 환자의 구체적인 증상이나 상황에 따라 위험을 방지하기 위하여 요구되는 최선의 조치를 행하여야 할 주의의무가 있다(대판 2005.3.10, 2004다65121).

3) 작위의무위반 · 부작위의무위반

(1) 적극적인 작위에 의한 위반(예컨대, 불심검문시 경찰관이 피검문자에게 폭행을 가하는 경우)과 소극적인 부작위에 의한 위반(예컨대, 길거리에 미아를 보호하지 않고 방치하는 경우)인 경우에도 법령위반에 포함된다.

(2) 부작위의 경우에는 당연히 작위의무가 있어야 한다(경찰관 직무집행법 제4조 보호의무).

4) 행정규칙위반

행정규칙은 원칙적으로 법규성을 갖지 아니하므로 여기에서의 법령에 해당하지 않는다는 것이 학설 및 판례의 입장이다(대판 1994.11.8, 94다26141).

5) 재량행위와 위법성

(1) 재량행위에 위반한 행위는 원칙적으로 부당에 불과하므로 법령위반에 포함되지 않는다.

(2) 그러나 행정관청에 재량권이 부여된 경우에도, 구체적 사안에서 재량권이 영으로 수

251) 상대적 위법성설 행위 자체의 위법 · 적법뿐 아니라 피침해행위의 성격과 침해의 정도, 가해행위의 태양 등을 종합적으로 고려하여 판단하여야 한다는 견해이다. 상대적 위법성설은 일본의 다수설과 판례의 입장이다. 최근에는 상대적 위법성설을 따르는 판례도 존재한다(대판 2003.12.11, 2001다65236).

축되어 행정권을 행사하지 않을 경우에는 그 부작위의 위법성이 인정되어 법령위반에 포함된다.

6) 선결문제(先決問題)로서의 위법판단과 손해배상청구

(1) 손해배상청구의 수소법원이 행정행위의 위법성 여부를 심사할 수 있는가에 대하여, 다수설은 민사법원이 행정행위의 효력을 부인하지 않는 한 그 위법성을 심사할 수 있다는 입장이다.

(2) 따라서 법령위반과 관련하여 행정행위가 단순위법의 경우에 그러한 행위의 취소를 구하지 않고도 손해배상을 청구할 수 있다는 것이 학설과 판례의 입장이다(대판 1975.5.27, 74다347).

[관련 판례]

★ 경찰관이 범인을 검거하면서 가스총을 근접발사하여 가스와 함께 발사된 고무마개가 범인의 눈에 맞아 실명한 경우 경찰관으로서는 가스총 사용시 요구되는 최소한의 안전수칙을 준수함으로써 장비사용으로 인한 사고발생을 미리 막아야 할 주의의무가 있다(대판 2003.3.14, 2002다57218).

★ 성폭력범죄의 수사를 담당하거나 수사에 관여하는 경찰관이 피해자의 인적 사항 등을 공개 또는 누설함으로써 피해자가 손해를 입은 경우, 국가의 배상책임이 인정된다(대판 2008.6.12, 2007다64365).

7) 직무상 의무의 사익보호성

(1) 국가배상법상 제2조의 직무는 공무원의 당해 직무상 의무가 공익뿐만 아니라 개인의 사익을 위한 직무이어야 한다(대판 2001.10.23, 99다36280).

(2) 의무위반에 따른 국가배상이 인정되기 위해서는 직무상 의무가 공익뿐만 아니라 개인의 사익보호를 목적으로 하고 있는 경우 위법성이 인정된다. 예컨대 경찰관이 심야에 길을 잃고 헤매는 미아를 보고 외면하였는데, 마침 그 미아가 교통사고로 사망을 하였다면 그 미아의 부모는 국가를 상대로 손해배상을 청구할 수 있다.

[관련 판례]

★ 공무원에게 부과된 직무상 의무의 내용이 전적으로 공공일반의 이익을 위한 것이거나 행정기관 내부의 질서를 규율하기 위한 것인 경우에는 공무원이 직무상 의무를 위반한 행위와 제3자가 입은 손해 사이에는 법리상 상당인과관계가 있다고 할 수 없다(대판 2001.10.23, 99다36280).[상수도수질문제와 관련된 사건에서 국가배상부정]

8) 법령위반여부의 판단시점

국가배상법상 국가의 배상책임은 공무원의 가해행위시의 불법을 문제삼는 것이지, 행위의 결과의 불법을 문제로 삼지 않는다. 따라서 법령위반여부의 판단시점은 공무원의 가해행위가 이루어지는 행위시이다.

4. 타인에게 손해가 발생했을 것

여기서 타인이라 함은 가해자인 공무원과 그의 위법한 직무행위에 가담한 자 이외의 모든 사람을 포함한다. 따라서 공무원의 신분을 가진 자도 피해자로서 타인에 포함될 수 있다.

[관련 판례]

★ 공무원이 자신의 승용차를 운전하여 공무를 수행하고 돌아오던 중 교통사고로 동승한 다른 공무원이 상해를 입은 경우, 이는 외형상 객관적으로 직무와 밀접한 관련이 있는 행위이고, 가해행위를 한 공무원과 동일한 목적을 위한 업무를 수행한 공무원이라 할지라도 그가 가해행위에 관여하지 아니한 이상 국가배상법 제2조 제1항 소정의 '타인'에 해당하므로 국가배상법에 의한 손해배상책임이 인정된다(대판 1998.11.19, 97다36873 전합).

★ **공공일반의 이익침해(정신적 고통) 등에 대한 손해배상책임여부**

여기에서 손해라 할 때 '반사적 이익의 침해에 의한 불이익'과 '공공일반의 이익침해' 등은 포함되지 않는다. 대법원은"국민의 법령에 정하여진 수질기준에 미달한 상수원수로 생산된 수돗물을 마심으로써 건강상의 위해 발생에 대한 염려 등에 따른 정신적 고통을 받았다고 하더라도, 이러한 사정만으로는 국가 또는 지방자치단체가 국민에게 손해 배상책임을 부담하지 아니한다"고 판시하고 있다(대판 2001.10.23, 99다36280).

5. 손해 발생

1) 손해의 의의

(1) 여기서 말하는 손해는 공무원의 가해행위로 인하여 입은 모든 불이익을 의미한다. 따라서 재산적 손해 · 비재산적 손해(생명 · 신체 등) · 적극적 손해 · 소극적 손해 등이 모두 포함된다.

(2) 손해는 법익침해(법률상 이익침해포함)로 인한 불이익을 말하며, 반사적 이익의 침해에 대해서는 국가배상책임이 인정되지 않는다는 것이 다수설과 판례의 입장이다.

(3) 재산상의 손해로 인하여 받는 정신적 고통의 손해배상, 즉 위자료 청구문제

① 명문상의 규정

㉠ 헌법 제29조 제1항의 "정당한 배상"을 근거로 생명 · 신체의 정신적 고통에 대하여 위자료를 청구할 수 있다고 보는 것이 통설적 견해이다.

㉡ 그러나 재산침해에 대해서는 명문규정을 두고 있지 않다.

② 판례

재산권 침해로 인한 위자료도 청구할 수 있으나, 특별한 사정이 없는 한 재산상 손해배상으로 갈음한다(대판 1998.7.10, 96다38791).

[관련 판례]

★ 재산상의 손해로 인하여 받는 정신적 고통은 그로 인하여 재산상 손해의 배상만으로는 전보될 수 없을 정도의 심대한 것이라고 볼 만한 특별한 사정이 없는 한 재산상 손해배상으로써 갈음한다(대판 1998.7.10, 96다38971).

2) 인과관계

(1) 가해행위인 직무집행행위와 손해의 발생 사이에는 상당인과관계가 있어야 한다(대판 1994.6.10. 93다30877).

(2) 상당인과관계에 여부를 판단함에 있어서는 결과발생의 개연성, 법령 등의 목적, 가해행위의 태양, 피해의 정도 등을 종합적으로 고려해야 한다는 것이 판례의 입장이다(대판 2004.4.13, 2000다34891).

[관련 판례]

★ 인과관계 긍정사례

• 유흥주점에 감금된 채 윤락을 강요받으며 생활하던 여종업원들이 유흥주점에 화재가 났을 때 미처 피신하지 못하고 유독가스에 질식해 사망한 사안에서, 소방공무원이 위 화재 전 유흥주점에 대하여 (구)소방법상 시정조치를 명하지 않은 직무상 의무 위반과 위 사망의 결과 사이의 상당인과관계가 인정된다(대법원 2008.4.10, 2005다48994).[군산시 윤락가 화재사건]

• 주민등록사무를 담당하는 공무원이 개명으로 인한 주민등록상 성명정정을 본적지 관할 관청에 통보하지 아니한 직무상 의무위배행위와 갑과 같은 이름으로 개명허가를 받은 듯이 호적등본을 위조하여 주민등록상 성명을 위법하게 정정한 을이 갑의 부동산에 관하여 불법적으로 근저당권설정등기를 경료함으로써 갑이 입은 손해사이에는 상당인과관계가 있다(대판 2003.4.25, 2001다59842).

• 헌병대 영창에 탈주한 군인들이 민간에 침입하여 저지른 범죄행위와 그 손해에 대해 상당인과관계가 인정된다(대판 2003.2.14, 2002다62678).

• 군인이 자물쇠를 잠그지 아니한 실탄함에서 수류탄을 절취하여 이를 터트려서 인명을 살상하였다면 실탄함을 관리하는 군인의 과실과 이 사건 폭발사건 사이에 상당인과관계가 있다(대판 1980.11.11, 80다1523).

★ 인과관계 부정사례

• 유흥주점에 감금된 채 윤락을 강요받으며 생활하던 여종업원들이 유흥주점에 화재가 났을 때 미처 피신하지 못하고 유독가스에 질식해 사망한 사안에서, 지방자치단체의 담당 공무원이 식품위생법상 취하여야 할 조치를 게을리한 직무상 의무위반행위와 위 사망의 결과 사이의 상당인과관계가 존재하지 않는다(대판 2008.4.10, 2005다48994).

• 구청 세무과 소속공무원 甲이 乙에게 무허가건물 세입자들에 대한 시영아파트 입주권 매매행위를 한 경우 외형상 직무범위 내의 행위라고 볼 수 없으며 甲이 그 후 주택정비계장으로 부임하여 비치된 허위의 접수대장을 이용하여 乙에 대하여 입주권 부여대상자 확인 등을 하여 준 경우 甲의 행위와 乙의 손해 사이의 상당한 인과관계가 없다(대판 1993.1.15, 92다8514).

• 군병원에 입원한 사병이 탈영하여 강도살인범죄를 저지른 경우에 있어 위 병원의 일직 사령과 당직 군의관이 위 사병들의 탈영을 방지하지 못한 당직의무를 해탈한 과실이 있을지라도 이는 위 탈영병들의 강도살인행위와 상당인과관계가 있다고까지는 볼 수 없다(대판 1988.12.27, 87다카2293).

Ⅳ. 손해배상책임의 내용

1. 배상액

1) 배상범위

(1) 헌법 제29조 제1항은 정당한 배상을 청구할 수 있다고 규정하고 있다. 이때 "정당한 배상"은 가해행위와 상당인과관계에 있는 모든 손해를 배상하여야 하며, 생명·신체에 대한 피해를 입은 자와 유족은 정신적 고통에 대한 위자료로 청구할 수 있다는 것이 통설적 견해이다.

(2) 배상기준의 성질

① 배상금액의 기준을 정하고 있는 국가배상법상의 규정(제3조)의 성질과 관련하여 ㉠ 배상액의 상한을 정한 것으로 보는 「한정액설」, ㉡ 단순한 기준에 불과하다는 「기준액설」이 있다.

②「기준액설」이 통설·판례의 입장이다.[252]

[관련 판례]

★ 민법상의 불법행위책임과 달리 국가의 배상책임만을 특별히 법으로 한정함은 형평에 어긋남으로, 이는 단순히 하나의 기준에 불과하고 구체적 사안에 따라서는 배상액을 증감하는 것이 가능하다(대판 1970.3.10, 69다1772).

2) 과실상계

과실상계란 불법행위에 관하여 피해자에게 과실이 있는 때에 손해배상의 책임 및 그 금액을 정함에 있어 이를 참작하는 것을 말한다. 국가배상법시행령 제21조제1항에 「과실상계」에 관한규정을 두고 있다.

3) 이익의 공제

피해자가 손해를 입은 동시에 이익을 얻은 경우에는 손해배상에서 그 이익에 상당하는 금액을 빼야한다.

4) 중간이자공제

(1) 국가배상법상 유족배상과 장해배상 그리고 장래에 필요한 요양비 등을 일시에 신청하는 경우에는 중간이자를 공제해야 한다. 국가배상법은 중간이자를 빼는 방식을 대통령령(시행령)에 위임하고 있다.

---

252) 김동희, 「행정법(Ⅰ)」, 박영사, 2000, p.481;박윤흔, 「최신행정법 강의(상)」, 박영사, 2000, p.693; 변재옥, 「행정법 강의(Ⅰ)」, 박영사, 1990, p.512.

(2) 국가배상법시행령은 중간이자의 공제방식으로 호프만식(단할인법)을 규정하고 있다. 호프만식 계산법은 손해배상계산에도 많이 이용되는 계산방식이다. 이 경우 장래 취득된 것으로 예상되는 금액에 대한 손해배상을 그 시기의 도래를 기다리지 않고 현재 즉시 지급하는 경우의 중간 이자공제의 계산방법으로 이용된다.

2. 배상책임자

1) 배상책임자는 가해공무원이 소속된 국가 또는 지방자치단체

가해공무원이 국가의 소속인 경우 국가가, 지방자치단체의 소속인 경우 지방자치단체가 배상책임을 지도록 하고 있다.

2) 지방자치단체 외의 공공단체

(1) 헌법은 배상책임자로 국가와 공공단체를 배상책임자로 규정하고 있다(헌법 제29조).

(2) 그러나 국가배상법은 배상책임자를 국가와 공공단체 중 지방자치단체로 한정하고 있다. 따라서 지방자치단체 이외의 공공단체(예컨대, 공법상 사단법인·공법상 재단법인)에 관한 부분은 국가배상법이 아닌 민법에 의해 손해배상을 청구할 수 있을 뿐이다.

3) 공무원의 선임·감독을 맡은 자와 봉급·급여 기타의 비용을 부담하는 자가 동일하지 아니한 경우

(1) 그 비용을 부담하는 자도 배상 책임을 지며, 피해자는 선택적으로 배상청구권을 행사할 수 있다.

(2) 여기서 말하는 비용이란 공무원의 인건비만을 의미하는 것이 아니라 사무에 필요한 일체의 경비를 의미한다.

4) 기관위임사무의 경우

(1) 국가배상법상 제2조의 책임자

기관위임사무의 손해배상책임은 원칙적으로 위임자인 국가 또는 상급지방자치단체에게 있다. 다만, 수임자가 담당공무원의 봉급 등 비용을 부담하는 경우에는 수임자인 지방자치단체에 대해서도 손해배상을 청구할 수 있다(대판 1994.1.11, 92다29528).

[관련 판례]

★ 지방자치단체장이 설치하여 관할 지방경찰청장에게 관리권한이 위임된 교통신호기의 고장으로 교통사고가 발생한 경우 국가도 비용부담자로서 배상책임을 부담한다(대판 1999.6.25, 99다11120).

(2) 국가배상법 제6조(비용부담자의 책임자)

기관위임사무[253]를 처리하는 과정에서 지방자치단체가 대외적으로 비용을 지출한 경우

지방자치단체도 비용부담자로서 책임을 진다(통설 · 판례).

[관련 판례]

★ 당해 사무에 필요한 경비를 대외적으로 지출하는 자는 비용부담자에 해당한다(대판 1994.12.9, 94다381387).

3. 배상책임의 성질

1) 학설

공무원의 행위에 대하여 왜 공무원이 아닌 국가나 지방자치단체가 배상책임을 지는가에 대하여는 (1) 대위책임설[254], (2) 자기책임설[255], (3) 절충설[256]의 견해가 제시되고 있다.

2) 판례

판례는 절충설에 가까운 입장을 취하고 있다.

[관련 판례]

★ 공무원의 위법행위가 경과실에 의한 것일 때에는 국가책임을 자기책임으로 보는 반면, 고의 또는 중과실에 의한 것인 때에는 국가책임은 대위책임과 자기책임의 양면성을 가지며, 이 경우 국가 등이 공무원 개인과 중첩적으로 부담하되, 국가 등이 배상책임을 지는 경우에는 공무원 개인에게 구상할 수 있다(대판 1962.2.15. 95다38677).

4. 공무원의 배상책임

1) 공무원의 외부적 책임(선택적 청구권의 문제)

피해자는 국가 또는 공공단체에 대해서만 손해배상을 청구할 수 있느냐, 또는 국가 또는 공공단체와 공무원 개인에 대해 선택적으로 배상을 청구할 수 있느냐 하는 점인데, 이 문제는

253) 기관위임사무란 법령에 의하여 국가 또는 상급지방자치로부터 지방자치단체의 집행기관에게 처리가 위임된 사무를 말한다. 이 경우 지방자치단체의 장은 국가 또는 상급지방자치단체의 집행기관의 자격에서 사무를 처리하는 것이므로, 그러한 사무는 어디까지나 국가 또는 상급지방자치단체의 사무이다. 기관위임사무는 위임자(국가 또는 상급지방자치단체)의 사무가 되므로 위임자는 사무귀속자로서 국가배상법 제2조에 의한 배상책임을 진다.

254) 대위책임설이라 함은 행위자인 공무원이 져야 할 책임을 대신하여 지는 것으로 보는 견해이다.

255) 자기책임설이라 함은 공무원의 행위는 국가 등의 기관으로서의 지위에서 행하는 것이므로, 행위의 효과는 위법여부와 관계없이 국가 등에 귀속된다는 점을 들어 국가배상책임은 자기책임이라고 하는 견해이다.

256) 고의 · 중과실에 의한 위법행위는 원칙적으로 기관행위로서 품격을 상실하여 국가행위로 볼 수 없지만, 직무행위로서 외형을 갖추고 있는 한 피해자가 구제 측면에서 국가도 피해자에 대해 자기책임을 지고, 경과실에 의한 경우에는 기관행위로서 볼 수 있으므로 당연히 자기책임으로써 배상책임을 진다는 견해이다.

선택적 청구권과 밀접한 관계가 있다.

(1) 학설

이에는 ① 선택적 청구권 긍정설[257], ② 선택적 청구권 부정설[258] ③ 절충설[259]의 견해가 대립하고 있다.

(2) 판례

과거의 판례는 초기에 선택적 청구권을 긍정, 그 후 선택적 청구권을 부정하였다(대판 1994.4.12, 93다11807). 최근의 판례는 고의 · 중과실의 경우에 한해서 선택적 청구권을 인정하는 절충설(제한적 긍정설) 입장을 일관되게 견지하고 있다.

[관련 판례]

★ 선택적 청구권을 부인했던 판례의 예

공무원의 직무상 불법행위로 인하여 손해를 받은 사람은 국가 또는 공공단체를 상대로 손해배상을 청구할 수 있고, 이 경우에 공무원에게 고의 또는 중대한 과실이 있는 때에는 국가 또는 공공단체는 그 공무원에게 구상할 수 있을 뿐, 피해자가 공무원 개인을 상대로 손해배상을 청구할 수 없다(대판 1994.4.12, 93다11807).

★ 고의 · 중과실의 경우에 한해서 선택적 청구권의 인정(제한적 긍정설 입장)

공무원이 직무수행 중 불법행위로 타인에게 손해를 입힌 경우에 국가 등이 국가배상책임을 부담하는 외에 공무원 개인도 고의 또는 중과실이 있는 경우에는 불법행위로 인한 손해배상책임을 진다고 할 것이지만, 공무원에게 경과실뿐인 경우에는 공무원 개인은 손해배상책임을 부담하지 아니한다(대판 1996.2.15, 95다38677).

2) 공무원의 내부적 책임(공무원의 국가에 대한 구상책임)

공무원이 국가 등에 배상책임을 지는가 하는 것이 내부적 책임의 문제이고, 이것을 국가의 입장에서 볼 때는 구상권의 문제가 된다.

(1) 구상책임의 의의

① 국가배상법은 국가 또는 지방자치단체가 배상을 하였을 때에는 국가 또는 지방자치단체는 '공무원에게 고의 또는 중대한 과실이 있을 때'에 한하여 당해 공무원에게 구상권을 갖는다고 명문으로 규정하고 있다(국가배상법 제2조 제2항).

② 따라서 경과실인 경우에는 구상권을 행사할 수 없다.

(2) 구상권의 성질

구상권의 성질에 관하여는 견해의 차이가 있다.

---

257) 선택적 청구권 긍정설은 피해자인 국민은 선택에 따라 국가 또는 지방자치 외에 가해공무원에 대하여도 배상을 청구할 수 있다고 보는 견해이다.

258) 선택적 청구권 부정설은 국가 또는 지방자치단체에 대해서만 배상을 할 수 있고, 가해자인 공무원 개인에 대해서는 직접 배상을 청구할 수 없다고 보는 견해이다.

259) 절충설(제한적 긍정설)은 고의 또는 중과실 경과실로 나누어 고의 · 중과실의 경우에는 선택적 청구권을 긍정하고, 경과실의 경우에는 선택적 청구권을 부정하는 견해이다.

① 대위책임설에 따를 경우

공무원에 대한 국가의 구상권은 당연한 것이며, 구상권은 일종의 「부당이득반환청구권」으로 본다.[260]

② 자기책임설에 따를 경우

공무원에 대한 구상권 행사는 공무원이 직무상 의무를 위반하여 국가에게 손해를 가하였다면 공무원은 국가와의 관계에서 내부적 책임을 지므로 국가는 구상권을 행사할 수 있고, 이러한 내부적 책임의 성질은 채무불이행과 유사한 책임이라고 본다.

5. 손해배상청구권의 제한

1) 대한민국 국민은 헌법규정에 따라 배상청구권이 인정되며, 피해자가 외국인인 경우에는 상호보증이 있는 경우에 한하여 손해배상청구권이 인정된다(국가배상법 제7조).

[관련 판례]

★ 중화민국은 상호보증이 있는 경우에 해당하여 중화민국인도 국가배상을 청구할 수 있다(대판 1968.12.3, 68다1929).

2) 군인 · 경찰공무원 등의 이중배상금지

(1) 규정내용

① 헌법(제29조 2항)과 국가배상법(제2조 1항 단서)은 군인 · 군무원 · 경찰공무원 · 향토예비군 등이 피해자인 경우(전사 · 순직 · 공상을 입은 경우), 다른 법령에 따라 재해보상금 · 유족연금 · 상이연금 등의 보상을 지급받을 수 있을 때에는 국가배상법 및 민법에 따른 손해배상을 청구할 수 없다고 규정하고 있다.

② 헌법재판소는 국가배상법 제2조1항 단서의 향토예비군 부분에 대하여 합헌 결정을 한 바 있다(헌재결 1996.6.13, 94헌바20).

(2) 이중배상금지 적용대상자

① 헌법에 명시된 자

군인 · 군무원 · 경찰공무원 기타 법률이 정하는 자(헌법 제29조 제2항)

② 국가배상법에 명시된 자

군인 · 군무원 · 경찰공무원 · 향토예비군대원으로 규정하고 있는데, 이들은 일정한 요건이 충족되면 국가배상청구권이 제한된다. 향토예비군대원은 헌법에는 없고 국가배상법에만 규정되어 있다.

---

260) 홍정선, 「행정법원론(상)」, 박영사, 2002, p.599.

③ 적용대상자

이중배상제한을 받는 자	이중배상제한을 받지 않는 자
• 전투경찰순경 • 향토예비군 • 적의 포탄에 의해 피해를 입은 군인	• 공익근무요원 • 현역병 입영 후 경비교도대원으로 전임된 자 • 숙직실에서 숙직하다가 사망한 경찰공무원

[관련 판례]

★ 이중배상 제한을 받는 자

• 전투경찰순경은 경찰공무원에 해당하므로 국가배상청구권이 제한된다(헌재 1996.6.13, 94헌마118 · 95헌바39병합; 대판 1995.3.24, 94다25414).

• 향토예비군의 직무는 그것이 비록 개별 향토예비군 대원이 상시로 수행하여야 하는 것이 아니라 법령에 의하여 동원되거나 소집된 때에 한시적으로 수행하게 되는 것이라 하더라도 그 성질상 고도의 위험성을 내포하는 공공적 성격의 직무이므로, 국가배상법 제2조제1항 단서가 그러한 직무에 종사하는 향토예비군에 대하여 이중보상의 금지를 하였다고 하더라도 헌법상 과잉금지의 원칙 · 평등의 원리 그리고 향토예비군대원의 재산권의 본질적인 내용을 침해하는 위헌규정이라고 볼 수 없다(헌결 1996.6.13, 94헌바20).

★ 이중배상 제한을 받지 않은 자

• 공익근무요원은 소집되어 군에 복무하지 않는 한 군인이 아니기 때문에, 국가배상청구권이 배제되지 않는다(대판 1997.3.28, 97다4036).

• 현역병 입영 후 경비교도대원으로 전임된 자는 군인신분을 상실하므로 국가배상청구권이 배제되지 않는다(대판 1998.2.10, 97다45914).

• 경찰지서의 숙직실은 국가배상법 제2조제1항 단서에서 말하는 전투 · 훈련에 관련된 시설이라고 볼 수 없으므로 위 숙직실에서 순직한 경찰공무원의 유족들은 국가배상법 제2조제1항 본문에 의하여 손해배상을 청구할 권리가 있다(대판 1979.1.30, 77다2389).

(3) 이중배상금지의 예외

① 본인 또는 유족이 다른 법령의 규정에 의해 보상금(재해보상금 · 유족연금 · 상이연금 등)을 지급받을 수 있을 때에는 국가배상법 및 민법의 규정에 의해 손해배상을 청구할 수 없다. 그러나 피해자 등이 다른 법령의 규정에 의해 보상금 등을 지급받을 수 없는 때에는 국가배상법에 따라 손해배상을 청구할 수 있다(통설 · 판례).

② 다른 법령에 의한 보상금은 손해배상에 준하는 것이어야 하므로 당해 보상금이 손해배상과는 전혀 성질이 다른 사회보장적 성격을 갖는 경우에는 이중배상금지가 적용되지 않고 국가배상청구가 가능하다(대판 1997.2.14, 96다28066).

③ 전투 · 훈련 등 직무집행과 관련한 손해가 아닌 경우에는 국가배상청구가 가능하다. 국가배상법상 군인들이 받은 모든 손해에 대해 손해배상이 배제되는 것은 아니고, 군인 등이 전투훈련 등 직무집행과 관련하여 손해를 입은 경우만이 배제된다(예컨대, 경찰공무원이 경찰지서

숙직실에서 연탄가스 중독으로 사망한 경우에는 손해배상책임을 인정함).

(4) 공동불법행위자의 구상권

일반국민이 직무집행 중인 군인과의 공동불법행위로 직무집행 중인 다른 군인에게 공상을 입혀 모든 손해를 배상한 경우, 일반국민이 공동불법행위자인 군인의 부담부분에 관하여 구상권을 행사할 수 있는가 하는 문제이다. 이에 대해서는 헌법재판소와 대법원 간의 견해 차이가 있다.

① 대법원

㉠ 대법원은 초기에 "국가배상법 제2조제1항 단서의 규정은 군인·군무원 등 위 규정에 열거된 자에 대하여 재해보상금·유족연금·상여연금 등 별도의 보상제도가 마련되어 있는 경우에는 2중 배상금지를 위하여 이들의 국가에 대한 국가배상법상 또는 민법상의 손해배상청구권을 배제한 규정이므로, 국가와 공동불법행위책임이 있는 자가 피해자에게 그 배상채무를 변제하였음을 이유로 국가에 대하여 구상권을 행사하는 것도 허용되지 않는다"고 판시하였다(대판 1983.6.28, 83다카500). 즉, 대법원은 이중배상의 배제를 이유로 국가와 공동불법행위 책임이 있는자의 국가에 대한 구상권 행사를 부인하였다.

㉡ 그 후 대법원은 다시 판례를 변경하여, 민간인이 공동불법행위자로 부담하는 책임은 공동불법행위의 일반적인 경우와는 달리 모든 손해에 대한 것이 아니라 자신의 부담부분에 한하여 피해군인에게 배상하고, 그 이상의 부담에 대해서는 구상을 청구할 수 없다고 하였다(대판 2001.2.15, 96다42420).

[관련 판례]

★ 민간인이 공동불법행위자인 경우 국가에 대한 청구권 인정 여부

민간인은 공동불법행위자 등이라는 이유로 피해군인 등의 손해 전부를 배상할 책임을 부담하도록 하면서 국가 등에 대하여는 귀책비율에 따르는 구상을 청구할 수 없도록 한다면, 공무원의 직무활동으로 빚어지는 이익의 귀속주체인 국가 등과 민간인과의 관계에서 원래는 국가 등이 부담하는 것을 민간인이 부담하는 부당한 결과가 될 것이고, 「헌법」과 「국가배상법」의 규정에 의하여 위와 같은 방법으로 민간인의 권리가 부당하게 침해되는 것까지 정당하게 되는 것은 아니라고 할 것이다(대판 2001.2.15, 96다42420).

② 헌법재판소

헌법재판소는 "일반국민이 군인과 공동불법행위로 다른 군인에게 공상을 입혀 모든 손해를 배상한 경우 일반국민이 국가에 대하여 구상권을 행사하는 것을 허용하지 않는다고 해석한다면, 합리적 이유 없이 일반국민을 국가에 대하여 지나치게 차별하는 경우에 해당하므로 「헌법」상의 평등권(제11조)·재산권의 보장과 제한(제23조)·국민의 자유와 권리의 존중·제한(제37조) 등에 위반 된다"고 판시하였다(헌재결 1994.12.29, 93헌바21). 즉 민간인이 피해군인에 대하여 배상한 다음 국가에 대하여 구상권을 허용하지 않는다면 헌법에 위배된다는 입장이다.

5. 배상청구권의 압류 · 양도의 금지

생명 · 신체의 침해로 인한 손해배상청구권은 이를 양도하거나 압류하지 못한다. 그러나 재산권의 침해로 인한 손해배상청구권은 양도 · 압류가 가능하다(국가배상법 제4조).

6. 손해배상의 청구절차

1) 행정절차에 의한 손해배상청구

(1) 임의적 결정전치주의 채택

① 「국가배상법」은 "손해배상의 소송은 배상심의회에 배상신청을 하지 아니하고도 이를 제기할 수 있다"고 규정하여, 행정상 손해배상청구절차에 관하여 임의적 결정전치주의를 채택하고 있다.

② 따라서 손해를 받은 자는 그 선택에 따라 배상심의회에 배상신청을 할 것인지, 아니면 곧바로 소송을 제기할 것인지를 결정할 수 있다.

(2) 배상심의회

① 배상심의회는 피해자의 배상신청에 대하여 심의 · 결정하는 기관으로서 합의제 행정관청이다.

② 배상심의회로는 법무부에 두는 본부심의회, 군인 또는 군무원이 타인에게 가한 배상결정을 심의하기 위하여 두는 특별심의회를 두며, 이들 밑에는 각각 지구심의회를 둔다.

③ 본부심의회 · 특별심의회 · 지구심의회는 법무부장관의 지휘를 받는다.

(3) 결정절차

① 배상금지급신청

배상금의 지급을 받고자 하는 자는 그 주소지 · 소재지 또는 배상원인 발생지를 관할하는 지구심의회에 대하여 배상신청을 하여야 한다.

② 심의와 결정

지구심의회는 배상신청을 받으면 지체 없이 증인신문 · 감정 · 검증 등 증거조사를 한 후 그 심의를 거쳐 4주일 이내에 배상결정(배상금지급 · 기각 또는 각하의 결정)을 하여야 한다.

[관련 판례]

★ 국가배상법상 심의회에 의한 배상결정은 행정처분이 아니다.

배상심의회의 결정을 거치는 것은 민사상의 손해배상을 청구하기 전의 전치요건에 불과하다 할 것이므로 배상심의회의 결정은 이를 행정처분이라고 볼 수 없다(대판 1981.2.10, 80누317). 따라서 행정소송의 대상이 아니다.

③ 결정서의 송달

심의회는 배상결정을 한 때에는 그 결정이 있은 날로부터 1주일 이내에 그 결정정본을 신청인에게 송달하여야 한다.

④ 신청인의 동의와 배상금지급

㉠ 배상결정을 받은 신청인은 지체없이 그 결정에 대한 동의서를 첨부하여 국가 또는 지방자치단체에 대하여 배상금지급을 청구하여야 한다.

㉡ 신청인이 배상금지급의 청구를 하지 아니하거나 지방자치단체가 소정기간 내에 배상금을 지급하지 아니한 때에는 그 결정에 동의하지 아니한 것으로 본다.

(4) 재심신청

① 지구심의회에서 배상신청이 기각 또는 각하된 신청인 결정정본이 송달된 날로부터 2주일 이내에 당해 심의회를 거쳐 본부심의회 또는 특별심의회에 재심을 신청할 수 있다.

② 이 신청에 대하여 본부심의회·특별심의회는 심의를 거쳐 4주일 이내에 다시 배상결정을 하여야 한다.

(5) 배상결정의 효력

① 배상심의회의 결정은 신청인이 동의함으로써 효력이 발생한다.

② 과거에는 신청인이 배상결정에 동의하거나 지방자치단체가 배상금을 지급한 때에는 국가배상을 제기할 수 없었다. 그 후 헌법재판소의 위헌결정으로 국가배상법이 개정되어, 신청인이 배상결정에 동의하거나 지방자치단체가 배상금을 지급한 때에도 국가배상을 제기할 수 있게 되었다.

2) 사법(司法)절차에 의한 손해배상청구

(1) 일반절차

다수설은 국가배상법을 공법으로 보고 이에 대한 쟁송은 공법상 당사자소송에 의하여야 한다는 입장이고, 반면 판례는 국가배상을 사법으로 보고 민사소송에 의하여야 한다는 입장이다.

(2) 특별절차

행정소송과 관련된 국가배상청구소송은 행정소송에 병합하여 제기할 수 있다.

(3) 가집행선고문제

종전에는 국가를 상대로 한 재산권에 관한 소송에서는 국가를 상대로 가집행선고를 할 수 없다고 규정하였으나, 위헌결정으로 현재는 국가를 상대로 하는 손해배상청구소송에서 가집행을 선고할 수 있다.

7. 손해배상청구권의 소멸시효

1) 국가배상법은 배상청구권의 소멸시효에 대하여 명문규정을 두고 있지 않다. 이러한 경우에는 국가배상법 제8조[261]의 규정에 의거 민법 제766조[262]에 따라서 국가배상청구권은 손해 및 가해자를 안 날로부터 3년이 경과하면 시효로 소멸한다.

2) 국가배상법상 손해배상청구소송을 제기하기 전에 배상심의회의 결정을 먼저 거치는 경우, 배상심의회에 대한 손해배상지급신청은 시효중단사유가 된다.

제 2 항 영조물(營造物)의 설치 · 관리의 하자로 인한 손해배상

Ⅰ. 개 설

1) 국가배상법 제5조(공공시설등의 하자로 인한 책임)

영조물의 하자로 인한 배상책임은 헌법에서 명문으로 규정하고 있지는 않다. 그러나 국가배상법은 영조물의 하자로 인한 배상책임까지 규정하고 있다(국가배상법 제5조).

(1) 국가배상법 제5조는 영조물 자체의 설치 · 관리에 하자가 있다면 이를 담당하는 공무원이 고의 · 과실 유무를 불문하고 국가는 피해자에게 배상하여야 하는 무과실책임을 규정한 것이다.

(2) 국가배상법 제5조(공공시설 등의 하자로 인한 책임)와 민법 제758조(공작물[263] 등의 점유자, 소유자의 책임)와의 관계

① 국가배상법 제5조와 민법 제758조는 양자 모두 무과실책임을 인정하고 있다는 점에서 동일하다.

② 국가배상법 제5조의 「영조물책임」과 민법 제758조의 「공작물 등의 책임」과의 다른

261) 국가배상법 제8조(다른 법률과의 관계) 국가나 지방자치 단체의 손해배상책임에 관하여는 이 법에 규정된 사항 외에는 민법에 따른다.

262) 민법 제766조(손해배상청구권의 소멸시효) ① 불법행위로 인한 손해배상의 청구권은 피해자나 그 법정대리인이 그 손해 및 가해자를 안 날로부터 3년간 이를 행사하지 아니하면 시효로 인하여 소멸한다. ② 불법행위를 한 날로부터 10년을 경과한 때도 전항과 같다.

263) 일반적으로 인공적 작업에 의하여 만들어진 물건을 말하지만, 법률적으로는 「토지」에 접착되어 설치된 공작물을 말한다. 예컨대, 건물 · 담 · 동상 · 다리와 같은 지상물 외에 제방 · 터널 등도 이에 포함된다. 민법상 토지의 공작물에는 위험이 많으므로 하자로 인한 손해에 관하여는 점유자의 배상은 가중되어 소유자는 무과실책임을 지게된다.

점은 영조물이 공작물보다 그 범위가 넓다는 점이 하나이고, 또 하나는 국가배상법 제5조는 「점유자」의 면책조항이 없는 반면, 민법 제758조의 공작물 책임은 「점유자의 면책」이 인정된다는 점에서 차이가 난다.

[관련 판례]

★ 국가배상법 제5조(공공시설 등의 하자로 인한 책임)

① 도로·하천, 그밖의 공공의 영조물(營造物)의 설치나 관리에 하자가 있기 때문에 타인에게 손해를 발생하게 하였을 때에는 국가나 지방자치단체는 그 손해를 배상하여야 한다. 이 경우 제2조 제1항 단서, 제3조 및 제3조의 2를 준용한다.

② 제1항을 적용할 때 손해의 원인에 대하여 책임을 질 자가 따로 있으면 국가나 지방자치단체는 그 자에게 구상할 수 있다.

★ 민법 제758조(공작물 등의 점유자, 소유자의 책임)

① 공작물의 설치 또는 보존의 하자로 인하여 타인에게 손해를 가한 때에는 공작물점유자가 손해를 배상할 책임이 있다.

② 그러나 점유자가 손해의 방지에 필요한 주의를 해태하지 아니한 때에는 그 소유자가 손해를 배상할 책임이 있다.

Ⅱ. 배상책임의 요건

배상책임의 요건은 ① 도로·하천 기타 공공의 영조물일 것, ② 설치 또는 관리에 하자가 있을 것, ③ 타인에게 손해가 발생할 것 등을 요소로 하여 국가배상책임의 성립요건을 규정하고 있다. 국가배상책임이 성립하기 위해서는 이러한 요건을 모두 구비하여야 한다.

1. 공공의 영조물

1) 의의

(1) 영조물이란 일반적으로 인적·물적 종합시설을 의미한다. 그러나 국가배상법 제5조에서 예시하고 있는 도로·하천은 행정주체가 직접 행정목적에 제공하는 물건, 즉 학문상의 공물을 의미한다(통설·판례).

(2) 국가배상법 제5조에서 영조물이란 공물의 의미로 사용되고 있고, 민법상의 공작물보다 넓은 개념이다.

2) 범위

(1) 공물에는

① 물건의 집합체인 공공시설(도로·하천·항만·상수도·하수도·관공서청사·국공립학교의 건물 등),

② 자연공물(한강 · 하천 · 해변 등),

③ 인공공물(도로 · 공원),

④ 동산(자동차 · 항공기 · 경찰견 · 경찰마)과 부동산,

⑤ 공공용물

「공공용물」은 공용물에 대항하는 개념이다. 공공용물은 도로 · 하천 · 운하 · 교량 · 공원 등과 같이 일반 공중의 공공사용에 제공되는 공물을 말한다. 공물가운데 가장 공공성이 강하다.

⑥ 공용물

「공용물」은 공공용물에 대응하는 개념이다. 공용물은 청사(경찰서 · 소방서 등) · 국공립학교 교사(校舍) · 교도소 등과 같이 행정주체 자신의 사용에 제공되는 공물을 말한다.

⑦ 공공의 영조물

「공공의 영조물」은 국가의 소유물에 한정하지 않고 국가 또는 지방자치단체가 소유권 · 임차권 그 밖에 권한에 기하여 관리하고 있는 경우뿐만 아니라, 사실상의 관리를 하고 있는 경우도 포함한다(대판 1995.1.24, 84료45302).

⑧ 국가 또는 지방자치단체가 관리하는 이상 사인의 소유에 속하는 공물도 포함된다(국가배상법제5조).

3) 제외

(1) 영조물은 직접 행정목적에 제공된 공물을 의미한다. 따라서 공물이 아닌 일반재산(구 잡종재산)의 설치 · 관리상 하자는 민법 제758조의 공작물책임이 적용된다.

(2) 국가 또는 지방자치단체가 아닌 공공단체 또는 사인이 공물의 관리주체인 경우에는 국가배상법상 영조물 책임이 아니라, 민법 제758조의 공작물책임이 인정된다.[264)]

[관련 판례]

★ 공공의 영조물로 본 판례

①철도시설물의 대합실과 승강장 ②도로상에 설치된 보행자 신호기의 차량 신호기, 철도건널목 경보기 ③공중전화, 공중변소, 전신주 ④ 홍수조절용다목적 댐, ⑤군견, 경찰견, 경찰마, ⑥도로상 맨홀, 저수지, ⑦정부청사, 국립병원, ⑧도로, 육교, 하천제방, 매향리사격장, 여의도 광장 등을 판례는 손해배상의 원인이 되는 영조물로 보고 있다.

★ 공공 영조물의 부정사례

① 국유림, 국유임야, 국유광산, 폐차처분한 관용차 등의 일반재산(구 잡종재산),

② 공용지정을 갖추지 못하였으나, 사실상 군민의 통행에 제공되고 있던 도로,

③ 형체적 요소를 갖추지 못한 도로(공사중이며 아직 완성되지 않아 일반공중의 이용에 제공되지 않은 옹벽)

④ 현금 등

264) 예컨대, 고속국도는 공물이지만, 영조물법인인 한국도로공사가 관리주체이다. 따라서 고속국도의 하자로 인한 손해배상책임은 국가배상법이 아니라 민법이 적용된다.

2. 설치 또는 관리의 하자가 있을 것

1) 설치 또는 관리의 하자의 의의

영조물의 설치 또는 관리의 하자라 함은 공공시설인 영조물이 통상적으로 갖추어야 할 안정성을 결여한 것을 말하며, 이러한 안정성의 결여는 설치단계의 것이든 관리단계의 것이든 불문한다. 어떠한 경우에 영조물의 설치·관리에 하자가 있다고 볼 것인가에 대하여는 견해가 나뉘고 있다.

(1) 학설

1) 주관설·객관설·절충설·안전의무위반설(위법무과실책임설) 등이 있으나, 객관설이 다수설이다.

2) 객관설에 의하면 영조물의 설치·관리의 하자의 유무는 객관적으로 판단되어야 하므로 하자발생에 있어서 관리자의 고의·과실은 문제되지 않는다(무과실책임).[265]

(2) 판례

판례의 주류적 입장은 객관설에 입각하고 있는 것으로 보이나, 주관적 요건(예견가능성 또는 회피가능성)을 고려하여 주관설의 입장을 취한 판례도 있다(대판 2001.7.27, 2000다56822).

[국가배상 부정한 관련 판례]

★ 고속도로 상에서 다른 자동차가 떨어뜨린 타이어에 걸려 발생한 사고에 있어, 관리자의 순찰차가 당해 지점을 통과한 후 10분 내지 15분 사이에 사고원인인 자동차 타이어가 도로에 떨어졌다면 도로관리자로서는 떨어진 타이어를 발견하고 이를 제거하여 사고방지조치를 취하는 것은 시간상으로 거의 불가능한 일이다(대판 1992.9.14, 92다3243).

★ 교차로의 진행방향 신호기의 정지신호가 단선으로 소등되어 있는 상태에서 그대로 진행하다가 다른 방향의 진행신호에 따라 교차로에 진입한 차량과 충돌한 경우, 신호기의 적색신호가 소등된 기능상 결함이 있었다는 사정만으로 신호기의 설치 또는 관리상의 하자를 인정할 수 없다(대판 2000.2.25, 99다54004).

★ 고등학교 3학년 학생이 학교건물의 3층 난간을 넘어 들어가 흡연을 하던 중 실족하여 사망한 경우, 복도나 화장실 창문에 난간으로의 출입을 막기 위하여 출입금지장치나 추락위험을 알리는 경고표지판을 설치할 의무가 있다고 볼 수는 없으므로, 학교시설의 설치·관리상의 하자는 인정되지 않는다(대판 1997.5.16, 96다54102).

★ 동대문구가 설치·관리하는 빗물펌프장이 서울특별시가 마련한 시설기준에 부합한다면 위 시설기준이 잘못되었다거나 시급히 변경하여야 할 사정이 있었다는 등의 특별한 사정이 없는 이상 그 설치상 하자는 없다(대판 2007.10.25, 2005다62235).

★ 겨울철 산간지역에 위치한 도로에 강설로 생긴 빙판을 방치하고 도로상황에 대한 위험표지판을 설치하지 않았다는 사정만으로는 도로관리상의 하자를 인정할 수 없다(대판 2000.4.25, 99다4998).

265) 박윤흔, 전게서, P.704; 김성수, 「행정법(Ⅰ)」, 법문사, 2000, P.617.

[국가배상 인정한 관련 판례]

★ 신호등의 오작동으로 인하여 두 개의 신호가 서로 모순되어 신호가 들어와 사고가 발생한 경우 영조물의 설치·관리상의 하자가 인정된다(대판 2001.7.27, 2000다56822).

★ 영조물이 공공목적에 이용됨에 있어 이용상태 및 정도가 일정한 한도를 초과하여 제3자에게 사회통념상 수인할 것이 기대되는 한도를 초과하여 제3자에게 사회통념상 수인할 것이 기대되는 한도를 넘는 피해를 입힌 경우까지 포함된다고 보아야 한다(대판 2005.1.27, 2003다49566).

★ 매향리사격장에서 발생하는 소음 등으로 주민들이 입은 피해는 사회통념상 참을 수 있는 정도를 넘는 것으로서 사격장의 설치 또는 관리에 하자가 있다(대판 2004.3.12, 2002다14242).

★ 여의도 차량진입으로 인한 인신사고 관련 안정성 결여 유무
차량진입으로 인한 인신사고 당시에는 차도와의 경계선 일부에만 이동식 쇠기둥이 설치되어 있고 나머지 부분에는 별다른 차단시설물이 없었으며 경비원도 없었던 것은 평소 시민의 휴식공간으로 이용되는 여의도 광장이 통상 요구되는 안정성을 결여하고 있다(대판 1995.2.24, 94다57671).

★ 강설에 대처하기 위하여 완벽한 방법으로 도로 자체에 융설설비를 갖추는 것은 현대 과학기술이나 재정사정에 비추어 사실상 불가능하다고 할 것이므로, 고속도로의 관리자에게 도로의 구조, 기상예보 등을 고려하여 사전에 충분한 인적·물적 설비를 갖추어 강설시 신속한 재설작업을 하고 필요한 경우 제때에 교통통제 조치를 취할 관리의무가 있다(대판 2008.3.13, 2007다29287·29294 병합). 판례는 폭설로 인하여 고속도로 이용 차량들이 장시간 고립된 경우 고속도로 관리주체에 관리상 하자책임이 있다고 보고 있다.

★ 사고 전날 낙뢰로 인한 신호기의 고장을 피고 소속 경찰관들이 순찰 등을 통하여 스스로 발견하지 못하고, 고장사실이 3차례에 걸쳐 신고 되었음에도 불구하고 사고를 방지하기 위한 아무런 조치가 취해지지 않은 채 위 신호기가 고장난 상태로 장시간 방치되어 있던 중 보행자신호기의 녹색 등을 보고 횡단보도를 건너던 자가 차량신고기의 녹색등을 보고 도로를 주행하던 승용차에 치여 교통사고를 당하였다면 국가배상이 인정된다(대판 1996.6.25, 99다11120).

(3) 인공공물과 자연공물의 하자의 인정범위

인공공물은 당해 영조물이 통상 갖추어야 할 안정성이 확보된 상태에서 공적목적에 제공되어야 하므로, 자연공물보다 영조물의 하자가 넓게 인정된다.

2) 하자의 입증책임

(1) 영조물의 설치·관리상의 하자의 입증책임은 원칙적으로 원고인 피해자에게 있다.

(2) 그러나 이 경우 피해자의 입증이 매우 어렵기 때문에 피해자의 권리구제차원에서 '하자의 일응추정의 이론'을 적용하여, 공공의 영조물에 의하여 손해가 발생하였다는 사실이 입증되면 하자의 존재는 추정된다는 것이 다수설(객관설)의 입장이다.[266)]

266) 객관설은 관리자의 고의·과실을 문제삼지 않는다(박윤흔, 최신행정법강의(상), 박영사, 2000, p.704; 김성수, 행정법(Ⅰ), 법문사, 2000, p.617; 홍정선, 전게서, p.601).

[관련 판례]

★ 하자의 일응추정이론이란?

'하자의 일응추정의 이론'이라 함은 피해자 구제의 관점에서 사고의 발생으로 일응 하자의 존재가 추정되고 영조물의 관리자로서의 국가 등이 하자 없었음을 입증하지 아니하는 한, 국가가 배상책임을 지게 된다고 하는 이론을 말한다.

3. 타인에게 손해를 발생할 것

영조물의 설치·관리의 하자로 인하여 타인에게 손해가 발생하여야 하며, 그 하자와 손해발생과의 사이에는 상당인과관계가 있어야 한다.

1) 타인의 범위

타인이라 함은 일반인은 물론 영조물의 설치·관리자인 공무원 개인도 포함된다. 다만, 군인·군무원·경찰 또는 향토예비군 대원은 일정한 경우에 타인에서 제외됨은 국가배상법 제2조의 경우와 마찬가지로 특례가 인정된다.

2) 손해의 발생

영조물의 설치·관리상 하자와 손해발생 사이에는 상당인과관계가 있어야 한다. 여기서 손해라 함은 재산적 손해·정신적 손해 또는 적극적 손해·소극적 손해이든 불문한다. 다만 반사적 이익의 침해는 여기의 손해에 해당하지 아니한다.

3) 자연현상이나 제3자의 행위 또는 피해자의 행위가 그 손해의 원인에 가세한 경우에도 인과관계가 인정된다는 것이 판례의 입장이다(대판 1994.11.22, 94다32924).

[관련 판례]

★ 자연적 사실이나 제3자의 행위 또는 피해자의 행위와 결합하여 손해가 발생하더라도 영조물의 설치 또는 관리상의 하자가 인정된다.

지방자치단체가 관리하는 도로 지하에 매설되어 있는 상수도관에 균열이 생겨 그 틈으로 새어 나온 물이 도로 위까지 유출되어 노면이 결빙되었다면 도로로서의 안전성에 결함이 있는 상태로서 설치·관리상의 하자로 인하여 타인에게 손해를 가한 경우에 그 손해의 방지에 필요한 주의를 해태하지 아니하였다 하여 면책을 주장할 수 없다(대판 1994.11.22, 94다32924).

Ⅲ. 배상책임의 내용(피해자에 대한 배상책임자)

1. 배상책임자

1) 원칙적으로 국가 또는 지방자치단체가 배상책임자가 된다.

2) 다만 영조물의 설치 · 관리를 맡은 자(관리주체)와 그 비용을 부담하는 자(경제주체)가 다른 때에는 비용부담자도 손해를 배상하여야 한다. 따라서 피해자는 그 어느 쪽에 대해서도 선택적 청구가 가능하다.

3) 판례는 설치 · 관리자의 책임과 비용부담자의 책임은 부진정연대채무관계에 있다고 보고 있다.

[관련 판례]

★ **국유공비(國有公費)[267]의 공물인 경우 피해자는 선택적 청구가 가능한가?**

지방자치단체장이 설치하여 관할 지방경찰청장에게 관리권한이 위임된 교통신호기의 고장으로 인한 교통사고가 발생한 경우, 국가배상법 제6조 제1항에 의해 교통신호기를 관리하는 지방경찰청 산하 경찰관들에 대한 봉급을 부담하는 국가도 배상책임을 진다(대판 1999.6.25, 99다11120).

★ 도로법 제22조 제2항에 의하여 지방자치단체의 장인 시장이 국도의 관리청이 되었다 하더라도 이는 시장이 국가로부터 관리업무를 위임받아 국가행정기관의 지위에서 집행하는 것이므로 국가는 도로관리상 하자로 인한 손해배상책임을 면할 수 없다(대판 1993.1.26, 92다2684).

★ 대법원은 여의도 광장질주사건과 관련하여, "광역자치단체의 도로관리사무가 기초자치단체장에게 위임된 경우 기초자치단체도 비용부담자로서 영조물책임의 배상주체가 된다"(대판 1995.2.24, 94다57671)고 판시한 바 있다.

★ 지방자치단체장이 국가로부터 기관위임을 받은 경우 영조물책임의 주체는 위임자인 국가이므로 국가가 손해배상을 진다(대판 1991.12.24, 91다34097).

★ 지방자치단체장 간의 기관위임의 경우 사무귀속의 주체는 위임자인 상위지방자치단체의 장이 되므로 그 사무귀속주체로서 상위지방자치단체가 손해배상 책임을 진다(대판 1996.11.18, 96다21331).

2. 손해배상과 구상권

1) 손해원인 책임자에 대한 구상

국가 또는 지방자치단체가 손해를 배상한 경우, 손해의 원인에 대하여 책임을 질 자가 따로 있을 때에는 국가 등은 그 자에게 구상권을 행사할 수 있다(예컨대, 도로의 파손자, 부실공사자, 고의 · 중과실로 하자를 발생시킨 공무원 등).

2) 영조물의 설치 · 관리자와 비용부담자가 다른 경우, 그 비용부담자도 배상책임이 있으므로 피해자는 양자에 대하여 선택적으로 청구할 수 있다. 이 경우 손해를 배상한 비용부담자는 그 손해를 배상할 책임이 있는 자(설치 · 관리자에게)에게 구상할 수 있다.

---

267) 예컨대 도로 · 하천과 같은 국유공비(國有公費)의 공물인 경우가 이에 해당한다. 국유공비(國有公費)라 함은 소유는 국가가 하지만 관리비용은 지방자치단체가 부담하는 것을 말한다. 이 경우 피해자는 국가와 지방자치에 대하여 선택적 청구가 가능하다.

3) 관리주체와 비용부담자 사이의 최종적 책임의 분담(종국적 배상책임자)

(1) 학설

관리주체와 비용부담자 사이의 최종적 책임의 분담과 관련하여 관리주체설 · 기여도설 등의 견해가 대립하고 있다. 1) 관리주체설은 영조물의 설치 · 관리자가 손해발생을 방지할 의무가 있기 때문에, 관리책임의 주체가 최종적인 책임자라고 보는 견해이다. 반면 기여도설은 구체적 · 개별적인 사안마다 손해발생의 기여도에 따라 비용부담자를 정하여야 한다는 견해이다.

(2) 판례

판례는 원칙적으로 관리주체설의 입장을 취하고 있지만, 기여도설에 입각한 판례도 있다.

[관련 판례]

★ **관리주체와 비용부담주체 사이의 최종적 책임의 분담(종국적 배상책임자)**

대전시장이 교통신호기를 설치하여 대전지방경찰청장에게 신호기 관리권한을 위임하였는데 신호기 고장으로 교통사고가 발생한 경우 대전시는 설치관리자 및 선임감독자로서 배상책임이 있고, 국가는 비용부담자로서 배상책임이 인정된다(대판 1999.6.25, 99다1120).

★ 원래 광역시가 점유 · 관리하던 일반국도 중 일부 구간의 포장공사를 건설교통부 국토관리청이 시행하고 이를 준공한 후 광역시에 이관하려 하였으나 서류의 미비 기타의 사유로 이관이 이루어지지 않고 있던 중 도로의 관리상의 하자로 인한 교통사고가 발생하였다면 광역시가 국가가 함께 그 도로의 점유자 및 관리자로서 손해배상책임을 부담한다(대판 1998.7.10, 96다42819). 이 사안은 기여도에 입각한 판례라 볼 수 있다.

3. 배상의 범위

1) 배상액은 영조물의 설치 · 관리의 하자와 상당인과관계가 있는 모든 손해액이다.

2) 국가배상법은 공무원의 직무행위로 인한 손해배상의 경우에 '배상기준'을 정하고 있으며, 이 규정이 제5조에 준용된다.

3) 국가배상법은 공무원의 직무상 불법행위로 인한 경우에만 위자료배상을 규정하고 있고, 영조물의 설치 · 관리상의 하자로 인해 손해가 발생한 경우에는 그러한 규정이 없다. 판례는 이러한 경우에도 피해자의 위자료 청구권이 인정된다고 판시하고 있다(대판 1990.11.13, 90다카25604). 따라서 영조물의 설치 · 관리의 하자로 인한 국가배상청구시 생명 · 신체 · 재산권의 침해에도 위자료 청구가 가능하다.

4. 배상책임과 구상권

(1) 설치 · 관리자와 비용부담자가 다른 경우

다수설인 관리주체설에 의하면 궁극적인 배상책임자는 설치 · 관리자이므로, 비용부담자가 배상을 한 경우에 비용부담자는 설치·관리자에게 구상할 수 있다(동법 제6조 2항).

(2) 손해원인에 대하여 따로 책임을 질 자가 있을 경우의 구상

국가 등이 손해를 배상한 경우 손해의 원인에 대하여 책임을 져야 하는 자(예컨대, 공사의 수급인·영조물의 파손자 등)가 따로 있을 때에는 국가 등은 이들에게 구상할 수 있다.

5. 면책사유

1) 불가항력

(1) 사회통념상 갖추어야 할 안정성을 갖추어 설치·관리의 하자가 없음에도 불구하고 천재지변 등과 같은 불가항력에 의한 가해행위에는 국가배상책임이 인정되지 않는다(통설·판례).

(2) 천재지변에 의한 행위일지라도 공무원의 과실 또는 영조물의 하자가 경합하여 그러한 사고가 발생했다면 국가배상책임이 인정된다(대판 1993.6.8, 93다11678).

[국가배상을 부정한 관련판례(불가항력을 인정)]

★ 고속도로의 관리상 하자가 인정되는 이상 고속도로의 점유관리자는 그 하자가 불가항력에 의한 것이거나 손해의 방지에 필요한 주의를 해태하지 아니하였다는 점을 주장·입증하여야 비로소 그 책임을 면할 수 있다(대판 2008.3.13, 2007다29287·29294).

★ 겨울철 산간지역에 위치한 도로에 강설로 생긴 빙판을 그대로 방치하고 도로상황에 대한 경고나 위험표지판을 설치하지 않았다는 사정만으로 도로관리상의 하자가 있다고 볼 수 없다(대판 2000.4.25, 99다54998).

★ 100년 발생빈도의 강우량을 기준으로 책정된 계획홍수위를 초과하여 600년 또는 1,000년 발생빈도의 강우량에 의한 하천의 범람은 예측가능성 및 회피가능성이 없는 불가항력적인 재해로서 그 영조물의 관리청에게 책임을 물을 수 없다(대판 2003.10.23, 2001다48057).

[국가배상을 긍정한 관련판례(불가항력 부정사례)]

★ 집중호우로 산비탈이 무너져 내려 발생한 교통사고의 경우에 단순히 집중호우라는 이유만으로는 천재지변이라고 할 수 없으므로 영조물 책임이 인정된다(대판 1993.6.8, 93다11678).

★ 집중호우로 제방도로가 유실되면서 그곳을 걸어가던 보행자가 강물에 휩쓸려 익사한 경우, 사고 당일의 집중호우가 50년 빈도의 최대강우량에 해당한다는 사실만으로 불가항력에 기인한 것으로 볼 수 없다(대판 2000.5.26, 99다53247).

★ 시간당 13mm강수량 초당15.4m의 풍속으로 가로수가 쓰러져 자동차를 파손한 경우에는 예측가능하므로 불가항력이 아니다(대판 1993.7.27, 93다20702).

2) 재정적 제약(예산부족)

국가 등의 재정적 제약은 국가배상에 있어서 참작사유는 될지언정 면책사유가 되지 않는다고 보는 것이 통설·판례의 입장이다.

6. 국가배상법 제2조(배상책임)와 제5조(공공시설의 하자로 인한 책임)의 경합

공공의 설치, 관리상의 하자와 공무원의 위법한 직무행위가 경합한 경우에 피해자는 국가배상법 제2조와 제5조 중 어느 것에 의하더라도 배상을 청구할 수 있다.[268] 즉 선택적으로 배상을 청구할 수 있다.

Ⅳ. 손해배상의 청구절차

영조물의 설치·관리의 하자로 인한 손해배상의 청구절차는 공무원의 위법한 직무행위로 인한 손해배상절차와 동일하다.

Ⅴ. 사경제작용(私經濟作用)으로 인한 손해배상

국가 또는 지방자치단체가 사인(私人)과 동일한 지위에서 행한 사경제적 작용으로 인한 손해 및 사물(예컨대, 일반재산)의 설치·관리의 하자로 인한 손해에 대하여는 국가 등 행정주체가 사법상의 손해배상책임을 진다. 예컨대, 국영철도를 이용함으로서 발생한 손해 등을 들 수 있다.

[관련 판례]

★ 국가의 철도운행사업은 국가가 공권력의 행사로서 하는 것이 아니고 사경제작용이라 할 것이므로, 이로 인한 사고에 공무원이 관여하였다고 하더라도 국가배상을 적용할 것이 아니고 일반민법의 규정에 따라야 하지만, 공공의 영조물인 철도시설물의 설치 또는 관리의 하자로 인한 불법행위를 원인으로 하여 국가에 대하여 손해배상청구를 하는 경우에는 국가배상법이 적용된다(대판 1999.6.22, 99다7008).

268) 경찰차의 기계의 하자와 운전한 경찰관의 과실이 경합하여 사람을 사상하는 경우에는 양 책임이 중복적으로 성립되므로, 국가배상법 제2조와 제5조 어느 규정에 의하여도 청구할 수 있다.

제3절 행정상 손실보상제도

* 행시 25회, 33회, 35회
* 사시 11회, 15회, 20회

Ⅰ. 개 설

1. 의의

행정상 손실보상이라 함은 공공의 필요에 의한 적법한 공권력의 행사로 인하여 개인에게 가하여진 '특별한 희생'에 대하여, 전체적인 공평부담의 견지에서 행정주체가 보상하는 조절적인 전보제도(塡補制度)를 말한다.

Ⅱ. 근 거

1. 이론적 근거

행정상 손실보상의 이론적 근거에 관해서는 기득권설·은혜설·특별희생설 등이 있으나, 특별희생설의 통설이다.

2. 실정법적 근거

1) 헌법 · 법률

(1) 헌법

「헌법」제23조 제3항은 "공공필요에 의한 재산권의 수용, 사용, 제한 및 그에 대한 보상은 법률로서 하되, 정당한 보상을 지급하여야 한다"라고 규정하고 있다.

(2) 법률상근거

① 손실보상에 관한 일반법은 없고, 개별법령만 존재한다.

② 개별법률로서는「공익사업을 위한 토지 등의 취득 및 보상에 관한 법률」,「도로법」·「하천법」등에서 재산권 침해와 그로 인한 손실보상에 관해 규정하고 있다.

2) 보상규정 흠결시의 권리구제수단

개별법(법률)상 손실보상의 모든 허용요건을 갖추었으나 손실보상 규정만을 두지 않은 경우에, 헌법 제23조 제3항을 근거로 하여 손실보상 청구권을 행사할 수 있는가에 대하여 학설의 대립이 있다.

(1) 학설

① 위헌무효설(입법자에 대한 직접효력설)

㉠ 손실보상 여부는 법률에 근거하여야 하므로, 보상금지급규정이 없는 법률은 위헌·무효이다.

㉡ 따라서 이에 근거한 재산권침해행위는 위법행위가 되기 때문에 국민은 위법행위로 인한 취소소송의 제기와 국가배상법에 의한 손해배상을 청구할 수 있다는 입장이다.

② 직접효력설

재산권의 침해를 당한 국민은 헌법규정(제23조 제3항)에 의하여 직접 정당한 보상을 청구할 수 있다고 보는 입장이다.

③ 유추적용설(간접효력설)

㉠ 법률에 보상규정이 없는 경우에는 「헌법」제11조(평등의 원칙) 및 제23조 제1항(재산권보장조항)을 근거로 「헌법」제23조 제3항(보상규정) 및 관계규정의 유추적용을 통하여 보상을 청구할 수 있다는 입장이다.

㉡ 만약 행정청이 손실보상을 거부하는 경우에는 공법상 당사자소송으로 손실보상청구소송을 제기할 수 있다는 견해이다.

④ 보상입법부작위위헌설

공용침해의 근거법률이 손실보상에 관한 규정을 두지 않은 경우 당해 법률이 위헌이 되는 것은 아니지만, 손실보상을 규정하지 않은 입법부작위가 위헌이라고 보고 이는 헌법소원을 통해 해결되어야 한다는 견해이다.

(2) 판례

① 대법원

종래 대법원의 입장은 반드시 일치하는 것은 아니나 대법원은 위헌무효설에 의하여 손해배상을 인정하는 경우나, 유추적용설에 의하여 손실보상을 인정하는 경우도 있었다.

② 헌법재판소

헌법재판소는 보상입법부 작위위헌설의 입장을 취하고 있다(헌재 1998.12.24, 89헌마214, 90헌바16, 97헌바78(병합)).

[관련 판례]

★ 위헌무효설의 입장

대법원은"사유지가 보상없이 경찰서부지로 되었다면 국가에 대하여 배상을 청구할 수 있다"고 판시하여 위헌무효설의 입장을 채택하고 있다(대판 1978.3.14, 76다1529).

> ★ 유추적용설의 입장
> 대법원은"토지구획정리사업으로 말미암아 본건 토지에 대한 환지를 교부하지 않고 그 소유권을 상실하게 한 데 대한 본건과 같은 경우에 손실보상을 하여야 한다는 규정이 본법에 없다 할지라도 이는 법리상 그 손실을 보상하여야 할 것이다"라고 하여 유추적용설의 입장을 취하고 있다(대판 1972.11.28, 72다1597).

Ⅲ. 손실보상청구권의 성질

손실보상청구권의 법적 성질에 관하여서는 공권설과 사권설의 견해가 대립하고 있다.

1. 학설

1) 다수설인 공권설에 의하면, 행정상의 손실보상청구권은 적법한 공권력 행사로 인하여 특정한 개인이 입은 특별한 희생에 대한 전보(塡補)이기 때문에, 공법상의 법률관계의 문제이다.

2) 따라서 공법상의 법률관계에서 인정되는 손실보상을 청구할 수 있는 권리는 공권이므로, 그에 관한 소송은 행정소송인 당사자소송에 의하여야 한다는 입장이다.

2. 판례

1) 종래 판례는 대체로 손실보상권을 사권으로 보아 민사소송으로 다루어 왔다(대판 1998.2.27, 97다46450).

2) 최근 하천구역 편입토지에 대한 손실보상청구사건에서는 공법상의 권리로 보아 당사자소송으로 보는 판례도 나타나고 있다(대판 2006.5.18, 2004다6207).

Ⅳ. 손실보상청구권의 성립요건

1. 재산권에 대한 공권적 침해

손실보상청구권이 성립하기 위해서는 재산권에 대한 침해가 있어야 한다.

1) 재산권의 침해

(1) 재산이라 함은 소유권뿐만 아니라 법률상 보호되는 일체의 재산적 가치있는 권리를 말한다.

(2) 재산권의 종류는 물건 · 채권 · 무체재산권을 가리지 않고, 공법상 권리뿐만 아니라 사법상의 권리도 포함된다.

(3) 손실보상청구권을 발생시키는 침해는 재산권에 대한 것이면 족하며, 재산권의 종류는 불문한다.

(4) 다만, 재산권은 현존하는 구체적인 이익이어야 하며, 이득가능성 · 지가상승 등과 같은 기대이익은 포함되지 않는다.

(5) 토지의 자연적 · 문화적 · 학술적 가치는 원칙적으로 손실보상의 대상이 되지 않는 것이 판례의 입장이다.

[관련 판례]

★ 토지가 철새 도래지로서 자연 · 문화적인 학술가치를 지녔다 하더라도 손실보상의 대상이 될 수 없다(대판 1989.9.12, 88누11216).

2. 공공의 필요

1) 헌법 제23조 제3항의 '공공필요'는 전형적인 불확정개념으로서 국가안전보장 · 공공복리 · 질서유지를 포함하는 넓은 개념으로 이해되고 있다(헌법 제37조 제2항). 따라서 이의 해석에 있어서는 모든 이익의 형량을 통하여 결정되어야 할 것이며, 이 경우 비례의 원칙이 관계이익을 형량하기 위한 척도가 된다고 할 수 있다(대판 2005.11.10, 2003두7507).

2) 수용 · 사용 · 제한 등 국민의 재산권에 대한 침해행위는 공공필요가 있는 경우에만 허용된다. 따라서 순수한 국고목적이나 특정한 사익을 도모하기 위한 재산권의 수용 등은 인정되지 않는다.

3) 공공필요를 이유로 하는 재산권의 수용 등은 행정기관 이외에도 사인에 의해서도 인정될 수 있다.

3. 법률에 근거한 적법한 침해

1) 침해의 직접성

개인의 재산권에 대한 침해[269]가 공권력 주체에 의하여 의도된 것이거나 최소한 직접적으로 의도된 것이어야 한다.

[관련 판례]

★ 산업단지개발의 사업시행자를 국가나 지방자치단체로 제한한다면 예산상의 제약으로 인해 개발사업의 추진에 어려움이 있을 수 있다. 헌법조항의 핵심은 당해 수용이 공공필요에 부합하는가, 정당한 보상이 지급되고 있

269) 여기에서 침해라 함은 "재산적 가치를 파괴하거나 감소시키는 것과 같은 실질적 침해뿐 아니라 재산권자의 재산의 사용을 박탈 · 억제하는 것도 포함된다.

> 는가 여부 등에 있는 것이지, 그 수용의 주체가 국가인지 민간기업인지 여부에 달려 있다고 볼 수 없다. 따라서 위 수용 등의 주체를 국가 등의 공적 기관에 한정하여 해석할 이유가 없다(헌재결 2009.9.24. 2007헌바114).
>
> ★ 오늘날 공익사업의 범위가 확대되는 경향에 대응하여 재산권의 존속보장과의 조화를 위해서는 '공공필요'의 요건에 관하여, 공익성은 추상적인 공익 일반 또는 국가의 이익 이상의 중대한 공익을 요구하므로 기본권 일반의 제한사유인 '공공복리'보다 좁게 보는 것이 타당하다(헌재결 2014.10.30, 2011헌바129.172병합).

2) 손실보상 청구권이 인정되기 위해서는 실질적이고 현실적인 피해가 발생해야 한다. 따라서 공권력에 의한 침해가 간접적 · 결과적으로 야기된 경우에는 직접적인 보상의 원인이 되지 않는다.

> **[관련 판례]**
>
> ★ 공유수면매립면허의 고시가 있다고 하여 반드시 그 사업이 시행되고 그로 인하여 손실이 발생한다고 할 수 없으므로, 매립면허고시 이후 매립공사가 실행되어 관행어업권자에게 실질적이고 현실적인 피해가 발생한 경우에만 공유수면매립법에서 정하는 손실보상청구권이 발생하였다고 할 것이다(대판 2010.12.9, 2007두6571).

3) 침해의 적법성

침해는 법률에 위반하지 말아야 하며, 법률에 근거한 것이어야 한다.

4. 특별한 희생

1) 손실보상의 요건이 충족되기 위해서는 재산권의 침해를 통하여 개인에게 특별한 희생이 발생하여야 한다. 여기에서 특별한 희생이란 재산권의 사회적 기속(또는 사회적 제약)을 넘어서는 손실을 의미한다.[270)]

2) 보상을 요하는 특별한 희생과 보상을 요하지 않는 사회적 제약을 구별하는 기준에 대해서는 견해의 대립이 있다.

(1) 형식적 기준설(개별행위설)

이 설은 동일한 상황에 있는 모든 사람이 동일한 방식으로 재산권이 침해되는 경우에는 특별한 희생의 존재를 부정한다. 독일연방최고법원의 기본적인 입장이다.

(2) 실질적 기준설

① 침해행위의 성질을 기준으로 침해행위가 재산권 등의 본질적인 내용을 침해했는지 여부에 따라 특별한 희생과 사회적 제약을 구별하는 견해이다.

② 대표적인 학설로는 보호가치설 · 수인한도설 · 목적위배설 · 사적효용성설 · 사회적 비용

---

270) 정주현, 「행정법완결」, 청이, 2014, p.156.

설 · 상황구속성설이 있다.

(3) 절충설(복수기준설)

재산권에 대한 특별한 희생의 판단기준은 형식적 기준설과 실질적 기준설을 종합적으로 고려하여 판단하여야 한다. 다수설이며 판례의 입장이다.

[특별한 희생에 해당하지 않는다고 본 판례]

★ 공공용물에 관하여 적법한 개발행위 등이 이루어짐으로 말미암아 이에 대한 일정범위의 사람들의 일반사용이 종전에 비하여 제한받게 되었다 하더라도 특별한 사정이 없는 한 그로 인한 불이익은 손실보상의 대상이 되는 특별한 손실에 해당한다고 할 수 없다(대판 2002.2.26, 99다35300).

★ 도시계획법 제21조의 규정에 의하여 개발제한구역 안에 있는 토지의 소유자는 재산상의 권리 행사에 많은 제한을 받게 된다. 그와 같은 제한으로 인한 토지소유자의 불이익은 공공의 복리를 위하여 감수하지 아니하면 안 될 정도의 것이라고 인정된다(대판 1996.6.28, 94다54511).

Ⅴ. 손실보상의 기준

1. 손실보상의 기준

재산권에 대한 침해에 대하여 어느 정도까지 손실보상을 인정할 것인가의 문제에 대하여는 완전보상설과 상당보상설의 대립이 있다.

1) 학설

(1) 통설인 완전보상설에 의하면, 공용침해로 인하여 발생한 객관적 손실 전부를 보상하여야 한다는 견해이다.

(2) 일반적으로 완전보상은 피침해재산의 객관적 가치의 보상과 함께 부대적 손실의 보상을 전부 보상하는 것을 의미한다.

(3) 다만 정신적 손해와 개발 이익은 완전보상에서 포함되지 않는다고 보는 것이 일반적 견해이다.

2) 판례

대법원과 헌법재판소는 헌법 제23조 3항에서 규정하고 있는 정당한 보상은 완전보상을 뜻한다고 보고 있다(헌재 1990.6.25, 89헌마107).

[관련 판례]

★ 정당한 보상의 뜻

헌법재판소는 "「헌법」 제23조 제3항에서 규정한 '정당한 보상'이란 원칙적으로 피수용재산의 객관적인 재산가치를 완전하게 보상하여야 한다는 완전보상을 뜻하는 것이다"라고 판시하고 있다(헌재 1991.2.11, 90헌바17,18).

2. 개별법률상 규정이용

현행법상 보상기준에 관한 일반법은 없다. 이하에서는 공익사업을 위한 토지 등의 취득 및 보상에 관한 법률(이하 토지보상법이라 부른다)을 중심으로 구체적 보상기준을 살펴보았다.

1) 토지보상보호대상자

토지보상법상 보상의 대상이 되는 자는 공익사업에 필요한 토지의 소유자 및 관계인[271] 이다.

2) 보상주체

보상주체는 사업시행자이다.[272]

[관련 판례]

★ 사업시행자가 사업인정을 받은 후 그 사업이 공용수용을 할 만한 공익성을 상실하거나 사업인정에 관련된 자들의 이익이 현저히 비례의 원칙에 어긋나게 된 경우 또는 사업시행자가 해당 공익사업을 수행할 의사나 능력을 상실한 경우, 그 사업인정에 터잡아 수용권을 행사할 수 없다(대판 2011.1.27, 2009두1051).

3) 공용수용의 경우

(1) 시가보상원칙

원칙적으로 보상액의 산정기준으로는 소유자와 사업시업자의 협의의 경우에는 협의성립 당시의 가격을 기준으로 하고, 토지수용위원회의 재결에 의하는 경우에는 재결당시의 가격을 기준으로 한다.

(2) 공익사업으로 인한 개발이익의 문제

① 개발이익배제의 원칙

㉠ 보상기준을 책정함에 있어 개발이익은 배제되어야 한다. 예컨대, 공공사업 등으로 인하여 지가(地價) 등이 상승한 경우에, 그 이익은 자기의 투자와 노력으로 증식한 것이 아니고 불로소득인 셈이므로, 그러한 개발이익은 보상의 책정에 있어서 배제될 필요가 있다는 원칙을 말한다.

---

271) 여기서 「관계인」이라 함은 토지위의 정착물에 대한 수거·철거권 등 실질적 처분권을 가진 자도 포함된다.

272) 박균성, 전게서, pp.384－385.

㉡ 판례의 입장

㉮ 대법원과 헌법재판소는 모두 개발이익을 배제하는 것은 헌법상 정당보상의 원리에 위반되지 않는다고 보고 있다(헌재 1990.6.25, 89헌마107; 대판 1993.7.27, 92누11084).

㉯ 다만 손실보상산정에 있어「당해 공공사업」과는 상관없는「다른사업」의 시행으로 인한 개발이익을 배제해서는 안된다고 판시하고 있다(대판 1992.2.11, 91누7774).

[관련 판례]

★ 손실보상액 산정에 있어 '당해 공공사업'과 상관없는 '다른 사업'의 시행으로 인한 개발이익을 배제하여서는 안 된다.

토지수용으로 인한 손실보상액을 산정함에 있어서 당해 공공사업의 시행을 직접 목적으로 하는 계획의 승인·고시로 인한 가격변동은 이를 고려함이 없이 수용재결 당시의 가격을 기준으로 적정가격을 정하여야 하나, 당해 공공사업과는 관계없는 다른 사업의 시행으로 인한 개발이익은 이를 배제하지 아니한 가격으로 평가하여야 한다. 개발이익이 해당 공익사업의 사업인정고시일 후에 발생한 경우에도 마찬가지이다(대판 2014.2.27, 2013두21182; 대판 1992.2.11, 91누7774).

★ 당해 사업으로 인한 개발이익은 피수용자의 객관적 재산가치에 포함되지 아니하므로, 개발이익을 배제하는 것은 정당하다(대판 1993.7.27, 92누11084).

② 개발이익의 배제 내용

㉠ 사업인정고시일 전 공시지가기준[273)]

토지보상법상의 공시지가는 사업인정고시일 전의 시점을 공시기준일로 하는 공시지가를 의미한다. 손실보상에서 공익사업으로 인한 개발이익(개발손실)을 배제하기 위한 것이다.

㉡ 헌법재판소는 이러한 공시지가에 의한 보상에 대해 합헌이라고 보고 있다(헌재 1990.6.25, 89헌마107).

---

273) 공시지가란 국토해양부가 매년 1월 1일을 기준으로 발표하는 전국의 땅값을 말한다. 정책의 일관성이나 형평성을 위해 1989년 7월 '지가공시 및 토지 등의 평가에 관한 법률'을 근거로 도입됐다. 공시지가에는 표준시 공시지가와 개별 공시지가 두 종류가 있다.

1) 표준지 공시지가는 국토해양부 장관이 조사·평가해 공시한 표준지의 단위면적(m^2)당 가격을 뜻하며, 매년 1월 1일을 기준으로 전국의 대표성 있는 필지를 대상으로 조사 평가한 것이다. 표지지 공시지가는 개별공시지가의 신청자료로 이용된다.

2) 개별공시지가는 표준지 공시지가를 기준으로 산정한 개별토지에 대한 단위면적당(원/m^2) 가격이다. 국토해양부장관이 매년 공시하는 표준지 공시지가를 기준으로 하여 시장·군수·구청장 등이 조사하여 산정한 공시지가로, 토지의 특성조사와 표준지 산정여부로 결정한다. 개별공시지가는 양도소득세·증여세·상속세 등의 국세와 지방세(재산세·취득세)는 물론 개별부담금·농지전용부담금 등을 산정하는 기초자료로 활용된다.

3) 해당기관이 공시지가를 고시할 때에는 일정기간 토지소유자들에게 열람시키거나 개별통지를 해야 한다. 이때 이의가 있으면 30일 이내에 서면으로 시장·군수·구청장에게 이의를 제기할 수 있으며, 이의가 받아들여지지 않을 경우에는 행정심판과 행정소송을 제기할 수 있다.

[관련 판례]

★ 토지수용으로 인한 손실보상액을 산정함에 있어서 당해 공공사업의 시행을 직접 목적으로 하는 계획의 승인·고시로 인한 가격 변동은 이를 고려함이 없이 수용재결 당시의 가격을 기준으로 적정가격을 정하여야 한다(대판 2014.2.27, 2013두21182).

③ 개발이익의 환수

㉠ 개발사업자의 경우

개발사업자가 사업을 시행하여 토지가액의 증가분이 있는 경우에는 그 증가분 중에서 개별부담금을 개발이익으로 환수하고 있다.

㉡ 수용당하지 않은 토지의 소유자의 경우

과거에 수용당하지 않은 토지의 소유주가 개발로 인한 이익을 차지하게 되는 경우에는 개발이익환수제도로서 「토지초과이득세」가 존재하였다. 그러나 헌법재판소에 의해 불합치결정이 내려졌고, 그 후 「토지초과이득세법」이 폐지되었다. 따라서 지가가 오른 개발지역 내에서 토지를 수용당한 토지소유자와 토지를 수용당하지 않은 소유자간의 불균형문제는 여전히 남아있다.

④ 공용사용의 경우

공용사용은 공공의 필요에 의해 개인의 재산권을 사용하는 것이다. 이에 대해 토지수용법은 토지수용의 경우에 준해서 손실보상을 하도록 하고 있다.

⑤ 공용제한의 경우

공용제한의 경우에도 손실보상의 대상이 된다. 다만 공용제한의 경우 손실보상규정을 두지 않는 경우가 많기 때문에, 어떤 기준에 의해 보상액을 산정해야 할 것인가에 대하여 견해가 대립하고 있다.

Ⅵ. 손실보상의 내용

1. 보상내용의 변천

손실보상은 대인적보상→ 대물적 보상→ 생활보상으로 발전되어 왔다.

1) 대인적 보상

(1) 역사적으로 보면 손실보상은 피수용자가 수용목적물에 대하여 갖는 주관적 가치의 보상에서 시작되었다.

(2) 주관적 가치란 시장에서의 객관적인 교환가치가 아니라 피수용자 스스로가 평가하는 주관적 가치를 의미한다. 이러한 보상을 대인적 보상이라 한다.

2) 대물적 보상

(1) 20세기 초부터 공공사업의 시행에 장해가 되는 대인적 보상 대신,[274] 시장에서의 객관적 교환가치를 보상액으로 하는 것이 나타났다. 이것을 대물적 보상 또는 재산권 보상이라 부른다.

(2) 대물적 보상은 현재 우리나라뿐만 아니라 각국의 기본적인 제도이다.

3) 생활보상

객관적 교환가치(손실보상금) 외에 삶의 터전(이주대책·생계지원대책 등)도 마련해주어야만 보상이 의미있게 되는 경우, 그러한 삶의 터전을 마련해주는 것을 생활보상이라 한다.

2. 재산권 보장

오늘날 재산권 보장에 있어서는 토지소유권 이외의 각종 재산권 및 부대적 손실,[275] 그리고 사업손실(간접손실) 보상까지도 주요한 보상의 내용으로 하려는 경향을 보이고 있다.

1) 재산권 보상

(1) 토지보상

공익사업을 위한 토지 등의 취득에 관한 법률 제70조 제1항

[관련 판례]

★ 협의 또는 재결에 의하여 취득하는 토지에 대하여는 부동산가격공시 및 감정평가에 관한 법률에 의한 공시지가를 기준으로 보상하되, 수용대상 토지에 대한 손실보상액을 평가함에 있어서는 수용재결 당시의 이용상황, 주위환경 등을 기준으로 하여야 하는 것이고, 여기에서의 수용대상 토지의 현실이용상황은 법령의 규정이나 토지소유자의 주관적 의도 등에 의하여 의제될 것이 아니라 오로지 관계증거에 의하여 확정되어야 한다(대판 1997.8.29, 96누2569).

★ 토지수용보상액은 토지수용법 제46조 제2항 등 관계 법령에서 규정한 바에 따라 산정하여야 하는 것으로서, 지가공시 및 토지 등의 평가에 관한 법률 제10조의2 규정에 따라 결정·공시된 개별공시지가를 기준으로 하여 산정하여야 하는 것은 아니며, 관계 법령에 따라 보상액을 산정한 결과 그 보상액이 당해 토지의 개별공시지가를 기준으로 하여 산정한 지가보다 저렴하게 되었다는 사정만으로 그 보상액 산정이 잘못되어 위법한 것이라고 할 수는 없다(대판 2002.3.29, 2000두10103).

(2) 토지 이외의 재산권 보장

① 건축물 등에 대한 보상

㉠ 건물·공작물·입목 등에 대해서는 이전비를 보상하는 것이 원칙이다. 그러나 이전으

274) 대인적보상은 보상액산정에 기준이 없을뿐더러 보상금액이 통상 고액이 되기 때문에, 공공사업의 시행에 장애가 되는 한 요인이 되었다.

275) 부대적 손실보상이란 재산권의 상실·이전에 따라 비용의 지출을 요하는 경우에 그 비용을 보상하는 것을 말한다. 예컨대, 지상물건의 이전료, 과수 등의 이식료보상, 잔여지의 공사비보상 등이 이에 해당된다.

로 인해 종래 목적대로 사용할 수 없거나 이전비가 과도한 경우에는 사업시행자는 당해 물건의 가격으로 보상한다.

㉡ 지장물인 건물이 토지수용법상 손실보상이 되기 위해서는 적법한 건축허가를 받아 건축된 건물이 되어야 하는 것은 아니다.

[관련 판례]

★ 지장물인 건물은 그 건물이 적법한 건축허가를 받아 건축된 것인지 여부에 관계없이 토지수용법상의 사업인정의 고시 이전에 건축된 건물이기만 하면 손실보상의 대상이 된다(대판 2000.3.10, 99두10896).

② 농업과 농작물 등에 대한 보상

농업의 손실에 대하여는 농지의 단위면적당 소득 등을 고려하여 실제 경작자에게 보상하여야 하고, 농작물의 손실은 그 종류와 성장정도 등을 고려하여 실제 경작자에게 보상하여야 한다.

③ 권리에 대한 보상

토지에 관한 소유권의 권리 · 광업권 · 어업권 · 물 등의 사용에 관한 권리에 대해서는 투자비용 · 예상수익 및 거래가격 등을 평가한 적정가격으로 보상하여야 한다.

④ 이전비 보상

건축물 등에 대한 이전비 보상, 분묘의 이전비 보상이 이에 해당된다.

⑤ 잔여지 보상

㉠ 동일한 토지소유자에게 속하는 일단의 토지의 일부가 수용됨으로 인하여 잔여지의 가치가 하락하거나 통로 등의 공사가 필요한 때에는 그 가치손실이나 공사비용을 보상한다.

㉡ 잔여건물을 종래의 목적대로 사용하는 것이 현저히 곤란한 때에는 그 건축물 소유자는 사업시행자에게 잔여건축물을 매수하여 줄 것을 청구할 수 있고, 협의가 성립되지 아니한 경우에 한하여 해당사업의 공사완료일까지 관할 토지수용위원회에 수용을 청구할 수 있다.

⑥ 영업손실(일일손실)

㉠ 영업을 폐지하거나 휴업함에 따른 영업손실에 대하여는 영업이익과 시설의 이전비 등을 참작하여 보상하여야 한다.

㉡ 영업손실에 관한 보상에 있어서 영업의 휴업과 폐지를 구별하는 기준은 당해 영업을 실제로 이전하였는 지가 아니라 영업을 다른 장소로 이전이 가능한 지에 따라 구별해야 한다(대판 2001.11.13, 2000두1003).

㉢ 수용재결에 의한 수용이 효력이 발생하기 전에 사업시행자가 사업을 시행함으로 인하여 영업상의 피해를 입은 경우, 그에 대한 손실보상을 구할 수가 없다(대판 2005.7.29, 2003두2311).

⑦ 임금손실의 보상

휴직하거나 실직하는 근로자의 임금손실에 대하여는 근로기준법에 의한 평균임금 등을 참작하여 보상하여야 한다.[276)]

㉠ 휴직보상

공익사업으로 인하여 근로장소가 이전되어 휴직하게 된 경우에는 그 휴직기간(90일 이하)에 대하여는 근로기준법에 의한 평균임금의 100분의 70에 상당하는 금액을 휴직보상으로 지급한다.

㉡ 실직보상

공익사업으로 인하여 근로장소가 폐지 등으로 직업을 상실하게 된 경우에는 실직보상으로 평균임금의 90일분에 상당하는 금액을 지급한다.

3. 정신적 보상

손실보상은 손해배상과는 달리 정신적 고통에 대한 배상은 인정되지 않는다.

4. 생활보상

1) 의의

생활보상은 종전과 같은 생활을 유지할 수 있도록 하는 것을 실질적으로 보장하는 보상을 말한다. 이는 재산권의 객관적 가치의 보상만으로는 전보되지 않은 생활근거의 상실에 대한 보상을 말한다.[277)]

2) 법적 근거

(1) 헌법

① 헌법 제23조 제3항(재산권보장에 관한 근거 규정)과 동법 제34조 제1항(인간다운 생활을 할 권리)을 결합한 것으로 본다(결합설).

② 판례 또한 결합설에 입각한 것으로 보인다(대판 2003.7.25, 2001다57778).

(2) 법률

현행법상 생활보상에 관하여 일반적 또는 직접적으로 규정하고 있는 것은 없으나, 「공익사업을 위한 토지 등의 취득 및 보상에 관한 법률」의 시행령 · 시행규칙에서 생활보상을 구체화하고 있다.

---

276) 박균성, 전게서, p.389.

277) 생활보상이 등장하게 된 배경은 대단위 댐의 건설로 수몰되는 벽지의 농민들은 수용보상금만으로는 수용 전의 상태와 같은 삶을 유지할 수 없게 되는 경우가 있게 된다. 이러한 경우 이주대책과 생계지원대책 등도 마련해주어야 하는데, 여기서 논의되는 것이 생활보상의 개념이다(홍정선, 전게서, p.548).

3) 법적 성질

(1) 생활보상은 생존권적 기본권의 문제, 즉 단순히 재산권의 보장에만 그치는 것이 아니라 「사회보장적 차원」에서 지급하는 금원의 성격을 갖는다(대판 2006.4.27, 2006두2435).

(2) 생활보상은 보상기준이 설정되어 있으므로 대물적 보상에 비해 「객관적 성격」이 강하다.

(3) 생활보상은 대물적 보상[278]에 비하여 「보상의 범위가 확대」된다는 특징이 있다.

(4) 생활보상은 수용전 이전 상태로 회복하는 것을 목적으로 한다는 점에서 「원상회복적인 성격」을 갖는다.

(5) 생활보상은 보상내용의 변천과정에서 「최종단계」의 보상으로서의 의미를 가진다.

4) 생활보상의 내용[279]

(1) 주거의 총체적 가치의 보장, 즉 시장가치를 초과하여 주거용으로 현실적으로 얻고 있는 총체가치를 보장하는 것을 말한다.

① 토지소유자에 관한 것

㉠ 이주정착금의 지급, 주거이전비의 보상, 이농비, 주거비 건물의 최저보상액 등이 있다.

㉡ 공익사업의 시행으로 인하여 이주하는 주거용 건축물의 세입자에게 인정되는 주거이전비 보상청구권은 공법관계이므로, 당사자 소송절차에 의한다(대판 2008.5.29, 2007다8129).

② 토지 등 소유의 이외의 자에 대한 것

세입자에 대한 주거이전비, 허가 등을 받지 아니한 무허가·무신고 어업자 등에 대한 주거대책비 등이 있다.

(2) 생활재건조치

피수용자의 생활재건을 위하여 가장 유효적절하게 사용될 수 있도록 하는 각종의 조치를 말한다.

(3) 이주대책

① 의의

공익사업의 시행으로 인하여 주거용 건축물을 제공함에 따라 생활의 근거를 상실하게 하는 자를 종전과 같은 생활상태를 유지할 수 있도록 다른 지역으로 이주시키는 것을 말한다.

[관련 판례]

★ 이주대책의 실시 여부는 입법자의 입법정책적 재량의 영역에 속하므로, 이주대책의 대상자에서 세입자를 제외하고 있는 것이 세입자의 재산권을 침해하는 것이라 볼 수 없다(헌재결 2006.2.23, 2004헌마19).

---

278) 대물적 보상은 수용대상과 보상대상이 일치되는 것을 원칙으로 한다.

279) 홍정선, 전게서, p.550; 박균성, 전게서, pp.394－395.

② 이주대책수립 · 실시의무

㉠ 이주대책을 수립하는 자는 사업시행자이다. 사인이 사업시행자인 경우 당해 사인은 공무수탁사인에 해당한다.

㉡ 사업시행자는 법령에서 정한 일정한 경우 이주대책을 수립할 의무가 있다. 이 경우 이주대책수립은 법적 강제의무이다.

㉢ 사업시행자는 이주대책을 수립할 의무를 지지만, 이주대책의 내용결정에 있어서는 재량권을 갖는다(대판 2007.2.22, 2004두7481).

[관련 판례]

★ 주택공급에 관한 규칙 제19조 제1항 제3호에서 정한 철거주택의 소유자를 대상으로 하는 국민주택 등의 특별공급의 경우, 사업시행자가 공급한 국민주택의 수량 및 대상자 결정 등에 관하여 재량을 갖는다(대판 2009.11.12, 2009두10291).

③ 이주대책 대상자

이주대책의 대상이 되는 자를 말한다.

㉠ 법령이 정한 이주정책대상자

법령상 이주대책의 대상으로 하여야 하는 자를 말한다.

㉡ 시혜적인 이주대책대상자

법령상 이주대책의 대상으로 정해져 있지는 않지만, 사업시행자가 이주대책의 대상으로 정한 자를 말한다.

④ 이주대책에서 제외되는 자

㉠ 「공익사업을 위한 관계법령에 의한 고시 등이 있은 날」당시 주거용 건물이 아니었던 건물이 그 이후에 건축물의 허가나 신고를 하지 않고 주거용으로 불법용도 변경시킨 건축물의 소유자, 이 경우 이주대책 대상이 되는 주거용 건축물이 될 수 없다(대판 2009.2.26, 2007두13340).

㉡ 타인이 소유하고 있는 건축물에 거주하는 세입자 등은 제외된다.

[관련 판례]

★ 이주대책대상자가 선정신청을 하고 사업시행자가 그 신청을 받아들여 이주대책 대상자로 확인 · 결정을 하여야만 비로소 구체적인 수분양권이 발생하게 된다(대판 1995.10.12, 94누11279).

★ 공익사업을 위한 토지 등의 취득 및 보상에 관한 법률 시행령 제40조 제3항 제3호가 이주대책의 대상자에서 세입자를 제외하고 있는 것은 세입자의 재산권을 침해하지 않는다(헌재결 2006.2.23, 2004헌마19).

★ '생업의 근거를 상실하게 된 자에 대하여 일정 규모의 상업용지 또는 상가분양권 등을 공급하는' 생활대책은 헌법 제23조 제3항에 규정된 정당한 보상에 포함되는 것이라기보다는 생활보상의 일환으로서 국가의 정책적인 배려에 의하여 마련된 제도이므로, 그 실시여부는 입법자의 입법정책적 재량의 영역에 속한다(헌재결 2013.7.25, 2012헌바71).

★ 사업시행자가 구 공익사업을 위한 토지 등의 취득 및 보상에 관한 법률 시행령 제40조 제2항 단서에 따라 택지개발촉진법 또는 주택법 등 관계 법령에 의하여 이주대책대상자들에게 택지 또는 주택을 공급하는 경우에도 이주정착지를 제공하는 경우와 마찬가지로 사업시행자 부담으로 구 공익사업을 위한 토지 등의 취득 및 보상에 관한 법률 제78조 제4항에서 정한 생활기본시설을 설치하여 이주대책대상자들에게 제공하여야 한다(대판 2011.6.23, 2007다63089 전합).

★ 뉴타운개발 사업시행자가 사업시행으로 생활근거 등을 상실하는 주민들을 위한 주거대책 및 생활대책을 공고함에 따라 화훼도매업을 하던 甲이 사업시행자에게 생활대책신청을 하였으나 사업시행자가 이를 거부한 사안에서, 위 거부행위는 행정처분에 해당한다(대판 2011.10.13, 2008두17905).

(4) 정신적 보상

현행법상 보상대상을 재산권에 한정하고 있기 때문에, 이에 대한 보상을 규정한 법률은 없다.

5. 간접손실보상(사업손실보상)

1) 의의

공익사업의 시행 또는 완성 후의 시설이 사업시행자 주변토지의 소유자에게 미치는 간접적 손실이다. 사업시행당사자가 아닌 제3자에 대한 보상이라는 점에서 간접손실보상을 제3자 보상이라고도 한다.

2) 보상규정이 결여된 간접손실의 보상여부

(1) 학설

① 보상부정설 ② 직접적용설 ③ 수용적 침해이론, ④ 손해배상설 등이 있다.

(2) 판례

판례는 토지보상법(공익사업에 필요한 토지 등의 취득 및 보상 등에 관한 법률)의 관련규정을 유추적용하여 보상하는 것이 타당하다고 판시하였다(대판 1999.10.8, 99다27231). 즉, 판례는 간접손실의 경우 보상규정이 없는 경우에도 보상대상이 된다고 보고 있다.

[관련 판례]

★ 공유수면매립사업으로 인하여 수산업협동조합이 관계 법령에 의하여 대상지역에서의 독점적 지위가 부여되어 있던 위탁판매사업을 중단하게 된 경우, 그로 인한 위탁판매수수료 수입상실에 대하여 구 공공용지의 취득 및 손실보상에 관한 특례법 시행규칙을 유추적용하여 손실보상을 하여야 한다(대판 1999.10.8, 99다27231).

★ 공공사업시행지구 밖에서 관계법령에 따라 신고를 하고 수산제조업을 하고 있는 사람에게 공공사업의 시행으로 인하여 그 배후지가 상실되어 영업을 할 수 없게 되었음을 이유로 손실보상을 하는 경우 그 보상액의 산정에 관하여는 공공용지의 취득 및 손실보상에 관한 특례법 시행규칙의 간접보상에 관한 규정을 유추적용할 수 있다(대판 2002.3.12, 2000다73612).

3) 소수잔존자에 대한 보상

(1) 의의

공익사업의 시행으로 인하여 1개 마을의 주거용 건축물이 대부분 공익사업시행지구에 편입됨으로써 잔여 주거용 건축물 거주자의 생활환경이 현저히 불편하게 되어 이주가 부득이한 경우에 당해 건축물 소유자의 청구에 의하여 그 소유자의 토지 등을 공익사업시행지구에 편입되는 것으로 보아 보상하여야 한다.

(2) 잔여지의 매수 및 수용 청구

당해 토지소유자는 사업시행자에게 잔여지를 수용하여 줄 것을 청구할 수 있다.

[관련 판례]

★ 잔여지수용청구권은 행사에 의하여 바로 수용의 효과가 발생하는 형성권이다.

토지수용법에 의한 잔여지수용청구권은 그 요건을 구비한 때에는 토지수용위원회의 특별한 조치를 기다릴 것 없이 청구에 의하여 수용의 효과가 발생하는 형성권적 성질을 가지고 그 행사기간은 제척기간이다(대판 2001.9.4, 99두11080).

★ 잔여지 수용청구는 잔여지 수용청구를 받아들이지 않은 토지수용위원회의 재결에 대하여 토지소유자가 불복하여 제기하는 소송으로 위 법 제85조 제2항에 규정되어 있는 '보상금의 증감에 관한 소송'에 해당하여 사업시행자를 피고로 하여야 한다(대판 2010.8.19, 2008두822).

Ⅶ. 행정상 손실보상의 방법

1. 손실보상의 방법

1) 보상의 기본원칙

(1) 현금보상의 원칙

손실보상은 다른 법률에 특별한 규정이 있는 경우를 제외하고는 현금으로 지급하여야 한다.

(2) 선불의 원칙(사전보상의 원칙)

① 사업시행자는 해당 공익사업을 위한 공사에 착수하기 이전에 토지소유자 및 관계인에 대하여 보상액의 전액을 지급해야 한다.

② 후급의 경우에 이자와 물가 변동에 따르는 불이익은 보상책임자가 부담하여야 한다(대판 1991.12.24, 91누308).

(3) 개별불의 원칙(개인별 보상의 원칙)

손실보상은 토지소유자 또는 관계인에게 개인별로 행하여야 한다. 다만, 개인별로 보상액을 산정할 수 없는 때에는 그러하지 아니하다.

(4) 일괄보상(전액일시불의 원칙)

사업시행자는 동일한 사업지역 안에 보상시기를 달리하는 동일인 소유의 토지가 여러 개 있는 경우 토지소유자 또는 관계인의 요구가 있을 때에는 한꺼번에 보상금을 지급하여야 한다.

(5) 사업시행자 보상

공익사업에 필요한 토지 등의 취득 또는 사용으로 인하여 토지소유자 또는 관계인이 입은 손실은 사업시행자가 이를 보상하여야 한다.

2) 그 밖의 방법(예외)

(1) 현물보상

환지의 제공이나 건축시설물로 보상을 해주는 손실보상을 말한다.

(2) 채권배상

현금보상에 대한 예의로서 채권으로 하는 손실보상을 말한다. 채권의 상환기간은 5년 이내로 하고, 채권에 대한 이자를 지급하여야 한다.

(3) 대토보상

토지소유자가 원하는 경우에는 공익사업의 시행으로 조성된 토지로 보상할 수 있다.

2. 보상액의 가격시점

1) 보상액의 산정은 ① 협의에 의한 경우에는 협의 성립 당시의 가격을, ② 재결에 의한 경우에는 수용 또는 사용의 재결 당시의 가격을 기준으로 한다.

2) 보상액을 산정할 경우에 해당 공익사업으로 인하여 토지 등의 가격이 변동되었을 때에는 이를 고려하지 아니한다.

3. 사업시행 이익과의 상계금지

사업시행자는 동일한 토지소유자에게 속하는 일단의 토지의 일부를 취득하거나 사용하는 경우 해당 공익사업의 시행으로 인하여 잔여지의 가격이 증가하거나 그 밖의 이익이 발생한 때에도 그 이익을 그 취득 또는 사용으로 인한 손실과 상계할 수 없다.

Ⅷ. 손실보상액의 결정절차

손실보상액의 결정절차에 관하여는 일반적 규정이 없고, 각 개별법에서 여러가지 방법을 규정하고 있다.

1. 당사자 협의에 의한 결정

1) 토지보상법은 협의전치주의를 취하고 있다. 사업시행자는 토지 등에 대한 보상에 관하여 토지소유자 및 관계인과 성실히 임해야 한다.

2) 협의의 법적성질

다수설은 공법상 계약으로 보고 있으나, 판례는 사법적 계약으로 보고 있다.

3) 재결로 간주

협의의 확인은 토지보상법에 의한 재결로 보며, 사업시행자·토지소유자 및 관계인은 그 확인된 협의의 성립이나 내용을 다툴 수 없다.

2. 관할 토지수용위원회의 재결

1) 재결의 신청

(1) 협의가 성립되지 아니하거나 협의를 할 수 없을 때에는 사업시행자는 사업인정고시가 된 날부터 1년 이내에 대통령령으로 정하는 바에 따라 관할 토지수용위원회에 재결을 신청할 수 있다.

(2) 관할 토지수용위원회에 대한 재결신청은 사업시행자만 할 수 있고, 토지소유자 및 관계인은 토지수용위원회에 재결을 신청할 수 없다.

(3) 사업인정고시가 있은 후 협의가 성립되지 아니한 때에는 토지소유자 및 관계인은 대통령령이 정하는 바에 따라 서면으로 사업자에게 재결의 신청을 할 것을 청구할 수 있다.

(4) 사업시업자는 토지소유자 및 관계인의 청구를 받을 때에는 그 청구가 있은 날부터 60일 이내에 관할 토지수용위원회에 재결을 신청하여야 한다.

3. 재결

1) 토지수용위원회의 재결은 서면으로 한다. 토지수용위원회는 사업시행자·토지소유자 또는 관계인이 신청한 범위안에서 재결하여야 한다. 다만 손실의 보상에 있어서는 증액재결을 할 수 있다.

2) 토지수용위원회에 의한 보상금의 결정

(1) 토지수용위원회는 보상금을 재결의 형식으로 수용 등과 함께 결정한다(제50조).

(2) 토지수용위원회의 수용재결은 행정심판의 재결이 아니라 원행정행위의 성질을 갖는다.

[관련 판례]

★ 토지소유자가 사업시행자로부터 손실보상을 받기 위하여는 공익사업법에 규정된 재결절차를 거친 다음 그 재결에 대하여 불복할 때 비로소 권리구제를 받을 수 있을 뿐이며, 특별한 사정이 없는 한 이러한 재결절차를 거치지 않은 채 곧바로 사업시행자를 상대로 손실보상을 청구하는 것은 허용되지 않는다(재결전치주의)(대판 2012.11.29, 2011두22587).

4. 손실보상금 결정에 대한 불복

토지수용위원회의 재결에 대한 불복절차로 이의신청과 행정소송이 인정된다.

1) 재결의 내용이 보상금 결정만을 내용으로 하는 경우

이러한 경우의 재결은 처분성이 인정되지 않는다. 따라서 보상액 결정의 취소쟁송을 제기할 수 없다.

2) 재결의 내용이 보상금 결정과 재산권의 수용을 포함하는 경우

(1) 처분성

이러한 내용의 재결은 처분성이 인정된다. 따라서 이의신청과 행정소송을 제기할 수 있다.

(2) 이의신청

① 손실보상금 결정에 대해서 불복하는 자는 당해재결에 대해서 행정심판으로서의 이의신청을 할 수 있다.

② 지방토지수용위원회의 재결에 대해서는 당해 지방토지수용위원회를 거쳐 중앙토지수용위원회에, 중앙토지수용위원회의 재결에 대해서는 중앙토지수용위원회에 각기 재결서의 정본을 받은 날부터 30일 이내에 이의신청을 할 수 있다.

(3) 행정소송의 제기

① 수용자체를 다투는 경우(수용재결이 대상인 경우)

㉠ 이의신청에 대해 인용하지 않는 재결이 행해진 경우, 즉 수용자체를 다투는 경우에는 항고소송(취소소송)을 제기하여야 한다.

㉡ 사업시행자 · 토지소유자 또는 관계인은 재결서를 받은 날부터 60일 이내에, 이의신청을 거친 때에는 이의신청에 대한 재결서를 받은 날부터 30일 이내에 각각 행정소송을 제기할 수 있다.

② 손실보상액의 증감이 대상인 경우(보상재결)

㉠ 손실보상액의 증감을 청구하는 경우에는 토지수용위원회가 아닌 사업시행자를 상대로 소송을 제기하여야 한다.

㉡ 이러한 경우 소송의 제기자가 토지소유자나 관계인인 경우에는 사업시행자를, 소송제

기자가 사업시행자인 경우에는 토지소유자나 관계인을 각각 피고로 하여 제기하여야 한다.

(4) 집행부정지

이의신청이나 행정소송의 제기는 사업의 진행 및 토지의 수용 또는 사용을 정지시키지 아니한다(동법 제88조).

3) 환매권

(1) 의의

① 매도인이 일정한 요건만 갖추면 다시 매수할 수 있는 권리를 말한다. 정부 등이 공익사업을 위해 토지 등을 취득하는 경우에 그 사업의 폐지 등으로 취득한 토지의 전부 또는 일부가 필요없게 된 때는 소유자 등에게 환매할 수 있도록 환매권을 인정하고 있다.

② 사업시행자는 환매할 토지가 생긴 때에는 지체없이 환매권자에게 통지해야 한다.

(2) 판례

대법원은 환매권자와 사업시행자가 환매금액에 대하여 협의가 성립되지 않아 환매금액의 증감을 구하는 소송은 민사소송에 의하여야 한다고 판시하고 있다(대판 2013.2.28, 2010두22368).

제 4 절 기타 손실보상제도

Ⅰ. 수용유사침해이론

1. 개념

1) 수용유사침해이론은 공공의 필요에 의한 타인의 재산권에 대한 공권적 침해이기는 하나 그로 인해 발생하는 특별한 희생에 대하여 보상규정을 두고 있지 않아 위법한 경우에, 수용에 준하여 손실보상을 해주어야 한다는 것을 말한다.

2) 수용유사의 침해는 공용침해의 모든 허용요건을 갖추고 있으면서도 보상에 관한 요건을 결하고 있는 침해의 경우이다.

3) 수용유사적 침해와 가장 관련이 깊은 것은 공용제한이다. 예컨대 구 도시계획법(현 국토의 계획 및 이용에 관한 법률) 제21조가 개발제한구역으로 지정한 지역내에서 일정한 재산권 행사를 제한하는 규정임에도 아무런 보상규정을 두지 않은 경우가 이에 해당된다.

4) 수용유사침해는 위법 · 무책의 침해이다.

(1) 수용유사침해를 「위법한 공용침해」라고 정의하는 이유는 '위법'한 공용침해의 근거법

률이 보상규정을 두어야 함에도 그 규정을 두지 않음으로써 위헌인 법률이 되고, 따라서 그에 근거한 공용침해가 결과적으로 「위헌」이 된다는 의미에서의 위법을 말한다.

(2) 무책이라 함은 공용침해권자에게는 재산권자에 대한 손해를 가할 의사는 없으며 공공필요가 그 동기가 되므로 과실도 문제가 되지 않는다. 따라서 수용유사침해의 전형적인 모습은 위법 · 무책의 책임이다.

2. 법적 근거

1) 독일에서 수용유사침해로 인한 보상청구권의 법적 근거로 독일기본법 제14조 제3항에 따른 수용보상청구권의 유추형식으로 발전된 것이다.

2) 그 후 독일연방헌법재판소가 자갈채취사건에서, 수용관계법에 보상규정이 없는 경우에는 당해 법률은 위헌인 것으로서, 그에 기한 수용처분은 위법한 처분이 된다고 보았다. 이 경우 관계인은 관계법에 보상규정이 없는 결과 보상은 청구할 수 없고, 단지 당해 처분의 취소를 청구할 수 있을 뿐이라고 판시하였다.

3) 그럼에도 불구하고 연방최고법원은 연방헌법재판소의 판결 후에도 수용유사침해의 법리를 완전히 포기하지 않고 있으며, 다만 동법리의 법적 기초를 기본법(제14조 제3항)이 아니라, 그 대신 관습법적인 프로이센일반란트법 제74조 · 제75조상의 「희생보상청구권」에서 그 근거를 찾고 있다.

3. 성립요건

1) 공공의 필요성이 있어야 한다. 따라서 사적인 또는 국고상의 이익추구만을 위한 경우에는 보상이 주어질 수 없다.

2) 재산권에 대한 위법한 공용침해가 있어야 한다. 여기서 위법하다는 것은 보상규정이 결여되었다는 의미에서의 위헌인 위법을 말한다.

3) 재산권자에게 특별한 희생이 가해졌어야 한다.

4. 우리나라에서의 논의

1) 학설

위헌무효설, 직접효력설, 유추적용설(다수설) 등의 견해가 제시되고 있으나, 아직 통설적인 견해가 형성되어 있지 않다.

2) 판례의 태도

서울고등법원에서는 문화방송 주식사건에서 동 이론을 명시적으로 인정하였으나, 대법원에서는 명시적 판단을 유보하고 있다.

> **[관련 판례]**
>
> **★ 1980년 6월의 비상계엄하에서 언론통폐합조치의 일환으로 행해진 MBC주식의 국가귀속조치사건**
>
> 국가 기타 공권력의 주체가 위법하게 공권력을 행사하여 국민의 재산권을 침해하였고 그 효과가 실제에 있어서는 수용과 다름 없을 때에는 적법한 수용이 있는 것과 마찬가지로 국민이 그로 인한 손실의 보상을 청구할 수 있다는 것이다. ... 우리 법제하에서 수용유사죄 침해의 이론을 채택할 수 있는 것인가는 별론으로 하더라도, 1980년 6월 말경의 비상계엄 당시 국군보안사령부 정보처장이 언론통폐합조치의 일환으로 사인소유의 방송사 주식을 강압적으로 국가에 증여케 한 것은 위 수용유사행위에 해당되지 않는다(대판 1993.10.26, 93다6409)
>
> **★ 도시계획법 제21조에 의한 재산권의 제한의 위헌 여부**
>
> 개발제한구역지정으로 인하여 토지를 종래의 목적으로도 사용할 수 없거나 실질적으로 사용·수익을 전혀 할 수 없는 예외적인 경우에도 아무런 보상 없이 이를 감수하도록 하고 있는 한, 비례의 원칙에 위반되어 당해 토지소유자의 재산권을 과도하게 침해하는 것으로서 헌법에 위반된다(헌재결 1998.12. 24, 89헌마214, 90헌바16, 97헌바78병합).

Ⅱ. 수용적 침해이론

1. 개념

1) 의의

수용적 침해란 적법한 공행정작용의 비전형적이고 비의도적인 부수적 효과로써 타인의 재산권에 대한 손실을 전보하는 것을 그 내용으로 한다.

2) 구체적인 예

지하철공사의 장기화로 인한 영업손실, 도로구역으로 20년간 지정됨으로써 야기된 재산권침해, 쓰레기적치장 등 공공시설의 경영으로 인근주민이 손실을 받는 경우가 그 예이다.

3) 수용유사침해와의 구별

(1) 수용유사침해보상은 위법한 침해를 요건으로 하지만, 수용적침해보상은 적법한, 의도된 침해를 요건으로 한다. 따라서 수용적 침해는 결과책임이라고 할 수 있다.

(2) 간접손실은 수용적 침해의 일부에 해당한다. 따라서 수용적 침해가 간접손실보상보다 더 넓은 개념에 해당한다.

2. 법적 근거

1) 독일에서는 헌법적 관습법으로서의 효력이 있는 희생보상원리에 근거를 두고 있다.

2) 우리나라의 경우 헌법상의 기본권보장, 법치국가원리, 사회국가원리 등에서 근거를 찾

을 수 있다고 본다. 다만 최근 폐기물관리법 시행령에 수용적 침해에 대한 보상규정이 신설되었다.

3. 성립요건

1) 침해의 적법성 · 비의도성

이 경우 당해 침해는 적법한 공행정작용의 부수적 효과로서 비의도적이고 비유형적인 것이어야 한다.

2) 재산권에 대한 직접적 침해

개인의 재산권에 대한 비의도적인 침해행위라는 점에서 그 특징이 있기는 하나, 이 경우에도 침해행위와 손해와의 사이에는 직접적 관련성이 있어야 한다.

3) 수용적 침해로 발생한 손실이 수인한도를 넘는 특별한 희생이어야 한다.

4. 우리나라에서의 적용문제

1) 학설

(1) 헌법 제23조 제3항을 직접 확대 적용하여 보상청구가 가능하다는 견해

(2) 입법론적으로 해결이 가능하다는 견해

(3) 독일의 수용적 침해이론을 적용하여 보상이 가능하다는 견해 등이 있다.

2) 판례

수용적 침해에 대한 명시적인 판례는 존재하지 않는다.

[관련 판례]

★ 어떠한 경우라도 토지의 사적 이용권이 배제된 상태에서 토지소유자로 하여금 10년이상을 아무런 보상없이 수인하도록 하는 것은 공익실현의 관점에서도 정당화될 수 없는 과도한 제한으로서 헌법상의 재산권보장에 위배된다고 보아야 한다(헌재결 1999.10.21, 97헌바26).

Ⅲ. 희생보상청구권

1. 개념

1) 의의

(1) 희생보상청구권이란 국민의 생명 · 신체 · 명예 등과 같은 비재산적 가치의 법익이 침해된 경우에 인정되는 보상청구권을 말한다.

(2) 수용유사침해 및 수용적 침해이론에 의한 보상은 재산적 권리의 침해에 한정될 뿐, 생명·건강 · 명예·자유와 같은 법익의 침해인 경우에는 적용되지 않는다. 따라서 희생보상청구권은 생명 · 신체 · 명예 · 자유에 대한 침해시 비재산적인 가치의 보호에 기여하는 제도이다.

(3) 구체적인 예

① 소방종사명령이나 수난구호 명령에 응하여 행위하다가 사망 · 부상한 경우

② 예방주사를 맞다가 특이체질로 인해 사망한 경우,

③ 범인을 향해 발사한 총탄이 범인을 관통하여 벽을 맞고 옆사람에게 상해를 입힌 경우 등이 이에 해당된다.

2) 구별개념

(1) 공용침해와의 구별

공용침해는 헌법 제23조 제1항의 재산권에 대한 수용 · 사용 · 제한 등의 공권적 침해를 의미하고 그에 대해서는 손실보상이 행하여진다. 반면 희생보상청구는 헌법 제12조 제1항의 신체와 자유와 같은 비재산적 법익에 대한 행정기관의 권력적 침해를 의미한다.

(2) 수용유사침해 또는 수용적침해와의 구별

수용유사침해 또는 수용적 침해에 의한 보상은 재산적 법익의 침해에 대한 보상이고, 반면 희생보상은 비재산적 법익의 침해에 대한 보상이다.

2. 법적 근거

1) 독일에서는 헌법적 관습법으로서 효력을 가지는 프로이센 일반란트법 제74조, 제75조에서 「희생보상원리」의 근거를 찾을 수 있다.

2) 우리나라에서 「희생보상원리」는 독일과 같은 헌법적 관습법으로서의 「희생보상원리」가 없으므로 일반적으로 인정될 수 없고, 개별법에 근거규정이 있는 경우에만 인정될 수 있다는 것이 지배적 견해이다.

3. 성립요건

1) 행정기관의 공권력의 행사

2) 공공의 필요에 의한 적법한 침해

3) 비재산적 법익에 대한 침해의 발생

4) 침해의 내용이 특별한 희생에 해당할 것 등이다.

4. 내용

1) 비재산적 침해로 인한 재산적 손실(예컨대, 치료비 · 소득상실분 등)을 보상함을 원칙으로 하고, 정신적 손해(예컨대, 위자료 등)는 포함되지 아니한다고 보는 것이 독일 판례의 입장이다.

2) 과실상계 등의 사법상 일반원칙이 적용되어 관계인의 귀책사유는 보상범위에 반영된다.

5. 우리나라의 경우

판례는 희생보상청구권에 대해서 명시적인 입장을 밝히고 있지 않다.

6. 희생유사침해보상

1) 개념

(1) 수용의 경우와 같이 희생으로 인한 보상청구권의 경우에 있어서도 「적법침해」로 인한 보상청구권과 「위법침해」로 인한 보상청구권의 경우로 구분된다.

(2) 독일의 이론과 판례는 수용유사침해를 인정한 것과 같은 논리에서, 위법한 작용의 경우에까지 희생으로 인한 보상청구권을 확장하였다. 이를 희생유사침해로 인한 청구권이라 부른다.[280)]

2) 희생유사침해의 법적근거 · 요건 · 결과는 「위법성」의 문제만 제외한다면, 「적법작용」으로 인한「희생보상청구권」의 경우와 동일하다.

3) 구체적인 예

위법한 방식으로 전염병 예방주사를 하여 생명침해의 피해가 발생한 경우가 이에 해당한다.

Ⅳ. 행정상의 결과제거청구권

1. 개설

1) 의의

(1) 행정상의 결과제거청구권은, 위법한 권력적 공행정작용으로 인하여 야기된 사실상의 결과로 인하여 자신의 권리. 이익을 침해받고 있는 자가 행정권에 대하여 그 위법한 결과를 제거하여 침해 이전의 상태 또는 그와 대등한 상태로 회복시켜 줄 것을 구하는 공권이다.

(2) 수용유사침해 및 수용적 침해에 대한 법리와 더불어 결과제거청구권의 법리는 기존

---

280) 홍정선, 「행정법특강」, 박영사, 2009, p.572.

의 권리구제제도상의 흠결을 보완해 주는 의미를 가진다.

(3) 구체적인 예

사인의 토지에 무단으로 쓰레기를 버려 쌓아놓은 경우 쓰레기의 제거를 청구하는 경우, 운전면허증의 압수가 취소되었음에도 불구하고 행정청이 운전면허증을 되돌려 주지 않은 경우에 반환을 청구하는 경우가 이에 해당한다.

(4) 손해배상청구권과 결과제거청구권과의 비교

구분	손해배상청구권	결과제거청구권
요건	고의·과실이 요구되는 유책한 행위임(위법·유책행위)	고의·과실이 요구되지 않음(위법상태 존속만으로도 가능함).(위법·무책행위)
내용	금전상의 전보청구임	위법상태의 제거를 구하는 원상회복청구임.
성질	채권적 청구권임	물권적 청구권임(반드시 물권적 청구권에 한정할 필요는 없음)
양자의 관계	결과제거청구로 원상회복되었어도 부가적인 손해가 있으면 별도로 손해배상청구가 가능함. 손해배상청구권과 결과제거청구권은 병존할 수 있음.	

2. 성질

1) 공권인지 사권인지 여부

결과제거청구권을 사권으로 보는 입장도 있으나, 행정주체의 공행정작용으로 인하여 야기된 위법한 상태를 제거함을 그 목적으로 한다는 점에서 공권으로 보는 것이 타당하다(다수설). 따라서 당사자소송의 대상이다.

2) 물권적인지 채권적인지 여부

(1) 결과제거청구권은 그 내용에 있어서는 민법상의 물권적 청구권으로서의 소유물반환. 방해제거청구권에 상응하는 경우가 대부분이다.

(2) 그러나 이 권리에는 비재산적 법익(공무원의 위법한 명예훼손적 발언의 취소)의 침해의 경우에도 적용될 수 있다는 점에서 물권적 청구권에 한정하는 것은 타당치 않다.

3) 원상회복청구권

(1) 결과제거청구권은 계속되는 위법한 침해의 제거를 통해 원래의 상태로의 회복을 청구하는 권리이다.

(2) 결과제거청구권은 일종의 보상청구권의 성질을 가지며, 고의·과실과는 무관한 국가책임제도의 하나이다.

3. 법적근거

1) 학설

(1) 헌법상의 법치행정의 원리·기본권보장, 민법상 방해배제청구권 등의 관계규정의 유추적용에서 찾는다.

(2) 징발법은 징발해제시 피징발자에 대한 징발물의 반환의무를 규정하고 있다(징발법 제14조).

2) 판례

판례는 결과제거청구권을 사권으로 보아 그 근거를 민법 제213·제214조[281] 등에서 찾는다.

4. 성립요건

1) 행정주체의 공행정작용으로 인한 침해

(1) 공행정작용(법적행위는 물론 사실행위로 포함)으로 인한 침해가 존재하여야 한다.

(2) 권력작용뿐 아니라 비권력적 작용(관리작용)도 포함된다.

(3) 침해행위가 사법(私法)적 행위인 때에는 사법상 원상회복·방해제거청구권에 의하게 된다.

2) 위법상태의 발생 및 존속

① 침해상태의 위법성은 처음부터 발생할 수 있고, 또는 기간의 경과·해제조건의 성취 등에 의해 사후에 발생할 수도 있다.

② 위법상태는 부작위에 의해서도 발생할 수 있다. 예컨대 압류가 해제된 경우 압류물건을 되돌려 주지 않은 경우 등이 이에 해당한다.

③ 위법상태의 존재여부는 사실심변론종결시를 기준으로 판단한다.

④ 공행정의 결과로서 관계자에 대한 불이익한 상태가 계속되고 있어야 한다. 따라서 위법한 상태가 적법하게 된 경우에는 결과제거청구권을 행사할 수 없다.

3) 개인의 법률상의 이익의 침해

(1) 권리·이익에는 재산적인 것뿐만 아니라, 명예·좋은 평판 등 정신적인 것까지도 포함된다(예컨대, 공직자가 공석에서 명예훼손 발언을 한 경우, 명예를 훼손당한 자의 철회요구 등).

(2) 보호가치가 없는 사실상의 이익은 여기에서 제외된다.

---

281) 침해행위가 국고작용 등 사법적인 행위인 때에는 사법상 원상회복·방어청구권에 의하게 된다(민법 제213조·제214조).

4) 결과제거의 가능성 · 허용성 · 기대가능성(수인가능성)의 존재

(1) 원상태 또는 유사한 상태의 회복이 가능해야 하며(예컨대, 모욕은 사후적인 행위로 회복이 불가능하다. 따라서 모욕행위에 대한 결과제거청구는 허용되지 아니한다),

(2) 법상 허용되어야 하며,[282)]

(3) 수인이 가능하여야 한다.[283)]

이러한 요건이 구비되지 아니하면 손해배상이나 손실보상만이 문제된다.

5) 주관적 요건(고의 · 과실)의 불요

행정주체의 침해행위에 의한 위법한 상태의 발생·계속만으로 족하고, 고의·과실과 같은 주관적 요건은 필요로 하지 않는다.

5. 결과제거청구권의 내용과 범위

1) 원상회복의 청구

(1) 결과제거청구권은 소극적으로 위법한 결과적 상태의 제거를 통하여 원래의 상태로의 회복을 도모함이 목적이다. 따라서 손해전보의 청구는 그 내용이 되지 않는다.

(2) 행정청이 처음부터 적법한 행위를 했더라면 장래에 실현되었을 사실적 발전, 즉 기대이익까지 요구할 수는 없다.

(3) 위법한 상태의 원인이 된 공행정작용이 다른 적법한 공행정작용에 의하여 대체되어 위법한 상태가 다시 적법하게 되는 경우에는 결과제거청구권은 성립되지 않는다(예컨대, 위법하게 편입된 토지가 다시 적법하게 된 경우).

2) 직접적 결과의 제거

(1) 결과제거청구권은 위법한 행정작용의 직접적인 결과의 제거만을 그 내용으로 한다. 따라서 간접적인 결과, 특히 제3자의 개입으로 생긴 결과의 제거를 청구할 수 없다.

(2) 제3자의 개입으로 생긴 간접적인 결과의 예

① 건축허가와 같은 제3자효 행정행위에 의하여 법률상의 이익을 침해받은 자가 취소소송에서 승소한 경우, 결과제거청구권을 통해서는 건축허가에 의해서 건축된 건물의 철거를 청구할 수는 없다. 이때 건축된 건물은 행정작용의 직접적인 결과는 아니기 때문이다.

② 행정청에 의한 특정주택에의 무주택자의 위법한 입주결정의 경우에 있어 그 입주자가 주택을 손상한 경우에도, 주택의 소유자는 당해 입주자의 축출을 요구할 수 있음에 그치고 손

---

282) 예컨대, 건축허가 신청이 위법하게 거부되었으나, 그 후 거부사유를 적법하게 하는 법적 상황의 변경이 있는 경우에는 건축허가발령을 요구할 수 없다.

283) 예컨대, 비례원칙에 어긋나고 부당하게 많은 비용이 요구되는 경우에는 결과제거청구권이 인정되지 아니한다.

상된 주택의 원상회복을 요구할 수는 없다.

3) 과실상계의 문제

민법상의 과실상계에 담겨진 법사상은 결과제거청구권의 행사에도 준용될 수 있다고 본다.

4) 손해배상청구의 배제

(1) 손해배상청구와 결과제거청구는 목적·내용·요건이 다르므로 초래된 피해가 원상회복을 통하여 보전될 수 있는 경우에는 손해배상청구가 배제된다.

(2) 그러나 원상회복을 통하여 피해가 충분히 보전되지 않는 경우에는 손해배상을 추가로 청구할 수 있다.

6. 결과제거청구권의 행사방법(쟁송절차)

결과제거청구권의 성질을 공권으로 보는 다수설에 의하면 당사자소송에 의하게 되나, 사권으로 보는 소수설과 판례에 의하면 민사소송에 의하게 된다.

[관련 판례]

★ 이 사건... 대지 42평은 원고의 소유인데, 피고는 1981.4.1 경부터 이 사건 대지 중 약 10평을 점유하면서 지하에 상하수도관을 매설하여 현재까지 인근주민들의 식수공급시설로 사용하고 있는데... 피고가 공익사업으로서 공중의 편의를 위하여 매설한 상수도관을 철거할 수 없다거나, 이를 이설할 만한 마땅한 다른 장소가 없다는 사유만으로는 원고가 그 소유권에 기하여 불법점유를 하고 있는 피고에 대하여 그 철거를 구하는 것은 권리남용(權利濫用)이라고 할 수 없다(대판 1987.7.7, 85다카1383).

<평석> 국가 · 지방자치단체가 권원없이 개인의 토지위에 공물을 설치한 경우에 있어, 토지소유권자의 손해배상청구권은 일반적으로 인정하고 있으나 원상회복청구권은 제한적으로만 인정하고 있다. – 동판례가 원상회복청구를 인정한 거의 유일한 예가 아닌가 한다.

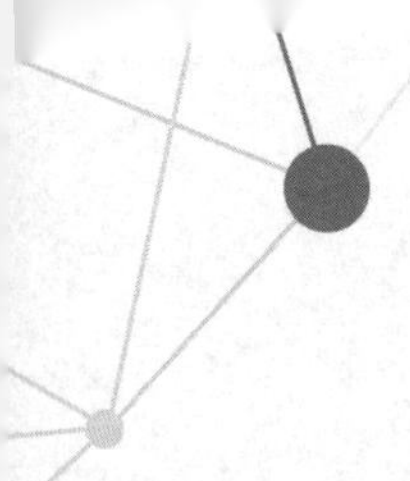

제 3 장

행정쟁송

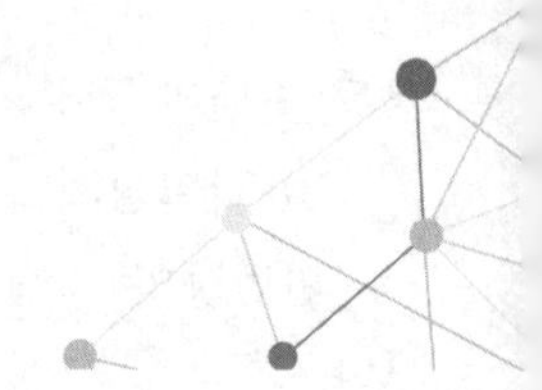

제1절 개 설

Ⅰ. 행정쟁송의 의의

1. 행정쟁송이란 공법(행정법관계)에 분쟁이 발생한 경우에 당사자의 청구에 의하여 심리·판정하는 심판절차를 말한다.

2. 오늘날의 법치국가는 모두 이러한 의미의 행정쟁송제도를 갖고 있으나, 구체적인 내용은 나라마다 상이하다. 예컨대 대륙법 계통의 독일이나 프랑스의 경우는 사법재판소로부터 독립한 행정재판소가 행정사건을 최종적으로 재판하나, 영미법계의 영국·미국은 사법재판소에서 행정사건을 재판하고 있다.

Ⅱ. 우리나라의 행정쟁송제도

1. 현행법상 우리나라의 행정쟁송제도에는 행정청이 판단의 주체가 되는 행정심판제도와 법원의 판단이 주체가 되는 행정소송제도가 있다.[284]

2. 행정심판에 관한 일반법은 행정심판법이고, 행정소송에 관한 일반법은 행정소송법이다.

---

284) 행정심판과 행정소송을 포함하는 개념으로, 이러한 개념은 오늘날 거의 모든 국가에서 채택하고 있다. 행정쟁송을 도표화하면 다음과 같다.

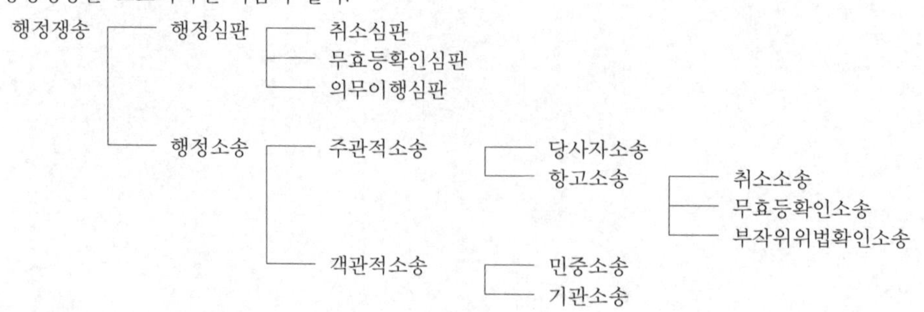

1) 사법국가형(司法國家型)

(1) 우리나라는 영미식 사법국가주의를 취하여 행정사건도 일반법원에서 관할 · 심판하도록 하고 있다.

(2) 우리 헌법 하에서는 사법부로부터 독립된 행정법원의 설치가 인정되지 않는다.

2) 행정심판과 행정소송의 관계

(1) 구 행정소송법은 일정행정사건에 대하여 행정심판을 거친 후 행정소송을 제기하도록 규정하고 있었으며, 이를 「행정심판전치주의」라고 불렀다.

(2) 그 후 개정된 행정소송법(1994년 개정)에서는 명문의 규정이 없는 한, 행정심판을 거치지 않고서도 행정소송을 제기할 수 있도록 개정하였다.

(3) 구 제도를 필요적 행정심판 전치주의라고 불렀다면, 현행 제도는 「임의적 행정심판전치제도」라고 볼 수 있다.

Ⅲ. 행정쟁송의 종류

행정쟁송은 다음의 기준에 의하여 여러 가지로 나눌 수 있다.

1. 행정심판과 행정소송

양자는 판단기관을 기준으로 한 구별이다. 행정심판은 행정기관이 심판기관인 행정쟁송을 말하고, 행정소송은 법원이 심판기관인 행정쟁송을 말한다.

2. 정식쟁송과 약식쟁송

1) 정식쟁송은 심판기관이 독립된 지위를 갖는 제3자이고, 당사자에게 구술변론의 기회가 보장되는 쟁송을 말하고, 행정소송이 이에 해당한다.

2) 약식쟁송은 이 두 가지 중 어느 하나라도 결여되거나 불충분한 쟁송을 말하며, 행정심판이 이에 해당한다.

3. 주관적 쟁송과 객관적 쟁송

1) 주관적 쟁송은 개인의 권리 · 이익의 구제를 주된 목적으로 하는 쟁송을 말하며, 당사자 소송이 이에 해당한다.

2) 객관적 쟁송은 행정의 적법 · 타당성의 통제를 주된 목적으로 하는 쟁송을 말하며, 기관소송과 민중소송이 이에 해당한다.

4. 항고쟁송과 당사자 쟁송

1) 항고쟁송은 이미 행하여진 행정청의 공권력의 행사 또는 불행사로 권리·이익이 침해된 경우에 이를 대상으로 취소·변경을 구하는 쟁송을 말한다.

2) 당사자 소송은 양당사자가 대등한 입장에서 법률상 분쟁을 다투는 쟁송을 말한다. 당사자 쟁송의 1심은 언제나 시심적 행정이고, 항고쟁송은 복심적 쟁송이다.

5. 시심적 쟁송과 복심적 쟁송

1) 시심적 쟁송이란 법률관계의 형성 또는 존부의 확인에 관한 행정작용 자체가 쟁송의 형식으로 행하여지는 경우의 행정쟁송을 말한다. 예컨대, 토지수용위원회의 재결 등을 들 수 있다. 시심적 쟁송은 행정심판이 아니며, 원행정행위이다.

2) 복심적 쟁송은 이미 행하여진 행정작용의 하자(위법 또는 부당)를 시정하기 위하여 행하여지는 쟁송절차를 말한다. 항고쟁송은 복심적 쟁송이다.

6. 민중쟁송과 기관쟁송

1) 민중쟁송이란 행정법규의 적법·타당한 적용을 확보하기 위하여 일반민중에 의하여 제기되는 쟁송을 말한다. 예컨대 선거인이 제기하는 선거소송·주민소송 등을 들 수 있다.

2) 기관쟁송은 국가 또는 공공단체의 기관 상호간의 분쟁을 해결하기 위하여 제기되는 쟁송을 말한다. 예컨대, 지방자치단체의 장이 지방의회의 의결의 위법을 이유로 대법원에 제소하는 경우 등이 기관소송의 예이다.

제2절 행정심판

Ⅰ. 개 설

1. 행정심판의 의의[285)]

1) 행정심판이라 함은 위법·부당한 행정행위로 인하여 권리·이익을 침해당한 자가 행정기관에 대하여 그 시정을 구하는 행정쟁송절차를 말한다.

---

285) 홍정선, 「행정법원론(상)」, 박영사, 2002, p.768.

2) 행정심판은 행정상 법률관계의 분쟁을 법원이 하는 것이 아니라, 행정심판위원회가 심리·재결하는 행정쟁송절차를 말한다.

3) 행정심판은 분쟁해결의 성질을 갖는 광의의 재판의 일종이기는 하나, 그것은 행정절차이며 사법절차는 아니다.

4) 행정심판의 재결(裁決)은 그 자체가 행정작용의 하나로서 행정행위의 성질을 갖는다.

2. 유사제도와의 구분

1) 행정심판과 행정소송과의 구별

▷ 행정심판과 행정소송의 이동(異同)

<table>
<tr><th colspan="2">구분</th><th>행정심판</th><th>행정소송</th></tr>
<tr><td colspan="2">공통점[286]</td><td colspan="2">(1)행정청의 처분을 시정하는 절차라는 점(행정쟁송)
(2)법률상 이익을 가진자 만이 제기할 수 있다는 점(원고적격)
(3)당사자의 쟁송제기에 의해 절차가 개시된다는 점(신청에 의한 절차개시)
(4)당사자는 대등한 입장에 선다는 점(대심주의)
(5)위법한 처분이나 부작위를 대상으로 한다는 점, 단 행정심판의 경우에는 부당한 처분도 대상이 된다
(6)일정한 기간 내에 제기해야 한다는 점(쟁송기간)
(7)집행부정지의 원칙
(8)불이익변경금지의 원칙
(9)사정판단(재결·판결)이 인정된다는 점 등에서 동일하다.</td></tr>
<tr><td rowspan="7">차이점</td><td>쟁송의 본질</td><td>행정통제적 성격이 강함(약식쟁송)</td><td>권리구제적 성격이 강함</td></tr>
<tr><td>심판기관</td><td>행정기관이 판정기관임</td><td>법원이 판정기관임</td></tr>
<tr><td>쟁송대상</td><td>위법·부당한 처분</td><td>위법한 처분만이 소송의 대상이 됨</td></tr>
<tr><td>심리방식</td><td>서면심리주의와 구술심리주의 병행</td><td>구두변론주의가 원칙임</td></tr>
<tr><td>제소기간</td><td>(1)처분이 있음을 안 날로부터90일
(2)처분이 있은 날로부터 180일</td><td>(1)취소소송
㉠처분이 있음을 안 날로부터90일
㉡처분이 있은 날로부터 1년
(2)무효등 확인소송: 기간제한이 없음</td></tr>
<tr><td>적극 변경여부</td><td>적극변경 인정됨(의무이행심판인정)</td><td>적극변경 인정안됨(통설), 소극적 변경(일부취소)만 가능함</td></tr>
<tr><td>고지규정</td><td>명문규정있음</td><td>명문규정없음</td></tr>
</table>

286) 홍정선, 상게서, p.769.

2) 행정심판과 국민고충처리제도와의 구별

(1) 국민고충처리제도

① 법률상 고충민원이란 행정기관 등의 위법·부당하거나 소극적인 처분(사실행위 및 부작위를 포함) 및 불합리한 행정제도로 인하여 국민의 권리를 침해하거나 국민에게 불편 또는 부담을 주는 사항에 관한 민원을 말한다.

② 양자는 제기권자·제기기간·대상·절차 및 법적 효과에 있어서 성격을 달리하고 있다.

③ 판례의 입장[287)]

㉠ 국민고충처리제도는 행정심판청구에 해당하는 것으로 볼 수 없다(대판 1995.9.29, 95누5332).

㉡ 다만, 국민권익위원회에 대한 민원신청서가 처분에 대한 시정을 구하는 취지임이 분명하다면 일정한 경우 행정심판청구로 볼 수 있다.(대판 1995.9.29, 95누5332).

3) 행정심판과 이의신청과의 구별

(1) 이의신청의 의의

① 이의신청이란 위법·부당한 행정작용으로 인해 권리가 침해된 자가 처분청에 대하여 그러한 행위의 취소를 구하는 절차를 말한다.

② 행정심판은 원칙적으로 처분청의「직근 상급행정청」에 제기하는 쟁송인 반면, 이의신청은「처분청」에 제기하는 쟁송이다.

(2) 이의신청과 행정심판과의 관계

① 행정심판은 원칙적으로 모든 위법·부당한 처분에 대해서 인정되지만, 이의 신청은 각 개별법률에서 이의신청을 거친 후 행정심판을 제기할 수 있다고 규정한 경우가 있고, 이의신청으로 행정심판을 대체하는 규정이 있다.

② 현행법상 이의신청을 인정하고 있는 경우로는 국세기본법상의 이의신청, 지방세법상의 이의신청 등을 들 수 있다.

(3) 이의신청에 대한 불복

이의신청에 대한 재결에 대하여 불복이 있는 경우,

① 개별법에서 상급행정청에 행정심판을 제기할 수 있음을 규정하는 경우도 있고

② 행정심판을 먼저 거친 후에만 행정소송을 제기할 수 있도록 규정한 경우도 있다.

③ 그러나 제한이 없는 경우에는 재결에 불복하는 자는 바로 행정소송을 제기할 수 있다.

---

287) 홍정선,「행정법특강/상」, 박영사, 2009, p.585.

[관련 판례]

★ 행정심판이 아닌 이의신청도 「처분」에 대한 불복제도이므로, 이의신청에 따른 취소는 직권취소이다. 따라서 불가변력이 인정된다.

과세처분에 관한 이의신청절차에서 과세관청이 이의신청 사유가 옳다고 인정하여 과세처분을 직권으로 취소한 이상 그 후 특별한 사유 없이 이를 번복하고 종전 처분을 되풀이하는 것은 허용되지 않는다(대판 2010.9.30, 2009두1020).

★ 이의신청을 제기해야 할 사람이 처분청에 표제를 '행정심판청구서'로 한 서류를 제출한 경우라 할지라도 서류의 내용에 이의신청 요건에 맞는 불복취지와 사유가 충분히 기재되어 있다면 표제에도 불구하고 이를 처분에 대한 이의신청으로 볼 수 있다(대판 2012.3.29, 2011두26886).

(4) 민원처리에 관한 법률상의 이의신청과 「처분」에 대한 이의신청과의 구별

민원처리에 관한 법률상의 이의신청은 「처분」에 대한 이의신청과는 별도로 행정심판을 제기할 수 있도록 규정하고 있으므로, 민원처리에 관한 법률상의 이의신청은 행정심판이 아닌 이의신청으로 볼 수 있다.

[관련 판례]

★ 민원사무처리법에서 정한 민원 이의신청의 대상인「거부처분」에 대하여는 민원 이의신청과 관계없이 행정심판 또는 행정소송을 제기할 수 있다(대판 2012.11.15, 2010두8676).

4) 행정심판과 청원과의 구별

(1) 행정심판은 기본적으로 권리구제를 위한 쟁송제도인데 반해, 청원은 쟁송수단이 아니고 국정에 대한 국민의 정치적 의사를 표시하기 위한 제도로서의 성질이 강하다.

(2) 행정심판은 행정심판법이, 청원은 청원법이 일반적 근거이다.

(3) 행정심판은 제기권자, 제기사항 등에 제한이 가해지나, 청원은 원칙적으로 누구든지 어떠한 사항에 대해서도 제출할 수 있다.

(4) 행정심판의 재결에는 구속력이 주어지나, 반면 청원에 대한 결정에는 아무런 법적 구속력도 주어지지 아니한다.

5) 행정심판과 진정과의 구별

(1) 진정이라 함은 법에 정한 형식과 절차에 의하지 않고 행정기관에 대하여 어떠한 희망을 진술하는 사실행위를 말한다.

(2) 진정을 받아들여 구체적인 조치를 취할 것인지 여부는 국가기관의 자유재량에 속한다(대판 1991.8.9, 91누4195).

(3) 판례는 "비록 제목이「진정」이라는 표제를 사용한다고 해도, 그 내용이 행정심판에 해당하는 것이면 행정심판으로 처리해야 한다"고 판시하고 있다(대판 1995.5.9, 94누1625; 대판 2000.6.9, 98두2621).

Ⅱ. 행정심판제도의 필요성

행정심판은 약식쟁송임에도 불구하고 다음과 같은 기능을 수행한다.

1. 사인의 권리보호

1) 행정소송절차와는 달리 행정심판절차에서는 적법성 외에 합목적성 통제까지 이루어진다는 점과,

2) 행정소송에 비하여 신속하게 이루어지고 비용이 들지 아니한다는 점에서 사인의 권리보호에 효과적인 면을 갖는다.

2. 행정의 자기통제(자율적 행정통제)

행정심판은 행정권에 의한 행정작용을 행정권 스스로 통제하는 것, 즉 자율적 통제의 의미를 갖는다.

3. 법원의 부담완화(사법 보충 기능)

행정심판의 활용은 소송제기의 완화와 법원의 부담완화 의미를 갖는다. 즉, 행정심판의 소송경제적 기능은 특히 중요한 의미를 갖는다.

Ⅲ. 행정심판의 종류

행정심판은 일반법인 행정심판법상의 일반행정심판과 개별법상의 특별행정심판이 있다.

1. 일반행정심판

행정법상 행정심판의 종류는 취소심판 · 무효등확인심판 · 부작위확인심판이 있다.

1) 취소심판

(1) 의의

① 취소심판이라 함은 위법 또는 부당한 처분을 취소하거나 변경하는 심판을 말한다(행정심판법 제5조 제1호).

② 「취소」에는 적극적 처분의 취소뿐만 아니라 소극적 처분인 거부처분의 취소도 가능하다는 것이 다수설과 판례의 입장이다(대판 1998.12.13, 88누7880).

③ 「변경」이란 취소소송에서와 달리 적극적 변경(예컨대, 허가취소처분을 영업정지처분으로

변경)을 의미한다.

(2) 성질

이에 대하여는 형성적 쟁송설과 확인적 쟁송설의 견해가 있다. 통설·판례인 형성적 쟁송설에 의하면, 취소심판은 법률관계를 변경·소멸시키는 효과가 있으므로, 형성적 쟁송이라고 보는 견해이다.

(3) 특수성

취소심판은 ① 청구기간의 제한(알게 된 날부터 90일, 있었던 날부터 180일), ② 집행부정지의 원칙, ③ 사정재결, ④ 행정심판위원회의 이행재결[288]과 형성재결[289]의 인정 등을 특징으로 갖는다.

2) 무효등확인심판

(1) 의의

무효등확인심판이란 처분의 효력유무 또는 존재여부를 확인하는 행정심판을 말한다.[290]

(2) 성질

① 이에 대하여는 형성적 쟁송설, 확인적 쟁송설, 준형성적 쟁송설의 견해가 있다.

② 통설인 준형성적 쟁송설에 의하면, 무효등확인심판은 실질적으로는 확인쟁송이나, 형식적으로는 처분의 효력유무 등을 직접 소송의 대상으로 한다는 점에서 형성적 쟁송으로서의 성질을 아울러 가지는 것으로 본다.

(3) 특징

① 무효등확인심판은 심판제기기간의 제한을 받지 않는다.

② 무효등확인심판은 사정재결에 관한 규정의 적용이 배제된다.

③ 무효등확인심판은 취소심판과 같이 제3자에게도 효력이 미친다.

3) 의무이행심판

(1) 의의

① 행정청의 위법 또는 부당한 거부처분이나 부작위에 대하여 일정한 처분을 하도록 하는 심판을 말한다.[291]

② 취소심판이 행정청의 적극적인 행위로 인한 침해로부터 권익보호를 목적으로 한다.

---

288) 재결청이 처분청에 대하여 당해 처분의 취소 또는 변경을 명하는 것을 이행재결이라 한다.

289) 재결청이 스스로 당해 처분을 취소하거나 변경할 수도 있는 것을 형성재결이라 한다.

290) 무효등확인심판은 당해 처분의 무효, 유효, 실효, 존재 또는 부존재의 확인을 구하는 행정심판이다. 따라서 무효등확인심판에는 (1)처분무효확인심판, (2)처분유효확인심판, (3)처분존재확인심판, (4)처분부존재확인심판이 있다.

291) 예컨대, 건축허가신청을 하였으나 건축행정청이 허가발령을 거부하거나 또는 상당기간 아무런 조치도 하지 아니하고 있는 경우, 신청인이 건축허가발령을 구하는 행정심판을 말한다.

반면, 의무이행심판은 행정청의 소극적인 행위로 인한 침해로부터 국민의 권익보호를 목적으로 하는 권리구제수단이다.

(2) 특징

① 부작위에 대한 의무이행심판은 심판제기에 기간상 제한이 따르지 않는다. 그러나 거부처분에 대한 의무이행심판에는 심판제기에 기간상 제한이 있다.

② 집행정지에 관한 규정의 적용이 배제된다. 반면 사정재결에 관한 규정은 적용된다.

4) (일반)행정심판의 종류 및 특징 요약

구분		취소심판	무효등확인심판	의무이행심판
의의		행정청의 위법 또는 부당한 처분의 취소 또는 변경 구하는 심판	처분의 효력유무 또는 존재여부에 대한 확인을 구하는 심판	행정청의 위법 또는 부당한 거부처분 또는 부작위에 대한 일정한 처분을 하도록 하는 심판
성질		형성적 쟁송	준형성 쟁송	이행쟁송
특징	청구기간	청구기간의 제한 있음	청구기간의 제한없음	· 거부처분은 제한있음 · 부작위처분은 제한없음
	집행정지	집행정지 결정	집행정지 결정	집행정지에 관한 규정 적용하지 않음
	사정재결	사정재결 규정적용	사정재결규정 적용치 않음	사정재결규정 적용

2. 특별행정심판

1) 행정심판법에 의한 일반행정심판절차에 따라 심판하지 아니하고 각 개별법에서 따로 정한 특례 절차에 따라 하는 행정심판을 말한다.

2) 예컨대, 공무원징계에 대한 소청심사, 교원소청심사, 조세심판, 특허심판 등을 들 수 있으며, 이러한 특별행정심판은 필수적 전치주의를 채택하는 경우가 많다.

3) 특별행정심판 신설 등을 위한 남설 방지 및 협의 의무화

(1) 남설 방지

행정심판법은 특히 필요한 경우 이외에는 다른 법률에 의한 특별행정심판이나 다른 법률에 의한 행정심판 절차에 대한 특례를 두는 것을 제한하고 있다. 특별행정심판과 행정심판절차에 대한 특례는 개별법에서 규정하고 있다.

(2) 협의 의무화

관계 행정기관의 장이 특별행정심판 또는 행정심판법에 따른 행정심판 절차에 대한 특례를 신설하거나 변경하는 법령을 제정·개정할 때에는 미리 중앙행정심판위원회와 협의하여야 한다.

Ⅳ. 행정심판의 대상

1. 원칙

행정심판법은 열기주의와는 달리 모든 처분 또는 부작위에 대하여 행정심판을 제기할 수 있는 개괄주의를 채택하고 있다(행정심판법 제3조).

1) 처분

(1) 처분이란 행정청이 행하는 구체적 사실에 관한 법집행으로서의 공권력의 행사 또는 그 거부, 그밖에 이에 준하는 행정작용을 말한다.

(2) 처분에는 거부처분이 당연히 포함되며, 위법한 처분뿐만 아니라 부당한 처분도 행정심판의 대상이 된다.

2) 부작위

부작위란 행정청이 당사자의 신청에 대하여 상당한 기간 내에 일정한 처분을 하여야 할 법률상의 의무가 있는데도 처분을 하지 아니하는 것을 말한다.

2. 행정심판대상의 예외

1) 대통령이 처분과 부작위는 다른 법률에서 행정심판을 청구할 수 있도록 정한 경우 외에는 행정심판을 청구할 수 없다(행정심판법 제3조 제1항).

2) 심판청구에 대한 재결이 있으면 그 재결 및 같은 처분 또는 부작위에 대하여 다시 행정심판을 청구할 수 없다. 즉, 재심판청구가 금지된다.

3) 통고처분[292], 검사의 불기소처분[293] 등은 행정심판의 대상이 되지 않는다.

Ⅴ. 행정심판기관(행정심판위원회)

1. 개설

1) 구 행정심판법과 현행 행정심판법과의 비교

(1) 과거의 행정심판기관

구 행정법상 행정심판기관은 심판청구사건에 대하여 심리·의결하는 권한을 가진 행정심

---

292) 통고처분은 상대방이 범칙금을 납부하지 않는 경우(의무이행을 이행하지 않는 경우)에는 당해 처분의 효력은 당연히 소멸하고, 관계행정청의 고발조치에 의하여 정식의 형사절차로 진행된다. 따라서 행정심판의 대상이 되지 않는다.

293) 검사의 불기소처분에 대하여 별도의 구제절차가 마련되어 있기 때문에, 행정심판의 대상이 되지 않는다.

판위원회와 심리 · 의결에 따라 재결만을 행하는 재결기관(재결청)으로 분리된 2원적 구조였다.

(2) 현행 행정심판법은 재결청을 없애고, 행정심판위원회가 심리 · 의결과 재결을 모두 행사하는 1원적 구조를 취하고 있다(개정 2008년 2월 29일).

2) 행정심판위원회의 의의

(1) 행정심판위원회는 심판청구사항에 대하여 심리한 후, 그 심판청구사건에 대하여 각하나 기각 또는 인용을 결정하는 작용인 재결을 행하는 권한을 가진 기관을 말한다.

(2) 행정심판위원회는 합의제행정관청이며, 또한 국가의사를 행정심판위원회 스스로 결정하고 외부에 표시하는 권한을 갖는다는 점에서 행정청의 성격을 가진다.

2. 행정심판위원회의 종류

행정심판위원회는 1)일반 행정심판위원회와, 2)특별 행정심판위원회가 있다.

1) 일반 행정심판위원회

행정심판법은 (1)독립기관 등 소속 행정심판위원회(해당 행정청소속 행정심판위원회), (2)국민권익위원회 소속의 중앙행정심판위원회, (3)시 · 도지사 소속의 행정심판위원회, (4)직근상급기관소속 행정심판위원회를 두도록 규정하고 있다(행정심판법 제6조).

(1) 독립기관 등 소속 행정심판위원회(해당 처분청 소속 행정심판위원회)

① 감사원, 국가정보원장, 대통령실장 및 방송통신위원회의 처분 또는 부작위

② 국회사무총장, 법원행정처장, 헌법재판소 사무처장 및 중앙선거관리위원회사무총장의 처분 또는 부작위

③ 국가인권위원회, 그밖에 지위 · 성격의 독립성과 특수성이 인정되어 대통령령으로 정하는 행정청의 처분 또는 부작위 등은 해당 행정청에 두는 행정심판위원회에서 심리 · 재결한다.

(2) 국민권익위원회 소속의 중앙행정심판위원회

① 독립기관 등 행정청 외의 국가행정기관의 장 또는 그 소속 행정청의 처분 또는 부작위

② 특별시장 · 광역시장 · 특별자치시장 · 도지사 · 특별자치도지사(특별시 · 광역시 · 특별자치시 · 도 또는 특별자치도의 교육감을 포함) 또는 특별시 · 광역시 · 특별자치시 · 도 · 특별자치도의 의회(의장, 위원회의 위원장, 사무처장 등 의회 소속 모든 행정청을 포함)의 처분 또는 부작위

③ 지방자치법에 따른 지방자치단체조합 등 관계 법률에 따라 국가 · 지방자치단체 · 공공법인 등이 공동으로 설립한 행정청의 처분 또는 부작위에 대한 심판청구에 대하여는 국민권익위원회에서 두는 중앙행정심판위원회에서 심리 · 재결한다.

(3) 시 · 도지사 소속의 시 · 도 행정심판위원회

① 시 · 도 소속 행정청의 처분 또는 부작위

② 시 · 도의 관할 구역에 있는 시 · 군 · 자치구의 장, 소속 행정청 또는 시 · 군 · 자치구의 의회(의장, 위원회의 위원장, 사무국장, 사무과장 등 의회 소속 모든 행정청을 포함)의 처분 또는 부작위

③ 시 · 도의 관할 구역에 있는 둘 이상의 지방자치단체(시 · 군 · 자치구를 말한다) · 공공법인 등이 공동으로 설립한 행정청의 처분 또는 부작위에 대한 심판청구에 대하여는 시 · 도지사 소속으로 두는 행정심판위원회에서 심리 · 재결한다.

(4) 직근 상급기관 소속 행정심판위원회

대통령령으로 정하는 국가행정기관 소속 특별지방행정기관의 장(법무부 및 대검찰청 소속 특별지방행정기관)294)의 처분 또는 부작위에 대한 심판청구에 대하여는 해당 행정청의 직근 상급행정기관에 두는 행정심판위원회에서 심리 · 재결한다.

2) 특별행정심판위원회

특별행정심판위원회란 행정심판의 객관성과 공정성을 확보하기 위하여, 개별법률에서 특별한 제3의 기관을 설치하여 심리 · 재결하는 행정심판위원회를 말한다(예컨대, 공무원징계에 대한 소청심사위원회, 국세 및 관세처분에 대한 조세심판원 등).

3. 행정심판위원회의 구성

1) 국민권익위원회 소속 중앙행정심판위원회(국민권익위원회에 설치됨)

(1) 위원장 1명을 포함한 70명 이내의 위원으로 구성되며, 위원 중 상임위원은 4명 이내로 한다.

(2) 위원장은 국민권익위원회 부위원장 중 1명이 되며, 위원 중 상임위원은 위원장 제청으로 국무총리를 거쳐 대통령이 임명한다. 상임위원의 임기는 3년이며, 1차에 한하여 연임할 수 있다.

(3) 회의를 하는 경우(소위원회의는 제외) 위원장 및 상임위원장이 회의마다 지정하는 비상임위원을 포함하여 총9명으로 구성된다.

(4) 도로교통법에 따른 자동차운전면허 행정처분에 관한 사건(소위원회가 중앙행정심판위원회에서 심리 · 의결하도록 결정한 사건은 제외함)을 심리 · 의결하기 위하여 4명의 위원으로 구성하는 소위원회를 둘 수 있다. 이는 자동차운전면허 행정처분과 관련한 사건에 대한 신속한 권

294) 서울지방검찰청장의 처분과 관련해서 심리 · 재결기관은 서울고등검찰총장 소속 행정심판위원회에서, 서울고등검찰총장의 처분에 대해서는 대검찰총장 소속 행정심판위원회에서 담당한다.

리구제를 위해 설치되었다.

2) 각급 행정심판위원회(당해 행정청, 광역자치단체장, 직근 상급행정기관에 설치됨)

(1) 위원장 1명을 포함한 50명 이내의 위원으로 구성되며, 위원장은 해당 행정심판위원회가 소속된 행정청이 된다.

(2) 회의는 위원장과 위원장이 매 회의마다 지정하는 8명의 위원으로 구성된다.

4. 제척 · 기피 · 회피

행정심판법은 심리 · 재결의 공정성을 확보하기 위하여 위원과 직원의 제척 · 기피 · 회피제도를 두고 있다.

1) 위원 등의 제척 · 기피 · 회피

(1) 제척

① 제척이란 법정사유가 있으면 당연히 그 사건에 대한 직무집행(심리 · 의결) 등에서 배제되는 것을 말한다.

② 제척결정은 위원회의 위원장이 직권으로 또는 당사자의 신청에 의하여야 한다.

(2) 기피

① 제척사유 이외에 위원에게 심리 · 의결의 공정을 의심할 만한 사유가 있는 때에 당사자의 신청에 따라 위원장의 결정에 의하여 직무집행에서 탈퇴시키는 것을 말한다.

② 당사자는 위원에게 공정한 심리 · 의결을 기대하기 어려운 사정이 있으면 위원장에게 기피신청을 할 수 있다.

③ 위원에 대한 기피신청은 그 사유를 소명한 문서로 하여야 한다. 다만, 불가피한 경우에는 신청한 날부터 3일 이내에 신청한 날로부터 3일 이내에 신청사유를 소명할 수 있는 자료를 제출하여야 한다.

(3) 회피

① 회피란 위원이 스스로 제척 또는 기피의 사유가 있다고 인정하여 자발적으로 심리 · 의결을 피하는 것을 말한다.

② 위원회에 회의에 참석하는 위원이 제척사유 또는 기피사유에 해당되는 것을 알게 되었을 때에는 스스로 그 사건의 심리 · 의결에서 회피할 수 있다. 이 경우 회피하고자 하는 위원은 위원장에게 그 사유를 소명하여야 한다.

2) 위원 아닌 직원에 관한 제척 · 기피 · 회피

사건의 심리 · 의결에 관한 사무에 관여하는 위원 아닌 직원에게도 위원에 대한 제척 · 기피 · 회피의 규정을 준용한다.

3) 벌칙적용에 있어서의 공무원의 의제

위원 중 공무원이 아닌 위원은 형법과 그 밖의 법률에 따른 벌칙을 적용할 때는 공무원으로 본다.

Ⅵ. 행정심판의 참가자

행정심판에 참가하는 자로는 당사자인 1)심판을 청구하는 청구인, 2)심판청구의 상대방인 피청구인, 3)그 밖에 심판청구에 이해관계 있는 자를 말한다.

1. 행정심판의 당사자

1) 청구인

(1) 의의

① 심판청구인이란 심판청구의 대상이 되는 처분 또는 부작위에 불복하여 심판청구를 제기하는 자를 말한다.

② 청구인은 자연인 · 법인인지 불문한다. 법인이 아닌 사단 또는 재단으로서 대표자나 관리인이 정하여져 있는 경우에는 그 사단이나 재단의 이름으로 심판청구를 할 수 있다. 또한 처분의 상대방뿐만 아니라 제3자도 행정심판을 제기할 수 있다.

(2) 청구인 적격

① 행정심판법상 규정

㉠ 행정심판을 청구할 수 있는 자는 '법률상 이익이 있는 자'를 말한다(행정심판법 제9조 1항 · 2항 · 3항).

㉡ '법률상 이익'이 무엇을 의미하는 가에 관해서는 견해의 대립이 있으나, 법적 이익구제설이 통설 · 판례의 입장이다.

㉢ 판례는 '법률상 이익이 있는 자'의 의미는 '당해 처분의 근거법률에 의하여 직접 보호되는 구체적인 이익을 구할 수 있는 자'로 정의하고 있다(대판 2000.9.8, 98두13072).

② 선정대표자의 선정

㉠ 여러명의 청구인이 공동으로 심판청구를 할 때에는 청구인 중에서 3명 이하의 선정대표자를 선정할 수 있으며, 청구인들이 선정대표자를 선정하지 아니한 경우에 위원회는 청구인들에게 선정대표자를 선정할 것을 권고할 수 있다.

㉡ 선정대표자는 다른 청구인을 위하여 그 사건에 관한 모든 행위를 할 수 있지만, 다만 심판청구를 취하하려면 다른 청구인의 동의를 얻어야 한다.

㉢ 당사자가 아닌 자를 선정한 행위는 무효라는 것이 판례의 입장이다(대판 1991.1.25, 90누7791).

③ 청구인의 지위승계

㉠ 당연승계

행정심판을 청구한 후에 자연인인 청구인이 사망한 경우에는 상속인이, 법인합병의 경우에는 합병에 따라 설립된 법인의 청구인의 지위를 승계한다.

㉡ 허가승계

처분에 관계되는 권리 또는 의무를 양수한 자는 행정심판위원회의 허가를 받아 지위를 승계할 수 있다.

(3) 피청구인

① 의의

피청구인이란 행정심판에 있어서 청구인에 대립되는 당사자를 말한다.

② 피청구인 적격

㉠ 처분을 한 행정청(의무이행심판의 경우에는 청구인의 신청을 받은 행정청)이다.

㉡ 다만 심판청구의 대상과 관계되는 권한이 다른 행정청에 승계된 경우에는 권한을 승계한 행정청을 피청구인으로 하여야 한다.

③ 피청구인의 경정(更正)

㉠ 청구인의 피청구인을 잘못 지정한 경우, 또는 행정심판이 청구된 후에 심판청구의 대상과 관계되는 권한이 다른 행정청에 승계된 경우에는 위원회는 당사자의 신청이나 직권에 의하여 결정으로 피청구인을 경정한다.

㉡ 위원회는 피청구인을 경정하는 결정을 하면 결정서 정본[295]을 당사자에게 송달하여야 한다.

㉢ 위원회가 피청구인의 경정결정을 하면 종전의 피청구인에 대한 심판청구는 취하되고, 종전의 피청구인에 대한 행정심판이 청구된 때에 새로운 피청구인에 대한 행정심판이 청구된 것으로 본다.

---

295) 원본·정본·등본·초본의 차이점

(1) 원본: 원본이라 함은 서류를 작성하는 자가 그 내용을 확정적으로 표시한 것으로서 최초에 작성한 서류이다.

(2) 정본: 정본이라 함은 원본 그 자체이거나 원본을 그대로 베껴서 작성한 것으로 그 서류에 단순한 증명력을 넘어서는 법적인 효력이 부여되는 서류이다.

(3) 등본: 원본을 베껴서 작성한 서류를 말하며 원본의 전부를 베끼거나 일부를 베끼거나 상관없이 원본을 베낀 것은 모두 등본이다.

(4) 초본: 원본의 일부를 베껴서 작성한 서류이다.

2. 행정심판의 이해관계인(참가인)

1) 참가인

(1) 의의

① 심판결과에 이해관계가 있는 제3자 또는 행정청이 그 사건에 참가하는 것을 심판참가라 하고, 참가하는 그 자를 참가인이라고 한다.

② 여기서 이해관계자라 함은 사실상의 이해관계자가 아니라 행정심판의 재결로 인하여 자기의 이익이 침해되는 자(예컨대, 제3자효 있는 행위가 다투어지는 경우에 있어서 제3자, 또는 공매처분취소심판에 있어서 제3자인 매수인)를 말한다(대판 1997.12.26, 96다51714).

(2) 참가의 방법

① 신청에 의한 참가

심판결과에 대하여 이해관계가 있는 제3자 또는 행정청이 행정심판위원회의 허가를 받아 참가하는 것을 말한다. 다만 위원회나 소위원회의 의결이 있기 전까지 그 사건에 대하여 심판참가를 할 수 있다.

② 직권(요구)에 의한 참가

㉠ 행정심판위원회는 필요하다고 인정할 때에는 이해관계가 있는 제3자 또는 행정청에게 그 사건에 참가할 것을 요구할 수 있다.

㉡ 요구를 받은 제3자나 행정청은 지체없이 그 사건 심판에 참가할 것인지 여부를 위원회에 통지하여야 한다.

2) 대리인

(1) 행정심판청구의 당사자는 대리인을 선임하여 당해 청구에 관한 행위를 하게 할 수 있다.

(2) 대리인은 심판청구의 취하를 제외하고는 본인을 위하여 당해 심판청구에 관한 모든 행위를 할 수 있다.

Ⅶ. 행정심판의 청구

1. 심판청구의 대상

1) 개괄주의

현행 행정심판법은 대통령의 처분이나 부작위를 제외하고는 다른 법률에 규정이 없는 한 원칙적으로 모든 처분 또는 부작위에 대하여 행정심판을 제기할 수 있도록 규정하고 있다(행정심판법 제3조 1항, 2항).

2) 처분과 부작위의 정의

(1) 처분

처분이라 함은 행정청이 행하는 구체적 사실에 관한 법집행으로서의 공권력의 행사 또는 그 거부와 그 밖에 준하는 행정작용을 말한다(행정심판법 제2조 1항1호).

(2) 부작위

부작위라 함은 행정청이 당사자의 신청에 대하여 상당한 기간 내에 일정한 처분을 하여야 할 법률상 의무가 있음에도 불구하고 이를 하지 아니하는 것을 말한다(행정심판법 제2조 1항 2호).

3) 제외되는 처분 등

(1) 대통령의 처분 또는 부작위에 대하여는 다른 법률에 특별한 규정이 있는 경우를 제외하고는 행정심판을 제기할 수 없다.

(2) 심판청구에 대한 재결이 있으면 그 재결 및 같은 처분 또는 부작위에 대하여 행정심판을 청구할 수 없다(행정심판법 제51조). 이 경우에 재결자체에 고유한 위법이 있다면 바로 행정소송을 제기하여야 한다.

2. 행정심판청구의 방식

1) 서면주의

(1) 행정심판청구는 일정한 사항을 기재하여 서면으로 하여야 한다.

(2) 판례는 행정심판청구를 엄격한 형식을 취하지 않는 서면행위로 보고 있다. 따라서 권리 등을 침해당한 자로부터 처분의 취소 등을 구하는 서면이 제출된 경우, 행정심판청구 서면의 표제가 반드시 행정심판이어야 하는 것은 아니다.

[관련 판례]

★ 행정심판청구는 엄격한 형식을 요하지 않는 서면행위이므로 일부 불비한 점이 있더라도 적법한 청구로 볼 수 있다(대판 1990.6.8, 90누851).

★ 처분에 대한 취소를 구하는 서면이 제출된 경우 비록 진정서라는 표제하에 제출되었다 하더라도 행정심판청구로 볼 수 있다(대판 2000.6.9, 98두2621).

2) 행정심판청구서의 제출

(1) 위원회 또는 처분청(피청구인의 선택)의 선택주의

① 행정심판을 청구하려는 자는 심판청구서를 작성하여 청구인의 선택에 따라 피청구인

인 처분청 또는 위원회에 제출하여야 한다(행정심판법 제23조).

② 심판의 청구인은 처분의 상대방과 제3자이다.

(2) 피청구인의 심판청구서 등의 접수 · 처리

피청구인은 10일 이내에 심판청구서와 답변서를 위원회에 보내야 한다.

(3) 위원회의 심판청구서 등의 접수 · 처리

① 위원회는 심판청구서를 받으면 지체없이 피청구인에게 심판청구서 부본을 보내야 한다.

② 위원회는 피청구인으로부터 답변서가 제출되면 답변서 부본을 청구인에게 송달하여야 한다.

(4) 피청구인의 직권취소 등

① 심판청구서를 받은 피청구인(행정청)은 그 심판청구가 이유있다고 인정하면 심판청구의 취지에 따라 직권으로 처분을 취소 · 변경하거나 확인을 하거나, 신청에 따른 처분을 할 수 있다.

② 이 경우 서면으로 청구인에게 알리고 행정심판위원회에 그 증명서류를 제출하여야 한다.

(5) 전자정보처리조직을 통한 심판청구 등

① 전자정보처리조직을 통하여 제출된 전자문서는 이 법에 따라 제출된 것으로 보며, 부본을 제출할 의무는 면제된다(동법 제52조 제1항).

② 제출된 전자문서는 그 문서를 제출한 사람이 정보통신망을 통하여 전자정보처리조직에서 제공하는 접수번호를 확인하였을 때에 전자정보처리조직에 기록된 내용으로 접수된 것으로 본다(동법 제52조 제2항).

(6) 전자정보처리조직을 이용한 송달 등

① 전자정보처리조직을 이용한 서류송달은 서면으로 한 것과 같은 효력을 가진다.

② 서류의 송달은 청구인이 등재된 전자문서를 확인한 때에 전자정보처리조직에 기록된 내용으로 도달한 것으로 본다. 다만 그 등재사실을 통지한 날부터 2주이내(재결서 외의 서류는 7일 이내)에 확인하지 아니하였을 때에는 등재사실을 통지한 날부터 2주가 지난 날에 도달한 것으로 본다.

(7) 행정심판청구서가 불비되거나 취지가 불명확한 경우, 심판청구인은 전문적 법률지식을 갖추지 못하는 것이 일반적인 경향이다. 이러한 경우 행정청은 그 서면을 가능한 한 제출자에게 이익이 되도록 해석하고 처리하여야 한다(대판 2007.6.1, 2005두11500).

3. 행정심판청구기간

1) 개설

(1) 행정심판법은 행정법관계의 조속한 안정을 기하기 위하여 심판청구기간에 일정한 제한을 두고 있다.

(2) 심판청구기간은 취소심판과 거부처분에 대한 의무이행심판에만 적용된다.

(3) 무효등확인심판과 부작위에 대한 의무이행심판에는 적용되지 않는다.

2) 원칙적 심판청구기간

(1) 행정심판 제기기간은 원칙적으로 처분이 있음을 알게 된 날부터[296] 90일 이내에 제기하여야 하고, 처분이 있었던 날부터 180일 이내에 제기하여야 한다.

(2) 두 기간 중 어느 하나라도 먼저 경과하면 심판청구를 제기할 수 없다.

(3) 90일은 불변기간이고, 180일은 불변기간이 아니다.

[관련 판례]

★ 고시 또는 공고에 의하여 행정처분을 하는 경우, 행정심판청구기간의 기산일

통상 고시 또는 공고에 의하여 행정처분을 하는 경우에는 그 처분의 상대방이 불특정 다수인이므로 고시 또는 공고가 있었다는 사실을 현실적으로 알았는지 여부에 관계없이 고시가 효력을 발생하는 날인 고시 또는 공고가 있은 후 5일이 경과한 날에 행정처분이 있음을 알았다고 보아야 한다(대판 2000.9.8, 99두11257).

3) 예외적인 심판청구기간

(1) 90일에 대한 예외

행정심판은 처분이 있음을 알게 된 날부터 90일 이내에 제기하여야 하지만, 천재지변, 전쟁, 사변, 그 밖의 불가항력으로 그 기간 내에 심판청구를 할 수 없었을 때에는 그 사유가 소멸한 날부터 14일(국외에서는 30일) 이내에 청구할 수 있다.

(2) 180일에 대한 예외

① 처분이 있은 날로부터 180일 이내에 제기하여야 하지만, 정당한 사유가 있는 경우에는 180일이 넘어도 제기할 수 있다.

② 여기서 '정당한 사유'란 반드시 천재지변 등 불가항력만을 의미하는 것이 아니다. 따라서 어떤 사유가 '정당한 사유'에 해당하는 가는 건전한 사회통념에 의해 판단되어야 한다.

---

296) 처분이 있음을 안 날이란 처분이 있음을 현실적으로 안 날을 뜻한다(대판 1995.11.24, 95누11535). 처분이 고시 또는 공고에 의한 경우에는 고시 또는 공고가 있은 후 5일이 경과한 날에 행정처분이 있음을 알았다고 본다(대판 2000.9.8, 99두11257). 90일은 불변기간이며, 직권조사사항이다.

(3) 제3자효 행정행위와 심판청구기간

① 원칙적 기간

㉠ 복효적 행정행위의 제3자가 행정심판을 제기하는 경우에도 그 기간은 원칙적으로 처분이 있음을 알게 된 날로부터 90일 이내, 처분이 있었던 날로부터 180일 이내가 기준이 된다.

㉡ 다만, 처분의 제3자는 통지의 상대방이 아니므로 특별한 사정이 없는 한 행정행위가 있음을 알 수 없었다고 할 것이므로, 일반적으로 제3자의 행정심판청구기간은 처분이 있었던 날부터 180일 이내가 기준이 된다.

② 정당한 사유와 심판청구기간

㉠ 행정처분의 직접 상대방이 아닌 제3자는 처분이 있었던 것을 바로 알 수 없는 처지에 있으므로 180일 기간 내에 심판청구를 제기하지 못하였다고 하더라도 특별한 사정이 없는 한 정당한 사유에 해당하여 180일이 경과한 후에도 심판청구를 할 수 있다(대판 1992.7.28, 91누12844).

㉡ 다만, 제3자가 어떤 경위로든 행정처분이 있음을 알았거나 쉽게 알 수 있는 등 심판청구가 가능하였다는 사정이 있는 경우에는 그때로부터 90일 이내에 행정심판을 제기할 수 있다(대판 1996.9.6, 95누16233).

[관련 판례]

★ 복효적 행정행위의 제3자는 처분 있음을 알 수 없으므로 처분이 있은 날로부터 180일 이내에 제기할 수 있고, 설령 이 기간 내에 심판청구를 제기하지 못하였다고 하더라도 행정심판법상 기간을 지키지 못한 정당한 사유가 있는 때에 해당되어 제3자는 처분이 있은 날로부터 180일이 경과한 뒤에도 심판청구를 제기할 수 있다(대판 1992.7.28, 91누12844).

★ 행정청이 당사자에게 행정처분을 고지함에 있어 심판청구기간을 알리지 않았다면 당사자는 위 처분이 있은 날로부터 180일 이내에 심판청구를 제기할 수 있다(대판 1989.2.14, 88누1363).

★ 개별법률에서 정한 심판청구기간이 행정심판법이 정한 심판청구기간보다 짧은 경우 행정청이 행정처분을 하면서 그 개별법률상 심판청구기간을 고지하지 아니하였다면 개별법상 청구기간에 구애됨이 없이 행정심판법 제18조 제6항 · 제3항의 규정에 의하여 처분이 있은 날로부터 180일 이내에 행정심판을 제기할 수 있다고 보아야 할 것이다(대판 1990.7.10, 89누6839).

(4) 심판청구기간의 오고지(誤告知) 및 불고지(不告知)의 청구기간

① 행정청이 심판청구기간을 처분이 있음을 안 날로부터 90일보다 긴 기간으로 잘못 알린 경우, 그 잘못 알린 기간 내에 심판청구가 있으면 그 심판청구는 90일 이내에 제기된 것으로 본다.

② 행정청이 심판청구기간을 고지하지 아니한 경우에는 처분이 있었던 날부터 180일 이내에 심판청구를 할 수 있다.

(5) 특별법상의 심판청구기간

각 개별법에서 심판청구기간에 관하여 특례를 두는 경우도 있다. 예컨대, 토지수용재결에 대한 이의신청기간은 재결서의 정본을 받은 날로부터 30일 이내로 규정되어 있고(토지보상법 제83조 제3항), 국가공무원법상 소청심사청구기간은 처분을 안 날로부터 30일 이내로 규정되어 있다(국가공무원법 제76조 제1항).

4. 심판청구의 변경 · 취하

1) 심판청구의 변경

행정심판법은 청구인이 심판청구를 제기한 후 일정한 사유가 있을 때에는 새로운 심판청구를 제기하는 대신 계속 중인 심판청구에 변경을 할 수 있도록 규정하고 있다.

(1) 일반적인 청구의 변경

① 청구인은 청구의 기초에 변경이 없는 범위 안에서(예컨대, 청구인이 법률상 이익의 동일성이 유지되는 범위), 청구의 취지 또는 청구 이유(예컨대, 처분의 위법을 부당으로 변경)를 변경할 수 있다.

② 청구의 변경은 행정심판위원회의 최종의결이 있기 전까지 할 수 있다.

(2) 처분변경으로 인한 청구의 변경

행정심판이 청구된 후에 그 대상인 처분을 변경한 경우에는(예컨대, 영업허가의 취소처분을 정지처분으로 변경한 경우) 청구인은 새로운 처분이나 변경된 처분에 맞추어 청구의 취지나 이유를 변경할 수 있다.

(3) 청구변경의 절차

① 행정심판청구의 변경은 서면으로 신청하여야 한다.

② 위원회는 청구변경의 신청에 대하여 허가할 것인지의 여부를 결정하고, 지체없이 신청인에게는 결정서 정본을, 당사자 및 참가인에게는 결정서 등본을 송달하여야 한다.

(4) 청구의 변경의 효력

청구의 변경결정이 있으면 처음 행정심판이 청구되었을 때부터 변경된 청구의 취지나 이유로 행정심판이 청구된 것으로 본다.

2) 심판청구의 취하

심판청구 또는 참가신청의 취하는 그 청구 또는 신청의 전부 또는 일부에 대하여 할 수 있고, 이는 상대방의 동의 없이도 할 수 있다.

Ⅷ. 행정심판제기의 효과

1. 행정심판위원회에 대한 효과

행정심판이 제기되면 행정심판위원회는 이를 심리·재결한 의무를 진다.

2. 처분에 대한 효과

1) 집행부정지원칙

(1) 행정심판청구가 제기되어도 처분의 효력이나 그 집행 또는 절차의 속행이 정지되지 아니한다. 이를 집행부정지의 원칙이라 한다.

(2) 다만 위원회는 일정한 요건을 갖춘 경우에 당사자의 신청 또는 직권으로 처분의 효력 등을 정지시키는 결정을 할 수 있다.

2) 집행정지(가구제)

(1) 의의

집행정지라 함은 심판제기의 제기에 따른 부수적 조치로서 그 처분 등의 집행으로 인하여 중대한 손해가 생기는 것을 예방하기 위하여 긴급한 필요가 있다고 인정할 때에는 당사자의 권리·이익을 보전하기 위하여 행정심판위원회가 당사자의 신청 또는 직권에 의하여 처분 등의 효력이나 집행 또는 절차의 속행의 전부 또는 일부를 잠정적으로 정지하는 제도를 말한다.

(2) 집행정지결정의 요건

① 집행정지는 본안인 심판청구가 계속되어 있을 것으로 요건으로 한다.

② 정지의 대상인 처분이 존재하여야 한다. 처분의 집행이 이미 완료되었거나, 그 목적이 달성되는 등 집행정지의 대상이 없는 경우에는 집행정지가 허용되지 아니한다(통설).

③ 처분이나 그 집행 또는 절차의 속행으로 인하여 회복하기 어려운 손해를 예방할 필요성이 긴급하다고 인정할 때에 허용된다.

④ 집행정지가 공공복리에 중대한 영향을 미칠 우려가 없어야 한다. 집행정지는 공공복리에 중대한 영향을 미칠 우려가 있을 때에는 허용되지 아니한다.

(3) 집행정지결정의 대상

집행정지의 대상은 처분의 효력이나 그 집행 또는 절차의 속행의 전부 또는 일부이다.

① 효력의 전부 또는 일부의 정지

처분의 효력 그 자체가 존속되지 않는 상태에 두는 것을 말한다. 예컨대, 영업허가취소처분에 효력정지결정이 행하여지면 취소처분의 효력 그 자체가 존속하지 않는 것이 되어 당사자는 적법하게 허가영업을 할 수 있게 된다.

② 처분의 집행의 전부 또는 일부정지

여기서 집행의 정지란 처분내용의 강제적인 실현을 위한 공권력행사의 정지를 의미한다. 예컨대, 강제퇴거명령에 집행정지 결정이 행하여지면 강제퇴거를 시킬 수 없게 된다.

③ 절차의 속행의 전부 또는 일부정지

절차의 속행의 정지란 단계적으로 발전하는 법률관계에서 선행행위의 하자를 다투는 경우에 후행행위를 하지 못하게 정지시키는 것을 말한다. 예컨대, 체납처분절차에서 압류의 효력을 다투는 경우에 매각을 정지시키는 경우가 이에 해당한다.

(4) 집행정지결정절차

① 집행정지는 행정심판위원회가 직권으로 또는 당사자의 신청에 의하여 결정한다.

② 다만, 위원회의 심리 · 결정을 기다릴 경우 중대한 손해가 생길 우려가 있다고 인정되면 위원장은 직권으로 위원회의 심리 · 결정을 갈음하는 결정을 할 수 있고, 이 경우에 위원장은 지체없이 위원회에 그 사실을 보고하고 추인을 받아야 한다.

(5) 집행정지결정의 취소

① 위원회는 집행정지결정을 한 후에 집행정지가 공공복리에 중대한 영향을 미치거나, 그 정지사유가 없어진 경우에는 직권으로 또는 당사자의 신청에 의해 집행정지결정을 취소할 수 있다.

② 집행정지결정의 취소의 신청은 처분청과 집행정지로 권익을 침해당한 제3자, 즉 복효적 행정행위의 수익을 받는 제3자가 할 수 있다. 행정심판의 당사자가 아닌 복효적 행정행위의 수익을 받는 제3자가 집행정지결정의 취소신청을 하기 위하여는 행정심판에 참가하고 있어야 한다.[297)]

(6) 집행정지의 효력

집행정지의 결정이 있게 되면 정지된 처분은 없었던 것과 같은 상태가 되며(형성력), 그 효과도 결정주문에서 특별히 정한 것이 없다면 당해 심판의 재결이 확정될 때까지 지속한다고 본다(시간적 효력).[298)]

3) 임시처분

(1) 의의

① 종전에는 거부처분이나 부작위의 경우에는 집행정지대상이 되지 않는다고 보는 것이 다수설과 판례의 입장이었다.

② 개정 행정심판법은 이러한 거부처분이나 부작위에 대한 임시적 구제의 제도적 공백을

297) 박균성, 전게서, p.422.
298) 홍정선, 전게서, p.810.

입법적으로 해소하기 위하여 임시처분을 인정하고 있다.

③ 행정소송에서는 거부·부작위에 대한 임시지위를 정하는 가처분에 관하여 규정을 두고 있지 않지만, 행정심판에서는 임시처분을 인정하고 있다.

(2) 보충성

임시처분은 집행정지로부터 목적을 달성할 수 있는 경우에는 허용되지 아니한다. 따라서 임시처분은 집행정지로 구제되지 않는 거부처분과 부작위에 대해서만 적용된다.

Ⅸ. 행정심판의 심리

행정심판위원회의 심리라 함은 행정심판청구에 대한 재결을 위하여 당해 사건의 기초가 될 각종 사실 및 증거 등의 자료를 수집·정리하는 절차를 말하는데, 당사자들의 의견진술과 증거제출 등의 공격과 방어를 통해서 준사법절차로 진행된다.

1. 심리의 내용

행정심판사건의 심리는 그 내용에 따라 요건심리와 본안심리로 나누어진다.

1) 요건심리(형식적 심리)

(1) 요건심리는 당해 심판청구가 적법한 심판청구요건을 갖추었는지를 형식적으로 심리하는 것을 말한다.

(2) 요건심리의 결과 심판청구가 제기요건을 갖추지 못한 부적법한 것인 때에는 각하재결을 한다.

(3) 요건불비가 보정될 수 있는 것인 때에는 위원회가 상당한 기간을 정하여 그 보정을 명하거나, 경미한 것은 직권으로 보정할 수도 있다.

2) 본안심리(실질적 심리)

(1) 본안심리는 요건심리의 결과 심판청구를 적법한 것으로 받아들인 경우에, 당해 심판청구의 내용에 관하여 실질적으로 심사하는 것을 말한다.

(2) 본안심리의 결과 심판청구가 이유 있으면 청구인용재결을 하고, 그렇치 않다면 기각재결을 한다.

2. 심리의 범위

1) 불고불리 및 불이익변경금지

(1) 행정심판법은 불고불리 및 불이익변경금지의 적용을 명문화하고 있다.

(2) 위원회는 심판청구의 대상이 되는 처분 또는 부작위 외의 사항에 대하여는 재결하지 못하며, 심판청구의 대상이 되는 처분보다 청구인에게 불리한 재결을 하지 못한다.

2) 법률문제와 사실문제

행정심판의 심리에 있어서는 심판청구의 대상인 처분이나 부작위에 관하여 법률문제로서의 적법·위법의 문제, 재량행위에 있어서의 당·부당의 문제, 그리고 사실문제까지 심리할 수 있다.

3. 심리절차

1) 심리절차의 기본원칙

(1) 대심주의

① 대심주의라 함은 대립되는 분쟁 당사자들의 공격·방어를 통하여 심리를 진행하는 소송원칙을 말한다.

② 행정심판법은 대립되는 당사자들에게 상호 공격·방어방법을 제출할 수 있는 대등한 기회를 부여하여, 그에 따라 제출된 공격·방어방법을 기초로 하여 심리하는 대심주의를 취하고 있다. 이것은 사법절차의 준용을 의미하는 것이기도 하다.

(2) 직권심리주의의 가미(대심주의의 보완)

① 직권심리주의란 심리의 진행을 심리기관의 직권으로 함과 동시에, 필요한 자료를 당사자에게만 의존하지 않고 직권으로 수집하는 제도이다.

② 위원회는 필요하다고 인정할 때에는 당사자가 주장하지 아니한 사실에 대해서도 심리할 수 있으며, 직권으로 당사자·참고인을 신문하거나 전문가에게 감정·검증 등을 명할 수 있다.

(3) 심리의 방식(서면심리 및 구술심리의 병행)

① 행정심판의 심리는 구술심리 또는 서면심리로 한다.

② 다만, 당사자가 구술심리를 신청한 때에는 서면심리만으로 결정할 수 있다고 인정되는 경우 외에는 구술심리를 하여야 한다.

(4) 비공개주의

① 비공개주의란 행정심판청구의 심리·재결을 일반인이 방청할 수 없는 상태에서 행하는 것을 말한다.

② 행정심판법에는 심리의 공개여부에 관한 명문의 규정은 없으나, 서면심리의 원칙을 택한 점으로 보아 비공개주의를 원칙으로 한 것으로 이해된다.

③ 행정심판법은 "위원회에서 위원이 발언한 내용이나 그밖에 공개되면 위원회의 심리·

재결의 공정성을 해칠 우려가 있는 사항으로서 대통령령으로 정하는 사항은 공개하지 아니한다"고 규정하여 비공개주의를 채택하고 있다.

2) 당사자의 절차적 권리

(1) 행정심판위원 · 직원에 대한 기피신청권

(2) 구술심리신청권

(3) 보충서면제출권

(4) 물적증거(증거서류 또는 증거물) 제출권

(5) 증거조사신청권

(6) 심판참가인의 절차적 권리[299)]

(7) 이의신청권[300)] 등이 인정된다.

3) 심리절차의 병합 또는 분리

위원회는 필요하다고 인정할 때에는 관련되는 심판청구를 병합하여 심리하거나 병합된 청구를 분리하여 심리할 수 있다.

X. 행정심판의 재결

1. 재결의 의의

1) 행정심판의 재결이라 함은 행정심판청구에 대한 심리를 거쳐 재결청이 내리는 결정을 말한다.

2) 재결은 다툼이 있는 행정법상의 사실 또는 법률관계를 확정하는 확인적 행정행위이며, 동시에 행정법상의 다툼에 대해 유권적 판정을 내리는 준사법적 작용이다.

2. 재결의 성질

재결은 준법률적 행정행위 중의 하나인 확인행위, 준사법적 행위 그리고 기속행위의 성질을 갖는다.

299) 심판참가인에게 당사자에게 준하는 절차적 권리가 주어진다(행정심판법 제20조 내지 제22조).

300) 행정심판위원회의 결정 중 당사자 또는 심판참가인의 절차적 권리에 중대한 영향을 미치는 지위승계에 대한 불허가, 참가신청에 대한 불허가, 청구변경의 불허가 등에 대하여는 행정심판위원회에 이의신청을 할 수 있다.

3. 재결의 절차

1) 재결기간

(1) 재결은 위원회 또는 피청구인인 행정청이 심판청구서를 받은 날로부터 60일 이내에 하여야 하나, 부득이한 사정이 있는 경우에는 위원장의 직권으로 30일을 연장할 수 있다.

(2) 위의 재결기간에는 심판청구에 흠결이 있어 그 보정을 명한 경우의 보정기간은 산입되지 않는다.

2) 재결의 방식

재결은 서면(재결서)으로 하되, 재결서에는 주문, 청구의 취지 · 이유 등을 기재하고 기명날인하여야 한다.

3) 위법 · 부당판단의 기준시

사실관계의 변경이 있거나 그 근거가 되는 법령의 개폐가 행하여진 경우 어느 시점을 기준으로 처분의 위법 · 부당 여부를 판단할 것인가에 대하여, 판례는 처분시를 기준으로 하여 판단하여야 한다는 입장이다(대판 2001.7.27, 99두5092).

4) 재결의 범위(불고불리 · 불이익 변경금지)

(1) 불고불리의 원칙

행정심판위원회는 심판청구의 대상이 되는 처분 또는 부작위 외의 사항에 대하여는 재결하지 못한다.

(2) 불이익 변경금지

행정심판위원회는 심판청구의 대상이 되는 처분보다 청구인에게 불이익한 재결을 하지 못한다.

5) 재결의 송달과 효력발생

(1) 당사자에의 송달

행정심판위원회가 재결을 한 때에는 지체없이 당사자에게 재결서의 정본을 송달하여야 하고, 재결은 청구인에게 재결서가 송달된 때에 효력을 발생한다.

(2) 참가인에의 송달

위원회는 재결서의 등본을 지체없이 참가인에게 송달하여야 하며, 이 경우 참가인에의 송달은 재결의 효력발생과는 직접관계가 없다.

(3) 제3자에 대한 송달

처분이 상대방이 아닌 제3자가 심판청구를 한 경우, 위원회는 재결서의 등본을 지체없이 피청구인을 거쳐 처분의 상대방에게 송달하여야 한다.

6) 재결의 종류

(1) 각하재결

각하재결이라 함은 행정심판의 제기요건이 결여되어 행정심판이 부적법한 것인 때에 본안심리를 거부하는 재결을 말한다. 예컨대, 청구인적격이 없는 자의 심판청구, 심판청구기간이 경과한 후에 제기된 심판청구 등이 이에 해당한다.

(2) 기각재결

① 기각재결이라 함은 본안심리의 결과 심판청구가 이유없다고 하여, 청구를 배척하고 원처분을 시인하는 재결이다.

② 기각재결은 심판청구의 실체적 내용에 대한 심리를 거쳐 심판청구가 이유 없다고 판단되는 경우에 내려진다.

③ 기각처분은 원처분을 적법·타당하다고 확인하는데 그치므로, 처분청은 기각재결후 정당한 이유가 있으면 원처분을 취소·변경할 수 있다.

(3) 사정재결

① 의의

사정재결이라 함은 심판청구가 이유있다고 인정되는 경우에도 이를 인용하는 것이 현저히 공공복리에 적합하지 않다고 인정하는 경우에 그 심판청구를 기각하는 재결을 말한다.

② 위법·부당의 명시

사정재결을 한다고 해서 처분의 위법·부당성이 없어지는 것은 아니므로, 이 경우 행정심판위원회는 그 재결의 주문에서 그 처분 또는 부작위가 위법 또는 부당하다는 것을 구체적으로 명시하여야 한다.

③ 구제방법의 강구

사정재결은 청구인의 청구가 이유있음에도 불구하고 공익을 위하여 청구가 기각되는 것이므로, 그로 인하여 청구인이 받는 손해에 대하여 구제조치를 취하여야 한다. 구제방법으로는 손해배상이나 재해방지조치 등을 들 수 있다.

④ 사정재결의 적용제한

사정재결은 취소심판·의무이행심판에만 인정되고, 무효등확인심판의 경우에는 사정재결이 인정되지 않는다. 왜냐하면 무효와 부존재는 언제나 무효이고 부존재이기 때문이다.

(4) 인용재결

인용재결은 본안심리의 결과 심판청구가 이유 있다고 인정하여 청구의 취지를 받아들이는 재결이다. 인용재결에는 취소·변경재결, 무효등확인재결, 의무이행재결로 나누어진다.

① 취소·변경재결 및 변경명령재결

㉠ 행정심판위원회는 취소심판의 청구가 이유 있다고 인정할 때에는 처분을 취소 또는 변경하거나, 처분청(피청구인)에 취소 또는 변경할 것을 명한다(동법 제43조 제3항).

㉡ 처분의 취소 또는 변경을 구하는 취소심판에서 '변경'의 의미는 취소소송과는 달리 적극적으로 원처분에 갈음한 새로운 처분도 포함한다는 것이 통설의 입장이다(예컨대, 면허취소처분을 면허정지처분으로 변경하는 경우 등).

㉢ 전부취소와 일부취소

처분을 취소하는 재결은 처분의 전부취소를 내용으로 하는 것과 일부취소를 내용으로 하는 것이 있다. 처분의 일부취소는 분할 가능한 처분에 대하여 그 일부의 효력을 상실시키는 재결이다(예컨대, 토지재산세 200만원 부과처분 중 100만원을 초과하는 부분을 취소재결 하는 경우 등).

② 무효등확인재결(무효등확인심판의 인용재결)

㉠ 재결청은 무효등확인심판의 청구가 이유 있다고 인정할 때에는 재결로 처분의 효력 유무 또는 존재 여부를 확인한다.

㉡ 무효등확인재결에는 처분유효확인재결 · 처분무효확인재결 · 처분존재확인재결 · 처분부존재확인재결이 있다.

③ 의무이행재결(의무이행심판의 인용재결)

㉠ 의무이행재결은 의무이행심판의 청구가 이유 있다고 인정할 때에는 지체없이 신청에 따른 처분을 하거나(처분재결), 이를 할 것을 명한다(처분명령재결).

㉡ 처분재결은 위원회가 스스로 처분을 하는 것이므로 형성재결이다. 반면 처분명령재결은 처분청에게 처분을 명하는 재결이므로 이행재결이다.

7) 재결의 효력

(1) 개설

① 행정심판법은 재결의 효력에 대하여 기속력과 직접처분에 관한 규정만을 두고 있으나, 재결은 쟁송재판행위로서 형성력 등의 효력도 발생한다고 보아야 한다(대판 1998.4.24, 누17131).

② 재결은 행정행위의 하나이므로, 행정행위가 일반적으로 갖는 효력(구속력, 공정력, 구성요건적 효력, 불가쟁력, 불가변력 등)을 갖는다. 이하에서는 형성력과 기속력에 한정하여 기술하였다.

(2) 형성력

① 의의

㉠ 재결이 확정되면 재결의 내용에 따라 기존의 법률관계에 변동을 가져오는 효력이 발생하는데, 이를 형성력이라 한다.

㉡ 재결의 형성력은 제3자에게도 미친다는 것이 통설이다(대세적 효력이라고도 한다).

② 효력

㉠ 처분을 취소하는 재결이 있으면 취소된 처분은 소급적으로 효력을 상실한다. 일부취소재결의 경우에는 일부취소된 부분에 한하여 소급적으로 효력을 상실하고, 일부취소되지 않은 부분에 한하여 원처분은 효력을 유지한다.

[관련 판례]

★ 원처분에 대한 형성적 취소재결이 확정된 후 처분청이 다시 원처분을 취소한 경우, 위 처분은 항고소송의 대상이 되는 처분에 해당하지 않는다(대판 1998.4.24, 97누17131).

㉡ 재결에 의하여 변경재결이 있으면 새로이 변경된 내용에 따른 효력이 발생한다.

㉢ 의무이행재결 중 처분재결이 있는 경우에는 당해 재결은 장래에 향하여 즉시 효력을 발생한다. 즉, 이 경우의 재결의 효력은 그 성질상 소급되지 아니한다.

(3) 기속력

① 적용범위

㉠ 재결은 피청구인인 행정청과 관계행정청을 기속하는 효력을 발생하는데, 이러한 재결의 효력을 기속력이라 한다.

㉡ 재결의 기속력은 인용재결의 효력이며, 각하재결이나 기각재결에는 인정되지 않는다.

㉢ 따라서 각하 또는 기각재결이 있은 후에도 처분청은 직권으로 처분을 취소 · 변경 · 철회할 수 있다.

㉣ 행정심판법 제49조 제1항은 "심판청구를 인용하는 재결은 피청구인과 그 밖의 관계행정청을 기속한다"라고 재결의 기속력을 규정하고 있다.

② 내용

㉠ 반복금지효

㉮ 청구인용재결(취소 · 변경재결, 무효등확인재결, 부작위위법확인재결)이 있게 되면 관계행정청은 그 재결을 준수하여야 하므로, 그 재결에 반하는 행위를 할 수 없다(대판 1986.5.27, 86누127).

㉯ 따라서 소극적으로는 동일한 상황 하에서 동일한 처분을 반복할 수는 없다. 이러한 반복금지의무는 일종의 부작위의무이다.

㉰ 그러나 위법사유를 보완하여 행하는 처분은 재결의 기속력에 반하는 것이 아니다(대판 2001.9.14, 99두3324).

[관련 판례]

★ 양도소득세 및 방위세부과처분이 국세청장에 대한 불복심사청구에 의하여 그 불복사유가 이유 있다고 인정되어 취소되었음에도 처분청이 동일한 사실에 관하여 부과처분을 되풀이 한 것이라면 설령 그 부과처분이 감사원의 시정요구에 의한 것이라 하더라도 위법하다(대판 1986.5.27, 86누127).

★ 부과처분을 취소하는 재결이 있는 경우 당해 처분청은 재결의 취지에 반하지 아니하는 한, 그 재결에 적시된 위법사유를 시정 · 보완하여 정당한 조세를 산출한 다음 새로이 이를 부과할 수 있는 것이고, 이러한 새로운 부과처분은 재결의 기속력에 저촉되지 아니한다(대판 2001.9.14, 99두3324).

★ 재결의 기속력은 재결의 주문 및 그 전제가 된 요건사실의 인정과 판단, 즉 처분 등의 구체적 위법사유에 관한 판단에만 미친다고 할 것이고, 종전 처분이 재결에 의하여 취소되었다 하더라도 종전 처분시와는 다른 사유를 들어서 처분을 하는 것은 기속력에 저촉되지 않는다(대판 2005.12.9, 2003두7705).

㉡ 재처분의무(적극적 처분의무)

㉮ 거부처분에 대한 취소, 무효, 부존재 재결에 대한 재처분 의무

재결에 의하여 취소되거나 무효 또는 부존재로 확인되는 처분이 당사자의 신청을 거부하는 것을 내용으로 하는 경우에는 그 처분을 한 행정청은 재결의 취지에 따라 다시 이전의 신청에 대한 처분을 하여야 한다(대판 2001.9.14, 99두3324).

㉯ 처분명령재결의 경우(재결의 취지에 따른 재처분의무)

당사자의 신청을 거부하거나 부작위로 방치한 처분의 이행을 명하는 재결이 있는 경우에는 행정청은 지체 없이 이전의 신청에 대하여 재결의 취지에 따라 처분을 하여야 한다.

㉰ 절차의 하자를 이유로 한 신청에 따른 처분을 취소하는 재결

신청에 따른 처분이 절차의 위법 또는 부당을 이유로 재결로써 취소된 경우에도 행정청은 지체 없이 이전의 신청에 대한 처분을 하여야 한다.

㉱ 위원회는 피청구인이 이행재결에 대한 처분을 하지 아니하는 경우에는 당사자가 신청하면, 기간을 정하여 서면으로 시정을 명하고 그 기간에 이행하지 아니하면 직접 처분을 할 수 있다.

㉲ 결과제거의무

관계행정청은 처분의 취소재결 또는 무효확인재결이 있게 되면 결과적으로 위법 또는 부당으로 판정된 처분에 의하여 초래된 상태를 제거해야 할 의무를 진다.

㉢ 취소 · 변경의 공고 의무

법령의 규정에 따라 공고하거나 고시한 처분이 재결로써 취소되거나 변경되면 처분을 한 행정청은 지체없이 그 처분이 취소 또는 변경되었다는 것을 공고하거나 고시하여야 한다.

㉣ 이해관계인에 대한 통지

법령의 규정에 따라 처분이 상대방 외의 이해관계인에게 통지된 처분이 재결로써 취소되

거나 변경되면 처분을 한 행정청은 지체없이 그 이해관계인에게 그 처분이 취소 또는 변경되었다는 것을 알려야 한다.

XI. 재결에 대한 불복

1. 재심판청구의 금지

1) 심판청구에 대한 재결이 있는 경우에는 당해 재결 및 동일한 처분 또는 부작위에 대하여 다시 행정심판을 청구할 수 없다.

2) 시·도 행정심판위원회의 재결에 불복하는 청구인은 중앙행정심판위원회에 행정심판을 재청구할 수 없다.

2. 행정소송의 제기

1) 심판청구에 대한 재결에 불복하는 경우에는 행정소송을 제기할 수 있다.

2) 이 경우 원처분을 대상으로 하여야 하고, 재결취소소송은 재결 자체에 고유한 위법이 있는 경우에 한하여 소송제기가 가능하다.

3. 처분청의 불복

처분행정청은 재결에 불복하여 행정소송을 제기할 수 없다는 것이 판례의 입장이다(대판 1998. 5.7, 97누15432).

XII. 행정심판청구의 불복고지제도

1. 고지제도의 의의

행정심판의 고지제도라 함은 행정청이 처분을 함에 있어서 상대방 또는 이해관계인에 대하여 행정심판을 제기할 수 있는지 여부·심판청구절차·청구기간 등 행정심판의 제기에 필요한 사항을 미리 알려 주도록 의무지우는 제도를 말한다.

2. 필요성

1) 고지제도는 (1) 행정심판청구의 기회보장, (2) 행정의 신중·적정·합리화를 도모하기 위한 제도이다.

2) 고지제도는 개인의 권익보호의 강화에 기여한다.

3. 고지제도의 법적성질

1) 고지는 일정한 사실을 알려주는 비권력적 사실행위이다. 고지는 법적효과의 발생을 목적으로 하는 의사표시로서의 행정작용인 준법률행위적 행정행위가 아니며, 사실행위일 뿐이다.

2) 고지 그 자체는 행정소송의 대상이 되지 아니한다.

3) 불복고지규정의 성질에 관하여는 훈시규정설과 강행규정(의무규정)설이 있으나, 강행규정이라는 것이 다수설이다.

4. 고지의 종류

고지에는 직권에 의한 고지와 신청에 의한 고지가 있다.

1) 직권에 의한 고지

(1) 고지의 대상

① 고지의 대상은 행정청의 서면에 의한 처분이며, 구두에 의한 처분은 포함되지 아니한다.

② 여기에서의 처분은 행정심판법상 행정쟁송의 대상이 될 수 있는 처분뿐만 아니라, 특별법상 쟁송대상(예컨대, 각종의 이의신청 · 심사청구 · 심판청구 등)까지 포함한다.

(2) 고지의 내용

고지의무의 내용이 되는 고지사항은 ① 당해 처분에 대하여 행정심판을 제기할 수 있는지의 여부, ② 제기하는 경우의 심판청구절차, ③ 청구기간의 세 가지이다.

(3) 고지의 주체와 상대방

① 고지의 주체는 행정청이다. 행정청에는 행정권한을 가지거나 위탁을 받은 공공단체 및 그 기관 또는 사인이 포함된다. ② 고지의 상대방은 당해 처분의 직접 상대방이다.

2) 신청에 의한 고지

(1) 신청권자

① 고지를 신청할 수 있는 자는 당해 처분의 이해관계인이다.

② 여기서 말하는 이해관계인은 보통은 당해 처분으로 인하여 자기의 권리 · 이익(법적보호이익)이 침해 되었다고 주장하는 제3자도 포함된다.

(2) 고지의 대상인 처분

① 고지를 청구할 수 있는 대상은 모든 처분이다.

② 행정심판법상의 심판청구대상이 되는 처분뿐만 아니라, 행정심판법 이외의 다른 법령에 의한 특별행정심판청구의 대상이 되는 처분도 포함된다.

(3) 고지의 내용

고지의 내용은 ① 당해 처분이 행정심판의 대상이 되는 처분인지의 여부, ② 행정심판이 되는 경우에 그 행정심판위원회, ③ 청구기간의 세 가지이다.

5. 불고지 및 오고지의 효과

행정심판법은 행정청이 고지를 하지 아니하였거나 고지를 잘못한 경우, 제출기관과 청구기간에 미치는 효과를 다음과 같이 정하고 있다.

1) 불고지의 효과

(1) 제출기관

행정청이 고지를 하지 아니하여 청구인이 심판청구서를 다른 행정기관에 제출한 때에는 그 행정기관은 그 심판청구서를 지체 없이 정당한 권한 있는 피청구인에게 송부하고, 그 사실을 청구인에게 통지하여야 한다.

(2) 청구기간

처분청이 심판청구기간을 고지하지 아니한 때에는 심판청구기간은 처분이 있은 날로부터 180일 이내에 심판청구를 하면 된다.

2) 오고지의 효과

(1) 제출기관

행정청이 고지를 잘못하여 청구인이 정당한 행정청이 아닌 다른 행정기관에 심판청구서를 제출할 때에도, 그 구제수단은 위의 불고지의 경우와 같다.

(2) 청구기간

원래 심판청구는 처분이 있음을 알게 된 날로부터 90일 이내에 제기하여야 하는 것이지만, 행정청이 심판청구기간을 90일보다 긴 기간으로 잘못 알린 경우에는 그 잘못 알린 기간 내에 심판청구가 있으면 그 심판청구는 90일 이내에 심판청구가 있었던 것으로 본다.

[관련 판례]

★ 행정청이 법정 심판청구기간보다 긴 기간으로 잘못 알린 경우에 그 잘못 알린 기간 내에 심판청구가 있으면 그 심판청구는 법정 심판청구기간 내에 제기된 것으로 본다는 취지의 행정심판법 제18조 제5항의 규정은 행정심판 제기에 관하여 적용되는 규정이지 행정소송 제기에도 당연히 적용되는 규정이라고 할 수는 없다(대판 2001.5.8, 2000두6916).

★ 행정청이 처분을 발령하면서 고지의무를 이행하지 않은 경우에는 행정심판청구기간이 연장되는데 그치고, 처분자체에 하자가 수반되지 않는다(대판 1987.11.24, 87누529). 즉, 행정처분시 고지의무를 이행하지 않았다고 해서 행정처분이 위법하게 되는 것은 아니다.

제 3 절 행정소송

Ⅰ. 개 설

1. 의의

행정소송이란 공법상 법률관계에 관한 분쟁에 대하여 당사자의 소송제기에 의하여 법원이 이를 심리·판단하는 정식재판절차를 말한다.

2. 행정소송의 성질

1) 행정소송은 행정사건을 대상으로 한다. 이 점에서 사법상 법률관계에 관한 분쟁을 심판하는 민사소송이나, 국가형벌권의 발동을 심판하는 형사소송과 구별된다.

2) 행정소송은 독립된 지위에 있는 법원이 대심구조·구두변론 등 당사자의 권리보호절차를 거쳐 심판하는 정식쟁송이다. 이 점에서 행정심판 기타 약식쟁송과 구별된다.

▷ 행정심판과 행정소송의 비교

구분	행정심판	행정소송
성질	약식쟁송	정식쟁송
종류	항고심판	항고소송·당사자소송·민중소송·기관소송
쟁송대상	위법·부당한 처분	위법한 처분
제소기간	처분이 있음을 안 날로부터 90일 이내, 처분이 있은 날로부터 180일 이내	처분이 있음을 안 날 또는 재결서의 정본을 송달받은 날로부터 90일 이내, 처분이 있은 날로부터 1년 이내
심리절차	서면심리·비공개 원칙	구두변론·공개의 원칙
재판기관	행정부소속의 재결청	법원
공통점	(1) 쟁송사항의 개괄주의, (2) 직권증거조사, (3) 집행부정지, (4) 불고불리의 원칙과 불이익변경금지의 원칙, (5) 사전판결(재결)	

3. 행정소송의 기능

행정소송의 기능은 1) 행정구제기능(개인의 자유와 권리를 보장), 2) 행정통제기능(행정의 합법성 및 합목적성보장)의 두가지이다.

Ⅱ. 행정소송제도의 유형과 우리나라 행정소송제도

1. 행정소송제도의 유형

1) 대륙형(행정제도국가형) 행정소송제도의 일반법원과는 별개의 행정재판소를 행정권 내에 설치하여 이 행정재판소로 하여금 행정소송의 재판권을 관장케 하는 제도이다.

2) 영미형(사법제도국가형) 행정소송제도는 일반법원이 형사사건, 민사사건, 행정사건의 재판권을 함께 관장하는 제도이다.

2. 우리나라의 경우

1) 우리 헌법은 사법권을 일원화하여 일반법원이 행정사건의 재판권을 관장케하고 있다. 행정사건의 최고심은 대법원이다.

2) 우리나라는 통상 법원이 민·형사사건과 함께 행정사건을 재판하는 영미형의 사법제도국가를 채택하고 있다.

3. 행정소송의 문제점

1) 현행 행정소송법은 의무이행소송을 채택하지 않고 있으나, 부작위위법소송은 인정하고 있다.

2) 원고에게 심판기록제출명령신청권만을 인정하고 자료제출권은 인정하지 않고 있다.

3) 사정판결제도를 인정하고 있어 당사자보호에 미흡하다는 비판이 있다.

Ⅲ. 행정소송의 한계

1. 「행정소송법」은 모든 행정사건에 관하여 행정소송을 제기할 수 있는 개괄주의를 취하고 있기는 하지만, 그렇다고 하여 행정에 관한 모든 사항에 대하여 언제나 행정소송의 제기가 가능한 것은 아니다.

2. 이처럼 행정소송에도 일정한 한계가 있는데, 이에는 사법(司法)의 본질에서 오는 한계와 권력분립의 원칙에서 오는 한계가 있다.

1. 사법(司法)의 본질에서 오는 한계

법률상의 쟁송만이 법원의 심판대상이 된다(「법원조직법」). 따라서 행정소송도 법률상의 쟁송인 경우에만 가능하다는 사법의 본질에서 오는 한계가 있다.

1) 구체적인 사건성에 따른 한계

행정소송에 있어서도 이해대립하는 당사자 사이에서 구체적이고도 현실적인 권리 · 의무관계에 관한 분쟁이 존재하여야 한다는 것이 소송제기의 대전제가 된다.

(1) 처분적 법규명령의 경우

법령이라도 그 자체가 직접 국민의 권리 · 의무에 영향을 주는 경우에는 행정소송의 대상이 된다(대판 1996.9.20, 95누8003)「두밀분교폐지조례」.

(2) 사실행위

① 비권력적 사실행위

당사자의 구체적인 권리 · 의무에 영향을 주지 않는 사실행위(예컨대, 질의에 따른 행정청의 회신행위)는 행정소송의 대상이 되지 아니한다(대판 1990.11.23, 90누3553).

② 권력적 사실행위

권력적 사실행위는 그 권력적 성질로 인해 당사자간의 권리 · 의무관계에 영향을 줄 수 있으므로 행정소송의 대상이 될 수 있다.

(3) 반사적 이익

반사적 이익은 법률상 주장할 수 있는 이익이 아니므로 관계법에 특별한 규정이 없는 한, 이러한 반사적 이익의 침해를 이유로 해서 행정소송을 제기할 수 없다.

(4) 일반적 · 추상적 법령의 효력 · 해석에 관한 분쟁

일반적 · 추상적인 법령의 효력 · 해석에 관한 분쟁은 구체적 권리의무관계에 관한 쟁송이 아니므로, 행정소송의 대상이 되지 아니한다.

(5) 권리 · 법률상 이익과 관계없는 분쟁

① 행정소송은 개개의 당사자의 권리 · 법률상 이익의 보호를 목적으로 하는 소송이다.

② 따라서 민중소송이나 기관소송 같은 행정의 권리 · 의무에 직접 관련된 것이 아니므로, 행정소송의 대상이 되지 않는다. 다만 법률에 규정이 있는 경우에는 소송을 제기할 수 있다(객관적 소송 법정주의).

[관련 판례]

★ **일반적 추상적 법령 등의 행정소송 대상 여부**

행정소송의 대상이 될 수 있는 것은 구체적인 권리 · 의무에 관한 분쟁이어야 하고 일반적 · 추상적인 법령

그 자체로서는 국민의 구체적 권리 · 의무에 직접적 변동을 초래하는 것이 아니므로 그 대상이 될 수 없다(대판 1987.3.24, 86누656).

2) 법령 적용상의 한계

법률상 쟁송은 법을 적용함으로써 해결할 수 있는 구체적 권리 · 의무관계에 관한 쟁송을 말한다. 이에는 다음의 경우가 문제시된다.

(1) 통치행위

통치행위는 고도의 정치성을 띤 국가행위로서 사법심사(행정소송)의 대상에서 제외시킨다는 것이 통설 · 판례의 입장이다.

(2) 재량행위(자유재량행위)

① 행정청이 재량(자유재량)을 그르친 행위는 부당에 불과하므로, 행정소송의 대상이 될 수 없고 행정심판의 대상이 될 뿐이다.

② 그러나 재량권을 남용 · 일탈된 경우에는 위법이 되고, 이에 대하여는 행정소송을 제기할 수 있다는 것이 학설 · 판례의 입장이다.

③ 특별권력관계에서의 분쟁

전통적 특별권력이론과는 달리 오늘날에는 특별권력관계 내부의 행위라 하더라도 처분성을 가지는 한 사법심사의 대상이 된다(통설).

3) 권력분립적 한계

(1) 의의

권력분립의 원칙상 사법권(司法權)의 행정권에 대한 개입과 심사는 스스로 일정한 한계가 있다. 따라서 행정청이 일정한 행위를 할 의무가 있음에도 불구하고 이를 하지 않은 경우, 법원이 이 행정청에 대하여 일정한 행위를 하도록 명할 것을 청구하는 소송(의무이행소송)을 인정할 것인가가 문제시 된다.

(2) 의무이행소송

① 우리나라의 「행정소송법」은 소극적으로 부작위위법확인소송만을 채택하고 있고, 의무이행소송은 인정하지 않고 있다.

② 대법원도 의무이행소송을 일관되게 부정하는 입장을 취하고 있다.

[관련 판례]

★ 행정소송법상 〈의무이행소송〉이나 〈의무확인소송〉 인정 여부

현행 「행정소송법」상 의무이행소송이나 의무확인소송은 인정되지 않으며, 「행정심판법」이 의무이행심판청구를 할 수 있도록 규정하고 있다고 하여 행정소송에서 의무이행청구를 할 수 있는 근거가 되지 못한다(대판 1992.2.11, 91누4126).

(3) 예방적 부작위소송(금지소송)

① 의의

예방적 부작위소송이란 행정청의 처분에 의하여 사인의 권리·이익이 침해될 우려가 있는 경우에 처분을 발동하지 아니할 것을 명하거나 처분의 권한이 없다는 확인의 판결을 구하는 소송이다. 예방적 금지소송이라고도 한다.

② 인정여부

㉠ 이 소송은 행정청이 적극적 행위를 하기도 전에 당해 권한의 행사를 사전에 차단하는 것이다.

㉡ 학설은 견해가 대립하고, 판례는 의무이행소송과 마찬가지로 이 소송을 인정하지 않고 있다.

[관련 판례]

★ 피고에 대하여 신축건물의 준공처분을 하여서는 아니 된다는 내용의 부작위를 구하는 원고의 예비적 청구는 행정소송에서 허용되지 아니하는 것이므로 부적법하다(대판 1987.3.24, 86누182).

(4) 작위의무확인소송

행정청에게 일정한 작위의무가 있음의 확인을 구하는 소송을 말한다. 현행 행정소송법상 작위의무의 이행이나 확인을 구하는 행정소송은 허용되지 아니한다(대판 1992.11.10, 92누1629).

Ⅳ. 행정소송의 종류

1. 성질에 의한 분류

1) 형성의 소(訴)

행정법상의 법률관계의 변동을 선언하는 판결을 구하는 소이다(예컨대, 취소소송).

2) 확인의 소

권리 또는 법률관계의 존재 또는 부존재의 확인의 소를 구하는 소를 말한다(예컨대, 무효등확인소송, 부작위위법확인소송, 공법상 법률관계의 존재를 확인을 받기 위한 당사자 소송).

[관련 판례]

★ 공법상의 구체적 법률관계가 아닌 사실관계에 관한 것들을 확인대상으로 하는 것은 항고소송의 대상이 되지 아니한다(대판 1991.12.24, 91누1974).

3) 이행의 소

이행청구권의 확정과 이에 기한 이행명령을 목적으로 하는 소이다(예컨대, 의무이행소송 등).

2. 내용에 의한 분류

행정소송법은 행정소송을 그 내용에 따라 항고소송 · 당사자소송 · 민중소송 · 기관소송의 네 가지로 구분하고 있다.

1) 항고소송

항고소송이란 행정청의 처분 등이나 부작위에 대하여 제기하는 소송을 말한다.

항고소송은 다시 취소소송 · 무효등확인소송 · 부작위위법확인소송으로 구분된다.

(1) 취소소송

행정청의 위법한 처분 등의 취소 · 변경을 구하는 소송이다.

취소소송은 가장 전형적인 행정소송이며, 행정소송법의 중심을 이루고 있다.

(2) 무효등확인소송

행정청의 처분의 효력 유무 또는 존재 여부에 대한 확인을 구하는 소송이다.

(3) 부작위위법확인소송

행정청의 부작위가 위법하다는 확인을 구하는 소송이다.

2) 당사자소송

행정청의 처분 등을 원인으로 하는 법률관계에 관한 소송, 그 밖에 공법상의 법률관계에 대한 소송으로서 그 법률관계의 한쪽 당사자를 피고로 하는 소송을 말한다.

3) 민중소송

국가 또는 공공단체의 기관이 법률에 위반되는 행위를 한 때에 직접 자기의 법률상 이익과 관계없이 그 시정을 구하기 위하여 제기하는 소송을 말한다(예컨대, 국회의원선거소송, 대통령선거소송 등).

4) 기관소송

국가 또는 공공단체의 기관 상호간에 권한의 존부 또는 그 행사에 관한 다툼이 있을 때에 이에 대하여 제기하는 소송을 말한다. 지방의회의 월권을 이유로 지방자치의 단체의 장이 대법원에 제기하는 소송이 대표적인 예이다.

V. 취소소송

1. 의의

1) 취소소송이라 함은 행정청의 위법한 처분 등을 취소 또는 변경하여 달라고 청구하는 소송을 말한다.

2) 행정행위의 무효선언을 구하는 의미의 취소소송도 판례상 취소소송의 하나로 인정되고 있다.

2. 성질

취소소송의 성질에 관하여는 형성소송설·확인소송설·구제소송설의 견해가 대립하고 있으나, 형성소송설이 통설·판례이다.

3. 소송물

1) 의의

소송물이란 심판의 대상이 되는 소송상의 청구를 말하며, 소송물을 통하여 분쟁대상의 범위가 확정된다.

2) 소송물이란 특정소송에서 법원이 무엇에 대하여 어떠한 결론을 내려야 하는가를 나타내주는 개념으로서, 특정소송이 다른 소송과 구별되는 소송의 기본단위를 말한다.

3) 학설

(1) 취소소송의 소송물에 관하여는 견해가 나뉘고 있으나,[301] 취소소송의 소송물을 '처분의 위반성 일반(추상적 위법성)'이라고 보는 견해가 통설이다.

(2) 처분의 위법성 일반으로 보는 견해는 하나의 행정행위에 위법사유가 여러개 있더라도 하나의 소송물로 보는 것이다(다수설·판례).

(3) 판례

① 판례는 취소소송의 소송물을 '처분의 위법성일반'으로 보고 있다(대판 1996. 4.26. 95누5820).

② 취소소송은 취소사유에 해당하는 '위법한 처분'이나 재결을 대상으로 제기하는 것이 원칙이나, 무효인 처분 등에 대하여 제기될 수도 있다.

---

301) 취소소송의 소송물에 관해서는 「처분의 위법성」이라는 견해, 원고의 위법처분취소청구권이라는 견해 등으로 나뉘고, 「처분의 위법성」이라는 견해는 다시 (1) 개개의 위법사유가 소송물이라는 견해와, (2) 위법사유가 여러개 있더라도 소송물은 하나라는 입장에서 「처분의 위법성 일반」이 소송물이라는 견해로 나뉜다. 「처분의 위법성 일반」이 통설·판례의 입장이다.

③ 무효인 처분에 대한 취소소송의 경우, 취소법원은 무효를 선언하는 의미의 취소판결을 한다.

[관련 판례]

★ 취소판결의 기판력은 소송물로 된 행정처분의 위법성 존부에 관한 판단 그 자체에만 미치는 것이므로 전소와 후소가 그 소송물을 달리하는 경우에는 전소 확정판결의 기판력이 후소에 미치지 아니한다(대판 1996.4. 26, 95누5820).

4. 취소소송의 재판관할

1) 심급관할

(1) 취소소송의 심급관할은 지방법원급인 행정법원을 제1심으로 하고, 그 항소심을 고등법원, 상고심을 대법원이 담당하는 3심제를 택하고 있다.

(2) 특허청의 심결에 대한 취소소송의 경우는 예외적으로 특허법원·대법원의 2심제를 채택하고 있다.

2) 사물관할

(1) 동일지방법원 및 지방법원지원의 단독판사와 합의부간의 사건분배의 표준을 사물관할이라고 한다.

(2) 행정법원의 심판권은 판사 3인으로 구성된 합의부에서 행하는데, 지방법원의 본원이 행정사건을 담당하는 경우에도 행정사건은 합의부의 관장사항이다.

3) 토지관할

토지관할은 소재지를 달리하는 동종의 법원사이에 소송사건(제1심사건)의 분담관계를 정해 놓은 것을 말한다. 취소소송의 토지관할은 보통재판적[302]과 특별재판적으로 나뉜다.

(1) 구분

① 보통재판적

㉠ 취소소송의 제1심 관할법원은 피고인의 소재지를 관할하는 행정법원이다.

㉡ 다만, 중앙행정기관 또는 그 장이 피고인의 경우의 관할법원은 대법원 소재지의 행정법원이다.

② 특별재판적

㉠ 토지의 수용 기타 부동산 또는 특정의 장소에 관계되는 취소소송은 그 부동산 또는

---

302) 각 법원은 그 관할구역 내에 범죄지 또는 피고인의 주소·거소·현재지가 있는 사건에 대하여 토지관할권을 갖는다. 이처럼 토지관할의 표준이 되는 범죄지·주소 등을 재판적(裁判籍)이라고 한다. 취소소송의 토지관할은 토지재판적과 특별재판적으로 나뉜다.

장소의 소재지를 관할하는 행정법원에 이를 제기할 수 있다.

㉡ 여기서 특정의 장소에 관계되는 처분이란 자동차 운수사업면허 · 택지조성사업에 관한 처분 등과 같이 특정지역에서 일정한 행위를 할 수 있는 권리 등을 부여하는 처분이나, 특정지역을 정하여 일정한 행위를 제한 · 금지하는 처분 등을 말한다.

(2) 전속관할제 폐지

현행 행정소송법은 전속관할제를 폐지하고 임의관할제를 채택하고 있다. 따라서 합의관할, 변론관할 등이 가능하다.

4) 관할법원에의 이송

(1) 이송의 의의

소송의 이송이란 어느 법원에 일단 계속된 소송을 그 법원의 결정에 의하여 다른 법원을 옮기는 것을 말한다.

(2) 이송의 원인

① 법원은 소송의 전부 또는 일부가 그 관할에 속하지 아니함을 인정한 때에는, 관할법원에 이송한다.

② 원고의 고의 또는 중대한 과실 없이 행정소송을 심급을 달리하는 법원에 잘못 제기한 경우에도, 법원은 관할법원에 이송한다.

[관련 판례]

★ 행정사건을 민사사건으로 오해하여 민사소송을 제기한 경우, 수소법원은 이를 부적법한 소라고 하여 각하할 것이 아니라 관할 법원에 이송하여야 한다(대판 1997.5.30, 95다28960).

5) 취소소송과 당사자소송의 관할 비교

(1) 취소소송

① 취소소송의 제1심 관할 법원은 피고의 소재지를 관할하는 행정법원으로 한다.

② 제1항에도 불구하고 다음 각 호의 하나에 해당하는 피고에 대하여 취소소송을 제기하는 경우에는 대법원 소재지를 관할하는 행정법원에 제기할 수 있다.

㉠ 중앙행정기관, 중앙행정기관의 부속기관과 합의제행정기관 또는 그 장.

㉡ 국가의 사무를 위임 또는 위탁받은 공공단체 또는 그 장.

㉢ 토지의 수용 기타 부동산 또는 특정의 장소에 관계되는 처분 등에 대한 취소소송은 그 부동산 또는 장소의 소재지를 관할하는 행정법원에 이를 제기할 수 있다(형사소송법 제9조).

(2) 당사자소송

형사소송법 제9조(재판관할)의 규정은 당사자 소송의 경우에 준용한다. 다만, 국가 또는 공공단체가 피고인 경우에는 관계행정청의 소재지를 피고의 소재지로 본다.

6) 관련청구소송의 이송 및 병합

(1) 제도의 취지

관련청구소송의 이송 및 병합은 상호관련성이 있는 여러 청구를 하나의 절차에서 심판함으로써, 법원의 업무부담의 경감과 심리의 중복을 피하기 위해 인정된다.

(2) 관련청구소송의 범위

행정소송법은 ① 당해처분 등과 관련되는 손해배상 · 부당이득반환 · 원상회복 등 청구소송, ② 당해 처분 등과 관련되는 취소소송을 관련청구소송으로 규정하고 있다.

(3) 관련청구소송의 이송

① 취소소송과 관련청구소송이 각각 다른 법원에 계속되고 있는 경우에 관련청구소송이 계속된 법원이 상당하다고 인정하는 때에는 당사자의 신청 또는 직권에 의하여 이를 취소소송이 계속된 법원으로 이송할 수 있다.

② 이러한 규정은 다른 항고소송은 물론 당사자소송, 민중소송 그리고 기관소송에도 준용된다.

(4) 관련청구소송의 병합

① 취소소송이 계속된 법원은 관련청구소송을 병합하여 심리할 수 있다. 소송의 병합여부는 법원의 재량에 속한다.

② 소의 병합은 취소소송에 다른 관련 청구소송을 병합하는 것이다.

㉠ 취소소송이 제기된 법원에 손해배상청구소송을 병합시켜야 한다.

㉡ 반면, 손해배상청구소송이 제기된 법원에 취소소송을 병합할 수 없다.

③ 본래의 소는 적법한 것이어야 한다(대판 2001.11.27, 2000두697).

④ 관련청구소송의 병합은 취소소송의 사실심의 변론종결시까지만 허용되며, 특별한 절차를 요하지 아니한다.

⑤ 형태

㉠ 객관적 병합

동일 당사자 상호간에 하나의 소송절차에서 수개의 청구를 하는 경우로, 민사와는 달리 행정소송은 관련청구인 이상 같은 종류뿐만 아니라 종류가 다른 소송절차에도 인정된다. 따라서 당사자소송의 취소소송에의 병합도 가능하다(대판 1992.12.24, 92누3335).

㉡ 주관적 병합

원고 또는 피고의 일방이나 쌍방이 다수인 경우를 말한다. 행정소송법은 공동소송으로서 주관적 병합을 인정하고 있다.

㉢ 무효등확인소송과 취소소송의 병합 문제

행정처분에 대한 무효확인과 취소청구는 서로 양립할 수 없는 청구로서 주위적·예비적 청구로서만 병합이 가능하고, 선택적 청구로서의 병합이나 단순병합은 허용되지 아니한다(대판 1999.8.20, 97누6889).

[관련 판례]

★ 행정소송법 제38조, 제10조에 의한 관련청구소송의 병합은 본래의 항고소송이 적법할 것을 요건으로 하는 것이어서 본래의 항고소송이 부적법하여 각하되면 그에 병합된 관련청구도 소송요건을 흠결한 부적합한 것으로 각하되어야 한다(대판 2001.11.27, 2000두697).

★ 취소소송에 당해 처분의 취소를 선결문제로 하는 부당이득반환청구가 병합된 경우, 그 청구가 인용되려면 소송절차에서 당해 처분의 취소가 확정되어야 하는 것은 아니다(대판 2009.4.9, 2008두23153).

5. 취소소송의 당사자와 참가인

1) 당사자

(1) 당사자의 지위

취소소송의 당사자라 함은 위법한 처분 등으로 권리 또는 이익이 침해되었음을 이유로 그 처분의 취소·변경을 주장하는 원고와 자신의 처분 등에 위법이 없음을 주장하는 피고를 말한다.

(2) 당사자능력

① 당사자능력이란 소송상 당사자(원고·피고·참가인)가 될 수 있는 능력을 의미하며, 참가능력이라 부르기도 한다.

② 행정소송상 당사자능력은 자연인, 법인, 법인격 없는 사단 또는 재단의 경우에도 인정된다.[303)]

③ 항고소송에서는 민사소송과는 달리 실체법상 권리능력이 없는 행정청을 피고로 하고 있다.

④ 국가기관 등의 기관은 처분청의 경우 피고능력은 있지만, 권리능력이 없으므로 당사자능력이 없고 원칙적으로 원고가 될 수 없다.

⑤ 판례는 예외적으로 처분의 취소를 구하는 항고소송을 제기하는 것이 유효·적절한 권익구제수단인 경우에는 국가기관에게 당사자능력을 인정하고 있다.

---

303) 다만, 권리능력 없는 사단이나 재단인 경우 구체적인 분쟁사건과 관련하여 개인적 공권을 가져야 한다.

[관련 판례]

★ 국가기관의 당사자능력은 원칙적으로 부정된다.

• 국가가 국토이용계획과 관련한 지방자치단체의 장의 기관위임사무의 처리에 관하여 지방자치단체의 장을 상대로 취소소송을 제기하는 것은 허용되지 않는다(대판 2007.9.20, 2005두6935).

• 충북대학교 총장은 원고 대한민국이 설치한 충북대학교의 대표자일 뿐 항고소송의 원고가 될 수 있는 당사자능력이 없어 부적법하다(대판 2007.9.20, 2005두6935).

★ 예외적으로 인정되는 국가기관의 당사자능력

• 국가기관인 시·도 선거관리위원회 위원장은 국민권익위원회가 그에게 소속직원에 대한 중징계요구를 취소하라는 등의 조치요구를 한 것에 대해서 취소소송을 제기할 당사자능력, 원고적격이 있다(대판 2013.7.25, 2011두1214).

• 국가나 지방자치단체가 행정처분의 상대방인 경우에는 당사자능력(원고)이 인정된다. 구 건축법 제29조 제1항에서 정한 건축협의의 취소는 처분에 해당하며 지방자치단체 등은 건축물 소재지 관할 허가권자인 지방자치단체의 장을 상대로 건축협의취소의 취소를 구할 수 있다(대판 2014.2.27, 2012두22980).

(3) 당사자적격

① 당사자적격이란 특정한 소송사건에서 당사자로서 소송을 수행하고 본안판결을 받기에 적합한 자격을 말한다.

② 취소소송의 원고적격은 취소소송의 원고가 될 수 있는 자격이며, 취소소송의 피고적격은 취소소송의 피고가 될 수 있는 자격이다.

2) 취소소송의 원고적격

(1) 법률상 이익이 있는 자

① 취소소송은 처분 등의 취소를 구할 법률상의 이익이 있는 자가 제기할 수 있다. 법률상 이익이 있는 한, 처분 등의 상대방이든 제3자이든 누구든지 원고적격을 가진다(대판 2001.9.28, 99두8565).

② 원고적격은 소송요건의 하나이므로 사실심 변론 종결시는 물론 상고심에서도 존속하여야 하고 이를 흠결하면 부적법한 소가 된다(대판 2007.4.12, 2004두7924).

③ 오늘날에는 복효적 행정행위의 제3자·경원자·경업자 등의 이익을 법률상 이익으로 보고 있어, 원고적격의 범위가 확대화되어가는 경향에 있다.

(2) 학설·판례

어느 범위까지 법률상 이익이 있는 자에 해당하는 가에 관하여는 여러 견해가 대립하고 있으나, 「법률상 보호이익설」[304] 이 통설·판례이다.

---

304) 법률상 보호이익설은 위법한 처분에 의하여 침해되고 있는 이익이 그 관계법에 의하여 보호되고 있는 경우에는 그러한 이익이 침해된 개인도 당해 처분을 다툴 수 있는 원고 적격이 있다고 보는 견해이다.

[관련 판례]

★ 제3자인 인근 주민들은 원고적격이 인정되는가?

처분 등의 취소를 구할 법률상 이익이 있는 자라 함은 처분에 의하여 직접 권리를 침해당한 처분의 상대방에게 한하지 않고 제3자라 하더라도 법에 의하여 보호되는 이익을 침해당한 자는 이에 포함된다(대판 1988. 6.14, 87누873).

(3) 경업자관계와 원고적격

① 기존업자가 특허인 경우에는 원고적격이 인정되지만 기존업자가 허가인 경우에는 원고적격이 부정된다.

[관련 판례]

★ 기존업자가 특허인 경우 원고적격을 인정한 사례

동일한 사업구역 내의 동종의 사업용 화물자동차면허대수를 늘리는 보충인가처분에 대하여 기존업자에게 그 취소를 구할 법률상 이익이 있다(대판 1992.7.10, 91누9107).

★ 기존업자가 허가인 경우 원고적격을 부정한 사례(허가로 얻는 이익은 반사적 이익에 불과하다)

• 한의사면허는 강학상 허가로서 한의사의 영업상 이익은 사실상 이익에 불과하므로 한의사에게 한약제조시험을 통해 한약조제권을 인정받은 약사에 대한 합격처분의 효력을 다툴 원고적격이 없다(대판 1998.3.10, 97누4289).

• 숙박업구조변경허가처분을 받은 건물의 인근에서 여관을 경영하는 자들에게 그 처분의 무효확인 또는 취소를 구할 소의 이익이 없다(대판 1990.8.14, 89누7900).

② 최근 판례는 허가와 특허의 구별없이 과당경쟁으로 인한 경영의 불합리를 방지하기 위한 경우 원고적격을 인정하고 있다.

[관련 판례]

★ 면허나 인·허가 등의 수익적 행정처분의 근거가 되는 법률이 해당 업자들 사이의 과다경쟁으로 인한 경영의 불합리를 방지하는 목적도 가지고 있는 경우, 기존업자는 경업자에 대한 면허나 인·허가 등의 수익적 행정처분의 취소를 구할 원고적격이 있다(대판 2006.7.28, 2004두6716).

★ 인가·허가 등 수익적 행정처분을 신청한 여러 사람이 서로 경원관계에 있는 경우, 허가 등 처분을 받지 못한 사람이 자신에 대한 거부처분의 취소를 구할 원고적격과 소의 이익이 있다(대판 2015.10.29, 2013두27517).

(4) 원고적격을 인정한 판례와 부정한 판례

[원고적격 인정사례]

★ 회원제골프장의 기존 회원은 회원모집계획서에 대한 시·도지사의 검토결과통보의 취소를 구할 법률상의 이익이 있다(대판 2009.2.26, 2006두16243).

★ 제약회사는 보건복지부고시인 약제급여 · 비급여목록 및 급여상한금액표의 취소를 구할 원고적격이 있다(대판 2006.9.22, 2005두2506).

★ 도시환경정비사업에 대한 사업시행계획이 당연무효인 경우, 분양신청기간 내에 분양신청을 하지 않거나 분양신청을 철회하여 도시 및 주거환경정비법 제47조 등에 의하여 조합원의 지위를 상실한 토지 등 소유자에게도 관리처분계획의 무효확인 또는 취소를 구할 법률상 이익이 있다(대판 2011.12.8, 2008두18342).

[원고적격 부정사례]

★ 개발제한구역 중 일부 취락을 개발제한구역에서 해제하는 내용의 도시관리계획변경결정에 대하여, 개발제한구역 해제대상에서 누락된 토지의 소유자는 위 결정의 취소를 구할 법률상 이익이 없다(대판 2008.7.10, 2007두10242).

★ 대학생들은 전공이 다른 교수를 임용함으로써 학습권을 침해당하였다는 이유를 들어 교수임용처분의 취소를 구할 소의 이익이 없다(대판 1993.7.27, 93누8139).

★ 지역주민들에 불과한 원고들에게는 상수원보호구역변경처분의 취소를 구할 법률상의 이익이 없다(대판 1995.9.26, 94누14544).

★ 원천징수에 있어서 원천납세의무자는 과세권자가 직접 그에게 원천세액을 부과한 경우가 아닌 한 과세권자의 원천징수의무자에 대한 납세고지로 인하여 자기의 원천세납세의무의 존부나 범위에 아무런 영향을 받지 아니하므로 이에 대하여 항고소송을 제기할 수 없다(대판 1994.9.9, 93누22234).

3) 취소소송의 피고적격

(1) 처분청

① 취소소송의 피고는 다른 법률에 특별한 규정이 없는 한 그 처분 등을 행한 행정청을 피고로 한다.[305)]

② 행정청에는 단독장관(각부장관), 합의제기관(배상심의회, 토지수용위원회)도 포함된다. 다만 법률이 달리 정하고 있으면 그에 따른다. 예컨대, 중앙노동위원회의 처분에 대한 소는 중앙노동위원회가 아니라 중앙노동위원회위원장을 피고로 한다.

(2) 예외

① 다른 법률에 특별한 규정이 있는 경우

㉠ 국가공무원법에 의한 처분 기타 본인의 의사에 반한 불리한 처분으로 대통령이 행한 처분에 대한 행정소송의 피고는 소속장관이 된다.

㉡ 대법원이 행한 처분에 대하여는 법원행정처장이 피고가 되고, 국회의장이 행한 처분에 대하여는 국회사무총장이 피고가 된다.

---

305) 처분의 취소 · 변경의 경우에는 처분청, 재결의 취소 · 변경의 경우에는 위원회가 피고가 된다.

㉢ 검사임용처분에 대한 취소소송의 피고는 법무부장관으로 함이 상당하다(대판 1990.3.14, 90두4).

② 수임청 · 수탁청

행정권한의 위임 · 위탁이 있는 경우에는 수임청이나 수탁청이 피고가 된다.

③ 행정권한의 내부위임이 있는 경우

내부위임의 경우에는 두가지 경우로 구분하는 것이 판례의 입장이다. 위임기관의 명의로 처분을 하였다면 위임기관이 피고가 되고, 반면 수임기관의 명의로 처분을 한 경우에는 수임기관이 피고가 된다.

[관련 판례]

★ 내부위임을 받은데 불과한 하급행정청이 권한 없이 행정처분을 한 경우에도 실제로 그 처분을 행한 하급행정청을 피고로 하여야 할 것이지, 그 처분을 행할 적법한 권한 있는 상급행정청을 피고로 할 것은 아니다(대판 1994.8.12, 94누2763). 따라서 내부위임을 받은 경찰서장이 한 자동차운전면허정지처분에 대해 지방경찰청장을 피고로 취소소송을 제기한 것은 부적법하다.

★ 대리권을 수여받은 행정청의 경우 대리관계를 밝힘이 없이 그 자신의 명의로 행정처분을 하였다면, 처분명의자인 당해 행정청이 항고소송의 피고가 되어야 하는 것이 원칙이다(대판 2006.2.23, 2005부4). 따라서 도지사로부터 대리권을 수여받은 시장이 대리관계를 밝히지 않고 자신의 명의로 행정처분을 한 경우에도 항고소송의 피고는 시장이다.

④ 권한의 대리가 있는 경우

권한의 대리의 경우에는 처분권한이 이전된 것이 아니므로, 피대리관청이 피고가 된다.

⑤ 국가나 지방자치단체의 사무가 공공단체(공법인)(예컨대, 공무원연금관리공단 · 국민연금관리공단 · 한국자산관리공사 등), 수탁사인에게 위임된 경우에는 그 대표자가 아니라 공공단체 또는 수탁사인 자체가 항고소송의 피고가 된다.

[관련 판례]

★ 성업공사가 한 공매처분에 대한 취소 등의 항고소송을 제기함에 있어서는 수임청으로서 실제로 공매를 행한 성업공사를 피고로 하여야 하고, 위임청인 세무서장은 피고적격이 없다(대판 1997.2.28, 96누1757). 즉, 성업공사(현 한국자산공사)가 세무서장으로부터 공매권한을 위임받았다면 피고는 성업공사이다.

⑥ 지방의회 · 지방자치단체의 장

㉠ 지방의회의원에 대한 징계의결이나, 지방의회의 의장선임의결에 대해서는 지방의회가 피고가 된다.

㉡ 처분적 조례가 항고소송의 대상이 되는 경우에는 지방의회가 아니라 조례의 공포권자인 지방자치단체의 장이 된다는 것이 판례의 입장이다.

㉢ 시 · 도의 교육 · 학예에 관한 조례의 경우에는 교육감이 피고가 된다.

⑦ 합의제행정관청의 경우

㉠ 합의제행정관청(예컨대, 공정거래위원회, 토지수용위원회, 금융감독위원회 등)의 처분에 대한 피고는 합의제행정관청 자체가 피고가 된다.

㉡ 저작권등록처분에 대한 무효확인소송에서 피고적격자는 저작권심의조정위원회 위원장이 아닌 저작권심의조정위원회이다(대판 2009.7.9, 2007두16608).

㉢ 예외적으로 중앙노동위원회의 처분에 대하여는 중앙노동위원회 위원장이 피고가 되며(노동위원회법 제27조), 중앙해양안전심판원의 경우 중앙해양안전심판원장이 피고가 된다.

⑧ 승계행정청

㉠ 처분 등이 있은 뒤에 그 처분 등에 관계되는 권한이 다른 행정청에 승계된 때에는 이를 승계한 행정청이 피고가 된다.

㉡ 다만, 그 승계가 취소소송제기 후에 발생한 것이면, 법원은 당사자의 신청 또는 직권에 의해 피고를 경정한다.

⑨ 기관폐지가 있는 경우

기관폐지가 있는 경우에는 그 처분 등에 관한 사무가 귀속하는 국가 또는 공공단체가 피고가 된다.

[관련 판례]

★ 인천직할시장의 사업장폐쇄명령처분을 통지한 인천직할시 북구청장은 위 처분의 취소를 구하는 소의 피고적격이 없다(대판 1990.4.27, 90누233).

★ 건국훈장 독립장이 수여된 망인에 대하여 사후적으로 친일행적이 확인되었다는 이유로 대통령에 의하여 망인에 대한 독립유공자서훈취소가 결정되고, 그 서훈취소에 따라 훈장 등을 환수조치하여 달라는 당시 행정안전부장관의 요청에 의하여 국가보훈처장이 망인의 유족에게 독립유공자서훈취소결정을 통보한 사안에서, 독립유공자서훈취소결정에 대한 취소소송에서의 피고적격이 있는 자는 행정청(대통령)이다(대판 2014.9.26, 2013두2518).

(2) 피고의 경정

① 의의

피고의 경정이란 소송의 계속중에 피고로 지정된 자를 다른자로 변경하는 것을 말하며, 이는 항고소송 및 당사자소송에서 인정된다.

② 요건

피고경정의 요건은 두 가지이다.

㉠ 소송이 법원에 계속중일 것이다. 여기서 말하는 법원은 사실심에 한하며, 법률심인 상

고심에서는 피고경정이 허용되지 아니한다(대판 1996.1.23, 95누1378).

㉡ 피고를 잘못 지정한 때이다. 예컨대 구청장을 피고로 하여야 할 것을 서울특별시장을 피고로 한 것과 같이 원고가 지정한 피고가 정당한 피고적격을 가지지 아니하는 경우를 말한다.

③ 효과

피고경정허가결정이 있은 때에는 새로운 피고에 대한 소송은 처음에 소를 제기한 때에 제기된 것으로 보며, 종전의 피고에 대판 소송은 취소된 것으로 본다.

4) 소송참가

(1) 의의

① 소송참가라 함은 이해관계인의 이익보호 및 충분한 소송자료의 확보를 위해 계속중인 소송에 제3자가 권리·이익을 옹호하기 위하여 참가하는 것을 말한다.

② 행정소송법상 소송참가에는 제3자의 소송참가와 행정청의 소송참가가 있다.

③ 소송참가제도에 관한 규정은 취소소송 이외의 다른 항고소송(무효등확인소송, 부작위위법확인소송), 당사자소송, 기관소송에도 준용된다.

(2) 제3자의 소송참가

① 의의

㉠ 법원은 소송의 결과에 따라 권리 또는 이익의 침해를 받을 제3자가 있는 경우에는 당사자 또는 제3자의 신청 또는 직권에 의하여 결정으로써 그 제3자를 소송에 참가시킬 수 있다.

㉡ 행정소송법상 취소판결의 효력은 제3자에게도 미치는 것이 원칙이므로, 제3자에 대한 부당한 권익침해를 방지하기 위하여 제3자의 소송참가 및 재심청구권을 인정하고 있다.

[관련 판례]

★ 행정소송법 제16조 소정의 제3자의 소송참가가 허용되기 위하여는 당해 소송의 결과에 따라 제3자의 권리 또는 이익이 침해되어야 하고, 이때의 이익은 법률상 이익을 말하며 단순한 사실상의 이익이나 경제상의 이익은 포함되지 않는다(대판 2008.5.29, 2007두23873).

② 소송참가의 시기

소송참가는 판결선고 전까지 가능하다. 소송의 취하가 있거나 재판상 화해가 있은 후에는 참가시킬 수 없다.

(3) 다른 행정청의 소송참가

① 의의

㉠ 법원은 다른 행정청을 소송에 참가시킬 필요가 있다고 인정할 때에는, 당사자 또는 당해 행정청의 신청 또는 직권에 의하여 결정으로써 그 행정청을 소송에 참가시킬 수 있다.

㉡ 다른 행정청의 소송참가는 협력을 요하는 행정행위에서 특히 의미를 갖는다.

㉢ 다른 행정청의 참가가 인정되는 것은 취소판결의 효력이 다른 관계행정청에게도 미치기 때문이다.

② 소송상지위

㉠ 행정소송법은 참가인인 행정청에 대하여는 민사소송법 제76조의 규정이 준용된다.

㉡ 당해 행정청은 보조참가인의 지위에 선다. 따라서 참가인인 행정청은 소송에 관하여 공격·방어·이의·상소 기타의 소송행위를 할 수 있으나, 처분행정청의 소송행위와 저촉되는 행위는 할 수 없다.

5) 행정소송(취소소송)의 대상

(1) 처분 등의 개념 요소

① 「행정소송법」은 행정소송에 관하여 개괄주의를 채택하고 있으며, 취소소송의 대상은 처분 등이다.

② 행정소송법은 처분 등을 "행정청이 행하는 구체적 사실에 관한 법집행으로서의 공권력의 행사 또는 그 거부와 그 밖에 이에 준하는 행정작용(이하 '처분'이라 한다) 및 행정심판에 대한 재결을 말한다"(행정소송법 제2조 제1항 1호)라고 규정하고 있다.

③ 따라서 처분 등은 행정작용(처분)과 재결로 구성된다.

(2) 원처분주의

① 원처분주의라 함은 원처분을 취소소송의 원칙적인 대상으로 하는 것을 원처분중심주의라 부른다.

② 행정소송법 제19조는 "취소소송은 처분 등을 대상으로 한다. 다만, 재결취소소송의 경우에는 재결 자체에 고유한 위법이 있음을 이유로 하는 경우에 한한다"고 규정하고 있다.

③ 따라서 행정소송법은 처분과 재결의 관계 대하여 취소소송의 대상을 원칙적으로 원처분으로 하고, 재결에 대하여는 그 '재결자체에 고유한 위법이 있음을 이유로 하는 경우'에 한하여 제기를 허용하는 원처분주의를 채택하고 있다.[306)]

[관련 판례]

★ 지방의회의 의원징계의결은 행정처분이다(대판 1993.11.26, 93누7341).

★ 지방의회의장에 대한 불신임의결은 행정처분으로 항고소송의 대상이 된다(대판 1994.10.11, 94두23).

★ 지방의회의 의장선임의결은 행정처분으로 항고소송의 대상이 된다(대판 1995.1.12, 94누2602).

---

306) 예컨대, 갑이라는 사람이 경찰서장의 운전면허행정처분에 대하여 지방경찰청장에게 행정심판을 제기하였으나 청구가 기각된 경우, 갑이라는 사람이 이에 불복하여 취소소송을 제기하는 때에는 지방경찰청장의 재결이 아닌 경찰서장의 처분을 그 대상으로 해야 한다는 것을 의미한다.

(3) 처분 등의 정의

① 처분이라 함은 행정청이 행하는 구체적 사실에 관한 법집행으로서의 공권력행사 또는 그 거부와 그밖에 이에 준하는 행정작용을 말한다.

② 강학상의 행정행위는 가장 전형적인 처분이다.

행정소송의 대상이 되는 '처분'이란 개념을 어떻게 해석할 것인가에 대하여 실체법적 개념설(일원설)과 쟁송법적 개념설(이원설)의 견해가 대립하고 있으나, 쟁송법적 개념설이 다수설이다.

③ 판례

㉠ 대법원은 행정소송법상 처분을 "행정청이 공권력주체로서 행하는 구체적 사실에 관한 법집행으로서 국민의 권리의무에 직접적으로 영향을 미치는 행위"로 판시하고 있다(대판 2007.10.11. 2007두1316). 판례의 기본적 입장은 실체법상 개념설에 가깝다.

㉡ 그러나 최근 판례는 「처분」을 대폭 확대하는 경향이다. 대표적인 예로 분쟁을 조기에 근본적으로 해결 할 수 있다는 점을 처분성 판단의 기준으로 하여 친일반민족행위자 재산조사위원회의 재산조사 개시결정의 처분성을 인정하고 있는 것이 대표적인 예이다(대판 2009.10.15. 2009두6513).

(4) 행정소송법상의 처분개념의 분석

행정쟁송법상의 처분은 '행정청의 구체적 사실에 대한 법집행으로서의 공권력의 행사 및 그 거부와 이에 준하는 행정작용'을 포함한다. 이를 분설하면 다음과 같다.

① 행정청이 행하는 행정작용이다.

㉠ 행정소송법상 처분은 행정청이 행하는 공권력행사이다. 여기서 말하는 행정청이란 입법기관·사법기관 등의 행위도 포함된다. 따라서 법원장 등이 행한 법원공무원에 대한 징계처분 등도 처분이 된다(대판 1998.12.8, 98두1475).

㉡ 행정소송법상 행정청의 개념은 기능적으로 이해되어야 한다. 따라서 지방의회의 의장에 대한 불신임, 지방의회의 의장선거 등도 처분이 된다.

㉢ 법령에 의하여 행정권한의 위임 또는 위탁을 받은 행정기관, 공공단체 및 그 기관 또는 사인이 포함된다. 따라서 이들에 의한 공권력 행사는 행정소송법상 처분에 해당한다.

㉣ 행정청은 보통은 단독제행정청이나, 공정거래위원회·소청심사위원회·토지수용위원회·각급노동위원회 같은 합의제행정청도 있다. 따라서 합의행정관청인 토지수용위원회가 행한 재결·지방노동위원회가 노동쟁의에 대하여 행한 중재회부결정도(대판 1995.9.15, 95누6724) 당연히 처분이 된다.

㉤ 입찰참가자격제한조치와 처분성의 유무

㉮ 행정청이 국가를 당사자로 하는 계약에 관한 법률에 따라 행하는 입찰참가자격제한조치는 처분성이 인정된다.

㉯ 반면 정부투자기관인 한국토지공사, 한국전력공사, 수도권매립지공사 등이 하는 입찰참가자격제한조치에 대해서는 처분성을 부정하는 것이 판례의 입장이다.

[관련 판례]

★ 행정청이 행하는 입찰자격제한처분은 처분성이 인정된다.

판례는 국방부장관의 입찰참가자격제한처분(대판 1996.2.27, 95누4360), 관악구청장의 입찰참가자격제한처분(대판 1999.3.9, 98두18565) 등에 대해서는 처분성을 긍정하고 있다.

★ 행정기관이 아닌 공사나 공단이 한 입찰참가자격제한처분은 처분성이 부정된다.

판례는 한국전력공사가 정부투자기관회계규정에 의하여 행한 입찰참가자격을 제한하는 내용의 부정당업자제재처분(대판 1999.11.26, 99부3), 한국토지개발공사가 일정기간 입찰참가자격을 제한하는 내용의 부정당업자제재처분(대판 1995.2.28, 94두36) 등에 대해서는 처분성을 부정하고 있다.

② 구체적 사실에 관한 법집행으로서의 행정작용이다

㉠ 행정소송법상 처분은 법을 집행하여 특정 개인에게 구체적이고 직접적인 영향을 미치는 행정작용을 말한다.

㉡ 일반적 · 추상적 행위는 처분이 아니다. 따라서 일반적 · 추상적 규범인 행정입법(법규명령 · 행정규칙)은 원칙상 처분이 아니다.

㉢ 그러나 그 효력이 다른 집행행위의 매개없이 그 자체로서 직접 국민의 구체적인 권리 · 의무나 법률관계를 규율하는 성격을 가지는 처분법규는 처분이 된다(대판 1996.9.20, 95누8003).

㉣ 구체적 사실에 대한 법집행행위인 이상, 불특정다수인을 대상으로 하는 일반처분도 처분이다(예컨대, 지방경찰청장이 횡단보도를 설치하여 보행자의 통행방법 등을 규제하는 행위 등).

㉤ 국민의 권리 · 의무에 직접 관계없는 행정청의 내부행위는 처분성이 부정된다.

[관련 판례]

★ 공정거래위원회의 고발조치 및 고발의결은 행정기관 상호 간의 행위에 불과하므로 행정처분이 아니다(대판 1995.5.12, 94누13794). 즉, 행정청의 내부행위는 처분성이 부정된다.

★ 징병검사시의 신체등위판정만으로는 권리 · 의무가 정해지는 것이 아니어서 행정처분이 아니다(대판 1993.8.27, 93누3356).

★ 운전면허 행정처분처리대장상의 벌점의 배점은 그 자체만으로는 권리 · 의무발생의 효과가 없으므로 행정처분이 아니다(대판 1994.8.12, 94누2190).

★ 교육부장관의 내신성적 산정지침은 행정조직의 내부적 심사기준을 시달한 것에 불과하므로 처분성이 인정되지 않는다(대판 1994.9.10, 94두33).

★ 국립공원지정처분에 따라 공원관리청이 행한 경계측량 및 표지의 설치 등은 이미 확정된 경계를 인식·파악하는 사실상의 행위로 행정처분으로 볼 수 없다(대판 1992.10.13, 92누2325). 즉 권한있는 장관이 행한 국립공원지정처분에 따라 공원관리청이 행한 경계측량 및 표지의 설치는 행정처분이 아니다.

★ 공무원연금관리공단이 공무원연금법령의 개정사실과 퇴직연금 수급자가 퇴직연금 중 일부 금액의 지급정지대상자가 되었다는 사실을 통보한 경우, 위 통보는 행정처분이 아니다(대판 2004.7.8, 2004두244).

★ 국가보훈처장의 기(旣:이미) 포상자에게 한 훈격재심사계획이 없다는 회신은 단순한 사실행위에 불과하므로 행정처분이 아니다(대판 1989.1.24, 88누3116).

③ 공권력 행사이다

㉠ 행정소송법상 처분은 공권력 행사이다. 공권력행사라 함은 공법에 근거하여 행정청이 우월한 지위에서 일방적으로 행하는 일체의 행정작용을 의미한다.

㉡ 따라서 행정청이 행하는 행정사법상의 계약, 공법상 계약, 비권력적 행위는 처분이 아니다.

④ 공권력 행사의 거부이다

㉠ 거부처분이란 국민의 공권력 행사의 신청에 대하여 처분의 발령을 거부하는 행정청의 의사작용을 말한다.

㉡ 행정소송법상의 처분개념으로서의 거부란 신청된 행정작용이 처분에 해당되는 경우에의 거부만을 의미한다.

㉢ 부작위와의 구별

㉮ 거부는 신청에 대한 거절의 의사표시라는 점에서 처음부터 아무런 의사표시를 하지 않는 부작위와 구별된다.

㉯ 거부의 의사표시는 행정청이 외부적으로 명백히 표시하는 것이 일반적이지만, 신청인에 대한 직접 거부의 의사표시를 하지 아니하더라도 본인이 알았거나 알 수 있었을 때에 거부처분이 있는 것으로 볼 수 있다는 것이 판례의 입장이다.

[관련 판례]

★ 대학교원의 임용권자가 임용기간이 만료된 조교수에 대하여 재임용을 거부하는 취지로 한 임용기간의 만료의 통지는 행정소송의 대상이 되는 처분이다(대판 2004.4.22, 2000두7735).

㉰ 거부처분의 성립요건(판례의 입장)

ⓐ 법규상 또는 조리상의 신청권

판례는 국민의 적극적 행위신청에 대한 거부가 항고소송의 대상이 되는 행정처분에 해당되려면 "그 신청한 행위가 공권력의 행사 또는 이에 준하는 행정작용이어야 하고, 그 거부행위가 신청인의 법률관계에 어떤 변동을 일으키는 것이어야 하며, 그 국민에게 그 행위발동을 요구할 법규상 또는 조리상의 신청권이 있어야한다"는 입장을 취한다(대판 2005.4.15, 2004두11626).

ⓑ 신청권은 신청인이 그 신청에 따른 단순한 응답을 받을 권리를 넘어서 신청의 인용이라는 만족적 결과를 얻을 권리를 의미하는 것은 아니다(대판 1996.6.11, 95누12460).

[관련 판례]

「신청권을 긍정한 판례」- 거부처분의 처분성 인정

★ 신청권의 존부는 구체적 사건에서 신청인이 누구인가를 고려하지 않고 관계법규의 해석에 의하여 일반국민에게 그러한 신청권을 인정하고 있는가를 살펴 추상적으로 결정되는 것이고, 신청인이 그 신청에 따른 단순한 응답을 받을 권리를 넘어서 신청의 인용이라는 만족적 결과를 얻을 권리를 의미하는 것은 아니다(대판 1996.6.11, 95누12460).

★ 지적공부소관청의 지목변경신청반려행위는 공법상의 법률관계에 영향을 미치므로 토지소유자는 이에 대하여 실체적인 권리관계에 있다(대판 2004.4.22, 2003두9015 전합).

★ 문화재보호구역 내 토지소유자는 문화재보호구역지정해제신청에 대한 법규상 또는 조리상의 신청권이 있다(대판 2004.4.27, 2003두8821).

★ 도시계획구역 내 토지 등을 소유하고 있는 주민으로서는 입안권자에게 도시계획입안을 요구할 수 있는 법규상 또는 조리상의 신청권이 있다(대판 2004.4.28, 2003두1806).

★ 사업시행자가 이주대책에 따른 특별분양신청을 하는 자에게 이를 거부한 행위는 항고소송의 대상이 되는 거부처분이라 할 것이다(대판1992.11.27,92누3618).

★ 공유수면점용기간 연장거부처분은 그 신청인에 대한 현재의 권리상태에 어떤 변동을 초래하는 것은 아니라 할지라도 그 거부행위 자체가 하나의 소극적 행정처분으로서 그 처분이 위법하다면 행정소송의 대상이 된다(대판 1982.2.23, 81누7).

★ 조리상 검사임용신청에 대하여 응답할 의무가 있다(대판 1991.2.12, 90누5825).

「신청권을 부정한 판례」- 거부처분의 처분성 부정

★ 계획변경청구권은 원칙적으로 부정되나, 예외적으로 인정한 경우도 있다.

• 주택개량재개발사업계획의 변경에 관하여는 사업지구 내 토지 등의 소유자라 하더라도 그 변경신청을 할 수 있는 법규상의 근거가 없을 뿐만 아니라, 재개발사업의 성격에 비추어 보더라도 그와 같은 신청권을 인정할 수 없다(대판 1999.8.24, 97누7004).

• 폐기물처리사업계획의 적정통보를 받은 자가 폐기물처리업허가를 받기 위하여 부동산에 대한 용도지역을 '농림지역 또는 주농림지역'에서 '준도시지역(시설용지지구)'으로 변경을 신청하는 경우 법규상 또는 조리상의 신청권이 있다(대판 2003.9.23, 2001두10936). 이 사안은 판례가 예외적으로 인정하였다.

★ 국민은 행정청에 대하여 제3자에 대한 건축허가와 준공검사의 취소 및 제3자 소유의 건축물에 대한 철거명령을 요구할 수 있는 법규상 또는 조리상 권리가 없다(대판 1999.12.7, 97누17568).

★ 서울특별시의 '철거민에 대한 시영아파트 특별분양개선지침'은 서울특별시 내부에 있어서의 행정지침에 불과하고 지침 소정의 사람에게 공법상의 분양신청권이 부여되는 것이 아니라 할 것이므로 서울특별시의 시영아파트에 대한 분양불허의 의사표시는 항고소송의 대상이 되는 행정처분으로 볼 수 없다(대판 1993.5.11, 93누2247).

⑤ 그 밖에 이에 준하는 행정작용이다

㉠ 취소소송의 대상이 되는 처분은 행정청이 행하는 법집행으로 공권력의 행사 또는 그 거부와 그 밖에 이에 준하는 행정작용이다.

㉡ 따라서 비권력적 공행정작용이지만 실질적으로 개인의 권리·의무에 미치는 작용이나, 법령이지만 처분적 성질을 갖는 처분적 명령은 행정소송법상 처분에 해당한다.

(5) 개별적 · 구체적인 사례의 내용

판례를 중심으로 처분의 내용을 보면 다음과 같다 .

① 통치행위

통치행위는 고도의 정치성 때문에 사법심사에서 제외된다는 것이 다수설의 견해이다. 따라서 통치행위는 행정소송의 대상인 처분이 아니다.

② 명령

㉠ 일반적·추상적인 명령은 행정법상의 처분이 아니다(대판 2007.4.12, 2005두15168).

㉡ 그러나 처분적 명령과 법규명령으로서 효력을 가지는 행정규칙(법령보충적 행정규칙)은 항고소송의 대상이 된다(대판 1954.8.19. 4286행상37).

③ 행정규칙

㉠ 행정규칙은 행정내부조치에 불과하므로 원칙상 취소소송의 대상이 되지 않는다.

㉡ 다만, 재량준칙의 경우 예외적으로 국민의 권익에 영향을 미치는 경우에는 행정소송법상 처분이 되며 취소소송의 대상이 된다.

④ 사실행위

㉠ 판례는 사실행위 중 권력적 사실행위는 소송법상의 처분으로 본다. 대법원은 권력적 사실행위라고 보여지는 단수처분(대판 1979.12.28, 79누218), 교도소 재소자의 이송조치(대판 1992.8.7, 92두30) 등에 대하여 처분성을 인정하고 있다.

㉡ 반면 권고 등 비권력적 사실행위는 원칙상 처분이 아니라고 보고 있다(대판 1996.3.22, 96누433).

⑤ 행정행위의 부관

㉠ 부관부 행정행위는 당연히 취소소송의 대상인 처분이다. 문제는 부관이 독립하여 행정소송의 대상이 될 수 있는가에 있다.

㉡ 판례는 부관 중에서 부담에 대해서만 독립된 처분성은 인정한다(대판 1985.6.25, 84누579).

⑥ 가행정행위

가행정행위도 행정행위의 일종이므로, 가행정행위도 행정법상의 처분개념에 속한다고 보아야 한다(예컨대, 소득액이 확정되지 아니한 경우에 과세관청이 상대방의 신고액에 따라 잠정적으로 세액을 결정하는 것 등).

(2) 재결(裁決)과 취소소송

처분 등은 행정작용(처분)과 재결로 구성된다.

① 재결의 정의

재결이란 행정심판법이 정하는 절차에 따른 재결뿐만 아니라, 행정기관이 재결청이 되는 행정쟁송절차를 모두 포함한다(예컨대, 이의신청에 의한 재결 등).

② 원처분 중심주의

㉠ 행정소송법 제19조는 "취소소송은 처분 등을 대상으로 한다. 다만 재결취소소송의 경우에는 재결자체에 고유한 위법이 있음을 이유로 하는 경우에 한한다"고 하여 원처분주의를 택하고 있다.

㉡ 원처분중심주의의 예외

'재결 자체의 고유한 위법'이란 원처분에는 하자가 없고, 재결자체에만 하자가 있는 경우를 말한다. 이 경우 재결 자체의 주체 · 절차 · 형식 · 내용상의 위법을 의미한다고 보는 것이 다수설 · 판례의 입장이다.

[원처분중심주의의 예외에 관련된 판례]

★ 감사원의 재심의 판정

감사원의 변상판정처분에 대하여는 행정소송을 제기할 수 없고, 재결에 해당하는 재심의 판정에 대하여서만 감사원을 피고로 하여 행정소송을 제기할 수 있다(대판 1984.4.10, 84누91).

★ 중앙노동위원회의 재심판정

중앙노동위원회의 재심처분은 재결주의의 예에 해당한다(대판 1995.9.15, 95누6724).

★ 중앙토지수용위원회의 이의재결

공익사업을 위한 토지 등의 취득 및 보상에 관한 법률은 재결에 대한 행정소송과 관련하여 다음과 같이 규정하고 있다. "사업시행자 · 토지소유자 또는 관계인은 제34조의 규정에 의한 재결에 대하여 불복이 있는 때에는 재결서를 받은 날부터 60일 이내에, 이의신청을 거친 때에는 이의신청에 대한 재결서를 받은 날부터 30일 이내에 각각 행정소송을 제기할 수 있다(동법 제85조 제1항 제1문).

㉢ 원처분중심주의와 관련된 문제

㉮ 국·공립학교 교원에 대한 징계에 있어 교원소청 심사위원회의 결정에 불복이 있는 경우에는 취소소송을 할 수 있고, 이때 소송대상은 학교의 징계처분이다.

㉯ 사립학교 교원에 대한 징계에 있어 교원소청 심사위원회의 결정에 불복이 있는 경우에는 소송대상은 소청심사위원회의 결정이다.

③ 재결소송

㉠ 의의

재결을 분쟁대상으로 하는 항고소송을 재결소송이라고 부른다.

재결소송은 재결자체에 고유한 위법이 있음을 이유로 하는 경우에 한한다. 재결에 고유한 위법이 없는 한, 원처분으로 다투어야 한다.

㉡ 재결소송의 사유

㉮ 주체(예컨대, 재결청이 아닌 자가 한 재결인 경우), ㉯ 절차(예컨대, 행정심판위원회가 구술심리는 하면서 당사자 중 일방만을 소환하고 재결절차가 진행된 경우), ㉰ 형식(예컨대, 구두로 한 재결) 등의 위법 또는 내용상 위법이 있는 경우[307]를 의미한다.

④ 재결소송의 대상인 재결

㉠ 인용재결

인용재결에는 행정심판위원회 스스로가 직접 처분을 취소·변경하는 형성적 재결과 처분청에 대하여 변경을 명하는 명령의 두 종류가 있다.

㉮ 형성적 재결

형성적 재결의 경우에는 별도의 처분 없이 바로 법률적 효력이 발생하기 때문에 재결자체가 소송의 대상이 된다(대판 1997.12.23, 93누10911).

㉯ 명령적 재결

명령적 재결의 경우에는 재결과 재결에 따른 행정청의 처분이 있게 되므로, 어느 것을 다투어야 하는 지에 대하여 견해의 대립이 있다.

판례는 양자 모두 소의 대상이 될 수 있다는 입장이다(대판 1993.9.28, 92누15093).

---

307) 내용상의 위법으로는 1) 행정심판청구가 부적법한 것임에도 인용된 재결(예컨대, 처분이 아닌 사항을 처분으로 보고 이루어진 인용재결), 2) 행정심판청구가 부적법하지 않음에도 각하한 재결, 3) 제3자효 있는 행정행위에 대한 행정심판청구에 있어서 제3자의 권리를 침해하는 인용재결 등이 이에 해당된다.

㉡ 재결에 대한 취소소송

재결에 대한 취소소송은 재결자체에 고유한 위법이 있음을 이유로 하는 경우에 한한다. 재결 자체에 고유한 위법이란 원처분에는 없고, 재결에만 있는 위법을 말한다(예컨대, 심판청구가 부적법하지 않음에도 불구하고 실체 심리판단을 하지 않은 경우 등).

㉢ 위법한 재결소송과 기각판결

원처분중심주의에 위반하여 재결소송을 제기하면, 법원은 각하판결이 아니라 기각판결을 하여야 한다. 왜냐하면 재결 자체의 위법여부는 본안판단사항이지, 소송요건은 아니기 때문이다.

[관련 판례]

★ 감봉1월의 징계처분을 견책으로 변경한 재결이 있는 경우 재결이 아닌 원처분을 대상으로 소송을 제기해야 한다.

소청심사위원회가 징계협의자에 대한 감봉1개월의 징계처분을 견책으로 변경한 소청결정을 한 경우에 소청결정 자체에 고유한 위법이 없는 한 소청결정을 취소소송의 대상으로 할 수 없다(대판 1993.8.24, 93누5673).

★ 적법한 행정심판청구를 각하한 재결은 재결 자체에 고유한 위법이 있는 경우에 해당한다(대판 2001.7.27, 99두2970).

★ 재결취소소송에 있어서 재결 자체에 고유한 위법이 없는 경우에는 원처분의 당부와는 상관없이 당해 재결취소소송은 이를 기각하여야 한다(대판 1994.1.25, 93누16901).

★ 제3자효를 수반하는 행정행위에 대한 행정심판청구에 있어서 그 청구를 인용하는 내용의 재결로 인하여 비로소 권리이익을 침해받게 되는 자가 그 인용재결에 대하여 취소를 구하는 경우, 그 인용재결은 항고소송의 대상이 된다(대판 2001.5.29, 99두10292).

★ 중앙토지수용위원회가 수용재결을 하고 다시 이의재결을 한 경우, 토지수용 자체의 위법성을 다투기 위하여 취소를 구하여야 하는 대상은 원처분주의에 따라 수용재결이다(대판 2010.1.28, 2008두1504)

6) 취소소송의 제기

(1) 의의

① 취소소송의 제기란 원고가 피고를 상대방으로 하여 계쟁(係爭: 문제를 해결하거나 목적물에 대한 권리를 얻기 위하여 당사자끼리 법적인 방법으로 다툼)사건에 관한 심리와 판결을 요구하는 행위 또는 절차를 말한다.

② 유효한 취소소송의 제기가 되기 위하여는 소송요건을 모두 갖추어야 한다.

③ 소송요건을 갖추지 않은 소는 부적법하므로, 각하된다.

(2) 취소소송의 요건

① 의의

취소소송은 행정청의 위법한 처분 등을 취소 또는 변경하는 소송이다.

소송요건은 법원의 본안판결을 구하기 위한 요건을 말하며, 실질적 요건과 형식적 요건으로 구분된다.

㉠ 실질적 요건

㉮ 행정청의 위법한 처분 등이 존재할 것, ㉯ 그 처분 등이 위법함을 주장할 것, ㉰ 당사자적격이 있을 것, ㉱ 그 취소 또는 변경을 구하는 것일 것, ㉲ 소의 이익이 있을 것 등이다.

㉡ 형식적 요건

㉮ 소정의 제소기간 내에 제기할 것, ㉯ 일정한 형식의 소장을 갖출 것, ㉰ 필요적 전심절차가 있을 때에는 이를 거칠 것, ㉱ 관할법원에 제기할 것 등이다. 위와 같은 소송요건의 충족 여부는 법원의 직권조사사항이다.

(3) 소송제기요건

① 행정청의 처분·재결 등이 존재할 것

이에 대하여는 앞에서 이미 설명하였다.

② 행정처분이 위법할 것

취소소송을 제기하기 위하여는 처분 등이 위법하다는 것을 주장하여야 한다.

㉠ 행정처분이 법령에 위반하여 위법하게 된 경우에만 행정소송을 제기할 수 있고, 단순한 부당의 경우에는 행정소송을 제기하지 못한다.

㉡ 행정규칙은 법규가 아니기 때문에 이에 위반한 처분은 위법이 되지 않아 취소소송의 대상이 되지 않는다.

㉢ 재량행위의 위반인 경우, 재량권의 내적·외적 한계를 벗어나지 않는 한 부당문제에 그치기 때문에 취소소송의 대상이 되지 않는다. 그러나 재량권의 일탈·남용이 있는 경우에는 위법하게 되어 제소할 수 있다.

③ 당사자적격

취소소송은 원고적격을 가진자가 피고적격을 가진자를 피고로 하여 제기하여야 한다.

④ 처분 등의 취소 또는 변경을 구할 것

통설·판례에 의하면 여기서 변경은 적극적 변경이 아닌 소극적 변경(일부취소)만을 의미한다.

⑤ 소(訴)의 이익이 있을 것

원고가 소송을 제기할 법률상 이익이 있어야 한다. 따라서 처분 등의 효력이 소멸하면 원칙적으로 소(訴)의 이익이 없으므로 소송을 인정하지 않으나, 예외적으로 그 효력이 소멸하여도 그 취소로 인하여 회복되는 법률상 이익이 있으면 취소소송을 제기할 수 있다고 본다.

⑥ 제소기간 내에 제기할 것

㉠ 행정심판을 거치지 않은 경우(안 날로부터 90일)

㉮ 취소소송은 처분 등이 있음을 안 날부터 90일 이내에 제기하여야 한다.

㉯ 이 기간은 불변기간이므로 그 불변기간의 경과여부는 법원의 직권조사사항이다.

> **[관련 판례]**
>
> ★ 처분이 있음을 안 날이란 당해 처분이 있었다는 사실을 통지 등을 통하여 현실적으로 안 날을 의미하고, 그 행정처분의 위법 여부를 판단한 날을 가리키는 것은 아니다(대판 1991.6.28, 90누6521).

㉰ 처분이 고시 또는 공고된 경우에는 처분의 상대방이 실제로 고시 또는 공고를 본 날이 '안 날'이다. 판례는 불특정 다수인을 상대로 한 경우에는 고시 또는 공고의 효력발생일이 '안 날'이라고 보고 있다.

> **[관련 판례]**
>
> ★ 불특정 다수인에 대한 고시 또는 공고의 경우, 취소소송 제소기간의 기산일 고시 또는 공공의 효력발생일
> 통상 고시 또는 공고에 의하여 행정처분을 하는 경우에는 그 처분의 상대방이 불특정 다수인이고 그 처분의 효력이 불특정 다수인에게 일률적으로 적용되는 것이므로, 그 행정처분에 이해관계를 갖는 자가 고시 또는 공고가 있었다는 사실을 현실적으로 알았는지 여부에 관계없이 고시가 효력을 발생하는 날 행정처분이 있음을 알았다고 보아야 한다(대판 2007.6.14, 2004두619).

㉱ 제3자의 경우 복효적 제3자는 심판의 경우에는 180일, 1년 이내에 취소소송을 제기하여야 하는 것이 원칙이다. 따라서 제3자는 어떤 경위로든 행정처분이 있었음을 알게 된 날로부터 90일 이내에 제기하여야 한다.

㉲ 법률의 위헌결정으로 비로소 소제기가 가능해진 경우에 제소기간의 기산점은 위헌결정이 있음을 안 날 또는 위헌결정이 있은 날이다(대판 2008.2.1, 2007두20997).

㉡ 처분 등이 있음을 알지 못하는 경우 있은 날부터 1년

㉮ 취소소송은 처분 등이 있은 날부터 1년을 경과하면 이를 제기하지 못한다.

㉯ 1년은 불변기간이 아니므로 정당한 사유[308]가 있으면 예외가 인정된다.

㉰ '처분이 있은 날'이라 함은 상대방이 있는 행정처분의 경우는 특별한 규정이 없는 한 의사표시의 일반적 법리에 따라 그 행정처분이 상대방에게 고지되어 효력이 발생한 날을 의미한다(대판 1990.7.13, 90누2284).

---

308) 정당한 사유는 사안에 따라 개별적 · 구체적으로 판단하여야 한다. 여기서의 정당한 사유는 민사소송법 제173조의 '당사자가 그 책임을 질 수 없는 사유'나 행정심판법 제18조의 '천재지변 · 사변 그 밖에 불가항력적인 사유'보다 넓은 개념이다(대판 1991.6.28, 90누6521).

㉣ 안 날과 있은 날의 관계

처분이 있음을 안 날과 처분이 있은 날 중 어느 하나의 기간만이라도 경과하면, 제소하지 못한다. 따라서 양자 모두 경과하여야 하는 것은 아니다.

㉢ 행정심판을 거치는 경우

㉮ 정본을 송달받은 경우

행정심판을 거쳐 제소소송을 제기하는 경우는 재결서의 정본을 송달받은 날로부터 90일 이내에 제기하여야 한다. 이 기간은 불변기간이다.

㉯ 정본을 송달받지 못한 경우

재결서의 정본을 송달받지 못한 경우에는 재결이 있은 날로부터 1년을 경과하면 취소소송을 제기할 수 없다. 다만, 정당한 사유가 있는 때에는 그러하지 아니하다.

㉣ 적용범위

㉮ 상대방 · 제3자

제소기간의 요건은 처분의 상대방이 소송을 제기하는 경우는 물론이고, 법률상 이익이 침해된 제3자가 소송을 제기하는 경우에도 적용된다(대판 1991.6.28, 90누6521).

㉯ 무효인 처분

무효확인소송의 경우에는 제소기간의 제한이 없다. 다만 무효선언을 구하는 취소소송의 경우에는 제소기간의 준수 등 취소소송의 제소요건을 갖추어야 한다는 것이 판례의 입장이다(대판 1993.3.12, 92누11039).

[관련 판례]

★ 임의적으로 이의신청을 거쳐 취소소송을 제기할 경우, 이의신청에 대한 결정 정본을 송달받은 날로부터 90일 이내에 제기하여야 한다(대판 2001.9.18, 2000두2662).

★ 행정청이 행정심판청구를 할 수 있다고 잘못 알려 행정심판청구를 한 경우 취소소송의 제소기간 기산점은 재결서 정본 송달이다(대판 2006.9.8, 2004두947).

★ 행정심판 등 전심절차를 거친 경우에는 행정소송법 제20조가 정한 제소기간 내에 부작위위법확인의 소를 제기하여야 한다(대판 2009.7.23, 2008두10560).

7) 행정심판전치주의(행정심판과 행정소송과의 관계)

(1) 의의

① 행정심판전치주의라 함은 위법 또는 부당한 처분 등에 대하여 법령이 행정심판을 인정하고 있는 경우에 그 행정심판을 거치는 것을 행정소송의 제기를 위한 전심절차(前審節次)로 하는 제도를 말한다.

② 종전에는 이러한 전심절차가 필수적이었으나 1994년 7월14일 「행정소송법」 개정으로

행정심판전치주의를 폐지하고 1998년 3월 1일부터 임의적 절차로 변경하였다.

(2) 임의적 전치주의(원칙)

취소소송은 법령의 규정에 의하여 당해 처분에 대한 행정심판을 제기할 수 있는 경우에도 이를 거치지 아니하고 제기할 수 있도록 행정소송법에 규정하여, 임의적 전치주의를 채택하고 있다.

(3) 필요적 행정심판전치주의(예외적 행정심판 전치주의)

① 현행 행정소송법의 태도

㉠ 행정소송법 제18조 1항에 임의적 전치주의를 규정하고 있으면서도, 단서조항에 "다른 법률에 당해 처분에 대한 행정심판의 제기를 거치지 아니하면 취소소송을 제기할 수 없다는 규정이 있는 때에는 그러하지 아니하다"라고 하여, 예외적으로 필요적 전치주의를 규정하고 있다.

㉡ 현행법상 다른 법률에서 필요적 전치를 채택하고 있는 예는 다음과 같다.

[특별법상 필요적 행정심판전치]

★ 운전면허의 취소·정지처분의 전치절차

「도로교통법」상 지방경찰청장의 운전면허행정처분 등에 대한 행정소송은 행정심판의 재결을 거치지 아니하면 이를 제기할 수 없다고 규정하고 있다(「도로교통법」제142조의 행정소송과의 관계).

★ 공무원징계처분의 전치절차

징계처분 기타 본인의 의사에 반하는 불이익처분을 받은 공무원은 소청심사위원회의 심사·결정을 거치지 아니하면 행정소송을 제기할 수 없다(「국가공무원법」 제16조 1항).

★ 교원징계처분의 전치절차

각급 학교 교원(敎員)의 징계처분 기타 그 의사에 반하는 불리한 처분에 대한 재심(再審)을 하기 위하여 교육인적자원부에 교원징계위원회를 둔다. 교원이 징계처분 기타 그 의사에 반하는 불리한 처분에 대하여 재심위원회에 재심을 청구할 수 있고, 재심위원회의 결정에 대하여 60일 이내에 행정소송을 제기할 수 있도록 규정하고 있다(「교원지위향상을 위한 특별법」 제7조 및 제9조·제10조).

★ 그 이외에도 「국세기본법」(제56조 2항)·「지방세기본법」(제127조)·관세법(제120조 2항) 등이 있다.

② 필요적 전치의 요건

㉠ 행정심판의 적법성

㉮ 전치(前置)를 요하는 행정심판은 적법하게 제기되어 본안(本案)에 대하여 재결(裁決)을 받아야 한다.

㉯ 행정심판의 제기가 부적법하여 각하(却下)된 경우에는 전치의 요건을 충족한 것이 되지 못한다.

㉰ 부적법한 행정심판을 재결청이 적법한 것으로 오인하여 본안에 대하여 재결을 한 경

우에도 전치의 요건을 충족한 것이 되지 못한다.

③ 전치요건 충족의 시기

㉠ 필요적 행정심판전치의 구비여부는 사실심변론종결시를 기준으로 한다. 따라서 행정심판과 행정소송이 동시에 제기되어 진행 중 행정심판의 인용재결이 내려지면 원고의 주장이 받아들여진 것이므로 행정소송은 소의 이익이 없게 되지만, 기각재결이 있게 되면 행정소송에 영향이 없이 계속되게 된다.

㉡ 행정심판전치는 소송요건이다. 따라서 먼저 행정심판을 제기하여 재결이 있은 후에 행정소송을 제기하여야 하고, 재결전에 소송을 재결하면 부적법한 소로서 각하를 면할 수 없다.

㉢ 재결전에 소송을 제기하였다 하더라도 부적법한 소로서 각하하기 전에 재결이 있으면 전치요건이 충족된 것이 된다.

㉣ 대법원은 행정심판을 거치지 않고 소(訴)를 제기하였으나, 사실심변론종결전까지 행정심판전치의 요건을 갖추었다면 그 흠이 치유된다고 판시하고 있다.

[관련 판례]

★ 행정심판전치에 관한 흠의 치유

행정심판의 재결이 있기 전에 제기된 취소소송은 부적법하나 소(訴)가 각하(却下)되기 전에 재결이 있으면 그 흠은 치유된다(대판 1965.6.29, 65누57).

④ 행정심판 전치주의의 적용범위

㉠ 취소소송과 부작위위법확인소송에도 전치주의가 적용된다.

㉡ 무효인 행정행위는 처음부터 당연히 효력이 발생하지 않으므로 무효등확인소송에 대하여는 행정심판전치주의가 적용되지 않는다.

㉢ 판례는 취소소송을 제기하는 자가 처분에 직접 이해관계가 있는 제3자이더라도 행정심판전치주의는 적용된다는 입장이다(대판 1991.5.28, 90누1359).

⑤ 필요적 전치주의의 완화(예외적 행정심판전치주의에 대한 예외)

행정소송법은 예외적으로 필요적 전치주의를 규정하면서도 일정한 경우, 필요적 전치주의를 완화하고 있는데, 아래의 경우가 이에 해당한다.

㉠ 행정심판은 제기하되, 재결을 거치지 않고 소송을 제기할 수 있는 경우

행정심판의 재결을 기다릴 것 없이 행정소송을 제기할 수 있는 사유로는, ㉮ 「행정심판청구가 있은 날로부터 60일이 지나도 재결이 없을 때」, ㉯ 「처분의 집행 등으로 생길 중대한 손해를 예방하여야 할 긴급할 필요가 있는 때」, ㉰ 「법령의 규정에 의한 행정심판기관이 의결 또는 재결을 하지 못할 사유가 있는 때」, ㉱ 「그 밖의 정당한 사유가 있는 때」이다.

㉡ 행정심판 자체를 거칠 필요가 없는 경우

행정심판을 제기하지 아니하고 직접 행정소송을 제기할 수 있는 사유로는, ㉮「동종사건에 관하여 이미 행정심판의 기각재결이 있을 때」, ㉯「서로 내용상 관련되는 처분 또는 같은 목적을 위하여 단계적으로 진행되는 처분 중 어느 하나가 이미 행정심판의 재결을 거칠 때」, ㉰「사실심변론종결 후에 행정청이 당해항고소송의 대상인 처분을 변경하여 그 변경된 처분에 대한 항고소송을 제기하는 때」, ㉱「처분청이 행정심판을 거칠 필요가 없다고 잘못 알린 때」 등이다.

8) 권리보호의 필요(협의의 소의 이익)

(1) 의의

① 권리보호의 필요란 원고적격에서 말하는 법률상 이익을 실제적으로 보호할 필요성을 뜻한다. 권리보호의 필요는「협의의 소의 이익」이라고 부르기도 한다.

② 취소판결의 경우 취소로 인해 구제가 현실로 실현될 수 있어야 권리보호의 필요가 존재하게 된다.

③ 위법한 처분을 취소한다 하더라도 원상회복이 불가능한 경우에는 그 취소의 이익은 없다(통설 · 판례의 입장).

④ 권리보호의 필요는 직권조사사항이다.

(2) 권리보호의 필요인정여부

① 의의

권리보호의 필요성은 법률상 이익의 실제적인 보호필요성을 의미하는 것이지만, 법률상 이익의 실제적인 보호필요성의 유무를 판단함에 있어서는 관련있는 중요한 이익을 널리 고려하여야 한다.

② 처분의 효과가 소멸한 경우

㉠ 원칙

처분 등이 소멸하면 권리보호의 필요는 없게 됨이 원칙이다. 판례 또한 같은 입장이다.

㉡ 예외적으로 소의 인정

처분의 효과가 소멸된 뒤에도 그 처분 등의 취소로 인하여 회복되는 법률상 이익이 있는 경우에는 예외적으로 인정되며, 회복되는 법률상 이익에는 부수적인 이익도 포함된다.

[관련 판례]

★ 행정소송 제기 후 판결선고 전에 형성적 재결이 이루어진 경우에는 그 취소의 재결로써 당해 처분은 소급하여 그 효력을 잃게 되므로 더 이상 당해 처분의 효력을 다툴 법률상의 이익이 없게 된다(대판 1997.5.30, 96누18632).

★ 직위해제처분 후 새로운 사유로 다시 직위해제처분을 한 경우, 종전 직위해제처분은 묵시적으로 철회되었으므로 다툴 소의 이익이 없다(대판 1996.10.15, 95누8119).

★ 환지처분이 공고된 후에는 환지예정지지정처분에 대하여 그 취소를 구할 법률상 이익은 없다(대판 1999.10.8, 99두6873).

③ 원상회복이 불가능한 경우

㉠ 원상회복이 불가능한 경우 취소를 구할 소의 이익이 없다.

㉡ 원상회복과 소의 이익 인정 여부에 관한 판례

[소의 이익의 부정]

★ 건축허가가 건축법 소정의 이격거리를 두지 아니하고 건축물을 건축하도록 되어 있어 위법하다 하더라도 이미 건축공사가 완료된 경우 소의 이익이 없다(대판 1992.4.24, 91누11131).

★ 대집행이 완료된 경우에 대집행계고처분의 취소를 구하는 소의 이익이 없다(대판 1993.6.8, 93누6164).

★ 현역병입영대상자로 병역처분을 받은 자가 그 취소소송 중 모병에 응하여 현역병으로 자진 입대한 경우 소의 이익이 없다(대판 1998.9.8, 98두9165).

★ 원자로건설허가처분이 있게 되면 원자로부지사전승인처분(본처분에 흡수됨)에 대한 취소소송은 소의 이익이 없다(대판 1998.9.4, 97누19588).

★ 이전고시가 효력을 발생하게 된 이후에는 조합원 등이 관리처분계획의 취소 또는 무효확인을 구할 법률상 이익이 없다(대판 2012.3.22, 2011두6400전합).

[소의 이익의 인정]

★ 파면처분이 있은 후에 금고 이상의 형을 선고받아 당연퇴직된 경우에도 그동안의 급여청구와의 관계에서는 위 파면처분의 취소를 구할 이익이 있다(대판 1985.6.25, 85누39).

★ 대학입학고사불합격처분의 취소를 구하는 소송 계속 중 당해 연도의 입학시기가 지나고 입학정원에 못 들어가게 된 경우에도 소의 이익이 있다(대판 1990.8.28, 89누8255).

★ 퇴학처분을 받은 후 고등학교졸업학력검정고시에 합격한 경우에도 소의 이익이 있다(대판 1992.7.14, 91누4737).

★ 현역입영대상자가 입영한 후에도 현역입영통지처분의 취소를 구할 소송상 이익이 있다(대판 2003.12.26, 2003두1875).

★ 지방의회 의원에 대한 제명의결 취소소송 계속중 의원의 임기가 만료된 사안에서, 제명의결의 취소로 의원의 지위를 회복할 수는 없다 하더라도 제명의결시부터 임기만료일까지의 기간에 대한 월정수당의 지급을 구할 수 있는 등 여전히 그 제명의결의 취소를 구할 법률상 이익이 있다(대판 2009.1.30, 2007두13487).

★ 한국방송공사 사장에 대한 해임처분의 무효확인 또는 취소소송 계속 중 임기가 만료되어 그 해임처분의 무효확인 또는 취소로 그 지위를 회복할 수는 없더라도 해임처분일부터 임기만료일까지 기간에 대한 보수 지급

을 구할 수 있는 경우에는 해임처분의 무효확인 또는 취소를 구할 법률상 이익이 있다(대판 2012.2.23, 2011두5001).

④ 기간이 경과한 경우

취소를 구할 소의 이익이 없음이 원칙이다.

[관련 판례]

「소의 이익부정」

★ 사실심변론종결일 현재 토석채취허가기간이 경과한 경우 토석채취허가 취소처분의 취소를 구할 소의 이익이 없다(대판 1993.7.27, 93누3899).

「소의 이익긍정」

★ 학교법인 임원취임승인의 취소처분 후 그 임원의 임기가 만료되고 구 사립학교법 제22조 제2호 소정의 임원결격사유기간마저 경과한 경우 또는 위 취소처분에 대한 취소소송 제기 후 임시이사가 교체되어 새로운 임시이사가 선임된 경우, 위 취임승인취소처분 및 당초의 임시이사선임처분의 취소를 구할 소의 이익이 있다(대판 2007.7.19, 2006두19297 전합: 판례변경).

⑤ 효력기간이 경과하였지만 가중사유가 규정된 제재적 행정처분에서의 소의 이익

㉠ 가중요건이 법률 또는 대통령령인 시행으로 규정된 경우에는 법률상 이익이 있다(대판 1999.2.5, 98두13997).

㉡ 가중요건이 시행규칙(총리령·부령)에 규정된 경우

㉮ 종래의 판례는 가중요건이 부령인 시행규칙상 처분기준으로 규정되어 있는 경우(예컨대, 도로교통법 시행규칙 제91조 제1항 별표28 행정처분기준)에는 법률상 이익이 없는 것으로 보았다.

㉯ 그 후 대법원은 입장을 변경하여 법률상 이익이 있다고 판시한 바 있다.

[관련 판례]

★ 부령인 시행규칙 또는 지방자치단체의 규칙의 형식으로 정한 처분기준에서 제재적 행정처분을 받은 것을 가중사유나 전제요건으로 삼아 장래의 제재적 행정처분을 하도록 정하고 있는 경우, 제재적 행정처분의 제재기간 경과 후 그 취소를 구할 법률상 이익이 있다(대판 2006.6.22, 2003두1684전합).

⑥ 처분 후의 사정변경에 의해 권익침해가 된 경우에는 소의 이익이 부정된다.

[관련 판례]

★ 불합격처분 이후 새로 실시된 치과의사국가시험에 합격한 경우 불합격처분의 취소를 구할 법률상 이익이 없다(대판1993.11.9, 93누6867).

> ★ 사법시험 제1차시험 불합격처분 이후에 새로이 실시된 사법시험 제1차시험에 합격한 경우 불합격처분의 취소를 구할 법률상 이익이 없다(대판 1996.2.23, 95누2685).
>
> ★ 상등병에서 병장으로의 진급요건을 갖춘 자에 대하여 그 진급처분을 행하지 아니한 상태에서 예비역으로 편입하는 처분을 한 경우, 진급처분부작위위법을 이유로 예비역편입처분취소를 구할 소의 이익이 없다(대판 2000.5.16, 99두7111).
>
> ★ 공익근무요원소집해제신청을 거부한 후에 원고가 계속하여 공익근무요원으로 복무함에 따라 복무기간만료를 이유로 소집해제처분을 한 경우, 원고가 입게 되는 권리와 이익의 침해는 소집해제처분으로 해소되었으므로 위 거부처분의 취소를 구할 소의 이익이 없다(대판 2005.5.13, 2004두4369).
>
> ★ 행정청이 당초의 분뇨 등 관련영업 허가신청 반려처분의 취소를 구하는 소의 계속 중, 사정변경을 이유로 위 반려처분을 직권취소함과 동시에 위 신청을 재반려하는 내용의 재처분을 한 경우, 당초의 반려처분의 취소를 구하는 소는 더 이상 소의 이익이 없게 되었다(대판 2006.9.28, 2004두5317).

9) 소의 변경

(1) 의의

소의 변경이란 소송 계속 중에 원고가 심판의 대상인 청구의 일부나 전부를 변경하는 것을 말한다.

(2) 소의 종류의 변경

① 소의 변경은 항고소송 사이에서 뿐만 아니라 항고소송과 당사자소송 사이에서도 인정된다.

② 소의 종류의 변경으로 당사자인 피고의 변경을 가져올 수 있다.

(3) 소의 변경과 제소기간

청구취지를 변경하여 구 소가 취하되고 새로운 소가 제기된 것으로 변경되었을 때에 소에 대한 제소기간의 준수 등은 원칙적으로 소의 변경이 있을 때를 기준으로 한다(대판2004.11.25, 2004두7023).

10) 처분사유의 추가 · 변경

(1) 의의

행정청이 소송의 대상인 처분을 소가 제기된 후 변경한 때에는 원고의 신청에 의하여 법원은 결정으로써 청구의 취지 또는 원인의 변경을 허가할 수 있다.

(2) 인정여부

① 학설 · 판례

㉠ 기본적 사실관계의 동일성이 유지되어야 한다.

㉡ 기본적 사실관계의 동일성이 변경되지 않고 처분의 본질적 내용에 변화를 초래하지

않는 범위내에서, 그리고 원고의 권리방어가 침해되지 않는 한도 내에서 처분사유의 추가·변경을 인정해야 한다는 제한적 긍정설이 다수설·판례의 입장이다.

② 처분사유의 추가·변경의 허용시기

처분의 변경이 있음을 안 날로부터 60일 이내에 원고가 신청해야 하며, 사실심변론종결전까지 처분사유를 추가·변경할 수 있다.

[관련 판례]

★ 과세관청은 과세처분 이후는 물론 소송 도중이라도 사실심변론종결시까지 처분의 동일성이 유지되는 범위내에서 처분사유를 추가·변경할 수 있다(대판 2001.10.30, 2000두5616).

[관련 판례]

「기본적 사실관계의 동일성을 인정한 사례」

★ 구 정기간행물의 등록에 관한 법률 소정의 첨부서류가 제출되지 아니하였다는 주장은 발행주체가 불법단체라는 당초의 처분사유와 비교하여 볼 때 발행주체가 단체라는 점을 공통으로 하고 있어 기본적 사실관계에 동일성이 있는 주장으로서 소송에서 처분사유로 추가·변경할 수 있다(대판 1998.4.24, 96누13286).

★ 토지형질변경불허가처분의 당초의 처분사유인 국립공원에 인접한 미개발지의 합리적인 이용대책수립시까지 그 허가를 유보한다는 사유와 그 처분의 취소소송에서 추가하여 주장한 처분사유인 국립공원 주변의 환경·풍치·미관 등을 크게 손상시킬 우려가 있으므로 공공목적상 원형유지의 필요가 있는 곳으로서 형질변경허가금지대상이라는 사유는 기본적 사실관계에 있어서 동일성이 인정된다(대판 2001.9.28, 2000두8864).

★ 주택신축을 위한 산림형질변경허가신청에 대한 거부처분의 근거로 제시된 준농림지역에서의 행위제한이라는 사유와 나중에 거부처분의 근거로 추가한 자연경관 및 생태계의 교란, 국토 및 자연의 유지와 환경보전 등 중대한 공익상의 필요라는 사유는 사실관계의 동일성이 인정된다(대판 2004.11.26, 2004두4482).

★ 당초의 처분사유인 국가를 당사자로 하는 계약에 관한 법률 시행령 제76조 제1항 제12호 소정의 '담합을 주도하거나 담합하여 입찰을 방해하였다'는 것으로부터 같은 항 제7호 소정의 '특정인의 낙찰을 위하여 담합한 자'로 처분의 사유를 변경한 것은, 그 변경 전후에 있어서 같은 행위에 대한 법률적 평가만 달리하는 것일 뿐 기본적 사실관계를 같이 하는 것이다(대판 2008.2.28, 2007두13791).

★ 행정처분의 취소를 구하는 항고소송 계속 중 처분청이 당초 처분의 근거로 삼은 사유와 기본적 사실관계가 동일한 범위 내에서 그 처분의 근거법령만을 추가·변경하거나 당초의 처분사유를 구체적으로 표시하는 것이 허용된다(대판 2008.2.28, 2007두13791·13807).

「기본적 사실관계의 동일성을 부정한 사례」

★ 주류면허 지정조건 중 제6호 무자료 주류판매 및 위장거래 항목을 근거로 한 면허취소처분에 대한 항고소송에서, 지정조건 제2호 무면허판매업자에 대한 주류판매를 새로이 그 취소사유로 주장하는 것은 기본적 사실관계가 다른 사유를 내세우는 것으로서 허용될 수 없다(대판 1996.9.6, 96누7427).

★ 석유판매업허가신청에 대하여 관할 군부대장의 동의를 얻지 못하였다는 당초의 불허가이유에다 소송에서 위 토지가 탄약창에 근접한 지점에 있는 것을 불허가사유로 추가할 수 없다(대판 1991.11.8, 91누70).

★ 당초의 처분사유인 중기취득세의 체납과 그 후 추가된 처분사유인 자동차세의 체납은 각 세목, 과세연도, 납세의무자의 지위 및 체납액 등을 달리하고 있어 기본적 사실관계가 동일하다고 볼 수 없다(대판 1989.6.27, 88누6160).

★ 의료보험요양기관 지정취소처분의 당초의 처분사유인 구 의료보험법 제33조 제1항이 정하는 본인부담금 수납대장을 비치하지 아니한 사실과 항고소송에서 새로 주장한 처분사유인 같은 법 제33조 제2항이 정하는 보건복지부장관의 관계서류 제출명령에 위반하였다는 사실은 기본적 사실관계의 동일성이 없다(대판 2001.3.22, 99두6392).

★ 추가 또는 변경된 사유가 당초의 처분시 그 사유를 명기하지 않았을 뿐 처분시에 이미 존재하고 있었고 당사자도 그 사실을 알고 있었다 하여 당초의 처분사유와 동일성이 있는 것이라 할 수 없다(대판 2003.12.11, 2003두8395).

11) 취소소송제기의 효과

(1) 법원 등에 대한 효과(주관적 효과)

소가 제기되면 사건은 법원에 계속되어 법원은 이를 심리 · 관철할 구속을 받고, 당사자는 동일사건에 대하여 다시 소를 제기하지 못한다.

(2) 행정처분에 대한 효과(객관적 효과)

취소소송의 제기가 처분에 대하여 어떠한 영향을 미치는가. 행정소송법은 제23조 제1항에서 '취소소송의 제기는 처분 등의 효력이나 그 집행 또는 절차의 속행에 영향을 주지 아니한다'고 규정하여 집행부정지원칙을 채택하고 있으며, 예외적으로 집행정지를 인정하고 있다. 따라서 집행부정지원칙하에서 집행정지결정은 가구제(임시구제)로서의 의미를 가진다.

① 집행정지제도

㉠ 의의

취소소송이 제기된 경우에 처분 등이나 그 집행 또는 절차의 속행으로 인하여 생길 회복하기 어려운 손해를 예방하기 위하여 긴급한 필요가 있다고 인정할 때에는 본안이 계속되고 있는 법원은 당사자의 신청 또는 직권에 의하여 처분 등의 효력이나 그 집행 또는 절차의 속행의 전부 또는 일부의 정지(이하 '집행정지'라 한다)를 결정할 수 있다(행정소송법 제23조 제2항).

㉡ 법적 성격

㉮ 집행정지제도는 확정판결이 있을 때까지 잠정적으로 원고의 권리를 보전하여 그 권리회복의 불능사태의 발생을 방지하려는 데 그 취지가 있는 것으로, 행정소송상 가구제의 성격을 갖는다.

㉯ 집행정지는 무효확인 등 확인소송인 경우에도 준용된다.

㉢ 집행정지결정의 요건

㉮ 정지대상인 처분 등이 존재하여야 한다.

집행정지는 종전의 상태를 원상회복시키는 소극적인 것이며 종전 상태를 변경시키는 적극적인 조치가 아니다. 따라서 취소소송과 무효확인소송에서 인정되며, 처분행위가 없는 부작위는 집행정지대상이 되지 아니한다.

㉯ 적법한 본안(本案)소송이 계속(係屬) 중이어야 한다.

민사소송법상의 가처분은 본안소송제기 전에도 가능하지만, 집행정지는 본안소송이 적법하게 계속되어 있을 것을 요건으로 한다(소제기와 동시에 집행정지를 신청할 수도 있음).

따라서 본안소송이 취하되면 집행정지결정은 당연히 소멸한다. 판례는 본안청구가 적법하여야 한다는 점도 집행정지의 요건으로 보고 있다.

[관련 판례]

★ 행정사건의 본안소송이 취하되면 집행정지결정은 당연히 소멸되며 별도의 취소조치가 필요한 것은 아니다(대판 1975.11.11, 75누97).

★ 행정처분의 효력정지나 집행정지를 구하는 신청사건에 있어서 집행정지사건자체에 의하여도 본안청구가 적법한 것이어야 한다는 점은 집행정지의 요건이 된다(대판 1999.11.26, 99부3).

㉰ 회복하기 어려운 손해를 예방하기 위한 것일 것

처분 등이나 그 집행 또는 절차의 속행으로 인하여 회복하기 어려운 손해가 발생할 우려가 있어야 한다.

[관련 판례]

★ 특별한 사정이 없는 한 금전으로 보상할 수 없는 손해로서, 이는 금전보상이 불가능한 경우뿐만 아니라 사회관념상 행정처분을 받은 당사자가 참고 견딜 수 없거나 또는 참고 견디기가 현저히 곤란한 경우의 유·무형의 손해를 일컫지만 손해의 규모가 현저히 클 것을 요하는 것은 아니다(대판 1995.11.23, 95두53).

★과징금납부명령으로 인한 손해는 회복하기 어려운 손해에 해당한다.

외부자금의 신규 차입이 사실상 중단된 상태에서 고액의 과징금납부로 인하여 사업자가 중대한 경영상의 위기를 맞게 될 것으로 보이는 경우도 회복하기 어려운 손해에 해당한다(대판 2001.10.10, 2001무29).

★ 유흥접객 영업허가의 취소처분으로 생긴 시설비 미회수 손해는 회복하기 어려운 손해에 해당하지 않는다. 유흥접객 영업허가의 취소처분으로 5,000여만 원의 시설비를 회수하지 못하게 된다면 생계까지 위협받게 되는 결과가 초래될 수 있다는 등의 사정은 위 처분의 존속으로 당사자에게 금전으로 보상할 수 없는 손해가 생길 우려가 있는 경우라고 볼 수 없다(대판 1991.3.2, 91두1).

㉱ 긴급할 필요가 있을 것

본안판결까지 기다릴 수 없는 긴급한 필요가 있어야 한다.

[관련 판례]

★ '긴급한 필요'가 있는지 여부는 처분의 성질과 태양 및 내용, 처분 상대방이 입는 손해의 성질·내용 및 정도, 원상회복·금전배상의 방법 및 난이 등은 물론 본안청구의 승소가능성의 정도 등을 종합적으로 고려하여 구체적·개별적으로 판단하여야 한다(대판 2004.5.12, 2003무41).

㉮ 공공복리에 중대한 영향이 없을 것(소극적 요건)

집행의 정지가 공공복리에 중대한 영향을 미칠 우려가 없어야 한다. 여기서 말하는 공공복리는 "그 처분의 집행과 관련된 구체적이고도 개별적인 공익을 말한다.

㉯ 본안청구의 「이유없음」이 명백하지 않을 것(소극적 요건)

본안소송에서 행정처분의 취소가능성(승소가능성) 없음이 명백한 경우, 그 행정처분에 대한 효력을 정지할 수 없다(대판 1994.10.11, 94두23). 판례는 집행정지사건 자체에 의하여도 신청인의 본안청구가 이유없음이 명백하지 않아야 한다는 것을 집행정지의 요건에 포함시키고 있다(대판 1997.4.28, 96두75).

㉰ 집행정지와 입증책임

집행정지의 적극적 요건에 관한 주장·소명책임은 원칙적으로 신청인측에 있고, 집행정지의 소극적 요건에 관한 주장·소명책임은 행정청에 있다(대판 1999.12.20, 99무42).

㉣ 집행정지의 대상

㉮ 집행정지의 대상이 되는 것은 처분의 효력·처분의 집행 및 절차의 속행이고, 정지의 범위는 그 전부 또는 일부이다.

㉯ 불허가처분·거부처분 등과 같은 소극적 처분에 대해서는 효력을 정지하여도 불허가처분·거부처분이 없었던 것과 같은 상태로 돌아갈 뿐이지, 신청이 허가된 것과 같은 상태가 형성되는 것은 아니다. 따라서 집행정지를 할 수 없다는 것이 다수설·판례의 입장이다.

㉰ 처분성이 인정되는 권력적 사실행위, 부관종류 중의 하나인 부담, 복효적 행정행위에는 집행정지가 가능하다.

[관련 판례]

★ 접견허가신청에 대한 교도소장의 거부처분은 집행정지의 대상이 되지 않는다(대판 1991.5.2, 91두15).

㉤ 집행정지의 절차

㉮ 절차의 개시

집행정지 결정절차는 당사자의 신청이나 법원의 직권에 의해 개시되나, 당사자의 신청에 의한 경우에는 집행정지신청에 대한 이유에 관해 소명이 있어야 한다.

㉯ 집행정지결정의 관할법원은 본안이 계속되고 있는 법원이다. 집행정지의 결정 또는 기각의 결정에 대하여는 즉시항고할 수 있다.

㉰ 절차의 종결

집행정지의 절차는 법원의 결정과 신청취하에 의하여 종결된다. 집행정지사건에 있어서의 재판의 형식은 언제나 결정이다.[309]

㉥ 집행정지결정의 내용

㉮ 효력은 전부 또는 일부의 정지, 처분의 집행의 전부 또는 일부정지, 절차의 속행 또는 일부가 정지된다.

㉯ 처분의 효력정지는 처분 등의 집행 또는 절차의 속행을 정지함으로써 목적을 달성할 수 있는 경우에는 허용되지 아니한다(제23조 제2항 단서).

㉦ 집행정지결정의 효과

㉮ 형성력

집행정지결정 중 효력정지는 처분의 효력을 잠정적으로 상실시키는 효력을 갖는다. 효력정지는 장래에 향하여서만 발생하고, 처분 등이 있을 때에는 소급하여 발생하지 않는다고 보는 것이 통설이다[310](예컨대, 국립대학교대학생퇴학처분의 효력이 정지되어도 정지결정 이전의 기간은 수업일수에 산입되지 아니하며, 정지결정 이후의 기간만이 수업일수에 산입된다).

㉯ 기속력

집행정지결정은 당사자인 행정청과 관계행정청을 기속한다. 따라서 집행정지결정에 반하는 행정행위는 발할 수 없으며, 그러한 행위는 무효이다.[311]

㉰ 시간적 효력

집행정지기간은 법원이 그 시기와 종기를 자유롭게 정할 수 있다. 다만, 소급하는 것은 허용되지 않는다.

㉱ 집행정지결정은 소급하지 않으며 집행정지결정이 날 때까지의 효력에는 영향이 없다.

㉧ 집행정지결정에 대한 취소

집행정지의 결정이 확정된 후 집행정지가 공공복리에 중대한 영향을 미치거나 그 정지사유가 없어진 때에는 당사자의 신청 또는 직권에 의하여 결정으로써 집행정지의 결정을 취소할 수 있다.

㉨ 집행정지 등에의 불복

당사자가 취소를 신청함에는 이유를 소명해야 하고, 취소결정에 불복하는 자는 즉시 항

309) 김철용, 전게서, p.606.
310) 박균성, 전게서, p.541.
311) 대판 1964.11.23, 4294행상3.

고할 수 있다. 집행정지결정에 대한 즉시항고에는 결정의 집행을 정지하는 효력이 없다. 정지결정이 취소되면 처분의 원래 효과가 발생한다.

② 가처분의 문제

㉮ 의의

가처분이란 금전 이외의 급부를 목적으로 하는 청구권의 집행을 보전하거나 다툼이 있는 법률관계에 관하여 잠정적으로 임시의 지위를 보전하는 것을 내용으로 하는 가구제 제도이다.

㉯ 인정여부

행정소송법은 이에 관한 명문의 규정을 두고 있지 않으며, 판례도 가처분을 인정하게 되면 법원이 행정청을 대신하여 행정행위를 하는 결과가 되므로 이를 인정할 수 없다는 입장이다(대판 1959.11.20, 4292행고2).

[관련 판례]

★ 민사소송법상의 보전처분은 민사판결절차에 의하여 보호받을 수 있는 권리에 관한 것이므로, 민사소송법상의 가처분으로써 행정청의 어떠한 행정행위의 금지를 구하는 것은 허용될 수 없다 할 것이다(대판 1992.7.6, 92마54).

12) 취소소송의 심리

(1) 의의

① 소송의 심리란 판결을 하기 위하여 그 판단의 기초가 되는 소송자료(사실과 증거)를 수집하는 절차를 말한다. 소송의 심리에 관하여는 당사자주의와 직권주의가 있다.

② 취소소송의 심리에 있어서 당사자주의(변론주의)가 기본적으로 적용된다. 다만, 행정소송의 공익관련성으로 인해 행정소송법은 일정한 특칙을 규정하고 있다.

(2) 심리의 내용 및 범위

① 심리의 내용

심리는 요건심리와 본안심리로 나눌 수 있다.

㉠ 요건심리

제기된 소(訴)가 소송제기요건을 갖추었는지의 여부를 확인하는 것으로, 요건을 갖추지 못한 경우에는 당해 소는 부적법한 소로서 각하된다. 요건심리의 대상은 제소기간 · 전심절차 · 관할권 · 피고의 지정 등 주로 형식적 요건에 관한 것이므로 법원의 직권조사사항이다.

㉡ 본안심리

본안심리는 요건심리의 결과 적법한 것으로 수리된 소의 실체적 내용을 심리하여 원고의 청구가 이유 있는지의 여부를 심사하는 것을 말한다. 본안심리 결과 원고의 청구가 이유 있을 때에는 인용판결을, 이유 없을 때에는 기각판결을 한다.

② 심리의 범위

㉠ 불고불리의 원칙

㉮ 취소소송에도 민사소송과 마찬가지로 불고불리의 원칙이 적용된다. 따라서 법원은 소송제기가 없으면 재판을 할 수 없고, 또한 당사자의 청구의 범위를 넘어서 심리·판단할 수 없다.

㉯ 예외

행정소송법 제26조는 "법원은 필요하다고 인정할 때에는… 당사자가 주장하지 아니한 사항에 대하여도 판단할 수 있다"고 규정하여(직권심리), 이 원칙에 대한 예외를 인정하고 있다.

㉡ 재량행위의 심리

㉮ 재량행위도 행정행위의 일종으로서 재량권의 일탈·남용의 경우에는 위법한 처분이 되므로, 심리의 대상이 된다.

㉯ 부당한 재량행사의 경우에는 각하가 아니라 기각되어야 한다는 것이 이론과 판례의 흐름이다.

㉢ 법률문제와 사실문제

법원은 취소소송에 심리에 있어 모든 법률문제에 관한 심리권을 가지고 있으며, 사실의 인정문제 역시 법원의 심리대상이다(대판 1999.11.26, 98두10424).

(3) 심리의 절차

① 일반원칙

㉠ 취소소송의 심리에 있어서도 행정소송법에 특별한 규정이 없는 한, 민사소송법과 법원조직법이 준용된다.

㉡ 따라서 취소소송의 경우에도 일반민사소송사건의 심리와 마찬가지로, 심리에 관한 일반적인 원칙으로서 공개심리주의·구술심리주의·당사자주의·변론주의 등이 적용된다.

㉢ 다만, 행정소송법은 행정소송의 특성상 판결의 객관적인 공정·타당성을 보장하기 위하여, 변론주의에 대한 예외로서 직권증거조사·법원의 행정심판기록제출명령 등에 관하여 규정하고 있다.

② 직권증거조사주의

㉠ 행정소송법 제26조는 '법원은 필요하다고 인정할 때에는 직권으로 증거조사를 할 수 있고, 당사자가 주장하지 아니한 사실에 대하여도 판단할 수 있다'고 규정하여, 변론주의에 대한 예외를 인정하고 있다.

㉡ 이러한 특례규정에 대한 해석에 있어서는 학설상 변론주의보충설[312]과 직권탐지주의설이 대립하고 있으나, 변론주의 보충설이 다수설이다. 판례 또한 변론주의보충설의 입장을 취하고 있다.

③ 행정심판기록제출명령

법원은 당사자의 신청이 있는 때에는 결정으로써 그 재결을 행한 행정청에 대하여 행정심판에 관한 기록의 제출을 명할 수 있으며, 이 경우 행정청은 지체 없이 당해 행정심판에 관한 기록을 법원에 제출하여야 한다.

④ 자료제출 요구권 불인정

행정소송법은 행정청에 대한 자료제출요구권을 인정하지 않고 있다.

(4) 주장책임과 입증책임

① 주장책임

㉠ 변론주의를 채택하는 소송에 있어서는 주요사실이 변론에서 주장되지 아니하면, 법원은 그 사실을 판결의 기초로 할 수는 없다.

㉡ 행정소송법은 당사자가 주장하지 아니한 사실에 대해서도 판단할 수 있다는 규정을 두어 그 예외를 인정하고 있다.

② 입증책임

㉠ 의의

소송심리의 최종단계에 이르러 특정사실의 존부가 확정되지 아니한 경우에 당사자 중 일방이 불리한 법적 판단을 받게 되는 위험을 말한다.

㉡ 취소소송에 있어서의 입증책임의 분배

㉮ 취소소송에 있어서 입증책임을 당사자에게 어떻게 분배할 것인가에 관하여 행정소송법에 명문의 규정이 없다.

㉯ 학설상으로는 원고책임설 · 피고책임설 · 법률요건분배설 · 행정법독자분배설 등의 견해가 나뉘고 있으나, 법률요건분배설이 통설 · 판례이다.

13) 행정소송(취소소송)의 판결

(1) 판결의 의의

판결이라 함은 법원이 법률상 쟁송을 해결하기 위하여 법적 판단을 선언하는 재판의 일종을 말한다.

---

312) 이 견해는 당사자가 주장하는 사실에 대한 당사자의 입증활동이 불충분하여 심증을 얻기 어려운 경우에 당사자의 증거신청에 의하지 아니하고 직권으로 증거조사를 할 수 있다는 규정으로 해석한다.

(2) 판결의 종류

① **중간판결과 종국판결**

㉠ 중간판결은 소송진행중에 생긴 쟁점을 해결하기 위하여 하는 확인적 성질의 판결을 의미한다(예컨대, 소송요건에 관한 다툼).

㉡ 종국판결은 사건의 전부 또는 일부를 종료시키는 판결이다. 취소소송의 판결로서 중요한 의미를 가지는 것은 종국판결이다.

② **소송판결(각하판결)과 본안판결**

㉠ 소송판결(각하판결)은 요건심리의 결과 소송요건을 갖추지 못한 경우에 당해소송을 부적법하다하여 각하하는 판결이다.

㉡ 본안판결은 본안심리의 결과 청구의 전부 또는 일부를 인용하거나 기각하는 종국판결을 말한다. 본안판결은 내용에 따라 기각판결과 인용판결로 나뉜다.

③ **기각판결과 인용판결**

㉮ 기각판결

기각판결은 원고의 청구가 이유 없다고 하여 배척하는 판결로서, 당해 처분이 위법성이 없거나 단순히 부당한 것인 때, 또는 행정소송의 제기 후에 소의 대상인 처분 또는 소익이 소멸된 경우에 하는 것이다.

㉯ **인용판결**

인용판결은 원고의 청구가 있는 경우에 그 전부 또는 일부를 받아들이는 판결을 말한다.

ⓐ 형성판결

일정한 법률관계를 형성 · 변경 · 소멸시키는 판결을 말한다. 의무이행소송을 인정하지 않는 현행 행정소송에서는 소극적 변경을 의미하고, 적극적인 형성판결은 인정되지 않는다(통설 · 판례).

ⓑ 확인판결

일정한 법률관계나 법률사실의 존부를 확인하는 판결을 말하며, 무효확인판결과 부작위위법확인판결이 이에 해당한다.

ⓒ 이행판결

법원이 행정청에 대하여 일정한 행위를 할 것을 명하는 판결로서, 현행 항고소송의 경우 의무이행소송은 인정되지 않는다.

ⓓ 일부인용(일부취소)판결

원고의 청구 중 가분적인 처분의 일부에 대해서만 위법이 있는 경우에는 법원은 일부에 대해서 일부취소판결을 할 수 있다.

[관련 판례]

★ 공개대상정보와 비공개대상정보가 구별되고 이를 분리할 수 있는 경우 일부 취소한다(대판 2003.3.11, 2001두6425).

⑤ 사정판결(특수한 기각판결)

㉠ 의의

사정판결은 원고의 청구에 이유 있다고 인정하는 경우에도, 처분 등을 취소하는 것이 현저히 공공복리에 적합하지 아니하다고 인정하는 때에 법원이 원고의 청구를 기각하는 판결을 말한다.

㉡ 요건

㉮ 처분 등에 관한 취소소송일것

사정판결은 행정소송법상 취소소송에만 한정되고, 무효등확인소송과 부작위위법확인소송에는 적용되지 아니한다(다수설·판례).

㉯ 공공복리에 적합하지 않은 것

사정판결은 처분 등을 취소하는 것이 현저히 공공복리에 적합하지 아니한 경우에 인정된다(비교형량의 원칙).

㉰ 주장·입증책임

사정판결의 필요성을 피고가 주장·입증하여야 하는가에 대하여 견해의 대립이 있으나, 피고인 행정청이 부담한다는 것이 지배적인 견해이다.

㉱ 판례는 직권에 의한 사정판결을 인정하고 있다(대판 1995.7.28, 95누4629).

㉲ 판단기준시

사정판결이 필요한가의 판단의 기준시는 판결시점(변론종결시)이 된다(대판 1970.3.24, 69누29).

㉢ 원고의 보호

㉮ 사정조사

법원은 사정판결을 함에 있어서는 판결에 앞서 미리 원고가 그로 인하여 입게 될 손해의 정도와 배상방법 그 밖의 사정을 조사하여야 한다.

㉯ 위법성의 명시

법원이 사정판결을 함에 있어서는, '그 판결의 주문에서 그 처분 등이 위법함을 명시하여야 한다. 따라서 처분의 위법성에 대하여는 기판력이 발생한다.

㉰ 소송비용

사정판결에 있어서는 원고의 청구 자체는 이유 있음에도 불구하고 공공복리의 관점에서 원고가 패소한 것이다. 따라서 소송비용은 일반적인 소송비용부담의 예와는 달리 승소자인 피고가 부담한다(패소자 부담의 예외).

㉣ 원고청구는 기각된다(위법성은 인정되지만 하자가 치유되는 것은 아니다). 따라서 원고가 사정판결에 불복하면 물론 상고할 수 있다.

㉤ 원고는 피고가 속하는 국가 또는 공공단체를 상대로 손해배상·재해시설의 설치·그 밖에 적당한 구제방법의 청구를 당해 취소소송 등이 계속된 법원에 병합하여 제기할 수 있다.

> **[관련 판례]**
>
> ★ 재개발조합설립 및 사업시행인가처분은 처분 당시 법정요건인 토지 및 건축물 소유자 총수의 각 3분의2 이상의 동의를 얻지 못하여 위법하나, 그 후 90% 이상의 소유자가 재개발사업의 속행을 바라고 있어 재개발사업의 공익목적에 비추어 그 처분을 취소하는 것은 현저히 공공복리에 적합하지 아니하다고 인정하여 사정판결을 인정하였다(대판 1995.7.28, 95누4629).

▷ **판결의 종류**

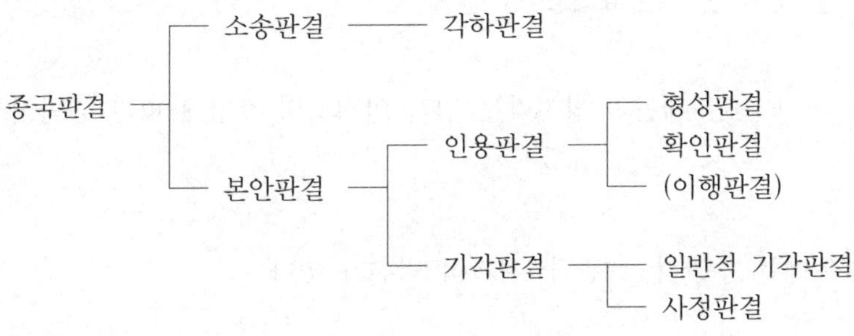

㉣ 적용범위

㉮ 사정판결은 취소소송에 있어서만 허용될 뿐, 무효등확인소송과 부작위위법확인소송에는 적용되지 않는다.

㉯ 취소소송상 인정되는 사정판결이 무효등확인소송에는 유추적용되지 않는다는 것이 판례의 입장이다.

> **[관련 판례]**
>
> ★ 당연무효의 처분은 존치시킬 효력이 있는 행정행위가 없기 때문에 사정판결을 할 수 없다(대판 1996.3.22, 95누5509).

㉰ 행정소송법상 사정판결은 취소소송에서만 인정되지만, 행정심판법상 사정재결은 취소심판과 의무이행심판에서 인정된다.

14) 취소판결의 효력

확정된 취소판결의 효력에는 자박력 · 기판력 · 형성력 · 기속력이 인정된다. 형성력과 기속력은 인용판결에 인정되는 효력이고, 기판력은 인용판결뿐만 아니라 기각판결에도 인정되는 효력이다.

(1) 자박력

법원이 판결을 선고하면 선고법원 자신도 판결의 내용을 취소 · 변경할 수 없게 된다. 이를 판결이 자박력 또는 불가변력이라 부른다. 자박력은 선고법원과 관련된 효력이다.

(2) 기판력

① 의의

취소소송의 판결이 확정되면, 확정된 판단내용은 당사자 및 법원을 구속하여, 그 후의 절차에서 동일한 사항(동일한 소송물)이 문제되는 경우에도 당사자와 이들의 승계인은 기존 판결에 반하는 주장을 할 수 없을 뿐만 아니라, 법원도 일사부재리의 원칙에 따라 확정판결과 내용적으로 모순되는 판단을 하지 못하는 효력을 말한다.

② 취지

기판력은 분쟁의 반복 · 모순된 재판의 방지라는 법적 안정성의 요청에 따라 일반적으로 인정되고 있다.

③ 범위

기판력이 미치는 범위에는 주관적 · 객관적 · 시간적 범위가 있다.

㉠ 주관적 범위

㉮ 기판력은 당사자 및 당사자와 동일시할 수 있는 자(당사자의 승계인)에만 미치며, 제3자에게는 미치지 않는다(제3자에 대한 효력은 후술하는 형성력과 관련성이 있다).

㉯ 취소소송의 피고는 처분청이므로 행정청을 피고로 하는 취소소송에 있어서의 기판력은 당연히 당해 처분이 귀속하는 국가 또는 공공단체에 미친다.

㉡ 객관적 범위

㉮ 기판력은 판결의 주문에 표시된 소송물에 관한 판단에만 인정되고, 판결이유에 적시된 사실인정, 선결적 법률관계, 항변 등에 대해서는 미치지 않는다.

㉯ 행정처분취소청구를 기각하는 판결이 확정되면 그 처분이 적법하다는 점에 대하여 기판력이 발생하므로 이후 제기된 무효확인소송은 물론 무효임을 전제로 하는 부당이득반환청구도 허용되지 않는다.

㉢ 시간적 범위

기판력은 사실심변론의 종결시를 기준으로 하여 발생한다. 따라서 청구기각판결이 확정되면 당사자나 법원은 사실심변론종결시 이전에 생긴 사유를 내세워 당해 처분이 위법하다는 주장을 할 수 없게 된다.

> **[관련 판례]**
>
> ★ 과세처분취소소송에서 청구가 기각된 확정판결의 기판력은 무효확인 소송에도 미친다(대판 1998.7.24, 98다10854).

(3) 형성력(제3자에 대한 효력)

① 의의

취소판결이 확정되면 행정청에 의한 특별한 의사표시 내지 절차없이 당연히 행정상 법률관계의 발생·변경·소멸을 가져온다. 즉, 형성의 효과를 가져오는데, 이를 형성력이라 한다.

② 효과

㉠ 행정처분을 취소한다는 확정판결이 있으면 그 취소판결의 형성력에 의하여 당해 행정처분의 취소나 취소통지 등의 별도의 절차를 요하지 아니하고 당연히 취소의 효과가 발생한다.

㉡ 취소의 역급효

취소판결의 형성력은 소급한다. 따라서 취소판결 후에 취소된 처분을 대상으로 하는 처분(예컨대, 정정처분)은 당연히 무효이다.

㉢ 형성력은 원고승소판결(인용판결)에서만 인정되고 원고패소판결(기각판결)에는 부정된다.

③ 제3자효

㉠ 의의

㉮ 판결의 형성력은 당해 소송당사자뿐만 아니라 제3자에 대해서도 미치는데, 이를 대세효 또는 취소판결의 제3자효라고 한다(행정소송법 제29조 제1항).

㉯ 이는 제3자에게도 취소판결의 효력을 갖도록 함으로써, 승소한 자의 권리를 확실히 보호하기 위함이다.

㉡ 제3자의 범위

제3자란 소송참가인만을 의미하는 것도 아니고, 일반인을 의미하는 것도 아니다. 그것은 소송참가인뿐만 아니라 그 판결과 직접 법적 이해관계를 맺는자를 의미한다.

(4) 기속력

① 의의

㉠ 처분 등을 취소하는 확정판결은 그 사건에 관하여 당사자의 행정청과 그 밖의 관계행

정청을 기속하는데, 이를 기속력이라 한다.

㉡ 기속력에 위반된 행정행위는 위법행위로써 무효 또는 취소원인이 된다.

㉢ 기속력은 청구인용판결에만 인정되고, 청구기각판결에는 인정되지 아니한다. 따라서 청구판결이 내려진 경우에도 행정청은 처분을 직권으로 취소할 수 있다.

② 성질

기판력의 성질에 관하여는 견해의 대립이 있으나, 특수효력설로 보는 것이 다수설이다. 판례는 기판력설[313]을 취하고 있는 경우도 있고, 특수효력으로 보는 경우도 있어 불분명하다.

③ 반복금지효(소극적 효과)

㉠ 반복금지효란 당사자인 행정청은 물론이고 그 밖의 관계 행정청도 확정판결에 저촉되는 처분을 할 수 없음을 의미한다. 즉, 동일한 사실관계아래서 동일한 당사자에 대하여 동일한 내용의 처분을 반복해서 안된다는 부작위의무를 말한다.

㉡ 반복금지에 위반한 처분은 그 하자가 중대·명백하여 당연무효가 된다.

[관련 판례]

★ 당초의 과세처분이 확정판결에 의하여 취소된 경우 그 결함을 보완한 동일한 내용의 새로운 과세처분은 위 확정판결의 기판력에 저촉되지 않는다(대판 1987.2.24, 85누229).

★ 기속력에 위반된 행정행위는 위법한 것으로서 무효사유에 해당한다(대판 1989.9.12, 89누985).

★ 징계처분의 취소를 구하는 소에서 징계사유가 될 수 없다고 판결한 사유와 동일한 사유를 내세워 다시 징계처분할 수 없다(대판 1992.7.14, 92누2912). 17국회8급

★ 행정처분의 절차 또는 형식에 위법이 있어 행정처분을 취소하는 판결이 확정되었을 때에는 그 확정판결의 기판력은 거기에 적시된 절차 및 형식의 위법사유에 한하여 미치는 것이므로 행정관청은 그 위법사유를 보완하여 다시 새로운 행정처분을 할 수 있다(대판 1992.5.26, 91누5242).

★ 확정판결의 기속력은 주로 판결의 실효성 확보를 위하여 인정되는 효력으로서 판결의 주문뿐만 아니라 그 전제가 되는 처분 등의 구체적 위법사유에 관한 이유 중의 판단에 대하여도 인정된다(대판 2001.3.23, 99두5238).

④ 재처분의무

㉠ 의의

㉮ 재처분의무란 행정청이 판결의 취지에 따른 처분을 하여야 함을 의미한다. 이를 재처분의무 또는 적극적 처분의무라고 부르기도 한다.

㉯ 재처분의무는 행정청에 대하여 판결의 취지에 따라 신청에 대한 새로운 처분을 하여야 할 의무를 부과함으로써, 신청인에게 실질적인 권리구제를 확보해주기 위한 것이다.

---

313) 기속력이 기판력과 동일하다는 견해이다. 행정소송법상 기속력에 관한 규정은 판결자체의 효력으로서 당연한 것으로 보는 입장이다.

㉰ 재처분의무의 불이행시에는 그 의무이행을 위한 간접강제가 이루어진다.

㉡ 거부처분이 취소된 경우

판결에 의하여 취소되는 처분이 당사자의 신청을 거부하는 것을 내용으로 하는 경우에는 그 처분을 할 행정청은 판결의 취지에 따라 다시 이전의 신청에 대한 처분을 하여야 한다.

㉢ 거부처분이 절차법상의 위법을 이유로 취소된 경우

신청에 따른 처분이 절차의 위법을 이유로 취소되는 경우에도 행정청에 재처분의무가 부과된다(제30조 제3항). 거부처분이 절차상의 위법을 이유로 취소된 경우이므로 행정청은 적법한 절차에 따라 실체적 요건을 심사하여 신청된 대로 처분할 수도 있고, 아니면 다시 거부처분을 내릴 수도 있다.

㉣ 거부처분이 실체법상의 위법을 이유로 취소된 경우

사정변경이 없는 한 신청된 대로 처분을 하여야 하고, 사실심변론종결 이전의 사유를 내세워 다시 거부처분을 할 수 없다(대판 2001.3.23, 99두5238).

[관련 판례]

★ 거부처분취소의 확정판결을 받은 행정청이 거부처분 후에 법령이 개정 · 시행된 경우, 새로운 사유로 내세워 다시 거부처분을 한 경우도 행정소송법 제30조 제2항 소정의 재처분에 해당한다(대판 1998.1.7, 97두22).

★ 거부처분취소의 확정판결을 받은 행정청이 사실심변론종결 이후 발생한 새로운 사유를 내세워 다시 거부처분을 한 경우도 행정소송법 제30조 제2항에 규정된 재처분에 해당한다(기속력에 반하는 처분이 아니다)(대판 1999.12.28, 98두1895).

★ 취소소송에서 소송의 대상이 된 거부처분을 실체법상의 위법사유에 기하여 취소하는 판결이 확정된 경우에는 당해 거부처분을 한 행정청은 원칙적으로 신청을 인용하는 처분을 하여야 하고, 사실심 변론종결 이전의 사유를 내세워 다시 거부처분을 하는 것은 확정판결의 기속력에 저촉되어 허용되지 아니한다(대판 2001.3.23, 99두5238).

★ 행정청이 확정판결의 취지에 따라 절차, 방법의 위법사유를 보완하여 다시 종전의 신청에 대한 거부처분을 할 수 있으며, 그러한 처분도 행정소송법 제30조 제2항에 규정된 재처분에 해당한다(대판 2005.1.14, 2003두13045).

⑤ 기속력의 효력범위

㉠ 주관적 범위

기속력은 그 사건(취소된 처분)에 관하여 당사자인 행정청과 그 밖의 관계행정청을 기속한다.

㉡ 객관적 범위

기속력은 판결주문 및 이유와 그 전제로 된 요건사실의 인정과 효력의 판단에만 미치며, 간접사실의 판단에는 미치지 않는다.

㉢ 시간적 범위

기속력은 처분시까지의 법관계·사실관계를 판단의 대상으로 한다.

⑥ 결과제거의무(원상회복의무)

취소소송의 경우 인용판결이 있게 되면, 행정청은 위법처분으로 인해 야기된 상태를 제거해야 할 의무를 지며[314], 이에 대응하여 원고는 결과제거권을 갖는다.

(5) 집행력(강제력)

① 의의

㉠ 집행력이란 이행판결에서 명령된 이행의무를 강제집행절차로서 실현할 수 있는 효력을 의미한다.

㉡ 거부처분에 대한 취소판결이 확정되면 행정청은 판결의 기속력에 의하여 재처분의무가 발생하게 되며, 행정청이 이를 이행치 않은 경우에는 행정청에 부과되는 재처분의무이행을 확보하기 위해 행정소송법은 간접강제제도를 도입하고 있다.

② 간접강제

㉠ 행정소송법상 간접강제는 재처분의무에 대한 강제집행제도이다.

㉡ 간접강제는 부작위위법확인판결의 경우에도 준용하고 있다(행정소송법 제38조 제2항).

[관련 판례]

★ 거부처분에 대한 취소의 확정판결이 있음에도 행정청이 아무런 재처분을 하지 아니하거나, 재처분을 하였다 하더라도 그것이 종전 거부처분에 대한 취소의 확정판결의 기속력에 반하는 등으로 당연무효라면 이는 아무런 재처분을 하지 아니한 때와 마찬가지라 할 것이므로 이러한 경우에는 행정소송법 제30조 제2항, 제34조 제1항 등에 의한 간접강제신청에 필요한 요건을 갖춘 것으로 보아야 한다(대판 2002.12.11, 2002무22).

★ 행정소송법 제34조의 간접강제결정에 기한 배상금은 확정판결에 따른 재처분의 지연에 대한 제재 또는 손해배상이 아니므로, 특별한 사정이 없는 한 간접강제결정에서 정한 의무이행기한이 경과한 후에라도 확정판결의 취지에 따른 재처분의 이행이 있으면 배상금을 추심함으로써 심리적 강제를 꾀할 목적이 상실되어 처분상대방이 더 이상 배상금을 추심하는 것은 허용되지 않는다(대판 2004.1.15, 2002두2444).

15) 위헌판결의 통보 및 공고

① 행정소송에 대한 대법원의 판결에 의하여 명령·규칙이 헌법 또는 법률에 위반된다는 것이 확정된 경우에는 대법원은 지체없이 행정자치부장관에게 통보하여야 한다.

② 통보를 받은 행정자치부장관은 지체없이 이를 관보에 게재하여야 한다.

314) 예컨대, 자동차에 대한 압류처분이 취소되면 행정청은 그 자동차를 원고에게 반환할 의무를 진다.

16) 취소소송의 불복

(1) 항소 · 상고

① 행정소송법상 명문규정의 이유를 불문하고 행정법원 및 고등법원의 판결에 대하여 고등법원 및 대법원에 항소 · 상고할 수 있다(헌법 제27조, 제107조).

② 심리불속행제도

㉮ 심리불속행제도란 상고이유에 관한 주장에 일정한 사유를 포함하지 아니한다고 인정할 때에는 더 나아가 심리를 하지 아니하고 판결로 상고를 기각하는 제도를 말한다.

㉯ 헌법재판소는 상고심절차에 관한 특례법 제14조의 심리불속행제도를 합헌으로 판시한 바 있다(헌재 2002.6.27, 2002헌마18).

(2) 재심

① 의의

확정된 종국판결에 일정사유가 있어서 판결법원에 이의 재심을 구하는 것을 재심이라 한다.

② 유형

㉠ 당사자가 제기하는 일반적인 재심과 제3자가 제기하는 재심으로 구분할 수 있다.

㉡ 제3자에 의한 재심

㉮ 취소소송의 확정판결은 제3자에 대하여도 효력이 있는 관계로, 처분 등을 취소하는 판결에 의하여 권리 또는 이익의 침해를 받은 제3자는 자기에게 책임없는 사유로 소송에 참가하지 못함으로써 판결의 결과에 영향을 미칠 공격 또는 방어방법을 제출하지 못한 때에는 이를 이유로 확정된 종국판결에 대하여 재심의 청구를 할 수 있다(행정소송법 제31조 제1항).

㉯ 재심의 청구는 확정판결이 있음을 안 날로부터 30일 이내 판결이 확정된 날로부터 1년 이내에 제기하여야 한다. 동 기간은 불변이다.

17) 소송비용

(1) 소송비용부담의 주체

① 행정소송의 비용은 민사소송법상의 일반원칙에 따라 패소자가 부담하고, 일부패소의 경우에는 각 당사자가 분담하는 것이 원칙이다.

② 소를 취하한 경우에는 취하한 자가 부담하고, 재판상 화해의 경우에는 합의가 없는 한 반반씩 부담하여야 한다.

(2) 소송비용에 대한 재판의 효력

① 소송비용에 대한 재판이 확정된 때에는 피고 또는 참가인이었던 행정청이 소속하는 국가 또는 공공단체에 그 효력이 미친다.

② 소송비용에 관한 재판은 독립하여 상소의 대상이 되지 아니한다.

Ⅵ. 무효등확인소송

1. 개설

1) 의의

(1) 무효등확인소송은 '행정청의 처분 등의 효력유무 또는 존재 여부를 확인하는 소송'이다. 무효등확인소송에는 처분이나 재결의 무효확인소송 · 유효확인소송 · 부존재확인소송 · 존재확인소송 및 실효확인소송이 포함된다.

(2) 처분에 내재하는 하자가 중대 · 명백한 것인 경우에는 당해 처분에는 공정력이 인정되지 아니하고 처음부터 효력이 발생하지 아니한다.

(3) 상대방 기타 관계인은 이를 무시하고 그 무효를 전제로 하여 곧바로 현재의 법률관계에 관한 주장(부당이득반환청구, 공무원의 보수지급청구)을 할 수 있다.

> **[관련 판례]**
>
> ★ 무효확인판결에 관하여 취소판결에 관한 규정을 준용함에 있어서 행정처분에 대하여 무효확인판결이 내려진 경우에는 그 행정처분이 거부처분인 경우에도 행정청에 판결의 취지에 따른 재처분의무가 인정될 뿐 그에 대하여 간접강제까지 허용되는 것은 아니라고 할 것이다(대판 1998.12.24, 98무37).

2. 성질

1) 무효확인등확인소송은 당해 처분 등이 처음부터 무효임을 확인선언하는데 그치는 것이므로 확인소송의 성질을 가진다.

2) 한편 처분이 효력을 다툰다는 점에서 준항고소성의 성질도 가진다고 보는 것이 통설적 견해이다.

3. 적용법규

1) 취소소송에 대한 행정소송법상의 규정은 대부분 무효등확인소송에도 준용된다.

2) 예외

다만, 취소소송의 규정 중 (1)예외적 행정심판주의, (2)제소기간의 제한, (3)사정판결에 관한 규정이 적용되지 않는다.

4. 재판관할

무효등확인소송의 재판관할은 취소소송의 규정이 준용되므로, 피고행정청의 소재지를 관할하는 행정법원이 제1심법원이 된다.

5. 소송의 대상

1) 무효등확인소송은 취소소송과 마찬가지로 처분 등을 소송의 대상으로 한다.

2) 재결무효확인소송은 원처분주의 원칙상 재결자체에 고유한 위법이 있음을 이유로 하는 경우에만 가능하다.

6. 소의 이익(원고적격 및 협의의 소익)

1) 원고적격

(1) 무효등확인소송은 처분 등의 효력 유무 또는 존재 여부의 확인을 구할 법률상 이익이 있는 자가 제기할 수 있다(제35조).

(2) 확인을 구할 법률상 이익의 의미

① 이에 대하여는 즉시확정이익설, 법적 보호이익설의 견해가 대립하고 있으나, 법적 보호이익설이 다수설이다.

② 판례는 종전에는 즉시확정이익설에 따라 무효확인소송에 보충성을 요구하고 있었으나, 입장을 변경하여 더 이상 무효확인소송의 보충성은 더 이상 요구되지 않는다는 입장을 취하고 있다(대판 2008.3.20, 2007두6342 전합).

[관련 판례]

★ 행정처분의 근거 법률에 의해 보호되는 직접적이고 구체적인 이익이 있는 경우 이와 별도의 무효확인소송의 보충성이 요구되지 않는다.

무효확인소송의 보충성이 요구되는 것은 아니므로 행정처분의 무효를 전제로 한 이행소송 등과 같은 직접적인 구제수단이 있는지 여부를 따질 필요가 없다고 해석함이 상당하다(대판 2008.3.20, 2007두6342전합).

2) 피고적격

(1) 취소소송의 피고적격에 관한 규정은 무효등확인소송에도 준용되어 처분 등을 행한 행정청이 피고로 된다.

(2) 처분 등이 있은 후에 그 권한이 다른 행정청에 승계된 때에는 이를 승계한 행정청이 피고로 된다.

[관련 판례]

★ 조례에 대한 무효확인소송을 제기함에 있어서 피고적격이 있는 처분 등을 행한 행정청은 지방자치단체의 집행기관으로서 조례로서의 효력을 발생시키는 공포권이 있는 지방자치단체의 장이다(대판 1996.9.20, 95누8003).

★ 교육에 관한 조례의 무효확인소송을 제기함에 있어서는 그 집행기관인 시 · 도 교육감을 피고로 하여야 한다(대판 1996.9.20, 95누8003).

7. 무효등확인소송의 제기

1) 제소기간

무효등확인소송의 경우에는 제소기간의 제한을 받지 않지만, 무효선언을 구하는 의미의 취소소송의 경우에는 제소기간의 제한을 받는다(대판 1987.6.9, 87누219).

2) 소제기의 효과

소송계속상태가 발생하여 소송참가, 관련청구의 병합 · 이송, 집행정지결정을 할 수 있다.

8. 무효등확인소송의 심리

1) 심리절차

취소소송의 직권심리주의 및 행정심판기록제출명령에 관한 규정이 준용된다.

2) 주장책임과 입증책임

(1) 주장책임

무효등확인소송에서도 주요사실은 당사자가 주장하여야 한다.

(2) 입증책임

① 법률요건분류설에 따라 원고와 피고는 각각 자기에게 유리한 모든 사실을 입증해야 한다는 것이 다수설이다.

② 판례는 원고책임설을 취하고 있다.

[관련 판례]

★ 행정처분의 당연무효를 구하는 소송에 있어서는 그 무효를 구하는 사람에게 그 행정처분에 존재하는 하자가 중대하고도 명백하다는 것을 주장 · 입증할 책임이 있다(대판 1984.2.28, 82누154).

9. 위법판단 기준시 · 처분시(통설 · 판례)

취소소송의 경우와 동일하게 처분시를 기준으로 처분의 무효등을 판단하여야 한다(통설 · 판례).

10. 판결 및 소송의 종료

1) 취소판결의 효력 및 기속력에 관한 규정이 준용된다.

2) 확정판결은 제3자에게도 효력이 있으며, 제3자의 소송참가 · 제3자의 재심청구가 인정된다.

3) 취소소송에는 사정판결이 불가능하다는 것이 통설 · 판례의 입장이다(대판 1998.12.24. 자 98무37).

4) 당사자인 행정청과 그 밖의 관계행정청을 기속한다.

[관련 판례]

★ 구 도시 및 주거환경정비법상 재개발조합설립인가신청에 대하여 행정청의 재개발조합설립인가처분이 있은 후 조합설립동의에 하자가 있음을 이유로 재개발조합설립의 효력을 다투기 위한 소송은 항고소송이다(대판 2010.1.28, 2009두4845).

★ 구 도시 및 주거환경정비법상 재개발조합설립인가신청에 대하여 조합설림인가처분이 있은 이후에 조합설립결의에 하자가 있음을 이유로 민사소송으로 조합설립결의무효확인을 구할 확인의 이익이 없다(대판 2009.9.24, 2009마168.169).

★ 도시 및 주거환경정비법 등 관련 법령에 의하여 조합설립인가처분이 있은 후에 조합설립결의의 하자를 이유로 그 결의 부분만을 따로 떼어내어 무효등확인의 소를 제기하는 것은 허용되지 않는다(대판 2009.9.24, 2008다60568).

★ 도시 및 주거환경정비법상 주택재건축정비사업조합이 같은 법 제48조에 따라 수립한 관리처분계획에 대하여 관할 행정청의 인가 · 고시까지 있게 되면 관리처분계획은 행정처분으로서 효력이 발생하게 되므로, 총회결의의 하자를 이유로 하여 행정처분의 효력을 다투는 항고소송의 방법으로 관리처분계획의 취소 또는 무효확인을 구하여야 하고 그와 별도로 행정처분에 이르는 절차적 요건 중 하나에 불과한 총회결의 부분만을 따로 떼어내어 효력 유무를 다투는 확인의 소를 제기하는 것은 특별한 사정이 없는 한 허용되지 않는다(대판 2009.9.17, 2007디2428전합).

Ⅶ. 부작위위법확인소송

1. 개설

1) 의의

(1) 부작위위법확인소송이라 함은 행정청의 부작위가 위법하다는 확인을 구하는 소송을 말한다. 즉, 행정청이 당사자의 신청에 대하여 상당한 기간 내에 일정한 처분을 할 법률상의 의무가 있음에도 불구하고 이를 행하지 아니한 것에 대한 위법확인을 구하는 소송이다.

(2) 행정권의 불행사에 대한 쟁송수단의 하나이며, 확인소송의 성질을 갖는다.

2) 성질

(1) 부작위위법확인소송은 내용상으로 볼 때 항고소송이며, 성질상으로 확인소송이라는 데는 이설(異說)이 없다.

(2) 부작위위법확인소송은 이미 발동된 공권력 작용에 불복하는 것이 아니라 아무런 공권력발동이 없음을 다투는 것이므로, 취소소송이나 무효등확인소송과 구별된다.

(3) 적용법규의 특성

취소소송의 규정이 대부분 적용된다. 다만, ① 처분변경으로 인한 소의 변경(제22조), ② 집행정지결정 · 집행정지취소결정(제23조, 제24조), ③ 사정판결(제28조), ④ 사정판결시 피고의 소송비용부담(제32조) 등은 준용되지 않는다.

2. 재판관할

부작위위법확인소송의 제1심관할은 피고의 소재지를 관할하는 행정법원이 된다.

3. 당사자등

1) 원고적격

부작위위법확인소송은 처분의 신청을 한 자로서 부작위의 위법의 확인을 구할 법률상 이익이 있는 자이다.

판례는 부작위위법확인 소송에서 원고적격이 인정되기 위해서는 법령에 의한 신청권을 가져야 한다는 입장이다.

[관련 판례]

★ 검사가 압수해제된 것으로 간주된 압수물의 환부신청에 대하여 아무런 결정 · 통지(通知)도 하지 아니한 경우, 부작위위법확인소송의 대상이 되지 않는다(대판 1995.3.10, 94누14018).

★ 인사위원회의 심의를 거쳐 3급 승진대상자로 결정된 사실이 대내외에 공표된 4급 공무원으로부터 소청심사를 통한 승진임용신청을 받은 행정청이 그에 대하여 적극적 또는 소극적 처분을 하지 않는 경우, 그러한 행정청의 부작위는 위법하다(대판 2009.7.23, 2008두10560).

★ 국회의원은 대통령 및 외교통상부장관의 특임공관장에 대한 인사권의 행사 등과 관련하여 그 임면과정이나 지위 변경 등에 관한 요구를 할 수 있는 법규상 또는 조리상 신청권이 없다(대판 2000.2.25, 99두11455).

2) 피고적격

취소소송의 피고적격에 관한 규정이 준용되므로, 취소소송과 같이 당해 부작위청이 피고가 된다.

3) 소의 이익

부작위위법확인소송을 제기한 뒤에 판결시까지 행정청이 그 신청에 대하여 적극적 또는 소극적 처분을 하였다면 소의 이익을 상실하게 되어 당해 소는 각하된다(대판 1990.9.25, 89누4758).

4. 소송의 제기

1) 소송의 제기요건

(1) 행정심판과의 관계

부작위위법확인소송에는 행정심판에 관한 규정의 적용이 있다. 즉, 부작위위법확인소송의 경우 의무이행심판이 적용된다.

(2) 제소기간

① 부작위위법확인소송은 당해 부작위에 대한 행정심판의 재결서의 정본을 송달받은 날로부터 90일, 재결이 있은 날로부터 1년 이내에 제기하여야 한다.

② 따라서 행정청의 부작위에 대하여 전심절차를 거쳤다 하더라도, 부작위위법확인소송에는 제소기간을 준수하여야 한다.

③ 행정소송법은 부작위위법확인소송의 제소기간에 대하여 취소소송의 제소기간이 준용된다는 규정을 두고 있다(행정소송법 제38조 제2항).

(3) 소송의 대상

① 부작위위법확인소송의 대상은 행정청의 부작위이다.

② 부작위의 성립요건

㉠ 당사자의 신청이 있을 것(법규상 · 조리상 신청권이 있는자의 신청)

㉡ 행정청에게 일정한 처분을 할 법률상 의미가 있을 것

㉢ 상당한 기간이 경과할 것

여기서 상당한 기간이라 함은 어떠한 처분을 행함에 있어 통상 요구되는 객관적인 기간을 의미한다. 예컨대, 행정인력이 부족하여 업무처리를 하지 못한다는 사유는 고려대상이 되지 못한다.

㉣ 처분을 하지 아니하였을 것

행정청이 적극적으로 거부처분을 하였다면 부작위의 문제는 발생하지 않는다. 따라서 만약 행정관청이 적극적으로 거부처분을 하였다면, 취소소송을 제기해야 한다.

[관련 판례]

★ 행정청의 거부처분에 대하여 부작위위법확인소송을 제기할 수 없다

거부처분을 한 경우에는 거부처분에 대하여 취소소송을 제기하여야 하는 것이지 행정처분의 부존재를 전제로 한 부작위위법확인소송을 제기할 수 없다(대판 1992.4.28, 91누8753).

2) 소의 변경

(1) 취소소송에 있어서의 소의 종류와 변경에 관한 행정소송법 제21조의 규정은 부작위위법확인소송에도 적용된다. 즉, 사실심변론종결시까지 법원의 허가를 받아 부작위위법확인소송을 취소소송이나 당사자소송으로 변경할 수 있다.

(2) 처분이 존재하지 않는 한 부작위위법확인소송에서는 처분변경으로 인한 소의 변경은 성질상 부작위위법확인소송에 적용되지 않는다(행정소송법 제22조의 규정).

3) 집행정지

취소소송에 있어서의 집행정지제도에 관한 규정은 성질상 부작위위법확인소송에는 준용될 수 없다.

5. 부작위위법확인소송의 심리

1) 입증책임

(1) 원고가 일정한 처분을 신청한 사실 및 원고에게 처분의 신청권이 있다는 사실은 원고에게 입증책임이 있다.

(2) 그러나 원고의 처분신청후 "상당한 기간"을 경과하게 된 것을 정당화할 만한 사유에 대하여는 피고가 입증책임을 부담한다.

2) 위법판단의 기준시

부작위위법확인소송의 경우에 부작위의 위법여부는 판결시의 사실 및 법상태를 기초로 하여 판단하여야 한다(대판 1990.9.25, 89누4758).

3) 심리의 범위

(1) 부작위위법확인소송의 심리범위와 관련하여 소극설(절차적 심리설)과 적극설(실체적 심리설)의 견해의 대립이 있으나, 절차적 심리설이 다수설이다.

(2) 판례는 소극설(절차적 심리설)에 입각하고 있다(대판 1990.9.25, 89누4758). 절차적 심리설에 의하면 부작위위법확인소송에 있어 법원은 행정청의 부작위위법여부를 확인하는데 그칠 뿐, 행정청이 행하여야 할 처분의 내용까지 심리할 수 없다고 본다.

6. 부작위위법확인소송의 판결

1) 사정판결의 가능성

사정판결은 부작위위법확인소송에서는 행해질 수 없다.

2) 판결의 효력

(1) 형식적 · 실질적 확정력이 발생한다.

(2) 재처분의무 발생

① 부작위위법확인소송에서 인용판결(확인판결)이 확정되면 행정청은 '일정한 처분'을 판결의 취지에 따라 하여야 할 의무가 발생한다.

② 그러나 행정청은 처분의 내용이 어떠하건 처분을 하기만 하면 되고, 반드시 원고의 신청과 동일한 내용의 처분을 할 필요가 없으므로 거부처분도 가능하다.

(3) 간접강제

행정청이 법원의 인용판결에도 불구하고 재처분의무를 이행하지 않은 경우에 법원은 상대방의 신청에 의하여 손해에 대한 배상명령을 할 수 있는데, 이는 간접강제의 일종이다.

(4) 판결의 제3자효

부작위위법확인소송의 확정판결은 제3자에 대하여도 효력이 있다.

Ⅷ. 당사자소송

1. 개설

1) 의의

(1) 당사자소송이란 공법상의 법률관계(공권과 공의무)에 관하여 의문이나 다툼이 있는 경우에 그 법률관계의 당사자가 원고 또는 피고의 입장에서 그 법률관계에 관하여 다투는 소송을 말한다.

(2) 당사자소송은 민사소송과 유사한 소송이다. 따라서 당사자소송의 피고는 당해 법률관계의 귀속주체인 국가 또는 공공단체가 된다.

2. 다른 소송과의 구별

1) 항고소송

(1) 행위의 성질에 따른 구분

항고소송과 당사자소송은 모두 행정소송으로 공통점이 있다. 그러나 당사자소송은 일반적으로 대등한 당사자 간의 소송이라는 점에서, 행정청의 우월한 지위가 전제되어 있는 항고소송과 구별된다.

[관련 판례]

★ 시립합창단원의 재위촉 거부에 대해서는 공법상 당사자소송을 제기하여야 한다(대판 2001.12.11, 2001두7794).

★ 지방전문직공무원 채용계약의 해지에 대한 불복에 대해서는 당사자소송을 제기하여야 한다(대판 1993.9.14, 92누4611).

(2) 금전급부에 관한 소송(공법상 금전지급청구소송)

① 문제의 제기

공법관계에서 금전지급신청이 거부된 경우, 항고소송으로 다투어야 하는지 당사자소송으로 다투어야 하는지가 문제시된다.

② 구별기준

㉠ 권리의 존부 또는 범위가 법령에 의하여 바로 확정되는 경우에는 당사자소송을 제기하여야 한다.

㉡ 행정청의 결정에 의하여 비로소 확정되는 경우에는 행정청의 결정에 대해 항고소송을 제기하여야 한다. 다만, 행정청이 급여신청에 대한 인용결정을 하고서도 지급을 하지 않은 경우에는 직접 당사자 소송을 제기하여야 한다.

[관련 판례]

★광주민주화운동관련 보상금지급에 관한 권리는 위원회의 결정에 비로소 성립하는 것이 아니라 법에 의해 구체적 권리가 발생한 것이므로 당사자소송을 제기하여야 한다(대판 1992.12.24, 92누3335).

★공무원연금관리공단의 인정에 의해 퇴직연금을 지급받아 오던 중 법령의 개정으로 인해 일부금액이 정지됨으로써 퇴직연금이 확정된 경우 미지급퇴직연금의 지급을 구하기 위해서는 당사자소송을 제기해야 한다(대판 2004.7.8, 2004두244).

★공무원연금관리공단이 공무원연금법령의 개정에 따라 퇴직연금 중 일부 금액에 대하여 지급거부의 의사표시를 한 경우, 그 의사표시는 항고소송의 대상이 되는 행정처분이 아니므로 이 경우 미지급 퇴직연금의 지급을 구하기 위해서는 당사자소송을 제기하여야 한다(대판 2004.12.24, 2003두15195).

★공무원연금관리공단이 퇴직연금 중 일부금액에 대하여 지급거부와 의사표시를 한 경우 미지급 퇴직연금의 지급을 구하는 소송은 당사자소송에 의하여야 한다(대판 2004.7.8, 2004두244).

★하천법 부칙 제2조와 '법률 제3782호 하천법 중 개정법률 부칙 제2조의 규정에 의한 보상청구권의 소멸시효가 만료된 하천구역편입토지보상에 관한 특별조치법' 제2조, 제6조의 손실보상금의 지급을 구하거나 손실보상청구권의 확인을 구하는 소송은 행정소송법 제3조 제2호 소정의 당사자소송에 의하여야 한다(대판 2006.5.18, 2004다6207전합).

★납세의무자에 대한 국가의 부가가치세 환급세액 지급의무에 대응하는 국가에 대한 납세의무자의 부가가치세 환급세액 지급청구는 민사소송이 아니라 당사자소송의 절차에 따라야 한다(대판 2013.3.21, 2011다95564).

2) 민사소송

(1) 금전급부소송

① 당사자소송은 공법상의 법률관계를 대상으로 하지만, 민사소송은 사법상의 법률관계를 대상으로 한다는 점에서 구분된다.

② 판례는 국가배상청구소송, 공법상 부당이득반환청구소송 등 금전급부청구소송을 민사소송으로 보는 경향이 일반적이다.

③ 최근에는 금전급부가 사회보장적 급부의 성격을 띠고 있는 경우에는 당사자소송으로 보는 경우가 늘고 있다.

[관련 판례]

★ 석탄가격안정지원금청구소송은 공법상 당사자소송이다(대판 1997.5.30, 95다28960).

★ 석탄산업법에 따른 재해위로금지급청구권은 공법상 권리로서 당사자소송을 제기해야 한다(대판 1999.1.26, 98두12598).

★ 부당이득반환청구소송은 민사소송으로 제기하여야 한다(대판 1995.4.28, 94다55019).

(2) 공법상 신분 또는 지위 등의 확인소송

① 공법상 신분 또는 지위 등의 확인소송이 민사소송에 의할 것인지, 당사자소송의 절차에 따라야 할 것인지가 문제시된다.

② 판례는 당사자소송으로 보고 있다.

[관련 판례]

★훈장종류확인소송은 공법상 당사자소송이다(대판 1990.10.23, 90누4440).

★태극무공훈장을 수여받은 자임의 확인을 구하는 소송은 공법상 당사자소송이다(대판 1990.10.23, 90누4440).

★공무원의 지위확인소송은 공법상 당사자소송이다(대판 1998.10.23, 98두12932).
★재개발조합을 상대로 한 조합원자격 유무에 관한 확인을 구하는 소송은 공법상 당사자소송이다(대판 1996.2.15, 94다31235 전원합의체).

★한국전력공사가 TV수신료를 징수할 권한이 있는지 여부를 다투는 소송(대판 2008.7.24, 2007다25261).

(3) 공법상계약에 관한 소송

공법상 계약에 관한 소송이 민사소송인지 당사자소송인지 문제가 되나, 최근 판례는 당사자소송으로 보고 있다.

[관련 판례]

★ 서울특별시립무용단원의 위촉은 공법상 계약이므로 그 단원의 해촉에 대해서는 공법상 당사자소송으로 무효확인을 구할 수 있다(대판 1995.12.22, 95누4636).

★ 전문직공무원(공증보건의사) 채용계약해지의 의사표시에 대해서는 항고소송을 제기해서는 안 되고 당사자소송을 제기하여 다투어야한다(대판 1996.5.31, 95누10617).

3. 당사자소송의 대상

공법상의 법률관계 그 자체이다.

4. 당사자소송의 종류

1) 실질적 당사자소송

(1) 의의

① 실질적 당사자소송이란 공법상의 법률관계에 관한 소송으로서 대립하는 당사자 사이의 소송을 말한다.

② 실질적 당사자소송은 민사소송과 비슷한 형태의 소송이다.

(2) 유형

① 행정청의 처분 등을 원인으로 하는 법률관계에 관한 소송

이러한 당사자소송으로는 부당이득반환청구소송(조세과오납금반환청구소송), 공무원의 직무상 불법행위로 인한 국가배상청구소송 등이 있다. 다만, 이들 소송은 실무상 민사소송으로 취급되고 있다.

② 기타 공법상 법률관계에 관한 소송

이러한 당사자소송으로는 공법상 계약에 관한 소송, 공법상 금전지급청구를 위한 소송, 공법상 지위·신분의 확인을 구하는 소송 등을 들 수 있다.

③ 손실보상청구소송

학설은 이러한 소송을 공법상 당사자소송에 의한다고 보고 있다. 판례는 원칙적으로 소송실무상 민사소송에 의한다는 입장이다.

④ 공법상 계약에 관한 소송

국가 또는 지방자치단체 등의 행정주체 상호간 또는 행정주체와 사인 사이에 체결되는 공법상 계약과 관련하여 제기되는 분쟁에 관한 소송을 의미한다.

2) 형식적 당사자소송

(1) 의의

① 형식적 당사자소송이란 행정청의 처분·재결 등으로 형성된 법률관계에 대한 소송으로 그 처분청을 피고로 하지 않고 그 법률관계의 일방당사자를 피고로 하여 제기하는 소송을 말한다.

② 소송의 실질적 내용은 처분의 효력을 다투는 것이지만, 소송형식은 행정청이 아니라 권리주체인 당사자를 피고로 하는 당사자소송의 형식을 취한다는 점에서 형식적 당사자소송이라고 한다.

(2) 인정여부

형식적 당사자소송은 개별법령의 규정이 있는 경우에만 인정될 수 있다.

(3) 형식적 당사자소송의 예

① 특허법·실용신안법·디자인보호법

㉠ 특허법은 보상금 등에 대한 불복의 소에 있어서는 행정청인 특허청장이 아니라 보상금을 지급할 관서·특허권자 등을 피고로 한다고 규정하고 있다. 이는 형식적 당사자소송을 인정하고 있는 것이다.

㉡ 실용신안법과 디자인보호법에서도 특허법의 규정을 준용하고 있다.

② 공익사업을 위한 토지 등의 취득 및 보상에 관한 법률상 토지수용위원회의 보상금 결정에 대한 재결에 대해 불복이 있을 경우, 재결취소소송을 제기하지 않고 곧바로 사업시행자(기업자)를 피고로 하여 보상금액의 증감을 청구하도록 함으로써 당해소송의 형식적 당사자소송임을 규정하고 있다(동법 제85조).

[관련 판례]

★ 구 공익사업을 위한 토지 등의 취득 및 보상에 관한 법률 시행규칙 제54조 제2항 본문에 규정된 주거이전비보상청구의 올바른 소송형태는 당사자소송이다.

세입자의 주거이전비보상에 관하여 수용재결이 이루어진 다음 세입자가 보상금의 증감 부분을 다투는 경우에는 공익사업법 제85조 제2항에 규정된 행정소송에 따라, 보상금의 증감 이외의 부분을 다투는 경우에는 같은 조 제1항에 규정된 행정소송에 따라 권리구제를 받을 수 있다고 봄이 상당하다(대판 2008.5.29, 2007다8129).

5. 당사자 및 관계인

1) 원고적격

(1) 권리 보호의 이익 및 필요를 가진 자는 원고가 될 수 있다는 일반 민사소송의 원고적격규정이 준용된다.

(2) 당사자소송에는 취소소송의 원고적격이 준용되지 않는다. 따라서 취소소송의 법률상 이익이 있는 자가 아니다.

2) 피고적격

(1) 권리주체

당사자소송은 국가·공공단체 그 밖의 권리주체(행정주체)를 피고로 한다.

(2) 대표

국가가 피고인 때에는 법무부장관이, 지방자치단체가 피고인 때에는 당해 지방자치단체의 장이 대표한다.

(3) 피고경정

당사자소송에서도 피고경정에 관한 규정이 적용되므로 원고가 피고를 잘못 지정한 때에는 법원은 원고의 신청에 의해 결정으로써 피고의 경정을 허가할 수 있다.

3) 소송참가

당사자소송에 있어서도 제3자의 소송참가와 행정청의 소송참가가 인정되고 있다.

6. 제소기간

1) 취소소송의 제소기간에 관한 규정이 적용되지 않는다.

2) 다른 법령에 규정된 경우에는 그에 의하여, 그 기간은 불변기간으로 한다.

7. 토지관할(재판관할)

1) 당사자소송의 토지관할에 관해서는 취소소송의 규정이 준용된다. 따라서 제1심 관할법원은 피고의 소재지를 관할하는 행정법원이다.

2) 다만, 국가 또는 공공단체가 피고인 경우에는 관계행정청의 소재지를 피고의 소재지로 보아 그 행정청의 소재지를 관할하는 행정법원을 관할 법원으로 보는 특칙을 두고 있다.

8. 소의 변경

1) 소의 변경에 관한 행정소송법 제21조의 규정은 당사자소송을 항고소송으로 변경하는

경우에 준용한다.

2) 법원은 사실심변론종결시까지 원고의 신청에 의하여 결정으로써 소의 변경을 허가할 수 있다.

> **[관련 판례]**
>
> ★ 원고가 고의 또는 중대한 과실 없이 당사자소송으로 제기하여야 할 것을 항고소송으로 잘못 제기한 경우에, 당사자소송으로서의 소송요건을 결하고 있음이 명백하여 당사자소송으로 제기되었더라도 어차피 부적법하게 되는 경우가 아닌 이상, 법원으로서는 원고가 당사자소송으로 소 변경을 하도록 하여 심리·판단하여야 한다(대판 2016.5.24, 2013두14863).

9. 행정심판전치주의

당사자소송에는 취소소송의 행정심판전치에 관한 규정이 적용되지 않는다.

10. 당사자소송의 심리

1) 취소소송의 직권심리주의, 행정심판기록제출명령에 관한 규정이 준용된다.

2) 입증책임

법률요건분류설에 따라 입증책임을 지게 된다.

11. 당사자소송의 판결

1) 판결의 효력

(1) 판결이 확정되면 자박력, 기판력, 기속력을 가지며, 기속력은 당사자인 행정청과 관계 행정청을 기속한다. 다만, 당사자소송은 취소소송의 경우와 달리 사정판결제도가 없다.

(2) 당사자소송은 취소판결에서 인정되는 효력 중 ①취소판결의 제3자효, ②재처분의무, ③간접강제 등은 성질상 당사자소송에는 적용이 없다.

2) 가집행선고

(1) 가집행이란 확정되지 아니한 판결에 대하여 확정판결과 같이 집행력을 부여하는 법원의 재판을 의미한다.

(2) 행정소송법은 “국가를 상대로 하는 당사자소송의 경우에는 가집행선고를 할 수 없다”고 규정하고 있어, 이 규정의 효력이 문제시 된다.

(3) 한편 판례는 공법상 당사자소송에서 재산권의 청구를 인용하는 판결을 하는 경우 가집행선고가 가능하다고 판시한 바 있다(대판 2000.11.28, 99두3416).

3) 당사자소송에서의 가처분 인정

공법상 당사자소송은 민사소송과 유사하므로 집행정지는 인정되지 않으며, 민사집행법상의 가처분이 준용된다는 것이 판례의 입장이다.

[관련 판례]

★ 당사자소송에 대하여는 행정소송법 제23조 제2항의 집행정지에 관한 규정이 준용되지 아니하므로, 이를 본안으로 하는 가처분에 대하여는 행정소송법 제8조 제2항에 따라 민사집행법상 가처분에 관한 규정이 준용되어야 한다(대판 2015.8.21, 2015무26).

Ⅸ. 객관적 소송(민중소송과 기관소송)

1. 개설

1) 객관적 소송은 행정감독적 견지에서 행정법규의 정당한 적용을 확보하거나 행정작용의 적법성을 보장하기 위한 소송이다.

2) 객관적 소송은 특별히 법이 정하고 있는 경우에 한하여 제기할 수 있다(열기주의).

2. 유형

객관적 소송에는 민중소송과 기관소송이 있다.

1) 민중소송

(1) 의의

국가 또는 공공단체의 기관이 법률에 위반되는 행위를 한 경우에 직접 자기의 법률상 이익과 관계없이 그 시정을 구하기 위하여 제기하는 소송이다(제3조 제3호).

(2) 성질

민중소송은 객관적소송이다. 민중소송은 법률에서 정한 경우에만 인정된다.

(3) 민중소송의 예

① 공직선거법상의 민중소송

공직선거법상 선거소송, 공직선거법상 당선소송, 선거무효소송, 당선무효소송 등이 있다.

② 국민투표법상의 민중소송

국민투표법상 국민투표무효소송이 있다.

③ 주민투표법상의 민중소송

주민투표법상 주민투표 소송이 있다.

④ 지방자치법상의 주민소송

㉠ 주민소송이란 주민이 지방자치단체의 위법한 예산집행행위를 시정하기 위하여 법원에 제기하는 소송이다.

㉡ 주민소송은 구체적인 권익의 침해없이도 제기할 수 있는 객관적 소송이다.

2) 기관소송

(1) 의의

기관소송이란 국가 또는 공공단체의 기관 상호 간에 권한의 존부 또는 그 행사에 관한 다툼이 있을 때에 제기하는 소송을 말한다(제3조 제4호).

(2) 성질

① 기관소송은 법률이 정한 경우에 법률에 정한 자에 한하여 제기할 수 있다.

② 따라서 행정소송법은 기관소송과 관련하여 법정주의를 채택하고 있음을 의미한다.

(3) 기관소송의 예

① 국가기관 상호간의 기관소송, 공공단체의 기관상호 간의 기관소송 등을 들 수 있다.

② 이 중 국가기관 상호 간, 국가기관과 지방자치단체 간, 지방자치단체 상호간의 권한쟁의심판은 헌법재판소의 관장사항으로 행정소송으로서의 기관소송에서 제외된다.

③ 지방자치법상의 지방자치단체의 장은 재의요구한 사항이나 지방의회에서 재의결된 사항이 법령에 위반된다고 판단되는 때에는 재의결된 날부터 20일 이내에 대법원에 소(訴)를 제기할 수 있다.

이 지방의회를 상대로 대법원에 제기하는 소송이다. 이 경우 필요하다고 인정되는 때에는 그 의결의 집행을 정지하게 하는 집행정지결정을 신청할 수 있다.

④ 지방교육자치에관한법률상의 교육감이 시 · 도 의회 또는 교육위원회의 의결에 대하여 대법원에 제소할 수 있고, 이 경우 집행정지결정을 신청할 수 있다.

(4) 적용법규

민중소송의 경우와 같다. 즉, 기관소송에 적용될 법규는 기관소송을 규정하는 각 개별법규가 정하는 것이 일반적이다.

찾아보기

공저자소개

김 형 중

약　　력

경북대학교 졸업
건국대학교 행정학석사
부산 경성대학교 대학원 행정학박사(1996)
부산 동의대학교 대학원 법학박사(2004)

경　　력

경찰간부후보생 제27기
총경, 제주지방경찰청 수사과장, 경남지방경찰청 형사과장, 경비교통과장
부산지방경찰청 정보과장 · 보안과장 · 외사과장
부산지방경찰청 사하서 · 부산진서 · 연산서 · 남부경찰서장

전　부산외국어대학교 법 · 경찰학부 교수
현　부산외국어대학교 경찰정보보호학부 외래교수

저　　서

『韓國古代警察史』(修書院, 1991)
『韓國中世警察史』(修書院, 1998)
『경찰행정법』(수사연구사, 2005)
『객관식 경찰행정법』(경찰공제회, 2007)
『경찰행정법』(경찰공제회, 2008)
『경찰학개론』(청목출판사, 2010)
『범죄수사총론』(청목출판사, 2011)
『범죄학』(그린출판사, 2013)
『경찰학총론』(청목출판사, 2014)
『새로쓴 경찰행정법』(박영사, 2014)
『새로쓴 경찰학각론』(청목출판사, 2015)
『한국경찰사』(박영사, 2016)

백 상 진

약　　력

한국해양대학교 해사법학과 졸업
한국해양대학교 대학원 법학석사
독일 Bielefeld 대학교 법학석사(LL.M)
독일 Bielefeld 대학교 법학박사(Dr. jur.)

경　　력

한국비교형사법학회 이사
한국해사법학회 이사
2013년 경찰관 공채시험 출제위원
남해지방해양경찰청 영장심의위원
부산시 서부 법조타운 조성 자문교수

현　부산외국어대학교 경찰정보보호학부 교수
　　부산지방법원 자문교수

행정법

초판발행 2017년 10월 20일

지은이 김형중 · 백상진
펴낸이 안종만

편 집 한두희
기획/마케팅 박세기
표지디자인 권효진
제 작 우인도 · 고철민

펴낸곳 (주) 박영사
서울특별시 종로구 새문안로3길 36, 1601
등록 1959. 3. 11. 제300-1959-1호(倫)
전 화 02)733-6771
f a x 02)736-4818
e-mail pys@pybook.co.kr
homepage www.pybook.co.kr
ISBN 979-11-303-3084-6 93360

* 책값은 뒤표지에 있습니다.